멋진 한국인이

까페에서 읽는

친절한 소비자법과 정책

강혜경 지음

신정

본 저서는 2014년도 동의대학교 일반연구비 지원(과제번호 2014AA025)으로 저술되었습니다.

머리말

동의대학교에서 소비자법과 정책을 가르쳐온 지도 거의 20여 년이 되어 가네요. 처음 소비자법과 정책을 가르치면서 제 자신의 부족한 '법학과 정책에 대한 기본 개념'들을 정리하기 위해 법학개론 개인레슨을 받았던 기억이 떠오릅니다. 그렇게 시작한 소비자법과 정책 강의노트가 이 책의 기반이 되었어요.

법학과 행정학을 전공하는 전공자 외에는 법과 정책에 대해 배울 기회가 거의 없지요. 또한 배우려고 해도 어려운 내용으로 다가와 스스로 공부하기 힘든 부분이 있답니다. 그리고 법과 정책에 대해 알지 못하더라도 생활해 나가는 데 큰 불편을 느끼지 못하기 때문에 배울 기회를 스스로 만들지 않는 것 같아요.

하지만 법과 정책은 오늘을 살아가는 우리들에게 자신의 권익보호와 함께 다른 사람의 권리를 침해하지 않기 위한 필수지식이 되고 있답니다. 예를 들어, '갑작스러운 아버지의 사망과 함께 엄청난 빚을 물려받은 경우 어떻게 해야 하나?'에 대한 해결책은 '법과 정책' 지식을 통해 얻을 수 있어요.

특히 소비자법과 정책은 소비자에 관한 '법과 정책'이라고 할 수 있겠지요. 그래서 소비자법과 정책은 소비자인 우리들이 소비자로서의 권익을 지키기 위해 꼭 알아두어야 할 지식이랍니다. 이처럼 소비자법과 정책은 일상생활 가운데 소비자로서 경험하는 여러 가지 문제들에 대한 답을 주고 있어 우리들이 알아두면 매우 쓸모 있는 지식인 반면, 그 내용을 이해하기에는 까다로운 부분이 있답니다.

그러므로 이 책에서는 우리들이 소비자로서 경험하는 다양한 문제들을 사례로 들어, 까다로운 소비자법과 정책의 내용을 쉽고 자세하게 친절히 설명하고자 노력하였어요. 그래서 책의 제목을 '친절한' 소비자법과 정책이라고 하였답니다. 그런데 친절하게 설명하다보니 내용이 길어지는 아쉬운 점이 있어, 이를 보완하기 위해 각 장의 '요약'을 해 놓았어요.

이 책은 소비자법과 정책을 쉽게 설명하기 위해, 먼저 프롤로그를 통해 매일 소비생활을 하는 우리들이 알아두어야 할 핵심정보를 제시하였고, 다음으로 Part 1과 Part 2에서 법학과 정책에 관한 보편적인 기본 개념들을 살펴보고, 이어 Part 3에서 실제적인 소비자법과 정책을 다루었답니다.

프롤로그에서는 '허니버터칩 택배사고를 당한 소비자의 문제', '급하게 300만 원이 필요한 사람의 대출문제', '상속인이 된 후 부모님의 재산조회 및 상속여부 문제', '해외직구 관련 소비자문제' 등에 관한 해결책을 통해 우리들이 알아두어야 할 핵심정보를 제시하였어요. 프롤로그를 읽는 것만으로도 소비생활을 하는 데 큰 도움이 될 거라고 생각합니다.

소비생활을 하는 우리 모두를 위한 프롤로그에 이어 Part 1과 Part 2, Part 3은 소비자학 전공자를 위한 내용으로 구성하였답니다. 폭넓은 상식을 얻고자 하는 일반인들과 소비자학 전공자들이 읽고 활용하기를 바라면서 각 Part의 '의문에 대한 답', 각 장의 '본문'과 '요약'으로 구성하였어요.

'의문에 대한 답'을 통해 기초지식을 갖춘 후 각 장 '본문'의 내용을 읽어보고 Part 1, Part 2의 '요약'을 통해 정리하는 방법으로 읽어주길 바랄게요. 그러나 Part 3의 경우 각 장의 '본문'이 많아 각 장별 '요약'을 Part 3 '요약'으로 묶지 않고 각 장 끝에 바로 붙여 두었으니, 각 장 '본문'이 너무 길다고 생각하는 사람은 각 장 '요약'을 먼저 읽어 큰 틀을 이해한 후 '본문'을 읽어가는 방법도 좋을 것 같아요. 폭넓은 상식을 얻고자 하는 일반인들과 소비자학 전공자들이 이 책을 통해 소비자법과 정책을 쉽게 이해하길 바라며 최선을 다하였어요.

삶을 살아오면서 항상 느끼는 것은 주변의 도움이 없이는 아무것도 할 수 없다는 것!

오래 전 어느 더운 여름방학 내내 법학개론에 대해 개인레슨을 해주신 동의대학교 법학과 박상호 교수님과 같이 공부한 남소영 선생님, 책의 원고를 읽고 적절한 조언을 해 준 정진희 선생님께 감사의 마음을 전합니다.

강의노트를 책으로 만들어가는 과정이 생각보다 쉽지는 않았는데, 초고를 쓴 상태에서 같이 읽어보고 필요한 보충자료를 찾아오고 수정작업을 도와준 친절하고 유능한 박상미 선생님께도 깊은 감사의 마음을 전합니다.

책이 나오기까지 도와주신 많은 분들이 있네요. 학문의 길로 인도해 주신 숙명여자대학교 가족자원경영학과 이정우 교수님과 계선자 교수님, 동의대학교 김인도 이사장님께 감사의 마음을 전하며, 신정출판사의 최용구 대표님과 관계자 분들께도 감사의 인사를 드립니다.

항상 자녀들을 위해 기도하고 보살펴 주시는 아버님과 어머님, 훌륭하게 자라 어엿한 사회인이 된 사랑하는 딸 최수연, 책의 자료 찾기와 원고 정리에 도움을 준 조카들(허재봉, 허재원, 강동민, 강동균, 강동연, 강현우), 책의 원고에 대한 조언과 제목에 도움을 준 여동생 부부(허명환과 강선화), 언제나 집안의 중심이 되어 주는 큰 남동생 부부(강지윤과 이혜숙), 학교생활 전반에 도움을 주고 있는 막내 남동생 부부(강성윤과 김경희), 같이 카풀을 하는 가운데 '까페에서 읽는 소비자책 시리즈' 제목과 내용의 수정에 힌트를 주신 동의대학교 정문용 교수님과 류준하 교수님, 동의대학교 보육·가정상담학과 동료 교수님들과 학생들, 특히 소비자사랑동아리 학생들, 성안교회 윤장운 목사님과 교회성도들, 영안교회 박정근 목사님과 교역자들, 목장식구들, 성장반 지체들과 중보기도 사역자들, 항상 맑고 밝은 숙명선교회(사단법인 솔트-팬) 회원님들, 그 외에 일일이 이름을 거론하지 못하지만 응원해 주신 가족들, 친구들과 동료들에게게도 감사의 마음을 전합니다.

영원한 진리와 사랑으로 인도해 주시는 예수님께 깊은 감사와 영광을 올립니다.

2015년 7월

강혜경

차례

프롤로그

1. 허니버터칩 택배사고에 대해 알아볼까요?

허니버터칩은 해태제과와 일본 제과업체 가루비가 합작해 설립한 해태가루비에서 나온 제품으로, 한국 감자칩시장에서 새로운 돌풍을 일으킨 제품이에요.

2014년 하반기부터 2015년 초 사이 허니버터칩은 SNS 등의 입소문을 중심으로 꾸준한 인기를 끌었답니다. 물량이 부족하여 암시장에서 거래가 되기도 하고, 2014년 11월 12일에는 일시적으로 발주가 중단된 적도 있었으며, 2014년 8월 출시 이후 3개월 만에 50억 원의 매출을 올렸다고 해요.

허니버터칩은 2014년 11월 18일 기준 매출액 103억 원, 850만 개 판매를 달성하였으며 이에 대한 영향으로 해태제과의 모회사인 크라운제과의 주가가 11월 한 달 동안 52% 상승했다고 해요.

허니버터칩의 인기가 올라감에 따라 허니버터칩을 다른 상품과 묶어서 판매하는 상황도 발생하였고, 하이트진로의 '뉴하이트'는 허니버터칩을 증정하는 행사를 진행하여 허니버터칩을 받으려는 소비자가 몰려 '뉴하이트' 매출이 이전에 비해 50%가량 증가했다고 해요.

이러한 허니버터칩의 성공 요인으로 감자칩은 짜다는 고정관념을 깨고 달콤하고 고소한 맛을 넣은 점, SNS를 비롯한 입소문 마케팅을 통해 인기를 높인 점, 공급량을 통제하여 희소성을 만들어 줄을 서서 사고 싶게 한 점, 사전조사와 연구개발을 통해 충분히 준비한 점 등을 들 수 있다고 해요. 다만 꼬꼬면의 사례를 들어서, 인기에 편승하여 공장을 증설하면, 소비자들은 상대적으로 구하기 쉬운 '쉬운 물건'으로 취급해 버리기 시작하고 이에 따라 본능적인 수요 자체가 없어지면서 손해를 볼 수 있기 때문에 공장 증설을 하지 않는다는 주장이 있답니다(위키백과, ko.wikipedia.org/wiki).

여하튼 이러한 허니버터칩의 열풍으로 인해 발생한 택배사고를 살펴볼게요.

> 허니버터칩을 어렵게 한 상자 주문해 택배로 물건을 받기로 한 소비자가 있었는데, 드디어 도착한 허니버터칩 상자를 열어보니 한 상자 16봉지 중 4봉지가 없어졌더래요. 곧바로 택배회사에 전화해 사고 접수를 했지만 돈으로 배상해 줄 수밖에 없다고 했다네요.
> 그 소비자는 "돈 필요 없어요. 아시잖아요. 허니버터칩 돈으로도 못 구해요. 과자로 보상해 주세요." 라고 하소연을 했지만, 결국 4봉지 값에 해당하는 돈을 받는 것으로 해결이 되었답니다.

허니버터칩 택배사고와 같이 '상품이나 서비스를 구입하여 사용하는 과정에서 일어나는 해결하기 어려운 일이나 말썽'을 소비자문제라고 하는데, 이러한 소비자문제를 해결할 수 있는 방안을 알아볼게요.

■ 실질적인 소비자문제 해결방안

첫째, 해당 상품 또는 해당 서비스 회사의 소비자상담부서에 연락하세요. 그래도 해결이 안 되면?

▶ 허니버터칩 택배사고를 당한 소비자는 해당 택배회사의 소비자상담부서에 연락을 하여, 없어진 4봉지에 대한 값을 변상해 주겠다는 제안을 받았어요. 그렇지만 원하는 해결책이 아니었지요. 그럴 때는?

둘째, 한국소비자원 1372 소비자상담센터(또는 온라인상담 www.ccn.go.kr)를 통한 불만처리를 하세요. 전국에서 국번 없이 '1372' 전화번호(또는 온라인상담 www.ccn.go.kr)를 누르면 실시간으로 상담이 가능하답니다.

> **✔ 기억하세요!**
> 일상의 문제처리를 위해
> 일(1) 상(3) 처(7) 리(2) 전화하기

그래도 안 되면?

▶ 허니버터칩 택배사고를 당한 소비자는 1372로 전화해 상황을 설명하고, 만족할 만한 해

결책을 부탁할 수 있어요. 소비자의 전화상담을 받은 한국소비자원 1372 소비자상담센터에서는 해당 택배회사에 문의해 상황파악을 한 후, 소비자의 불만처리를 하게 된답니다. 그런데 소비자가 원하는 대로 '허니버터칩 과자 4봉지' 제품배상이 안 된다고 하면?

셋째, 한국소비자원에 방문, 우편, 팩스, 인터넷을 통하여 소비자 '피해구제 신청'을 하세요.

▶ 한국소비자원 1372 소비자상담센터가 허니버터칩 택배사고를 당한 소비자의 불만을 처리해 주지 못할 경우, 소비자는 한국소비자원에 방문, 우편, 팩스, 인터넷을 통해 소비자 '피해구제 신청'을 할 수 있답니다.

그러나 안타깝게도 모든 소비자문제를 한국소비자원에서 해결할 수는 없답니다. 다음의 경우에 해당하면 한국소비자원에서 피해구제 신청을 받지 않으니 기억하세요.

개인 간 분쟁, 사업자 간 분쟁, 노동 분쟁, 국가 또는 지방자치단체를 대상으로 하는 분쟁, 당사자(소비자 · 사업자)와 연락이 불가능한 경우, 같은 내용으로 타 분쟁조정기구에 피해구제가 진행 중이거나 종결된 경우, 같은 내용으로 법원에 소송 중인 경우 등에는 처리가 안 돼요! 처리 No!

2. 급하게 300만 원이 필요해 어떻게 할까 하다가, TV에서 '한 달 이자 면제'라는 대출광고를 보았어요. 로고송을 따라 부를 정도로 대출광고들이 친숙하게 다가오는데 이용해도 될까요?

✔ **기억하세요!**
NO! 이용하지 말 것을 권유!

금융감독원(www.fss.or.kr) 홈페이지로 들어가 중앙부분 '민원인'을 클릭하고 우측에 보이는 '서민금융 1332 · 무료신용조회'를 클릭하면 '서민금융 1332(s1332.fcs.or.kr)'가 나타나요. 상단의 '서민금융지원'을 클릭하여 '서민금융지원제도 안내책자 다운받기'를 눌러 책자를 다운받아 살펴보면 자신의 신용에 맞는 금융회사를 찾을 수 있답니다(그런데 알아보는 방법은 바뀔 수가 있어요). 좀 복잡하지요? 그러나 찾아보면 많은 도움이 된답니다. 또는 한국이지론(www.egloan.co.kr, 상담센터 1644-1110)을 이용하세요.

서민금융상품 용도별 분류

	창업긴급생활자금			주택마련 한국주택금융공사 (www.hf.go.kr) 모기지론		저금리전환
상품	새희망홀씨	햇살론	미소금융	디딤돌대출	보금자리론	바꿔드림론
대상	-연소득 3000만원 이하 모든 신용등급 -3000만~4000만원은 6~10등급(햇살론 대상자: 근로자·자영업자)		신용등급 7~10등급인 자영업자·창업예정자	-부부합산 소득 연 6000만원 이하(생애최초 주택구입자는 연 7000만원 이하) -세대주를 포함한 세대원 전원 무주택자	무주택 또는 1주택자 (기존 주택을 담보로 하거나 3년 이내 기존 주택 처분조건)	-연소득 3000만원 이하의 모든 신용등급 -3000만~4000 만원은 6~10등급
대출 한도	2000만원	긴급생계자금 1000만원, 사업운영자금 2000만원, 창업자금 5000만원	사업운영·시설 개선자금 2000만원, 창업자금 7000만원	2억원 (6억원 이하 주택 마련)	5억원(9억원 이하 주택 마련)	3000만원
금리	연 7~12% (성실상환자·취약계층 금리우대)	연 9~12%	연 4.5% 이내	연 2.6~3.4% (소득·만기에 따라 다름)	연 2.85~3.1% (만기에 따라 다름)	연 8~12%로 전환(5년 이내 원리금 균등 분할 상환)
취급 기관	16개 은행	농협·수협·신협·새마을금고 등 제2금융권	미소금융 중앙재단 (www.smilemicrobank.or.kr)	14개 은행, 삼성생명, 미래에셋생명	은행, 저축은행, 보험사 등	16개 은행, 캠코(한국자산관리공사)

출처: 조선일보 (2015.4.21). 서민금융상품 난립. 몰라서 활용 못하는 서민들. 기사 수정.

TV 및 인터넷의 감성광고를 통해 대부업체에 대한 친근감이 생기면서 중장년층보다 청년층이 대부업체를 이용하는 비율이 많아지고, 신용이 양호한 사람들까지도 이용하고 있다고 해요. 그러나 편하게 이용하면 큰일 나요! 대부업체의 신용조회 기록만 있어도 은행 등 제도권 금융기관에서 신용등급을 낮게 책정하여 대출거절의 사유가 되므로, 대부업체에서 소액대출을 받은 후에는 은행권의 대출이 어렵다는 것을 기억하세요.

그럼, 한국소비자원 소비자피해주의보(2013.12.31.)에 나타난 대부업체 대출관련 피해사례를 살펴볼까요?

대부업체의 대출관련 소비자피해사례

【사례1】 부당채권추심(부당 빚 독촉) 피해
경남 창원시 대원동에 거주하는 조모 씨는 3년 전 R업체에서 390만 원을 대출받았는데, 지난 달 이자를 연체했더니 자녀들만 있는 자택에 와서 고함을 지르는 등 부당하게 채권추심(빚 독촉)함

【사례2】 과다한 중도상환수수료 요구 피해
울산에 거주하는 황모 씨는 300만 원을 대출받았는데, 과다한 이자에 상환 지연 등으로 피해금액이 2,268만 원이나 된다고 불만을 호소함

【사례3】 대출을 빙자해 '개인정보' 획득 후 연락두절
대출을 빙자해 소비자들로부터 주민등록등·초본, 통장, 급여내역서 등의 개인정보 등을 요구한 뒤 일방적으로 연락을 끊음

【사례4】 과다한 이자 요구 피해
경남 김해에 거주하는 40대 남성 신모 씨의 막내 동생이 100만 원을 등록되지 않은 사채업자에게 빌렸는데, 이자까지 모두 700만 원을 내라고 함

【사례5】 선 수수료 편취 피해
울산에 거주하는 최모 씨는 대출을 위해 상담하던 중 각종 수수료 명목으로 530만 원을 입금했는데, 추가로 120만 원을 요구해 대출을 포기하겠다고 하니 입금한 530만 원을 환불하지 않겠다고 주장함

【사례6】 휴대폰 대출을 미끼로 개인정보의 도용 피해
경남 사천시 용현면에 거주하는 서모 씨는 휴대폰으로 대출해 주겠다고 해 신분증을 보내 100만 원 대출을 신청했더니 60만 원만 대출해 주고, 대부업체가 서모 씨의 명의로 대포폰을 여러 대 개통해 통신요금이 700만 원 청구되는 피해가 발생함

【사례7】 휴대폰 대출 광고문자 사기
"시중은행 대출 어려우신 분 저금리로 대출 가능"이라는 문자를 받고 생계자금으로 300만 원 대출을 신청함. 신용등급이 낮아 대출이자가 높으므로 30만 원의 수수료를 내면 저금리 대출상품으로 전환해 주겠다고 하여 대출업체에 30만 원을 송금했는데, 송금 후 연락을 끊음

출처: 한국소비자원 소비자피해주의보 (2013.12.31). 일부 보충.

무이자, 업계 최저금리, 회사이름 등을 반복적으로 외치던 대부업 광고가 최근에는 조용한 감성 광고로 바뀌었어요.

예를 들면, 러시앤캐시의 '신입사원편' 텔레비전 광고 기억하세요? 여주인공은 러시앤캐시에 취직한 신입사원인데, 그녀는 대부업이 은행과 크게 다르지 않은 일을 하며 대부업에 대한 편견이 사실이 아니라고 우회적으로 표현하고 있어요. 이 외에도 누구나 따라 부르기 쉬운 로고송 등을 통해 대부업체에 대한 친근감을 조성하고 있는 현실! 그러나….

▶ 밝은 이미지만을 부각시킨 대부업체의 감성광고는 최고 이자율 연 34.9%에 이르는 대부업체

의 실체를 교묘하게 감추고 있답니다(연합뉴스, 2015.4.12.; 오마이뉴스, 2014.1.8).

서민들이 소액 급전을 빌려 쓰는 대부업시장에서 일본계인 아프로그룹(러시앤캐시, 미즈사랑 등)이 사실상 독주하는 가운데 역시 일본계인 산와머니(산와대부)가 2위로서 명함을 내밀 뿐 나머지 회사는 시장에서 영향력이 미미한 상황이고, 국내 대부업체 중에서는 웰컴론(웰컴크레디라인)이 업계 3위를 달리고 있지만 점유율이 7%에도 미치지 못한다고 하네요.

대부업체는 제도권 금융기관이 아니나 대부업체가 상호저축은행을 인수·합병하면서 대부업 계열 저축은행이 등장하게 되었어요.

▶ 대부업 계열 저축은행이 '은행'임을 강조하는 광고를 하면서도, 대부업 수준의 고금리대출을 하는 경우도 있다는 것! 주의하세요. 대부업 계열 저축은행에는 OK저축은행, 웰컴저축은행, 친애저축은행 등이 있답니다(오마이뉴스, 2014.11.15).

저축은행업계 역시 이미 일본계에 사실상 잠식당했다고 하는데, 일본계 대주주가 소유한 저축은행에는 SBI 저축은행, OSB 저축은행, 친애 저축은행, OK 저축은행, JT 저축은행 등이 있어요. 일본계 저축은행과 일본계 대부업체들은 저금리 일본자금을 들여와 한국서민금융시장을 잠식하고 이윤추구만 하고 있는 실정이므로 국가차원에서 적절한 관리방안이 필요하다고 해요(연합뉴스, 2015.4.12).

대부업체 및 대부업 계열 저축은행 이용하기 전 주의사항

첫째, 광고를 통해 친근감을 갖게 된 저축은행이나 대부업체일지라도 연 30%대의 고금리대출을 하고 있는 실정이므로 감정에 현혹되지 말고 금융감독원(www.fss.or.kr) 홈페이지로 들어가 '민원인→서민금융 1332·무료신용조회→서민금융 1332(s1332.fcs.or.kr)→서민금융지원→서민금융지원제도 안내책자 다운받기→서민금융지원제도 안내'를 살펴보아 자신의 신용도에 맞는 금융회사를 찾아보세요.

또는 한국이지론(www.egloan.co.kr, 상담센터 1644-1110)을 이용하세요.

둘째, 대부업체 및 대부업 계열 저축은행의 신원조회 기록만 있어도 은행 등 제도권 금융기관에서는 신용등급을 낮게 책정하여 대출거절의 사유로 삼고 있음을 기억하세요.

셋째, 대부업체나 대부업 계열 저축은행은 어쩔 수 없는 경우, 가장 마지막에 고려해야 할 금융기관이라는 것! 명심하세요.

어쩔 수 없이 대부업체 및 대부업 계열 저축은행을 이용하는 경우의 주의사항

첫째, 반드시 자신이 알고 있는 대출상품이름으로 인터넷 검색을 하여, 해당 대출업체 홈페이지에 대부업 등록번호가 표시되어 있는지 확인하세요.

둘째, 홈페이지에 표시된 대부업 등록번호를 가지고, 금융감독원 '서민금융 1332(s1332.fss.or.kr)'에서 등록대부업체 조회를 하거나, 지방자치단체 대부업 담당자(지방자치단체 홈페이지)에게 등록대부업체인지 문의하세요. 대부업 등록번호가 일치하더라도 전화번호와 상호가 일치하지 않을 경우, 명의도용의 우려가 있으므로 이용하지 마세요.

셋째, 연 이자율이 34.9%를 초과하는지 꼭 알아보세요.

✔ 기억하세요!

대출이자율이 법정최고이자율을 초과하는지 여부를 아는 방법
'금융감독원 서민금융 1332' 사이트(s1332.fss.or.kr)로 접속 → 불법사금융·개인정보불법유통 → 이자계산기 이용

넷째, 신용조회를 빌미로 신용카드번호, 비밀번호, 유효기간 등을 요구하면 절대 알려주지 말고, 그 업체는 이용하지 마세요.

다섯째, 대출중개수수료는 불법! 대출 전 선입금(보증보험료 비용, 신용등급조정 비용, 예치금, 공탁금 등)을 입금하라는 것도 사기! 절대 응하지 마세요.

대출중개수수료 등 선입금 요구 및 대출사기인 경우, 경찰서 또는 금융감독원(1332→3번)에 신고하세요.

여섯째, 대출로 인한 개인정보 노출피해를 예방하기 위한 3가지 방법

① 휴대폰 명의도용 방지를 위한 '명의도용방지서비스'(www.msafer.or.kr)[1]에 가입하여 확인하세요.

---

1) 명의도용방지서비스(Msafer)란 신규로 각종 통신서비스(이동전화, 무선인터넷[WiBro], 유선전화, 초고속인터넷, 인터넷전화[VoIP], 유료방송 등)에 가입하거나 명의변경을 통해 양도받을 경우, 그 사실을 본인 명의로 사용하고 있는 이동전화 회선을 통해 SMS로 알려주는 서비스. 홈페이지(www.msafer.or.kr)에서는 명의도용가입제한 서비스, 가입현황조회 서비스, 이메일 안내 서비스 등의 부가서비스를 제공하고 있으며, 본 서비스는 명의도용 피해를 예방하고자 제공하는 대국민 무료 서비스예요.

② 주민등록번호 이용내역을 확인하세요. 한국정보진흥원에서 운영하는 주민번호 클린센터(clean.kisa.or.kr) 홈페이지에 접속한 후 메뉴바에서 '주민등록번호 이용내역 확인'을 클릭하여 '개인정보 수집 및 이용 동의' 절차를 진행하면 주민등록번호 이용내역을 확인할 수 있어요.

③ '개인정보 노출자 사고예방시스템'에 등록하세요. '개인정보 노출자 사고예방시스템'이란 주민등록증이나 운전면허증의 분실 등으로 개인정보를 노출한 금융소비자가 대출사기 등의 금융사고를 우려하여 금융회사로부터 보호조치를 제공받고자 할 때, 금융회사 한 곳에 개인정보 노출사실을 신고하면 다른 금융회사도 동시에 공유하도록 하는 시스템이에요. 신청대상자는 신분증(주민등록증, 운전면허증 등) 분실자, 기타 개인정보 노출피해자이며, 신청방법은 각 거래은행 영업점 및 금융감독원 소비자보호센터를 직접 방문하여 본인여부 확인 및 개인정보 노출사실 전파신청서를 접수하여야 해요.

일곱째, 대출금 연체로 인한 불법적 채권추심행위(불법 빚 독촉행위)나 불공정한 행위를 당할 경우

▶ 금융감독원 전화 1332나 경찰서에 신고하세요. 신고할 때에는 불법적 채권추심행위(불법 빚 독촉행위)임을 증명할 수 있는 녹음, 문자메시지 등 증거자료를 확보하면 문제 해결에 도움이 된답니다.

불법적 채권추심행위(불법 빚 독촉행위)

▶ 채무자 또는 관계인을 폭행·협박·체포 또는 감금하거나 그에게 위계(상대방의 무지나 착오를 이용해 목적을 달성하는 것)나 위력(상대방의 의사를 억압할 수 있는 힘)을 사용하는 행위

▶ 정당한 사유 없이 반복적으로 또는 야간(오후 9시 이후부터 다음 날 오전 8시까지)에 채무자나 관계인을 방문함으로써 공포심이나 불안감을 유발하여 사생활 또는 업무의 평온을 심하게 해치는 행위

▶ 정당한 사유 없이 반복적으로 또는 야간에 전화하는 등 말·글·음향·영상 또는 물건을 채무자나 관계인에게 도달하게 함으로써 공포심이나 불안감을 유발하여 사생활 또는 업무의 평온을 심하게 해치는 행위

▶ 채무자 외의 사람(보증인을 포함)에게 채무에 관한 거짓 사실을 알리는 행위

▶ 채무자 또는 관계인에게 금전의 차용이나 이와 유사한 방법으로 채무의 변제자금을 마련할 것을 강요함으로써, 공포심이나 불안감을 유발하여 사생활 또는 업무의 평온을 심하게 해치는 행위

▶ 채무를 변제할 법률상 의무가 없는 채무자 외의 사람에게 채무자를 대신하여 채무를 변제할 것을 요구함으로써 공포심이나 불안감을 유발하여 사생활 또는 업무의 평온을 심하게 해치는 행위

▶ 채무자의 직장이나 거주지 등 채무자의 사생활 또는 업무와 관련된 장소에서 다수인이 모여 있는 가운

데 채무자 외의 사람에게 채무자의 채무금액, 채무불이행 기간 등 채무에 관한 사항을 공연히 알리는 행위 등

금지하고 있는 불공정 채권추심행위

▶ 혼인, 장례 등 채무자가 채권추심(빚 독촉)에 응하기 곤란한 사정을 이용하여 채무자 또는 관계인에게 채권추심의 의사를 공개적으로 표시하는 행위
▶ 채무자의 연락두절 등 소재파악이 곤란한 경우가 아님에도 채무자의 관계인에게 채무자의 소재, 연락처 또는 소재를 알 수 있는 방법 등을 문의하는 행위
▶ 정당한 사유 없이 수신자부담전화료 등 통신비용을 채무자에게 발생하게 하는 행위
▶ 개인회생절차 개시의 결정이 있는 때에는, 개인회생채권에 대한 변제를 받거나 변제를 요구하는 일체의 행위가 중지 또는 금지되었음에도 불구하고 법령으로 정한 절차가 아닌 방법으로 반복적으로 채무변제를 요구하는 행위
▶ 「채무자 회생 및 파산에 관한 법률」에 따른 회생절차, 파산절차 또는 개인회생절차에 따라 전부 또는 일부 면책되었음을 알면서 법령으로 정한 절차가 아닌 방법으로 반복적으로 채무변제를 요구하는 행위
▶ 엽서에 의한 채무변제 요구 등 채무자 외의 자가 채무 사실을 알 수 있게 하는 행위

출처: 「채권의 공정한 추심에 관한 법률」 제9조~제12조.

▶ 만약, 대부업체나 대부업 계열 저축은행으로부터 빌린 대출금 이자의 지급이 어렵거나 대출금을 정상적으로 상환하기 어려울 경우 어떻게 해야 하나요?

우리나라는 성실히 생활하였으나 경제불황 등 어쩔 수 없는 상황 때문에 연체자나 신용불량자가 된 사람들에게 연체이자를 감면하거나 상환기간을 연장해 주어 신용회복을 할 수 있는 채무조정프로그램을 제공하고 있으니, 본문 17장, 제3절 개인신용회복지원제도(채무조정프로그램)를 찾아보세요. 도움이 될 거예요.

3. 갑작스럽게 아버님이 돌아가신 후 남기신 재산이나 빚이 얼마나 되는지 알고 싶은데 알 수 있는 방법이 있나요? 만약 빚이 많을 경우라면 그 빚을 상속받기 싫은데 어떻게 해야 하나요?

우리나라는 정부에서 운영하는 좋은 서비스들이 많답니다.

그 중 하나로 상속인이 피상속인(사망자, 실종자 등)이 남긴 재산이나 빚을 알 수 있도록 하는 e-금융민원센터(www.fcsc.kr)의 상속조회 서비스가 있답니다. 그리고 빚이 많을 경우 그 빚을 상속받지 않는 방법도 있어요. 그럼 자세히 살펴볼까요?

첫째, 아버님의 사망 후 남기신 재산 알아보는 방법

'상속인 금융거래조회 서비스'란 상속인이 여러 금융회사를 일일이 방문하여야 하는 시간적·경제적 어려움을 덜어주기 위하여 금융감독원에서 상속인의 조회신청을 받아 피상속인의 각 금융회사에 대한 금융거래 여부를 확인하여 상속인에게 알려주는 서비스랍니다. 상속인이 미성년자인 경우, 14세 이상은 본인이나 법정대리인(또는 후견인)이 신청할 수 있으며, 14세 미만은 법정대리인(또는 후견인)만 신청이 가능하다고 하네요.

금융감독원이 운영하는 e-금융민원센터(www.fcsc.kr) 화면 아래쪽의 상속조회 안내를 클릭하면 '상속인 금융거래조회 서비스'에 대해 안내하고 있어요. 안내에 따라 서류를 준비한 후 해당 접수처를 직접 방문하여 접수하면 됩니다. 핸드폰 문자메시지 등을 통해 돌아가신 아버님의 재산 상태를 알 수 있답니다.

✔ 기억하세요!

상속인 금융거래조회 서비스(www.fcsc.kr/D/fu_d_07_01.jsp)

✔ 주의 !!!

최근 「e-금융민원센터」 홈페이지를 가장한 인터넷 피싱사이트가 출현하여, 공인인증서 등 개인신용정보를 수집하려는 사례가 발생하였으니, 금융감독원 e-금융민원센터를 이용할 때에는 인터넷 주소(www.fcsc.kr)를 반드시 확인하고 이용하세요.

▶ 상속인 금융거래조회 범위 및 대상 금융회사

- 조회범위: 조회신청일 기준으로 금융회사에 남아 있는 피상속인(상속자, 실종자, 피성년후견인) 명의의 모든 금융채권, 금융채무 및 보관금품의 존재유무 및 공공정보
  - 금융채권: 명칭 여하를 불문하고 각종 예금, 보험계약, 예탁증권, 공제, 신용카드사, DCDS(채무면제유예서비스) 가입 여부 등 피상속인 명의의 금융자산
  - 금융채무: 명칭 여하를 불문하고 대출, 신용카드 이용대금, 지급보증 등 우발채무 및 특수채권 등 금융회사가 청구권이 있는 피상속인 명의의 부채
  - 보관금품: 국민주, 미반환주식, 대여금고 및 보호예수물, 보관어음 등 피상속인 명의의 임치계약금품(보관금품)
  - 공공정보: 피상속인의 국세·지방세·과태료 등 일정금액 이상의 체납정보 등
- 조회대상 금융회사: 예금보험공사, 은행(전국은행연합회, 신용보증기금, 기술신용보증기금, 한국주택금융공사, 한국장학재단, 미소금융재단 포함), 농축협, 수협, 생

명보험회사, 손해보험회사, 증권회사, 자산운용사, 선물회사, 종합금융회사, 신용카드회사, 리스회사, 할부금융회사, 우체국, 상호저축은행, 신용협동조합, 새마을금고, 산림조합, 한국예탁결제원, 대부업체(대부업신용정보 컨소시엄에 가입한 업체만 대상)

▶ 상속인 금융거래조회를 위한 신청서류

상속인이 직접 신청하는 경우

- 사망자의 사망일시가 기재된 기본 증명서
- 사망진단서(주민등록번호 기재)
- 가족관계증명서(최근 3개월 이내 발급, 주민등록번호 기재)
- 상속인 신분증

▶ 상속인 금융거래조회 접수처: 반드시 방문하여 접수하세요.

금융감독원 본원·지원·출장소, 은행(수출입은행 및 외국은행 국내지점 제외), 우체국, 삼성생명 고객플라자, 교보생명 고객플라자, 한화생명 고객센터, KB생명 고객플라자, 삼성화재 고객플라자, 유안타증권

→ 접수증에 기재된 접수번호는 반드시 기억하세요!

▶ 상속인 금융거래조회 절차

① 금융감독원은 접수대행기관에 접수된 조회신청서를 취합하여 각 금융협회에 조회요청함

② 각 금융협회에서 소속 금융회사에 피상속인의 금융거래 여부를 조회 요청함

③ 금융회사는 피상속인의 금융거래 여부 및 채무금액을 해당 금융협회에 통보함

④ 각 금융협회는 취합된 조회결과를 신청인에게 문자메시지 등을 이용하여 통보함(금융협회 홈페이지를 통하여도 조회 결과 확인 가능)

▶ 상속인 금융거래조회 결과 확인

접수일로부터 7일 경과 후 3개월까지 금융감독원 홈페이지(www.fss.or.kr) → 민원인 → 상속인 조회에서 확인할 수 있으며, 조회결과 확인 후 예금 등 금융자산을 인출하는

데 따른 문의는 해당 금융회사에 연락하여 알아봐야 해요. 그리고 조회결과를 문서로 받을 수 없다는 것 아시겠죠?

둘째, 그런데 빚이 많은 걸 알았을 때 어떻게 해야 하는지요?

상속개시가 있음을 안 날(보통 사망일)로부터 3개월 이내에 상속포기, 한정승인 중 어떤 것을 할지를 결정해야 해요. 다음의 '상속인의 권리'에 대해 자세히 읽어보세요. 도움이 많이 될 거예요.

상속인의 권리: 상속승인, 상속포기, 한정승인

상속승인은 피상속인(돌아가신 분)의 재산이 많을 경우 행하여야 할 권리이다. 부모님의 사망으로 상속이 개시되면, 상속인은 포괄적으로 사망자의 권리뿐만 아니라 의무도 승계를 받게 된다.

문제는 피상속인이 남긴 재산이 빚 밖에 없거나 남긴 재산보다 빚이 더 많은 경우, 상속인들은 자신의 재산으로 피상속인의 빚까지 갚아야 하는 난처한 상황에 놓이게 된다. 이 경우, 상속인은 자기의 재산으로 피상속인의 빚을 전부 변제해야 할까(갚아야 할까)? 답은 그렇지 않다. 이처럼 피상속인이 재산보다 빚을 더 많이 남긴 경우, 상속인을 보호하기 위한 상속포기·한정승인제도가 있기 때문이다.

상속포기와 한정승인의 차이는 무엇일까?

상속포기는 상속인이 되는 것을 포기하는 것으로, 상속인이 상속포기를 하면 더 이상 상속인이 되지 않고 다음 순위의 상속인에게 상속이 넘어가게 된다.

이에 반해 한정승인은 상속인이 상속할 재산의 한도 내에서 상속채무를 갚으면, 여전히 상속인으로 남게 된다. 다시 말하면, 상속인이 상속할 재산이 있으면 상속채무를 갚고 상속할 재산이 없으면 상속채무를 갚지 않아도 된다는 것이다.

상속포기를 하게 되면, 상속과 관련한 모든 문제들이 한 번에 정리된다는 장점이 있지만, 후순위 상속인인 자신의 어린 자녀가 상속인이 되어 피상속인의 빚을 갚거나 또는 한정승인(또는 상속포기) 절차를 밟아야 한다는 단점도 있다.

이처럼 후순위 상속인이 빚을 변제하거나(갚거나) 한정승인(또는 상속포기)을 해야 하는 불편을 주지 않기 위해서는 어떻게 해야 할까? 답은 1순위 공동상속인 중 1명 이상이 한정승인을 하는 것이다. 아울러 다른 1순위 공동상속인은 상속포기를 해야 한다. 이렇게 해야 후순위상속인에게 갑자기 상속으로 인한 채권추심(빚 독촉)이 들어오는 것을 막을 수 있다. 그러나 상속포기, 한정승인 모두 상속개시가 있음을 안 날부터 3개월 이내에 해야 하며, 만약 이 시기를 놓친 경우에는 특정요건을 갖춘 경우에 한해 특별한정승인 신청만 가능하게 된다.

특별한정승인은 피상속인의 사망 후 3개월이 지난 후에 중대한 과실 없이 상속한 빚이 상속재산보다 많다는 사실을 알게 된 경우에 신청할 수 있는 것이므로, 피상속인의 빚이 상속재산보다 많다는 사실을 오래 전부터 알고 있었다면 신청이 불가능하다. 그러므로 피상속인의 사망일로부터 3개월 이내에 상속승인을 할지 또는 상속포기, 한정승인을 할지 결정해야 한다.

출처: http://blog.naver.com/1599798/220014658819

✔ 기억하세요!

부모님이 돌아가셨을 경우 우리가 해야 할 일의 순서!

첫째, e-금융민원센터(www.fcsc.kr)의 '상속인 금융거래조회 서비스'를 이용하여 돌아가신 분의 재산상태 알아보기

둘째, 상속개시가 있음을 안 날(보통 사망일)로부터 3개월 이내에 상속승인, 상속포기, 한정승인 중 어떤 것을 할지를 결정하기

셋째, 남긴 재산이 빚 밖에 없거나 남긴 재산보다 빚이 더 많은 경우, 상속포기나 한정승인 중 선택하기

넷째, 빚이 많을 경우 상속포기를 하면, 내 자식에게 그 빚을 물려주는 것이 되므로 한정승인을 하는 것이 바람직!

다섯째, 한정승인을 할 경우, 상속인이 상속할 재산이 있으면 그것으로 상속채무를 갚으면 되고 상속할 재산이 없으면 상속채무를 갚지 않아도 된다.

여섯째, 상속인이 여러 명인 경우, 1순위 공동상속인 중 1명 이상이 한정승인을 하고 다른 1순위 공동상속인은 상속포기를 하세요. 예를 들면, 어머니만 계셨던 4형제의 어머니가 돌아가셨는데 빚이 많을 경우, 1순위 공동상속인 4명 중 형이 한정승인을 하고 나머지 3형제는 상속포기를 하면 되겠지요?

일곱째, 상속인이 한정승인을 할 때에는 상속개시가 있음을 안 날로부터 3개월 이내에 상속재산의 목록을 첨부하여 상속개시지(피상속인의 최후 주소지) 가정법원에 한정승인의 신고를 하세요.

여덟째, 필요한 절차를 모르는 경우, '찾기 쉬운 생활법령정보' 홈페이지에 접속해 「생활법령 → '가정법률' 생활법령 목록 → 상속 → 상속의 승인・포기, 상속의 한정승인」에서 자세히 알아보세요.

4. 해외구매 관련 소비자피해사례 및 유의사항을 살펴볼까요?

2014년 온라인 해외구매 물품수입에 15억4천만 달러(약 1조7천4백억 원)가 쓰였다고 하네요. 어마어마한 규모이지요? 이처럼 온라인 해외구매가 급증하면서 관련 소비자피해가 잇따르고 있어 공정거래위원회에서는 '블랙 프라이데이' 관련 해외구매 소비자피해주의보(해외구매 유형별 소비자 주요 피해사례 및 유의사항 당부)를 발령하였답니다. 어떤 것인지 알아볼까요?

블랙 프라이데이란?

블랙 프라이데이(Black Friday, 검은 금요일)는 11월의 마지막 주 목요일인 추수감사절 다음날로, 미국에서 연중 가장 큰 규모의 쇼핑이 행해지는 날이다. 소매업체의 경우, 1년 매출의 70%가 이 날 이루어진다고 한다. 'black'이라는 표현은 이 날이 연중 처음으로 흑자(black ink)를 기록하는 날이라는 데에서 유래되었다.

출처: 위키백과.

우리는 해외직구(**직**접**구**매)라는 말을 많이 사용하는데, 실제로는 해외에 직접 나가 구매하는 것이 아니므로 온라인 해외구매라는 말이 정확한 용어랍니다. 온라인 해외구매 유형에는 해외구매대행 · 해외배송대행 · 해외직접배송 등이 있어요.

* 해외구매대행: 소비자가 구매대행사이트 접속 → 구매 → 대행업체가 해외쇼핑몰 등에서 소비자가 선택한 상품을 대신 구매 → 대행업체가 국내 배송

* 해외배송대행: 소비자가 해외쇼핑몰 접속 → 구매 → 대행업체를 통해 국내 배송

* 해외직접배송: 소비자가 해외쇼핑몰 접속 → 구매 → 해외쇼핑몰이 직접 국내 배송

■ 온라인 해외구매 유형별 소비자 주요 피해사례 및 유의사항

1) 온라인 해외구매대행

가장 많은 소비자피해가 발생하고 있어요.

(1) 온라인 해외구매대행 소비자피해사례

▶ 반품 · 환불을 요청할 때 고액의 수수료와 위약금을 요구하거나, 사전 고지한 내용과 다른 수수료를 요구하는 경우

예1 : A씨는 해외구매대행사이트를 통해 40만 원을 지불하고 가방을 구입하였는데, 보증서도 없고 보관가방에도 담겨 있지 않는 등 정품 여부가 의심되어 반품을 요청하였으나, 해당 해외구매대행사이트가 반품 배송비, 관세, 부가세, 국내 배송비 등의 명목으로 28만 원을 요구함

예2 : B씨는 해외구매대행사이트를 통해 커피 추출기를 구입하였는데 국내 전압과 맞지 않아 반품을 하고자 하였으나, 해당 해외구매대행사이트가 '반품 택배비 3만 원 이상'이라고 표시되어 있었음을 이유로 15만 원을 추가로 요구함

▶ 배송이 상당기간 지연되거나 해당 사업자와 연락이 두절된 경우

예3 : C씨는 해외구매대행사이트에 14만 원을 지불하고 운동화를 구입하였는데, 구입 당시 해외배송은 7~14일 소요된다고 안내받았으나, 40여 일이 지나도록 배송되지 않고 업체와 연락이 되지 않음

(2) 온라인 해외구매대행 시 소비자 유의사항

▶ 해외구매대행을 통한 제품을 구매할 때 교환·반품·환불에 관한 안내를 꼼꼼히 확인하세요.

→ 해외구매대행사이트에서는 해외배송 등을 이유로 교환 및 반품·환불이 되지 않는다고 안내하는 경우가 있으나, 해외구매대행사이트에서도 국내법이 적용되므로 다른 온라인쇼핑몰과 동일하게 제품을 공급받은 날부터 7일 이내에 청약철회 등을 할 수 있답니다.

→ 단순변심에 의한 청약철회 등의 경우 재화 및 서비스의 반환에 필요한 비용은 소비자가 부담하지만, 소비자에게 청약철회 등을 이유로 위약금이나 손해배상을 청구할 수 없으므로 반품 수수료 등을 사전에 고지하는지 반드시 확인하세요.

▶ 배송지연, 파손 또는 분실 등과 관련한 분쟁이 계속 발생하고 있으므로, 사전에 배송 조건과 보상 내용을 확인하세요.

→ 통신판매업 신고 여부와 결제대금예치(escrow)제 또는 소비자피해보상보험 가입 여부 등을 확인하고 가급적 신용카드 할부결제를 이용하도록 하세요. '에스크로'란 금융기관 등 제3자가 소비자의 결제대금을 예치하고 있다가 배송이 완료되면 대금을 통신판매업자에게 지급하는 거래안전장치를 말합니다. 꼭 이용하시길….

→ 업체와 원만한 해결이 어려운 경우 한국소비자원 1372 소비자상담센터를 통해 상담하거나, 거래 내용 증빙서류를 갖춰 피해구제를 신청할 수 있어요.

✔ 기억하세요!
온라인 해외구매대행사이트에서는 제품을 받은 날부터 7일 이내에 청약철회 가능!
온라인 해외구매 시 배송 관련 분쟁 많아요! 배송 조건·배송 내용 확인하세요.

2) 온라인 해외배송대행

(1) 온라인 해외배송대행 소비자피해사례

▶ 운송 중 제품이 분실되거나 파손된 제품이 배송된 경우

예4 : D씨는 해외쇼핑몰에서 찻잔세트를 구매한 후 배송대행업체에 배송을 의뢰하였

는데 배송된 제품을 확인해 보니, 찻잔의 모서리 일부가 파손되었고 포장 내에 깨진 조각은 확인되지 않았음

▶ 배송대행 수수료로 과다한 비용을 청구한 경우

예5 : E씨는 해외쇼핑몰을 통해 미화 49.99달러 상당의 가방을 구매한 후 배송대행업체에 배송을 의뢰하였는데 해당 배송대행업체에서는 포장박스를 제거하고 무게를 측정하는 옵션을 선택하지 않았음을 이유로 가방뿐만 아니라 가방의 포장박스까지 포함하여 무게를 측정한 다음 배송비가 미화 30달러라며 결제를 요구함

(2) 온라인 해외배송대행 시 소비자 유의사항

▶ 구매할 제품에 적합한 배송대행지를 선택하도록 꼼꼼하게 살펴보세요.

→ 동일 국가 내일지라도 지역에 따라 세금 등이 다르므로, 구매할 제품의 특성에 따라 부피·무게 및 서비스 등 배송비용에 관한 항목을 꼼꼼하게 살펴본 다음 업체를 선택해야 해요.

▶ 배송대행업체를 통한 거래에 앞서, 사전에 배송 조건 및 보상 내용 등을 확인하고 이용하세요.

→ 배송대행업체를 통한 거래를 할 때 운송 중 사고로 인한 제품누락, 분실 또는 파손 등과 관련한 분쟁이 빈발하고 있으므로, 미리 배송 조건과 보상 내용을 꼭 확인하세요.

→ 아울러 제품을 수령한 후 박스포장 상태 등이 불량한 경우에는 개봉하는 모든 과정을 촬영하는 등 잘못 배송 또는 파손 등에 따른 분쟁에 대비하세요.

3) 온라인 해외직접배송

(1) 온라인 해외직접배송 소비자피해사례

▶ 주문한 제품과 다른 제품이 배송되거나, 정품이 아닌 제품이 배송된 경우

예6 : F씨는 해외쇼핑몰을 통해 268,000원 상당의 의류를 구입하였는데 주문한 제품과 다른 사이즈의 제품이 배송되어 교환하였으나, 다시 배송된 제품은 주문한 제품과 다른 색상의 제품이 배송되었음

예7 : G씨는 해외쇼핑몰을 통해 미화 2,000달러 상당의 의류를 구입하였는데 배송된 제품은 주문한 제품보다 훨씬 저렴한 제품이어서 판매자에게 문의하자, 판매자는 어떤 제품을 보냈는지 알지 못하고 있었으며 주문한 제품으로 교환을 요청하였으나 거절당함

▶ 해외쇼핑몰에서 구입한 제품에 대해 국내 수리(A/S)를 거절한 경우

예8 : H씨는 해외쇼핑몰을 통해 의류를 구입하여 착용하던 중 지퍼 부분이 부러져서 해당 브랜드의 국내 고객센터에 문의하였더니 해외에서 구입한 제품은 국내에서 수리가 불가능하다는 이유로 거절당함

(2) 온라인 해외직접배송 시 소비자 유의사항

▶ 가급적 확인된 유명 해외쇼핑몰을 이용하고, 의류 · 신발 및 전자제품 등은 국내에서 통용되는 규격 · 치수와 다른 규격 · 치수를 표시하는 경우가 있으므로 규격 · 치수를 꼼꼼하게 비교해야 해요.

→ 해외 유명브랜드 제품을 지나치게 싼 가격으로 판매하거나 잘 알려지지 않은 해외 온라인쇼핑몰은 이용하지 않는 게 좋아요.

→ 의류 · 신발 등의 치수를 표시하는 단위(cm, inch) 또는 기준(목둘레, 가슴둘레, 팔길이 등)이 다르므로 치수를 꼼꼼하게 비교하세요.

→ 전자제품의 경우 국내에서 사용하는 전압, 주파수 등 규격 등을 반드시 확인해야 해요.

▶ 지속적인 수리가 필요한 제품은 신중하게 구입하세요.

→ 동일한 제품이라도 공식 수입품과 품질보증, 고객서비스 등에서 차이가 있을 수 있으므로 '국제품질보증(World Warranty)' 유무를 확인해야 합니다. 꼭!

✔ **기억하세요!**
온라인 해외구매 시 '국제품질보증(World Warranty)' 확인하기

▶ 해외쇼핑몰의 경우 국내법의 적용을 받지 않으므로 분쟁이 발생하는 경우에는 해당 쇼핑몰 고객센터(Contact Us 또는 Help 메뉴 등)에 직접 문의해야 하며, 이때 주문번호와 영

문 이름 등을 알려주어야 하는 경우가 있어요.

4) 온라인 해외구매 시 결제 유의사항

(1) 온라인 해외구매 시 결제로 인한 소비자피해사례

▶ 결제가 완료된 이후에, 결제를 할 때 표시된 환율과 다른 환율을 적용하여 대금을 추가로 요구하는 경우

예9 : I씨는 해외구매대행사이트를 통해 20만 원 상당의 의류를 구매하였으나, 그 다음날 해당 해외구매대행사이트로부터 연락이 와서 환율이 변동되었음을 이유로 16,000원을 추가로 요구함

(2) 온라인 해외구매 시 결제에 관한 소비자 유의사항

▶ 결제할 때 화폐단위를 확인하고 가급적 현지 통화로 결제하도록 하세요.

→ 원화(KRW)로 결제할 경우, 이중환전(원화 결제 시 원화 → 현지 통화 → 원화 순의 과정을 거치므로 환전수수료가 이중으로 부과됨)에 의하여 현지 통화로 결제할 때보다 불리한 환율로 청구되는 경우가 있으므로 주의하세요.

→ 결제할 때 계좌 송금(현금)을 요구하는 사이트는 사기성 사이트로 의심되는 경우가 많으므로 확인된 사이트가 아닌 경우 이용하지 마세요.

▶ 결제수단으로는 해외결제가 가능한 신용카드, 체크카드, 결제대행(Paypal 등)이 있으나, 반품 및 취소를 할 때 지급정지를 요청할 수 있는 신용카드를 이용하는 것이 가장 좋아요.

→ 신용카드로 결제하더라도 분쟁 발생에 대비하여 구매 및 결제 내용을 캡처하는 등 증빙자료를 남겨두는 것이 필요해요.

→ 비자(VISA), 마스터(MASTER) 등 로고가 있으면 해외결제가 가능하지만 일부 카드의 경우 제한이 있을 수 있으므로, 결제 전 카드사나 해당 쇼핑몰을 통해 해외 사용 가능 여부를 확인하도록 하세요.

✔ **기억하세요!**
온라인 해외구매 시 현지통화로 결제하기
반품 및 취소 시 지급정지 요청이 가능한 신용카드로 결제하기

어떠한 경우라도 소비자문제가 발생할 경우, 한국소비자원 1372 소비자상담센터로 전화하여 상담하세요.

공정거래위원회에서는 자주 피해가 발생하는 소비자문제에 대해 '소비자피해주의보'를 발령하고 있으니, 공정거래위원회 홈페이지(www.ftc.go.kr)로 접속하여 '소비자피해주의보'를 살펴보면 자신의 소비자피해를 줄일 수 있답니다.

위의 질문들을 통해 소비생활을 하다가 당하는 문제를 어떻게 해결하는가에 대한 답을 얻었어요.

이제 본격적으로 소비자법과 정책에 대해 알아볼까요? 그런데 소비자법과 정책을 알기 위해서는 먼저 법과 정책에 대한 기본 개념들을 이해해야 한답니다. Part 1에서 법과 정책에 대한 기본 개념들을 살펴본 후 Part 2에서 소비자문제의 발생과정과 특징, 소비자문제의 해결방법 등에 대해 알아봄과 함께 소비자정책이란 무엇이고, 어떻게 추진되고 있는가에 대해 알아볼 거예요. 그리고 Part 3에서 우리나라 소비자 관련 법령 및 제도에 대해 구체적으로 알아가려고 해요.

이제부터의 내용은 아무나 읽기에는 좀 어려운 것이 아닐까 생각한답니다. 상식을 넓히려는 사람이나 소비자법과 정책을 구체적으로 알고 싶은 학생들이 읽어야 하는 차원 높은 수준이라고 할까요? 그렇지만 친절하게 설명하였으니, 먼저 '의문에 대한 답'을 보고 기본적인 의문을 풀고 난 후 '본문'의 내용을 통해 구체적 사실들을 파악하고, '요약'을 통해 정리를 하면 좋을 것 같아요. 간단하게 내용을 파악하려고 하면 '요약'을 먼저 살펴보는 것도 한 방법이 되겠지요.

이제부터 파이팅!

Part 01 법과 정책

의문에 대한 답

* 1. 법은 왜 만들어졌을까요?

인간사회의 질서 유지를 위해 만들어졌어요.

사람이 둘 이상 모여 살다보면 서로 다툼이 생기게 마련이라 이러한 다툼을 해결해야만 했지요. 서로의 충돌을 적절히 조절하고 질서를 유지하기 위해 무언가 지켜야 할 규칙이 필요했고, 그래서 법(사회생활에 있어서 행동의 기준이 되는 규칙으로 국가에 의하여 강제되는 것)을 만들어 질서를 유지하게 되었답니다.

* 2. 의무와 책무의 차이는 무엇인가요?

- 의무: 반드시 지켜야 하는 것, 지키지 않으면 법에 의해 강제되는 것
- 책무: 지키는 것이 유익하나, 지키지 않아도 법으로 강제할 수 없는 것

현재 「소비자기본법」에서는 '책무'라는 용어를 사용하고 있는데, 「소비자기본법」에서의 '책무'는 의무보다 더 넓은 의미의 '책임이나 의무'라는 포괄적인 뜻으로 사용되고 있어요. 즉, '책무'의 내용으로 '~할 수 있다' 조항(임의규정)과 '~하여야 한다' 조항(강행규정)을 두고 있는데, '~할 수 있다' 조항은 책임은 있지만 법적 강제성이 없는 규정(본래 의미의 '책무')이고 '~하여야 한다' 조항은 지키지 않을 경우 법적으로 그 이행을 강제할 수 있는 의무(본래 의미의 '의무')에 해당한답니다.

* 3. 규범, 법, 정치, 정책, 행정, 시책 등에 대한 뜻을 알고 싶은데요?

- 규범: 지켜야 할 명령 또는 금지
- 사회규범: 사회의 질서 유지를 위해 사회구성원들이 지켜야 할 행동규칙
- 법규범(또는 법): 국가권력에 의하여 강제로 행해지는 사회규범
- 정치: 나라를 다스리는 일
- 정책: 국가의 문제 해결을 위해 정부가 결정한 행동방침
- 시책(施策): 정책을 시행하는 것으로 '행정(行政)'이란 의미와 같음
- 시책(時策): 해당 시기에 적절한 정책 또는 일정한 시기에 시행하는 정책
- 행정(行政): 정책을 실행하는 것

– 법과 정책은 서로 상호작용하면서 발전하는데, '정책'에 의해 '법'이 만들어지고, 만들어진 '법'을 집행하는 과정이 '정책'이라고 할 수 있답니다.

PART 01

법과 정책

Part 1에서는 소비자법과 정책을 이해하기 위해 필요한 기본 지식을 쌓을 수 있도록 하기 위하여, 법학 전반과 정책에 대한 보편적인 기본 개념을 살펴보고자 한다. 법은 왜 만들어졌는가? 이에 대한 답을 얻기 위해 법의 기초형태인 규범의 정의와 함께 사회규범과 법규범의 의미를 파악하고, 법의 근원과 체계, 법의 분류, 법률관계와 권리・의무, 법의 적용과 해석에 대하여 알아볼 것이다. 그리고 정책에 대해서는 정책의 개념, 정책의 특징, 정책의 구성요소인 정책목표・정책수단・정책대상자・정책결정자 및 정책과정에 대하여 살펴볼 것이다.

사회규범과 법규범

1 Chapter

제1절 사회규범과 법규범의 개념

법은 왜 만들어졌을까? 이에 대한 답을 얻기 위해서는 법의 기초형태인 규범에 대해 살펴볼 필요가 있다. 규범을 이해하기 위해 인류가 어떻게 존재하기 시작해 규범이란 것이 만들어졌는가를 생각해 보아야 할 것이다. 인류의 존재에 대해서는 창조론과 진화론[2]에 의해 설명이 가능하다. 창조론에 의한 인류의 존재를 가정하고, 성경에 기초해 옛날 원시사회를 상상해 보자. 선악과(선악을 알게 하는 나무열매)를 따먹지 말라는 하나님의 명령을 어기고 선악과를 따먹은 인류의 조상들은 에덴동산에서 쫓겨나 이 땅에 살기 시작하였다(도표 1-1 참조).

▮도표 1-1▮ '인간이 선악과를 따먹은 것'이 죄가 되는 이유

선악과를 따먹지 말라는 하나님의 명령을 어긴 게 왜 죄일까?

선악과를 먹으면 '선과 악'을 판단하는 능력을 갖게 된다고 하는데, 절대적인 선과 악을 판단하는 능력을 갖게 되는 것이 아니라 자기기준에 맞추어, 임의로 선악을 판단하는 능력(주관적인 기준에서 선과 악을 결정짓는 능력)을 갖게 된다고 한다. 즉, 인간 마음대로 선악을 결정짓고 구별하게 된다는 것이다.

예를 들면, 사이비종교 추종자들은 사이비종교 교주의 거짓된 가르침을 절대적인 선으로 생각하며 교주를 추종하는데, 이는 제멋대로의 기준으로 선과 악을 결정하게 된 인간의 속성이 그 종교의 가르침을 자기 멋대로 절대 선으로 생각하기 때문이다.

이처럼 선악과를 따먹은 인간들이 자기기준으로 선과 악을 구별하면 큰 혼란에 빠질 것이 분명하므로 하나님은 선악과를 따먹지 말라 명하셨고, 이를 어겨 선악을 제멋대로 판단하게 된 인간을 평화로운 에덴동산에 살게 할 수 없었던 것이 아닐까 추정한다.

---

2) 진화에 의해 인간이 존재하게 되었다고 생각하는 진화론자들과는 생각의 차이가 있음을 밝히며, 생각의 차이를 인정하는 성숙한 지식인의 자세로 읽어주기 바란다.

인류의 조상들은 이 땅에서의 생존을 위해 수렵·채집생활(물고기를 잡아먹고, 짐승을 사냥하고, 열매를 따먹는 생활)을 하기 시작했을 것이다. 이들의 삶이 계속됨에 따라 자손들이 번성하게 되었고, 사람이 둘 이상 모여 살다보면 서로 이해관계가 충돌하였을 것이다. 이들 이해관계의 충돌을 적절히 조절하고 질서를 유지하기 위해서는 무언가 지켜야 할 규칙이 필요한데 이를 규범이라고 한다.

규범이란 명령 또는 금지를 의미하는 것으로 '~을 하여야 한다', '~을 하지 말아야 한다'를 말한다. 예를 들면, '부모를 공경하여야 한다', '살인하지 말아야 한다' 등이다.

인류는 수렵·채집생활 이후 계속 존립하고 발전하면서 농경사회(땅을 경작하여 농사지어 그 수확물을 거두어 사는 사회), 가내수공업사회(집에서 필요한 도구나 옷들을 만들어 사는 사회), 산업사회(기계의 발명과 증기기관의 개발로 공장에서의 대량생산과 물품의 이동이 가능해진 사회)를 거쳐 오늘날 정보화사회(정보통신기술의 발달로 정보의 이동이 빠르고 정보이용이 편리한 사회)를 이루었다. 이러한 인류사회 발전의 밑바탕에는 상호 이해관계의 충돌을 적절히 조절하고 질서를 유지하는 사회규범이 존재해 왔다.

사회규범이란 사회에서 지켜야 할 명령 또는 금지로, 사회의 질서를 유지하기 위해 사회구성원들이 지켜야 할 행동규칙이다. 사회규범에는 관습규범, 도덕규범, 종교규범, 법규범 등이 존재한다.

관습규범(또는 관습이라고도 한다)이란 어떤 사회에서 오랫동안 지켜 내려와 그 사회 성원들이 널리 인정하는 질서나 풍습이다. 이는 출생이나 결혼, 혹은 사망과 같은 인생의 중요한 사건들을 둘러싼 의식이나 예식, 혹은 의복과 관련되기도 한다. 예를 들어, 장례식에 참석하는 경우 입어야 하는 의복의 종류에 관하여 서양의 경우 '검은 정장' 등과 같은 독특한 관행을 갖고 있다. 또한 특정업종에 종사하는 상인들은 오랜 기간 동안 내려온 자신들의 관습을 엄격하게 준수하고, 어떠한 공식적인 규범보다도 이러한 관습을 더욱 중요하게 받아들인다. 예를 들면, 중세의 수공업길드(수공업자들의 독점적·배타적 동업조합)는 도제(제자)의 수업년도·도제(제자)수의 제한·가입금·직장·상품검사 등에 관한 규약을 가졌고 공동구입·생산·판매까지도 행하였다. 길드의 모든 운영은 전통에 따라 행해졌으며 길드에 소속되지 않은 수공업자들에게 완강히 대항하여 스스로의 배타적 특권을 수호하려고 노력했다. 이처럼 관습은 비록 국가의 공식적인 규범으로서 인정된 것은 아니지만, 사회구성원들의 일상생활 속에서 이들의 행위를 규율하는 것(질서나 제도를 좇아 다스리는 것)이다.

도덕규범(또는 도덕)은 인간의 양심에 내면적 평화를 주며, 의지의 내적 과정에 관한 것이다. 도덕규범은 법규범과 가장 밀접한 관련을 맺고 있는 사회규범으로, 법은 인간의 외적 행위를 규제하는 데 반하여 도덕은 인간의 내적 심리를 규제대상으로 한다.

종교규범(또는 종교)은 초인격적인 신을 대상으로 하고, 인간의 개인적·내면적 신앙을 기초로 하여 영혼구원을 목적으로 한다. 영혼구원을 목적으로 하는 종교 역시 신도들이 신앙생활을 하면서 지켜야 할 계율(규범)들이 존재하여 신도들의 행위를 규율하고 있기 때문에 사회규범이라고 할 수 있다.

법규범(또는 법)은 사회규범 중 가장 강력한 권위를 가진 것으로 국가에 의해 구성원에게 강제로 행하게 하는 규범이다. 즉, 법이란 사람의 사회생활에 있어서 행위의 준칙(기준이 되는 규칙)으로서 국가권력에 의하여 강행되는 사회규범이다.

이를 구체적으로 살펴보면, 첫째, 법이 대상으로 하고 있는 것은 사람의 행위이다. 여기서 행위란 인간이 자기의 의사결정에 의하여 행하는 외부로 나타난 신체적 행위를 말한다. 둘째, 법은 사회규범이면서 강제규범이다. 법은 정치적으로 조직된 사회, 즉 국가속에서 스스로를 지켜나가기 위해 강제라는 수단을 가지고 있으며, 이를 지키지 않는 경우 일정한 제재를 가하는 규범이다. 예컨대, 형법(범죄와 형벌에 관한 내용을 규정한 법률)상의 범죄를 저지르면 형벌이, 민사(평등한 개인 간의 관계)상의 불법행위를 한 자에게는 손해배상의 제재가 가해진다. 이처럼 법은 지키지 않는 자에 대해서 반드시 제재를 가한다는 점이 다른 사회규범인 도덕이나 관습, 종교와 그 성격을 달리하는 것이다(박상기 외 12인, 2013: 11-13; 강대식·전찬희, 2007: 7-8; 박상호, 2000: 16).

제2절 법규범의 기능

첫째, 사회통제의 기능이 있다. 법은 어떤 행동이 공적으로 허용되고 금지되는지를 명확히 한다. 법제도하에서 사회통제를 위한 수많은 법들이 집행된다. 예컨대, 경찰은 범죄자를 체포하고, 검찰은 기소하고, 판사는 형을 선고하며, 간수는 죄수를 감시한다. 이러한 일련의 과정들 역시 관계법규에 의해 통제되고 집행된다.

둘째, 분쟁해결의 기능이 있다. 분쟁은 가치에 관한 대립적인 요구의 공적 표명(의사나 태도를 분명하게 드러냄)이다. 예컨대, 계약의 파기, 결혼의 파탄, 유산상속을 둘러싼 분쟁 등 현대사회에서는 크고 작은 분쟁들이 끊임없이 발생하고 있으며, 이러한 분쟁들을 해결하는 일차적 임무를 수행하는 것이 바로 법이다. 또한 개인 간의 분쟁뿐만 아니라 노사 간의 분쟁이나 지역주민들 간의 분쟁들을 해결하는 기능을 한다.

셋째, 부의 재분배 기능이 있다. 법적 행위의 가장 중요한 것은 경제행위이며, 법은 사회 내의 희소한 재화(goods: 인간 생활에 만족을 주는 형체가 있는 상품으로 쌀, 옷, 책처럼 만질 수 있는 것)나 서비스(service: 형체가 없으면서 인간생활에 만족을 주는 인간의 활동으로 교사의 수업행위, 의사의 진료활동 등이 있다)의 분배를 일정한 방식으로 이루어지도록 규제한다. 경제질서와 관련한 법의 기본적인 역할은 '재산'이 무엇인지를 정의하는 것이다. 그리고 이미 분배된 재산을 유지하고, 이를 둘러싸고 일어나는 분쟁을 해결하고, 잘못된 경제행위를 원점으로 되돌리고, 재산권을 지키며, 때로는 일정한 변화를 허용한다. 사유재산, 은행, 금전 및 주식시장 등을 규율하는 법규범들은 오늘날의 시장경제체계에 있어서 매우 중요하며, 형사법(국가 형벌권의 내용과 그 집행방법 따위를 규정한 법률)은 횡령·폭행·절도로부터 개인의 재산을 지키는 역할을 하고 있다.

넷째, 개혁적 기능을 수행한다. 우리나라 1960~1970년대 경제개발계획처럼 정부의 주도하에 사회변화가 이루어지기도 하는데, 이러한 사회의 전반적인 변화를 가져오는 것 역시 법에 의해 뒷받침되어야 이루어진다.

다섯째, 교육적·계몽적 기능이 있다. 물론 이러한 기능은 사회통제라고 하는 일차적인 기능에 뒤따르는 부수적인 것이라고 할 수 있다. 예를 들어, 재판에 회부된 범인은 형벌이라는 제재를 받을 뿐만 아니라 교육도 받는다. 즉, 법의 과정은 일종의 개량자(나쁜 점을 보완하여 더 좋게 고치는 사람)의 역할을 한다. 또한 정부는 법의 목적이나 취지를 널리 알려서 그것을 준수하도록 대중을 설득하기도 하는데, 이를 계몽적 기능이라고 볼 수 있다(박상기 외 12인, 2013: 5-7).

법의 근원과 체계

Chapter 2

제1절 불문법과 성문법

법의 근원이란 법의 존재형식으로 법이 존재하고 있는 모습을 말하며 이는 불문법과 성문법으로 나누어진다(김영규 외 8인, 2013: 11).

첫째, 불문법(oral law)이란 문서의 형식으로 표현되지 않은 법으로 일정한 제정절차를 거치지 않고 존재하는 법을 말한다. 불문법에는 관습법(customary law), 판례법(case law), 조리(sound reasoning)가 있다.

관습법(customary law)이란 입법기관에 의해 제정된 것이 아니고 국민들 사이에서 자연발생적으로 형성된 관습이 법체계로 흡수되거나 통합된 것이다.

판례[3]법(case law)이란 일정한 법률문제에 관하여 같은 취지의 판결이 되풀이됨으로써 그 해결의 방향이 대체로 확정된 경우에 성문화되지는 않았지만, 법적 규범성이 인정되어 사실상 법원에서 인정되는 규범이다.

조리(sound reasoning)란 많은 사람들이 승인하는 공동생활의 원리인 도리이며, 사회생활에 있어서 인간의 건전한 상식으로 판단할 수 있는 사회의 이치, 선량한 풍속 등으로 표현되기도 한다. 재판에 있어서 성문법이나 관습법의 결함을 보충하기 위하여 채용되는 일이 많다. 우리나라 「민법」은 제1조에서 '민사(평등한 개인 간의 관계)에 관하여 법률에 규정이 없으면 관습법에 의하고 관습법이 없으면 조리에 의한다'고 규정함으로써, 민사재판에 있어 성문법도 관습법도 없는 경우에 조리가 재판의 준거가 된다는 것을 확정하고 있다.

법의 역사는 불문법에서 성문법으로 발전하여 왔으며, 특히 관습법은 성문법의 모체이고, 근대국가가 대규모의 성문법을 편찬하기 이전에는 불문법이 오랫동안 법적 생활을

3) 판례란 법원이 특정 소송사건에 대하여 법을 해석·적용하여 내린 판단을 의미한다.

지배하여 왔다.

둘째, 성문법(written law)이란 문자로 표현되고 문서의 형식을 갖춘 법으로 입법기관에 의해 절차를 거쳐 성립된 법이다. 우리나라의 성문법은 헌법, 법률, 명령, 규칙, 자치법규 및 조약 등의 체계를 갖는다(박상호, 2000: 39-47).

제2절 성문법의 체계

성문법이란 입법기관에 의해 절차를 거쳐 성립된 법을 말하며, 일반적으로 법이라 한다. 법에는 헌법, 조약·국제법규, 국회에서 만드는 법률, 행정부에서 법률을 집행하기 위해 만드는 명령인 대통령령(대통령이 발하는 명령)·총리령(총리가 발하는 명령)·부령(각 행정부처 장관이 발하는 명령), 규칙(대법원규칙, 민사소송규칙, 형사소송규칙 등), 지방자치단체가 제정하는 자치법규 등이 있다.

법은 법령이라는 용어로 사용되기도 하는데, 법령이라 하면 좁은 의미로 법률과 명령을 의미하나, 넓은 의미에서는 법과 같은 의미로 쓰이기도 한다. 우리나라의 법은 일정한 상하구조로 이루어진 체계를 가지고 있는데 이를 살펴보자(도표 2-1 참조).

도표 2-1 우리나라 법령의 체계

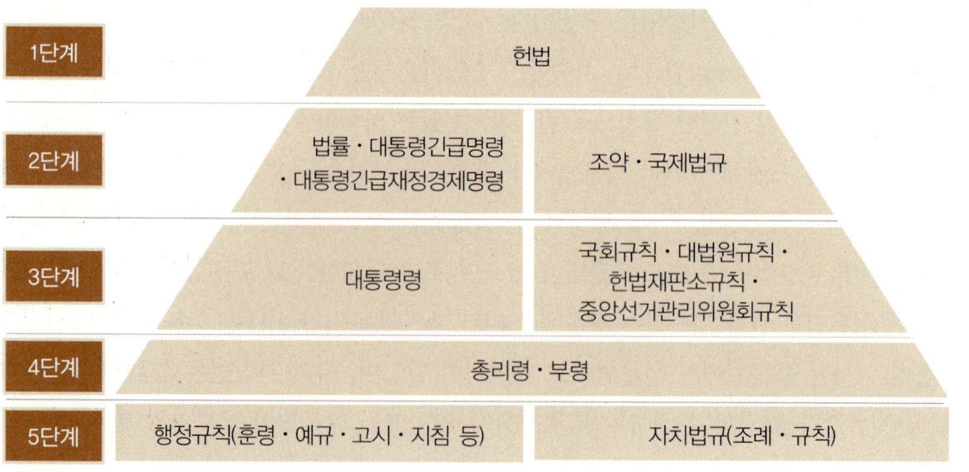

출처: 대한민국 영문법령(http://elaw.klri.re.kr/kor_service/struct.do)

I. 헌법

우리나라 최고의 법규범으로 국가의 형태, 국민의 권리·의무 등 기본권과 국가기관 등 통치기구의 구성에 대한 내용을 담고 있으며, 모든 법령의 기준과 근거가 된다. 따라서 법률·대통령령 등 법령은 헌법정신과 이념에 따라야 하고, 헌법이 보장하고 있는 국민의 기본권(인간다운 생활을 영위하기 위해 반드시 필요한 기본적인 권리)을 침해하지 않아야 한다. 특히 법률이 헌법에 위배되면 헌법재판소에서 위헌(違憲)결정을 하여 그 효력을 없애기도 한다.

우리나라 헌법의 기본 원리를 살펴보면, 대한민국의 주권이 국민에게 있고 모든 권력은 국민으로부터 나온다고 하는 민주주의 원리, 국가권력이 행사되기 위해서는 법에 그 근거가 있어야 한다는 법치국가 원리, 사유재산제를 인정하고 원칙적으로 시장경제질서를 채택하고 있으면서 시장에서의 생존능력이 없는 국민을 보호하는 복지국가 원리, 문화 특히 민족문화와 전통문화를 육성하기 위한 국가의 과제를 선언하고 있는 문화국가 원리 등이 있다(도표 2-2 참조).

▌도표 2-2▌ 대한민국헌법

대한민국헌법

[시행 1988.2.25.] [헌법 제10호, 1987.10.29., 전부개정]

전문

유구한 역사와 전통에 빛나는 우리 대한국민은 3·1운동으로 건립된 대한민국임시정부의 법통과 불의에 항거한 4·19민주이념을 계승하고, 조국의 민주개혁과 평화적 통일의 사명에 입각하여 정의·인도와 동포애로써 민족의 단결을 공고히 하고, 모든 사회적 폐습과 불의를 타파하며, 자율과 조화를 바탕으로 자유민주적 기본질서를 더욱 확고히 하여 정치·경제·사회·문화의 모든 영역에 있어서 각인의 기회를 균등히 하고, 능력을 최고도로 발휘하게 하며, 자유와 권리에 따르는 책임과 의무를 완수하게 하여, 안으로는 국민생활의 균등한 향상을 기하고 밖으로는 항구적인 세계평화와 인류공영에 이바지함으로써 우리들과 우리들의 자손의 안전과 자유와 행복을 영원히 확보할 것을 다짐하면서 1948년 7월 12일에 제정되고 8차에 걸쳐 개정된 헌법을 이제 국회의 의결을 거쳐 국민투표에 의하여 개정한다.

제1장 총강

제1조 ① 대한민국은 민주공화국이다.
② 대한민국의 주권은 국민에게 있고, 모든 권력은 국민으로부터 나온다.

제2조 ① 대한민국의 국민이 되는 요건은 법률로 정한다.
② 국가는 법률이 정하는 바에 의하여 재외국민을 보호할 의무를 진다.

제3조 대한민국의 영토는 한반도와 그 부속도서로 한다.

제4조 대한민국은 통일을 지향하며, 자유민주적 기본질서에 입각한 평화적 통일 정책을 수립하고 이를 추진

한다.

제5조 ① 대한민국은 국제평화의 유지에 노력하고 침략적 전쟁을 부인한다.

② 국군은 국가의 안전보장과 국토방위의 신성한 의무를 수행함을 사명으로 하며, 그 정치적 중립성은 준수된다.

제6조 ① 헌법에 의하여 체결·공포된 조약과 일반적으로 승인된 국제법규는 국내법과 같은 효력을 가진다.

② 외국인은 국제법과 조약이 정하는 바에 의하여 그 지위가 보장된다.

제7조 ① 공무원은 국민전체에 대한 봉사자이며, 국민에 대하여 책임을 진다.

② 공무원의 신분과 정치적 중립성은 법률이 정하는 바에 의하여 보장된다.

제8조 ① 정당의 설립은 자유이며, 복수정당제는 보장된다.

② 정당은 그 목적·조직과 활동이 민주적이어야 하며, 국민의 정치적 의사형성에 참여하는데 필요한 조직을 가져야 한다.

③ 정당은 법률이 정하는 바에 의하여 국가의 보호를 받으며, 국가는 법률이 정하는 바에 의하여 정당운영에 필요한 자금을 보조할 수 있다.

④ 정당의 목적이나 활동이 민주적 기본질서에 위배될 때에는 정부는 헌법재판소에 그 해산을 제소할 수 있고, 정당은 헌법재판소의 심판에 의하여 해산된다.

제9조 국가는 전통문화의 계승·발전과 민족문화의 창달에 노력하여야 한다.

제2장 국민의 권리와 의무

제10조 모든 국민은 인간으로서의 존엄과 가치를 가지며, 행복을 추구할 권리를 가진다. 국가는 개인이 가지는 불가침의 기본적 인권을 확인하고 이를 보장할 의무를 진다.

제11조 ① 모든 국민은 법 앞에 평등하다. 누구든지 성별·종교 또는 사회적 신분에 의하여 정치적·경제적·사회적·문화적 생활의 모든 영역에 있어서 차별을 받지 아니한다.

② 사회적 특수계급의 제도는 인정되지 아니하며, 어떠한 형태로도 이를 창설할 수 없다.

③ 훈장등의 영전은 이를 받은 자에게만 효력이 있고, 어떠한 특권도 이에 따르지 아니한다.

제12조 ① 모든 국민은 신체의 자유를 가진다. 누구든지 법률에 의하지 아니하고는 체포·구속·압수·수색 또는 심문을 받지 아니하며, 법률과 적법한 절차에 의하지 아니하고는 처벌·보안처분 또는 강제노역을 받지 아니한다.

------- 이하 생략 -------

출처: 법제처 국가법령정보센터(www.law.go.kr)

II. 법률

법률은 헌법에 비해 보다 구체적으로 국민의 권리·의무에 관한 사항을 규율하며, 행정의 근거로 작용하고 있기 때문에 법체계상 가장 중요한 근간(중심이 되는 것)을 이루고 있다.

법률안은 국회의원과 정부가 제출할 수 있다. 정부제출 법률안과 국회의원발의 법률안에 대해 입법기관인 국회의 의결을 거쳐 대통령이 서명·공포함으로써 법률은 성립한다. 즉, 법률안의 제출, 국회의 의결, 대통령의 공포라는 절차를 거쳐 제정된다. 법률의 종류는 형법, 민법, 법원조직법, 검찰청법, 경범죄처리법, 폭력행위의 처벌에 관한 법률 등 다양하다.

III. 명령과 규칙

법률에서 국민의 권리 · 의무에 관한 사항을 규정하고 있지만, 모든 사항을 정하기에는 내용이 너무 많으므로 국민의 권리와 의무에 관한 기본적인 사항만을 정하며 그에 관한 구체적인 내용은 국가정책을 집행하고 담당하는 중앙행정기관에서 정할 수 있도록 하고 있다. 이처럼 국회의 의결을 거치지 않고, 행정기관이 법률에 근거한 사항을 제정하는 성문법이 명령(또는 법규명령)이다.

명령은 제정권자를 기준으로 하여 대통령령(대통령이 발하는 명령, 보통 시행령이라고 한다), 총리령(총리가 발하는 명령, 보통 시행규칙이라고 한다), 부령(각 행정부처 장관이 발하는 명령, 보통 시행규칙이라고 한다)으로 나뉜다. 대통령령은 총리령 · 부령보다 상위의 법이고, 총리령과 부령은 동등한 효력을 가진다. 내용을 기준으로 명령을 분류하면, 법률에 의해 위임된 사항을 행정기관이 제정하는 '위임명령'과 법률이나 상위명령을 집행하기 위한 구체적 · 기술적 사항을 제정하는 '집행명령'이 있다. 명령(또는 법규명령)은 법률처럼 국민과 행정기관, 법원을 구속하는 효력이 있다.

규칙의 종류에는 행정부에서 제정한 규칙인 행정규칙, 국회나 대법원에서 제정한 규칙, 지방자치단체에서 제정한 규칙 등이 있다.

행정규칙이란 행정부 내부를 규율하기 위해 제정하는 성문법으로 훈령, 예규, 고시, 지침, 공고 등이 있다. '훈령'이란 상급기관이 하급기관 또는 소속공무원에 대하여 장기간에 걸쳐 그 권한의 행사를 지시하기 위하여 발하는 명령을 말한다. '예규'란 행정사무의 통일을 기하기 위하여 반복적 행정사무의 처리기준을 제시하는 문서를 말한다. '고시'란 '법령이 정하는 바에 따라' 일정한 사항을 일반 국민에게 알리는 문서이다. 예를 들면, 공정거래위원회의 고시로 '소비자분쟁해결기준'이 있다. '지침'이란 규정 등에 근거하여 업무를 처리함에 있어 구체적인 방법이나 방향을 제시하는 규범을 말한다. 그런데 훈령, 예규, 또는 고시의 이름을 '~에서의 지침'이라고 사용하는 경우가 많다. 예를 들면, 공정거래위원회 고시로 '전자상거래 등에서의 소비자보호 지침'과 '특수판매에서의 소비자보호 지침' 등이 있다. '공고'는 일정한 사항을 일반 국민에게 알리는 문서로 고시와의 차이점은 법령이 정하는 바에 따른 사항이 아니라는 것이다. 일반적으로 행정규칙은 행정부 내부를 규율하기 위해 제정하는 법이므로 국민과 법원에 대해서는 구속력이 없는 것이 원칙이나, 근거법령규정과 결합하여 대외적으로 구속력이 있는 명령(또는 법규명령)의 효력을 가질 때도 있다(국가법령정보센터 법령용어검색, 행정업무의 효율적 운영에 관한 규정).

행정부와 동일한 지위의 국회나 대법원에서 제정한 규칙은 행정규칙과 달리 법률처럼 국민과 행정기관, 법원을 구속하는 효력이 있다. 예를 들면, 국회규칙, 대법원규칙, 헌법재판소규칙, 중앙선거관리위원회규칙 등이 있다.

지방자치단체에서 정한 규칙은 지방자치단체의 자치법규에 해당한다(박상호, 2000: 40-42; 김영규 외 8인, 2013: 14-15).

소비자와 관련한 법률과 명령(소비자 관련 법령)을 제시하면 〈도표 2-3〉과 같다.

도표 2-3 소비자 관련 법령

	법률	시행령	시행규칙
소비자 일반 관련	소비자기본법	소비자기본법 시행령	소비자단체소송규칙
	약관의 규제에 관한 법률	약관의 규제에 관한 법률 시행령	
	표시·광고의 공정화에 관한 법률	표시·광고의 공정화에 관한 법률 시행령	
	제조물책임법		
	민법		
	상법	상법 시행령	
특수 거래 관련	방문판매 등에 관한 법률	방문판매 등에 관한 법률 시행령	방문판매 등에 관한 법률 시행규칙
	전자상거래 등에서의 소비자보호에 관한 법률	전자상거래 등에서의 소비자보호에 관한 법률 시행령	전자상거래 등에서의 소비자보호에 관한 법률 시행규칙
	할부거래에 관한 법률	할부거래에 관한 법률 시행령	할부거래에 관한 법률 시행규칙
기타	소비생활협동조합법	소비생활협동조합법 시행령	소비생활협동조합법 시행규칙

출처: 한국소비자원(www.kca.go.kr)

IV. 지방자치단체의 자치법규

지방자치단체는 주민의 복리(welfare)에 관한 사무를 처리하고 재산을 관리하며, 법률과 명령의 범위 내에서 지방자치에 관한 규정을 제정할 수 있는데, 이를 지방자치단체의 자치법규인 조례와 규칙이라고 한다.

조례란 지방자치단체의 의회가 법령(법률과 명령)의 범위 안에서 그 권한에 속하는 사항을 제정하는 것이다.

규칙이란 지방자치단체의 장이 법령과 조례의 범위 안에서 그 권한에 속하는 사항을 제정하는 것이다.

예를 들면, '서울특별시 강북구 무료법률상담실 설치 및 운영 조례', '서울특별시 광진구 청소년보호법 위반 과징금 감경 규칙' 등이 있다. 소비자와 관련한 조례와 규칙으로는 '서울특별시 소비자기본조례', '서울특별시 소비자기본조례 시행규칙', '부산광역시 소비자권익증진지원 조례', '경기도 성남시 소비자보호조례 시행규칙' 등이 있다.

V. 조약

조약은 정치적·외교적 기본관계나 지위에 관한 국가와 국가 간의 합의로 국회의 비준[4)]동의를 필요로 한다. 조약은 국제법상 효력뿐 아니라 국내법적 효력을 인정받고 있다. 예를 들면, 한·미 상호방위조약 등이 있다. 조약에는 당사국의 수에 따라 양자(兩者)조약과 다자(多者)조약으로 분류된다.

협약, 협정, 규약 등도 그 명칭에 상관없이 문서의 형식으로 국가 간에 체결되는 국제적 합의이면 모두 조약으로 본다. 그러나 국가의 조약체결 관행상, 협약은 국제회의에서 성립된 다수국가 간의 입법적 성격의 조약에 사용되고, 협정은 행정협정과 같이 절차상 행정부가 주도하여 체결하는 국제적 합의에 쓰인다. 예를 들면, 헤이그 국제아동입양협약과 한·미 자유무역협정(FTA) 등이 있다.

---

4) 비준이란 전권(all rights)을 위임받은 이가 서명한 국가 간의 조약 따위에 대해 대통령 또는 헌법상의 조약 체결권자가 최종적으로 확인하는 절차이다. 우리나라에서는 대통령이 국회의 동의를 얻어 행한다.

Chapter 3

법의 분류[5]

한 나라의 수많은 법규범들은 개개의 법규범들이 다른 법규범들과 아무런 관련 없이 독립적으로 제각기 기능을 하고 있는 것이 아니라 논리적 통일성에 의하여 질서 있게 정리된 하나의 법체계를 이루고 있으며(강대식 · 전찬희, 2007: 32), 우리나라의 경우도 헌법 · 법률 · 명령과 규칙 · 자치법규의 순서로 정리된 상하구조의 법체계를 가지고 있다.

그러나 이러한 법체계는 법이 어떠한 기준에 따라 분류됨으로써 가능한 것이기 때문에, 법을 일정한 기준에 따라 분류하면 다음과 같다. 국내법과 국제법, 공법과 사법 및 사회법, 일반법과 특별법, 실체법과 절차법, 강행법과 임의법으로 분류한다(도표 3-1 참조).

▌도표 3-1▐ 법의 분류

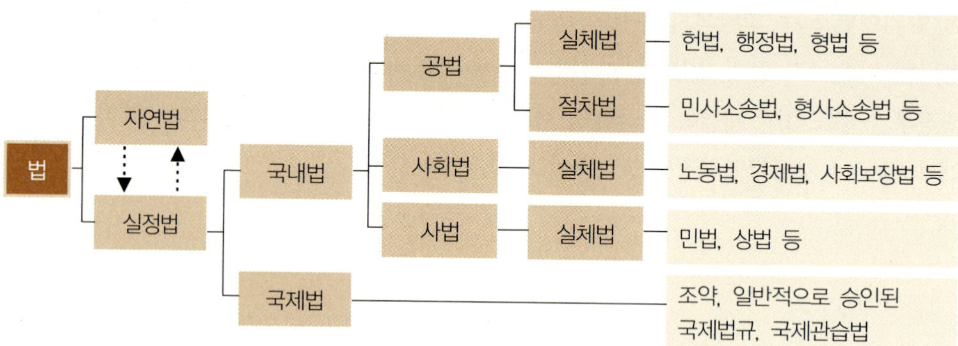

출처: http://ilsa77.x-y.net/7law/law1-1-3.htm

5) 박상호 (2000); 강대식 · 전찬희 (2007); 김영규 외 8인 (2013)의 책 내용들을 참고하여 정리하였다.

제1절 자연법과 실정법

I. 자연법

인간본성에 기초하여 우주・자연이나 인간사회를 지배하는 보편타당하고 영구불변성을 지니고 있는 법규범이다. 예를 들면, 성경에 제시되어 있는 십계명(도둑질하지 말라, 간음하지 말라 등)이 있다.

II. 실정법

현실사회에서 실제적으로 효력을 가지고 있는 법규범으로 「헌법」, 「민법」, 「형법」, 「상법」 등이 있다. 실정법은 국내법과 국제법으로 나눌 수 있다(강대식・전찬희, 2007: 35).

제2절 국내법과 국제법

국내법은 우리나라 내에서 적용되는 법으로 공법, 사법, 사회법으로 구분한다.

국제법은 국제관계에서 적용되는 법으로 조약(국가 간 문서에 의한 합의), 국제법규(조약으로 체결된 것은 아니나, 국제사회에서 대다수의 국가들이 일반적이고 보편적인 규범으로 승인하고 있는 법규), 국제관습법 등이 있다. 국제법의 예로는 공해에 관한 협약, 대한민국과 미합중국 간의 상호방위조약, 세계저작권협약, 대륙붕에 관한 협약, 국제사법재판소규정 등이 있다.

제3절 공법과 사법 및 사회법

I. 공법(public law)

공법은 국가의 조직과 기능 및 공익작용을 규율하는 법으로 공적인 관계(국가와 국민간의 관계, 국가기관과 국가기관 간의 관계 등)를 지배하는 법이다.

다시 말하면, 기본적으로 권리 주체(법에 의해 부여된 힘을 가진 주체)를 중심으로 우월적 권리 주체(국가)와 하위의 권리 주체(국민) 간의 관계를 지배하는 법이지만, 동등한 권리 주체 간의 관계(국가기관과 국가기관 사이)를 지배하는 법도 공법이다. 또한 공법은 상호 간에 엄격한 법적용을 필요로 하는 강행(강제로 행하게 하는)법규이다.

공법 체계 안에 「헌법」, 「행정법」, 「형법」, 「민사소송법」, 「형사소송법」, 「행정소송법」이 존재한다.

II. 사법(private law)

사법은 평등한 개인 간의 관계를 규율하는 법으로 개인 상호 간의 권리·의무관계를 규율하는 법이다.

재산권을 비롯한 자유로운 경제활동 및 법률행위를 보장하기 위한 임의법규(당사자가 법의 규정과 다른 의사를 가지고 있는 경우에는 적용되지 아니하는 법률규정)이다. 사법 체계 안에 「민법」, 「상법」 등이 존재한다.

III. 사회법(social law)

원칙적으로 사법의 바탕 위에서, 사회·경제적인 약자를 보호하기 위한 목적으로 공법적인 통제를 가하여 개인의 인간다운 생활을 보호하는 법 영역이다.

자유방임주의의 경제체제하에서 빈부격차 등 여러 가지 문제가 나타나자, 개인의 사적 영역을 국가가 통제해야 할 상황이 발생하여 자본주의 경제의 수정이 불가피하게 되었고, 여러 가지 개인적 상황을 국가가 통제하는 「노동법」, 「경제법」, 「사회보장기본법」 등이 사회법으로 등장하게 되었다.

소비자에 관한 법령(도표 2-3 참조)들은 기본적으로 개인 간의 관계를 다루는 사법(private law) 영역에 속하는 것(「민법」, 「상법」 등)도 있지만, 기업에 비해 상대적으로 약자인 소비자를 보호하기 위한 목적으로 공법적인 통제를 가한 사회법(social law) 영역에 속한 경우(「소비자기본법」, 「약관의 규제에 관한 법률」, 「표시·광고의 공정화에 관한 법률」, 「제조물책임법」 등)가 대다수이다. 사법에 속한 「민법」과 「상법」을 제외한 소비자 관련 법령들은 사회법 중 경제법 영역에 들어간다고 볼 수 있다.

제4절 일반법과 특별법

일반법은 법의 효력이 전 국민에 대하여 미치는 법으로 「민법」, 「형법」 등이 있다. 이는 적용대상이나 장소, 시간에 관계없이 인간이라면 누구에게나 적용될 것을 예정한다는 점에서 일반법에 속한다.

특별법은 그 적용대상이나 장소, 시간의 제한이 있는 법으로 예를 들면, 「상법」은 상인을 그 적용대상으로 하므로 특별법이 된다. 또한 특정 직업에만 적용되는 것으로 「국가공무원법」, 특정지역에만 적용되는 것으로 부산광역시 조례 등이 있다.

제5절 실체법과 절차법

법의 내용을 기준으로 분류하는 것으로 법률관계의 실체인 권리와 의무에 관한 법이 실체법이다.

실체법은 권리 주체와 다른 권리 주체 간 혹은 권리 주체와 권리 객체 간의 법률관계를 규율하는 법으로 법률관계의 실체인 권리·의무의 발생, 변경, 소멸 등을 규율하는 법이다. 공법(public law)상의 실체법은 「헌법」, 「행정법」, 「형법」이 있고, 사법(private law)인 「민법」, 「상법」, 사회법(social law)인 「노동법」, 「경제법」, 「사회보장기본법」 등이 실체법이다. 절차법을 제외한 모든 법이 실체법이다.

절차법은 소송법이라고도 하는 데, 권리·의무를 실현하는 절차, 즉 권리·의무의 행사, 보전, 강제 등을 규율하는 법으로 「민사소송법」, 「형사소송법」, 「행정소송법」 등이 있다.

제6절 강행법과 임의법

강행법은 당사자의 의사 여하에 불구하고 강제적으로 적용되는 법으로 「헌법」, 「행정법」, 「형법」, 「소송법」 등 공법은 대부분 강행법이다.

임의법은 당사자가 법의 규정과 다른 의사를 가지고 있는 경우에는 적용되지 않는 법이다. 그러나 임의법도 일단 당사자의 의사에 의하여 적용하기로 결정한 다음에는, 강행되는 강행법적 성격을 띠게 된다. 다만 미리 당사자가 반대 의사를 표시함으로써 그 적용을 배제할 수 있다는 점에서 강행법과 다르다. 「민법」, 「상법」 등의 사법이 임의법에 속한다.

법률관계와 권리 · 의무

4
Chapter

제1절 법률관계

I. 법률관계의 의미

인간의 생활은 정치, 경제, 사회, 문화 등 여러 가지 생활관계의 복합체인데, 이러한 인간 생활관계의 법적 측면이 법률관계이다. 즉, 법의 규율을 받는(법에 의해 규율되는) 생활관계를 법률관계라 한다. 예컨대, 남에게 물건을 사고파는 행위는 매매라는 경제생활관계도 되지만, 매매계약이라는 법률관계도 된다. 부모가 자녀를 부양한다는 것은 인륜도덕의 관계이기도 하지만, 부양청구권과 부양의무가 발생하는 법률관계이기도 하다. 이러한 법률관계는 권리와 의무의 관계이다. 예를 들어, 매매계약에서 매도인(seller: 물건을 판 사람)은 매수인(buyer: 물건을 산 사람)에게 대금을 청구할 수 있는 권리가 발생하고, 매수인은 대금을 지급할 의무가 발생한다(박상기 외 12인, 2013: 26).

II. 법률관계의 주체

1. 자연인(person)

법률관계는 사람들 간의 관계를 규율하는 것으로서, 자연인(아기로 태어나 성인으로 커가는 보통 사람)은 법률관계의 주체로 인정된다. 출생에서 사망까지 자연인은 권리나 의무의 주체로서 권리능력을 인정받고 있다.

2. 법인(juridical person)

법인이란 법에 의해 인격(사람)으로 인정된 단체를 말한다. 즉, 자연인 이외의 법인격(권리와 의무의 주체가 될 수 있는 능력)이 인정되는 단체를 말한다.

법인에는 사단법인(사람의 단체로 구성되어 법인격을 부여받은 것), 재단법인(일정한 목적을 가진 재산의 집단이 법인격을 갖게 된 것), 공법인(국가와 지방자치단체 등, 특정한 공공목적을 위하여 특별한 법적 근거에 따라서 설립된 법인), 사법인(주식회사 등, 설립이나 운영에 국가의 공권력이 관여하지 않는 법인, 즉 사적으로 법인격을 갖춘 단체) 등이 있다(김해마루, 2014).

III. 호의관계와의 구별

호의관계란 법률적 구속을 받으려는 의사가 없는 단순한 사교적인 관계를 말한다. 예컨대, 사교적인 파티 또는 식사에의 초대, 아이를 돌보아 주는 행위, 호의로 자동차를 무료로 태워주는 행위 등이다. 호의관계는 아무런 법률문제를 발생시키지 않는 것이 원칙이다. 그러나 호의관계이더라도 불법행위가 발생한 경우, 그 책임소재의 문제가 발생하면 법률관계로 전환될 수 있다. 예를 들어, 호의로 자동차를 무료로 태워주는 행위에 의해 동승하였으나 운전자의 과실로 교통사고가 발생한 경우는 법률관계로 전환된다(박상기 외 12인, 2013: 27).

제2절 권리 · 의무

I. 권리의 의미

권리란 법익(법으로 보호되는 이익)을 누리기 위하여 법이 허용하는 힘이다. 권리는 특정한 이익을 목적으로 한다. 권리는 법의 보호를 받을 수 있는 특정한 이익으로 특정인에게 부여된 것이다. 동물이거나 가공인(현실로는 존재하지 않으나 외관상 존재하는 것으로 꾸며진 사람)은 권리를 가질 수 없다(박상기 외 12인, 2013: 28).

소비자에게 주어진 '법이 허용하는 힘'인 소비자의 권리를 살펴보면, 첫째, 위해로부터 보호받을 권리, 둘째, 지식 및 정보를 제공받을 권리, 셋째, 선택할 권리, 넷째, 의견을 반영시킬 권리, 다섯째, 피해보상을 받을 권리, 여섯째, 교육을 받을 권리, 일곱째, 단체를 조직할 권리, 여덟째, 쾌적한 환경에서 소비할 권리가 있다.

이러한 법이 허용하는 힘인 권리를 누리지 못할 경우, 권리를 누리기 위한 법적 소송을 제기할 수 있다. 예를 들면, 미국에서 '담배가 건강에 해롭다는 정보를 제공받을 권리'를 누리지 못한 소비자가 담배의 해로움을 인식하지 못하고 흡연을 계속하여 건강이 악화되었다고 소송을 제기하여, 담배회사로부터 보상을 받은 사례가 있다. 이로 인해 담배회사는 담배가 건강에 해롭다는 경고문구를 담배갑에 기재하게 되었다. 이 사례는 권리의 침해에 대해 소비자가 법적 소송을 제기하면 소비자의 권리가 실현될 수 있음을 보여주는 것이다.

II. 의무의 의미

의무란 의무자의 의사와는 관계없이 법에 의하여 강요되는 법률상의 구속(강제)이다. 의무는 그 내용에 따라 어떤 행위를 하여야 할 작위의무와 어떤 행위를 하지 않아야 하는 부작위의무로 구분된다.

예를 들면, 일정한 행위를 하여야 할 의무를 가진 사람이 의무를 행하지 않는 경우, 법률상의 구속을 받는다는 것이다. 매매계약의 경우 매도인(seller)은 매수인(buyer)에게 대금을 청구할 수 있는 권리를 갖게 되고, 매수인은 대금을 지급할 의무가 발생하는데, 대금지급의무를 행하지 아니하는 경우 법률상의 구속을 받는다. 한편, 의무도 공법상의 의무(예: 납세의 의무, 국방의 의무, 교육의 의무, 근로의 의무 등)와 사법상의 의무(예: 채권에 대한 채무, 즉 특정인이 다른 특정인에게 어떤 행위를 하여야 할 의무)로 구분할 수 있다.

III. 권리와 의무의 관계

대부분의 법률관계는 직접적으로 권리 · 의무관계로 나타나는데, 이는 사법(private law)관계, 특히 채권(사람에게 어떤 행위를 청구할 수 있는 권리)관계에서 명백하게 나타난다. 예컨대, 자동차매매가 성립하면 자동차 인도청구권(引渡請求權)을 가진 매수인(buyer)의 권리에 대응하여 매도인(seller)의 자동차인도의무가 있고, 매수인의 대금지급의무에 대응하여 매도인의 대금지급청구권이라는 권리가 생긴다.

그러나 권리만 있고 의무가 없는 경우가 있는가 하면, 반대로 의무만 있고 권리가 없는 경우도 있다. 예를 들면, 권리는 없고 의무만 있는 경우에는 공고의무(국가기관이나 공공단체에서 일정한 사항을 일반 대중에게 광고, 게시, 또는 다른 공개적 방법으로 널리 알려야 할 의무로 '헌법 개정안 공고의무', '회사의 결산공고의무' 등이 있다)와 감독의무(어떤 일이나 그 일을 하는 사람을 잘못이 없도록 보살펴 다스려야 할 의무로 '학원 운영자의 저학년 학원생에 대한 보호·감독의무' 등)가 있다.

권리만 있고 그에 상응하는 의무가 없는 경우에는 취소권(계약을 취소할 수 있는 권리), 추인권(과거로 소급해서 그 사실을 인정하는 권리), 해제권(계약 당사자의 한쪽이 계약을 해제할 수 있는 권리) 등과 같은 형성권(권리자의 일방적 의사에 의하여 법률관계를 발생·변경·소멸시키는 형성적 작용을 하는 권리) 등이 있다.

IV. 간접의무 내지 책무

간접의무 또는 책무(직무에 따른 책임이나 임무)는 의무와 구별하여야 한다. 책무를 위반하면 그 부담자에게 일정한 불이익이 발생하지만, 상대방이 그것을 강제하거나 그 위반에 대하여 손해배상을 청구할 수 없는 것을 말한다(박상기 외 12인, 2013: 30-31).

의무란 반드시 지켜야 하고 지키지 않으면 소송으로 그 이행을 강제하거나 손해배상을 청구할 수 있지만, 책무는 책임을 갖고 지키면 좋지만 지키지 않는다고 어떤 강제를 행할 수 없는 것을 말한다.

예를 들어, 「소비자기본법」에 제시된 소비자의 책무를 살펴보면 '올바른 선택의 책무', '정당한 권리행사의 책무', '자립역량 강화의 책무', '합리적 행동의 책무', '환경친화적 소비의 책무'가 있다. 이러한 책무를 소비자가 지키지 않을 경우 소비자 스스로에게 일정한 불이익이 발생하지만, '올바른 선택의 책무' 등을 하지 않았다고 국가가 그렇게 하도록 강제하거나 그로 인한 손해배상을 청구할 수 없다는 것이다.

의무와 책무를 구분하는 것이 원칙이나 현재 「소비자기본법」에서는 의무와 책무를 구별하지 않고 사용하고 있다. 「소비자기본법」에서의 책무는 '책임이나 의무'란 뜻으로 '책무'조항을 '~할 수 있다' 조항(임의규정)과 '~하여야 한다' 조항(강행규정)으로 구성하고 있다. '~할 수 있다' 조항은 도덕적 책임을 갖고 지키면 좋지만 지키지 않는다고 법으로 어떤 강제를 행할 수 없는 것을 말하고, '~하여야 한다' 조항은 법적 책임으로 반드시 지켜야 하고 지키지 않으면 소송으로 그 이행을 강제하거나 손해배상을 청구할 수 있는 것을 말한다.

제3절 권리와 의무의 분류

I. 권리의 분류

1. 공권(public rights)

공법은 공적인 관계(public relationship: 국가와 국민 간의 관계, 국가기관과 국가기관 간의 관계 등)를 지배하는 법으로, 상호 간에 엄격한 법적용을 필요로 하는 강행법규이다. 공권은 공적 관계에서 인정되는 권리이다.

공권은 국가적 공권과 개인적 공권으로 나눌 수 있다.

첫째, 국가적 공권이란 국가, 공공단체 또는 국가로부터 공권력을 부여받은 자가 우월한 지위에서 개인 또는 단체에 대하여 가지는 권리를 말한다.

권리의 목적을 기준으로 한 국가적 공권에는 행정조직권(행정사무를 담당할 국가기관의 설치, 조직, 명칭, 기능에 관한 규정을 하는 권리), 재정권(국가나 지방자치단체가 세금을 부과, 징수하는 등 그 수입을 얻기 위하여 국민에 대해 행사하는 권리), 군정권(국가가 군대를 관리 · 유지하며 또 그 목적을 위하여 국민의 병역, 기타의 부담을 과할 수 있는 권리)이 있다.

권리의 내용을 기준으로 분류한 국가적 공권에는 명령권(국가가 국민에게 어떤 의무를 명하거나 또는 의무를 면제하는 권리), 강제권(강제적으로 국민의 신체 또는 재산에 침해를 가하는 권리: 체포, 주거침입 및 수색, 재산압류, 재산의 사용 및 처분 등) 등이 있다.

둘째, 개인적 공권이란 개인 또는 단체가 우월한 의사주체로서 국가 · 공공단체 등에 대하여 가지는 권리를 말한다.

개인적 공권에는 자유권(개인이 그 자유로운 영역에 관하여 국가권력의 간섭 또는 침해를 받지 아니할 권리), 수익권(국가에 대하여 자기의 이익을 위한 일정한 급부 – 특정한 행위 – 를 청구할 수 있는 권리), 참정권(국민이 직접 · 간접으로 국가정치에 참여할 수 있는 권리, 정치적 자유권이라고도 한다)이 있다.

2. 사권(private rights)

평등한 개인 간의 관계를 규율하는 법인 사법(private law)에서 인정되는 권리로, 사적인 관계(private relationship)에서 인정되는 권리이다. 재산과 가족관계에 대한 법률관계를 사권이라고 한다.

1) 권리의 내용을 기준으로 한 분류

(1) 재산권(property rights)

재산권은 경제적 이익을 그 내용으로 하는 권리이다. 물권, 채권 및 지적재산권이 이에 속한다.

첫째, 물권(real rights)은 물건(thing)을 지배하는 권리로 특정의 물건을 직접 지배하여 배타적으로 이익을 누리는 권리이다. 누구에게나 주장할 수 있는 절대권으로 소유권, 점유권(물건을 사실상 지배하는 사람에게 주어지는 물권), 전세권(전세금을 지급하고 타인의 부동산을 일정 기간 그 용도에 따라 사용·수익한 후, 그 부동산을 반환하고 전세금의 반환을 받는 권리, 「민법」 제303조 제1항) 등이 있다.

둘째, 채권(credit)은 사람에게 일정한 행위를 청구할 수 있는 권리로 특정인(채권자)이 다른 특정인(채무자, debtor)에 대하여 특정한 행위(이를 급부라고 한다)를 요구할 수 있는 권리이다. 매매(물건을 팔고 사는 일), 임대차(당사자 가운데 한쪽이 상대편에게 물건을 사용하게 하고, 상대편은 이에 대하여 일정한 임차료를 지급할 것을 내용으로 하는 계약), 도급(contract of work: 당사자의 일방 – 수급인 – 이 어떤 일을 완성할 것을 약정하고, 상대방 – 도급인 – 이 그 일의 결과에 대하여 보수를 지급할 것을 약정함으로써 성립하는 계약으로 일정한 기간이나 시간 안에 끝내야 할 일의 양을 몽땅 맡거나 맡긴 일) 등의 계약에 의하여 특정한 급부 또는 행위를 청구할 수 있는 권리를 말한다.

셋째, 지적재산권(intellectual property rights)이란 발명·저작 등의 지적 산물을 독점적으로 이용할 수 있는 권리이다. 저작권(인간의 사상 또는 감정을 표현한 창작물인 저작물에 대한 배타적·독점적 권리), 특허권(「특허법」에 의하여 발명을 독점적으로 이용할 수 있는 권리), 상표권(등록상표, registered trademark: 등록상표를 지정상품에 독점적으로 사용할 수 있는 권리) 등이 이에 속한다.

(2) 비재산권(non-property rights)

사권(private rights)의 내용 중 경제적 가치를 가지지 않는 권리로 인격권, 가족권, 사원권이 있다.

첫째, 인격권은 생명 · 신체 · 정신의 자유에 대한 권리이다.

둘째, 가족권은 친족권과 상속권을 포함하는데, 친족권은 친족관계에 있어서의 일정한 지위에 따르는 권리로 친권(부 또는 모가 자를 보호 · 양육하고 그 재산을 관리하는 것을 내용으로 하는 권리 · 의무의 총칭, 「민법」 제909조~제927조), 부양청구권(법률의 규정에 의하여 부양을 청구할 수 있는 권리, 부양은 사정에 따라 생활비를 지급할 수도 있고, 의 · 식 · 주 등에 관한 상품 등을 제공할 수도 있다) 등이 이에 속한다. 상속권은 상속개시 후 상속인이 가지는 권리이다.

셋째, 사원권은 단체의 구성원이 그 구성원이라는 지위에 기하여 단체에 대하여 가지는 권리를 말하며 의결권(어떤 집단의 결의에 참가하여 의사를 표명할 수 있는 권리), 업무집행권(업무를 집행할 권리) 등이 있다.

2) 권리의 작용을 기준으로 한 분류

(1) 지배권

타인의 행위를 개재(intervention)시키지 않고 권리의 객체(의사나 행위가 미치는 대상)를 직접 지배하는 권리로 물건을 지배하는 물권(소유권, 저당권 등), 지적 소유물을 지배하는 지적재산권(저작권, 특허권, 상표권), 사람을 지배하는 친족권(친권자의 자녀보호 교양권, 거주지정권) 등이 있다.

(2) 청구권

특정인이 다른 특정인에 대하여 일정한 행위, 즉 작위(~해야만 하는 것, 적극적인 행위) 또는 부작위(~하지 말아야 하는 것, 소극적인 행위)를 요구하는 권리이다. 채권이 대표적인 청구권이다.

(3) 형성권

권리자의 일방적 의사표시로서 어떤 권리의 발생, 변경, 소멸, 기타 법률상의 효과를 발생시키는 권리로 형성적 작용을 하는 권리(어떤 것을 만들어내는 권리)이다. 취소권, 추인권, 해제권 등이 있다.

(4) 항변권

항의하고 변호할 수 있는 권리로 타인의 청구권 행사에 대하여 그 작용을 저지할 수 있는 권리이다. 상대방에게 청구권이 있음을 부인하는 것이 아니라 오히려 그것을 전제하고 다만 그 행사를 배척하는 것으로, 상속인의 '한정승인의 항변권' 등이 있다.

(5) 권리의 효력범위를 기준으로 한 분류: 절대권과 상대권

절대권은 특정의 상대방이라는 것이 없고 일반인을 의무자로 하여, 모든 사람에게 주장할 수 있는 권리로 물권, 지적재산권, 인격권 등이 있다.

상대권은 특정인을 의무자로 하여 그 사람에 대해서만 주장할 수 있는 권리로 채권 등이 있다.

(6) 권리의 이전성을 기준으로 한 분류: 일신전속권과 비전속권

일신전속권(right exclusively attached the person: 한 사람에게 전적으로 속해 있는 권리)이란 권리자에게만 전속되어 양도나 상속으로 타인에게 이전할 수 없는 권리로 인격권 등이 있다.

비전속권(한 사람에게 전적으로 속해 있지 않은 권리)은 권리자로부터 타인에게 이전할 수 있는 권리로 재산권 등이 있다. 대체로 재산권은 비전속권이고, 비재산권은 일신전속권이다.

(7) 권리의 독립성을 기준으로 한 분류: 주된 권리와 종된 권리

주된 권리는 다른 권리에 대하여 종속되어 있지 않고 완전히 독립된 권리를 말하며, 예를 들면 채권이 있다.

종된 권리는 주된 권리에 종속하여 존재하는 권리로, 예를 들면 원본채권에 대한 이자채권을 들 수 있다.

3. 사회권

사회법의 분야에서 인정되는 권리로 교육을 받을 권리, 근로자의 단결권, 단체교섭권, 단체행동권 등이 있다(박상기 외 12인, 2013: 31-34; 박상호, 2000: 95-101).

II. 의무의 분류

1. 공의무

공의무에는 국가적 공의무와 개인적 공의무가 있다. 국가적 공의무란 국가가 국민에 대하여 지는 의무로 국민의 자유를 보장하는 의무 등이 있다. 개인적 공의무란 국민이 국가에 대하여 지는 의무로 납세의 의무, 국방의 의무 등이 있다.

2. 사의무

사의무는 사적인 의무로 당사자의 자유의사에 의하여 결정되는 의무이다.

3. 사회의무

사회권에 대응하는 의무로 노동법에서 근로자의 권리는 그 사용자의 의무가 된다. 「소비자기본법」에서 '소비자가 지식 및 정보를 제공받을 권리'는 '국가 및 기업에서 소비자에게 지식 및 정보를 제공할 의무'가 된다.

4. 작위의무와 부작위의무

작위의무는 일정한 행위를 하여야 할 의무로 적극적 의무이다. 예를 들면, 노동자는 노무를 제공할 의무가 있다. 부작위의무는 일정한 행위를 하지 않아야 할 의무로 소극적 의무이다(박상호, 2000: 101-102).

마땅하게 해야 할 것으로 기대되는 행동인데도 불구하고 하지 않는 태도가 부작위로 작위(마땅히 해야 하는 것을 하는 것)와 반대되는 개념이다. 사람의 행동에는 밥을 먹거나 운전을 하는 것과 같은 적극적 행동과 아이에게 젖을 먹이지 않는 것과 같은 소극적 행동이 있다. 적극적 행동이 작위이고, 소극적 행동이 부작위이다. 하지만 실제 엄밀하게 따지면 작위와 부작위의 구별은 행동 자체에 의하여 이루어지는 것이 아니라 보는 관점에 의해 구별된다. 범죄는 예를 들어 살인죄를 저지르는 경우처럼 적극적 작위로 구성요건을 실현하는 작위범이 일반적이나 특수한 경우에 소극적으로 어떤 행동도 하지 않는 부작위로 범죄를 범하게 되는 경우가 있다. 예를 들면, 다른 사람의 집에서 퇴거요구를 받았음에도 불구하고 불응하는 경우나, 계모가 아이에게 젖을 주지 않아서 굶어죽게 하는 경우 등이다(http://liglawyer.com.15).

5 Chapter 법의 적용과 해석

제1절 법의 적용을 위한 사실의 확정

법의 적용이란 구체적인 사안을 법규범에 적용하는 것을 말한다. 즉, 추상적인 법규범을 대전제로 하고 구체적인 사안을 소전제로 하여 3단논법[6]의 방법으로 판결에 의하여 결론을 도출하는 것이 법의 적용이다.

예를 들면, 「형법」 제250조 제1항의 [사람을 살해한 자는 사형 · 무기 또는 5년 이상의 징역에 처한다]는 법규를 대전제로 하고, [갑이 을을 살해했다]는 소전제로 하여, 판결로서 [갑을 사형에 처한다]는 결론을 이끌어내는 것이 살인죄에 대한 법의 적용인 것이다.

법을 적용하기 위해서는 소전제가 되는 사실을 확정하여야 한다. 법의 적용은 사실의 확정이 전제되는데, 사실의 확정이란 사회적 사실을 법적으로 인식하는 것을 말하며, 사실의 확정은 원칙적으로 객관적 증거에 의하여야 한다.

1. 사실의 입증

사실의 입증이란 객관적 자료에 의하여 사실의 존재 및 내용을 확정하는 것을 말하며, 사실판단은 판사가 하게 되는데 자의적인 판단이 아니라 증거에 의한 판단이어야 한다. 증거는 일정한 사실을 주장하는 자가 제출하여야 하는데 이를 '입증책임'이라고 한다.

「형사소송법」(범죄가 발생한 경우 이를 수사 · 심판하고 선고된 형을 집행하는 과정,

---

6) 아리스토텔레스가 그 이론적 기초를 이루었으며, 2개의 전제와 1개의 결론으로 형성된다. 삼단논법의 예를 들면 [인간은 모두 죽는다](대전제) [소크라테스는 인간이다](소전제) [따라서 소크라테스는 죽는다](결론)라고 하는 논법이다. 여기서 결론은 소크라테스와 죽음의 관계를 말하며 대전제는 인간과 죽음의 관계, 소전제는 소크라테스와 인간의 관계를 말한다.

즉 국가가 범인에 대하여 형벌권을 행사하는 전 과정을 규정한 법률)에 있어서는 원칙적으로 검사가 입증책임을 지며, 「민사소송법」(개인 간 사사로운 권리관계의 다툼을 법률적 또는 강제적으로 해결·조정하기 위한 재판절차를 규정한 법률)에서는 원고(소송을 제기하여 재판을 청구한 사람)와 피고(고소를 당한 사람, 즉 소송을 당한 쪽의 당사자)가 주장하는 바에 따라 입증책임을 진다. 증거가 있는 경우, 사실이 입증된다.

2. 사실의 추정

추정이란 직접적인 증거에 의하여 확정하지 못한 사실을 간접적인 사실에 의해 측정하는 것으로 반대의 증거가 없는 한 일정한 사실의 존재나 내용을 일단 법의 편의상 가정하는 것으로 반증을 들어 부정할 수 있다.

일정한 사실이 불명확할 경우에 공익상의 이유 또는 주위의 사정으로 법이 사회의 통상적인 상태를 기준으로 하여 그 사실의 존재 또는 부(不)존재를 일단 가정하고, 그에 따른 법률효과를 부여하는 것이다. 보통 법조문에 '~추정한다'로 규정하고 있다. 예를 들면, '처가 혼인 중 임신한 자(子)는 부(夫)의 자(子)로 추정한다(「민법」 제844조 제1항)'가 있다.

추정은 주로 '편의상의 고려'로 잠정적으로 사실의 존재 여부를 인정하는 데 불과한 것이고, 추정된 사실과 다른 사실을 주장하는 사람이 반증을 들어 추정의 법적 효과를 뒤집을 수 있다. 예를 들면, 부부의 누구에게 속한 것인지 분명치 아니한 재산은 부부의 공유로 추정한다. 이는 일단의 가정에 불가한 것이므로 반대의 사실을 주장하는 당사자는 '반증'을 들어 이 추정의 결정을 뒤집을 수 있다.

3. 사실의 의제(또는 간주)

의제란 사실의 진실성 여부와는 관계없이 일정한 사실을 확정하는 것을 말하며, 반증을 들어 쉽게 뒤집을 수 없도록 정하고 있는 것이다. 법문에 '~간주한다' 또는 '~본다'라고 규정되어 있는 경우에 해당한다.

예를 들면, 「민법」 제27조(실종의 선고)와 「민법」 제28조(실종선고의 효과)를 통해 '5년간 생사가 분명하지 아니하여 실종선고를 받은 경우 사망한 것으로 본다'라고 하는데, 이는 사망한 것으로 확정한다는 뜻이다(박상호, 2000: 79-80).

제2절 법의 발견과 해석

구체적 사실이 확정되면, 다음에는 그 사실에 적용할 법을 발견하여야 한다. 법관은 사실을 확정한 다음에 법을 발견하여, 해석한 법을 사실에 적용하게 된다. 따라서 사실의 확정과 그에 따른 법의 해석을 사실에 적용하는 것은 하나의 과정이다(박상호, 2000: 81).

법의 해석이란 법률의 규정은 전문적일 뿐만 아니라 일반적·추상적으로 규정되어 있으므로, 이러한 법을 구체적인 사건에 적용하기 위하여 법규범의 의미와 내용을 밝히는 것을 말한다(강대식·전찬희, 2007: 54).

우리의 일상생활에서도 이와 같은 해석 작업이 필요하다. 예컨대, 지금은 없어졌지만 레스토랑에서의 흡연석(smoking seats)과 금연석(non-smoking seats) 구분은 비흡연자가 흡연자의 담배연기로부터 피해를 입는 것을 방지하기 위한 것이다. 따라서 금연석에 흡연자가 앉으면 담배를 피우지 못한다고 해석하고, 또한 흡연석에 비흡연자가 앉을 경우 그는 흡연자가 담배를 피우는 것을 감수해야 한다고 해석하게 된다(박상기 외 12인, 2013: 40).

법은 해석의 방법에 따라 문리해석(grammatical interpretation)과 의미해석(meaning interpretation)으로 구별할 수 있다.

문리해석은 법규의 문자가 가지는 사전적 의미를 명확히 하는 것으로, 모든 해석의 출발점이 된다.

의미해석은 법률의 의미에 입각하여 행해지는 것으로, 법규의 문자가 가지는 의미를 확장 또는 제한하게 된다.

법의 의미를 탐구하는 방법으로 해석 외에 유추(inference) 또는 반대해석이 있다.

유추는 어떤 사안을 직접 규정하고 있는 법규가 없는 경우에 이와 유사한 사항을 규정한 법규를 그 사안에 적용하는 것을 말한다.

반대해석은 어떤 법률 내용에 일정한 법률효과가 있는 경우, 이 내용과 같지 않은 경우에는 반대로 해석하는 것을 말한다(박상호, 2000: 85-87).

예컨대, 「민법」 제184조 제1항에서 '소멸시효의 이익은 미리 포기하지 못한다'라고 규정한다. 여기서 소멸시효 완성 후의 포기는 허용된다는 반대해석을 할 수 있다. 소멸시효란 일정기간 행사하지 않는 권리를 소멸시키는 제도로, 예를 들면 예금보험금 청구권의 소멸시효는 5년이다. 5년이 경과하지 않은 예금보험금의 청구권은 포기하지 못하는데, 5년이 경과하면 포기한다는 것을 의미한다.

법의 해석에 대해 〈도표 5-1〉을 통해 살펴보자.

▌도표 5-1▐ 셰익스피어의 〈베니스의 상인〉

때는 1596년, 베니스라는 곳입니다. 16세기 때는 유대인에 대한 반감이 심할 때였습니다. 베니스는 정말 유럽에서 가장 자유롭다는 곳이었지만, 그곳에서 조차 유대인들은 반감을 사야 했습니다. 그러한 때에 베니스의 한 상인 '안토니오'는 자신의 친구 베사니오로부터 한 여자 포셔를 위해 청혼하기 위한 돈을 빌려달라는 부탁을 받게 됩니다. 그래서 안토니오는 자신의 재산이 지금 바로 없기에 자신이 가지고 있는 배를 담보로 유대인 대갑부 고리대금업자 '샤일록'에게 300다켓의 돈을 빌리게 됩니다. 하지만 문제는 거기에 있습니다. 샤일록이라는 유대인 갑부는 안토니오를 평소에 좋아하지 않았기에, 무서운 거래를 제시합니다. 만약 안토니오가 돈을 시일 내에 못 가져올 경우, 심장에서 가장 가까운 부위의 1파운드 살을 떼어내겠다고 합니다. 시일 내에 돈을 갚을 자신이 있었던 안토니오는 흔쾌히 계약서를 작성합니다.

한편, 베사니오는 안토니오에게 빌린 돈을 갖고 포셔에게 갔습니다. 많은 지원자 중 금, 은, 납으로 만들어진 세 개의 상자 안에 들어 있는 포셔의 초상화를 찾는 사람만이 포셔의 사랑을 얻을 수 있었습니다. 다행히 베사니오는 포셔의 초상화를 찾고, 그녀의 사랑을 얻게 됩니다.

그러나 반면에, 베사니오와의 우정을 위해 위험한 거래를 하게 된 안토니오는 자신의 배가 돌아오지 않아 샤일록의 돈을 시일 내에 갚지 못하게 됩니다. 악독한 샤일록은 안토니오의 살 1파운드를 가져가기 위해 재판을 엽니다. 재판은 돈을 갚지 못한 안토니오의 패소로 끝나는 것 같습니다.

하지만 여기서 재판장은 정말 감동적인 말을 하지요.

"샤일록은 그의 돈을 시일 내에 갚지 못한 안토니오의 살 1파운드를 가져갈 권리가 분명히 있다. 하지만 샤일록에게 안토니오의 피는 단 한 방울도 가질 권리가 없다. 계약서에는 살을 제외한 피에 관한 언급은 단 한마디도 없기 때문이다."

그래서 안토니오와 베사니오 그리고 그의 사랑하는 포셔는 서로 껴안습니다. 그리고 이야기는 끝납니다.

베니스의 법정

나오는 사람들: 공작, 샤일록, 안토니오, 베사니오, 판사 그라시아노(남장을 한 포셔)

제4막 제1장

공작: (그라시아노를 쳐다보며) 아, 저 사람이 그 판사인가 보군. 어서 오시오.
벨라리오 박사께서 추천하신 분이오?

판사 그라시아노: 그렇습니다, 각하.

공작: 잘 왔소, 자리에 앉으시오(시종이 그라시아노를 공작 옆에 있는 책상으로 안내한다).
현재 이 법정에서 심의 중인 소송 사건에 대해선 들어 보았소?

판사 그라시아노: 소상히 들었습니다. 어느 쪽이 상인이고, 어느 쪽이 유대인입니까?

공작: 안토니오와 샤일록, 앞으로 나오게나(두 사람이 앞으로 나와서 공작에게 인사를 한다).

판사 그라시아노: (샤일록을 보며) 그대 이름이 샤일록인가?

샤일록: 네 그렇습니다.

판사 그라시아노: 괴상한 소송을 제기하였더군. 하지만 법적으로는 아무런 문제가 없으니 베니스의 법률로서는 비난할 수 없소. (안토니오에게) 당신의 목숨이 이 사람의 손에 들어 있다는 사실을 알고 있소?

안토니오: 네, 저 자의 주장대로라면 그런 셈입니다.
판사 그라시아노: (증서를 살펴보며) 이 증서를 인정하는가?
안토니오: 인정합니다.
판사 그라시아노: (샤일록에게) 그럼 자비를 베푸는 것이 어떻겠소?
샤일록: 왜 제가 자비를 베풀어야 합니까? 그 이유를 말씀해 주시기 바랍니다.
판사 그라시아노: 자비라는 건 강요되는 것이 아니라 하늘에서 이 대지에 내리는 단비와 같은 것이오. 주는 사람과 받는 사람을 다 같이 축복하는 것이니 미덕 중에서도 최고의 미덕이며, 왕관보다 더 왕을 왕답게 해주는 것이오. 그대가 호소하는 바는 정의이지만, 정의만 내세우면 구원받을 사람이 아무도 없다는 사실을 명심하시오. 내가 이런 말을 하는 것은, 정의를 요구하는 그대의 경직된 마음을 부드럽게 만드는 데에 도움이 될까 해서인데, 만일 그대가 자비 없는 정의만을 계속 고집한다면, 이 엄격한 베니스의 법정은 부득이 저 상인에게 불리한 선고를 내리지 않을 수 없소.
샤일록: 제 행위에 대한 벌은 제가 받겠습니다! 저는 법에 호소합니다.
이 증서대로 이루어지길 요구합니다.
판사 그라시아노: (베사니오에게) 안토니오는 돈을 갚을 능력이 없는가?
베사니오: 없습니다. 그렇지만 이 법정에서 제가 대신 돈을 지불하겠습니다. 원금의 두 배를 지불하지요. 아니, 열 배라도 내라면 내겠습니다. 제 손, 제 머리, 제 심장을 담보로 하는 한이 있더라도. 그래도 부족하다면 정의란 빛 좋은 개살구일 뿐, 악이 선을 짓밟고 세상을 지배하게 될 겁니다. (무릎을 꿇고 두 손을 든다) 부탁 드립니다. 한 번만 관용을 베풀어 주십시오. 이 잔인한 악마 샤일록의 욕심을 막아 주십시오.
판사 그라시아노: 그럴 순 없소. 베니스의 어떠한 권력도 이미 정해진 법을 바꿀 순 없소. 그것이 관례로 써 기록되면 많은 위법 행위가 반복될 테니 그럴 순 없소. (샤일록에게) 어디 그 증서를 좀 보여 주시오.
샤일록: (자기 가슴에서 증서를 재빨리 꺼내며) 네, 여기 있습니다. 공정하신 판사님, 이것입니다. ⓐ
판사 그라시아노: (증서를 받으면서) 샤일록, 이 금액의 세 배를 갚는다면 어떻게 할 거요?
샤일록: 맹세, 맹세합니다. 하늘을 두고 맹세합니다. 맹세를 어긴 죄를 제 영혼에 뒤집어 씌우시려면 몰라도 그건 안 됩니다. 베니스를 다 준다 해도 안 되지요.
판사 그라시아노: (증서를 들여다보며) 이 증서에 따르면 기일이 넘은 게 확실하군. 이 상인의 심장에서 가장 가까운 곳에 있는 살을 1파운드 떼 내겠다는 이 유대인의 주장은 정당하오. (샤일록에게) 그러나 자비를 베풀어 돈을 세 배 받고 이 증서를 찢어 버리는 게 어떻겠소? ⓑ
샤일록: 증서의 내용대로 빚이 청산되고 나면 그렇게 하겠습니다. 제가 보기에 나리께선 참으로 훌륭한 판사이십니다. 법에 따라 집행해 주십시오. 나리께선 법률의 대들보이시니 제발 판결을 내려 주십시오. 저의 영혼을 두고 맹세하지만, 사람의 입으로선 제 결심을 바꿀 수 없습니다. 이 증서대로 판결을 내려 주십시오.
안토니오: 저도 간절히 부탁 드립니다. 법에 따라 어서 판결을 내려 주십시오.
판사 그라시아노: 정 그렇다면 도리가 없군. (안토니오에게) 가슴을 열고 저 사람의 칼을 받을 준비를 하시오.
샤일록: 오, 훌륭하신 판사님! 젊으신 분이 어쩜 저렇게 훌륭하실까?
판사 그라시아노: 법의 취지와 목적으로 보아, 이 증서에 기록된 대로 집행되어야 마땅하오.
샤일록: 과연 그렇습니다. 오, 슬기롭고 공정하신 판사님! 정말 속이 깊으신 분이야.
판사 그라시아노: (안토니오에게) 상인은 가슴을 여시오.
샤일록: 옳습니다. 바로 거기예요. 증서에도 그렇게 적혀 있습니다. 정확히 말해서 '심장에서 가장 가까운 곳'입니다.
판사 그라시아노: 옳은 말이오. 살덩어리의 무게를 달 저울은 준비가 되어 있소?

샤일록: 네, 준비해 놨습니다.
판사 그라시아노: 샤일록, 그대가 돈을 내고 의사를 불러 오시오. 상처를 치료하지 못하면 피가 많이 흘러 죽을지도 모르니까. ⓒ
샤일록: 증서에 그렇게 적혀 있습니까? (증서를 달라고 해서 자세히 살펴본다) ⓓ
판사 그라시아노: 그런 말은 없지만 없으면 어떤가? 그 정도의 자비를 베푸는 일은 당신에게도 좋지 않겠소?
샤일록: 그런 글귀는 없습니다. 증서에 적혀 있지 않습니다. (증서를 그라시아노에게 돌려준다) ⓔ
판사 그라시아노: (안토니오에게) 남길 말은 없나?
안토니오: 별로 없습니다. 각오는 이미 충분히 되어 있습니다. (베사니오 쪽으로 몸을 돌리며) 손 좀 이리 주게. 베사니오, 잘 있게 친구. 자네 때문에 내가 이 지경이 됐다고 슬퍼하지는 말게. 운명의 여신이 평소보다 나에게 더 큰 친절을 베푸는 것 같네. 흔히, 완전히 망한 가엾은 사람을 오래오래 살게 해서, 눈은 푹 꺼지고, 이마엔 굵은 주름살이 잡히고, 가난한 노년을 겪게 만드는 것이 운명의 신인데, 나는 그런 비참하고 괴로운 나날을 보내며 겪을 고통을 면하게 되었으니 말일세. (두 사람 포옹한다) 훌륭한 부인에게 안부 전해 주게. 이 안토니오가 어떻게 죽었는지도 전해 주게. 내가 자넬 얼마나 사랑했는지도 말해 주고, 부인에게 베사니오가 얼마나 진정한 친구를 가졌는가 판단해 달라고 해주게. 그리고 안토니오가 당당하게 최후를 맞이했다고 전해 주게. 자네가 친구를 잃는다고 슬퍼만 해 준다면, 난 자네의 빚을 갚은 걸 결코 후회하지 않겠네. 저 유대인이 칼을 가슴 깊숙이 찔러 준다면 난 내 심장을 바쳐 빚을 갚게 될 테니까….
베사니오: 아, 안토니오, 나에겐 내 아내가 생명처럼 귀중하네. 하지만 생명도 아내도 온 세상도 자네보다 더 소중할 순 없어. 난 모든 걸 잃어도 좋아. 내가 자넬 구할 수 있다면 모든 걸 저 악마에게 주어도 상관없네.
판사 그라시아노: 바로 저 상인의 살 1파운드가 그대의 것이오. 이 법정이 그걸 인정하고 법이 보장하오.
샤일록: 과연 공정한 판사님이시다!
판사 그라시아노: 그대는 살을 저 사람의 가슴에서 잘라 내도 좋소. 법이 그걸 인정하고 법정이 그걸 허락하오.
샤일록: 박식한 판사님! 판결이 났다. 자, 각오해라. (칼을 빼어 들고 앞으로 나온다) ⓕ
판사 그라시아노: 잠깐, 기다리시오. 이 증서엔 피는 단 한 방울도 당신에게 준다는 말이 없소. 여기에는 '살 1파운드'라고 분명하게 적혀 있소. 증서대로 살을 1파운드만 떼어 가시오.
다만, 살을 떼 내면서 이 상인의 피를 단 한 방울이라도 흘리게 한다면, 그대의 토지와 재산을 베니스의 법률에 의하여 몰수할 것이오. ⓖ
베사니오: 오, 공명정대한 판사님이시다! (샤일록에게) 들었느냐?
샤일록: 이게 법인가요?
판사 그라시아노: (법전을 들어 보이며) 그대가 직접 법조문을 들여다보시오. 그대는 정의를 고집했으니, 그대가 원하는 대로 정의롭고 엄격한 재판을 받을 것이오.
베사니오: 오, 박식한 판사님이시로다! 현명한 판사님!
샤일록: 아까 그 제안을 받아들이겠습니다. 증서에 기록되어 있는 금액의 세 배를 받고, 저 상인을 풀어주겠습니다.
베사니오: 옜다, 돈! 여기 있다.
판사 그라시아노: 잠깐! 샤일록이 받는 건 정의의 판결뿐이오. (법정을 둘러보며) 조용히 하시오.
증서에 적힌 것만 받도록 허락하겠소.
베사니오: 어떠냐, 나쁜 놈아! 공정한 판사님이시로다!
판사 그라시아노: 어서 살덩이를 떼어 낼 준비를 하시오. 피는 한 방울도 흘려선 안 되오. 뿐만 아니라,

살을 정확히 1파운드만 떼어 내야 하오. 1파운드보다 많거나 적으면 안 되오. 그보다 무게가 가볍거나 무거워서 저울대가 불과 머리카락 한 올만큼이라도 기울어진다면 그대를 사형에 처하고 그대의 전 재산을 몰수할 거요. ⓗ

베사니오: 명판사님께서 돌아오셨다. 샤일록, 이 나쁜 놈아! 꼼짝 못하게 되었구나.

판사 그라시아노: 어찌하여 주저하는가? (샤일록에게) 어서 가져가시오.

샤일록: (울먹이는 목소리로) 원금만 받고 가게 해 주십시오.

베사니오: 돈은 준비돼 있다. 옜다, 가져가라.

판사 그라시아노: 저 사람은 이 공개법정에서 이미 그걸 거절했소. 그러니까 증서대로 정당한 담보물만 주면 그만이오.

샤일록: 원금만이라도 받을 수 없겠습니까? ⓘ

판사 그라시아노: 그대가 받을 수 있는 것은 오로지 증서에 적혀 있는 것뿐이오. 살 1파운드뿐이란 말이오. 그것도 그대의 생명을 걸고서.

샤일록: 제기랄, 마음대로 하시오! 더 이상 엉터리 재판에는 응하지 않겠소. (돌아선다)

판사 그라시아노: 기다리시오. 이 법정은 아직 그대를 퇴정시킬 수 없소. (법전을 읽는다) 베니스의 국법에 의하면 다음과 같이 정해져 있소. 외국인이 베니스 시민에 대해 직접 또는 간접으로 그 생명을 노린 사실이 판명될 경우에 그 사람의 재산의 반은 생명을 빼앗길 뻔한 시민의 소유가 되고, 나머지 반은 국고로 몰수되오. 그리고 범인의 생명은 오로지 공작님의 마음에 달려 있소. 어느 누구도 여기에 관여할 수 없소. (법전을 덮는다) 그런데 지금 그대의 상황은 이러한 법조문에 해당되오. 왜냐하면, 그대가 직접 또는 간접적으로 이 상인의 생명을 노렸다는 것이 밝혀졌기 때문이오. 그러므로 어서 무릎 꿇고 공작 각하의 자비를 구하시오. ⓙ

공작: 그대가 간청하기 전에 생명만은 살려 주겠다. 재산의 반은 안토니오에게, 나머지 반은 국가에 귀속될 것이다. 그러나 반성하는 기미가 보인다면 벌금형을 내려줄 수도 있다.

판사 그라시아노: 국가에 귀속되는 재산만 감해 줄 수 있습니다. 안토니오의 몫은 별개입니다.

샤일록: 아닙니다. 제 생명이고 뭐고 다 가져가십시오. 다 필요 없습니다. 집을 떠받치고 있는 기둥을 빼가 버리면 집을 빼앗는 것과 마찬가지 아닙니까? 제가 살아갈 재산을 빼앗아 가면 그게 바로 제 생명을 빼앗는 겁니다.

판사 그라시아노: 안토니오, 그대는 저 사람에게 자비를 베풀겠소?

베사니오: 아무것도 주지 말게.

안토니오: 존경하는 공작님, 그리고 이 법정에 참석하신 여러분, 국고에 귀속될 저 사람의 재산 절반을 돌려주고 벌도 면해 주었으면 합니다. 나머지 반은 제가 관리하고 있다가 최근 그의 딸과 결혼한 젊은 사람에게 양도하게 해 주었으면 합니다. ⓚ

공작: 그렇게 하도록 하지.

판사 그라시아노: (샤일록을 보며) 그대는 만족하오? 이의 없소?

샤일록: (기운 없는 목소리로) 이의 없습니다.

판사 그라시아노: (서기에게) 서기, 양도증서를 작성하시오.

샤일록: 간청드립니다. 여길 떠나도록 허락하여 주십시오. 몸이 좋지 않아서요. 증서는 집으로 보내 주세요. 서명하겠습니다.

공작: 가도 좋네. 그러나 약속은 지켜야 하네. (샤일록 퇴장한다)

출처: http://www.seelotus.com/gojeon/oe-kuk/drama/benis.htm

샤일록과 안토니오의 계약증서 내용을 해석하는 데 있어, 문리해석과 의미해석을 적용할 수 있다.

ⓐ에서 증서를 확인받은 샤일록은 ⓑ에서 자비를 베풀 것을 권유받으나 거절하며, 증서의 내용대로 문리해석, 즉 문자가 가지는 사전적 의미를 명확히 하며, 살 1파운드를 떼낼 것을 요구한다. 이에 ⓒ에서 판사가 의사를 불러오라고 하나, 증서에는 그런 내용이 없다며 ⓓ,ⓔ에서도 문자 그대로의 해석인 살 1파운드를 줄기차게 요구한다. ⓕ에서 집행하려는 순간 ⓖ에서 판사의 문리해석, 피는 단 한 방울도 흘리지 않아야 한다는 것과 ⓗ에서 정확히 1파운드의 살을 떼어내야 한다는 문리해석을 통해 샤일록을 궁지로 몰고 간다. 이에 ⓘ에서 원금이라도 받으려고 애걸하는 샤일록에게 ⓙ에서 판사는 베니스의 국법을 적용하며, 모든 재산을 몰수하라고 선언한다. 이에 ⓚ에서 안토니오의 관대함으로 샤일록은 겨우 재산의 반과 목숨을 부지하며 이야기는 끝이 난다. 엄격한 글자 그대로의 문리해석이 처음에는 샤일록에게 유리한 듯했으나, 의미해석을 전혀 하지 않은 샤일록의 사악함이 도리어 자신에게 치명적인 결과를 가져왔다.

법률의 형식 논리를 보면 '살 1파운드'를 요구하는 것은 빚에 대한 정당한 요구이다. 그러나 이것은 표면적인 이유에 지나지 않는다. 내심으로는 안토니오의 죽음을 원하는 것이다. 그렇기 때문에 계약과 이행이라는 법률적 정의로 보면 안토니오는 죽을 수밖에 없다. 그러나 안토니오의 살 1파운드에 대한 판사의 해석은 일종의 역전극에 해당한다. 계약서에는 살에 대한 언급만 있지, 피에 대한 언급이 없음을 간파한 것은 중요한 의미를 지닌다. 피를 한 방울도 흘리지 않고, 1파운드의 양을 정확히 맞추어서 살을 자르라고 판결한다. 이것은 계약서의 내용이나 샤일록의 요구에 어긋나는 것이 아니므로 법률적으로 아무런 하자가 없다. 그러나 이것은 불가능한 일이기 때문에 사태가 역전되어 극적 반전이 일어난다. 이는 동일한 문맥에서 정반대의 의미를 추출하여 적용한 문리해석을 한 것이다.

제3절 법의 흠결

아무리 찾아도 구체적인 사건에 적용할 법규범이 없는 것이 법의 흠결(defect, 틈)이다. 법의 흠결이 존재하면 보충적 해석을 통하여 그 틈을 메워야 할 것이다. 즉, 기존의

법 내지 법정신에 기초해 문제된 사항을 유추해석하거나 조리(sound reasoning)에 따라 해결한다. 「민법」 제1조에서 민사(civil affairs: 개인 간의 관계)에 관하여 법률에 규정이 없으면, 관습법(customary law)에 의하고, 관습법이 없으면 조리(sound reasoning)에 의한다고 규정하고 있다(박상호, 2000: 81).

정책의 이해

Chapter 6

제1절 정책의 개념

정책이란 '바람직한 사회 상태를 이룩하기 위해 공공문제의 해결(또는 목표달성)을 위한 정부의 행동방침 또는 활동'으로

첫째, 정책의 결정과 집행의 주체는 '정부'이다.

둘째, 정책은 '권위 있는 결정'의 산물이다. 이러한 권위는 개인이나 민간조직이 갖지 못하는 합법적 강제력을 수반한다.

셋째, '행동방침'이다. 정책, 사업, 사업계획, 정부방침 등과 같이 여러 가지로 표현되는 정책은 정부가 '어떤 일을 하겠다' 또는 '하지 않겠다'는 의사표현이다.

넷째, 정책은 '공공문제의 해결이나 목표달성'과 관련이 있다.

다섯째, 정책은 '미래지향성'을 띤다. 왜냐하면, 정책은 정부의 행동방침으로서 의도적인 변화를 추구하기 때문이다(안광현, 2013: 159-160).

제2절 정책의 특징

'바람직한 사회 상태를 이룩하기 위해 공공문제의 해결을 위한 정부의 행동방침'인 정책은 다음과 같은 특징을 가지고 있다(안광현, 2013: 163-164).

첫째, 목표지향성이다. 정책은 바람직한 사회상태, 즉 이상으로 설정해 놓은 사회를 이룩하려는 목표지향성을 내포하고 있다.

둘째, 수단지향성이다. 정책은 달성하고자 하는 정책목표를 실현할 구체적인 수단과

방법을 내포한다.

셋째, 변동대응성이다. 정책은 어떠한 원인에 의해 야기된 바람직하지 않은 상태를 바람직한 상태로 바꾸겠다는 정부의 의도를 내포하고 있다.

넷째, 가치배분성이다. 정책은 결정과 집행에 의해 사회구성원들 가운데 어떠한 사람들이나 집단들은 혜택을 보는 반면에 어떠한 사람들이나 집단들은 손해를 보게 된다.

다섯째, 문제 해결지향성이다. 정책은 사회가 당면하고 공공의 문제를 해결하려는 문제 해결 지향적 성격을 지니고 있다.

여섯째, 공식성과 강제성이다. 정책은 어떠한 사회를 만들겠다는 정부의 공식적 결정으로, 결정이 된 정책은 권위 있는 정부기관에 의해 공식성과 강제성을 갖는다.

제3절 정책의 구성요소

정책의 4대 구성요소는 정책목표, 정책수단, 정책대상자, 정책결정자이다(안광현, 2013: 160-163을 수정).

I. 정책목표

정책목표란 정책을 통하여 달성하고자 하는 사회의 바람직한 상태를 말한다. 정책목표는 미래성과 방향성을 가지며, 주관적이고 규범적인 가치판단의 성격을 가진다. 이러한 정책목표의 예로 국방정책은 '타국으로부터의 국민 안전'이 정책목표가 되고, 도시교통정책의 목표는 '신속하고 안전한 교통의 원활'이, 소비자정책은 '소비자문제의 해결을 통한 소비자복지의 증진'이 정책목표가 된다.

II. 정책수단

정책목표를 달성하는 수단을 말한다. 즉, 환경정책의 경우, 수질오염원인을 제거하기 위해 '오·폐수 처리장을 증설'하거나, 오·폐수를 많이 생산하는 '산업시설들을 친환경 산업시스템으로 교체하는 것'이 여기에 해당한다. 소비자정책의 경우, 소비자의 안전할 권리를 보장하기 위해 '소비자안전센터를 설치하고 운영하는 것'이 정책수단에 해당한다.

정책수단은 실질적 정책수단과 도구적 정책수단으로 나눌 수 있다.

실질적 정책수단이란 정책목표를 달성하기 위한 구체적인 활동계획들이다. 모든 정책은 정책목표와 정책수단들 간의 연계 고리로 구성되어 있다. 즉, 어떤 정책은 상위정책의 수단이며 하위정책의 목표가 된다. 상위목표에 대해서는 정책수단으로서, 하위수단에 대해서는 정책목표로서 역할을 한다. 예를 들면, '물가안정을 위한 쌀 가격의 인하', '쌀 가격인하를 위한 정부미 방출', '막걸리용 쌀 사용중단'과 같은 것이다.

도구적 정책수단은 보조적 정책수단으로도 불리는 것으로, 실질적인 정책수단들을 현실로 실현시키기 위하여 필요한 수단들이다. 위에서 말한 '막걸리용 쌀 사용중단'이라는 정책수단을 실현하기 위해서는 순응확보수단(강제, 설득, 유인책), 집행기구, 집행요원, 자금, 공권력 등이 필요한데, 이를 도구적 정책수단 또는 보조적 정책수단이라고 한다.

III. 정책대상자

정책대상자 또는 정책대상 집단은 정책의 적용을 받는 집단이나 사람들을 의미한다. 아울러 정책대상자는 정책의 혜택을 받는 수혜자와 정책 때문에 희생을 당하는 정책비용부담자로 구분할 수 있다.

먼저, 정책의 수혜자 또는 정책의 수혜집단은 정책에서 제공하는 서비스나 재화를 받는 자들을 말한다. 예를 들어, 대형마트가 생기면 주변 시민들은 물품을 구입할 때 값싸고 질 좋은 제품을 이용할 수 있게 되고, 주변의 아파트나 주택들의 가격상승이 이루어져 아무런 노력 없이 재산을 증식할 수 있다.

다음으로, 정책의 희생자 또는 비용부담자들은 정책 때문에 희생을 당해야 하는 사람들로 정책수단의 실행과정에서 피해를 입게 된다. 예를 들어, 대형마트가 생김으로 인해 기존의 중소형 마트와 재래식 시장들은 경쟁력 약화로 그들의 생존에 위협을 받으며, 대형마트 주변의 아파트나 주택에 거주하는 임차인들은 주택가격의 상승으로 인해 거주지를 옮겨야 하는 문제가 발생한다.

소비자정책에서의 정책대상자는 소비자와 사업자인데, 예를 들어 식품안전에 대한 소비자정책으로 말미암아 소비자들은 안전한 먹거리를 먹게 되어 건강한 삶을 유지할 수 있는 혜택을 받게 되는데 반해, 식품회사들은 안전에 대한 관리비용의 증가로 비용이 많이 드는 문제가 발생한다.

IV. 정책결정자

정책결정자는 정책과 수단을 결정하는 집단으로 정책을 결정할 권한을 지니고 있는 정부기관을 말한다. 우리나라 정부조직도를 살펴보면 〈도표 6-2〉과 같다. 정부조직에서 소비자정책을 총괄하는 기관은 공정거래위원회이다.

정책은 정책이 만들어져 집행되고 평가되는 연속적 과정을 거치는데, 이를 정책과정(policy process)이라 한다(도표 6-1 참조). 정책과정은 정책문제 채택(policy agenda setting), 정책결정(policy-making), 정책집행(policy implementation), 그리고 정책평가(policy evaluating)의 과정으로 이루어진다(중앙공무원교육원 제6기 정책형성관리과정, 2002: 6-7).

도표 6-1 정책과정의 기본틀

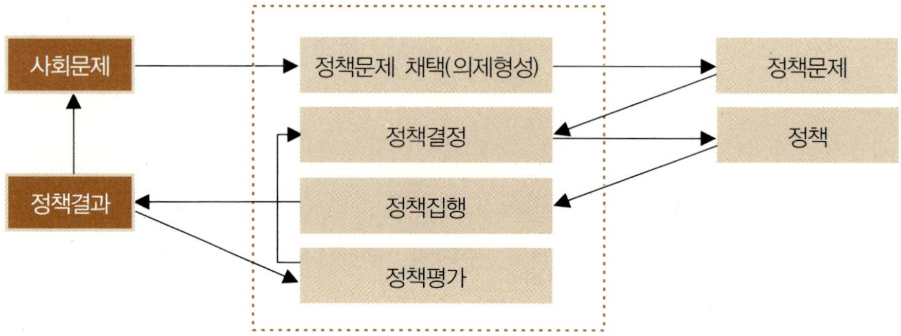

출처: 중앙공무원교육원 제6기 정책형성관리과정 (2002). p. 7.

▌도표 6-2▌ 우리나라 정부조직도

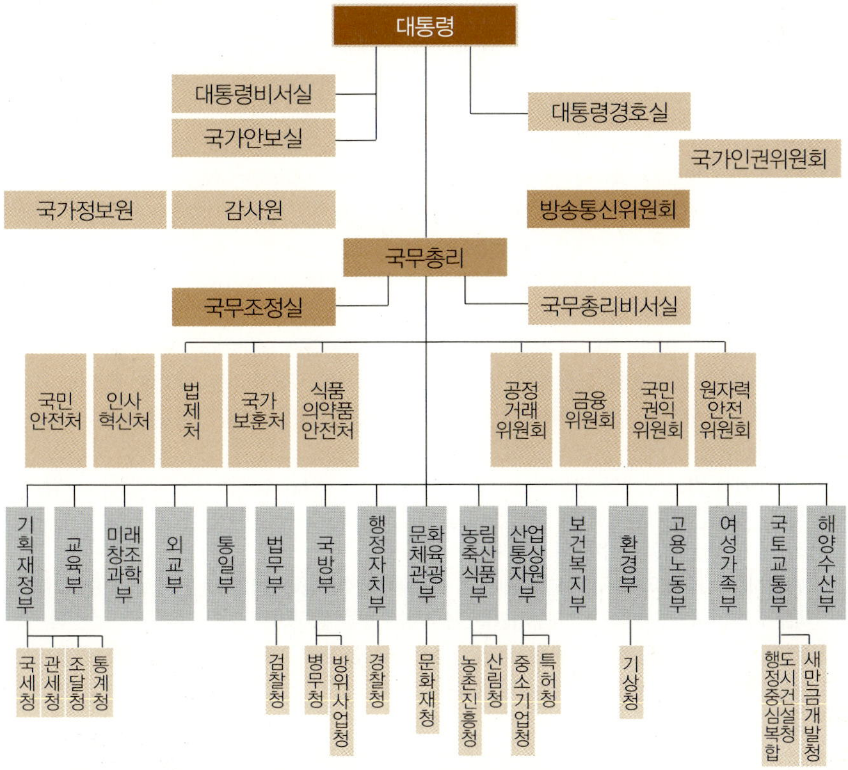

2원: 감사원, 국가정보원

17부: 기획재정부, 미래창조과학부, 교육부, 외교부, 통일부, 법무부, 국방부, 행정자치부, 문화체육관광부, 농림축산식품부, 산업통상자원부, 보건복지부, 환경부, 고용노동부, 여성가족부, 국토교통부, 해양수산부

5실: 대통령비서실, 국가안보실, 대통령경호실, 국무조정실, 국무총리비서실

5위원회: 방송통신위원회, 공정거래위원회, 금융위원회, 국민권익위원회, 원자력안전위원회

5처: 국민안전처, 인사혁신처, 법제처, 국가보훈처, 식품의약품안전처

16청: 국세청, 관세청, 조달청, 통계청, 검찰청, 병무청, 방위사업청, 경찰청, 문화재청, 농촌진흥청, 산림청, 중소기업청, 특허청, 기상청, 행정중심복합도시건설청, 새만금개발청

* 국가인권위원회는 행정부소속이 아닌 법률상 독립기관이다.

출처: 청와대(www.president.go.kr)

도표 6-3 정책관련 용어의 정리

정책과 관련한 용어들의 의미를 정리해 볼까요?

1. **규범**: 사회질서를 유지하기 위해 사회 구성원들이 지켜야 할 행동규칙
2. **제도**: 법이나 관습에 의하여 세워진 모든 사회적 규약(규칙과 약속)의 체계로 정치제도, 경제제도, 법제도 등이 있다
3. **법**: 국가권력에 의해 강제되는 사회규범. 국가 및 공공기관이 제정한 법률, 명령, 규칙, 조례 등
4. **정치**: 나라를 다스리는 일, 국가의 권력을 획득하고 유지하며 행사하는 활동
5. **정책**: 공공문제를 해결하고자 정부에 의해 결정된 행동방침
   정책은 법률·정책·사업·사업계획·정부방침·정책지침·결의사항과 같이 여러 형태로 표현된다. 법과 정책은 서로 상호작용하면서 발전하는데, '정책'에 의해 '법'이 만들어지고, 만들어진 '법'을 집행하는 과정이 '정책'이라고 할 수 있다.
6. **시책**: 두 가지 의미가 있다. 첫째, 시책(施策)은 정책을 시행한다는 의미이다. 이는 '행정(行政)'의 의미와 같다. 둘째, 시책(時策)은 '지금 당면한 정책' 또는 '해당시기의 정책'이라는 의미로, 말하는 시점에 바로 집행되고 있거나 머지않은 시간 안에 곧 집행될 예정인 정책들을 의미한다. 즉, '일정한 시기에 시행하는 정책'을 의미한다.
7. **행정**: 법 아래에서 법의 규제를 받으면서 국가의 목적 또는 공익을 실현하기 위해 행하는 능동적이고 적극적인 국가 작용을 말한다. 정책을 행하는 것을 의미한다.
8. **정부**: 국가의 통치권을 행사하는 기관이다.
   정부는 관할하는 사람들의 요구를 받아들이고, 그것들을 조정하여 법률·정책으로 변환하거나 또는 법률·정책을 집행하여 분쟁을 조정하는 기능을 행사하는 것을 통하여, 정치 공동체를 다스린다. 넓은 뜻으로는 입법부, 행정부, 사법부로 구성된 국가의 정치기구 전체를 의미하지만, 좁은 뜻으로는 행정부만을 가리킨다. 정부의 기능은 국가뿐만 아니라 지방자치단체도 가지고 있기 때문에 지방자치단체도 지방정부로서 인정된다.

출처: 다음어학사전(dic.daum.net); 네이버 지식백과(terms.naver.com)에서 발췌 수정.

찾아 생각하기

1. 법제처 www.moleg.go.kr 홈페이지 방문하여 살펴보기

2. 법제처 '찾기 쉬운 생활법령정보' 에서 관심 있는 분야를 찾아 읽어보고 정리하기

참|고|문|헌

강대식, 전찬희 (2007). 법학개론 개정판. 형설출판사.

국가법령정보센터 행정업무의 효율적 운영에 관한 규정(대통령령 제25751호).

김영규, 김정환, 나달숙, 박영준, 박종선, 안은진, 이우진, 최호진, 하정철 (2013). 신법학개론 제3판. 박영사.

김해마루 (2014). 누워서 읽는 법학: 민사법 I, II, III. 로스타트.

박상기, 김대순, 김성수, 김정오, 백태승, 손한기, 신현윤, 안춘수, 오영환, 이상윤, 전광석, 전지영, 홍복기 (2013). 법학개론 전정판 2판. 박영사.

박상호 (2000). 포인트법률. 진영문화사.

안광현 (2013). 신행정학개론. 청목출판사.

중앙공무원교육원 제6기 정책형성관리과정 (2002).

국가법령정보센터 http://www.law.go.kr

네이버 지식백과 http://terms.naver.com

다음어학사전 http://dic.daum.net

대한민국영문법령 http://elaw.klri.re.kr/kor_service/struct.do

상속포기와 한정승인의 차이점 http://blog.naver.com/1599798/220014658819

청와대 http://www.president.go.kr

한국소비자원 http://www.kca.go.kr/wpge/m_50/info5000.do

http://ilsa77.x-y.net/7law/law1-1-3.htm

http://liglawyer.com.15

http://www.seelotus.com/gojeon/oe-kuk/drama/benis.htm

PART 01

법과 정책 요약

▶▶▶ chapter 1 · 사회규범과 법규범

1. 규범

명령 또는 금지를 의미하는 것: '~를 하여야 한다', '~을 하지 말아야 한다'

▶ 부모를 공경하여야 한다, 살인하지 말아야 한다.

2. 사회규범

사회구성원들이 지켜야 할 행동규칙: 관습규범, 도덕규범, 종교규범, 법규범 등

3. 법규범

사람의 사회생활에 있어서 기준이 되는 규칙으로 국가권력에 의하여 강제되는 사회규범

4. 법규범의 기능

사회통제의 기능, 분쟁해결의 기능, 부의 재분배 기능, 개혁적 기능, 교육적 · 계몽적 기능

▶▶▶ chapter 2 · 법의 근원과 체계

1. 불문법(oral law)

문서의 형식으로 표현되지 않은 법, 일정한 제정절차를 거치지 않고 존재하는 법

▶ 관습법(customary law), 판례법(case law), 조리(sound reasoning)

2. 성문법(written law)

문자로 표현되고 문서의 형식을 갖춘 법, 입법기관에 의해 절차를 거쳐 성립된 법

3. 성문법의 체계

헌법, 법률, 명령, 규칙, 지방자치단체의 자치법규(조례와 규칙)와 조약 등

▶ 우리나라 법은 일정한 상하구조로 이루어진 체계를 가짐

4. 헌법

우리나라 최고의 법규범, 모든 법령의 기준과 근거

5. 법률

헌법에 비해 보다 구체적으로 국민의 권리・의무에 관한 사항을 규율함, 행정의 근거가 됨

▶ 법체계상 가장 중요한 근간을 이루고 있음

▶ 법률안의 제출, 국회의 의결, 대통령의 공포라는 절차를 거쳐 제정

6. 명령(또는 법규명령)과 규칙

▶ 명령: 국회의 의결을 거치지 않고 행정기관이 법률에 근거한 사항을 제정하는 성문법

▶ 명령은 법률처럼 국민과 행정기관, 법원을 구속하는 효력이 있음
대통령령(대통령이 발하는 명령), 총리령(총리가 발하는 명령), 부령(각 행정부처 장관이 발하는 명령)으로 구분

▶ 규칙의 종류: 행정부가 제정하는 규칙인 행정규칙, 국회가 제정하는 규칙(예: 국회규칙), 대법원이 제정하는 규칙(예: 대법원규칙), 지방자치단체가 제정하는 규칙 등

▶ 행정규칙: 행정부 내부를 규율하기 위해 제정하는 성문법
훈령, 예규, 고시, 지침, 공고 등

- 훈령: 상급기관이 하급기관 또는 소속공무원에 대하여 장기간에 걸쳐 그 권한의 행사를 지시하기 위하여 발하는 명령
- 예규: 행정사무의 통일을 기하기 위하여 반복적 행정사무의 처리기준을 제시하는 문서
- 고시: '법령이 정하는 바에 따라' 일정한 사항을 일반 국민에게 알리는 문서
- 지침: 훈령, 예규, 또는 고시의 이름을 '~에서의 지침'으로 사용함, 공정거래위원회 고시로 '전자상거래 등에서의 소비자보호 지침'이 있음
- 공고: 일정한 사항을 일반 국민에게 알리는 문서, 고시와 구별되는 점은 법령이 정하는 바에 따른 사항이 아니라는 것

7. 지방자치단체의 자치법규

▶ 조례: 지방자치단체의 의회가 법령의 범위 안에서 그 권한에 속하는 사항을 제정하는 것

▶ 규칙: 지방자치단체의 장이 법령과 조례의 범위 안에서 그 권한에 속하는 사항을 제정하는 것

8. 조약

국가와 국가 간의 문서에 의한 합의를 의미하는 것

▶▶▶ chapter 3 · 법의 분류

1. 자연법과 실정법, 국내법과 국제법

▶ 자연법: 인간사회를 지배하는 보편타당하고 영구불변성을 지닌 법규범
예: 도둑질하지 말라

▶ 실정법: 실제적으로 효력을 가지고 있는 법규범으로 헌법, 민법 등

▶ 국내법: 우리나라 내에서 적용되는 법으로 공법, 사법, 사회법으로 구분

▶ 국제법: 국제관계에서 적용되는 법으로 조약, 국제법규, 국제관습법 등

2. 공법과 사법 및 사회법

▶ 공법: 국가의 조직과 기능 및 공익작용을 규율하는 법

▶ 사법: 개인 상호 간의 권리·의무관계를 규율하는 법

▶ 사회법: 사법의 바탕 위에서 사회·경제적인 약자를 보호하기 위한 목적으로 공법적인 통제를 가하여 개인의 생활을 보호하는 법

3. 일반법과 특별법, 실체법과 절차법, 강행법과 임의법

▶ 일반법: 법의 효력이 전 국민에 대하여 미치는 법(예: 민법, 형법 등)

▶ 특별법: 그 적용대상이나 장소, 시간의 제한이 있는 법(예: 상법, 국가공무원법 등)

▶ 실체법: 법률관계의 실체인 권리와 의무의 발생, 변경, 소멸 등을 규율하는 법

▶ 절차법(또는 소송법): 권리와 의무를 실현시키는 절차를 규율하는 법

▶ 강행법: 당사자의 의사 여하에 불구하고 강제적으로 적용되는 법(예: 헌법, 형법 등)

▶ 임의법: 당사자가 동의하지 않는 경우 적용되지 않는 법(예: 민법, 상법 등)

▶▶▶ chapter 4 · 법률관계와 권리·의무

1. 법률관계: 법에 의해 규율되는 생활관계, 즉 권리와 의무의 관계

▶ 매도인(seller)은 매수인(buyer)에게 대금을 청구할 수 있는 권리가 발생하고, 매수인(buyer)은 대금을 지급할 의무가 발생함

▶ 법률관계의 주체로는 자연인(person)과 법인(juridical person)이 있음

▶ 호의관계: 법률적 구속을 받으려는 의사가 없는 단순한 사교적인 관계

2. 권리: 법익(법으로 보호되는 이익)을 누리기 위하여 법이 허용하는 힘
의무: 의무자의 의사와는 관계없이 법에 의하여 강요되는 법률상의 구속

▶ 대부분의 법률관계는 직접적으로 권리와 의무 관계로 나타나지만 때로는 권리만 있고 의무가 없는 경우, 반대로 의무만 있고 권리가 없는 경우도 있음

3. 의무와 책무의 구분

▶ 의무: 반드시 지켜야 하고 지키지 않으면 법으로 강제할 수 있는 것, 즉 소송으로 그 이행을 강제하거나 손해배상을 청구할 수 있음

▶ 책무: 책임을 갖고 지키면 좋지만 지키지 않는다고 법으로 어떤 강제를 할 수 없음

▶ 현재 「소비자기본법」에서의 책무는 의무보다 더 넓은 의미의 '책임이나 의무'라는 뜻임

▶ 「소비자기본법」에서 책무의 내용으로 '~할 수 있다' 조항(임의규정)과 '~하여야 한다' 조항(강행규정)을 두고 있음. '~할 수 있다' 조항은 책임은 있지만 법적 강제성이 없는 규정이고, '~하여야 한다' 조항은 지키지 않을 경우 법적으로 그 이행을 강제할 수 있는 의무에 해당함

4. 권리의 분류

▶ 공권: 공적 관계에서 인정되는 권리, 국가적 공권과 개인적 공권으로 나뉨

국가적 공권: 행정조직권(국가기관의 조직 등에 관한 규정을 하는 권리), 재정권(세금부과 등에 관한 권리), 군정권(군대의 유지 등에 관한 권리) 등

개인적 공권: 자유권, 수익권(자신의 이익을 창출할 수 있는 권리), 참정권(정치에 참여할 수 있는 권리) 등

▶ 사권: 사적인 관계에서 인정되는 권리

***권리의 내용을 기준으로 한 분류: 재산권과 비재산권**

▶ 재산권

- 물권(real rights): 물건(thing)을 지배하는 권리
- 채권(credit): 사람에게 일정한 행위(급부)를 청구할 수 있는 권리
- 지적재산권(intellectual property rights): 발명·저작 등의 지적 산물을 독점적으로 이용할 수 있는 권리

▶ 비재산권(non-property rights)

- 인격권: 생명·신체·정신의 자유에 대한 권리
- 가족권: 친족권(친족관계에 있어서의 일정한 지위에 따르는 권리), 상속권(상속개시 후 상속인이 가지는 권리)
- 사원권: 단체의 구성원이 그 구성원 지위로 인해 단체에 대하여 가지는 권리

***권리의 작용을 기준으로 한 분류: 지배권, 청구권, 형성권, 항변권**

- 지배권: 권리의 객체를 직접 지배하는 권리, 물건을 지배하는 물권(소유권, 저당권 등), 지적 소유물을 지배하는 지적재산권(저작권, 특허권, 상표권), 사람을 지배하는 친족권(친권자의 거주지정권 등)이 있음
- 청구권: 특정인이 다른 특정인에게 일정한 행위(급부)를 요구하는 권리
- 형성권: 일방적 의사표시로 어떤 권리를 만들어내는 권리, 취소권, 해제권 등
- 항변권: 항의하고 변호할 수 있는 권리, 상속인의 '한정승인의 항변권' 등

***권리의 효력범위를 기준으로 한 분류: 절대권과 상대권**

- 절대권: 모든 사람에게 주장할 수 있는 권리, 물권, 지적재산권 등
- 상대권: 특정인을 의무자로 하여 그 사람에게만 주장할 수 있는 권리, 채권 등

*권리의 이전성을 기준으로 한 분류: 일신전속권과 비전속권
- 일신전속권: 한 사람에게 전적으로 속해 있는 권리, 인격권 등
- 비전속권: 권리자로부터 타인에게 이전할 수 있는 권리, 재산권 등

*권리의 독립성을 기준으로 한 분류: 주된 권리와 종된 권리
- 주된 권리: 완전히 독립된 권리, 채권 등
- 종된 권리: 주된 권리에 종속하여 존재하는 권리, 원본채권에 대한 이자채권 등

▶ 사회권: 사회법의 분야에서 인정되는 권리, 근로자의 단결권, 단체교섭권 등

5. 의무의 분류
▶ 공의무: 공적인 의무로 국가적 공의무(국가가 국민에 대하여 지는 의무)와 개인적 공의무(국민이 국가에 대하여 지는 의무, 납세의 의무 등)가 있다.
▶ 사의무: 사적인 의무로 당사자의 자유의사에 의하여 결정되는 의무
▶ 사회의무: 사회법의 분야에서 인정되는 권리에 대응하는 의무, 근로자의 단결권에 대응하는 의무로 근로자의 질서준수의무 등
▶ 작위의무(일정한 행위를 하여야 할 의무)와 부작위의무(일정한 행위를 하지 않아야 할 의무)

▶▶▶ chapter 5 · 법의 적용과 해석

1. 법의 적용: 구체적인 사안을 법규범에 적용하는 것
▶ 「형법」 제250조 제1항의 [사람을 살해한 자는 사형·무기 또는 5년 이상의 징역에 처한다]는 법규를 대전제로 하고, [갑이 을을 살해했다]는 소전제로 하여, 판결로서 [갑을 사형에 처한다]는 결론을 이끌어내는 것이 살인죄에 대한 법의 적용

2. 사실의 확정: 사회적 사실을 법적으로 인식하는 것
▶ 사실의 입증: 객관적 증거에 의하여 사실의 존재 및 내용을 확정하는 것
▶ 사실의 추정: 직접적인 증거에 의하여 확정하지 못한 사실을 간접적인 사실에 의하여 측정하는 것, '편의상의 고려'로 잠정적으로 사실의 존재 여부를 인정하는 데 불과한 것
▶ 사실의 의제(또는 간주): 사실의 진실성 여부와는 관계없이 일정한 사실을 확정하는 것
법의 적용은 사실의 확정이 전제되어야 함

3. 법의 해석: 법을 구체적인 사건에 적용하기 위하여 법규범의 의미와 내용을 밝히는 것
▶ 문리해석(grammatical interpretation): 법규의 문자가 가지는 사전적 의미를 명확히 하는 것, 모든 해석의 출발점이 됨
▶ 의미해석(meaning interpretation): 법규의 문자가 가지는 의미를 확장 또는 제한하여 적용하는 것

4. 법의 흠결(틈): 구체적인 사건에 적용할 법규범이 아무리 찾아도 없는 것
   ▶ 「민법」 제1조에서 민사(civil affairs: 개인 간의 관계)에 관하여 법률에 규정이 없으면 관습법(customary law)에 의하고 관습법이 없으면 조리(sound reasoning: 건전한 상식)에 의한다고 규정함

▶▶▶ chapter 6 • 정책의 이해

1. 정책: 바람직한 사회 상태를 이룩하기 위해 공공문제의 해결을 위한 정부의 행동방침

2. 정책의 특징
   목표지향성, 수단지향성, 변동대응성, 가치배분성, 문제 해결지향성, 공식성, 강제성

3. 정책의 구성요소
   ▶ 정책목표: 정책을 통하여 달성하고자 하는 사회의 바람직한 상태
   ▶ 정책수단: 정책목표를 달성하는 수단으로 실질적 정책수단과 도구적 정책수단이 있음
   실질적 정책수단: 정책목표를 달성하기 위한 구체적인 활동계획들
   도구적 정책수단: 실질적인 정책수단들을 현실로 실현시키기 위하여 필요한 순응확보 수단(강제, 설득, 유인책), 집행기구, 집행요원 등
   ▶ 정책대상자: 정책의 적용을 받는 집단
   ▶ 정책결정자: 정책을 결정할 권한을 지니고 있는 정부기관
4. 정책과정: 정책이 만들어져 집행되고 평가되는 연속적 과정
   ▶ 정책문제 채택(policy agenda setting) → 정책결정(policy making) → 정책집행(policy implementation) → 정책평가(policy evaluating)과정의 순환

Part 02

소비자문제와 소비자정책

의문에 대한 답

* 1. 소비자란 누구인가요?

소비자(consumer)란 소비를 하는 사람이란 뜻으로, 사업자와 대립되는 말이에요.

소비자란 사업자가 제공하는 상품 또는 서비스를 소비생활을 위하여 사용(이용)하는 사람으로 이를 '일반적 의미의 소비자'라고 해요. 예를 들면, 사과를 먹는 사람, 텔레비전을 시청하고 있는 사람, 의사의 진료활동을 받고 있는 사람 등이 소비자이지요.

그런데 우리나라에서는 첫째, 상품 또는 서비스를 생산활동을 위하여 사용하는 자 중 영세사업자와 둘째, 제공된 상품 또는 서비스를 농업(축산업) 및 어업활동을 위하여 사용하는 자들을 '정책적 고려에 의한 소비자'라고 해요. 즉, 첫째와 둘째에 해당하는 사람들을 소비자로 보고, 「소비자기본법」의 적용을 받도록 하고 있어요. 예를 들면, 길거리에서 설탕을 불에 녹여 별모양 등을 파내도록 하여 돈을 버는 '쪽자' 장수나 농업이나 축산업, 어업활동을 하는 사람들을 소비자로 간주하여 보호하고 있답니다. 그러나 해양수산부장관의 허가를 받아 원양사업을 하는 자는 제외하는데, 왜냐하면 규모가 큰 사업자라서 보호할 필요가 없기 때문이지요.

* 2. 소비자문제란 무엇이고, 왜 소비자문제가 나타나나요?

소비자문제란 '상품 또는 서비스를 구입하여 사용(또는 이용)하는 과정에서 일어나는 해결하기 어려운 일이나 말썽'을 말해요. 소비자문제는 생산자와 소비자가 일치하는 자급자족사회에서는 없었어요. 왜냐하면 자신이 생산한 물건에 대해 불만이 있으면 자신이 고치면 되었으니까요. 그런데 산업사회(1760년 영국에서 시작한 산업혁명에 의해 대량생산 및 편리한 운송이 가능해진 사회)로 발전하면서 생산자가 제공하는 상품을 구입하여 사용하는 소비자가 많아짐에 따라 다양한 소비자문제가 나타나기 시작했어요.

* 3. 소비자정책이란 무엇이고, 소비자정책은 어떻게 분류하나요?

소비자정책이란 '소비자문제의 해결을 위한 정부의 활동'을 의미해요.

소비자정책은 소비자보호정책, 소비자옹호정책, 소비자주권실현정책으로 분류할 수 있어요.

✔ 기억하세요!

- 소비자보호정책: 사업자에 비해 약자인 소비자를 정부가 나서서 잘 보살피고 돌보는 정책. 예를 들면, 「소비자기본법」 등 각종 법과 제도

- 소비자옹호정책(또는 소비자교육정책): 혼자 힘으로 소비생활을 해나갈 수 있는 영역에서는 소비자가 스스로 선택하도록 하고, 소비자와 생산자 간 능력의 불균형이 존재하여 소비자가 사업자에 비해 불리한 영역에서는 소비자를 두둔하고 편들어 지키는 정책. 예를 들면, '신규 스마트폰의 비공식 사전예약 광고와 관련한 소비자피해주의보' 발령(2012년, 공정거래위원회) 등

- 소비자주권실현정책(또는 소비자정보정책): 소비자문제는 해당 거래당사자의 문제이므로 자율적 문제 해결을 원칙으로 하고, 정부가 소비자를 지원하는 부분은 정보의 불균형을 해소하기 위해 소비자에게 바른 정보 제공과 교육지원을 하는 것으로 소비자 스스로의 선택을 통해 시장을 통제할 수 있는 능력을 갖도록 돕는 정책. 예를 들면, '2014년 하반기 소비자교육 교사연수'(2014년, 한국소비자원) 등

* 4. 우리나라의 소비자정책 추진체계는 어떠한가요?

첫째, '공정거래위원회'가 소비자정책의 총괄 추진 주체가 되어, 공정거래위원회 내 '소비자정책위원회'의 심의·의결을 거쳐 소비자정책에 관한 기본계획을 3년마다 수립하고 있어요.

둘째, 관계 중앙행정기관의 장 '기획재정부장관, 미래창조과학부장관, 교육부장관, 법무부장관, 행정자치부장관, 문화체육관광부장관, 농림축산식품부장관, 산업통상자원부장

관, 보건복지부장관, 환경부장관, 여성가족부장관, 국토교통부장관, 방송통신위원회위원장, 금융위원회위원장 및 식품의약품안전처장(2015년 현재)'은 기본계획에 따라 매년 10월 31일까지 자기 부서의 업무에 관하여 다음 연도의 소비자정책에 관한 시행계획(중앙행정기관별 시행계획)을 수립해요.

셋째, 이어서 특별시장 · 광역시장 · 도지사 또는 특별자치도지사는 기본계획과 중앙행정기관별 시행계획에 따라 매년 11월 30일까지 소비자정책에 관한 다음 연도의 시 · 도별 시행계획을 수립하지요.

넷째, 최종적으로 공정거래위원회는 매년 12월 31일까지 중앙행정기관별 시행계획 및 시 · 도별 시행계획을 취합 · 조정하여 소비자정책위원회의 심의 · 의결을 거쳐 종합적인 시행계획(종합시행계획)을 수립한답니다.

다섯째, 이러한 종합시행계획을 관계 중앙행정기관, 각 시 · 도 및 한국소비자원(공정거래위원회 산하기관)이 집행하고 있답니다.

물론, 관계 중앙행정기관의 장 및 시 · 도지사는 종합시행계획이 실효성 있게 추진될 수 있도록 매년 소요비용에 대한 예산편성 및 필요한 재정조치를 취하고 있어요. 그리고 시 · 도지사는 시 · 도의 소비자권익증진시책 수립 및 시행에 필요한 사항을 심의하기 위하여 지방소비자정책위원회를 두고 있고, 이에 대한 사항은 해당 지방자치단체의 조례로 정하고 있지요.

한편, 관계 중앙행정기관의 장 및 시 · 도지사는 지난해의 중앙행정기관별 시행계획이나 시 · 도별 시행계획의 추진실적을 평가한 후 그 결과를 매년 1월 31일까지 공정거래위원회에 제출하고, 공정거래위원회는 제출받은 추진실적 결과를 종합하여 기본계획의 성과를 정기적으로 평가한 후 그 결과를 기본계획의 수립 · 변경에 반영한답니다.

PART 02

소비자문제와 소비자정책

우리는 상품을 구입하여 사용하는 과정에서 가격이 비싸거나, 품질이 나쁘거나, 또는 고장이 났을 때 만족스럽지 못한 애프터서비스를 받는 등의 문제를 경험한 적이 있다. 이러한 문제를 소비자문제라고 하는데, Part 2의 7장에서는 소비자문제의 의미를 살펴보고, 소비자문제는 언제부터 일어났을까에 대한 답을 얻기 위해 소비자문제의 발생과정을 알아볼 것이다. 이어서 소비자문제의 원인 및 특징을 파악하고, 이러한 소비자문제의 해결은 어떻게 이루어지는지를 살펴볼 것이다.

Part 2의 8장에서는 소비자정책에 대한 이해와 함께 우리나라 소비자정책에 큰 영향을 미친 미국과 일본의 소비자정책 추진체계를 알아보고, 우리나라 소비자정책의 발전과정 및 추진체계를 살펴볼 것이다.

Part 1에서 법과 정책에 대한 기본 개념을 이해했다면, 이를 바탕으로 Part 2에서는 소비자문제와 소비자정책을 살펴보고자 한다.

소비자문제

Chapter 7

제1절 소비자문제의 의미

소비자문제를 이해하기 위해서는 이와 관련한 용어(일정한 분야에서 주로 사용하는 말)들인 불만, 불평, 손해, 불이익, 피해, 문제, 분쟁 등에 대해 알아야 할 것이다. 이들 용어의 국어사전 속 의미를 〈도표 7-1〉을 통해 살펴보면서, 이들 용어 간의 연관성을 파악하여 보자.

▌도표 7-1 ▌ '문제'와 관련한 용어정리

- 불만: '마음에 차지 않아 못마땅함'
- 불평: '마음에 차지 아니하여 못마땅하게 여김 또는 그것을 말이나 행동으로 나타냄'
- 손해: '본디보다 밑지거나 해가 됨', 손해와 반의어(반대되는 의미를 가진 단어)로 이익(물질적이나 정신적으로 보탬이 되는 것)이 있다.
- 불이익: '이익이 되지 않음', 손해와 불이익은 같은 의미이다.
- 피해: '신체·재산·정신 따위의 손해를 입는 일'

이상의 용어들을 인간의 마음에서 시작하여 발산되는 순서를 따라 살펴보면, 인간의 마음 속 불만이 밖으로 드러나 불평이 되고, 이와 함께 손해와 불이익이 일어나면, 피해가 발생하게 된다.

- 문제: '해결하기 어렵거나 난처한 대상 또는 귀찮은 일이나 말썽'
  '불만, 불평, 손해, 불이익, 피해 등으로 인해 생긴 해결하기 어려운 일이나 말썽'을 의미한다.
- 분쟁: '어떤 말썽 때문에 서로 시끄럽게 다투는 일'
  '문제로 인해 발생한 다툼'을 의미한다.

출처: 동아 새국어사전 (2013); 민중 엣센스 국어사전 (2006).

소비란 욕망을 충족하기 위해 재화(goods) 또는 용역(service)을 구입해서 사용(또는 이용)하는 것 또는 소모[7]하는 일을 의미한다. 다음의 〈도표 7-2〉에서 재화와 용역의 의미를 살펴보자.

도표 7-2 재화와 용역의 의미

- 재화: 인간의 생활에 만족을 주는 형체가 있는 상품으로 쌀, 책, 핸드폰처럼 만질 수 있는 것, 흔히 상품 또는 물품이라고도 한다.
- 용역: 형체는 없으면서 인간의 만족을 충족시켜 주는 인간의 활동을 말하며, 흔히 서비스라고도 한다. 교사의 수업행위, 의사의 진료활동, 가수의 음악활동, 상품운반활동, 청소활동 등이 용역에 속한다.

출처: http://ko.wikipedia.org/wiki

소비자[8]란 소비를 하는 사람이란 뜻으로 사업자[9]에 대립하는 개념이다. 사업자가 제공하는 상품 또는 서비스를 소비생활을 위해 구입하여 사용(또는 이용)[10]하는 사람을 의미한다. 대부분의 사람들은 상품을 구입하여 사용하지만, 선물 또는 무상으로 제공받아 사용하는 경우도 있으므로, 구매하여 사용하는 것을 기본으로 생각하면서, 소비자란 사업자가 제공하는 상품 또는 서비스를 소비생활을 위하여 사용(또는 이용)하는[11] 사람으로 정의한다.

「소비자기본법」에서 사용하는 용어에는 소비자불만, 소비자피해와 소비자분쟁이 있다.

---

7) 소모: 써서 없앰

8) 「소비자기본법」에서 소비자의 정의는 사업자가 제공하는 물품 또는 용역(시설물을 포함한다)을 소비생활을 위하여 사용(이용을 포함한다)하는 자 또는 생산활동을 위하여 사용하는 자로서 대통령령이 정하는 자를 말한다.

9) 사업자와 사업의 의미를 살펴보자.
   ① 「소비자기본법」에서 "사업자"라 함은 물품을 제조(가공 또는 포장을 포함한다) · 수입 · 판매하거나 용역을 제공하는 자를 말한다.
   ② 영리목적과는 관계없이 사업상 독립적으로 재화 또는 용역을 공급하는 자를 부가가치세법상 "사업자"라 한다(「부가세법」 제2조 제1항). 사업자에는 개인 · 법인과 법인격이 없는 사단 · 재단 기타 단체를 포함한다(「동법」 제2항) 사업자에게는 부가가치세를 납부할 의무를 부여하고 있다.
   ③ 「독점규제 및 공정거래에 관한 법률」에서 사업자란 제조업, 서비스업, 기타 사업을 행하는 자를 말한다.
   ④ 사업이란 어떤 일을 일정한 목적과 계획을 가지고 짜임새 있게 지속적으로 경영함 또는 그 일을 말한다.

10) 사용이란 '물건을 일정한 목적이나 기능에 맞게 씀'(예: 컴퓨터를 사용하다), 이용이란 '대상을 필요에 따라 이롭게 씀, 사람이나 서비스를 자신의 이익을 채우기 위한 방편으로 씀'(예: 대중교통을 이용합시다)이다.

11) '사용하는'이란 '구입하여 사용하는'과 '무상으로 받아 사용하는'의 의미가 다 포함된다.

이에 소비자와 불만, 피해, 문제, 분쟁을 연결시켜 정의하면 다음과 같다.

첫째, 소비자불만이란 '소비자가 기대한 수준보다 상품 또는 서비스를 사용(또는 이용)한 후 인식하는 만족 수준이 낮을 때 나타나는 불일치상태, 즉 마음에 들지 않는 상태 또는 그런 상태를 말이나 행동으로 드러낸 것'을 의미한다.

둘째, 소비자피해란 '소비자가 상품 또는 서비스를 소비생활을 위해 사용(또는 이용)하는 과정에서 입은 신체·재산·정신상의 손해'를 의미한다.

셋째, 소비자문제란 '소비자가 상품 또는 서비스를 소비생활을 위해 사용(또는 이용)하는 과정에서 일어나는 소비자불만이나 소비자피해 등으로 생긴 해결하기 어려운 일이나 말썽'을 의미한다.

넷째, 소비자분쟁이란 '소비자가 상품 또는 서비스를 소비생활을 위해 사용(또는 이용)하는 과정에서 생긴 문제 때문에 발생한 다툼'을 의미한다. 소비자분쟁이 발생하였다는 것은 소비자와 사업자 간의 다툼이 발생하였다는 것으로, 소비자와 사업자 간의 분쟁을 해결하기 위해 제3자가 나서게 된다.

제2절 소비자문제의 발생과정

수렵·채집생활로부터 농경사회, 가내수공업사회로 이르기까지의 인류 역사에서 인간은 대부분 자신이 생산해서 자신이 소비하는 자급자족생활(생산자와 소비자가 일치하는 생활)을 하고 있었기 때문에 생산자(기업)가 제공하는 상품이나 서비스를 구입하여 사용하는 일이 거의 없었다. 따라서 소비자란 개념도 없었고, 소비자문제라고 할 만한 것도 없었다.

산업사회(1760년 영국에서 시작한 산업혁명에 의해 수공업적 가내공업이 공장제 기계공업으로 바뀌면서 기계화, 합리화, 능률화, 조직화 및 관리화 등 사회구조의 전반적 변동이 일어난 사회로 공장에서의 대량생산과 물품의 이동이 편리해 진 사회)가 시작되면서 대량생산·대량판매·대량소비가 이루어지게 되었고, 사업자가 제공하는 상품 또는 서비스를 구입하여 사용(또는 이용)하는 과정에서 나쁜 품질, 비싼 가격 등 다양한 소비자문제가 발생하기 시작하였다.

산업사회로의 사회발전이 대량생산체제와 운송수단의 발달로 '풍요한 사회'를 실현시켜 대다수의 국가에서 빈곤문제를 해결하였다는 점에서는 인류의 행복에 큰 기여를 하였지만, 반면에 대량생산·대량판매·대량소비로 이어지는 구조 속에서 나타나는 문제(구조적 문제[12])로 대량의 상품을 많은 사람들이 사용하는 과정에서 생산과 관련한 결함, 운송과 관련한 결함, 사용상의 결함 등이 복잡하게 얽혀 다양한 소비자문제를 발생시키고 있다.

산업사회 이후 정보화사회(정보통신기술의 발달로 정보의 이동이 빠르고 정보이용이 편리한 사회)로 발전한 오늘날의 사회에서도 소비자문제는 여전히 구조적 문제로 인류가 해결해야 할 숙제거리로 남아 있다.

우리나라에서는 언제부터 소비자문제가 나타났을까? 이에 대한 답을 얻기 위해서는 우리나라의 산업화 과정에 대한 이해가 필요하다.

우리나라의 산업화는 언제부터 시작되었을까? 우리나라는 1945년 8월 15일 일본의 항복으로 광복을 맞았고, 1948년 8월 15일 대한민국 정부를 수립하였다. 나라의 기틀을 세워가던 중, 1950년 6월 25일 새벽에 북한 공산군이 남북군사분계선이던 38선 전역에 걸쳐 불법 남침함으로써 일어난 한국전쟁으로 말미암아, 국토가 황폐화되어 그나마 남아 있던 생산시설과 철도, 도로 등 기간시설[13]이 대부분 파괴되었다. 세계에서 가장 가난한 나라 대열에 들어선 상황에서 정부의 부정부패에 반대하는 학생들이 일으킨 1960년 4월 19일 혁명으로 탄생한 대한민국 제2공화국 민주당정권은 혁명 정신을 제대로 계승하지 못하고 사회 혼란을 가중시키고 있었다.

이에 1961년 5월 16일 군사혁명으로 정권을 잡은 박정희 대통령은 국민경제의 발전을 위해 '잘 살아보세, 잘 살아보세, 우리도 한번 잘 살아보세'라는 노래와 함께 '새벽종이 울렸네, 새아침이 밝았네, 너도 나도 일어나, 새마을을 가꾸세'라는 새마을 노래로 상징되는 새마을운동을 시작으로 경제개발 5개년계획을 추진하였다.

제1차 경제개발 5개년계획(1962년~1966년), 제2차 경제개발 5개년계획(1967년~1971년), 제3차 경제개발 5개년계획(1972년~1976년), 제4차 경제개발 5개년계획(1977년~1981년)을 추진하던 중 박정희 대통령은 1979년 10월 26일 암살로 서거하였지만, 경제개

---

12) 구조적 문제: 시장구조에 관계된 문제로 소비자와 사업자 간 능력의 불균형구조, 사업자들 간의 불공정한 경쟁시장구조 등으로 인해 발생한다.

13) 기간시설: 경제활동의 기반을 형성하는 기초적인 시설들을 말하며, 도로나 하천, 항만, 공항 등과 같이 경제활동에 밀접한 사회 자본을 말한다. 흔히 기반시설 또는 인프라라고도 부른다. 최근에는 학교나 병원, 공원과 같은 사회복지, 생활환경시설 등도 포함시킨다.

발 5개년계획은 이후의 대통령들[14]에 의해 계속 추진되었다.

전두환 대통령 시절의 제5차 경제개발 5개년계획(1982년~1986년), 노태우 대통령 시절의 제6차 경제사회발전 5개년계획(1987년~1991년), 김영삼 대통령 시절의 제7차 경제사회발전 5개년계획(1992년~1996년)을 끝으로 마무리되었고, 우리나라의 1인당 GDP(국내총생산)는 1962년 87달러에서 1996년 1만 2,587달러로 크게 증가하였다.

이런 상황에서 우리나라는 1996년 12월 선진국 진입의 관문격인 경제협력개발기구(OECD)에 가입하면서, 선진국의 문턱에 들어섰다고 생각하던 중 1997년 12월 국가부도 사태가 일어났다. 1998년 김대중 대통령정부는 IMF(국제통화기금)의 자금지원을 받는 대신 IMF가 요구하는 경제개혁을 수행하면서 재정정책, 공공재관리 등 꼭 필요한 부분은 정부가 담당하고 이외의 것은 정부 개입을 최소화시켰다. 국가의 위기에 대처하기 위하여 정부는 경제개혁을, 기업은 구조조정을, 국민은 금모으기운동 등을 전개한 결과, 2000년 8월 IMF로부터 지원받은 모든 자금을 상환하였다. 이어진 경제성장에 의해 2013년 1인당 GDP는 2만 4,329달러에 이르게 되었다.

경제개발 5개년계획의 놀라운 성공으로 우리나라는 급속한 경제성장을 이루어 '한강의 기적'을 이룬 나라로 세계의 주목을 받게 되었고, '다른 나라의 원조[15]를 받던 나라'에서 '다른 나라에 원조를 주는 나라'로 변화하였다.

세계 주요 국가들의 산업화 시작연도를 살펴보면, 영국은 1760년대부터, 프랑스는 1810년경부터, 독일은 1830년도부터, 일본은 1853년에서 1877년 전후부터, 우리나라는 1962년부터라고 할 수 있다.

산업화가 시작된 시점부터 2014년 현재까지의 기간을 생각해 보면 세계 주요 국가들은 200~300여 년 정도에 이르고, 우리나라는 50여 년 정도이다. 선진국들이 200여 년 이상에 걸쳐 이룩한 산업화와 정보화를 우리나라는 50여 년만에 이룬 셈이다.

우리나라가 선진국들에 비해 단기간에 놀랄만한 경제성장을 이룬 것은 좋은 일이지만, 급속한 경제발전으로 인한 여러 가지 부작용이 나타나고 있다.

선진국들이 200여 년이라는 긴 기간 속에서 경제발전의 부작용을 최소화시키는 시간을 가진 반면에, 우리나라는 짧은 시간에 이룬 성과이다보니 급속한 경제발전의 부작용

---

14) 대통령의 재임기간: 전두환 대통령(1980.09~1988.02), 노태우 대통령(1988.02~1993.02), 김영삼 대통령(1993.02~1998.02)

15) 원조: 물품이나 돈 따위로 도와줌

이 크게 나타나고 있는 실정이다. '삼풍백화점 붕괴사고(1995년)', '세월호 참사(2014년)' 등과 같은 대형 사건들과 함께 사회·경제 전반적인 분야에서 다양한 문제들이 나타나고 있으며, 그 중에 많은 상품과 서비스를 소비하게 된 소비자들이 경험하는 소비자문제도 포함된다.

제3절 소비자문제의 원인 및 특징

대량생산·대량판매·대량소비로 특징지어지는 현대사회에서는 소비자와 사업자 간 능력의 불균형이 존재하여 소비자문제를 일으킨다.

소비자문제의 원인인 소비자와 사업자 간 능력(일을 감당해낼 수 있는 힘)의 불균형[16]을 살펴보자. 사업자들은 기술력(인간에게 유용한 것을 개발하거나 처리하고 문제를 해결하는 능력), 정보력(정보를 빠르게 얻거나 입수하는 능력), 조직력(조직으로 뭉쳐진 힘)과 시장지배력(시장을 지배하는 능력)에서 소비자들보다 능력이 탁월하다. 이런 능력의 불균형에 기인한 소비자문제들을 살펴보자(김영신 외, 2010: 5-7).

사업자들의 기술력에 기인한 대량생산체제하에서, 기술력이 부족한 소비자는 상품이나 서비스로 인한 사고발생 시 문제의 원인을 파악하기가 어렵다. 즉, 결함상품에 대한 책임소재를 밝히는 것이 어려운 실정이다. 또한 사업자의 기술력에 의한 제품의 잦은 모델 변경 및 제품의 의도적 수명단축 등에 대해 소비자는 속수무책으로 당할 수밖에 없다.

사업자들의 정보력에 비해 소비자는 충분한 정보를 가지지 못하며, 사업자가 제공하는 정보에만 의존해 선택하는 경우가 많아 선택의 어려움을 경험하고 있다.

사업자들의 조직력과 시장지배력에 비해 개개의 소비자들은 조직으로 뭉치기 어려워 조직력을 갖기 쉽지 않고 시장지배력을 가진 사업자들에게 끌려가는 경우가 많다. 정보화사회에 들어서 인터넷을 통한 소비자의 조직력이 개선되고 있는 실정이지만, 그러나 전체적으로 볼 때 소비자의 조직력과 시장지배력은 사업자에 비해 여전히 부족하다.

소비자문제를 일으키는 요인으로 앞에서 제시한 '소비자와 사업자 간 능력의 불균형'과 함께 자유로운 경쟁시장구조가 성립되지 못해 생기는 '사업자들 간 능력의 불균형(불공정

16) 소비자와 사업자 간 능력의 불균형을 소비자와 사업자 간 지위의 비대등성이라고도 한다.

한 경쟁시장구조)'이 있다. 사업자들 간의 공정한 경쟁질서가 확립되면 서로의 경쟁을 통해 잘못된 사업자들은 퇴출되어, 다양하고 우수한 상품과 서비스를 저렴한 가격으로 시장에 공급할 수 있어 소비자문제를 일으키지 않을 수 있다. 한편으로 소비자와 사업자 간 능력의 균형이 이루어진다면, 이는 '사업자들 간 능력의 불균형'이 자연스럽게 해소되기 때문에 궁극적으로 '소비자와 사업자 간 능력의 불균형'이 소비자문제의 원인이 된다고 할 수 있다.

소비자와 사업자 간 기술력, 정보력, 조직력과 시장지배력의 불균형에 의해 발생한 소비자문제의 특징은 다음과 같다(김영신 외, 2010: 12-15).

첫째, 보편적 발생: 대량생산한 상품을 소비하는 소비자라면 누구에게나 소비자문제가 발생할 수 있다는 것, 즉 보편적으로 누구에게나 상품과 서비스로 인한 문제가 발생할 수 있다는 점에서 '보편적 발생'의 특징을 갖는다.

둘째, 피해의 광범위한 파급: 문제가 된 제품을 사용하게 되는 경우, 전 세계 어디에서나 널리 피해가 발생할 수 있다는 점에서 '피해의 광범위한 파급'이라는 특징을 갖는다.

셋째, 피해원인규명의 곤란성: 문제가 된 제품이 생산과정에서의 문제로 인한 것인지, 운반과정에서의 문제점인지, 소비자의 사용상의 문제인지를 밝히는 작업이 어렵기 때문에 '피해원인규명의 곤란성'이라는 특징을 갖는다.

넷째, 피해의 심각성: 상품과 서비스로 인한 '신체·재산의 손해나 정신상의 손해'인 소비자피해가 발생하면 누군가가 사망하거나 신체상으로 큰 고통을 겪을 수도 있고, 재산상으로 손해를 볼 수도 있고, 그로 인한 정신적 어려움을 겪을 수도 있기 때문에 '피해의 심각성'이라는 특징을 갖는다.

제4절 소비자문제의 해결

소비자문제 해결의 주체[17]와 방법에 대해 살펴보자.

---

17) 주체: 사물의 작용이나 어떤 행동의 주가 되는 것

I. 소비자문제 해결의 주체

소비자문제의 발생은 다음 3가지 측면에서 생각해 볼 수 있다. 첫째, 소비자가 합리적인 선택을 하지 않았기 때문이거나, 둘째, 생산에서 판매까지의 과정에서 사업자가 소비자의 유익을 고려하지 않았기 때문이거나, 셋째, 국가 및 공공기관이 소비자와 사업자 사이에서 공정한 거래(사고파는 것)질서를 확립하지 못하였기 때문이다.

이러한 소비자문제를 해결하기 위해서는 소비자, 사업자(기업), 국가(정부) 각각의 역할[18] 분담이 필요하다. 사회를 구성하는 각 주체는 각기 고유한 역할을 가지고 있으며, 이들이 그 고유의 역할을 수행할 때 각 주체는 지속적으로 존재하며 발전할 수 있을 것이다. 그러므로 소비자, 기업, 정부는 각자의 역할을 충실히 해나가야 한다.

1. 소비자의 역할

소비자들은 소비자권리를 자각하고, 소비자책무(직무에 따른 책임이나 의무)를 의식하여 행하여야 할 것이다(도표 7-3 참조).

도표 7-3 「소비자기본법」에서의 소비자권리와 소비자책무

소비자의 8대 권리

1. 위해로부터 보호받을 권리	2. 지식 및 정보를 제공받을 권리
3. 자유로이 선택할 권리	4. 소비자의 의견을 반영시킬 권리
5. 피해보상을 받을 권리	6. 소비자교육을 받을 권리
7. 단체를 조직하고 활동할 권리	8. 안전하고 쾌적한 소비생활환경에서 소비할 권리

소비자의 책무

올바른 선택, 정당한 권리행사, 자립역량 강화, 합리적 행동, 환경친화적 소비

2. 사업자의 역할(김영신 외, 2010: 21-22)

첫째, 소비자에 대한 책임으로, 소비자의 욕구를 충족시켜줄 수 있는 제품과 서비스를 생산하여 판매하는 조직인 기업은 제품을 통해 소비자를 만족시켜야 할 책임이 있다.

---

18) 역할(role)은 사회관계에서 기대되고 요구되는 행동양식을 말한다.

둘째, 기업을 유지하고 발전시킬 책임이 있는데, 기업이 망하면 사회적 손실을 초래하게 되므로 소비자에게 제품을 공급하면서 스스로를 유지하고 발전시켜가야 할 책임이 있다.

셋째, 이해관계자들의 이해를 조정할 책임이 있는데, 기업은 수많은 이해관계자의 다양한 기대와 요구로 둘러싸여 있으므로 노사관계, 하청업체와의 관계 등에서 이해관계자의 이해충돌로 인하여 발생할 수 있는 문제들을 사전에 조정하여 최소화할 책임이 있다.

넷째, 사회발전과 자연환경 보존에 기여할 책임이 있는데, 기업이 속한 사회의 발전에 기여할 책임과 자연환경을 보존할 책임이 있다.

이러한 기업의 역할을 다하기 위하여, 자율규제[19)]와 소비자전담부서를 두고 소비자문제를 해결하기 위해 노력하고 있다.

3. 정부의 역할

소비자와 기업 간에 스스로의 힘으로 소비자문제를 해결하고 있으면 정부의 역할이 필요 없다. 그러나 시장에서 소비자가 제대로 대접받지 못할 때 정부가 나서게 된다. 즉, 정부는 소비자문제에 대해서 기업과 소비자의 주장이 대립할 때 서로의 권익을 조정하는 역할을 하게 된다. 소비자와 기업 간 능력의 불균형하에서, 소비자가 약자 입장이므로 정부는 소비자에게 도움을 주어 소비자와 기업 간의 균형이 이루어지도록 노력하고 있다.

첫째, 규칙제정자로서 정부는 법과 규제를 제정하고, 시장규칙을 확립하며, 생산자에게는 지키지 않을 경우 제재를 받게 되는 책무(강행규정)를 부과하고, 소비자에게는 지키지 않더라도 제재가 가해지지 않는 책무(임의규정)를 부과하고 있다.[20)]

둘째, 중재 · 조정자로서 정부는 규칙을 따르도록 격려할 뿐만 아니라, 규칙을 위반했을 때 그에 대한 처벌이나 중재 · 조정을 하고 있다.

셋째, 옹호자로서 정부는 소비자이익을 옹호하기 위해 한국소비자원, 각 시청 소비생활센터 등 다양한 기관들을 설립하고, 소비자의 이익옹호에 앞장서고 있다.

---

19) 자율규제란 기업들이 스스로 그들이 행할 윤리강령, 산업에서의 제품이나 서비스의 표준 등을 정하여 실행하는 것을 의미한다.

20) 의무와 책무는 구분하는 것이 원칙이나 현재 「소비자기본법」에서는 의무와 책무를 포괄하여 '책무'라는 용어로 표현하고 있다. 책무는 '책임이나 의무'란 뜻으로 「소비자기본법」에서는 한 법조문의 내용에 일부분은 '~할 수 있다'라고 도덕적 책임(본래 의미의 '책무')을 지게 하는 조항과 다른 부분은 '~하여야 한다'고 법적 책임(본래 의미의 '의무')을 지게 하는 조항이 들어 있기 때문에 책무와 의무를 포괄하는 개념으로 '책무'를 사용하고 있다.

넷째, 서비스제공자로서 정부는 교통, 건강, 교육, 보험 등의 다양한 서비스를 제공하고 있다.

II. 정부에 의한 소비자문제 해결방법

정부에 의한 소비자문제 해결방법이 소비자정책인데, 토렐리(Thorelli)는 소비자정책을 크게 소비자보호, 소비자교육, 소비자정보로 나누고 있다. 갓난아이가 태어나면 어머니의 보호가 필요하듯이, 소비자가 소비에 대해 아무것도 모를 때는 정부의 헌신적인 소비자보호가 필요하다. 아이가 자라나면 학교에 입학시켜 교육을 시키는 것처럼, 소비자보호를 통해 성장한 소비자들을 정부는 소비자교육을 통해 성숙시켜야 한다. 그리고 어느덧 교육을 다 마친 성인은 필요한 정보만 제공하면 사회생활을 하는 데 지장이 없는 것처럼, 소비자들도 소비자보호를 통해 성장해 소비자교육을 받아 소비자로서의 성인이 되면 소비자정보만으로 소비생활을 영위하는 데 아무 문제가 없다.

소비자보호정책은 소비자 스스로가 자신의 권리를 주장할 수 없을 정도로 소비생활에 대해 무지할 때 소비자권리를 보장하기 위한 것으로, 소비자의 건강과 안전을 유지하기 위한 표준·법·규제에서부터 개방시장을 유지하려는 경쟁정책[21]까지 다양하다. 소비자교육정책은 시민이 자유로운 소비자가 되기 위해 필요한 다양한 지식을 제공하고 교육시키는 것이다. 소비자정보정책은 시장에 나와 있는 개별 상품, 상표, 모델 등에 대한 모든 자료를 제공하는 것을 뜻한다.

이러한 소비자정책은 저개발국가의 경우, 빈곤의 상태에서 소비생활을 잘 모르는 소비자를 대상으로 한 소비자보호정책이 중점적으로 실시되고, 소비자교육과 소비자정보의 순으로 정책이 발전되어 간다. 산업화된 국가에서는 다양한 소비생활을 통해 성숙해진 소비자들에게 소비자정보정책을 중점적으로 시행하고, 필요할 경우 소비자교육정책, 소비자보호정책이 보완적으로 이루어진다.

또 다른 분류로 소비자의 능력을 어떻게 보느냐에 따라 소비자보호정책, 소비자옹호정책, 소비자주권실현정책으로 구분할 수 있다(도표 7-4 참조).

---

21) 경쟁정책이란 시장구조가 경쟁제한적인 경우 그 원인을 분석하여 시장경쟁이 촉진될 수 있도록 유도하는 정책이다.

도표 7-4 소비자보호와 소비자옹호의 의미

- '보호'란 '위험이나 곤란 따위가 미치지 않도록 잘 보살펴 돌봄', '옹호'란 '두둔하고 편들어 지킴'이란 의미이다.
- 소비자보호란 '소비생활에 대해 무지한 소비자를 아기처럼 위험 따위가 미치지 않도록 잘 보살펴 돌보는 것'을 의미한다.
- 소비자옹호란 소비자를 보호할 상태보다 한 단계 성숙하였다고 인식한 상태에서, '소비자가 사업자에 비해 능력이 부족하므로 소비자를 두둔하고 편들어 지키는 것'을 의미한다.

출처: 동아 새국어사전 (2013); 민중 엣센스 국어사전 (2006).

첫째, 소비자보호정책이란 소비자를 소외계층의 하나로 보고 소비생활에 대해 무지한 소비자에게 위험 따위가 미치지 않도록 정부가 나서 잘 보살펴 돌보는 정책으로, 법과 제도 등을 통해 소비자를 보호하려는 정책이다. 예를 들면, 「전자상거래 등에서의 소비자보호에 관한 법률」 등이 있다.

둘째, 소비자옹호정책이란 스스로 소비생활을 해나갈 수 있는 영역에서는 소비자가 스스로 선택하도록 하고, 소비자와 생산자 간 능력의 불균형이 존재하여 소비자가 사업자에 비해 불리한 영역에서는 소비자를 두둔하고 편들어 지키는 정책으로, 소비자에게 상품지식 등을 제공하고 교육시키는 정책이다. 예를 들면, 공정거래위원회에서 각종 소비자문제 발생 시, 그 제품 및 상황에 관한 '소비자피해주의보 발령'을 하는 것이다.

셋째, 소비자주권실현정책이란 소비자를 사업자와 대등한 능력을 가진 시장행위자로 보고, 소비자주권을 강조하는 정책이다. 근본적으로 소비자문제는 해당 거래당사자의 문제이므로 자율적으로 문제를 해결하는 것이 원칙이며, 정부가 소비자를 지원하는 부분은 정보의 불균형을 해소하기 위해 소비자에게 바른 정보를 제공하는 것과 교육지원을 하는 것이다. 스스로의 선택을 통해 시장을 통제할 수 있는 능력을 가진 소비자로 양성하는 것이 정책목표이다. 예를 들면, 한국소비자원의 '소비자교육 교사연수' 등이 있다.

대부분의 나라에서는 소비자정책들 중 하나의 정책을 중점적으로 실시하고 이와 함께 다른 정책들은 필요할 경우 보완적으로 시행하고 있음을 이해하여야 한다. 예를 들면, 소비자주권실현정책을 중점적으로 실시하는 경우 모든 소비자들이 소비자주권을 실현할 수 있을 만큼 성숙되어 있지 않으므로, 미성숙한 소비자들을 위한 소비자옹호정책과 소비자보호정책을 보완적으로 시행하고 있다.

8 Chapter 소비자정책

소비자와 사업자 간 능력의 불균형에 기인한 소비자문제를 해결하기 위해서는 강력한 권위를 가진 정부가 사업자의 능력을 규제하고, 소비자의 능력을 향상시킬 수 있는 다양한 지원을 통해, 능력의 불균형을 해소시키려고 노력하게 되는데 이를 소비자정책이라고 한다.

제1절 소비자정책의 이해

I. 소비자정책의 의미

Part 1에서 정책을 '바람직한 사회 상태를 이룩하기 위해 공공문제의 해결(또는 목표달성)을 위한 정부의 행동방침 또는 활동'으로 정의한 것에 근거하여, 소비자정책을 정의하면 다음과 같다. '소비자의 복지 증진을 이룩하기 위하여 소비자문제의 해결을 위한 정부의 행동방침 또는 활동'이라고 할 수 있다. 공정거래위원회에서는 소비자정책을 '시장경제에서 소비자문제를 해결하기 위하여 정부가 법과 제도 등을 통하여 시장에 직·간접적으로 개입하는 일련의 과정'이라고 정리하였다.

1. 소비자정책의 목표

소비자정책의 목표는 궁극적으로 소비자의 복지 증진이고, 실천적(직접적)으로 소비자문제의 해결이다. 이를 위해 그 지향점은 시대적 상황에 따라 변화한다.

우리나라 소비자정책의 목표는 과거 사업자에 비해 능력이 부족한(또는 열등한 지위에 있는) 소비자를 보호하는 데 초점을 맞췄던 '보호론적 관점[22)]'에서, 경제발전의 결과로 소비자들이 다양한 상품과 서비스의 소비 및 정부로부터의 충분한 보호와 교육을 통해 소비생활에 대한 풍부한 지식과 능력을 갖게 되어 자립적인 소비자로 성숙하였다고 가정하고, 현재 소비자정책의 지향점은 소비자가 자주적으로 문제를 해결할 수 있도록 지원해 주는 '주권론적 관점[23)]'으로 패러다임[24)]이 전환되었다(공정거래위원회). 즉, 소비자주권의 실현을 추구하는 것으로 소비자주권이란 소비자의 주체적이고 합리적인 선택이 시장에서 상품과 서비스의 생산 및 유통을 결정하는 것이다.

그러나 여전히 기술력, 정보력, 조직력과 시장지배력에서 소비자와 사업자 간 능력의 불균형이 존재하고 있으므로, '소비자주권'을 궁극적으로 이룩하기 위해 현 상황에서는 소비자정책의 지향점을 소비자와 사업자 간 능력의 균형을 달성하기 위한 '공정한 거래질서가 실현되는 시장환경 조성'에 두어야 할 것이다. 이는 경쟁정책과 일맥상통한다.

경쟁정책은 상품과 서비스의 '공급' 측면에서 사업자 간의 자유로운 시장경쟁 질서를 확립하여 소비자가 원하는 상품이 생산되도록 하는 정책이라고 한다면, 소비자정책은 상품과 서비스의 '수요' 측면에서 소비자들이 합리적인 선택을 통해 소비자가 원하는 상품이 생산되도록 하는 소비자주권의 실현을 추구하는 정책이라고 할 수 있다. 우리나라는 공정거래위원회에서 경쟁정책과 소비자정책을 총괄하여 실시하고 있다.

2. 소비자정책의 수단

소비자정책의 수단[25)]은 법과 제도, 규제 등과 같은 것으로 실질적 정책수단과 도구적 정책수단으로 구분하기도 하지만(Part 1. 정책수단 참조), 정책의 수단으로 정책을 행하는 것을 '행정'이라고 하는데 규제정책을 행하는 것을 '규제행정', 지원정책을 행하는 것을 '지원행정'이라고 한다. 우리나라의 2014년 현재 소비자정책 수단은 규제행정과 지원행정으로 구분된다(공정거래위원회)(도표 8-1 참조).

규제행정으로는 주로 사업자 및 사업자단체에 대한 규제정책을 행하고 있으며, 그 내

22) 아기를 보호해 주어야 하듯이, 산업사회가 시작되는 초창기 소비자가 상품구입과 소비에 대해 무지할 때 소비자를 사업자들의 횡포로부터 보호해야 한다는 관점을 의미한다.

23) 자본주의 체제에서 '무엇을 생산할 것인가'라는 문제가 소비자들의 선택에 의하여 결정되는 현상을 소비자주권이라는 개념으로 설명한다.

24) 패러다임: 어떤 한 시대 사람들의 견해나 사고를 근본적으로 규정하고 있는 인식의 체계

25) 수단: 어떤 목적을 이루기 위한 방법

용은 다음과 같다.

첫째, 거래적정화를 위해 불공정거래행위 규제, 약관에 대한 규제, 전자상거래 등에서의 규제, 계량 및 규격의 적정화·표시 및 광고의 적정화 등의 기준을 제정하고 이를 위반한 사업자에게 규제조치를 취하는 것 등이 있다.

둘째, 소비자의 안전을 위해 제품의 안전규격에 의거한 안전기준 제시, 위해정보 수집, 불량제품의 규제, 결함보상제도(리콜제도)를 통한 사업자에 대한 규제조치를 취하는 것 등이 있다.

지원행정으로는 주로 소비자 및 소비자단체에 대한 지원정책을 행하고 있으며, 그 내용으로는 소비자 정보제공, 소비자교육, 소비자상담 및 피해구제 등이 있다. 한편, 사업자 및 사업자단체에 대한 지원행정을 하는 경우도 있는데 사업자가 소비자 지향적 경영혁신을 할 수 있도록 지원하고, 사업자단체가 자율적으로 소비자피해를 예방하기 위한 인증마크제도의 운영, 캠페인의 전개, 자율규제의 실시 및 자율적 피해구제를 실시하는 것에 대한 지원행정을 펼치기도 한다.

도표 8-1 소비자정책의 수단과 범위

규제행정		지원행정		
거래적정화	안전성 보장	정보제공	소비자교육	피해구제
- 사업자의 부당한 행위를 지정·고시 - 약관에 따른 거래 및 방문판매·다단계판매·할부판매·통신판매·전자거래 등 특수한 거래에 대한 시책 강구	- 위해의 방지 - 어린이, 노약자 등 취약계층 보호 - 위해발생 우려 시 관계 중앙행정기관에 대한 시정요청 - 사업자 결함정보의 보고의무 - 결함 있는 물품에 대한 사업자의 자진수거 의무규정 - 중앙행정기관이 사업자의 결함 있는 물품에 대한 수거·파기 등의 권고·명령 규정 - 위해정보의 수집을 위해 소비자안전센터를 설치하고 안전센터는 위해정보를 수집·분석하여 위해방지를 위한 조치를 할 수 있음을 규정	- 소비자의 합리적 선택을 위해 필요한 정보제공 촉진 - 가격·품질 테스트 정보 지원사업 - 국내가격차 조사·발표	- 소비자교육 프로그램개발 - 소비자교육과 학교교육·평생교육을 연계한 시책 수립·시행 - 소비자능력 향상을 위한 방법으로 방송사업 실시가능	- 사업자의 자율적 불만처리 권장 - 소비자단체협의체의 자율적 분쟁 조정 - 한국소비자원의 피해구제 - 한국소비자원에 소비자분쟁조정위원회 설치·운영(다수 소비자피해 발생의 경우 집단분쟁조정 의뢰·신청)

출처: 공정거래위원회(http://www.ftc.go.kr/policy/consumer/generalNotion.jsp)

3. 소비자정책의 대상

소비자정책의 대상은 소비자와 사업자, 그리고 소비자단체와 사업자단체이다(김영신 외, 2010: 37-38).

첫째, 소비자가 소비자정책의 대상이다. 소비자의 복지 증진 및 소비자문제의 해결이라는 소비자정책의 목표달성을 위해 정부는 소비자를 위한 관련 법률을 제정하여 소비자에게 권리와 책무를 부여하고, 정보제공, 교육실시, 피해구제와 같은 공공서비스를 직접 제공해 준다.

둘째, 사업자가 소비자정책의 대상이다. 대부분의 소비자 관련 법률은 소비자와 사업자 간의 거래와 안전 분야에서의 소비자보호를 위해 사업자의 영업활동을 규제하는 내용을 담고 있다. 정부는 사업자를 규제할 뿐만 아니라, 사업자의 소비자 지향적 경영확산을 위한 지원정책을 수립하여 시행하고 있다.

셋째, 소비자단체와 사업자단체도 소비자정책의 대상이다. 정부는 소비자단체를 지원·육성하며, 소비자대표를 소비자정책 추진과정에 참여시키기도 한다. 또 사업자단체가 자율적으로 소비자피해를 예방하기 위한 인증마크제도의 운영, 캠페인의 전개, 자율규제의 실시 및 자율적 피해구제 등을 할 수 있도록 지원한다.

4. 소비자정책 결정자

정책결정자는 정책의 목표와 정책의 수단을 결정하는 집단으로 정책을 결정할 권한을 지니고 있는 정부기관(행정기관)을 말한다. 우리나라 정부조직(도표 6-2 참조)에서 소비자정책을 총괄하는 기관은 공정거래위원회이다. 공정거래위원회 내 소비자정책위원회가 소비자정책을 심의·의결하고 있다. 각 분야의 소비자문제 발생 시 보건복지부, 환경부, 식품의약품안전처 등 중앙행정기관 및 지방자치단체는 해당 분야의 소비자정책 결정자가 된다.

제2절 주요국의 소비자정책 추진체계

소비자정책은 국민생활의 모든 부분에 걸쳐 발생하는 소비자문제를 해결하여야 하므로 거래, 안전, 환경, 피해구제와 분쟁조정, 정보제공과 교육 등 다양한 방향에서 각종 규제를 강구하기 위해 정부 내 다양한 부처에서 조정을 하게 된다. 다양한 분야의 소비자문제 해결을 위해서는 총체적 의사결정이 어렵고, 문제 해결이 복잡하므로 각 해당 분야에서 해결하는 분산적 의사결정이 필요하다.

소비자정책을 수립하여 집행하고 평가하는 일련의 과정을 소비자정책의 추진 혹은 소비자행정이라고 한다. 일반적으로 어떤 정책을 추진하기 위해서는 이를 전담할 행정조직이 필요하나, 소비자정책은 분야가 다양하기 때문에 어느 한 기관에서 소비자정책을 전담하여 추진하기가 매우 어렵다. 그리하여 세계의 많은 나라들이 각각의 소비자문제에 따라 이를 담당할 행정기관을 달리하고 있는 분산형 소비자정책 추진체계(분산형 소비자행정체계)를 가지고 있다.

소비자정책 추진체계는 앞에서 언급한 것처럼, 국가가 소비자의 능력을 어떻게 평가하느냐에 따라 크게 3가지로 구분한다.

첫째, 소비자가 사업자와 능력의 균형을 이루어 소비자주권을 행사하고 있다고 보고, 이러한 소비자주권의 행사를 강조하는 국가들로 미국, 호주, 캐나다 등이 있다(소비자주권실현정책 실시국가).

둘째, 소비자가 시장을 이끌어가지만 사업자에 비해 능력이 부족하여 불평등한 거래를 하게 된다고 보고, 이를 소비자옹호로 해결하려고 하는 국가에는 우리나라, 일본 등이 있다(소비자옹호정책 실시국가).

셋째, 소비자를 장애자나 어린이 등과 같이 소외계층으로 인식하고 이들을 보호하는 국가에는 스웨덴, 노르웨이, 덴마크 등이 있다(소비자보호정책 실시국가). 그러나 어느 나라에서든 하나의 정책을 중점적으로 실시하는 것과 함께 보완적으로 다른 정책들을 시행하고 있다.

우리나라 소비자정책에 가장 큰 영향을 미치고 있는 나라들인 미국(소비자주권의 행사를 강조하는 대표적인 국가)과 일본(소비자옹호를 지지하는 국가)의 소비자정책 추진체계를 살펴보자.

I. 미국의 소비자정책 추진체계

1. 개관(overview: 전체를 대강 살펴봄)

연방제 국가[26]인 미국은 소비자정책에 있어서 연방정부, 주정부, 민간(사업자단체 및 소비자단체 등)이 적절한 역할 분담과 조화를 이루고 있다.

미국의 연방정부는 전국적으로 통일된 기준이 적용되어야 할 분야의 정책을 담당하고 있는데 소비자 안전 분야와 거래 분야(공정거래, 표시·광고, 사기방지 등) 등의 정책개발과 관리를 담당하고 있다.

미국의 연방정부에서는 독립규제기관(Independent Regulatory Agency)(도표 8-2 참조)을 설치하여 운영하고 있다. 즉, 거래 분야의 연방거래위원회(FTC: Federal Trade Commission)와 안전 분야의 소비자제품안전위원회(CPSC: Consumer Product Safety Commission) 등이 있다.

▌도표 8-2▐ 미국의 독립규제기관(Independent Regulatory Agency)

관련 집단의 압력 혹은 대통령의 의도적 간섭으로부터 벗어나 독립적인 규제를 행하기 위해서나 또는 특정 문제의 해결을 위한 전형적인 방식에서 벗어나 새로운 방안을 찾기 위해서 만들어진 기관이다.
행정부에 속하나 대통령 및 행정부처에 대해 일정한 독립성을 유지하며 규제행정을 수행하는 곳이다. 주로 위원회 형태를 가지고 있으며, 의회에 의해 설립된다.
대통령이 위원회의 위원들을 선임할 수 있으나 자신이 속한 여당에서는 위원의 과반이 되지 않는 선에서 선임이 가능하다. 대표적인 기관으로는 연방거래위원회, 소비자제품안전위원회, 연방통신위원회, 원자력규제위원회 등이 있다.

출처: http://www.foreffectivegov.org/node/2593
http://www.regulationwriters.com/regulatory_glossary?id=25

미국의 각 주정부는 각 주별 소비자정책의 시행 및 상담·피해구제를 담당하고 있다.

민간부문(사업자단체 및 소비자단체 등)을 살펴보면, 대표적인 사업자단체인 경영개선협회(BBB: Better Business Bureau)는 1970년에 설립된 기업에 의한 소비자보호기구로 신뢰할 수 있는 사업자들의 공동체를 구성하여 시장에서의 신뢰를 위한 기준 확립과 모범 경영을 촉진하고 지원하며, 시장에서의 역할모델을 알리고, 기준 이하의 시장행위를 비난하고 고발하는 역할을 하고 있다.

즉, BBB회원사들의 자율규제 프로그램 및 인증마크제도를 운영하고, BBB회원사를 대

26) 미국은 50개주와 워싱턴 특별구(수도), 해외영토(괌, 푸에르토리코 등)로 구성되어 있다.

상으로 한 소비자의 불만처리 및 분쟁해결업무 등을 수행하고 있다.

그리고 소비자연맹(CU: Consumers Union), 전국소비자동맹(NCL: National Consumers League) 등과 같은 소비자단체들도 소비자정책을 감시할 뿐만 아니라 소비자의 능력향상을 위한 정보제공 및 교육활동, 기업의 불공정한 거래행위에 대한 캠페인 전개 등을 하고 있다.

소비자연맹(CU)은 1936년에 설립된 비영리민간단체로 상품테스트, 정보제공, 소비자보호 등을 주 임무로 활동하고 있다. 수입원으로 보고서판매, 비영리적 기부, 수수료 수입 등이 있다. 'Consumer Report'(월간)를 발간하고 있으며, 1개의 본부와 3개의 지부로 구성되어 있다. 소속 변호사들이 3개의 지부에서 소비자이익을 위하여 연방 및 각 주의 정부기관에 증언, 의견개진, 청원 등의 활동을 하고 있다. CU 본부 내에 있는 소비자정책기구(Consumer Policy Institute)는 정책백서, 조사와 교육, 회의 등을 통하여 소비자옹호활동을 담당하고 있다.

전국소비자동맹(NCL)은 1899년도에 공인된 비영리민간단체로 사회정의 실현 및 시장·작업장에서의 시민보호를 목적으로 활동하고 있고, 4개의 동맹으로 구성되어 있다. 정기간행물로 'Bulletin', 'Child Labor Monitor'를 발간하고 있으며, 사기기만정보에 관한 핫라인과 Internet Fraud Watch(인터넷 사기감시단)를 운영하고 있다. 교육과 워크숍을 위한 자료, 소비자신용, 식품과 의약품안전에 관한 교육교재를 보급하고 있다.

2. 미국의 연방정부[27]

미국의 소비자안전정책은 크게 식품·약품·화장품 분야의 식품의약품청(FDA: Food and Drug Administration)과 일반소비재 공산품 분야의 소비자제품안전위원회(CPSC: Consumer Product Safety Commission)가 담당하고 있다.

1) 식품의약품청(FDA)

식품의약품청은 식품·약품·화장품관련법(Food, Drug & Cosmetic Act)에 의해 운영되고 있으며, 독립규제기관이었다가 1995년 보건후생부(Dept. of Health and Human Service) 산하기관으로 개편되었다.

식품, 의약품, 의료기기, 방사선발열제품, 백신(감염증의 예방차원에서 사람이나 동물을 자동적으로 면역하기 위하여 쓰이는 항원), 혈액제품, 화장품, 수의학 관련 제품, 온

27) 미국 연방정부기관은 우리나라 중앙행정기관에 해당한다.

▌도표 8-3▐ 미국 정부조직도

<table>
<tr><td colspan="15">헌법</td></tr>
<tr><td colspan="5">입법부</td><td colspan="5">행정부</td><td colspan="5">사법부</td></tr>
<tr><td colspan="5">의회
상원/하원
의사당건축설계실 의회예산처
회계감사원 정부인쇄소
의회도서관 연방식물원</td><td colspan="5">대통령
부통령
대통령집행실
경제자문회의 국립마약통제
환경자문회의 과학기술정책실
국가안전보장회의 미무역대표부
행정관리실 부통령실
관리예산처 백악관업무실</td><td colspan="5">연방대법원 연방법원행정처
연방사법센터 영토법원
연방항소법원
연방군사항소재판소
연방재향군인소청심사
연방지방법원 재판소
연방청구권재판소 국제무역법원
연방선고위원회 연방조세재판소</td></tr>
<tr><td>농림부</td><td>상무부</td><td>국방부</td><td>교육부</td><td>에너지부</td><td>보건후생부</td><td>국토안보부</td><td>주택도시개발부</td><td>내무부</td><td>법무부</td><td>노동부</td><td>국무부</td><td>교통부</td><td>재무부</td><td>재향군인회</td></tr>
</table>

<u>독립규제기관 및 공사</u>

미국행정협회	연방주택금융위원회	국립신용조합관리청	평화봉사단
아프리카개발기금	연방노사관계처	국립예술·인문과학재단	연금보증공사
주지사 방송위원회	연방해운위원회	국립노사관계위원회	우편요금위원회
중앙정보국	연방중재·조정청	국립중재위원회	철도퇴직자위원회
상품선물거래위원회	연방광산안정·위생평가위원회	국립철도여객공사	증권거래위원회
소비자금융보호위원회	연방준비제도	국립과학재단	선발징병제도
소비자제품안전위원회	연방퇴직자저축투자위원회	국립교통안전위원회	중소기업청
국가 지역 서비스공사	연방거래위원회	원자력규제위원회	사회보장청
방위핵시설안전위원회	조달청	직장안전·위생평가위원회	테네시계곡 개발공사
환경보호청	미주재단	국가정보감독국	무역개발청
균등고용기회위원회	실적주의제도보호위원회	정부윤리국	미국국제개발청
미수출입은행	국립항공우주국	인사관리처	미국시민권위원회
농촌신용관리청	국립문서기록보존청	특별고문실	미국국제무역위원회
연방통신위원회	국립수도계획위원회	해외민간투자공사	미국체신청
연방예금보험공사			
연방선거위원회			

출처: U.S Government Manual 2014.

라인 의약품구매, 희귀병 치료약 등의 안전성 검사(상품이 시장에 유통되기 전에 안전 여부 검사), 시장 감시(시장에 유통되는 제품의 안정성 감시), 모니터링, 기준제정, 조사연구, 사법활동, 시험검사 및 교육 등의 안전규제업무를 담당하고 있다.

주요 부서로는 규제업무사무소, 독성학 연구센터, 생물학 평가연구센터, 의약 평가연구센터, 의료장비 및 방사성 건강센터, 식품안전 및 응용영양센터, 수의학 연구센터 등이 있다.

2) 소비자제품안전위원회(CPSC)

소비자제품안전법(Consumer Product Safety Act)에 의해 운영되는 독립규제기관으로 1972년 설립되었다.

담당업무로는 장난감, 유아용 침대, 가전용품, 라이터 등 일반 소비자제품의 안전성을 평가하여 소비자에게 정보를 제공하고, 통일된 안전기준을 개발하며, 소비자를 위해 마련한 기준에 적합하지 않을 경우 소비자제품의 유통을 금지시키는 강제적 집행을 실시하고, 소비자제품 결함보상 및 수리를 촉구하거나, 잠재적 위험제품에 대한 연구를 수행하고 있다. 소비자의 개인적 사용을 위해 소비하는 모든 제품이 대상이며 담배, 자동차, 항공기, 보트, 식품 등은 대상에서 제외한다.

3) 연방거래위원회(FTC)

미국의 거래분야 정책은 연방거래위원회에서 담당하고 있다.

연방정부의 독립규제기관으로 연방거래위원회법에 의해 1915년 설립되었다. 처음에는 기업의 독과점을 감시하고 공동행위를 금지하는 업무를 담당하였으나, 1930년대 이후 소비자보호업무가 추가되었다.

연방거래위원회 소비자보호국(Bureau of Consumer Protection)에서는 시장에서 사업자의 불공정 관행과 사기, 기만 등 부당행위로부터 소비자를 보호하는 일을 담당하고 있으며, 이를 위한 수단으로 연방거래위원회로부터 결정된 거래규제에 관한 규정과 소비자법의 집행을 담당하고 있다. 주요 업무로는 소비자 불만의 접수 및 조사, 법을 위반하는 기업 및 개인에 대한 소송, 공정한 시장을 유지하기 위한 규칙의 제정, 소비자와 기업의 권리와 책임에 대한 교육 등을 담당하고 있다.

연방거래위원회는 소비자보호법 집행기관(Law Enforcement Authority)으로 연방거래위원회법과 함께 대부진실법(Truth in Lending Act), 공정포장・표시법(Fair Packaging and Labeling Act), 신원도용방지법(Identity Theft Assumption and Deterrence Act), 전자자금이체법(Electronic Fund Transfer Act) 등 72개의 각종 소비자보호법령과 반독점법령 및 연방거래위원회 규칙(Rules)과 지침(Guides)을 집행하고 있다.

연방거래위원회 소비자보호국은 정책・법규제정과 동시에 집행부분을 연계하여 담당하고 책임을 지고 있기 때문에 OECD(경제협력개발기구) 등에서 소비자정책에 관한 미국의 대표기관으로 활동하고 있다.

▌도표 8-4▐ FTC의 불법사항 조사 온라인 체계 Consumer Sentinel

소비자 관련 법집행기구의 관련자들에게 수백만 개의 소비자 불만에 대한 조사 및 불만 상황파악을 편리하게 해주는 조사목적의 사이버 도구이다.
관련된 소비자 불만의 종류로는 신분도용, 수신거부, 번호 활용, 컴퓨터, 인터넷, 사이버 경매, 텔레마케팅 사기, 선금대출 및 신용 사기, 이민업무, 복권, 상품 관련, 사업기회 및 재택근무 관련, 건강 및 체중감량 식품, 채무변제, 신용평가, 금융관련 등이다.
정보를 공유할수록 법의 집행이 쉬워진다는 것을 기본 전제로 하여 운영되고 있으며 연방정부, 주정부 그리고 지역정부와 같은 법집행기관에서의 사용과 접속은 무료이다.

출처: http://www.ftc.gov/enforcement/consumer-sentinel-network

4) 관계 행정기관

미국은 연방거래위원회, 소비자제품안전위원회, 식품의약품청 외에 상무부, 재무부, 농무부 등 행정기관에서도 해당 품목 및 업종별로 소비자시책을 수립하여 추진하고 있다(도표 8-5 참조).

▌도표 8-5▐ 2014년 미국 행정기관의 소비자업무 담당부서

미국 행정기관(독립규제기관 포함)	해당 업무 분야
상무부(Dept. of Commerce)	제품표준, 계량, 규격, 상표
연방준비제도(Federal Reserve System)	은행, 신탁회사
재무부(Dept. of Treasury: 세금 징수, 재정)	주류, 담배
농무부(Dept. of Agriculture)	육류 및 가축 안전
환경청(Environmental Protection Agency)	식수, 농약 안전
교육부(Dept. of Education)	소비자교육
에너지부(Dept. of Energy)	에너지 절약
보건 · 후생부(Dept. of Health and Human Service)	건강, 의료보험, 산하기관인 식품의약품청의 업무
교통부(Dept. of Transportation)	자동차 안전
국토안보부(Dept. of Homeland Security)	세관, 인터넷 보안
주택도시개발부(Dept. of Housing and Urban Development)	부동산
내무부(Dept. of the Interior)	환경보호
법무부(Dept. of Justice)	반독점, 시민권리
노동부(Dept. of Labor)	의료보험
연방거래위원회	기업 간 거래, 소비자보호
소비자제품안전위원회	소비자제품안전
연방통신위원회(Federal Communication Commission)	전화, TV, 라디오, 무선통신
미국체신청 (United States Postal Service)	우편, 배송

출처: http://www.ftc.gov/enforcement/consumer-sentinel-network

3. 미국 주정부

50개 주정부는 주정부 고유의 소비자보호규정을 가지고 있으며, 독자적으로 소비자시책을 전담하는 행정조직들을 설치하고 있는데 '소비자보호국', '소비자문제국' 등 다양한 이름으로 불리고 있다. 이들이 시장에 대한 검사, 조사, 정보제공, 분쟁조정 등의 업무를 수행하고 있다.

소비자법의 집행은 대개 주정부의 법무부에서 담당하고 있는데 주정부의 법무부 조직에 소비자보호 부문을 포함하고 있다. 그러나 어떤 주에서는 소비자법의 집행을 위한 독립 부서를 운영하기도 한다.

예를 들면, 뉴욕주 업무 담당부(department of state)의 소비자보호국(Division of Consumer Protection)은 상담, 교육 및 소비자불만에 대한 접수, 개입, 처리를 하고 있고, 불법사업자와 개인에 대한 기소와 중재 업무는 뉴욕주 법무부의 주 검찰총장 사무실(New York State Office of the Attorney General)이 행한다. 뉴욕주 법무부 주 검찰총장 사무실의 경제정의 부문에 속한 소비자보호국(The Bureau of Consumer Frauds and Protection)에서는 사기, 기만, 불공정거래 사업자 및 개인을 기소하거나 개인소비자의 불만 중재, 공정하고 활발한 시장 환경조성을 위한 소비자 정보제공, 새로운 소비자 이슈나 문제에 관한 조사·연구 및 법안 제시 등을 하고 있다.

캘리포니아주의 경우, 주정부 내에 소비자문제부를 별도로 두고 있다. 소비자문제부 산하 소비자정보센터에서는 연간 약 100만 건에 이르는 소비자문의에 대응하고 있으며, 그 외의 업무로 교육, 허가, 불만조정, 법집행, 스모그 확인을 하고 있다.

미국의 개인소비자가 소비자문제를 상담할 수 있는 기관으로는 주단위·지방단위 소비자보호 사무소, 소비자단체, 경영개선협회(BBB), 거래자협회, 법무법인, 언론매체 등이 있다.

II. 일본의 소비자정책 추진체계

1. 개관

일본의 소비자정책은 1960년대에 이르러 본격적으로 시행되었다. 경제의 고도성장 및 대량생산·대량판매에 따른 부작용으로 결함상품에 의한 소비자문제의 증가 및 부당표시 관련 소비자피해가 급증하자, 일본 정부는 1965년 소비자정책을 담당하는 부서로 경제기획청 내 국민생활국을 설치하였고 1968년 「소비자보호기본법」을 제정하고 1970년 각 지방자치단체에 소비자정책 전담부서와 소비생활센터를 설치하였으며 소비자문제의 정보제공과 상담, 상품테스트, 교육 및 연수를 담당하는 국민생활센터를 설립하였다.

▌도표 8-6▌ 2007년~2008년 일본에서 일어난 대형 소비자문제

일본은 2007년 한 해를 상징하는 한자로 '거짓과 속임'을 의미하는 '위(僞)'를 선정하여, 불량식품과 제품안전에 대한 불안으로 인한 파문이 많았던 한 해였음을 인정하고 있다.

• 주택 분야

– 치바현의 한 건축사가 건축비를 줄이기 위해 내진(耐震)설계를 위조한 사건이 발생, 전국적인 파문을 일으켜 잠시 활기를 띄었던 주택건설 시장이 급격히 위축, 이에 일본정부는 건축기준법을 개정하여 설계와 중간확인검사 등을 대폭 강화함

• 제조 분야

– 대형제지업체 5곳이 관공서 납품권을 따내기 위해 일반펄프가 사용된 복사용지를 '재생펄프 100% 사용'이라고 위조하여 납품(일본의 관공서는 재생펄프 100% 사용 복사용지만 구입)

• 식품 분야

일본의 장인정신을 대표하는 유명 전통과자 제조업체들의 비리 발각

– 유명 화과자업체인 후지야 제과는 유통기한이 지난 슈크림을 사용한 제품을 출하하였고, 이시야 제과(제품: 시로이 코이비토)는 유통기한을 고쳐 재판매하다 발각되어 행정조치를 받음

– 300년 전통을 자랑하는 미에현의 '아카후쿠'사는 팔다 남은 재고품을 회수하여 재냉동한 후 제조일을 위조하여 판매함

– 유명 식육가공업체인 '히나이도리'에서는 폐계(너무 늙어 닭고기로 사용가치가 떨어진 닭)를 자연산 닭이라고 속여 판매하여 사회적 물의를 빚었으며, 홋카이도를 대표하는 '미트호프'사는 수년간 쇠고기 크로켓에 돼지고기를 섞어 팔아 사업장 폐쇄와 함께 대표가 구속됨

– 2008년 중국산 수입냉동만두에서 농약성분인 메타미드포스가 검출되어, 이를 먹고 중독 상태를 호소하는 피해자가 1,000여 명에 이르러 큰 문제가 됨

출처: 문태현, 이진숙 (2008). 일본의 소비자정책 추진체계 개편동향 및 시사점. 한국소비자원 국제소비자연구팀 Issue Paper. pp. 8–9.

2000년대 들어와 소비자는 단순한 보호대상이 아닌 자립하는 주체로 인식되어야 한다는 주장을 바탕으로 2003년 5월 '21세기형 소비자정책 방향'이 제안되어 이에 따라 2004년 6월 「소비자보호기본법」을 전면 개정한 「소비자기본법」이 시행되면서 소비자를 사업자와 대등한 관계로 보는 소비자주권 실현 패러다임으로 전환을 모색하였다.

이와 함께 일본은 2000년대 시작부터 작은 정부 실현을 위해 다각도로 노력하는 가운데, 국민생활센터를 '특수법인'에서 '독립행정법인'으로 2003년 개편하면서 인원 감축과

함께 소비자정책과 관련한 축소지향적 정책을 추진해 왔다. 그러나 2007년부터 연이어 대형 소비자문제(도표 8-6 참조)들이 발생하여 사회적 큰 이슈가 됨에 따라 소비자 감시체계를 강화하는 정책으로 전환하면서 2009년 소비자위원회와 소비자청을 신설하기에 이르렀다.

일본 소비자정책을 일본 중앙정부 체제 및 일본 지방자치단체의 체제, 독립행정법인 국민생활센터로 나누어 살펴보면 다음과 같다.

2. 일본 중앙정부

일본의 중앙정부를 '내각'이라고 하는데, 내각에는 내각부와 각 성・청 등이 있다. 일본 내각부 본부에 소비자정책회의와 소비자위원회가 있고, 내각부 외국(外局)으로 소비자청이 있다.

1) 일본 소비자정책회의

「소비자기본법」에 기초하여 내각총리대신(일본총리)을 회장으로 전 각료(각 성・청 대신)와 공정거래위원회 위원장을 위원으로 하는 소비자정책회의가 설치되어 있다. 소비자기본계획안의 작성과 소비자기본계획의 검정・평가・감시의 총괄 등을 위해 필요할 때마다 소비자정책회의가 열린다.

2) 일본 소비자위원회

소비자청을 포함한 관계 성(省)・청(庁) 등이 행하는 소비자행정 전반에 대한 감시 기능을 하는 독립된 제3자 기관으로 소비자위원회를 2009년 설치하였다.

소비자위원회는 '안전하고 풍요로운 소비생활의 실현에 관해 뛰어난 식견을 가진 자' 가운데 내각총리대신(일본 총리)이 임명하는 10인 이내의 위원(임기 2년)으로 구성되며, 특별한 사항을 조사・심의하기 위해 필요할 경우 임시위원을 두고, 전문 사항을 조사할 필요가 있을 경우 전문위원을 둔다. 2013년 9월 제3차 소비자위원회(위원장: 河上正二, 동경대학대학원 법학정치학연구과 교수)가 발족되었다. 관련학과 교수, 소비자단체 대표, 변호사 등이 소비자위원회의 위원으로 활동하고 있다.

소비자행정에 관한 중요사항에 대해 조사심의를 행하고, 내각총리대신과 관계 각 대신들에게 건의를 하는 일, 내각총리대신과 관계 각 대신들의 자문에 응하여 조사심의를 행하는 일, 내각총리대신에게 권고 및 보고 요구를 행하는 등 소비자위원회는 강력한 권한을 행사하고 있다. 소비자위원회 본회의 이외에 식품표시부회(部會), 신개발식품조사부회(部會), 공공요금 등 전문조사회 등을 설치하여 조사심의를 행한다(도표 8-7 참조).

▌도표 8-7▌ 소비자위원회가 행한 조사심의 주요성과

소비자위원회가 행한 조사심의 주요성과

(2013년 11월 말 현재)

1. 건의(13건)

자동차리콜제도에 관한 건의(2010년8월27일)
유료 노인홈의 전세금 계약의 문제에 관한 건의(2010년12월17일)
지방소비자행정의 활성화에 대한 대응책 건의(2011년4월15일)
맨션의 악질적 권유문제에 관한 건의(2011년5월13일)
소비자안전행정의 근본적 강화에 관한 대응책 건의(2011년7월22일)
주택리폼 소비자문제 조사에 관한 건의(2011년8월26일)
에스테틱·미용의료서비스 소비자문제에 관한 건의(2011년12월21일)
공공요금문제에 관한 건의(2012년2월28일)
지방소비자행정의 지속적 전개와 강화에 관한 대응책 건의(2012년7월24일)
'건강식품'의 표시 등에 관한 건의(2013년1월29일)
소비자사고의 방지를 위한 철저한 정보공개 대응책에 관한 건의(2013년2월12일)
지방소비자행정의 체제정비 추진에 관한 건의(2013년8월6일)
사기적 투자권유에 관한 소비자문제 건의(2013년8월6일)

2. 제언(11건)

미공개주(未公開株) 등 투자사기대책에 관한 제언(2010년4월9일)
결제대행업자를 이용한 크레디트카드 결제와 같은 인터넷거래의 피해대책에 관한 제언(2010년10월22일) 등

3. 의견표명 등(33건)

소비자기본계획의 검증·평가·감시관계
가정용 전기요금의 인상 인가신청관계

출처: 일본 소비자청(http://www.caa.go.jp/adjustments/handbook.html)

3) 일본 소비자청 및 각 성(省)·청(庁)

그동안 각 부처에서 소비자문제를 개별적으로 처리하면서 발생하는 행정의 복잡성으로 인해 소비자의 피해가 급증하는 문제점을 보완하고자 소비자행정의 사령탑(총괄창구)으로 2009년 내각부 외국(外局)으로 소비자청을 신설하였다.

일본 소비자청은 소비자행정에 관해 기획조정기능을 하는 부서(소비자정책과, 소비자

제도과, 소비생활정보과, 지방협력과)와 특정상거래법, 경품표시법 등의 관련 법령의 집행에 관한 사무를 행하는 부서(소비자안전과, 거래대책과, 표시대책과, 식품표시기획과) 등의 두 부문으로 이루어져 있다.

일본 소비자청의 임무는 다음과 같다.

첫째, 소비자의 소리에 귀를 기울여 관련 소비자법령을 집행하는 일

둘째, 소비자안전법에 기초해 각 성(省)·청(庁), 독립행정법인 국민생활센터와 지방소비생활센터 등이 파악한 소비자정보 등에 관한 정보를 일원적으로 집약하여 조사·분석하는 일

셋째, 소비자사고 등에 관한 정보를 신속하게 정리·발표하여 소비자의 주의를 환기하는 일

넷째, 각 성(省)·청(庁)에 필요한 조치를 요구하는 것과 함께 각 성(省)·청(庁)이 조치를 내리기 힘든 틈새 사안에 대해서는 직접 사업자에게 권고 등의 조치를 강구하는 일 등으로 소비자행정의 사령탑, 즉 소비자정책의 총괄 추진 주체로서의 역할을 하고 있다(도표 8-9, 도표 8-10 참조).

도표 8-8 2014년 일본 내각의 소비자 관련 업무담당 부서

담당부서	업무 내용
소비자청	사고정보수집을 위해 PIO-NET 단말기 해당 관계기관 설치
금융청 및 각 부처	소비자신용 분야 문제점 검토
공정거래위원회	기업결합에 따른 공정경쟁에 의한 소비자 영향
국가공안위원회	식품안전
총무성 산하 소방청	제품화재, 사고정보 수집, 원인분석 및 피해방지 연구
법무성	일본 사법지원센터가 수집한 소비자피해 정보 제공
외무성	국제기구 소비자 관련 가이드라인 도입
재무성	소비세 등의 세금, 물가지수, 소비자금융
문부과학성	소비자교육
후생노동성	은퇴시설 관련 소비자 교육, 소비자계몽
농림수산성	농림수산물 관련 소비자 안전
경제산업성	– 소비자청 정보를 과학적으로 분석, 기업에 제공해 안전제품 제조를 유도 – 피싱대책협의회 운영 등 40개 과제
국토교통성	리폼주택 악질사건 관련 보증·보험제도 강화 등
환경성	유해물질 정보제공 등 리스크 커뮤니케이션 추진 제품재활용, 지구온난화 방지 추진

일본의 각 성(省)·청(庁)은 상호 간의 소비자 관련 정보공유를 추진하여 각 부서의 역할분담과 공동의 협조 등을 통해 각자의 관련 소비자정책업무를 수행하고 있다(도표 8-8 참조).

▌도표 8-9▐ 일본 소비자청의 조직과 업무

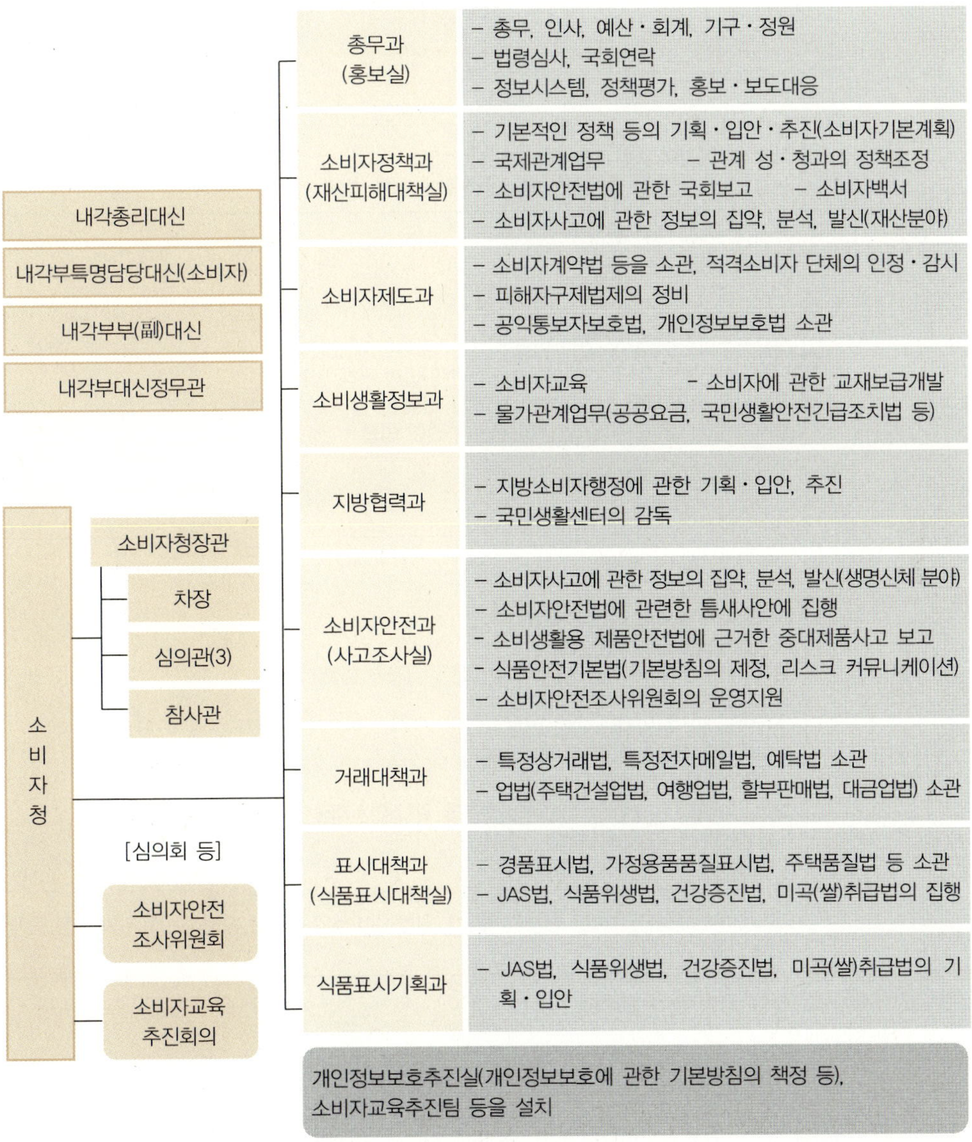

출처: 일본 소비자청(http://www.caa.go.jp/adjustments/handbook.html)

도표 8-10 일본 소비자청의 주요 소관 법률

정책분야	주요 소관 법률
안전	가정용품 품질표시법 제조물책임법 소비자안전법 소비생활용제품 안전법 유해물질을 포함하는 가정용품의 규제에 관한 법률
식품	식품안전기본법 식품표시법 식품위생법
표시	부당경품류 및 부당표시방지법 특정전자메일의 송신 적정화 등에 관한 법률 농림물자의 규격화 및 품질표시의 적정화에 관한 법률(JAS법)
거래	특정상거래에 관한 법률 물가통제령 대금업법 할부판매법 금융상품의 판매 등에 관한 법률 전자소비자계약 및 전자승락통지에 관한 민법의 특례 법률 특정상품 등의 예탁 등 거래계약에 관한 법률 출자의 수입, 예금 및 금리 등의 취급에 관한 법률
정보	개인정보보호에 관한 법률 공익통보자 보호법
기타	소비자기본법 소비자계약법 소비자교육의 추진에 관한 법률 택지건물취급업법 · 여행업법 생활관련물자 등의 매점 및 매석에 대한 긴급조치 법률 국민생활안전긴급조치법 무한연쇄구입의 방지에 관한 법률 주택의 품질확보촉진 등에 관한 법률 건강증진법 소비자의 재산적 피해의 집단적인 회복을 위한 민사재판수속의 특례에 관한 법률 독립행정법인 국민생활센터법 소비자청 및 소비자위원회설치법 미곡 등의 취급에 관한 정보의 기록 및 산지정보의 전달에 관한 법률 소비세의 원활하고 적정한 전가의 확보를 위한 소비세의 전가를 저해하는 행위의 시정 등에 관한 법률

출처: 일본 소비자청 홈페이지(www.caa.go.jp)

3. 일본 지방자치단체

일본의 지방소비자행정은 그 체계가 확고한 편으로, 이미 1970년 초반 도도부현(都道府縣) 등 각급 지방자치단체에서 소비자보호조례를 제정하고, 소비자행정전담과(예: 소비자생활과)와 소비자에 대한 지원업무를 효과적으로 수행하기 위한 '소비생활센터'를 설치하였다. 소비생활센터는 2013년 745개에 이르고, 소비생활센터의 설립 기준을 충족시키지 못하는 지역(예: 市区町村)에는 소비생활에 관한 상담창구를 설치하고 있다. 2010년 1월부터 전국 공통전화번호인 0570-064-370 소비자핫라인을 개설하여 소비생활센터나 소비생활에 관한 상담창구 중 가장 이용하기 쉬운 곳을 안내하고 있다.

4. 일본 독립행정법인 국민생활센터

일본정부는 1962년 국민의 소비생활을 조사·연구하기 위하여 '국민생활연구소'를 설치하였으며 교육 및 연수, 소비자불만상담 및 관계기관에 대한 정보제공 등의 업무를 추가하여 1970년 '특수법인' 국민생활센터로 확대 개편하였고, 2003년 '독립행정법인' 국민생활센터가 되었다.

독립행정법인[28] 국민생활센터는 중점적인 소비자정책의 실시(또는 실행)기관으로 첫째, 정보분석사업: 지방자치단체의 소비생활센터 등과 네트워크로 연결된 '전국소비생활정보 네트워크 시스템'(Practical-living Information Online Network System: PIO-NET)을 통해 소비생활상담정보를 수집·분석하여 관계 행정기관 등에 정보제공을 하고 있다. 둘째, 상담사업: 전국 소비생활센터 등의 상담에 대한 '조언', '공동처리', '이송'(移送) 등의 방식을 통해 상담을 지원하는 경유(經由: 어떤 곳을 거쳐 지남)상담을 하고 있다. 그리고 피해가 자주 발생하는 문제의 경우 필요한 조사를 하여 이를 분석하고, 이러한 피해의 방지를 위해 소비자에게 주의환기를 시키거나, 행정기관과 사업자단체 등에 개선방안권고 등을 하고 있다. 셋째, 상품테스트사업: 전국 소비생활센터 등으로부터 접수한 상담의 해결을 위해 필요한 경우 각종 상품테스트를 실시하고 있다. 넷째, 연수사업: 지방자치단체 공무원, 소비생활상담원, 기업의 소비자 관련 직원, 소비자단체 회원, 교사 등을 대상으로 소비생활에 관한 각종 연수를 실시하며, 소비생활전문상담원 자격인

28) 일본의 독립행정법인이란 일본의 중앙정부인 '내각'과 '지방자치단체'로부터의 영향력이나 간섭을 받지 않고, 독립적으로 행정을 시행하는 단체를 의미한다.

정시험을 매년 실시하고 있다. 다섯째, 홍보사업: 매월 기자설명회를 개최하여 정보제공을 하고 있다. 소비생활관련 정보전문지 '국민생활'을 매월 웹사이트에 공개하고 매년 '생활토막지식' 등을 발간하여 생활에 도움이 되는 지식과 정보를 제공하고 있다. 여섯째, ADR(Alternative Dispute Resolution: 재판 외 분쟁해결)사업: 2009년 4월부터 공정하고 중립적인 분쟁해결위원회를 설치하여, 소비자분쟁 중 전국적으로 문제가 되는 중요한 분쟁(중요소비자분쟁)의 해결을 도모하고 있다. 분쟁해결방법에는 '화해의 중개'와 '중재' 등이 있다.

일본의 사고정보 데이터뱅크(Injury Information Data Bank)는 관계 참여기관(소비자청, 독립행정법인 국민생활센터, 지방자치단체의 소비생활센터, 일본사법지원센터, 후생노동성, 농림수산성, 경제산업성, 독립행정법인 제품평가기술기반기구, 국토교통성, 독립행정법인 일본스포츠진흥센터)으로부터 생명·신체에 관한 소비생활상의 사고정보

도표 8-11 일본의 사고정보 수집체계도

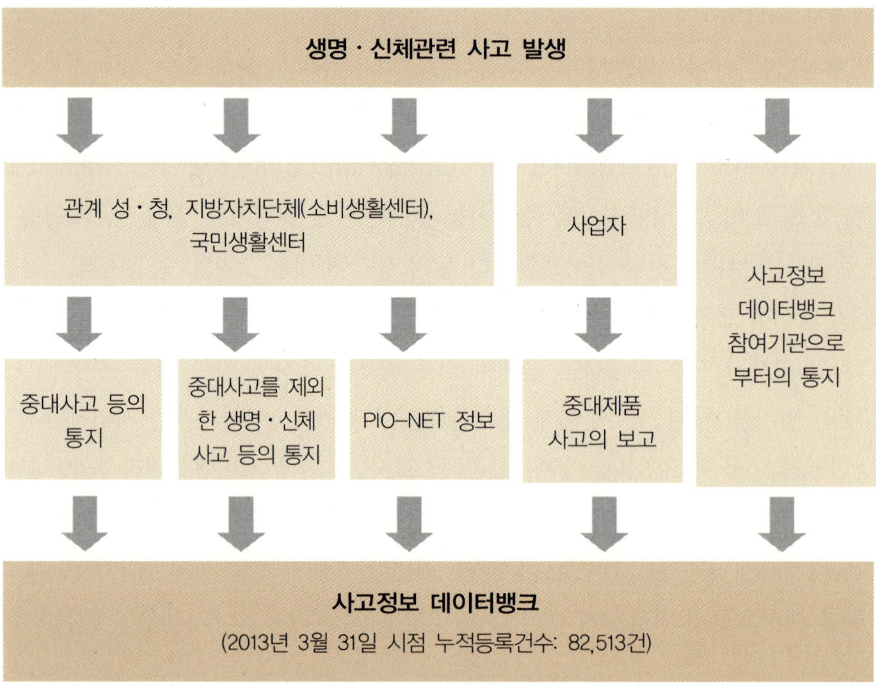

출처: 일본 소비자청(http://www.caa.go.jp/adjustments/handbook.html)

▌도표 8-12▐ 일본 소비자정책의 추진체계

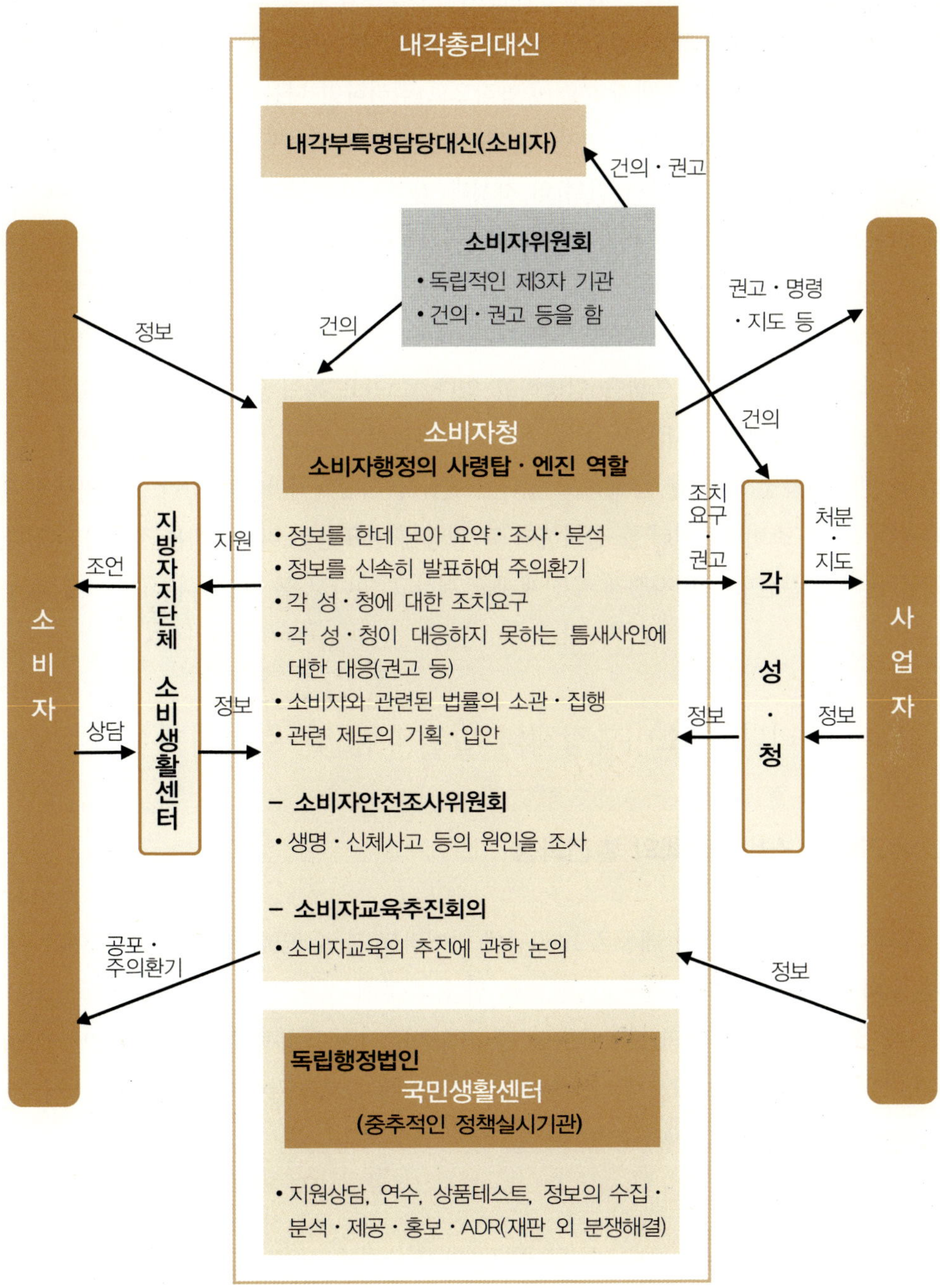

출처: 일본 소비자청(http://www.caa.go.jp/adjustments/handbook.html)

를 일원적으로 집약하여 제공하는 시스템이다. 사고의 재발 및 확대의 방지에 관한 환경 조성의 일환으로 소비자청과 독립행정법인 국민생활센터가 연대하여 관계 참여기관의 협력을 기반으로 2010년 4월 1일부터 실시하고 있는 사업이다(www.jikojoho.go.jp).

일본의 소비자정책 추진체계[29]를 종합적으로 정리하면 다음과 같다.

내각부 소비자정책회의가 「소비자기본법」에 근거하여 소비자기본계획안(소비자정책의 추진에 관한 기본적인 사항의 기획)의 작성과 검정・평가・감시의 기능을 위한 회의를 개최하고 있으며, 내각부 소비자위원회가 소비자청을 포함한 각 성(省)・청(庁) 등이 행하는 소비자행정 전반에 대한 감시기능을 하는 독립된 제3자 기관으로서의 역할을 담당하고 있다. 내각부 외국으로 설립된 소비자청은 소비자정책의 총괄 추진 주체, 다시 말하면 소비자행정의 사령탑 역할을 담당하고 있다. 그리고 독립행정법인 '국민생활센터'가 중점적인 소비자정책 실시(또는 시행)기관으로 활동하고 있고, 각 성(省)・청(庁)은 각자의 관련 소비자정책업무를 수행하고 있다. 또한 각 지방자치단체는 각각 소비자행정 전담과를 두고, '소비생활센터'를 설치하여 각 지방에 필요한 소비자정책을 실시하고 있다. 결국 일본은 분산형 소비자정책 추진체계를 취하고 있다고 볼 수 있다.

제3절 우리나라 소비자정책의 발전과정 및 추진체계

I. 우리나라 소비자정책의 발전과정

우리나라 소비자정책의 태동은 1960년대 말이라고 볼 수 있다. 이후 현재에 이르기까지 소비자정책은 계속 발전하고 있는데, 이를 분류해 보면 소비자정책의 태동기(1968년~1979년), 소비자정책의 발전기(1980년~1995년), 소비자정책의 성숙기(1996년~2005년), 그리고 소비자정책의 전환기(2006년~2014년 현재)로 나누어진다. 이러한 소비자정책의 변천과정을 살펴보자.

---

29) 일본의 소비자정책회의 → 우리나라의 소비자정책위원회
일본의 소비자청 → 우리나라의 공정거래위원회
일본의 국민생활센터 → 우리나라의 한국소비자원
일본의 지방소비생활센터 → 우리나라 각 시・도 소비생활센터에 해당한다(2014년 기준).

1. 소비자정책의 태동기(1968년~1979년)[30]

1962년 제1차 경제개발 5개년계획(1962년~1966년)의 실시로 우리나라의 급속한 경제발전의 서막이 시작되었다. 제2차 경제개발 5개년계획(1967년~1971년), 제3차 경제개발 5개년계획(1972년~1976년), 제4차 경제개발 5개년계획(1977년~1981년)의 중반까지에 해당하는 시기이다.

▌도표 8-13 ▌ 제1차~제4차 경제개발 5개년계획 내용

- **제1차 경제개발 5개년계획(1962~1966)**
  전력 · 석탄의 에너지원과 기간산업을 확충하고, 사회간접자본을 충실히 하여 경제개발의 토대를 형성하는 것과 그 밖에 농업생산력을 확대하여 농업소득을 증대시키며, 수출을 증대하여 국제수지를 균형화하고 기술을 진흥하는 일 등에 그 목표를 두었다. 이 시기의 경제성장률은 7.8%로 목표를 상회하였으며, 1인당 국민총생산(GNP)은 $83에서 $125로 증가되었다.

- **제2차 경제개발 5개년계획(1967~1971)**
  식량자급화와 산림녹화, 화학 · 철강 · 기계공업의 건설에 의한 산업의 고도화, 7억 달러의 수출 달성, 고용확대, 국민소득의 비약적 증대, 과학기술의 진흥, 기술수준과 생산성의 향상에 그 목표를 두었다. 연평균 경제성장률은 목표치 7%를 훨씬 상회하는 10.5%에 이르렀으나, 곡물수입은 4천만 달러에서 2억 7천만 달러로 급증했고, 외자도입의 증가와 국제수지의 만성적 적자라는 문제를 안게 되었다.

- **제3차 경제개발 5개년계획(1972~1976)**
  중화학공업화를 추진하여 안정적 균형을 이룩하는 데 목표를 두었다. 이 기간에는 착수 직전인 1971년 8월의 '닉슨 쇼크'에 의한 국제경제질서의 혼란, 1973년 10월의 석유파동 등으로 어려운 고비에 처하게 되었으나, 많은 외국자본 도입, 수출 드라이브 정책, 중동 건설경기 등으로 난국을 극복하여 연평균 9.7%의 성장률을 유지하였다.

- **제4차 경제개발 5개년계획(1977~1981)**
  성장 · 형평, 능률의 기조 아래 자력성장 구조를 확립하고 사회개발을 통하여 형평을 증진시키며, 기술을 혁신하고 능률을 향상시킬 것을 목표로 하였다. 1977년 100억 달러 수출 달성, 1인당 국민총생산(GNP) 1000달러가 되었지만, 1978년에는 고물가와 부동산 투기, 생활필수품 부족, 각종 생산에서의 어려움 등의 누적된 문제점이 나타났다. 1979년 제2차 석유파동이 가세하여 한국경제를 더욱 어려운 고비로 몰아넣었고, 1980년에는 광주에서 발생한 5 · 18민주화운동을 진압하기 위한 대량학살과 사회적 불안, 흉작이 겹쳐 마이너스 성장을 겪었으나 다행히 1981년에는 경제가 다시 회복세를 보였다.

출처: http://ko.wikipedia.org/wiki/대한민국의 경제개발 5개년계획

30) 태동기란 태아가 뱃속에서 움직이는 시기로 '소비자정책의 태동기'란 소비자정책을 수립하기 이전의 시기, 즉 소비자정책을 필요로 하는 산업사회로의 발전이 이루어지기 시작하는 시기를 말한다.

1962년부터 약 10년 동안은 가난으로 인해 물자부족에 시달리면서 '잘 살아보세'라는 노래를 모든 국민이 불러가며 수출 위주의 경제성장정책을 수행하는 과정이었다. 그러므로 국내소비보다는 상품수출을 통한 외화 획득이 더 중요하였다. 그리하여 정부는 수출하는 기업에게 모든 재정적·행정적 혜택을 주는 경제정책을 실시하였고, 국민들은 일자리가 만들어진 것과 굶지 않고 세끼 밥을 먹고 살게 된 것에 대해 만족하는 상황이었다.

이러한 과정에서 정부의 강력한 재정적·행정적 지원을 받은 일부 기업이 독과점 기업으로 급성장하였고, 그 결과 대기업의 독과점(도표 8-14 참조)으로 인한 폐해가 심각하게 나타나기 시작하였다. 이에 1962년 「식품위생법」, 「보험업법」의 제정, 1963년 「약사법」의 제정, 「계량법」의 일부개정이 이루어졌다.

도표 8-14 독과점의 의미

독과점이란 하나의 기업이 시장을 점유하고 있는 상태인 독점과 두 개 이상의 기업이 시장을 장악하고 있는 과점을 아울러 이르는 말이다. 일반적으로 독점이나 과점일 경우에는 완전경쟁 상태보다 가격이 비싸지는데 이는 독과점 기업의 의도적인 폭리 추구 때문으로, 시장의 기능이 제대로 작동하지 않는 대표적인 사례라고 할 수 있다.

출처: 다음어학사전(dic.daum.net)

우리나라의 경제성장은 단기간에 비약적으로 이루어지다보니, 외화 획득의 결과로 우리나라의 1인당 국민소득이 급속히 상승하면서 국민의 소비생활도 풍부해지기 시작하였다.

이에 1968년 10월 국무총리실 직속으로 '국민생활향상심사위원회'를 설치하고, 이 위원회 안에 '소비자보호분과위원회'를 두었다. 또 1968년 국정감사에서 신진자동차공업주식회사의 폭리문제가 이슈로 제기되었는데, 이를 계기로 정부는 1968년 12월에 소비자문제에 관한 정부의 기본대응방향과 임무를 담은 '소비자보호요강'을 제정하였다. 이 요강은 소비자보호에 관한 최초의 규범으로 우리나라 소비자정책이 형성될 움직임이 시작되었다고 볼 수 있다.

제1차 석유파동(1973년 10월 시작된 중동전쟁 때문에 석유가격의 상승과 석유생산량 감축이 이루어져 세계 경제는 제2차 세계대전 이후 가장 심각한 불황에 직면하게 되었다) 전후의 영향을 받아 1970년 들어 물가가 크게 불안정해졌다.

1970년 소비자들의 모임인 한국소비자연맹이 탄생되어 소비자 스스로 소비자문제 해결을 위한 소비자운동을 시작하였다. 1972년 서울과 부산을 중심으로 정부 주도의 '가격

표시제'가 시행되었다. 1972년에는 경제기획원에 '물가안정국'이 설치되었으며, 1975년에는 「물가안정 및 공정거래에 관한 법률」, 「농수산물 유통 및 가격안정에 관한 법률」 등과 같은 법령들이 제정되었다. 1977년 경제기획원은 '공정거래과'를 설치하여 공정거래와 소비자보호에 관한 사항을 담당하게 하였으며, 1978년 소비자단체들의 모임인 소비자보호단체협의회가 경제기획원의 승인으로 발족되었고, 소비자보호단체협의회는 '소비자운동의 의식화', '소비자의 조직화', '소비자운동의 대중화'라는 3대 운동 목표를 제정하고 「소비자보호법」 제정운동을 시작하였다. 1979년에는 경제기획원에 소비자보호 전담부서로서 '소비자행정 담당관'을 두었다.

이 시기의 정책은 소비자정책이라기보다는 물가정책의 일환으로 부정・불량식품 단속 및 매점・매석(물건 값이 오를 것을 예상하고, 물건을 몰아서 사들인 후 비싼 값을 받기 위해 팔기를 꺼림)단속, 계량・규격 및 가격표시의 적정화 등에 초점이 맞추어졌다.

▌도표 8-15▌ 1960년대~1970년대 소비자정책의 태동기 정리

• 1960년대

정부는 1960년대 정책의 중심을 경제성장에 두고 있었기 때문에 소비자정책에는 거의 관심을 기울이지 않았다. 따라서 1960년대 중반까지 '소비자보호정책' 또는 '소비자보호입법'이라는 용어가 사용되지 않았다. 우리나라에서 소비자정책의 태동은 1960년대 후반으로 볼 수 있다. 정부가 물가안정이라는 차원에서 소비자정책에 관심을 가지고, 그 구체적인 조치로서 1968년 국무총리실 직속으로 '국민생활향상심사위원회'를 설치하여 그 안에 '소비자보호분과위원회'를 두었고, 소비자보호를 위한 최초의 규범으로 소비자정책의 시초라고 할 수 있는 '소비자보호요강'을 제정하였다. 이는 정부에 의한 소비자보호정책의 출발점이었다.

• 1970년대

1970년대 중반까지는 여전히 경제성장정책에 밀려 소비자문제가 사회적 쟁점으로 별로 제기되지 않았고, 정부도 소비자정책에 대한 배려가 부족했다. 정부는 '경제기획원'에 '물가안정국'을 설치하는 등 주로 물가안정위주로 소비자정책을 시행하였으며, 진정한 의미의 소비자보호정책을 추진하지는 못하였다. 이에 따라 민간단체를 중심으로 소비자보호법제의 필요성을 거론하기 시작하였으며, 정부는 1970년 후반부터 소비자보호정책에 대한 인식을 새로이 하고 소비자보호정책 수립을 위한 기반 형성에 노력하기 시작하였다. 1977년 '경제기획원'은 '공정거래과'를 설치하여 공정거래와 소비자보호에 관한 사항을 담당하게 하였으며, 1979년에 경제기획원 내 소비자보호 전담부서로서 '소비자행정 담당관'을 두었다.

출처: 박희주 외 5인 (2007). 소비자정책의 평가와 과제, 정책연구 07-06.

2. 소비자정책의 발전기(1980년~1995년)

이 시기는 제4차 경제개발 5개년계획(1977년~1981년) 후반에 속하며, 제5차 경제개발 5개년계획(1982년~1986년), 제6차 경제사회발전 5개년계획(1987년~1991년), 제7차 경제사회발전 5개년계획(1992년~1996년)이 실시되는 때였다.

도표 8-16 제5차~제7차 경제개발 5개년계획 내용

- **제5차 경제개발 5개년계획(1982~1986)**
  이때까지 계획의 기조로 삼았던 '성장'을 빼고 안정, 능률, 균형을 기조로 하여 물가안정·개방화, 시장경쟁의 활성화, 지방 및 소외 부문의 개발을 주요 정책 대상으로 하였다. 이 계획의 가장 큰 성과는 한국 경제의 고질적 문제였던 물가를 획기적으로 안정시킨 것이며, 이를 바탕으로 1986년부터 3저 현상[31]의 유리한 국제환경변화를 맞아 경상수지의 흑자전환, 투자재원의 자립화로 경제의 질적 구조를 튼튼하게 하였다.

- **제6차 경제사회발전 5개년계획(1987~1991)**
  '능률과 형평을 토대로 한 경제선진화와 국민복지의 증진'을 기본목표로 설정하고, 21세기 들어 선진사회 진입을 하기 위한 제1단계 실천계획으로 수립되었다. 특히 흑자기조로의 전환에 따라 선진국의 보호주의 압력과 대내적인 소외계층의 소득보상 욕구가 더욱 커지게 되어, 이에 대응하기 위한 전략으로 자율·경쟁·개방에 입각한 시장경제질서의 확립, 소득분배 개선과 사회개발의 확대, 그리고 고기술부문을 중심으로 한 산업구조의 개편을 중점과제로 삼게 되었다. 그 결과 경제성장률은 목표 7.5%를 상회하여 10%를 달성하였으며, 실업률은 2.4%로 고용안정을 가져왔고, 저축 증대에 노력한 결과 국내저축률은 당초 예상보다 높은 36.1%에 이르렀다.

- **제7차 경제사회발전 5개년계획(1992~1996)**
  자율과 경쟁에 바탕을 두어 경영혁신·근로정신·시민윤리 확립을 통해 21세기 경제사회의 선진화와 민족통일을 지향한다는 기본목표 아래 기업의 경쟁력 강화, 사회적 형평 제고와 균형 발전, 개방·국제화의 추진과 통일기반 조성 등을 3대전략으로 삼았다. 이 기간 동안 대기업의 소유 집중을 분산하려는 노력이 이루어졌고, 산업구조 조정을 원활하게 하며, 기술개발·정보화를 도모하고, 사회간접자본에 대한 투자를 확충시켰다.

출처: http://ko.wikipedia.org/wiki/대한민국의 경제개발 5개년계획

그동안 국가발전 전략상 소비자보다는 공급자 위주의 경제정책에 치중하여 소비자는 불만과 피해를 감수할 수밖에 없는 상황이었으나, 1980년대 들어 경제규모가 확대되고 경제구조가 복잡해짐과 동시에 해외경제 여건이 불안해짐에 따라 인플레이션 심리의 만연, 시장기능의 왜곡, 독과점의 심화, 소비자피해와 같은 부작용과 문제점이 나타나자 시장기능을 회복하기 위하여 자유롭고 공정한 경쟁을 유지하기 위한 많은 노력이 있었다.

31) 3저 현상: 미국 달러 가치의 하락, 국제금리의 하락, 석유가격의 하락

1980년에 개정된 제5공화국 헌법 제125조는 '국가는 건전한 소비행위를 계도하고 생산품의 품질향상을 촉구하기 위한 소비자보호운동을 법률이 정하는 바에 의하여 보장한다'고 규정하여 헌법 사상 처음으로 소비자권리를 보장하였으며, 1982년부터 실시된 제5차 경제개발 5개년계획에도 반영하였다.

급속한 경제성장의 결과 소비자문제가 계속 발생하자, 정부는 소비자보호를 위한 기본법령을 제정해야 한다는 사회적 요청에 직면하게 되어 1980년 「소비자보호법」을 제정·공포하였다. 1982년 9월 13일 「소비자보호법」시행령이 제정되면서 경제기획원은 「소비자보호법」에 근거하여 경제기획원장관이 위원장이 되고 8개 부처의 장관과 경제기획원장관이 위촉하는 3인의 민간위원으로 구성되는 민간합동의 '소비자보호위원회'를 설치하였고, 소비자보호의 주무부서로 '유통소비과'를 설치하여 유통산업정책과 소비자보호정책을 담당하도록 하였다. 그리고 1983년 3월 21일에 개최된 제2회 소비자보호위원회는 우리나라에서 처음으로 소비자보호종합시책을 마련하였는데 ① 소비자보호제도의 기반조성, ② 소비자안전관리의 강화, ③ 부정 및 불량상품 근절, ④ 계량 및 표시의 적정화, ⑤ 공정한 거래질서의 확립, ⑥ 소비자피해구제의 강화, ⑦ 소비자 조직활동 강화 및 지원 ⑧ 소비자교육의 강화를 내용으로 8가지 기본 정책을 수립하였다.

그러나 「소비자보호법」의 내용이 선언적인 문제점[32] 때문에 실제 법의 내용을 수행할 전문기관의 설립이 필요하였다. 이러한 문제점들 때문에 1986년 소비자보호법을 개정하여 '소비자보호위원회'를 '소비자정책심의위원회'로 변경하였다. '소비자정책심의위원회'는 경제기획원장관을 위원장으로 하고 10개 부처의 장관과 경제기획원장관이 위촉하는 민간위원으로 구성되었다. 이에 따라 우리나라의 소비자보호정책은 경제기획원장관이 중앙행정부처에서 수립한 소관별 소비자보호시책을 종합하여 '소비자정책심의위원회'에 상정하고 '소비자정책심의위원회'에서 이를 심의·의결하며, 이에 따라 중앙행정기관의 장은 소관별로 소비자보호시책을 추진하고, 각 지역 시장 및 도지사는 소비자보호시책에 따라 매년 해당 지역의 실정에 적합한 소비자보호시행계획을 수립·시행하였다. 그리고 「소비자보호법」에 근거하여 1987년 7월 1일 한국소비자보호원이 설립되었다. 한국소비자보호원의 출범은 '경제와 사회발전'이라는 새로운 차원의 1987년 제6차 경제사회발전

32) 「소비자보호법」은 소비자보호에 관하여 국가, 지방정부 및 사업자가 해야 하는 책무나 소비자 자체의 역할을 명시하여 시책의 기본적 방향을 '선언'하는 내용이라 이를 수행하기 위한 정부기관이나 시행절차가 규정되어 있지 않은 문제점이 있었다.

정책의 시작과 그 시기를 같이하고 있다. 이는 이제까지 추구해온 경제의 양적 성장으로부터 사회의 질적 성장으로 대전환을 시도한 것으로 소비자보호제도를 국민복지적 차원에서 시행하게 되었음을 의미한다.

이 시기에 1986년 「약관의 규제에 관한 법률」, 1987년 「도·소매업진흥법」[33], 1990년 「독점규제 및 공정거래에 관한 법률」(1975년 제정한 「물가안정 및 공정거래에 관한 법률」을 전면 개정한 것이다), 「할부거래에 관한 법률」(1991년), 「방문판매 등에 관한 법률」(1991년)이 제정되었고, 1991년 개정된 「도·소매업진흥법」에서는 충동구매나 강요·강박에 의한 거래의 피해를 방지하고자 소비자에게 '청약철회권'[34]이라는 제도를 도입하였다. 1992년 「약관의 규제에 관한 법률」을 개정하여 '표준약관제도'를 도입하였다.

1990년대 소비자정책은 이전의 정책들에 비해 가격뿐만 아니라 소비자안전과 품질, 그리고 정보제공 등 다양한 분야에 대해 초점을 두고 있다.

1994년 경제기획원[35]은 종전의 1982년에 설치한 '유통소비과'를 '유통조정과'와 '소비자정책과'로 분리하여 중앙부처에서 소비자정책만을 독립적으로 전담하는 행정기관인 '소비자정책과'를 설립하였다. 이처럼 소비자정책을 별도의 국가정책사업으로 분리한 것은 우리나라 소비자정책의 큰 발전이다.

---

33) 「도·소매업진흥법」은 할부판매, 통신판매, 방문판매에 대해 규정하였다. 나아가 1991년 12월에는 「도·소매진흥법」에서 규정하고 있던 방문판매와 할부거래에 관한 내용을 독립시켜 「방문판매 등에 관한 법률」과 「할부거래에 관한 법률」을 제정하여, 할부계약과 방문판매, 통신판매 그리고 다단계판매에 관한 거래를 공정하게 함으로써 소비자의 이익을 보호하고 건전한 거래질서를 확립할 수 있게 되었다.

34) 청약철회권이란 소비자가 사업자의 부당한 권유행위 등으로 인해 상품 등을 충동구매하였을 경우 계약내용을 다시 한 번 생각할 수 있는 기간을 주어, 구입할 의사가 없을 경우 일정 기간 내에 아무런 손해배상 책임 없이 계약을 취소할 수 있도록 하는 제도이다. 모든 소비자 거래에서 청약철회가 인정되는 것은 아니고 특별히 소비자를 보호할 필요가 있는 '특수거래', 즉 방문판매·전자상거래·할부거래 등과 같이 관련된 법이 정하는 분야에서만 적용된다.

35) 경제기획원의 명칭 변경을 살펴보면, 1994년 12월 경제기획원(1961.7. 설립)과 재무부를 통합하여 재정경제원으로 개편되었다가 1998년 2월 정부조직법 개정에 따라 재정경제부로 변경되었다. 2008년 재정경제부와 기획예산처를 통합하여 기획재정부가 되었다.

▎도표 8-17▎ 1980년대~1990년대 전반 소비자정책 정리

• 1980년대

1980년대 들어서면서 소비자문제에 대한 정부의 자각이 본격화되기 시작하여 비로소 소비자정책 수립의 기반이 완성되었다. 1980년 헌법에 국가의 소비자보호기능을 명시함과 함께 「소비자보호법」이 제정되고 경제기획원 내 '유통소비과'에서 소비자보호 업무를 추진하기 시작하였다. 1982년 '소비자보호위원회'를 설치하였고, 1983년에는 우리나라에서 처음으로 '소비자보호종합시책'을 수립하였다. 그리고 1980년대 중반 이후 정부의 소비자행정은 소비자정책의 기본적 방향을 수립한 것에서 한걸음 더 나아가 실질적인 집행기능을 갖는 단계로 체계화되었다. 1986년 '소비자보호위원회'를 '소비자정책심의위원회'로 변경하였고, 1987년 정부의 소비자시책 전담추진기관으로서 '한국소비자보호원'이 설립되어 본격적인 소비자보호 시책들이 전개되었다.

• 1990년대 전반

1990년대 들어서 정부는 지속적인 소비자보호제도의 보완과 각종 법령의 정비를 통하여 보다 적극적으로 소비자정책을 수립·시행하였다. 「방문판매등에 관한 법률」, 「할부거래에 관한 법률」 등을 제정하였고, 각 중앙행정기관에서 추진하고 있는 소비자정책을 조정·통합하기 위하여 재정경제원 내에 '소비자정책과'를 신설하였다.

출처: 박희주 외 5인 (2007). 소비자정책의 평가와 과제, 정책연구 07-06.

3. 소비자정책의 성숙기(1996년~2005년)

이 시기의 경제상황을 살펴보면 다음과 같다.

1996년 12월 우리나라는 선진국들의 모임인 OECD(경제협력개발기구)에 가입하고, 선진국 대열에 들어선 것에 대한 축배를 들고 있었다. 그러나 1997년 말 세계경제상황의 변동에 의해 우리나라 정부가 외국에 지불하기 위해 준비한 달러가 부족한 긴급 상황이 벌어졌고, 이로 인해 일어난 외환위기(또는 국가부도 위기)의 해결을 위해 1997년 12월 3일 국제통화기금(IMF)으로부터 자금지원을 받게 되었다. 우리나라는 국제통화기금의 자금지원을 받는 대신 국제통화기금이 요구하는 경제개혁을 수행하게 되었고, 이로 인한 심각한 불경기가 발생하여 많은 기업이 문을 닫고 수많은 실업자를 양산하는 결과를 낳았다. 나라의 어려움에 대처하기 위하여 정부는 경제개혁을, 기업은 강도 높은 구조조정을, 국민은 금모으기 운동과 아나바다운동(아껴 쓰고, 나눠 쓰고, 바꿔 쓰고, 다시 쓰자는 운동)을 하면서 열심히 노력한 결과, 2000년 8월 23일 국제통화기금으로부터 받은 모든 자금을 상환하게 되었다. 이는 예정보다 빠른 상환으로 대한민국의 저력에 대해 전 세계가 또 다시 주목하는 결과를 낳았다.

이러한 상황을 염두에 두고, 우리나라 소비자정책을 살펴보면 다음과 같다. 1996년은 우리나라 소비자정책이 선진국체제로 도약하는 출발점에 해당한다.

그 이유로는 첫째, 우리나라는 선진국들의 경제클럽이라 할 수 있는 OECD에 가입하게 되면서, 이를 계기로 소비자정책과 제도를 정비하였으며, 특히 소비자안전에 대한 정책들을 선진화하였다. 전국의 병원, 보건소, 소방서 및 경찰서로부터 위해정보를 수집하는 '소비자 위해정보 수집체계'를 수립하였으며, 1996년 「소비자보호법」을 전면개정하여 모든 상품 및 서비스를 대상으로 한 본격적인 결함보상제도(리콜제도)를 확립하였다. 그리고 12월 3일을 '소비자보호의 날'로 지정하였다.

둘째, 식품안전이 중요한 사회적 이슈로 대두하면서 정부는 위해상품규제의 중요성을 인식하여 1996년 미국의 식품의약품청(FDA)과 유사한 기능을 담당하는 '식품의약품안전본부'를 보건복지부 내에 신설하였고, 이는 1998년 '식품의약품안전청'으로 발전하였다. 또한 1996년 공정거래위원회 내에 '소비자보호국'을 신설하여 상거래에 있어서 기업들의 불공정거래행위뿐만 아니라 부당행위로 인한 소비자피해를 규제하게 하였다.

셋째, 1995년 지방자치선거를 계기로 지방 소비자보호 문제가 대두되어, 1996년 4월 대전광역시를 시작으로 전국의 시·도가 '소비자보호조례'를 제정하였고, 지방자치단체 차원에서 소비자행정을 전담할 기구(예: 소비자보호계)를 각 시·도에 설치하였다.

1996년 「소비자보호법」 전면개정과 함께 「독점규제 및 공정거래에 관한 법률」이 일부개정되고, 1998년 「소비자생활협동조합법」이 제정되고, 1998년 재정경제부 '국민생활국'(1994년 경제기획원 '소비자정책과'의 명칭을 변경한 것이다)에서 소비자정책을 담당하게 되었다. 1999년 「표시·광고의 공정화에 관한 법률」이 제정되었다. 2000년에 제정된 「제조물책임법」은 2002년 7월 1일부터 시행되어, 결함제품 때문에 피해를 입은 소비자가 쉽게 손해배상을 받을 수 있게 하였다. 2002년에는 전자상거래 및 통신판매에서 소비자의 권익을 보호하기 위해 「전자상거래 등에서의 소비자보호에 관한 법률」을 제정하였다.

2000년대 들어 우리나라 소비자정책은 인터넷의 급속한 확산에 따라 전자상거래관련 소비자시책을 추진하게 되었다. 이에 '전자상거래 등에서의 소비자보호지침'과 '사이버몰 이용표준약관'을 제정하고, 2002년 '다단계 소비자피해 보상제도', 2005년 '전자거래 결제대금 예치제도'(escrow)[36]와 '구매권유광고 수신거부의사 등록시스템'을 도입하였다.

---

36) 전자거래 결제대금 예치제도: 인터넷쇼핑몰이나 통신판매 등을 이용하여 물건을 거래할 때 구매자가 낸 대금을 금융기관 등 제3자에게 예치한 뒤 배송이 확인된 뒤에 판매업체에 지급하는 거래안전장치이다. 이 제도는 비대면(非對面) 거래가 특징인 전자상거래의 불안·불신을 원천적으로 차단할 수 있다는 점에서 전자상거래 보호장치로 인정받고 있다.

▌도표 8-18▌ 1990년대 후반~2000년대 전반 소비자정책 정리

• **1990년대 후반**

1996년 12월 3일 '소비자보호의 날'을 법정기념일로 지정하였고, OECD 가입을 계기로 결함보상제도와 위해정보수집체계를 수립하는 등 국내 소비자보호제도들을 선진국 수준으로 끌어올리는 노력을 진행하였다. 또한 지방소비자행정의 활성화를 위한 노력으로 지방자치단체별로 '지방소비자보호조례'를 제정하기 시작하였다. 1996년 '식품의약품안전본부'를 신설하고 1998년 '식품의약품안전청'으로 명칭을 변경하였다.

• **2000년대 전반**

2000년대 들어서면서 여러 면에서 급변하기 시작하였다. 국가운영은 정부주도에서 민간이 참여하는 민·관 협력방식으로 전환되었고, 경제는 공급자 중심에서 소비자 중심으로 변화되었으며, 국제화·지구화·개방화가 진행되었다. 또한 인터넷을 기반으로 한 디지털 경제시대와 고령화시대 그리고 지방화시대로 진입하였다. 이러한 시대적인 환경변화를 반영하여 소비자정책의 기본 방향도 이전과 전혀 다른 모습을 보여주고 있다. 이러한 새로운 환경을 반영하여 2000년대 들어 새로 제정된 주요한 소비자보호관계법으로는 「제조물책임법」, 「농수산물 품질관리법」, 「전자상거래 등에서의 소비자보호에 관한 법률」, 「건강기능식품에 관한 법률」, 「대부업의 등록 및 금융이용자 보호에 관한 법률」, 「의료기기법」, 「간접투자자산운영업법」, 「건축물의 분양에 관한 법률」, 「이러닝(전자학습) 산업발전법」, 「위치정보의 보호 및 이용 등에 관한 법률」 등을 들 수 있다.

출처: 박희주 외 5인 (2007). 소비자정책의 평가와 과제, 정책연구 07-06.

4. 소비자정책의 전환기(2006년~2014년 현재)

2006년 「소비자보호법」이 「소비자기본법」으로 전면개정되면서 우리나라 소비자정책은 크게 변화한다.

「소비자기본법」으로의 개정으로 소비자 정책방향과 정책추진체계가 완전히 바뀌었다. 이는 1980년부터 시작해 20년 이상 소비자정책을 이끌어왔던 「소비자보호법」시대가 끝나고, 「소비자기본법」시대가 시작되었다는 것을 의미한다. 정부는 2004년 '소비자보호종합시책'에서 소비자정책의 기본 방향을 전환할 필요성에 대해 공식적으로 언급한 이후 소비자정책의 기조를 '소비자보호'에서 '소비자주권'으로 전환하려는 노력을 전개한 결과, 2006년 「소비자기본법」이 제정되었고, '한국소비자보호원'의 명칭도 '보호'를 삭제한 '한국소비자원'으로 바뀌었다.

과거 소비자가 사업자에 비해 기술력이나 정보력, 조직력과 시장지배력과 같은 능력이 부족하기 때문에 정부가 개입하여 소비자를 아기처럼 보호해야 한다는 전제하에서 정책을 추진하였다면, 「소비자기본법」하에서는 소비자를 소비생활에 능숙한 성인으로 가정하고, 자기책임하에 스스로 문제를 해결할 수 있도록 역량을 강화시키고, 소비자의 합리적 선택을 도와주는 시장질서를 조성하는 것에 역점을 두게 되었다. 정부가 이전에는 '해결자'로 나섰다면 이제는 '조력자'로서의 역할을 모색하고 있다.

그러나 이는 선언적인 성격이 강하며, 실제적으로는 기술력·정보력·조직력과 시장지배력에서 소비자와 사업자 간 능력의 불균형이 존재하고 있으므로, '소비자주권'을 궁극적으로 실현하기 위해 소비자와 사업자 간 능력의 균형을 달성하기 위한 '공정한 거래질서가 실현되는 시장환경 조성'을 목표로 소비자옹호정책을 시행하고 있다. 예를 들면, '신규 스마트폰의 비공식 사전예약 광고와 관련한 소비자피해주의보 발령', '블랙 프라이데이, 해외직구(직접구매) 소비자피해주의보 발령' 등이 소비자옹호정책이다. 공정거래위원회에서는 소비자들을 위한 다양한 소비자옹호정책들을 시행하고 있으며, 시장개방으로 인한 해외 제품의 구매 및 소비가 많아짐에 따라 국제적 소비자문제 해결에 대한 정책도 마련하고 있다.

소비자정책추진체계도 변화하였는데, 공정거래위원회가 소비자정책의 총괄 추진 주체가 되어 공정거래위원회 내 '소비자정책위원회'의 심의·의결을 거쳐 소비자정책에 관한 기본계획을 3년마다 수립하고, 공정거래위원회 산하기관인 한국소비자원이 소비자정책 업무를 집행하게 되었다.

즉, 공정거래위원회가 사업자 간의 경쟁을 촉진시키는 '경쟁정책'과 소비자와 사업자 간 능력의 불균형을 해소시키는 '소비자정책'을 같이 추진하게 되었다.[37] 경쟁정책을 위해 「소비자기본법」, 「제조물책임법」, 「소비자생활협동조합법」이 재정경제부로부터 공정거래위원회로 이관되고, 한국소비자원도 공정거래위원회 산하기관이 되었다.

이에, 공정거래위원회는 각 행정부처별 소비자정책을 통합·조정하여 소비자정책 기본계획(예: 2009년~2011년, 2012년~2014년)(도표 8-19 참조)을 수립하여 왔고, 이를 토대로 매년 시행계획을 수립·시행하고 있다.

---

37) 공정거래위원회에서는 경쟁정책을 위해 「독점규제 및 공정거래에 관한 법률」, 「하도급거래 공정화에 관한 법률」, 「가맹사업거래의 공정화에 관한 법률」, 「대규모유통업에서의 거래 공정화에 관한 법률」, 「독점규제 및 공정거래에 관한 법률의 적용이 제외되는 부당한 공동행위의 정비에 관한 법률」(약칭 카르텔 일괄정리법)을 운용하고 있고, 소비자정책을 위해 「소비자기본법」, 「표시·광고의 공정화에 관한 법률」, 「약관의 규제에 관한 법률」, 「할부거래에 관한 법률」, 「방문판매 등에 관한 법률」, 「전자상거래 등에서의 소비자보호에 관한 법률」, 「소비자생활협동조합법」, 「제조물책임법」을 운용하고 있다.

▌도표 8-19▌ 소비자정책 기본계획 예시

<table>
<tr><th>구분</th><th>제1차(2009년~2011년)</th><th>제2차(2012년~2014년)</th></tr>
<tr><td rowspan="4">정책
방향</td><td>믿을 수 있는 시장구축
(1) 소비자안전의 강화
(2) 거래의 공정화 및 적정화</td><td>(1) 안전한 소비환경구축
(2) 신뢰할 수 있는 거래환경 조성</td></tr>
<tr><td>역량 있는 소비자육성
(3) 소비자교육 및 정보제공의 촉진</td><td>(3)소비자교육 및 정보제공의 효율화</td></tr>
<tr><td>책임지는 기업문화 확산
(4) 소비자피해의 원활한 구제</td><td>(4) 소비자피해의 원활한 구제</td></tr>
<tr><td>효율적·능동적 정책추진
(5) 소비자정책 추진체계의 효율화
(6) 맞춤형 정책추진</td><td>(5) 소비자와 기업의 상생기반 조성
(6) 효율적인 소비자정책 추진</td></tr>
<tr><td rowspan="8">중점
과제</td><td>(1) 안심할 수 있는 수준으로 소비자안전확보</td><td>(1) 소비자안전정책의 체계화
(2) 수입품 안전관리 강화
(3) 안전취약 분야에의 적극대응</td></tr>
<tr><td>(2) 자유롭고 믿을 수 있는 시장조성
(3) 인터넷경제의 신뢰성 제고</td><td>(4) 소비자피해다발분야 감시 강화
(5) 정보비대칭심화 분야의 거래 공정화</td></tr>
<tr><td>(4) 체계적·효과적 소비자교육 실행
(5) 소비자정보기반 확충</td><td>(6) 소비자교육의 체계화
(7) 소비자정보생산·제공의 확대</td></tr>
<tr><td>(6) 기업의 자율적 피해구제 활성화</td><td>(8) 소비자피해구제제도의 효과성 제고
(9) 소비자피해구제제도의 선진화</td></tr>
<tr><td>(7) 기업의 소비자지향적 역할 확대</td><td>(10) 소비자책임문화 정착
(11) 기업의 소비자 중심 경영 지원</td></tr>
<tr><td>(8) 효율적 정책추진체계 구축</td><td rowspan="2">(12) 지방소비자행정 활성화
(13) 소비자정책의 국제협력 강화
(14) 주체 간 거버넌스 구축</td></tr>
<tr><td>(9) 맞춤형 소비자정책 추진</td></tr>
<tr><td>(10) 소비자법령의 선진화</td><td>(15) 법령·제도의 소비자지향성 확보</td></tr>
</table>

출처: 공정거래위원회(www.ftc.go.kr)

▌도표 8-20▌ 2000년대 후반~2014년 현재 소비자정책 정리

• **2000년대 후반~2014년 현재**

2006년 10월 지난 20여 년 동안 우리나라 소비자정책의 근거로서 역할을 수행해왔던 「소비자보호법」이 「소비자기본법」으로 전부개정·공포되어 2007년 3월 27일부터 시행되고 있다. 「소비자기본법」에서는 소비자를 보호할 대상이 아니라 자주적으로 주권을 실현할 주체로 보아 '소비자주권실현정책'으로 정책의 방향을 전환하였다. 그러나 현실적으로 사업자에 비해 능력이 부족한 소비자를 보호하기 위해 '공정한 거래질서가 실현되는 시장환경 조성'을 목표로 2014년 현재 소비자옹호정책을 중점적으로 시행하고 있다. 공정거래위원회가 소비자정책의 총괄 추진 주체가 되어 소비자정책위원회의 심의·의결을 거쳐 소비자정책에 관한 기본계획을 3년마다 수립하고 있고, 중앙행정기관별 시행계획 및 시·도별 시행계획을 취합·조정하여 수립한 소비자정책 종합시행계획을 관계 중앙행정기관과 각 시·도 및 공정거래위원회 산하기관인 한국소비자원이 집행하고 있다.

출처: 박희주 외 5인 (2007). 소비자정책의 평가와 과제, 정책연구 07-06. 재구성.

II. 우리나라 소비자정책의 추진체계

「소비자기본법」 및 「소비자기본법」시행령(2014년)에 나타나 있는 소비자정책의 추진체계를 살펴보면 다음과 같다.

1. 공정거래위원회 내 소비자정책위원회

소비자의 권익증진 및 소비생활의 향상에 관한 기본적인 정책을 심의·의결하기 위하여 공정거래위원회에 소비자정책위원회를 두고 있다.

소비자정책위원회는 위원장 2인을 포함한 25인 이내의 위원으로 구성한다.

소비자정책위원회는 2인 위원장으로 공정거래위원회위원장과 소비자문제에 관하여 학식과 경험이 풍부한 자 중에서 대통령이 위촉하는 자가 된다.

위원은 중앙행정기관의 장(기획재정부장관, 미래창조과학부장관, 교육부장관, 법무부장관, 행정자치부장관, 문화체육관광부장관, 농림축산식품부장관, 산업통상자원부장관, 보건복지부장관, 환경부장관, 여성가족부장관, 국토교통부장관, 방송통신위원회위원장, 금융위원회위원장 및 식품의약품안전처장)과 한국소비자원의 원장, 공정거래위원회 위원장이 추천하는 자[38]가 된다.

소비자정책위원회의 회의는 재적위원 과반수의 출석으로 열고, 출석위원 과반수의 찬성으로 의결한다.

소비자정책위원회에 올릴 안건을 미리 검토·조정하고 소비자정책위원회의 운영을 지원하기 위하여 실무위원회를 둔다. 실무위원회는 위원장 1명을 포함한 20명 이내의 위원으로 구성한다.

소비자정책위원회에 올릴 안건 중 전문성이 요구되는 사안에 대한 연구·검토를 수행하도록 하기 위하여 분야별 전문위원회를 둔다.

소비자정책위원회, 실무위원회, 전문위원회의 운영에 필요한 사항은 소비자정책위원회의 의결을 거쳐 소비자정책위원회 위원장이 정한다.

시·도지사는 특별시·광역시·도의 소비자권익증진시책 수립 및 시행에 필요한 사항을 심의하기 위하여 지방소비자정책위원회를 두고 있다. 지방소비자정책위원회의 조직과

---

38) 1. 소비자문제에 관한 학식과 경험이 풍부한 자
2. 소비자단체 및 대통령령이 정하는 경제단체에서 추천하는 소비자 대표 및 경제계 대표

운영에 필요한 사항은 해당 지방자치단체의 조례로 정한다.

2. 공정거래위원회

공정거래위원회는 소비자정책위원회의 심의·의결을 거쳐 소비자정책에 관한 기본계획(이하 '기본계획'이라 한다)을 3년마다 수립하여야 한다.

관계 중앙행정기관의 장(기획재정부장관, 미래창조과학부장관, 교육부장관, 법무부장관, 행정자치부장관, 문화체육관광부장관, 농림축산식품부장관, 산업통상자원부장관, 보건복지부장관, 환경부장관, 여성가족부장관, 국토교통부장관, 방송통신위원회위원장, 금융위원회위원장 및 식품의약품안전처장)은 기본계획에 따라 매년 10월 31일까지 소관 업무에 관하여 다음 연도의 소비자정책에 관한 시행계획(이하 '중앙행정기관별 시행계획'이라 한다)을 수립하여야 한다.

특별시장·광역시장·도지사 또는 특별자치도지사(이하 '시·도지사'라 한다)는 기본계획과 중앙행정기관별 시행계획에 따라 매년 11월 30일까지 소비자정책에 관한 다음 연도의 시·도별 시행계획을 수립하여야 한다.

공정거래위원회는 매년 12월 31일까지 중앙행정기관별 시행계획 및 시·도별 시행계획을 취합·조정하여 소비자정책위원회의 심의·의결을 거쳐 종합적인 시행계획(이하 '종합시행계획'이라 한다)을 수립하여야 한다.

관계 중앙행정기관의 장 및 시·도지사는 종합시행계획이 실효성 있게 추진될 수 있도록 매년 소요비용에 대한 예산편성 및 필요한 재정조치를 강구하여야 한다.

관계 중앙행정기관의 장 및 시·도지사는 지난해의 중앙행정기관별 시행계획이나 시·도별 시행계획의 추진실적을 평가한 후 그 결과를 매년 1월 31일까지 공정거래위원회에 제출하여야 한다.

공정거래위원회는 제출받은 추진실적결과를 종합하여 기본계획의 성과를 정기적으로 평가한 후 그 결과를 기본계획의 수립·변경에 반영하여야 한다.

공정거래위원회가 하는 일과 의사결정과정을 〈도표 8-21〉을 참조하여 살펴보자.

도표 8-21 공정거래위원회가 하는 일과 의사결정과정

■ 공정거래위원회(이하 공정위)가 하는 일

공정위는 시장경제체제의 기본 원리인 기업 간의 공정하고 자유로운 경쟁을 유도하는 기관으로 경쟁정책 및 소비자정책을 수립하고 집행한다. 주요 기능은 경쟁 촉진, 소비자주권 확립, 중소기업 경쟁기반 확보, 경제력 집중 억제이다.

공정위는 의사결정기구인 위원회와 실무기구인 사무처로 구성되어 있다. 위원회는 9명으로 이루어져 있으며, 공정거래관련 사건을 심의·의결하는 역할을 한다. 사무처에는 경쟁정책국, 소비자정책국, 시장감시국, 카르텔조사국, 기업거래정책국이 있으며, 경쟁정책과 소비자정책을 직접 입안·추진하거나 공정거래 관련사건을 조사하여 위원회에 상정할 수 있다.

공정위는 13개의 법률을 운영하고 있다.

- 경쟁정책 및 공정거래정책 관련 법률(5개): 「독점규제 및 공정거래에 관한 법률」, 「하도급거래 공정화에 관한 법률」, 「가맹사업거래의 공정화에 관한 법률」, 「대규모유통업에서의 거래 공정화에 관한 법률」, 「독점규제 및 공정거래에 관한 법률의 적용이 제외되는 부당한 공동행위 등의 정비에 관한 법률」(약칭 카르텔일괄정리법)
- 소비자정책 관련 법률(8개): 「소비자기본법」, 「표시·광고의 공정화에 관한 법률」, 「약관의 규제에 관한 법률」, 「할부거래에 관한 법률」, 「방문판매 등에 관한 법률」, 「전자상거래 등에서의 소비자보호에 관한 법률」, 「소비자생활협동조합법」, 「제조물책임법」

■ 공정위의 의사결정과정

공정위는 합의제 준사법기관으로 공정위의 의결은 법원의 1심과 같은 효력을 가진다. 따라서 공정위 안에는 법원과 같은 '심판정'이 존재한다. 앞에는 법정에서의 '법관' 역할을 하는 위원들이 착석하고 왼쪽에는 법정에서 '피고'에 해당하는 '피심의인'[39]과 그 대리인인 '변호사'가 착석하게 된다. 오른쪽에는 법정에서 '검찰'에 해당하는 역할을 수행하는 공정위의 '사무처직원인 심사관'이 착석하게 된다. 회의 내내 심사관과 피심의인의 치열한 공방을 진행시킨 후, 위원들의 협의를 통해 결정하게 된다. 공정위는 '직권조사' 또는 '신고'를 통해서 법 위반행위에 대하여 그 사실관계를 조사한 후 전원회의 또는 소회의를 거쳐 행정처분으로 시정조치를 내리거나 벌금의 성격으로 과징금을 부과한다. 공정위는 의사결정에서의 공정한 판단과 당사자 및 이해관계인의 권리보호를 위해서 적절한 심결구조[40]와 절차를 가지고 있다.

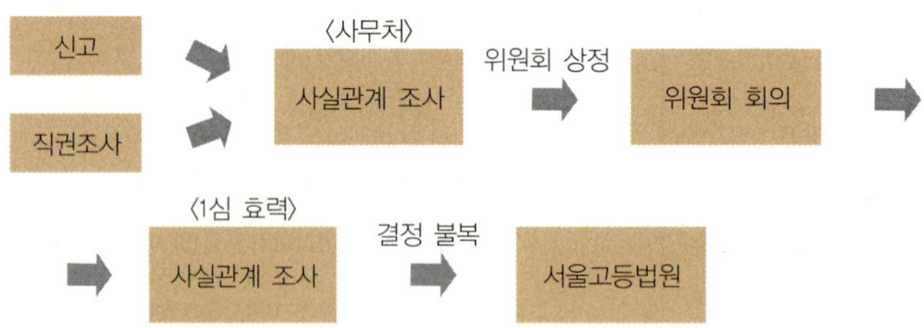

그 사전절차로 피심인(피심의인)에 대한 고지(알림)와 청문[41]의 기회가 주어진다. 그 이후 재판절차와 비슷

39) 피심의인: 어떤 사항에 대해 옳고 그름을 판단 당하는 사람

40) 심결구조: 사실관계 및 법률관계를 명확히 하는 의사결정구조

41) 청문: 행정처분을 바라기 전에 처분의 상대방이나 이해관계인으로 하여금 자기에게 유리한 주장이나 증

하게 법령을 해석하고 적용한다. 위원회의 결정, 즉 의결에 불복[42]할 경우 이의신청 및 불복의 소[43]를 서울 고등법원에 제기할 수 있다.

이러한 의결을 결정하는 회의는 전원회의와 소회의로 구성된다. 전원회의는 공정위의 위원 전원(9명)으로 구성되며, 전원회의위원장이 주재한다. 전원회의 의결은 재적위원 과반수 찬성으로 의결한다. 다음과 같은 사항에 대해서는 전원회의로 의결 또는 심의한다.

① 공정거래위원회 소관 법령이나 규칙·고시의 해석 및 적용에 관한 사항
② 「독점규제 및 공정거래에 관한 법률」 제53조(이의신청)의 규정에 의한 이의신청
③ 소회의에서 의결되지 아니하거나, 소회의가 전원회의에서 처리하도록 결정한 사항
④ 규칙 또는 고시의 제정 또는 변경
⑤ 경제적 파급효과가 중대한 사항, 기타 전원회의에서 스스로 처리하는 것이 필요하다고 인정하는 사항

소회의는 상임위원 1인을 포함한 위원 3인으로 구성된다. 소회의는 전원회의 관장사항 이외의 비교적 경미한 사안에 해당하는 것을 심의 또는 의결한다. 소회의의 의결은 소회의 구성위원의 전원 출석과 출석위원 전원 찬성으로 의결한다.

출처: http://kftc.tistory.com/4997

3. 공정거래위원회 산하기관 한국소비자원

소비자 권익증진정책의 효과적인 추진을 위하여 한국소비자원[44](법인)을 설립하였다.

한국소비자원의 업무는

첫째, 소비자 권익관련 제도와 정책의 연구 및 건의

둘째, 물품, 용역의 규격·품질·안전성·환경성에 관한 시험·검사 및 거래조건이나 거래방법에 대한 조사·분석

셋째, 소비자의 권익증진, 안전 및 소비생활 향상을 위한 정보의 수집·제공 및 국제 협력

넷째, 소비자의 권익증진, 안전 및 능력개발과 관련된 교육·홍보 및 방송사업

다섯째, 소비자의 불만처리 및 피해구제

여섯째, 소비자 권익증진 및 소비생활 합리화를 위한 종합적인 조사·연구

일곱째, 국가 또는 지방자치단체가 소비자 권익증진과 관련하여 의뢰한 조사 등의 업무

여덟째, 그 밖에 소비자의 권익증진 및 안전에 관한 업무

거를 제출하여 반박할 수 있는 기회를 부여하는 것

42) 의결의 불복: 의사결정을 받아들이지 않는 경우를 말한다.

43) 불복의 소: 결정을 받아들이지 아니하여 소송을 제기하는 것

44) 한국소비자원은 1987년 7월 1일 「소비자보호법」에 의하여 '한국소비자보호원'으로 설립된 후, 2007년 3월 28일 「소비자기본법」에 의해 '한국소비자원'으로 기관명이 변경되었다.

공정거래위원회는 한국소비자원(한국소비자원 소속 소비자안전센터를 포함한다)을 지도·감독하고, 필요하다고 인정되는 때에는 한국소비자원에 대하여 그 사업에 관한 지시 또는 명령을 할 수 있다.

한국소비자원은 매년 업무계획서와 예산서를 작성하여 공정거래위원회의 승인을 얻어야 하며, 매년 결산보고서와 이에 대한 감사의 의견서를 작성하여 공정거래위원회에 보고하여야 한다.

4. 관계 중앙행정기관

15개 관계 중앙행정기관의 소비자정책 관련 업무는 〈도표 8-22〉와 같다.

5. 지방자치단체

지방자치단체는 다음과 같은 사항에 대하여 조례를 제정할 수 있다.

첫째, 소비자안전에 관한 시책

둘째, 소비자와 관련된 주요 시책이나 정책결정사항에 관한 정보의 제공

셋째, 사업자의 표시 및 거래 등의 적정화를 유도하기 위한 조사·권고·공표 등

넷째, 소비자단체·소비자생활협동조합 등 소비자의 조직활동 지원

다섯째, 소비자피해구제기구의 설치·운영

여섯째, 소비자의 능력 향상을 위한 교육 및 프로그램

일곱째, 그 밖에 지역 소비자의 권익증진에 필요한 사항

특별시장·광역시장 또는 도지사는 소비자의 불만이나 피해를 신속·공정하게 처리하기 위하여 전담기구의 설치 등 필요한 행정조직을 정비하여야 한다.

이상의 「소비자기본법」시행령(2014년)에 제시된 사항에 근거해, 2014년 현재 16개 시·도[46]에 소비자조례가 제정되어 있으며, 소비자행정조직 및 17개 '소비생활센터'[47]가 마련되어 있다. 이러한 외형적인 정비에도 불구하고 소비자행정은 지방자치단체의 업

45) 1996년 '식품의약품안전본부'가 1998년 '식품의약품안전청'으로, 2013년 '식품의약품안전처'로 승격되었다.

46) 16개 시·도에는 서울시, 부산시, 대구시, 인천시, 광주시, 대전시, 울산시, 경기도, 강원도, 충청북도, 충청남도, 전라북도, 전라남도, 경상북도, 경상남도, 제주도가 있다.

47) 16개 시·도에 17개 소비생활센터(지역마다 명칭이 다름)가 있는데, 경기도는 '경기도 소비자정보센터'와 '경기북부 소비자보호정보센터'로 2개의 센터가 있다.

▌도표 8-22▐ 관계 중앙행정기관의 소비자정책 관련 업무

관계 중앙행정기관	소비자정책 관련 업무
기획재정부	• 중앙 행정기관의 소비자행정 재정관리
미래창조과학부	• 건전한 사이버 문화 정착을 위한 인터넷 환경조성 • 정보소외계층 정보 활용능력 강화
교육부	• 학교 소비자교육 지원 • 100세시대 국가 평생학습체제 구축
법무부	• 부당거래 사업자 단속 • 학교현장에서의 법제교육 강화 및 사이버 법제교육 확대 실시
행정자치부	• 지방소비자행정 지원
문화체육관광부	• 위해 간행물 시장 감시 및 시정조치
농림축산식품부	• 농축산물 안전성 조사 및 시정조치 • 식량의 안정적 공급과 농산물에 대한 품질관리 • 농산물의 유통과 가격 안정에 관한 사항
산업통상자원부	• 소속기관인 '국가기술표준원'은 국가표준 인증제도와 소비자제품 안전정책의 총괄 운영·조정 및 국가 계량·측정체계를 운용하고 있으며, 국제적으로는 국제표준화기구(ISO·IEC)의 대표기관 및 무역기술장벽(TBT) 대응을 총괄하고 있다. • '국가기술표준원'의 지원총괄과가 전체 국을 지원하고 표준정책국(표준정책과, 국제표준과, 전자정보통신표준과, 기계소재건설표준과, 에너지환경표준과, 문화서비스표준과), 제품안전정책국(제품안전정책과, 제품시장관리과, 제품안전정보과, 전기통신제품안전과, 생활제품안전과), 적합성정책국(시험인증정책과, 적합성평가과, 인증산업진흥과, 계량측정제도과), 기술규제대응국(기술규제정책과, 무역기술장벽협상과, 기술규제조정과, 기술규제협력과)이 있다.
보건복지부	• 건강하고 활기찬 노후생활 지원을 위한 노후설계 교육시행
환경부	• 취약계층 환경 안전관리 강화 • 생태계 건강성 제고
여성가족부	• 양육·부양 등 가족기능의 지원 • 다문화 이해교육 강화
국토교통부	• 자동차 결함보상제도 운영
방송통신위원회	• 방송통신 이용자 보호정책 수립·시행 • 개인정보보호정책 수립·시행
금융위원회	• 금융사고 방지를 위한 개인정보보호 종합대책 마련 • 금융소비자 권익보호 확립
식품의약품안전처[45)	• 식품·의약품의 안전이 국민의 생명과 직결되는 중요한 문제이므로, 식품·의약품 관리체계를 개별 구축하고, 7개 분야에 걸쳐 정책을 수행하고 있다. 첫째, 위해예방분야: 식품·의약품의 위해예방 및 위기관리 둘째, 식품안전분야: 사전관리강화를 통한 식품안전망 확보 및 건강한 식생활 환경조성 셋째, 식품영양분야: 과학적 영양관리로 만성질환 사전예방 넷째, 농축수산분야: 안전한 농축수산물 먹을거리 공급을 위한 정책수행 다섯째, 의약품분야: 불량의약품 등으로부터의 안전, 의약품 부작용의 예방관리 여섯째, 바이오(한약/화장품/의약외품)분야: 바이오의약품, 한약, 화장품 등 품질고도화 및 안전관리체계 구축 일곱째, 의료기기분야: 임상 및 현장에 기초한 의료기기 사전관리체계 구축

도표 8-23 서울특별시 2014년 소비자행정체계

구분		내용
행정조직		경제진흥실 - 산업경제정책관 - 민생경제과 - 민생정책팀, 민생대책팀, 민생점검팀
관련 기구		소비생활센터, 전자상거래센터
관련 규범		소비자기본조례
주요 업무	거래적정화	원산지표시제 위반 사업자 단속 특수거래분야(다단계, 방문판매, 후원방문판매, 선불식 할부거래업 등) 관리감독 가격표시제 관리 및 물가모니터 활동
	소비자안전	불법·불량 공산품 유통단속 공산품 및 식품 안전관리를 위한 지도점검 소비자안전 검사 및 감시활동 강화
	소비자교육	소비자단체 지원을 통한 청소년·노인대상 소비자교육 실시
	소비자피해구제	서울시 소비생활센터 운영, 서울시 전자상거래센터 운영

출처: 서울특별시(www.seoul.go.kr)

무 가운데에서 우선순위가 낮고, 인력과 예산이 부족한 실정이다.

우리나라의 소비자정책 추진체계를 종합적으로 정리하면 다음과 같다.

첫째, '공정거래위원회'가 소비자정책의 총괄 추진 주체가 되어, 공정거래위원회 내 '소비자정책위원회'의 심의·의결을 거쳐 소비자정책에 관한 기본계획을 3년마다 수립하고 있다.

둘째, 관계 중앙행정기관의 장(2014년 현재 기획재정부장관, 미래창조과학부장관, 교육부장관, 법무부장관, 행정자치부장관, 문화체육관광부장관, 농림축산식품부장관, 산업통상자원부장관, 보건복지부장관, 환경부장관, 여성가족부장관, 국토교통부장관, 방송통신위원회위원장, 금융위원회위원장 및 식품의약품안전처장)은 기본계획에 따라 매년 10월 31일까지 자기 부서의 업무에 관하여 다음 연도의 소비자정책에 관한 시행계획(중앙행정기관별 시행계획)을 수립한다.

셋째, 이어서 특별시장·광역시장·도지사 또는 특별자치도지사는 기본계획과 중앙행정기관별 시행계획에 따라 매년 11월 30일까지 소비자정책에 관한 다음 연도의 시·도별 시행계획을 수립한다.

넷째, 최종적으로 공정거래위원회는 매년 12월 31일까지 중앙행정기관별 시행계획 및 시·도별 시행계획을 취합·조정하여 소비자정책위원회의 심의·의결을 거쳐 종합적인 시행계획(종합시행계획)을 수립한다.

다섯째, 이러한 종합시행계획을 관계 중앙행정기관, 각 시·도 및 한국소비자원(공정거래위원회 산하기관)이 집행하고 있다.

소비자정책의 집행을 위해, 관계 중앙행정기관의 장 및 시·도지사는 종합시행계획이 실효성 있게 추진될 수 있도록 매년 소요비용에 대한 예산편성 및 필요한 재정 조치를 취한다. 그리고 시·도지사는 시·도의 소비자권익증진시책 수립 및 시행에 필요한 사항을 심의하기 위하여 지방소비자정책위원회를 두고 있고, 이에 대한 사항은 해당 지방자치단체의 조례로 정하고 있다.

한편, 관계 중앙행정기관의 장 및 시·도지사는 지난해의 중앙행정기관별 시행계획이나 시·도별 시행계획의 추진실적을 평가한 후 그 결과를 매년 1월 31일까지 공정거래위원회에 제출하고, 공정거래위원회는 제출받은 추진실적결과를 종합하여 기본계획의 성과를 정기적으로 평가한 후 그 결과를 기본계획의 수립·변경에 반영하고 있다.

찾아 생각하기

1. 소비자문제의 발생원인 및 특징은 무엇인가요?

2. 소비자문제의 해결방안에 대해 정리하세요.

3. 소비자정책의 목표와 수단, 정책대상에 대해 알아보세요.

4. 소비자정책은 어떻게 분류하나요?

5. 우리나라 소비자정책의 추진체계를 정리하세요.

참|고|문|헌

강성진 (2012). 일본 국민생활센터 개편의 동향과 시사점. 한국소비자원.

김영신, 김인숙, 이희숙, 강성진, 유두련 (2010). 새로 쓰는 소비자법과 정책. 교문사.

두산동아 (2013). 동아 새국어사전 제5판. 두산동아.

문태현, 이진숙 (2013). 일본의 소비자정책 추진체계 개편동향 및 시사점. 한국소비자원 국제소비자연구팀 Issue Paper, 8-9. 한국소비자원.

민중서림 (2006). 민중 엣센스 국어사전 제6판. 민중서림.

박희주, 박성용, 이득연, 김성천, 송순영, 강성진 (2007). 소비자정책의 평가와 과제. 정책연구, 07-06. 한국소비자원.

배순영 (2012). 일본 소비자청의 소비자문제 및 정책보고서 주요 내용 및 시사점. 한국소비자원.

배순영, 손지연 (2013). 소비자교육 추진체계 및 방향에 관한 연구. 정책연구, 13-07. 한국소비자원.

송순영 (2013). 위해정보수집·제공 체계 개선에 관한 연구. 정책연구, 13-18. 한국소비자원.

이진숙 (2008). 소비자정책동향: 최근 일본의 소비자행정체계 변화. 한국소비자원.

전병서 (2010). 일본 소비자청 및 소비자위원회 설치법에 관한 연구. 법제처 용역보고서.

한국행정연구원 (2011). 선진각국의 정부조직 관리체계 연구. 안전행정부.

Thorelli, H. B. (1983). Consumer policy in developing countries. American Council on Consumer Interests, 147-153.

공정거래위원회 http://www.ftc.go.kr

공정거래위원회가 하는 일 http://kftc.tistory.com/4997

다음어학사전 http://dic.daum.net

대한민국의 경제개발 5개년계획 http://ko.wikipedia.org

미국 경영개선협회(Better Business Bureau) https://www.bbb.org/

미국 소비자연맹 http://consumersunion.org/

미국 소비자제품안전위원회 http://www.cpsc.gov/

미국 식품의약품청 http://www.fda.gov/

미국 연방거래위원회 https://www.ftc.gov/about-ftc

미국 전국소비자동맹 http://www.nclnet.org

미국 행정부 U.S Government Manual 2014 http://www.usgovernmentmanual.gov/?AspxAutoDetectCookieSupport=1

서울특별시 http://www.seoul.go.kr
일본 관련기관 관계도 www.cao.go.jp/consumer/doc/about_image.pdf
일본 국민생활센터 www.kokusen.go.jp
일본 사고정보 데이터뱅크 http://www.jikojoho.go.jp
일본 소비자위원회 http://www.cao.go.jp/consumer
일본 소비자청 http://www.caa.go.jp
일본 행정부 조직도 http://www.cao.go.jp/about/about_pmf_index.pdf
일본 소비자청, ハンドブック消費者2014(2014年版) I 我が国の消費者政策 http://www.caa.go.jp/adjustments/handbook.html
한국소비자원 http://www.kca.go.kr
http://ko.wikipedia.org/wiki
http://www.foreffectivegov.org/node/2593
http://www.ftc.go.kr/policy/consumer/generalNotion.jsp
http://www.ftc.gov/enforcement/consumer-sentinel-network
http://www.regulationwriters.com/regulatory_glossary?id=25

PART 02

소비자문제와 소비자정책 요약

▶▶▶ chapter 7 • 소비자문제

1. 소비자문제의 의미
   소비자가 상품 또는 서비스를 소비생활을 위해 사용(또는 이용)하는 과정에서 일어나는 소비자불만이나 소비자피해 등으로 인해 생긴 해결하기 어려운 일이나 말썽

2. 소비자문제의 발생과정
   산업사회로의 사회발전은 대량생산·대량판매·대량소비로 이어지는 구조 속에서 생산과 관련한 결함, 운송과 관련한 결함, 사용상의 결함 등이 복잡하게 얽혀 다양한 소비자문제를 발생시킴

3. 소비자문제의 원인: 소비자와 사업자 간 능력의 불균형(지위의 비대등성)
   ▶ 소비자와 사업자 간 기술력·정보력·조직력·시장지배력의 불균형에 의해 소비자문제가 발생함

4. 소비자문제의 특징: 보편적 발생, 피해의 광범위한 파급, 피해원인규명의 곤란성, 피해의 심각성

5. 소비자문제의 해결의 주체: 소비자, 사업자(기업), 국가(정부)

6. 정부에 의한 소비자문제 해결: 소비자정책

▶▶▶ chapter 8 • 소비자정책

1. 소비자정책의 의미: 소비자문제의 해결을 위한 정부의 행동방침 또는 활동

2. 소비자정책의 목표: 궁극적 목표는 소비자 복지증진, 실천적(직접적) 목표는 소비자문제의 해결
   ▶ 2014년 현재 우리나라 소비자정책의 지향점: 소비자와 사업자 간 능력의 균형을 달성하기 위한 '공정한 거래질서가 실현되는 시장환경 조성'에 두고 있음

3. 소비자정책의 수단: 정책을 행하는 것(행정)

- ▶ 규제행정: 주로 사업자 및 사업자 단체에 대한 규제정책을 행하는 것, 사업자에 대한 거래적정화와 소비자 안전을 위한 규제조치 등
- ▶ 지원행정: 주로 소비자 및 소비자단체에 대한 지원정책을 행하는 것, 소비자를 위한 정보제공·소비자교육·소비자상담 및 피해구제와 같은 지원조치 등

4. 소비자정책 결정자

- ▶ 우리나라 소비자정책을 총괄하는 기관: 공정거래위원회
- ▶ 소비자정책은 분야가 다양하기 때문에 어느 한 기관에서 소비자정책을 전담하여 추진하기 어려우므로, 각각의 소비자문제에 따라 이를 담당할 행정기관을 달리하고 있는 분산형 소비자정책 추진체계를 가지고 있음
- ▶ 각 분야의 소비자문제 발생 시 보건복지부, 환경부, 식품의약품안전처 등 중앙행정기관 및 지방자치단체가 해당 분야의 소비자정책 결정자가 됨

5. 소비자정책의 분류

- ▶ 소비자보호정책: 소비자를 장애자나 어린이 등과 같이 소외계층으로 인식하여 정부가 나서서 소비자를 보살피고 돌보는 정책 (스웨덴, 노르웨이, 덴마크 등)
- ▶ 소비자옹호정책(또는 소비자교육정책): 혼자 힘으로 소비생활을 해 나갈 수 있는 영역에서는 소비자가 스스로 선택하도록 하고, 소비자와 생산자 간 능력의 불균형이 존재하여 소비자가 사업자에 비해 불리한 영역에서는 소비자를 두둔하고 편들어 지키는 정책 (우리나라, 일본 등)
- ▶ 소비자주권실현정책(또는 소비자정보정책): 소비자가 사업자와 능력의 균형을 이루어 소비자주권을 행사하고 있다고 간주하여 정부가 소비자를 지원하는 부분은 정보의 불균형을 해소하기 위해 소비자에게 바른 정보제공과 교육지원을 하는 정책 (미국, 호주, 캐나다 등)
- ▶ 어느 나라에서든 하나의 정책을 중점적으로 실시하는 것과 함께 보완적으로 다른 정책들을 시행하고 있음

6. 미국의 소비자정책 추진체계

미국은 연방정부, 주정부, 민간(사업자단체 및 소비자단체)이 적절한 역할 분담을 하고 있음

- ▶ 연방정부: 전국적으로 통일된 규범 및 기준이 적용되어야 할 거래 분야와 소비자안전 분야 등의 정책을 담당. 기관으로는 식품의약품청(FDA), 연방거래위원회(FTC), 소비자제품안전위원회(CPCS) 등이 있음
- ▶ 연방거래위원회(FTC) 소비자보호국은 소비자정책 및 법규제정과 동시에 소비자정책 집행부분을 담당하고 있기 때문에 OECD(경제협력개발기구) 등에서 소비자정책에 관한 미국의 대표기관으로 활동하고 있음
- ▶ 연방정부 소속 행정기관인 상무부(Department of Commerce), 재무부(Dept. of Treasury), 농무부(Dept. of Agriculture) 등에서도 해당 품목 및 업종별로 소비자정책을 수립하여 추진하고 있음
- ▶ 주정부: 각 주별로 주정부 고유의 소비자보호규정을 가지고 있으며, 독자적으로 소비자정책을

전담하는 행정조직을 설치하여 소비자정책을 시행하고, 소비자상담·피해구제를 담당함

▶ 민간: 사업자단체인 경영개선협회(BBB)는 회원사를 대상으로 소비자불만처리 및 분쟁해결 업무를 수행하고 자율규제 프로그램 및 인증마크제도 운영
소비자단체인 CU(Consumers Union) 등은 소비자정책 감시, 정보제공 및 교육활동, 캠페인 전개

7. 일본의 소비자정책 추진체계

일본 내각부 소비자정책회의, 소비자위원회, 소비자청 및 각 성(省)·청(庁), 지방자치단체, 독립행정법인 국민생활센터가 연대하여 소비자정책을 추진하고 있음

▶ 내각부 소비자정책회의: 내각총리대신(일본총리)을 회장으로 전 각료(각 성·청 대신)와 공정거래위원회 위원장을 위원으로 하는 소비자정책회의는 소비자기본계획안의 작성, (현재 2010년 4월부터 2015년 3월까지) 소비자기본계획의 검정·평가·감시 등을 위한 회의를 필요할 때마다 개최함

▶ 내각부 소비자위원회: 소비자청을 포함한 관계 성(省)·청(庁) 등이 행하는 소비자행정 전반에 대한 감시기능을 하는 독립된 제3자 기관으로, 소비자행정에 관한 중요사항에 대해 조사심의를 행하고, 내각총리대신과 관계 각 대신들에게 건의를 하는 일, 내각총리대신과 관계 각 대신들의 자문에 응하여 조사심의를 행하는 일, 내각총리대신에게 권고 및 보고요구를 행하는 등 소비자위원회는 강력한 권한을 행사함

▶ 내각부 소비자청: 소비자행정의 사령탑(또는 소비자정책의 총괄 추진 주체)역할
- 소비자법령을 집행하는 일
- 소비자안전법에 기초해 각 성(省)·청(庁), 독립행정법인 국민생활센터와 지방소비생활센터 등이 파악한 소비자정보 등에 관한 정보를 일원적으로 집약하여 조사·분석하는 일
- 소비자사고 등에 관한 정보를 신속하게 정리·발표하여 소비자의 주의를 환기하는 일
- 각 성(省)·청(庁)에 필요한 조치를 요구하는 것과 함께 각 성(省)·청(庁)이 조치를 내리기 힘든 틈새사안에 대해서는 직접 사업자에게 권고 등의 조치를 강구하는 일

▶ 일본의 관계 성·청(환경성, 금융청 등): 해당 부서 관련 소비자업무를 담당함

▶ 일본의 지방자치단체: 소비자보호조례 제정, 소비자행정 전담과(예: 소비자생활과)와 소비생활센터를 설치·운영하고 있음

▶ 독립행정법인 국민생활센터: 중점적인 소비자정책의 실시(또는 시행)기관
- 정보분석사업: '전국소비생활정보 네트워크 시스템'(Practical-living Information Online Network System: PIO-NET)을 통해 소비생활상담정보를 수집·분석하여 관계 행정기관 등에 정보제공을 하고 있음
- 상담사업, 상품테스트사업, 연수사업, 홍보사업, ADR(Alternative Dispute Resolution: 재판 외 분쟁해결)사업

8. 우리나라의 소비자정책 추진체계

공정거래위원회가 소비자정책의 총괄 추진 주체가 되어 공정거래위원회 내 소비자정책위원회의 심의·의결을 거쳐 소비자정책에 관한 종합시행계획을 수립하고, 이에 따라 공정거래위원회 산하기

관인 한국소비자원과 15개 관계 중앙행정기관 및 지방자치단체가 관련 소비자정책업무를 집행하고 있음

▶ 공정거래위원회 내 소비자정책위원회: 소비자정책에 관한 기본계획(3년마다 수립)과 종합시행계획(매년 수립)을 심의·의결함

▶ 공정거래위원회: 기업 간의 공정하고 자유로운 경쟁을 유도하는 경쟁정책 및 소비자정책을 수립·집행하는 기관으로 소비자정책의 총괄 추진 주체임
공정거래위원회는 소비자정책위원회의 심의·의결을 거쳐 소비자정책에 관한 기본계획을 3년마다 수립하고, 이를 토대로 만들어진 소비자정책에 관한 관계 중앙행정기관별 시행계획 및 시·도별 시행계획을 매년 12월 31일까지 취합·조정하여 소비자정책위원회의 심의·의결을 거쳐 다음 연도의 소비자정책에 관한 종합적인 시행계획(종합시행계획)을 수립함

▶ 한국소비자원: 공정거래위원회 산하기관으로, 공정거래위원회가 마련한 소비자정책에 관한 종합시행계획을 집행하고 있음(소비자정책 시행기관)

▶ 관계 중앙행정기관: 15개 관계 중앙행기관의 장은 공정거래위원회의 기본계획에 따라 매년 10월 31일까지 다음 연도의 해당 부서 소비자정책에 관한 시행계획(중앙행정기관별 시행계획)을 수립하여 이를 공정거래위원회에 제출함. 이를 토대로 만들어진 소비자정책에 관한 종합시행계획에 따라 관련 소비자정책 업무를 집행함

▶ 지방자치단체: 소비자정책에 관한 공정거래위원회의 기본계획과 중앙행정기관별 시행계획에 따라 매년 11월 30일까지 다음 연도의 시·도별 시행계획을 수립하여 공정거래위원회에 제출함. 이를 토대로 만들어진 소비자정책에 관한 종합시행계획에 따라 관련 소비자정책 업무를 집행함. 소비자보호조례 제정, 소비자 관련 행정조직과 지방자치단체 소속 소비생활센터를 설치·운영함

▶ 관계 중앙행정기관의 장 및 시·도지사는 소비자정책 종합시행계획이 실효성 있게 추진될 수 있도록 매년 소요비용에 대한 예산편성 및 필요한 재정조치를 취하고 있음. 한편, 관계 중앙행정기관의 장 및 시·도지사는 지난해의 중앙행정기관별 시행계획이나 시·도별 시행계획의 추진실적을 평가한 후 그 결과를 매년 1월 31일까지 공정거래위원회에 제출하고, 공정거래위원회는 제출받은 추진실적결과를 종합하여 기본계획의 성과를 정기적으로 평가한 후 그 결과를 다음 기본계획의 수립·변경에 반영함

Part 03 소비자 관련 법률 및 제도

의문에 대한 답

* 1. 소비자 관련 법률 및 제도는 왜 만들어졌을까요?

소비자가 물품 및 서비스를 구매하여 소비하는 과정에서 기대한 만큼 품질이 좋지 않다든지 과장광고에 속아 구입하는 등의 여러 가지 문제가 나타나는데, 이러한 소비자문제를 해결하기 위해 정부에서는 각종 소비자 관련 법률과 제도를 만들어 시행하고 있답니다.

* 2. 소비자와 사업자 간에 분쟁이 발생하면, 이를 해결하기 위한 기준이 마련되어 있나요?

예, 우리나라는 발전한 국가이기 때문에 당연히 있답니다.

소비자분쟁해결기준이란 것이 있는데, 일반적 소비자분쟁해결기준(「소비자기본법」시행령 별표1)과 품목별 소비자분쟁해결기준(공정거래위원회 고시)이 있어요. 자세한 내용은 본문 205~211쪽을 참조하세요.

* 3. 일반거래와 특수거래는 어떻게 구분하나요?

소비자는 사업자와의 거래(물건을 사고파는 행위)를 통해 구매하여 소비하게 되지요. 그런데 소비자가 물건을 살 때 시장에 나가 물건을 사는 경우도 있지만, 집에서 인터넷으로 사거나 TV 홈쇼핑을 통해 사는 경우도 있어요. 이러한 다양한 거래방법들을 일반거래와 특수거래로 구분한답니다.

일반거래란 시장을 찾아 간 소비자가 사업자를 직접 만나 물품을 구매하겠다는 청약(계약을 청하는 것)을 하고 이에 대해 사업자가 승낙하는 방식으로 성립하는 거래로 거래대금을 일시불로 지급하는 거래를 말해요.

특수거래란 일반거래와는 달리 사업자가 소비자를 방문하거나, 대금을 할부로 결제하는 등의 거래로 할부판매, 방문판매 및 전화권유판매, 다단계판매, 계속거래 및 사업권유거래, 전자상거래 및 통신판매 등이 있어요.

* 4. 소비자 관련 법률에는 어떤 것들이 있나요?

소비자 관련 법률에는 일반거래와 관련한 「상법」, 「민법」 등과 특수거래와 관련한 「방문판매 등에 관한 법률」, 「전자상거래 등에서의 소비자보호에 관한 법률」 등, 그리고 일반거래와 특수거래 모두에 적용되는 「소비자기본법」 등이 있어요.

「상법」, 「민법」은 원래 일반거래와 관련한 법으로 만들어졌지만, 현대사회에서는 특수거래에 관련한 법률들에서 다루지 못한 부분에 대해서 「상법」이나 「민법」의 조항을 적용하고 있으므로 일반거래와 특수거래 모두에 적용되는 법이라고 생각할 수도 있답니다.

소비자 관련 법률에는 다음과 같은 것들이 있어요.

「소비자기본법」(Framework Act on Consumers)
「상법」(Commercial Law)
「민법」(Civil Law)
「할부거래에 관한 법률」(Installment Transactions Act)
「방문판매 등에 관한 법률」(Door-to-door Sales, etc. Act)
「전자문서 및 전자거래기본법」(Framework Act on Electronic Documents and Transactions)
「전자상거래 등에서의 소비자보호에 관한 법률」(Act on Consumer Protection in Electronic Transactions)
「약관의 규제에 관한 법률」(Act on the Regulation of Terms and Conditions)
「표시·광고의 공정화에 관한 법률」(Act on Fair Labeling and Advertising)
「독점규제 및 공정거래에 관한 법률」(Monopoly Regulation and Fair Trade Act)

「여신전문금융업법」(Specialized Credit Financial Business Act)

「대부업 등의 등록 및 금융이용자 보호에 관한 법률」(Act on Registration of Credit Business, etc and Protection of Finance Users)

「이자제한법」(Interest Limitation Act)

「채권의 공정한 추심에 관한 법률」(Fair Debt Collection Practices Act)

「예금자보호법」(Depositor Protection Act)

「제조물책임법」(Product Liability Act)

「소비자생활협동조합법」(Consumers' Cooperative Union Act)

좀 많지요? 그럼 각 법률의 목적에 대해 알아볼까요?

* 5. 소비자기본법(Framework Act on Consumers)이란?

「소비자기본법」은 소비자의 권익을 증진하기 위하여 소비자의 권리와 책무, 국가·지방자치단체 및 사업자의 책무, 소비자단체의 역할 및 시장경제에서 소비자와 사업자 사이의 관계를 규정함과 아울러 소비자정책의 종합적 추진을 위한 기본적인 사항을 규정함으로써 소비생활의 향상과 국민경제의 발전에 이바지함을 목적으로 제정되었답니다.

요약해서 말하면, 소비자를 위한 기본적 사항들을 규정하고 있는 법이랍니다.

* 6. 상법(Commercial Law)이란?

「상법」은 기업의 경영과 상거래에 대한 법률로, 「민법」과 함께 사법의 영역에 속하는 법률 분야로서 민법의 일부로 다루어지기도 해요.

우리나라 상법의 체계는 제1편 총칙, 제2편 상행위, 제3편 회사, 제4편 보험, 제5편 해상, 제6편 항공운송으로 구성되어 있어요. 「상법」은 기업의 경영과 상거래에 관해 상인이 지켜야 할 내용에 관한 법이랍니다.

* 7. 민법(Civil Law)이란?

「민법」에서 민(民)이란 '시민' 또는 '국민'이란 뜻으로 국민의 생활을 이루는 재산관계와 가족관계에 대해 규정하고 있는 법이에요.

다시 말하면, 국민의 자기보존을 위한 재산관계와 종족보존을 위한 가족관계를 규율하기 위해 만들어진 법으로 현행 「민법」은 총칙, 물권, 채권, 친족, 상속의 5편으로 구성되어 있어요.

* 8. 할부거래에 관한 법률(Installment Transactions Act)이란?

이 법은 할부계약(상품의 대금 등을 2개월 이상의 기간에 걸쳐 3회 이상 나누어 지급하는 거래) 및 선불식 할부계약(제공시기가 확정되지 않은 장례서비스나 혼례서비스 등의 대금을 2개월 이상의 기간에 걸쳐 2회 이상 나누어 지급함과 동시에 또는 지급한 후에 서비스 등의 공급을 받기로 하는 계약)를 공정하게 함으로써 소비자의 권익을 보호하고 시장의 신뢰도를 높이고자 제정되었답니다.

* 9. 방문판매 등에 관한 법률(Door-to-door Sales, etc. Act)이란?

이 법에서의 '방문판매 등'이란 방문판매, 전화권유판매, 다단계판매 및 후원방문판매, 계속거래 및 사업권유거래를 의미해요.

이 법은 방문판매, 전화권유판매, 다단계판매 및 후원방문판매, 계속거래 및 사업권유거래 등에 의한 재화(goods) 또는 용역(service)의 공정한 거래에 관한 사항을 규정함으로써 소비자의 권익을 보호하고 시장의 신뢰도를 높이기 위한 목적으로 만들어졌어요.

* 10. 전자문서 및 전자거래기본법(Framework Act on Electronic Documents and Transactions)이란?

이 법은 전자문서 및 전자거래의 법률관계를 명확히 하고 전자문서 및 전자거래의 안전성과 신뢰성을 확보하며 그 이용을 촉진할 수 있는 기반을 조성함을 목적으로 만들어졌어요.

* 11. 전자상거래 등에서의 소비자보호에 관한 법률(Act on Consumer Protection in Electronic Transactions)이란?

이 법에서의 '전자상거래 등'이란 전자상거래 및 통신판매를 의미해요.

전자상거래란 '전자문서에 의한 거래로 거래의 전부 또는 일부가 전자문서에 의해 처리되는 방식으로 거래하는 행위'를 말해요. 상점에 가서 물건을 사고 대금을 신용카드로 결제할 경우, 거래의 일부인 대금지불에서 전자문서에 의한 거래가 되어 전자상거래에 해당해요. 다시 말하면, 상거래의 일부라도 전자문서에 의해 거래가 될 경우 모두 전자상거래에 속한답니다.

통신판매란 '우편 · 전기통신 · 광고물 · 광고시설물 · 전단지 · 방송 · 신문 및 잡지 등을 이용하는 방법으로 판매자와 직접 대면하지 않고 판매하는 방법'을 말해요. 직접 얼굴을 보지 않고 카탈로그 등을 통해 구매하는 방법을 말하는데, 실제 거래에서는 대부분의 통신판매가 전자상거래의 방법을 활용해 이루어진답니다.

이 법은 전자상거래 및 통신판매에서의 공정한 거래관련 사항들을 규정함으로써 소비자의 권익을 보호하고 시장의 신뢰도를 높이고자 만들어졌어요.

* 12. 약관의 규제에 관한 법률(Act on the Regulation of Terms and Conditions)이란?

'약관'(general conditions)이란 사업자가 여러 명의 상대방과 계약을 체결하기 위하여 일정한 형식으로 '미리 마련한 계약의 내용'을 말해요.

사업자가 미리 마련한 계약의 내용이다 보니, 사업자에게 일방적으로 유리한 내용이 있는 등 다양한 문제들이 발생하여 이를 방지하고자 「약관의 규제에 관한 법률」이 제정되었어요.

이 법은 사업자가 그 거래상의 지위를 남용하여 불공정한 내용의 약관을 작성하여 거래에 사용하는 것을 방지하고 불공정한 내용의 약관을 규제함으로써 건전한 거래질서를 확립하고, 이를 통하여 소비자를 보호하고 국민생활을 균형 있게 향상시키는 것을 목적으로 한답니다.

* 13. 표시 · 광고의 공정화에 관한 법률(Act on Fair Labeling and Advertising)이란?

이 법은 상품 또는 용역에 관한 표시(labeling) · 광고(advertising)를 할 때 소비자를 속이거나 소비자로 하여금 잘못 알게 하는 부당한 표시 · 광고를 방지하고 소비자에게 바르고 유용한 정보의 제공을 촉진함으로써 공정한 거래질서를 확립하고 소비자를 보호함을 목적으로 만들어졌답니다.

* 14. 독점규제 및 공정거래에 관한 법률(Monopoly Regulation and Fair Trade Act) 이란?

법의 이름에서도 알 수 있듯이, 기업의 독점을 규제하고 공정한 거래를 이루기 위해 만들어진 법이랍니다. 구체적으로 살펴보면, 이 법은 사업자의 시장지배적 지위의 남용과 과도한 경제력의 집중을 방지하고, 부당한 공동행위 및 불공정거래행위를 규제하여 공정하고 자유로운 경쟁을 촉진함으로써 창의적인 기업활동을 조장하고 소비자를 보호함을 목적으로 제정되었답니다.

* 15. 여신전문금융업법(Specialized Credit Financial Business Act)이란?

'여신(loan)'이란 금융기관에서 고객에게 돈을 빌려주는 일을 의미해요. '여신전문금융업'이란 돈을 빌려주기만 하는 금융업을 말하는데, 예금 이외의 방법(즉, 채권발행이나 다른 금융회사에서 돈을 빌리는 등의 방법)으로 자금을 조달하여 대출 등 돈을 빌려주는 일을 하고 있는 업으로 신용카드업, 시설대여업, 할부금융업 등이 있어요.

「여신전문금융업법」은 신용카드업, 시설대여업, 할부금융업 및 신기술사업금융업을 하는 자의 건전하고 창의적인 발전을 지원함으로써 국민의 금융편의를 도모함을 목적으로 만들어졌답니다. 신용카드 거래에 관련되는 법이랍니다.

* 16. 대부업 등의 등록 및 금융이용자 보호에 관한 법률(Act on Registration of Credit Business, etc and Protection of Finance Users)이란?

돈을 빌리고 싶을 때 찾아가는 곳이 어딘가요? 보통 사람들은 제1금융기관(일반은행, 외국계은행, 지방은행 등)과 제2금융기관(증권사, 보험사, 상호저축은행 등)을 찾아가 돈을 빌릴 수 있지만, 이러한 곳에서 돈을 빌릴 수 없는 경우가 있답니다. 이러한 경우 제3금융기관인 대부업체를 찾아갈 수밖에 없겠지요.

대부업이란 남에게 얼마간의 이자를 받고 돈을 빌려주는 영업이고, 돈을 빌려주는 대부업체와 돈을 빌리려는 사람을 연결시켜 주는 것이 대부중개업이에요.

이 법은 대부업·대부중개업의 등록 및 감독에 필요한 사항을 정하고 대부업자와 여신금융기관의 불법적 채권추심행위(빚 독촉행위) 및 이자율 등을 규제함으로써 대부업의 건전한 발전을 도모하는 한편, 금융이용자를 보호하고 국민의 경제생활 안정에 이바지함을 목적으로 제정되었답니다.

* 17. 이자제한법(Interest Limitation Act)이란?

이 법은 이자의 적정한 최고한도를 정함으로써 국민경제생활의 안정과 경제정의의 실현을 목적으로 제정되었어요.

* 18. 채권의 공정한 추심에 관한 법률(Fair Debt Collection Practices Act)이란?

드라마 같은 데서 사채업자가 무섭게 빚 독촉하는 것을 본 기억이 있지요? 불법적인 빚 독촉(채권추심)이 없도록 하기 위해 이 법이 만들어졌답니다. 이 법은 채권추심자(debt collector)가 권리를 남용하거나 불법적인 방법으로 채권추심(빚 독촉)을 하는 것을 방지하여 공정한 채권추심 풍토를 조성하고 채권자의 정당한 권리행사를 보장하면서 채무자의 인간다운 삶과 평온한 생활을 보호함을 목적으로 제정되었어요.

* 19. 예금자보호법(Depositor Protection Act)이란?

이 법은 금융기관이 고객예금을 지급할 수 없는 경우에 일정 한도의 예금(원금과 소정의 이자를 포함하여 최고 5천만 원)을 예금보험공사가 지급보증하는 제도 등을 효율적으로 운영함으로써 예금자 등을 보호하고 금융제도의 안정성을 유지하는 데 이바지함을 목적으로 만들어졌답니다.

* 20. 제조물책임법(Product Liability Act)이란?

TV를 계속 켜놓아 집에 불이 났답니다. 이 경우 TV를 계속 켜놓은 사람의 잘못일까요? 아님 TV제조업자의 잘못일까요?

우리나라에서는 TV를 계속 켜둘 수도 있는 상황을 가정하고, 제조물을 만든 제조업자 측에서 화재가 발생하지 않도록 하는 기술적 조치와 함께 만일 불이 났을 경우 책임을 지도록 하는 무과실책임주의(liability without fault)를 시행하고 있답니다. 제조업자의 무과실책임주의란 손해발생에 있어 제조업자의 고의 또는 과실이 없는 경우에도 그 배상책임을 진다는 주의랍니다.

이 법은 제조물의 결함으로 발생한 손해에 대한 제조업자 등의 손해배상책임을 규정함으로써 피해자 보호를 도모하고 국민생활의 안전 향상에 이바지함을 목적으로 제정되었답니다.

* 21. 소비자생활협동조합법(Consumers' Cooperative Union Act)이란?

이 법은 상부상조의 정신을 바탕으로 한 소비자들의 자주·자립·자치적인 생활협동조합활동을 촉진함으로써 조합원의 소비생활 향상과 국민의 복지 및 생활문화 향상에 이바지함을 목적으로 만들어졌답니다.

PART 03

소비자 관련 법률 및 제도

한국소비자원(2014년)이 제시한 소비자와 관련한 법률과 명령(이하 소비자 관련 법령)에는
'소비자일반관련' 법령으로
「소비자기본법」(「소비자기본법」시행령, 소비자단체소송규칙),
「약관의 규제에 관한 법률」(「약관의 규제에 관한 법률」시행령),
「표시·광고의 공정화에 관한 법률」(「표시·광고의 공정화에 관한 법률」시행령),
「제조물책임법」[48],
「민법」,
「상법」(「상법」시행령)이 있고,

'특수거래관련' 법령으로
「방문판매 등에 관한 법률」(「방문판매 등에 관한 법률」시행령, 「방문판매 등에 관한 법률」시행규칙),
「전자상거래 등에서의 소비자보호에 관한 법률」(「전자상거래 등에서의 소비자보호에 관한 법률」시행령, 「전자상거래 등에서의 소비자보호에 관한 법률」시행규칙),
「할부거래에 관한 법률」(「할부거래에 관한 법률」시행령, 「할부거래에 관한 법률」시행규칙),

'기타' 법령으로
「소비자생활협동조합법」(「소비자생활협동조합법」시행령, 「소비자생활협동조합법」시행규칙)이 있다.

소비자의 거래(사고파는 것)는 일반거래와 특수거래로 나눌 수 있는데 이의 구분은 다음과 같다.

소비자와 사업자 사이의 일반거래는 시장을 찾아간 소비자가 사업자를 직접 만나 상품 등을 구매하겠다는 청약(계약을 청하는 것)을 하고, 이에 대해 사업자가 승낙하는 방식으로 성립하며, 거래대금은 일시불로 치러진다. 시장에서 물건을 사고 돈을 지불하는 행위, 학원 또는 스포츠센터에 등록하고 교육비를 지불하는 행위 등 일반거래는 생활 전반에 걸쳐 일상적으로 이루어지고 있다.

사업자에 비해 상대적으로 열악한 지위에 있는 소비자를 보호하기 위해 일반거래에서는 「민법」, 「소비자기본법」, 「표시·광고의 공정화에 관한 법률」, 「제조물책임법」[49], 「상법」 등이 적용된다. 또한 약관을 사용하고 있는 모든 거래에 대해서는 불공정한 약관으로 인한 소비자피해를 방지하기 위해 「약관의 규제에 관한 법률」이 적용된다.

특수거래란 소비자가 시장을 찾아가지 않고 사업자가 소비자를 방문하거나, 대금을 할부로 결제하는 등 계약의 이행방법이나 대금의 지급방법 등에서 일반거래와는 다른 특수성을 가진 거래이다. 특수거래에는 할부거래를 비롯하여 방문판매 및 전화권유판매, 다단계판매 및 후원방문판매, 계속거래 및 사업권유거래, 전자상거래 및 통신판매 등이 있다.

특수거래는 사업자가 단순히 고객이 찾아오길 기다리지 않고 적극적으로 고객을 찾아가서 판매하는 형태이므로, 소비자는 편리한 점이 있으나 일반거래와 달리 기대하지 않은 피해를 당할 위험이 상대적으로 크다.

특수거래에서는 거래의 특수성을 고려해서 각각 다른 법령으로 소비자를 보호하고 있다. 즉, 할부거래에 관한 사항은 「할부거래에 관한 법률」로, 방문판매·전화권유판매·다단계판매·후원방문판매·계속거래·사업권유거래에 관한 사항은 「방문판매 등에 관한 법률」로, 전자상거래·통신판매에 관한 사항은 「전자상거래 등에서의 소비자보호에 관한 법률」로 각각 규제하고 있다.

---

48) 「제조물책임법」, 「민법」 등은 시행령 없이 법을 시행하고 있다.

49) 「제조물책임법」은 일반거래와 특수거래에서 거래하는 모든 제조물에 관한 책임을 다루는 법이다. 「제조물책임법」을 '소비자일반관련' 법령으로 분류하는 것보다는 일반거래와 특수거래 모두에 적용되는 '안전관련' 법령으로 분류하는 것이 더 타당하다고 생각한다.

▌특수거래 유형

특수거래 유형	정의	근거법령
방문판매	사업자가 방문의 방법으로 사업장 외의 장소에서 소비자에게 권유하여 계약의 청약을 받거나 계약을 체결하는 방식으로 재화 등을 판매하는 것 예: 사업자가 소비자의 가정을 방문해 학습지 등의 구매를 권유하여 계약을 체결하는 행위	「방문판매 등에 관한 법률」
전화권유 판매	사업자가 전화를 이용해 권유를 하거나 전화회신을 유도하는 방법으로 소비자에게 재화 등을 판매하는 것 예: 사업자가 소비자에게 전화를 걸어 보험상품 등을 안내하고 소비자와 대화를 하는 행위에 의해 소비자의 청약을 받는 행위	
다단계 판매	다단계판매업자에 속한 판매원이 특정인을 해당 판매원의 하위판매원으로 모집하고, 판매원의 가입이 3단계 이상 단계적으로 이루어지며, 판매원의 판매 및 조직관리활동에 대해 후원수당을 지급하는 판매방식. 판매원 매출의 소매이익에 더해 자신과 자신의 모든 하위판매원들이 모집한 판매실적에 따라 후원수당을 받음	
후원방문 판매	다단계판매와 같이 다단계판매업자에 속한 판매원이 특정인을 하위판매원으로 모집하고 판매원의 가입이 3단계 이상 단계적으로 이루어지며, 판매원의 판매 및 조직관리활동에 대해 후원수당을 지급하는 판매방식으로 다단계판매와 구별되는 점은 특정판매원의 후원수당이 자신과 자신의 직근 하위판매원(바로 아랫사람)의 판매실적에 따라 결정됨. 후원방문판매는 방문판매와 다단계판매의 요건을 모두 갖춤	
계속거래	재화 등을 1개월 이상에 걸쳐 계속적으로 또는 부정기적으로 공급하는 계약으로서 중도에 해지할 경우 대금환급이 제한되거나 위약금에 관한 약정이 있는 거래 예: 스포츠센터를 1개월 이상의 기간 동안 이용하기로 하면서 중도해지 시 대금환급의 제한에 관한 약정을 두는 행위	
사업권유 거래	사업자가 소득기회를 알선·제공하는 방법으로 소비자를 유인해서 금품을 수수하거나 재화 등을 구입하게 하는 거래 예: 번역 등의 아르바이트 일감을 주면서 교재 구입 및 인터넷 강의 수강을 하도록 하는 행위	
할부거래	• 할부거래: 계약의 명칭·형식이 어떠하든 재화 등에 관한 직접할부계약 또는 간접할부계약에 의한 거래 가. 직접할부계약: 소비자가 사업자에게 재화 등의 대금을 2개월 이상의 기간에 걸쳐 3회 이상 나누어 지급하고, 재화 등의 대금을 완납하기 전에 재화의 공급이나 용역의 제공을 받기로 하는 계약 예: 자동차를 사면서 12개월 할부로 그 대금을 납입하기로 하는 거래 나. 간접할부계약: 소비자가 신용제공자에게 재화 등의 대금을 2개월 이상의 기간에 걸쳐 3회 이상 나누어 지급하고, 재화 등의 대금을 완납하기 전에 사업자로부터 재화 등의 공급을 받기로 하는 계약 예: 신용카드를 이용해서 할부로 결제하는 행위 • 선불식 할부거래: 장례 또는 혼례를 위한 용역 및 이에 부수한 재화 등과 이에 준하는 소비자피해가 발생하는 재화 등으로서 소비자의 피해를 방지하기 위해 대통령령(2014년 현재 제정되어 있지 않다)으로 정하는 재화 등의 대금을 2개월 이상의 기간에 걸쳐 2회 이상 나누어 지급함과 동시에 또는 지급한 후에 재화 등의 공급을 받는 것을 내용으로 하는 거래 예: 상조 서비스에 가입하여 매달 일정액을 납입하는 행위	「할부거래에 관한 법률」
전자상거래	재화 등 거래의 전부 또는 일부가 전자문서에 의해 처리되는 거래 예: 인터넷쇼핑몰을 이용해 재화 등을 구매하는 행위	「전자상거래 등에서의 소비자 보호에 관한 법률」
통신판매	다음의 방법에 따라 재화 등의 판매에 관한 정보를 제공하고 소비자의 청약에 의해 재화 등을 판매하는 것(단, 전화를 사용해서 소비자의 응답을 유도하고 대화함으로써 청약을 받거나 계약을 체결하는 전화권유판매는 제외) 1. 우편, 전기통신, 광고물, 광고시설물, 전단지, 방송, 신문 및 잡지 등을 이용하는 방법 2. 사업자와 직접 대면하지 않고 우편환, 우편대체, 지로 및 계좌이체 등을 이용하는 방법 예: 홈쇼핑을 보고 전화를 걸어 재화 등을 구매하는 행위, 인터넷쇼핑몰 이용은 직접 만나지 않은 상태의 판매로 통신판매이자 동시에 전자문서에 의한 전자상거래이다.	

출처: 찾기 쉬운 생활법령정보(oneclick.law.go.kr)

제3부에서는 이상의 법령들을 살펴보는 것과 함께, 거래와 관련하여「독점규제 및 공정거래에 관한 법률」,「금융거래 관련 법」,「전자상거래 등에서의 소비자보호 지침」,「인터넷 사이버몰 이용표준약관」 등을 살펴보고자 한다.
법과 제도를 설명하는 Part 3[50)]은 Part 1, 2보다 분량이 많은 것 때문에 설명을 쉽게 이해하지 못하는 부분이 있을 수 있다. 그럴 경우 각 장의 '요약'을 먼저 살펴보아 큰 틀을 이해한 후 본문 내용을 읽어가길 바란다.
제9장 소비자기본법은 법의 의의를 제시한 후 필요한 법 본문(조문)과 시행령 본문을 제시하고 이를 설명하는 형식으로 구성하였다. 설명을 읽고 법 본문을 살펴보면 이해하기 쉬울 것이다. 법과 시행령 본문을 제시한 이유는 법과 시행령을 직접 읽어보는 것이 법에 대한 친숙함과 이해도를 높이는 것이라고 생각하였기 때문이다.
제10장 민법부터는 법 본문 없이 법에 대한 설명을 하였다.

50) 이 책은 카페에서 읽는 것을 기본 전제로 한다. 그러므로 책을 읽다가 필요할 경우 무료인터넷을 사용하여 법제처 '국가법령정보센터'(www.law.go.kr)와 법제처 '찾기 쉬운 생활법령정보'(oneclick.law.go.kr)에서 관련 설명들을 검색하여 찾아보길 바란다. 이는 분량이 많아 설명하지 않은 부분들을 쉽게 이해하는 한 방법이 될 것이다.

소비자기본법

9
Chapter

제1절 소비자기본법의 의의

「소비자기본법」은 사회법에 속하고, 실체법이며 일반법이자 행정법규에 해당한다. 「소비자기본법」은 원칙적으로 사법(private law)의 바탕 위에서, 사업자에 비해 사회・경제적 약자인 소비자를 보호하기 위한 목적으로 국가가 통제를 가하여 개인의 소비생활을 보호하는 법영역이기 때문에 사회법이다. 소비생활에 관한 소비자・사업자・국가의 권리・책무의 발생, 변경 등을 규율하기 때문에 실체법에 속하고, 전 국민이 소비자이기 때문에 전 국민에게 일반적으로 적용되는 일반법이다. 또한 행정관청에 의한 시정명령, 권고 및 과태료가 부과되는 행정법규에 속한다.

2006년 제정한 「소비자기본법」을 시행한 지 7년 이상 되었으므로 「소비자기본법」으로의 개정배경을 살펴볼 필요가 있을까? 하는 의문이 들 수 있으나, 「소비자보호법」에서 「소비자기본법」으로의 개정은 우리나라 소비자정책의 획기적인 전환에 해당하는 사건이므로 간략하게나마 개정 배경을 살펴보고자 한다.

I. 소비자보호법에서 소비자기본법으로 개정

「소비자기본법」의 모체인 「소비자보호법」은 1980년 1월 제정한 후 2005년까지 모두 9차례의 개정이 있었다.

소비생활 환경의 변화로 소비생활을 합리적으로 해나갈 수 있는 성숙한 소비자들이 많아짐에 따라, 소비자정책의 기조를 '소비자보호'에서 '소비자주권의 실현'을 염원하는 방향으로 전환할 필요성이 제기되었다. 이에 「소비자보호법」을 전부 개정하여 2006년 9월

「소비자기본법」이 되었고 2007년 3월부터 「소비자기본법」시행령을 마련해 시행하고 있다.[51] 「소비자기본법」시행규칙은 없고, 소비자단체소송규칙은 2008년 1월부터 시행되고 있다.

II. 소비자기본법의 체계

도표 9-1 「소비자기본법」의 체계

각 장의 제목	주요 내용
제1장 총칙: 전체에 적용되는 공통된 규칙	목적, 정의, 다른 법률과의 관계
제2장 소비자의 권리와 책무	소비자의 기본적 권리, 소비자의 책무
제3장 국가·지방자치단체 및 사업자의 책무	국가 및 지방자치단체의 책무, 사업자의 책무
제4장 소비자정책의 추진체계	소비자정책의 수립, 소비자정책위원회, 국제협력
제5장 소비자단체	소비자단체의 업무, 등록 및 보조금 지급, 자율적 분쟁조정
제6장 한국소비자원	한국소비자원의 설립, 업무, 임원 및 이사회, 회계·감독, 소비자분쟁의 해결
제7장 소비자안전	취약계층의 보호, 소비자안전조치, 소비자안전센터의 설치, 위해정보의 수집 및 처리
제8장 소비자분쟁의 해결	사업자의 불만처리, 한국소비자원의 피해구제, 소비자분쟁조정, 소비자단체소송
제9장 조사절차 등	검사와 자료제출, 소비자정보요청, 소비자정보요청협의회
제10장 보칙: 법령의 기본 규정을 보충하고자 만들어진 규칙	시정조치, 권한의 위임·위탁
제11장 벌칙: 법규를 어긴 행위에 대한 처벌을 규정한 규칙	벌칙, 양벌규정, 과태료

소비자문제를 해결하기 위한 주체로는 국가 및 지방자치단체, 사업자, 소비자가 있는데, 이를 〈도표 9-2〉를 통해 살펴보면 다음과 같다.

51) 일반적으로 법을 제정하면 법을 시행하기 위한 명령인 '시행령'을 제정하여야 법이 시행된다. 「제조물책임법」, 「상법」 등은 시행령 없이 법이 시행되고 있는데, 예외에 해당한다.

▌도표 9-2▌ 「소비자기본법」의 구성

실천적 목적: 소비자의 권익을 증진하기 위하여

▶ 국가·지방자치 단체의 책무

▶ 사업자의 책무

▶ 소비자의 권리와 책무
▶ 소비자단체의 역할

▶ 소비자와 사업자 사이의 관계 규정

▶소비자정책의 종합적 추진을 위한 기본적인 사항 규정

이상의 내용(▶ 부분)을 규정함으로써, 궁극적으로 소비생활의 향상과 국민경제의 발전에 이바지함을 「소비자기본법」의 목적으로 한다.

제2절 소비자기본법의 목적과 용어의 정의

「소비자기본법」 제1장 총칙에서는 「소비자기본법」의 목적과 「소비자기본법」에서 사용하는 용어에 대한 정의를 하고 있다.

▌도표 9-3▌ 「소비자기본법」 제1조~제3조

「소비자기본법」

[시행 2011.8.20] [법률 제10678호, 2011.5.19. 일부개정]

제1장 총칙

제1조(목적) 이 법은 소비자의 권익을 증진하기 위하여 소비자의 권리와 책무, 국가·지방자치단체 및 사업자의 책무, 소비자단체의 역할 및 자유시장경제에서 소비자와 사업자 사이의 관계를 규정함과 아울러 소비자정책의 종합적 추진을 위한 기본적인 사항을 규정함으로써 소비생활의 향상과 국민경제의 발전에 이바지함을 목적으로 한다.

제2조(정의) 이 법에서 사용하는 용어의 정의는 다음과 같다.

1. "소비자"라 함은 사업자가 제공하는 물품 또는 용역(시설물을 포함한다. 이하 같다)을 소비생활을 위하여 사용(이용을 포함한다. 이하 같다)하는 자 또는 생산활동을 위하여 사용하는 자로서 대통령령이 정하는 자를 말한다.
2. "사업자"라 함은 물품을 제조(가공 또는 포장을 포함한다. 이하 같다)·수입·판매하거나 용역을 제공하는 자를 말한다.
3. "소비자단체"라 함은 소비자의 권익을 증진하기 위하여 소비자가 조직한 단체를 말한다.
4. "사업자단체"라 함은 2 이상의 사업자가 공동의 이익을 증진할 목적으로 조직한 단체를 말한다.

제3조(다른 법률과의 관계) 소비자의 권익에 관하여 다른 법률에서 특별한 규정을 두고 있는 경우를 제외하고는 이 법을 적용한다.

출처: 법제처 국가법령정보센터(www.law.go.kr)

도표 9-4 「소비자기본법」 시행령 제1조~제2조

「소비자기본법」 시행령

[시행 2013.3.23.] [대통령령 제24436호, 2013.3.23., 타법개정]

제1장 총칙

제1조(목적) 이 영은 「소비자기본법」에서 위임된 사항과 그 시행에 필요한 사항을 규정함을 목적으로 한다.

제2조(소비자의 범위) 「소비자기본법」(이하 "법"이라 한다) 제2조 제1호의 소비자 중 물품 또는 용역(시설물을 포함한다. 이하 같다)을 생산활동을 위하여 사용(이용을 포함한다. 이하 같다)하는 자의 범위는 다음 각 호와 같다. 〈개정 2007.10.31., 2008.1.31., 2008.2.29., 2013.3.23.〉

1. 제공된 물품 또는 용역(이하 "물품등"이라 한다)을 최종적으로 사용하는 자. 다만, 제공된 물품등을 원재료(중간재를 포함한다), 자본재 또는 이에 준하는 용도로 생산활동에 사용하는 자는 제외한다.
2. 제공된 물품등을 농업(축산업을 포함한다. 이하 같다) 및 어업활동을 위하여 사용하는 자. 다만, 「원양산업발전법」 제6조 제1항에 따라 해양수산부장관의 허가를 받아 원양어업을 하는 자는 제외한다.

출처: 법제처 국가법령정보센터(www.law.go.kr)

I. 소비자기본법의 목적

「소비자기본법」은 실천적 목적(직접적 목적)으로 소비자의 권익증진을, 궁극적 목적으로 소비생활의 향상과 국민경제의 발전에 이바지함을 두고 있다(제1조, 도표 9-3 참조).

II. 소비자의 용어 정의

「소비자기본법」에서는 소비자를 '일반적 의미의 소비자'와 '정책적 고려에 의한 소비

자'로 정의하고 있다. 즉, '소비자'라 함은 사업자가 제공하는 물품 또는 용역(시설물을 포함한다)을 소비생활을 위하여 사용(이용을 포함한다)하는 자인 일반적 의미의 소비자'로 정의할 뿐만 아니라 '사업자가 제공하는 물품 또는 용역을 생산활동을 위하여 사용하는 사람들 중 일부 계층'도 정책적 고려에 의해 대통령령으로 정하여 소비자로 정의하고 있다.

여기서 '사업자가 제공하는 물품 또는 용역을 생산활동을 위하여 사용하는 자'의 범위에 대해 「소비자기본법」시행령 제2조에서는 첫째, 제공된 물품 등을 최종적으로 사용하는 자, 다만, 제공된 물품을 원재료(중간재를 포함한다), 자본재 또는 이에 준하는 용도로 생산활동에 사용하는 자는 제외한다. 둘째, 제공된 물품 등을 농업(축산업을 포함한다) 및 어업활동을 위하여 사용하는 자, 다만, 「원양산업발전법」 제6조 제1항에 따라 해양수산부장관의 허가를 받아 원양사업을 하는 자는 제외한다로 제시하고 있다.

이에 대해 알기 쉽게 설명하면 다음과 같다.

「소비자기본법」에서의 '소비자'는 '일반적 의미의 소비자'와 '정책적 고려에 의한 소비자'로 구분된다.

1. 일반적 의미의 소비자

물품 및 용역을 소비생활을 위하여 사용(또는 이용)하는 자

즉, 소비자는 사업자가 제공하는 물품 및 용역을 최종적으로 자기의 소비생활을 위해 사용(또는 이용)하여 그 물품 및 용역의 사용(또는 이용)에 따른 비용이나 손실, 물품 및 용역의 사용(또는 이용)으로 발생하는 피해 등을 직접 부담하는 사람을 의미한다.

예를 들면, 사과를 먹는 사람, 텔레비전을 시청하고 있는 사람, 의사의 진료활동을 받고 있는 사람 등이 소비자이다.

2. 정책적 고려에 의한 소비자

첫째, 생산활동에 제공된 물품 또는 용역을 최종적으로 사용(또는 이용)하는 자를 소비자로 간주한다.

즉, 제공된 물품 및 용역을 생산활동을 위하여 사용하는 자 중 영세[52] 생산자 및 사업

52) '영세'란 '살림이 보잘 것 없고 몹시 가난함'의 의미이다. 영세 생산자 및 사업자란 매우 작은 규모의 자영업자를 의미한다.

자를 보호하기 위하여, 생산자 및 사업자일지라도 영세 생산자 및 사업자는 소비자로 간주하고 「소비자기본법」의 적용을 받도록 하고 있다. 물품 및 용역을 생산활동에 사용하기는 하나, 생산자가 제공하는 물품 및 용역을 자신의 소비생활을 위하여 사용하는 것에 준하여[53] 생산활동에 사용함으로써 사실상 그 물품 및 용역의 사용에 따른 비용이나 손실, 물품 및 용역의 사용으로 발생하는 피해 등을 스스로 부담하는 생산자를 의미한다.

예를 들면, 길거리에서 설탕을 불에 녹여 별모양 등을 파내도록 하여 돈을 버는 '쪽자' 장수나 시장에서 '제자리 뛰기 기구'를 비치해 두고 어린이들에게 뛰도록 하면서 돈을 버는 사람 등 영세 생산자 및 사업자를 소비자로 간주한다. 즉, 생계유지를 위해 소규모로 물품이나 용역을 파는 사람을 정책적 고려에 의해 소비자로 간주하여 보호하고 있다. 그러나 설탕을 사용해 빵을 만들어 파는 제과점 주인은 소비자에 해당하지 않는다. 왜냐하면 제공된 설탕을 원재료로 하여 이를 생산활동에 사용하기 때문에 사업자에 해당한다.

'인터넷쇼핑몰 운영자가 쇼핑몰에서 판매한 제품을 배달하기 위해 택배회사를 이용하는 경우 소비자에 해당하는가?'에 대한 법제처 유권해석[54]은 '소비자가 아니다'라고 한다. 인터넷쇼핑에서 상품구매 · 배송 · 반품 · 사후 서비스에 관한 불만처리 등과 관련하여 인터넷쇼핑몰 운영자의 공신력은 중요한 의미를 가진다. 그러므로 인터넷쇼핑에서 판매한 물건을 택배회사를 통해 배달하는 것은 인터넷쇼핑의 중요한 또는 본질적인 과정의 하나라고 볼 수 있고, 인터넷쇼핑몰 운영자는 이 과정에서 부가가치를 창출한다고 보아야 할 것이므로 인터넷쇼핑몰에서 판매한 제품의 배송을 위해 택배회사를 이용하는 인터넷쇼핑몰 운영자는 소비자에 해당하지 않는다.

'지방의회 의원이 공무국외여행을 위하여 여행업자와 계약을 한 경우 소비자에 해당하는가?'에 대하여, 법제처 유권해석에서는 다음과 같이 설명하고 있다. '해당 물품 등에 대한 정보나 기타 사업자보다 우월한 지위에 있지 아니한 자는 원칙적으로 「소비자기본법」상의 소비자로 볼 수 있다'라고 하여, 지방의회 의원이 비록 공무를 수행하기 위하여 여행업자와 계약을 맺었지만, 여행업자에 대해 우월한 지위에 있다고 볼 수 없으며, 오히려 사업자가 제공하는 용역에 대한 정보 및 평가능력 등에서 일반 국민과 같은 지위에 있고, 또한 지방의회 의원이 의정활동의 일환으로 공무해외출장을 하는 경우 그 비용이나 손실이 다른 사람에게 이전되지 않으며, 그 계약의 이행이나 불이행으로 인한 비용이나

53) 준하다: 어떤 본보기에 비추어 그대로 좇다.

54) 출처: 법제처 국가법령정보센터(www.law.go.kr) → 판례 · 해석례 → 법령해석례

손실 등은 지방의회 의원이 부담하게 되므로, 이 경우의 지방의회 의원은 소비자에 해당한다.

둘째, 제공된 물품들을 농업(축산업) 및 어업활동을 위하여 사용하는 자를 소비자로 간주한다. 즉, 농업·축산업·어업활동을 보호하는 차원에서 이에 종사하는 사람들을 소비자로 간주하여 「소비자기본법」의 적용을 받도록 하고 있다.

예를 들면, 농업을 하여 생계를 유지하거나 작은 어선을 이용해 인근바다에서 고기잡이를 하여 생계를 유지하거나 축산업을 하는 경우, 소비자로 간주한다.

그러나 「원양산업발전법」 제6조 제1항에 따라 해양수산부장관의 허가를 받아 원양사업을 하는 자는 제외하는데, 이는 소비자보다 우월한 지위에 있는 사업자이기 때문에 소비자로 간주하여 보호할 필요가 없기 때문이다.

III. 사업자의 용어 정의

'사업자'라 함은 물품을 제조(가공 또는 포장을 포함한다)·손질·판매하거나 용역을 제공하는 자를 말한다.

IV. 소비자단체의 용어 정의

'소비자단체'라 함은 소비자의 권익을 증진하기 위하여 소비자가 조직한 단체를 말한다.

V. 사업자단체의 용어 정의

'사업자단체'라 함은 둘(2) 이상의 사업자가 공동의 이익을 증진할 목적으로 조직한 단체를 말한다.

제3절 소비자의 권리와 책무

도표 9-5 「소비자기본법」 제4조~제5조

「소비자기본법」 시행령

[시행 2013.3.23.] [대통령령 제24436호, 2013.3.23., 타법개정]

제2장 소비자의 권리와 책무

제4조(소비자의 기본적 권리) 소비자는 다음 각 호의 기본적 권리를 가진다.

1. 물품 또는 용역(이하 "물품등"이라 한다)으로 인한 생명·신체 또는 재산에 대한 위해로부터 보호받을 권리
2. 물품등을 선택함에 있어서 필요한 지식 및 정보를 제공받을 권리
3. 물품등을 사용함에 있어서 거래상대방·구입장소·가격 및 거래조건 등을 자유로이 선택할 권리
4. 소비생활에 영향을 주는 국가 및 지방자치단체의 정책과 사업자의 사업활동 등에 대하여 의견을 반영시킬 권리
5. 물품등의 사용으로 인하여 입은 피해에 대하여 신속·공정한 절차에 따라 적절한 보상을 받을 권리
6. 합리적인 소비생활을 위하여 필요한 교육을 받을 권리
7. 소비자 스스로의 권익을 증진하기 위하여 단체를 조직하고 이를 통하여 활동할 수 있는 권리
8. 안전하고 쾌적한 소비생활 환경에서 소비할 권리

제5조(소비자의 책무) ① 소비자는 사업자 등과 더불어 자유시장경제를 구성하는 주체임을 인식하여 물품등을 올바르게 선택하고, 제4조의 규정에 따른 소비자의 기본적 권리를 정당하게 행사하여야 한다.

② 소비자는 스스로의 권익을 증진하기 위하여 필요한 지식과 정보를 습득하도록 노력하여야 한다.

③ 소비자는 자주적이고 합리적인 행동과 자원절약적이고 환경친화적인 소비생활을 함으로써 소비생활의 향상과 국민경제의 발전에 적극적인 역할을 다하여야 한다.

출처: 법제처 국가법령정보센터(www.law.go.kr)

I. 소비자의 권리

소비자는 8가지 기본적 권리를 가진다(도표 9-6 참조).

도표 9-6 소비자의 8대 권리

소비자의 권리	내용
위해로부터 보호받을 권리	물품 등으로 인한 생명·신체 또는 재산에 대한 위해로부터 보호받을 권리
지식 및 정보를 제공받을 권리	물품 등을 선택함에 있어서 필요한 지식 및 정보를 제공받을 권리
선택할 권리	물품 등을 사용함에 있어서 거래상대방·구입장소·가격 및 거래조건 등을 자유로이 선택할 권리
의견을 반영시킬 권리	소비생활에 영향을 주는 국가 및 지방자치단체의 정책과 사업자의 사업활동 등에 대하여 의견을 반영시킬 권리

피해보상을 받을 권리	물품 등의 사용으로 인하여 입은 피해에 대하여 신속·공정한 절차에 따라 적절한 보상을 받을 권리
교육을 받을 권리	합리적인 소비생활을 위하여 필요한 교육을 받을 권리
단체를 조직할 권리	소비자 스스로의 권익을 증진하기 위하여 단체를 조직하고 이를 통하여 활동할 수 있는 권리
쾌적한 소비환경에서 소비할 권리	안전하고 쾌적한 소비생활 환경에서 소비할 권리

II. 소비자의 책무

「소비자기본법」에서는 소비자에게 권리뿐만 아니라 이에 상응하는 책무를 부과하였다. 「소비자기본법」 제5조에서는 소비자에게 다음과 같은 책무가 있음을 명시하고 있다.

첫째, 물품 등을 올바르게 선택하고, 소비자의 기본적 권리를 정당하게 행사하여야 한다.

둘째, 소비자는 스스로의 권익을 증진하기 위하여 필요한 지식과 정보를 습득하도록 노력하여야 한다.

셋째, 소비자는 자주적이고 합리적인 행동과 자원절약적이고 환경친화적인 소비생활을 함으로써 소비생활의 향상과 국민경제의 발전에 적극적인 역할을 다하여야 한다.

제4절 국가·지방자치단체 및 사업자의 책무

▌도표 9-7▌ 「소비자기본법」 제6조

「소비자기본법」

제3장 국가·지방자치단체 및 사업자의 책무
제1절 국가 및 지방자치단체의 책무 등
제6조(국가 및 지방자치단체의 책무) 국가 및 지방자치단체는 제4조의 규정에 따른 소비자의 기본적 권리가 실현되도록 하기 위하여 다음 각 호의 책무를 진다.

1. 관계 법령 및 조례의 제정 및 개정·폐지
2. 필요한 행정조직의 정비 및 운영 개선
3. 필요한 시책의 수립 및 실시
4. 소비자의 건전하고 자주적인 조직활동의 지원·육성

출처: 법제처 국가법령정보센터(www.law.go.kr)

I. 국가 · 지방자치단체의 기본 책무

「소비자기본법」은 소비자의 권익을 증진하기 위하여 국가 및 지방자치단체가 수행해야 할 네 가지 기본 책무를 열거하고 있다(도표 9-7 참조).

첫째, '관계 법령 및 조례의 제정 및 개정 · 폐지'이다. 이 규정에 따라 우리나라는 국가 차원에서 「소비자기본법」을 포함하여 「약관의 규제에 관한 법률」 등 여러 가지 소비자 관련 법률을, 16개 지방자치단체에서는 소비자조례(각 지역마다 명칭이 다르다)를 제정하여 운영하고 있다.

둘째, '필요한 행정조직의 정비 및 운영 개선'이다. 이러한 책무 규정에 따라 우리나라는 소비자행정체계를 지속적으로 정비하고 있다. 예를 들면, 1996년 식품의약품안전본부가 1998년 식품의약품안전청으로, 2013년 식품의약품안전처로 승격하면서 행정조직의 정비가 이루어지고 있다.

셋째, '필요한 시책의 수립 및 실시'이다. 「소비자기본법」은 국가와 지방자치단체가 구체적으로 어떻게 시책을 수립 및 실시할 것인지를 제4장에서 규정하고 있다.

넷째, '소비자의 건전하고 자주적인 조직활동의 지원 · 육성'이다. 국가 및 지방자치단체는 이에 따라 일정한 요건을 갖추어 공정거래위원회 또는 지방자치단체에 등록한 소비자단체에게 보조금을 지급하고 있다. 이외에 강사지원, 매뉴얼, 리플릿 및 관련 자료의 제작배포, 각종 캠페인, 소비자의 날 행사 및 소비자정보 전시회 등의 공동개최 등을 통해 소비자단체의 활동을 지원하고 있다.

II. 국가 · 지방자치단체의 정책영역별 책무

도표 9-8 「소비자기본법」 제7조~제17조

「소비자기본법」

제7조(지방행정조직에 대한 지원) 국가는 지방자치단체의 소비자권익과 관련된 행정조직의 설치 · 운영 등에 관하여 대통령령이 정하는 바에 따라 필요한 지원을 할 수 있다.

제8조(위해의 방지) ① 국가는 사업자가 소비자에게 제공하는 물품등으로 인한 소비자의 생명 · 신체 또는 재산에 대한 위해를 방지하기 위하여 다음 각 호의 사항에 관하여 사업자가 지켜야 할 기준을 정하여야 한다.

1. 물품등의 성분 · 함량 · 구조 등 안전에 관한 중요한 사항
2. 물품등을 사용할 때의 지시사항이나 경고 등 표시할 내용과 방법

3. 그 밖에 위해방지를 위하여 필요하다고 인정되는 사항

② 중앙행정기관의 장은 제1항의 규정에 따라 국가가 정한 기준을 사업자가 준수하는지 여부를 정기적으로 시험・검사 또는 조사하여야 한다.

제9조(계량 및 규격의 적정화) ① 국가 및 지방자치단체는 소비자가 사업자와의 거래에 있어서 계량으로 인하여 손해를 입지 아니하도록 물품등의 계량에 관하여 필요한 시책을 강구하여야 한다.

② 국가 및 지방자치단체는 물품등의 품질개선 및 소비생활의 향상을 위하여 물품등의 규격을 정하고 이를 보급하기 위한 시책을 강구하여야 한다.

제10조(표시의 기준) ① 국가는 소비자가 사업자와의 거래에 있어서 표시나 포장 등으로 인하여 물품등을 잘못 선택하거나 사용하지 아니하도록 물품등에 대하여 다음 각 호의 사항에 관한 표시기준을 정하여야 한다. 〈개정 2011.5.19〉

1. 상품명・용도・성분・재질・성능・규격・가격・용량・허가번호 및 용역의 내용
2. 물품등을 제조・수입 또는 판매하거나 제공한 사업자의 명칭(주소 및 전화번호를 포함한다) 및 물품의 원산지
3. 사용방법, 사용・보관할 때의 주의사항 및 경고사항
4. 제조연월일, 품질보증기간 또는 식품이나 의약품 등 유통과정에서 변질되기 쉬운 물품은 그 유효기간
5. 표시의 크기・위치 및 방법
6. 물품등에 따른 불만이나 소비자피해가 있는 경우의 처리기구(주소 및 전화번호를 포함한다) 및 처리방법
7. 「장애인차별금지 및 권리구제 등에 관한 법률」 제20조에 따른 시각장애인을 위한 표시방법

② 국가는 소비자가 사업자와의 거래에 있어서 표시나 포장 등으로 인하여 물품등을 잘못 선택하거나 사용하지 아니하도록 사업자가 제1항 각 호의 사항을 변경하는 경우 그 변경 전후 사항을 표시하도록 기준을 정할 수 있다. 〈신설 2011.5.19〉

제11조(광고의 기준) 국가는 물품등의 잘못된 소비 또는 과다한 소비로 인하여 발생할 수 있는 소비자의 생명・신체 또는 재산에 대한 위해를 방지하기 위하여 다음 각 호의 어느 하나에 해당하는 경우에는 광고의 내용 및 방법에 관한 기준을 정하여야 한다.

1. 용도・성분・성능・규격 또는 원산지 등을 광고하는 때에 허가 또는 공인된 내용만으로 광고를 제한할 필요가 있거나 특정 내용을 소비자에게 반드시 알릴 필요가 있는 경우
2. 소비자가 오해할 우려가 있는 특정용어 또는 특정표현의 사용을 제한할 필요가 있는 경우
3. 광고의 매체 또는 시간대에 대하여 제한이 필요한 경우

제12조(거래의 적정화) ① 국가는 사업자의 불공정한 거래조건이나 거래방법으로 인하여 소비자가 부당한 피해를 입지 아니하도록 필요한 시책을 수립・실시하여야 한다.

② 국가는 소비자의 합리적인 선택을 방해하고 소비자에게 손해를 끼칠 우려가 있다고 인정되는 사업자의 부당한 행위를 지정・고시할 수 있다.

③ 국가 및 지방자치단체는 약관에 따른 거래 및 방문판매・다단계판매・할부판매・통신판매・전자거래 등 특수한 형태의 거래에 대하여는 소비자의 권익을 위하여 필요한 시책을 강구하여야 한다.

제13조(소비자에의 정보제공) ① 국가 및 지방자치단체는 소비자의 기본적인 권리가 실현될 수 있도록 소비자의 권익과 관련된 주요 시책 및 주요 결정사항을 소비자에게 알려야 한다.

② 국가 및 지방자치단체는 소비자가 물품등을 합리적으로 선택할 수 있도록 하기 위하여 물품등의 거래

조건·거래방법·품질·안전성 및 환경성 등에 관련되는 사업자의 정보가 소비자에게 제공될 수 있도록 필요한 시책을 강구하여야 한다.

제14조(소비자의 능력 향상) ① 국가 및 지방자치단체는 소비자의 올바른 권리행사를 이끌고, 물품등과 관련된 판단능력을 높이며, 소비자가 자신의 선택에 책임을 지는 소비생활을 할 수 있도록 필요한 교육을 하여야 한다.

② 국가 및 지방자치단체는 경제 및 사회의 발전에 따라 소비자의 능력 향상을 위한 프로그램을 개발하여야 한다.

③ 국가 및 지방자치단체는 소비자교육과 학교교육·평생교육을 연계하여 교육적 효과를 높이기 위한 시책을 수립·시행하여야 한다.

④ 국가 및 지방자치단체는 소비자의 능력을 효과적으로 향상시키기 위한 방법으로 「방송법」에 따른 방송사업을 할 수 있다.

⑤ 제1항의 규정에 따른 소비자교육의 방법 등에 관하여 필요한 사항은 대통령령으로 정한다.

제15조(개인정보의 보호) ① 국가 및 지방자치단체는 소비자가 사업자와의 거래에서 개인정보의 분실·도난·누출·변조 또는 훼손으로 인하여 부당한 피해를 입지 아니하도록 필요한 시책을 강구하여야 한다.

② 국가는 제1항의 규정에 따라 소비자의 개인정보를 보호하기 위한 기준을 정하여야 한다.

제16조(소비자분쟁의 해결) ① 국가 및 지방자치단체는 소비자의 불만이나 피해가 신속·공정하게 처리될 수 있도록 관련 기구의 설치 등 필요한 조치를 강구하여야 한다.

② 국가는 소비자와 사업자 사이에 발생하는 분쟁을 원활하게 해결하기 위하여 대통령령이 정하는 바에 따라 소비자분쟁해결기준을 제정할 수 있다.

③ 제2항의 규정에 따른 소비자분쟁해결기준은 분쟁 당사자 사이에 분쟁해결방법에 관한 별도의 의사표시가 없는 경우에 한하여 분쟁해결을 위한 합의 또는 권고의 기준이 된다.

제17조(시험·검사시설의 설치 등) ① 국가 및 지방자치단체는 물품등의 규격·품질 및 안전성 등에 관하여 시험·검사 또는 조사를 실시할 수 있는 기구와 시설을 갖추어야 한다.

② 국가·지방자치단체 또는 소비자나 소비자단체는 필요하다고 인정되는 때 또는 소비자의 요청이 있는 때에는 제1항의 규정에 따라 설치된 시험·검사기관이나 제33조의 규정에 따른 한국소비자원(이하 "한국소비자원"이라 한다)에 시험·검사 또는 조사를 의뢰하여 시험 등을 실시할 수 있다.

③ 국가 및 지방자치단체는 제2항의 규정에 따라 시험 등을 실시한 경우에는 그 결과를 공표하고 소비자의 권익을 위하여 필요한 조치를 취하여야 한다.

④ 국가 및 지방자치단체는 소비자단체가 물품등의 규격·품질 또는 안전성 등에 관하여 시험·검사를 실시할 수 있는 시설을 갖출 수 있도록 지원할 수 있다.

⑤ 국가 및 지방자치단체는 제8조·제10조 내지 제13조 또는 제15조의 규정에 따라 기준을 정하거나 소비자의 권익과 관련된 시책을 수립하기 위하여 필요한 경우에는 한국소비자원, 국립 또는 공립의 시험·검사기관 등 대통령령이 정하는 기관에 조사·연구를 의뢰할 수 있다.

출처: 법제처 국가법령정보센터(www.law.go.kr)

▌도표 9-9▌ 「소비자기본법」에 의한 정책영역별 국가 및 지방자치단체의 책무

정책영역	국가 및 지방자치단체의 책무			해당 조항
	책무의 내용	책무의 주체		
		국가	지방자치단체	
지방소비자보호	※ 지방자치단체의 소비자행정조직 설치·운영 지원	O		제7조
위해방지	위해방지기준의 제정	O		제8조
	사업자의 위해방지기준 준수 여부 시험·검사, 조사	O		
계량·규격	계량에 관한 시책의 강구 규격에 관한 시책의 강구	O	O	제9조
표시	표시기준의 제정 ※ 표시기준의 변경사항 표시	O		제10조
광고	광고기준의 제정	O		제11조
거래적정화	거래적정화 시책의 수립 ※ 사업자의 부당행위 지정·고시	O		제12조
	특수거래에 관한 시책의 강구	O	O	
정보제공	소비자정책의 주요 내용을 소비자에게 정보제공 사업자의 정보 제공에 관한 시책의 강구	O	O	제13조
소비자능력 향상	소비자교육의 실시 소비자 능력향상 프로그램의 개발 소비자교육과 학교교육·평생교육의 연계 관련 시책의 수립 및 시행 ※ 소비자능력 향상을 위한 방송사업의 실시	O	O	제14조
개인정보보호	소비자의 개인정보보호시책의 강구	O	O	제15조
	소비자의 개인정보보호기준 제정	O		
분쟁해결	소비자불만·피해의 처리 관련 조치의 강구	O	O	제16조
	※ 소비자분쟁해결기준의 제정	O		
시험·검사	시험·검사, 조사 기구와 시설구비 ※ 시험·검사기관에 의뢰를 통한 시험의 실시 시험결과의 공표 및 조치 시행 ※ 소비자단체의 시험·검사시설 구비 지원 ※ 기준제정 및 시책수립을 위해 필요한 경우 조사·연구 의뢰	O	O	제17조

출처: 김영신 외 4인 (2010). 새로 쓰는 소비자법과 정책. p. 73.
※ '~할 수 있다'고 되어 있는 임의규정, '위해방지의 기준'과 같이 ※ 표시가 안 된 내용은 '~하여야 한다'고 되어 있는 강행규정을 의미함

「소비자기본법」은 국가 및 지방자치단체가 수행해야 할 네 가지 기본 책무 이외에 정책영역별로 11가지 책무를 규정하고 있다(「소비자기본법」 제7조~제17조). 정책영역으로는 지방행정조직에 대한 지원, 위해의 방지(위해방지기준), 계량 및 규격의 적정화, 표시

의 기준, 광고의 기준, 거래의 적정화, 소비자에의 정보제공, 소비자의 능력 향상, 개인정보의 보호(개인정보보호기준), 소비자분쟁의 해결(소비자분쟁해결기준), 시험·검사시설의 설치 등이 있다.

III. 사업자의 책무

▌도표 9-10▌ 「소비자기본법」 제18조~제20조

「소비자기본법」

제2절 사업자의 책무 등

제18조(소비자권익 증진시책에 대한 협력 등) ① 사업자는 국가 및 지방자치단체의 소비자권익 증진시책에 적극 협력하여야 한다.

② 사업자는 소비자단체 및 한국소비자원의 소비자 권익증진과 관련된 업무의 추진에 필요한 자료 및 정보제공 요청에 적극 협력하여야 한다.

③ 사업자는 안전하고 쾌적한 소비생활 환경을 조성하기 위하여 물품등을 제공함에 있어서 환경친화적인 기술의 개발과 자원의 재활용을 위해 노력하여야 한다.

제19조(사업자의 책무) ① 사업자는 물품등으로 인하여 소비자에게 생명·신체 또는 재산에 대한 위해가 발생하지 아니하도록 필요한 조치를 강구하여야 한다.

② 사업자는 물품등을 공급함에 있어서 소비자의 합리적인 선택이나 이익을 침해할 우려가 있는 거래조건이나 거래방법을 사용하여서는 아니 된다.

③ 사업자는 소비자에게 물품등에 대한 정보를 성실하고 정확하게 제공하여야 한다.

④ 사업자는 소비자의 개인정보가 분실·도난·누출·변조 또는 훼손되지 아니하도록 그 개인정보를 성실하게 취급하여야 한다.

⑤ 사업자는 물품등의 하자로 인한 소비자의 불만이나 피해를 해결하거나 보상하여야 하며, 채무불이행 등으로 인한 소비자의 손해를 배상하여야 한다.

제20조(소비자의 권익증진 관련기준의 준수) ① 사업자는 제8조 제1항의 규정에 따라 국가가 정한 기준에 위반되는 물품등을 제조·수입·판매하거나 제공하여서는 아니 된다.

② 사업자는 제10조의 규정에 따라 국가가 정한 표시기준을 위반하여서는 아니 된다.

③ 사업자는 제11조의 규정에 따라 국가가 정한 광고기준을 위반하여서는 아니 된다.

④ 사업자는 제12조 제2항의 규정에 따라 국가가 지정·고시한 행위를 하여서는 아니 된다.

⑤ 사업자는 제15조 제2항의 규정에 따라 국가가 정한 개인정보의 보호기준을 위반하여서는 아니 된다.

출처: 법제처 국가법령정보센터(www.law.go.kr)

소비자 권익증진에 가장 직접적인 영향을 미치는 주체는 사업자이다. 「소비자기본법」에서는 사업자의 책무를 크게 두 가지로 나누어 규정하고 있는데, 하나는 거래상의 책무이고, 다른 하나는 시책상의 책무이다.

1. 거래상의 책무

사업자는 소비자와 거래를 함에 있어 ① 위해발생 방지 조치강구, ② 부당한 거래조건이나 거래방법의 사용금지, ③ 물품에 대한 정보의 성실하고 정확한 제공, ④ 소비자의 개인정보 보호, ⑤ 소비자피해의 보상 등의 책무가 있다(제19조).

2. 시책(일정한 시기에 시행하는 정책)상의 책무

사업자는 국가 및 지방자치단체가 소비자정책을 추진하는 과정에서 수립한 각종 법령, 제도 등의 시행에 적극 협력하고 준수할 책무가 있다.

구체적으로 살펴보면

첫째, 사업자는 국가 및 지방자치단체의 소비자 권익증진 시책에 적극 협력하여야 한다(제18조 제1항).

둘째, 사업자는 소비자단체 및 한국소비자원의 소비자 권익증진과 관련된 업무의 추진에 필요한 자료 및 정보제공 요청에 적극 협력하여야 한다(제18조 제2항). 「소비자기본법」에서는 소비자단체가 필요한 자료 및 정보의 제공을 요청할 경우, 한국소비자원에 설치된 '소비자정보요청협의회'의 협의·조정을 거쳐 사업자 또는 사업자단체가 자료를 제공하도록 하고 있다. 사업자 및 사업자단체는 정당한 사유가 없는 한 이 요청에 응해야 하며, 정보를 받은 소비자단체 및 한국소비자원은 당초 밝힌 사용목적과 사용절차에 따라 정보를 사용해야 한다.

셋째, 사업자는 안전하고 쾌적한 소비생활 환경을 조성하기 위하여 물품 등을 제공함에 있어서 환경친화적인 기술의 개발과 자원의 재활용을 위하여 노력하여야 한다(제18조 제3항).

넷째, 사업자는 「소비자기본법」에 따라 국가가 제정한 각종 기준 예를 들어, 위해방지기준, 표시기준, 광고기준, 개인정보보호기준 등을 준수할 책무가 있으며 더불어 국가가 지정·고시한 부당한 거래행위를 해서는 안 된다(제20조).

제5절 소비자정책의 추진

소비자정책의 추진과 관련한 조직 및 기관의 업무를 「소비자기본법」 제4장 소비자정책의 추진체계, 제5장 소비자단체 및 제6장 한국소비자원에서 규정하고 있다.

I. 소비자정책의 추진체계

「소비자기본법」 제4장 소비자정책의 추진체계에서는 소비자정책의 수립, 소비자정책위원회, 국제협력의 세 가지 사항을 규정하고 있다.

도표 9-11 「소비자기본법」 제21조~제22조

「소비자기본법」

제4장 소비자정책의 추진체계
제1절 소비자정책의 수립

제21조(기본계획의 수립 등) ① 공정거래위원회는 제23조의 규정에 따른 소비자정책위원회의 심의·의결을 거쳐 소비자정책에 관한 기본계획(이하 "기본계획"이라 한다)을 3년마다 수립하여야 한다. 〈개정 2008.2.29〉

② 기본계획에는 다음 각 호의 사항이 포함되어야 한다.
1. 소비자정책과 관련된 경제·사회 환경의 변화
2. 소비자정책의 기본방향
3. 다음 각 목의 사항이 포함된 소비자정책의 목표
가. 소비자안전의 강화
나. 소비자와 사업자 사이의 거래의 공정화 및 적정화
다. 소비자교육 및 정보제공의 촉진
라. 소비자피해의 원활한 구제
마. 국제소비자문제에 대한 대응
바. 그 밖에 소비자의 권익과 관련된 주요한 사항
4. 소비자정책의 추진과 관련된 재원의 조달방법
5. 어린이 위해방지를 위한 연령별 안전기준의 작성
6. 그 밖에 소비자정책의 수립과 추진에 필요한 사항

③ 공정거래위원회는 제23조의 규정에 따른 소비자정책위원회의 심의·의결을 거쳐 기본계획을 변경할 수 있다. 〈개정 2008.2.29〉

④ 기본계획의 수립·변경 절차 등에 관하여 필요한 사항은 대통령령으로 정한다.

제22조(시행계획의 수립 등) ① 관계 중앙행정기관의 장은 기본계획에 따라 매년 10월 31일까지 소관 업무에 관하여 다음 연도의 소비자정책에 관한 시행계획(이하 "중앙행정기관별시행계획"이라 한다)을 수립하여야 한다.

② 특별시장 · 광역시장 · 도지사 또는 특별자치도지사(이하 "시 · 도지사"라 한다)는 기본계획과 중앙행정기관별시행계획에 따라 매년 11월 30일까지 소비자정책에 관한 다음 연도의 시 · 도별시행계획(이하 "시 · 도별시행계획"이라 한다)을 수립하여야 한다. 〈개정 2010.3.22〉
③ 공정거래위원회는 매년 12월 31일까지 중앙행정기관별시행계획 및 시 · 도별시행계획을 취합 · 조정하여 제23조의 규정에 따른 소비자정책위원회의 심의 · 의결을 거쳐 종합적인 시행계획(이하 "종합시행계획"이라 한다)을 수립하여야 한다. 〈개정 2008.2.29〉
④ 관계 중앙행정기관의 장 및 시 · 도지사는 종합시행계획이 실효성 있게 추진될 수 있도록 매년 소요비용에 대한 예산편성 등 필요한 재정조치를 강구하여야 한다.
⑤ 종합시행계획의 수립 및 그 집행실적의 평가 등에 관하여 필요한 사항은 대통령령으로 정한다.

출처: 법제처 국가법령정보센터(www.law.go.kr)

1. 소비자정책의 수립

「소비자기본법」에 따르면 우리나라 소비자정책은 기본계획과 시행계획으로 구분된다.

공정거래위원회는 소비자정책위원회의 심의 · 의결을 거쳐 3년마다 소비자정책 기본계획을 수립한다. 이에 따라 2009년부터 2011년까지, 2012년부터 2014년까지 소비자정책 기본계획이 수립되었다. 2012년부터 2014년까지의 소비자정책 기본계획은 (1) 안전한 소비환경구축, (2) 신뢰할 수 있는 거래환경 조성, (3) 소비자교육 및 정보제공의 효율화, (4) 소비자피해의 원활한 구제, (5) 소비자와 기업의 상생기반 조성, (6) 효율적인 소비자정책 추진 등 여섯 가지를 기본 정책 방향으로 설정하여 분야별 정책과제들을 제시하고 있다.

관계 중앙행정기관의 장[55] 및 시 · 도지사는 위의 소비자정책 기본계획에 따라 매년 소비자정책 시행계획을 수립한다. 공정거래위원회는 중앙행정기관 및 시 · 도지사가 마련한 해당 기관의 다음 연도의 소비자정책 시행계획을 매년 12월 31일까지 취합 · 조정하여 소비자정책위원회의 심의 · 의결을 거쳐 종합적인 시행계획을 수립한다.

55) 15개 관계 중앙행정기관의 장은 2015년 현재 다음과 같다: 기획재정부장관, 미래창조과학부장관, 교육부장관, 법무부장관, 행정자치부장관, 문화체육관광부장관, 농림축산식품부장관, 산업통상자원부장관, 보건복지부장관, 환경부장관, 여성가족부장관, 국토교통부장관, 방송통신위원회위원장, 금융위원회위원장, 식품의약품안전처장

도표 9-12 「소비자기본법」상 우리나라 소비자정책의 수립과정

<table>
<tr><th rowspan="2">구분</th><th rowspan="2">소비자정책 기본계획</th><th colspan="3">소비자정책 시행계획</th></tr>
<tr><th>관계 중앙행정기관별 시행계획</th><th>시・도별 시행계획</th><th>종합시행계획</th></tr>
<tr><td>수립주기</td><td>3년</td><td>매년</td><td>매년</td><td>매년</td></tr>
<tr><td>수립주체</td><td>공정거래위원회</td><td>관계 중앙행정기관의 장</td><td>시・도지사</td><td>공정거래 위원회</td></tr>
<tr><td>수립절차</td><td>① 공정거래위원회의 시안마련
② 소비자정책위원회의 심의・의결로 확정</td><td>① 기본계획에 의거
② 매년 10월 31일까지 다음 연도 시행계획 수립</td><td>① 기본계획 및 관계 중앙행정기관별 시행계획에 의거
② 매년 11월 30일까지 다음 연도 시행계획 수립</td><td>① 매년 12월 31일까지 관계중앙행정 기관별 시행계획 및 시・도별 시행계획 취합・조정
② 종합시행계획을 소비자정책위원회의 심의・의결로 확정</td></tr>
</table>

출처: 김영신 외 4인 (2010). 새로 쓰는 소비자법과 정책. p. 76.

2. 소비자정책위원회

소비자의 권익증진 및 소비생활의 향상에 관한 기본적인 정책을 심의・의결하기 위하여 공정거래위원회에 소비자정책위원회를 두고 있다(제23조).

소비자정책위원회는 위원장 2인을 포함한 25인 이내의 위원으로 구성한다. 소비자정책위원회는 2인 위원장으로 공정거래위원회위원장과 소비자문제에 관하여 학식과 경험이 풍부한 자 중에서 대통령이 위촉하는 자가 된다. 위원은 관계 중앙행정기관의 장인 '기획재정부장관, 미래창조과학부장관, 교육부장관, 법무부장관, 행정자치부장관, 문화체육관광부장관, 농림축산식품부장관, 산업통상자원부장관, 보건복지부장관, 환경부장관, 여성가족부장관, 국토교통부장관, 방송통신위원회위원장, 금융위원회위원장 및 식품의약품안전처장'과 한국소비자원의 원장, 공정거래위원회 위원장이 추천하는 자[56]가 된다(제24조).

56) 1. 소비자문제에 관한 학식과 경험이 풍부한 자
2. 소비자단체 및 대통령령이 정하는 경제단체에서 추천하는 소비자 대표 및 경제계 대표

▌도표 9-13▌ 「소비자기본법」 제23조~제26조

「소비자기본법」

제4장 소비자정책의 추진체계

제2절 소비자정책위원회

제23조(소비자정책위원회의 설치) 소비자의 권익증진 및 소비생활의 향상에 관한 기본적인 정책을 심의·의결하기 위하여 공정거래위원회에 소비자정책위원회(이하 "정책위원회"라 한다)를 둔다. 〈개정 2008.2.29〉

제24조(정책위원회의 구성) ① 정책위원회는 위원장 2인을 포함한 25인 이내의 위원으로 구성한다.

② 위원장은 공정거래위원회위원장과 소비자문제에 관하여 학식과 경험이 풍부한 자 중에서 대통령이 위촉하는 자가 된다. 〈개정 2008.2.29〉

③ 위원은 관계 중앙행정기관의 장 및 제38조의 규정에 따른 한국소비자원의 원장(이하 "원장"이라 한다)과 다음 각 호의 어느 하나에 해당하는 자 중에서 공정거래위원회위원장이 위촉하는 자가 된다. 〈개정 2008.2.29〉

1. 소비자문제에 관한 학식과 경험이 풍부한 자
2. 제29조의 규정에 따라 등록한 소비자단체(이하 "등록소비자단체"라 한다) 및 대통령령이 정하는 경제단체에서 추천하는 소비자대표 및 경제계대표

④ 제2항의 규정에 따른 위촉위원장 및 제3항의 규정에 따른 위촉위원의 임기는 3년으로 한다.

⑤ 정책위원회에 간사 1인을 두되, 공정거래위원회 소속공무원 중에서 공정거래위원회위원장이 임명한다. 〈개정 2008.2.29〉

제25조(정책위원회의 기능 등) ① 정책위원회는 다음 각 호의 사항을 심의·의결한다.

1. 기본계획 및 종합시행계획
2. 소비자정책의 종합적 추진에 관한 사항
3. 소비자정책의 평가 및 제도개선에 관한 사항
4. 그 밖에 위원장이 소비자의 권익증진 및 소비생활의 향상을 위하여 토의에 부치는 사항

② 정책위원회는 업무를 효율적으로 수행하기 위하여 정책위원회에 실무위원회와 분야별 전문위원회를 둘 수 있다.

③ 이 법에 규정한 것 외에 정책위원회·실무위원회 및 전문위원회의 조직과 운영에 관하여 필요한 사항은 대통령령으로 정한다.

제26조(의견청취 등) ① 정책위원회는 제25조 제1항 각 호의 사항을 심의하기 위하여 필요한 경우에는 소비자문제에 관하여 전문지식이 있는 자, 소비자 또는 관계사업자의 의견을 들을 수 있다.

② 공정거래위원회는 소비자권익증진, 정책위원회의 운영 등을 위하여 필요한 경우 중앙행정기관의 장 및 지방자치단체의 장 등 관계 행정기관에 의견제시 및 자료제출을 요청할 수 있다. 〈개정 2008.2.29.〉

출처: 법제처 국가법령정보센터(www.law.go.kr)

소비자정책위원회의 기능은 다음의 사항을 심의·의결하는 것이다(제25조).

첫째, 기본계획 및 종합시행계획

둘째, 소비자정책의 종합적 추진에 관한 사항

셋째, 소비자정책의 평가 및 제도개선에 관한 사항

넷째, 그 밖에 위원장이 소비자의 권익증진 및 소비생활의 향상을 위하여 토의에 부치는 사항

소비자정책위원회의 회의는 재적위원 과반수의 출석으로 열고, 출석위원 과반수의 찬성으로 의결한다(시행령 제16조).

소비자정책위원회에 올릴 안건을 미리 검토·조정하고, 소비자정책위원회의 운영을 지원하기 위하여 실무위원회를 둔다. 실무위원회는 위원장 1명을 포함한 20명 이내의 위원으로 구성한다(시행령 제17조). 소비자정책위원회에 올릴 안건 중 전문성이 요구되는 사안에 대한 연구·검토를 수행하도록 하기 위하여 분야별 전문위원회를 둔다(시행령 제18조). 「소비자기본법」시행령에서 규정한 사항 외에 소비자정책위원회, 실무위원회, 전문위원회의 운영에 필요한 사항은 소비자정책위원회의 의결을 거쳐 소비자정책위원회 위원장이 정한다(시행령 제19조).

3. 국제협력

도표 9-14 「소비자기본법」 제27조

「소비자기본법」

제4장 소비자정책의 추진체계
제3절 국제협력
제27조(국제협력) ① 국가는 소비자문제의 국제화에 대응하기 위하여 국가 사이의 상호협력방안을 마련하는 등 필요한 대책을 강구하여야 한다.
② 공정거래위원회는 관계 중앙행정기관의 장과 협의하여 국제적인 소비자문제에 대응하기 위한 정보의 공유, 국제협력창구 또는 협의체의 구성·운영 등 관련 시책을 수립·시행하여야 한다. 〈개정 2008.2.29〉
③ 제2항의 규정에 따른 관련 시책의 수립 등에 관하여 필요한 사항은 대통령령으로 정한다.

출처: 법제처 국가법령정보센터(www.law.go.kr)

「소비자기본법」에서는 국가로 하여금 소비자문제의 국제화에 대응하기 위하여 국가간 상호협력방안을 마련하는 등 필요한 대책을 강구하여야 한다고 규정하고 있다(제27조). 공정거래위원회는 국제 소비자문제에 대응하기 위해 정보의 공유, 국제협력창구 또는 협의체의 구성·운영 등 관련 시책을 수립·시행하여야 한다. 이러한 규정에 따라 공

정거래위원회는 소비자정책에 있어 국제협력 활성화와 국제 소비자문제에의 효과적 대응을 위한 시책을 수립하여 시행하고 있는데, 〈도표 9-15〉를 통해 살펴볼 수 있다.

▌도표 9-15▌ 제2차 소비자정책 기본계획에 포함되어 있는 국제협력 부문 시책

소비자정책의 국제협력 강화	– 한·중·일 3국 간 피해구제 협의를 위한 실무기구 설치 – 한·일 온라인 분쟁해결기구 시범운영

출처: 공정거래위원회. 소비자정책 기본계획 2012-2014.

II. 소비자단체

「소비자기본법」에서는 소비자단체에 대한 업무, 등록 및 보조금 지급과 소비자단체의 자율적 분쟁조정에 대한 사항을 규정하고 있다(도표 9-16 참조).

소비자단체의 업무는 다음과 같다.

첫째, 국가 및 지방자치단체의 소비자의 권익과 관련된 시책에 대한 건의

둘째, 물품 등의 규격·품질·안전성·환경성에 관한 시험·검사 및 가격 등을 포함한 거래조건이나 거래방법에 관한 조사·분석

셋째, 소비자문제에 관한 조사·연구

넷째, 소비자의 교육

다섯째, 소비자의 불만 및 피해를 처리하기 위한 상담·정보제공 및 당사자 사이의 합의의 권고

▌도표 9-16▌ 「소비자기본법」 제28조~제32조

「소비자기본법」

제5장 소비자단체

제28조(소비자단체의 업무 등) ① 소비자단체는 다음 각 호의 업무를 행한다.

1. 국가 및 지방자치단체의 소비자의 권익과 관련된 시책에 대한 건의
2. 물품등의 규격·품질·안전성·환경성에 관한 시험·검사 및 가격 등을 포함한 거래조건이나 거래방법에 관한 조사·분석
3. 소비자문제에 관한 조사·연구
4. 소비자의 교육
5. 소비자의 불만 및 피해를 처리하기 위한 상담·정보제공 및 당사자 사이의 합의의 권고

② 소비자단체는 제1항제2호의 규정에 따른 조사·분석 등의 결과를 공표할 수 있다. 다만, 공표되는 사항

중 물품등의 품질·성능 및 성분 등에 관한 시험·검사로서 전문적인 인력과 설비를 필요로 하는 시험·검사인 경우에는 대통령령이 정하는 시험·검사기관의 시험·검사를 거친 후 공표하여야 한다.
③ 소비자단체는 제78조의 규정에 따라 자료 및 정보의 제공을 요청하였음에도 사업자 또는 사업자단체가 정당한 사유 없이 이를 거부·방해·기피하거나 거짓으로 제출한 경우에는 그 사업자 또는 사업자단체의 이름(상호 그 밖의 명칭을 포함한다), 거부 등의 사실과 사유를 「신문 등의 진흥에 관한 법률」에 따른 일반일간신문에 게재할 수 있다. 〈개정 2009.7.31〉
④ 소비자단체는 업무상 알게 된 정보를 소비자의 권익을 증진하기 위한 목적이 아닌 용도에 사용하여서는 아니 된다.
⑤ 소비자단체는 사업자 또는 사업자단체로부터 제공받은 자료 및 정보를 소비자의 권익을 증진하기 위한 목적이 아닌 용도로 사용함으로써 사업자 또는 사업자단체에 손해를 끼친 때에는 그 손해에 대하여 배상할 책임을 진다.

제29조(소비자단체의 등록) ① 다음 각 호의 요건을 모두 갖춘 소비자단체는 대통령령이 정하는 바에 따라 공정거래위원회 또는 지방자치단체에 등록할 수 있다.
1. 제28조 제1항제2호 및 제5호의 업무를 수행할 것
2. 물품 및 용역에 대하여 전반적인 소비자문제를 취급할 것
3. 대통령령이 정하는 설비와 인력을 갖출 것
4. 「비영리민간단체 지원법」 제2조 각 호의 요건을 모두 갖출 것

② 공정거래위원회 또는 지방자치단체의 장은 제1항의 규정에 따라 등록을 신청한 소비자단체가 제1항 각 호의 요건을 갖추었는지 여부를 심사하여 등록 여부를 결정하여야 한다.

제30조(등록의 취소) ① 공정거래위원회 또는 지방자치단체의 장은 소비자단체가 거짓 그 밖의 부정한 방법으로 제29조의 규정에 따른 등록을 한 경우에는 등록을 취소하여야 한다.
② 공정거래위원회 또는 지방자치단체의 장은 등록소비자단체가 제29조 제1항 각 호의 요건을 갖추지 못하게 된 경우에는 3월 이내에 보완을 하도록 명할 수 있고, 그 기간이 경과하여도 요건을 갖추지 못하는 경우에는 등록을 취소할 수 있다.

제31조(자율적 분쟁조정) ① 제29조의 규정에 따라 공정거래위원회에 등록한 소비자단체의 협의체는 제28조 제1항5호의 규정에 따른 소비자의 불만 및 피해를 처리하기 위하여 자율적 분쟁조정(紛爭調停)을 할 수 있다. 다만, 다른 법률의 규정에 따라 설치된 전문성이 요구되는 분야의 분쟁조정기구(紛爭調停機構)로서 대통령령이 정하는 기구에서 관장하는 사항에 대하여는 그러하지 아니하다.
② 제1항의 규정에 따른 자율적 분쟁조정은 당사자가 이를 수락한 경우에는 당사자 사이에 자율적 분쟁조정의 내용과 동일한 합의가 성립된 것으로 본다.
③ 제1항 본문의 규정에 따른 소비자단체의 협의체 구성 및 분쟁조정의 절차 등에 관하여 필요한 사항은 대통령령으로 정한다.
제32조(보조금의 지급) 국가 또는 지방자치단체는 등록소비자단체의 건전한 육성·발전을 위하여 필요하다고 인정될 때에는 보조금을 지급할 수 있다.

출처: 법제처 국가법령정보센터(www.law.go.kr)

소비자단체의 자율적 분쟁조정을 살펴보면 다음과 같다.

소비자와 사업자 간에 발생한 분쟁에 대하여 소비자단체[57]가 합의권고를 하였음에도

불구하고, 합의가 이루어지지 아니하면 소비자와 사업자 또는 소비자단체는 소비자단체협의체(공정거래위원회에 등록한 소비자단체의 협의체)에 자율적 분쟁조정을 신청할 수 있다.

소비자단체협의체(현재 '한국소비자단체협의회'라고 한다)는 '자율적 분쟁조정위원회'(현재 '자율분쟁조정위원회'라고 한다)를 구성하여 공공성과 중립성이 유지되도록 노력하여야 한다. '자율분쟁조정위원회'는 분쟁조정의 신청을 받은 날부터 30일 이내에 그 분쟁조정을 마쳐야 한다. 다만, 부득이한 사정으로 그 기간 내에 분쟁조정을 마칠 수 없으면 그 사유와 기한을 구체적으로 밝혀 당사자나 그 대리인에게 알려야 한다. 다른 법률의 규정에 따라 설치된 전문성이 요구되는 분야(금융분쟁조정위원회, 의료심사조정위원회, 환경분쟁조정위원회, 한국저작권위원회, 통신위원회, 개인정보분쟁조정위원회, 전기위원회, 우체국보험분쟁조정위원회 등)의 분쟁에 대해서는 소비자단체협의체에 '자율적 분쟁조정'을 신청할 수 없다.

'자율적 분쟁조정'이 성립되면 민법상 화해와 같은 효력이 있다. 민법상 화해란 당사자가 서로 양보하여 당사자 간의 분쟁을 끝낼 것을 약속하는 것을 말한다.

한국소비자단체협의회의 자율분쟁조정위원회가 처리한 '자율적 분쟁조정'에 대한 예는 〈도표 9-17〉에 제시되어 있다.

▌도표 9-17▐ 자율적 분쟁조정의 예시: 【분쟁2013-162】 결혼정보업 계약해지시 환급금

1. 사건개요

가. 2013. 4. 17. 신청인은 피신청인(결혼정보업체)과 1년 동안 결혼배우자로서 적합한 이성에 대한 정보를 제공받기로 하는 계약을 체결하고, 대금 1,000,000원은 신청인의 신용카드로 10개월 할부결제하였다.

나. 피신청인은 신청인에게 계약일로부터 1년 동안 약정 4회와 서비스 1회, 총 5회의 만남을 주선하기로 하였다.

다. 신청인은 2013. 4. 25. 및 2013. 5. 3.에 피신청인의 주선으로 두 차례 이성과 만남을 가진 이후 피신청인에게 계약해지의사를 밝혔다.

라. 이에 양 당사자 간에 계약해지에 따른 환급금에 대한 다툼으로 본 위원회 조정에 이르게 되었다.

2. 당사자주장

가. 신청인 주장

1) 피신청인은 신청인에게 두 차례의 주선에 앞서 전화로 상대방에 대한 정보를 알려주며 만나볼 의사가 있

57) 소비자단체는 공정거래위원회 또는 시·도에 등록하여 활동한다.

는지를 물었고, 신청인은 상대방을 보고 판단해도 늦지 않겠다고 생각하여 2명의 이성을 소개받았다.

2) 첫 번째로 소개받은 남성은 '미혼인 자녀가 있어 결혼하기 힘들다', '본인은 회원가입기간이 지났음에도 2~3개월에 한 번씩 피신청인의 연락이 온다'라고 말하였으며, 두 번째로 소개받은 남성은 '이혼한 자녀와 함께 지내고 있어 결혼은 못하니 그냥 가끔씩 만나고 싶다'라고 하였다.

3) 첫 번째, 두 번째 상대방 모두 만나고 몇 분 지나지 않아 위와 같은 말을 하여 불쾌함을 느꼈다. 이에 피신청인에게 회원정보를 제대로 확인하지 않고 결혼을 할 수 없는 사람과의 만남을 주선한 것이 아닌지 물었으나, 피신청인은 상대방이 거절 표현을 그렇게 한 것이라고 답변하였다. 피신청인의 이와 같은 답변에 굉장한 모욕감을 느꼈고, 회원에 대한 정확한 정보를 가지고 서로에게 맞는 사람을 주선한 것이 아니라 단지 주선횟수만 늘리기 위해 상대방을 임시로 고용하여 보낸 것이 아닌지 의심이 될 정도이다.

4) 이에 피신청인에게 계약해지 및 환불을 요구하자 피신청인은 약관에 의한 환급금을 1~2개월 후 지급하겠다고 한다. 그러나 피신청인이 계약에 대한 책임과 의무를 다했다고 인정할 수 없으므로 기본경비를 공제한 800,000원에서 적어도 500,000원은 환급받길 원한다.

나. 피신청인 주장

1) 2013. 4. 25. 신청인에게 첫 번째 주선을 하였다. 신청인은 당시 만났던 상대방의 회원기간이 종료된 것으로 알고 있으나, 이 회원의 가입기간은 2013. 8. 30.까지이며, 미혼인 자녀가 있다는 것은 결혼할 수 없는 사유가 되지 않는다. 2013. 5. 3. 신청인에게 두 번째로 소개한 남성이 이혼한 자녀와 함께 지내고 있다고 말한 것 또한 마찬가지이다.

2) 신청인에게 잘못된 정보를 제공한 바가 없으며 신청인이 주선받은 상대방이 결혼할 의지가 없다고 한 말만으로 잘못된 정보를 제공한 것이라고 볼 수 없다. 기본적으로 회원들은 결혼에 대한 의지가 강하긴 하나 주선시 상대방이 만족스럽지 못할 경우 결혼할 의사가 없다는 표현을 한다.

3) 신청인이 계약해지를 요청하기에 약관에 따라 환급금을 계산하여 약정횟수 4회 중 남은 2회에 대한 환불금으로 400,000원(회원가입비의 80%×잔여횟수/약정횟수)을 지급하겠다고 안내하였으나 받아들일 수 없다며 500,000원을 요구하였다.

3. 판단

가. 신청인과 피신청인이 체결한 계약은 「방문판매 등에 관한 법률」(이하, 「방문판매법」이라 한다) 제2조 제10호의 계속거래에 해당한다. 따라서 신청인은 동법 제31조에 따라 계약기간 중 언제든지 계약을 해지할 수 있으므로, 본 사건 계약은 신청인이 피신청인에 계약해지의사를 밝힘으로써 적법하게 해지된 것으로 판단한다.

나. 양 당사자 간의 계약이 해지됨에 따라 피신청인이 신청인에게 환급할 금액의 범위에 대하여 살펴보도록 한다.

1) 계약해지의 책임 주체

신청인과 피신청인 모두 2회의 만남이 이루어진 것에 대하여 다툼이 없으나 서로 상대방에게 계약해지의 귀책사유가 있다고 주장하고 있다.

공정거래위원회 고시 결혼정보업에 관한 소비자분쟁해결기준(제2011-10호)에서는 귀책사유에 대하여 〈당사자의 고의·과실로 명백히 객관적으로 판별할 수 있는 사항에 관한 정보를 상대방에 허위로 제공한 경우〉라고 한다. 또한 객관적으로 판별할 수 있는 사항은 예시를 들어 〈결혼, 직업, 학력, 병력 등에 관한 정보〉라고 설명하였다.

신청인이 만난 두 상대방의 〈주관적인 의사〉를 '피신청인이 객관적으로 판별할 수 있는 사항에 관한 정보'라고 보기는 어려운 바, 피신청인이 결혼정보서비스를 제공하는 업자로서 임무를 다하지 못했다는 신청인의 주장은 인정할 수 없으며, 결국 신청인의 귀책사유로 계약이 해지된 것으로 볼 것이다.

2) 환급금의 범위

결혼정보업에 관한 소비자분쟁해결기준(공정거래위원회 고시 제2011-10호)에 따르면 소비자의 귀책사유로 계약해지하는 경우 〈가입비 80%×(잔여횟수/총 횟수)〉로 환급금을 산출한다.

피신청인은 회원가입계약서 나항에 약정횟수를 다하였으나 성혼이 확정되지 않은 경우 1회의 보너스 미팅서비스 제공할 수 있음을 명시하고, 나항 단서에 보너스 미팅횟수는 약정횟수에 포함하지 않는다고 기재하였으므로 신청인에게 〈가입비 80%×(잔여횟수/약정횟수)〉로 계산한 금액을 지급한다고 주장한다.

그러나 결혼정보서비스 제공에 있어 객관적으로 판별할 수 없는 사안으로 인한 문제를 방지하고 대처하는 것도 결혼정보업자의 부수적인 의무에 포함될 것이고, 피신청인은 그와 같은 의무 이행에 다소 미흡한 점이 있었다고 볼 수 있다. 또한 성혼이 되지 않은 소비자들에게만 제공된다는 보너스 1회는 미혼 상태인 소비자들이 피신청인으로부터 실제로 제공받을 것으로 예상한 횟수에 포함된다고 보는 것이 현실적인 바, 이 사건 계약에서 정한 만남의 총 횟수는 5회로 본다. 결국 피신청인이 신청인에게 환급할 금액은 480,000원(가입비의 80%×잔여횟수 3회/총 횟수 5회)이 된다.

4. 조정결정사항

피신청인은 조정성립통보를 받은 날로부터 3영업일 이내에 신청인에게 480,000원을 환급한다.

출처: 한국소비자단체협의회 자율분쟁조정위원회 분쟁조정사례(www.amco.or.kr)

III. 한국소비자원

한국소비자원의 업무는 제도와 정책의 연구 및 건의, 물품 등에 관한 시험검사 및 거래조건이나 거래방법에 대한 조사·분석, 정보수집·제공 및 국제협력, 교육·홍보 및 방송사업, 불만처리 및 피해구제, 소비자의 권익증진 및 소비생활의 합리화를 위한 종합적인 조사·연구 등이 있다. 공정거래위원회 산하기관으로 공정거래위원회의 지도·감독을 받고 있다.

▌도표 9-18▌ 「소비자기본법」 제35조

「소비자기본법」

제6장 한국소비자원

제1절 설립 등

제35조(업무) ① 한국소비자원의 업무는 다음 각 호와 같다.

1. 소비자의 권익과 관련된 제도와 정책의 연구 및 건의
2. 소비자의 권익증진을 위하여 필요한 경우 물품등의 규격·품질·안전성·환경성에 관한 시험·검사 및 가격 등을 포함한 거래조건이나 거래방법에 대한 조사·분석
3. 소비자의 권익증진·안전 및 소비생활의 향상을 위한 정보의 수집·제공 및 국제협력
4. 소비자의 권익증진·안전 및 능력개발과 관련된 교육·홍보 및 방송사업
5. 소비자의 불만처리 및 피해구제
6. 소비자의 권익증진 및 소비생활의 합리화를 위한 종합적인 조사·연구

7. 국가 또는 지방자치단체가 소비자의 권익증진과 관련하여 의뢰한 조사 등의 업무
8. 그 밖에 소비자의 권익증진 및 안전에 관한 업무

② 한국소비자원이 제1항제5호의 규정에 따른 업무를 수행함에 있어서 다음 각 호의 사항은 그 처리대상에서 제외한다.

1. 국가 또는 지방자치단체가 제공한 물품등으로 인하여 발생한 피해구제. 다만, 대통령령으로 정하는 물품등에 관하여는 그러하지 아니하다.
2. 그 밖에 다른 법률의 규정에 따라 설치된 전문성이 요구되는 분야의 분쟁조정기구에 신청된 피해구제 등으로서 대통령령이 정하는 피해구제

③ 한국소비자원은 업무수행 과정에서 취득한 사실 중 소비자의 권익증진, 소비자피해의 확산 방지, 물품등의 품질향상 그 밖에 소비생활의 향상을 위하여 필요하다고 인정되는 사실은 이를 공표하여야 한다. 다만, 사업자 또는 사업자단체의 영업비밀을 보호할 필요가 있다고 인정되거나 공익상 필요하다고 인정되는 때에는 그러하지 아니하다.

출처: 법제처 국가법령정보센터(www.law.go.kr)

제6절 소비자안전

I. 취약계층의 보호

「소비자기본법」에서는 어린이, 노약자 및 장애인 등 취약계층의 안전을 확보하기 위한 국가, 지방자치단체 및 사업자의 책무를 규정하고 있다.

국가 및 지방자치단체는 어린이, 노약자 및 장애인 등 안전취약계층에 대하여 우선적으로 보호시책을 강구하여야 하며, 사업자는 이들 안전취약계층에 위해가 발생하지 않도록 필요한 조치를 취하여야 한다.

도표 9-19 「소비자기본법」 제45조

「소비자기본법」

제7장 소비자안전

제1절 총칙

제45조(취약계층의 보호) ① 국가 및 지방자치단체는 어린이·노약자 및 장애인 등 안전취약계층에 대하여 우선적으로 보호시책을 강구하여야 한다.

② 사업자는 어린이·노약자 및 장애인 등 안전취약계층에 대하여 물품등을 판매·광고 또는 제공하는 경우에는 그 취약계층에게 위해가 발생하지 아니하도록 제19조 제1항의 규정에 따른 조치와 더불어 필요한 예방조치를 취하여야 한다.

출처: 법제처 국가법령정보센터(www.law.go.kr)

II. 소비자안전조치

소비자의 안전을 위해 사업자는 결함정보의 보고의무가 있다. 그리고 사업자는 결함이 있는 물품의 자진수거・파기・수리・교환・환급 또는 제조・수입・판매・제공의 금지 등의 조치를 취하여야 한다.

중앙행정기관의 장은 결함물품의 수거・파기 등의 권고나 수거・파기 등의 명령을 할 수 있다.

▌도표 9-20▌ 「소비자기본법」 제49조~제50조

「소비자기본법」

제7장 소비자안전

제2절 소비자안전조치

제47조(결함정보의 보고의무) ① 사업자는 소비자에게 제공한 물품등에 소비자의 생명・신체 또는 재산에 위해를 끼치거나 끼칠 우려가 있는 제조・설계 또는 표시 등의 중대한 결함이 있는 사실을 알게 된 때에는 그 결함의 내용을 소관 중앙행정기관의 장에게 보고(전자적 보고를 포함한다. 이하 같다)하여야 한다.

② 제1항의 규정에 따른 보고를 받은 중앙행정기관의 장은 사업자가 보고한 결함의 내용에 관하여 제17조의 규정에 따른 시험・검사기관 또는 한국소비자원 등에 시험・검사를 의뢰하고, 시험・검사의 결과 그 물품등이 제49조 또는 제50조의 요건에 해당하는 경우에는 사업자에게 각각에 해당하는 규정에 따른 필요한 조치를 취하여야 한다.

③ 제1항의 규정에 따라 결함의 내용을 보고하여야 할 사업자는 다음 각 호와 같다.

1. 물품등을 제조・수입 또는 제공하는 자
2. 물품에 성명・상호 그 밖에 식별 가능한 기호 등을 부착함으로써 자신을 제조자로 표시한 자
3. 「유통산업발전법」 제2조 제3호의 규정에 따른 대규모점포 중 대통령령이 정하는 대규모점포를 설치하여 운영하는 자
4. 그 밖에 소비자의 생명・신체 및 재산에 위해를 끼치거나 끼칠 우려가 있는 물품등을 제조・수입・판매 또는 제공하는 자로서 대통령령이 정하는 자

④ 제1항의 규정에 따라 사업자가 보고하여야 할 중대한 결함의 범위, 보고기한 및 보고절차 등에 관하여 필요한 사항은 대통령령으로 정한다.

제48조(물품등의 자진수거 등) 사업자는 소비자에게 제공한 물품등의 결함으로 인하여 소비자의 생명・신체 또는 재산에 위해를 끼치거나 끼칠 우려가 있는 경우에는 대통령령이 정하는 바에 따라 당해 물품등의 수거・파기・수리・교환・환급 또는 제조・수입・판매・제공의 금지 그 밖의 필요한 조치를 취하여야 한다.

제49조(수거・파기 등의 권고 등) ① 중앙행정기관의 장은 사업자가 제공한 물품등의 결함으로 인하여 소비자의 생명・신체 또는 재산에 위해를 끼치거나 끼칠 우려가 있다고 인정되는 경우에는 그 사업자에 대하여 당해 물품등의 수거・파기・수리・교환・환급 또는 제조・수입・판매・제공의 금지 그 밖의 필요한 조치를 권고할 수 있다.

② 제1항의 규정에 따른 권고를 받은 사업자는 그 권고의 수락 여부를 소관 중앙행정기관의 장에게 통지하여야 한다.
③ 사업자는 제1항의 규정에 따른 권고를 수락한 경우에는 제48조의 규정에 따른 조치를 취하여야 한다.
④ 중앙행정기관의 장은 제1항의 규정에 따른 권고를 받은 사업자가 정당한 사유 없이 그 권고를 따르지 아니하는 때에는 사업자가 권고를 받은 사실을 공표할 수 있다.
⑤ 제1항 내지 제4항의 규정에 따른 권고, 권고의 수락 및 공표의 절차에 관하여 필요한 사항은 대통령령으로 정한다.

제50조(수거 · 파기 등의 명령 등) ① 중앙행정기관의 장은 사업자가 제공한 물품등의 결함으로 인하여 소비자의 생명 · 신체 또는 재산에 위해를 끼치거나 끼칠 우려가 있다고 인정되는 경우에는 대통령령이 정하는 절차에 따라 그 물품등의 수거 · 파기 · 수리 · 교환 · 환급을 명하거나 제조 · 수입 · 판매 또는 제공의 금지를 명할 수 있고, 그 물품등과 관련된 시설의 개수(改修) 그 밖의 필요한 조치를 명할 수 있다. 다만, 소비자의 생명 · 신체 또는 재산에 긴급하고 현저한 위해를 끼치거나 끼칠 우려가 있다고 인정되는 경우로서 그 위해의 발생 또는 확산을 방지하기 위하여 불가피하다고 인정되는 경우에는 그 절차를 생략할 수 있다.
② 중앙행정기관의 장은 사업자가 제1항의 규정에 따른 명령에 따르지 아니하는 경우에는 대통령령이 정하는 바에 따라 직접 그 물품등의 수거 · 파기 또는 제공금지 등 필요한 조치를 취할 수 있다.

출처: 법제처 국가법령정보센터(www.law.go.kr)

III. 위해정보의 수집 및 처리

도표 9-21 「소비자기본법」 제51조~제52조

「소비자기본법」

제7장 소비자안전
제2절 소비자안전조치
제51조(소비자안전센터의 설치) ① 소비자안전시책을 지원하기 위하여 한국소비자원에 소비자안전센터를 둔다.
② 소비자안전센터에 소장 1인을 두고, 그 조직에 관한 사항은 정관으로 정한다.
③ 소비자안전센터의 업무는 다음 각 호와 같다.
1. 제52조의 규정에 따른 위해정보의 수집 및 처리
2. 소비자안전을 확보하기 위한 조사 및 연구
3. 소비자안전과 관련된 교육 및 홍보
4. 위해 물품등에 대한 시정 건의
5. 소비자안전에 관한 국제협력
6. 그 밖에 소비자안전에 관한 업무

제52조(위해정보의 수집 및 처리) ① 소비자안전센터는 물품등으로 인하여 소비자의 생명 · 신체 또는 재산에 위해가 발생하였거나 발생할 우려가 있는 사안에 대한 정보(이하 "위해정보"라 한다)를 수집할 수 있다.
② 소장은 제1항의 규정에 따라 수집한 위해정보를 분석하여 그 결과를 원장에게 보고하여야 하고, 원장은

위해정보의 분석결과에 따라 필요한 경우에는 다음 각 호의 조치를 할 수 있다.
1. 위해방지 및 사고예방을 위한 소비자안전경보의 발령
2. 물품등의 안전성에 관한 사실의 공표
3. 위해 물품등을 제공하는 사업자에 대한 시정 권고
4. 국가 또는 지방자치단체에의 시정조치·제도개선 건의
5. 그 밖에 소비자안전을 확보하기 위하여 필요한 조치로서 대통령령이 정하는 사항

③ 제1항 및 제2항의 규정에 따라 위해정보를 수집·처리하는 자는 물품등의 위해성이 판명되어 공표되기 전까지 사업자명·상품명·피해정도·사건경위에 관한 사항을 누설하여서는 아니 된다.
④ 공정거래위원회는 소비자안전센터가 위해정보를 효율적으로 수집할 수 있도록 하기 위하여 필요한 경우에는 행정기관·병원·학교·소비자단체 등을 위해정보 제출기관으로 지정·운영할 수 있다. 〈개정 2008.2.29〉
⑤ 제1항 및 제2항의 규정에 따른 위해정보의 수집 및 처리 등에 관하여 필요한 사항은 대통령령으로 정한다.

출처: 법제처 국가법령정보센터(www.law.go.kr)

소비자안전의 확보는 위해정보의 수집 및 처리에 달려 있다.

「소비자기본법」 제51조에 의해 한국소비자원에 설치된 소비자안전센터 소비자위해감시시스템(www.ciss.or.kr)이 위해정보의 수집 및 처리업무를 담당하고 있다.

소비자안전센터는 위해정보 제출기관으로부터 제출받은 위해정보를 분기별로 해당 물품 등의 소관 중앙행정기관의 장에게 보고하여야 한다. 다만, 긴급한 조치가 필요하다고 인정되면 이를 즉시 보고하여야 한다(시행령 제39조 제5항).

공정거래위원회는 소비자안전센터가 위해정보를 효율적으로 수집할 수 있도록 하기 위하여 행정기관(경찰서, 소방서, 보건소 등)·병원·학교·소비자단체 등을 '위해정보 제출기관'으로 지정·운영할 수 있다.

소비자안전센터에서는 위해정보가 수집되면, 수집된 위해정보에 대한 사실조사와 분석을 토대로 '위해정보평가위원회'의 심의를 거친다(시행령 제42조 제2항·제3항). 소비자안전센터소장은 그 결과를 한국소비자원 원장에게 보고하여야 하고 한국소비자원 원장은 위해정보의 분석결과에 따라 다음과 같은 조치를 취할 수 있다.

첫째, 소비자안전경보의 발령

둘째, 안전성에 관한 사실의 공표

셋째, 사업자에 대한 시정권고

넷째, 국가 및 지방자치단체에의 시정조치 및 제도개선 건의 등이다.

제7절 소비자분쟁의 해결

「소비자기본법」은 제8장에서 소비자분쟁 해결을 위해 국가 · 지방자치단체 · 소비자단체 · 사업자 · 사업자단체 · 한국소비자원 등 관련 주체의 권한과 책무를 규정하고 있다. 그리고 소비자분쟁의 해결과 관련하여 상담을 통한 불만처리 · 피해구제 · 분쟁조정의 3가지 방법을 사용하고 있다.

I. 소비자불만처리

소비자불만처리는 어떤 행위 주체가 소비자로부터 제기되는 불만을 처리하는 행위를 말하며, 「소비자기본법」상 소비자불만처리를 할 수 있는 주체는 국가 및 지방자치단체, 한국소비자원, 소비자단체, 사업자 및 사업자단체가 있다.

도표 9-22 「소비자기본법」 제53조~제54조

「소비자기본법」

제8장 소비자분쟁의 해결
제1절 사업자의 불만처리 등
제53조(소비자상담기구의 설치 · 운영) ① 사업자 및 사업자단체는 소비자로부터 제기되는 의견이나 불만 등을 기업경영에 반영하고, 소비자의 피해를 신속하게 처리하기 위한 기구(이하 "소비자상담기구"라 한다)의 설치 · 운영에 적극 노력하여야 한다.
② 사업자 및 사업자단체는 소비자의 불만 또는 피해의 상담을 위하여 「국가기술자격법」에 따른 관련 자격이 있는 자 등 전담직원을 고용 · 배치하도록 적극 노력하여야 한다.
제54조(소비자상담기구의 설치 권장) ① 중앙행정기관의 장은 사업자 또는 사업자단체에게 소비자상담기구의 설치 · 운영을 권장하거나 그 설치 · 운영에 필요한 지원을 할 수 있다.
③ 공정거래위원회는 소비자상담기구의 설치 · 운영에 관한 권장기준을 정하여 고시할 수 있다. 〈개정 2008.2.29.〉

출처: 법제처 국가법령정보센터(www.law.go.kr)

1. 소비자상담기구를 통한 불만처리(사업자에 의한 불만처리)

사업자 및 사업자단체는 소비자의 불만 및 피해의 처리를 위해 소비자상담기구의 설치 · 운영에 적극 노력하여야 한다.

중앙행정기관의 장은 사업자 또는 사업자단체에게 소비자상담기구의 설치 · 운영을 권

장하거나 그 설치 · 운영에 필요한 지원을 할 수 있다.

공정거래위원회는 소비자상담기구의 설치 · 운영에 관한 권장기준을 정하여 고시할 수 있다.

2. 한국소비자원 1372 소비자상담센터를 통한 불만처리

한국소비자원 1372 소비자상담센터는 2010년 1월 4일부터 시행되고 있으며, 소비자단체, 한국소비자원, 광역지자체의 소비자 상담기능이 통합 · 운영되는 것으로 소비자들이 전국에서 국번 없이 1372 전화번호를 누르면 2014년 현재 239명의 상담원(소비자단체 182명, 한국소비자원 27명, 광역지자체 30명)이 실시간으로 상담 및 피해구제를 실시하고 있다.

또 소비자들은 한국소비자원 '소비자상담센터' 홈페이지(www.ccn.go.kr)에 접속하여 24시간 상담 신청을 할 수 있으며, 이 사이트에서 제공하는 모범상담 데이터베이스를 검색하여 필요한 정보를 쉽게 얻을 수 있다.

▮도표 9-23▮ 한국소비자원 1372 소비자상담센터 소개

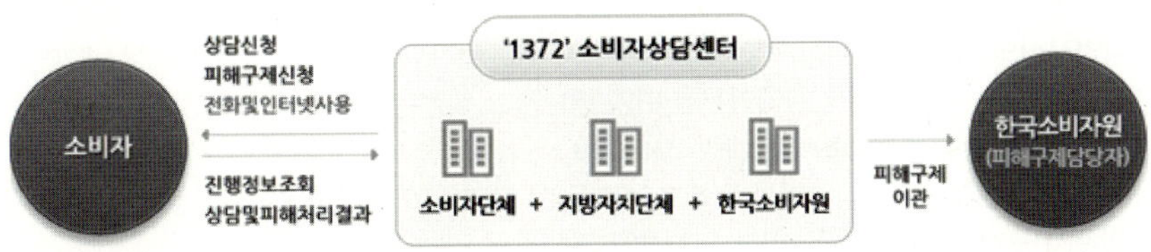

출처: 한국소비자원(http://www.kca.go.kr/wpge/m_17/ref1400.do)

II. 소비자피해구제의 내용

'피해구제'란 소비자가 사업자가 제공하는 물품 또는 용역을 사용하거나 이용하는 과정에서 발생하는 피해를 구제하기 위하여 사실조사, 전문가 자문 등을 거쳐 관련 법률 및 규정에 따라 양 당사자에게 공정하고 객관적으로 합의를 권고하는 제도이다. 「소비자기본법」에 따르면 피해구제 업무는 국가, 지방자치단체, 한국소비자원, 소비자단체 및 사업자가 모두 행할 수 있다. 「소비자기본법」에서는 이 가운데 특히 한국소비자원의 피해구제 업무에 대해 자세히 규정하고 있는데, 소비자가 한국소비자원에 어떻게 피해구제를 신청하는지와 한국소비자원의 피해구제 범위 및 피해구제 절차에 대해 살펴보자.

도표 9-24 「소비자기본법」 제55조~제59조

「소비자기본법」

제8장 소비자분쟁의 해결

제2절 한국소비자원의 피해구제

제55조(피해구제의 신청 등) ① 소비자는 물품등의 사용으로 인한 피해의 구제를 한국소비자원에 신청할 수 있다.

② 국가·지방자치단체 또는 소비자단체는 소비자로부터 피해구제의 신청을 받은 때에는 한국소비자원에 그 처리를 의뢰할 수 있다.

③ 사업자는 소비자로부터 피해구제의 신청을 받은 때에는 다음 각 호의 어느 하나에 해당하는 경우에 한하여 한국소비자원에 그 처리를 의뢰할 수 있다.

1. 소비자로부터 피해구제의 신청을 받은 날부터 30일이 경과하여도 합의에 이르지 못하는 경우
2. 한국소비자원에 피해구제의 처리를 의뢰하기로 소비자와 합의한 경우
3. 그 밖에 한국소비자원의 피해구제의 처리가 필요한 경우로서 대통령령이 정하는 사유에 해당하는 경우

④ 원장은 제1항의 규정에 따른 피해구제의 신청(제2항 및 제3항의 규정에 따른 피해구제의 의뢰를 포함한다. 이하 이 절에서 같다)을 받은 경우 그 내용이 한국소비자원에서 처리하는 것이 부적합하다고 판단되는 때에는 신청인에게 그 사유를 통보하고 그 사건의 처리를 중지할 수 있다.

제56조(위법사실의 통보 등) 원장은 피해구제 신청사건을 처리함에 있어서 당사자 또는 관계인이 법령을 위반한 것으로 판단되는 때에는 관계기관에 이를 통보하고 적절한 조치를 의뢰하여야 한다. 다만, 다음 각 호의 경우에는 그러하지 아니하다. 〈개정 2011.5.19.〉

1. 피해구제 신청사건의 당사자가 피해보상에 관한 합의를 하고 법령위반행위를 시정한 경우
2. 관계 기관에서 위법사실을 이미 인지하여 조사하고 있는 경우

제57조(합의권고) 원장은 피해구제 신청의 당사자에 대하여 피해보상에 관한 합의를 권고할 수 있다.

제58조(처리기간) 원장은 제55조 제1항 내지 제3항의 규정에 따라 피해구제의 신청을 받은 날부터 30일 이내에 제57조의 규정에 따른 합의가 이루어지지 아니하는 때에는 지체 없이 제60조의 규정에 따른 소비자분쟁조정위원회에 분쟁조정을 신청하여야 한다. 다만, 피해의 원인규명 등에 상당한 시일이 요구되는 피해구제 신청사건으로서 대통령령이 정하는 사건에 대하여는 60일 이내의 범위에서 처리기간을 연장할 수 있다.

제59조(피해구제절차의 중지) ① 한국소비자원의 피해구제 처리절차 중에 법원에 소를 제기한 당사자는 그 사실을 한국소비자원에 통보하여야 한다.

② 한국소비자원은 당사자의 소 제기 사실을 알게 된 때에는 지체 없이 피해구제절차를 중지하고, 당사자에게 이를 통지하여야 한다.

출처: 법제처 국가법령정보센터(www.law.go.kr)

1. 한국소비자원에 의한 피해구제 신청

「소비자기본법」 제55조에 따르면 '소비자는 물품 등의 사용으로 인한 피해의 구제를 한국소비자원에 신청할 수 있다.'라고 되어 있다. 또한 소비자들은 국가, 지방자치단체, 소비자단체, 사업자에게도 피해구제 신청을 할 수 있다. 이들 기관이나 단체는 직접 피해구제를 할 수도 있고, 그 처리를 한국소비자원에 의뢰할 수도 있다. 한국소비자원에 피해구제를 신청하기 전에, 한국소비자원 1372 소비자상담센터(또는 온라인 상담 www.ccn.go.kr)를 통해 먼저 상담을 받아야 하며 상담을 통해 처리가 안 된 경우에 피해구제 신청이 가능하다.

2. 한국소비자원에 의한 피해구제 범위

「소비자기본법」에 따르면, 한국소비자원이 피해구제를 할 수 있는 대상은 일부 제한된다(제35조 제2항 제1호). 즉, 국가 또는 지방자치단체가 제공한 물품 등으로 인하여 발생한 피해구제는 한국소비자원의 피해구제 처리대상에서 제외된다. 국가 및 지방자치단체가 국민에게 제공하는 물품과 용역은 대부분 무료 또는 비용이 저렴하게 제공되는 행정서비스이므로 한국소비자원에서 이에 대한 피해구제 업무를 하는 것은 바람직하지 않다는 시각에서 이러한 규정이 마련되었다.

그러나 우체국의 우편서비스, 수돗물서비스, 국립병원의 의료서비스 등은 일반 행정서비스와는 달리 서비스 이용에 따라 소비자들이 요금을 내는, 이른바 '요금제 공공서비스'이다. 일반 서비스와 큰 차이가 없는 '요금제 공공서비스'를 한국소비자원의 피해구제 영역에서 제외한다는 것은 불합리하다는 주장이 그동안 계속 제기되어 왔다. 이에 「소비자기본법」에서는 이러한 점을 감안하여 대통령령으로 정하는 물품 등에 대해서는 예외적으로 한국소비자원이 피해구제 처리를 할 수 있도록 하여 일부 '요금제 공공서비스'에 대해서는 피해구제를 할 수 있는 방안을 마련해 놓았으나, 2014년 현재 구체적인 관련 규정이 없는 상황이다.

다른 법률의 규정에 따라 설치된 전문성이 요구되는 분야의 분쟁조정기구(시행령 제25조, 금융분쟁조정위원회, 의료심사조정위원회, 환경분쟁조정위원회, 한국저작권위원회, 통신위원회, 개인정보 분쟁조정위원회, 전기위원회, 우체국보험분쟁조정위원회, 그 밖에 다른 법령에 따라 설치된 분쟁조정기구로서 공정거래위원회가 필요하다고 지정·고시하는 분쟁조정기구)에 신청된 피해구제 등으로서 아래에 제시한 대통령령이 정하는 피해구제(시행령 제28조)도 한국소비자원의 업무처리대상에서 제외된다.

「소비자기본법」시행령 제28조에서는

첫째, 다른 분쟁조정기구에 피해구제 신청이 되어 있거나, 이미 그 피해구제 절차를 거친 사항과 동일한 내용의 피해구제인 경우

둘째, 소비자가 한국소비자원에 피해구제를 신청한 후 동일한 내용으로 다른 분쟁조정기구에 피해구제를 반복 신청한 경우 등은 한국소비자원에 의한 피해구제 처리대상에서 제외한다.

한국소비자원에 의한 피해구제 처리대상에서 제외되는 경우를 정리하면, 개인 간 분쟁, 사업자 간 분쟁, 노동분쟁, 국가 또는 지방자치단체를 대상으로 하는 분쟁, 당사자(소비자·사업자)와 연락이 불가능한 경우, 동일 내용으로 타 분쟁조정기구에 피해구제가 진행 중이거나 종결된 경우, 동일 내용으로 법원에 소송 중인 경우 등이다.

3. 한국소비자원에 의한 피해구제 절차

피해를 입은 소비자가 사업자와 일차 접촉을 하여 피해보상을 요구했으나 사업자가 이를 거절하거나, 혹은 소비자의 기대에 미치지 못하는 보상을 해주겠다고 하면 소비자와 사업자 간에 다툼으로 이어진다. 이때 소비자는 한국소비자원 1372 소비자상담센터(또는 온라인 상담 www.ccn.go.kr)를 통해 소비자상담을 신청해야 한다. 한국소비자원 1372 소비자상담센터를 통해 피해처리가 안 된 경우 소비자가 그 피해구제의 처리를 한국소비자원에 의뢰하면, 한국소비자원은 이를 접수하고 바로 피해구제청구에 관련된 사업자에게 그 사실을 통보하게 된다. 피해구제의 신청과 의뢰 사실의 통보는 모두 서면(일정한 내용을 적은 문서)으로 이루어져야 한다. 다만, 긴급을 요하거나 부득이한 경우에는 구술 또는 전화 등으로 할 수 있다.

사업자의 경우(제55조 제3항), 소비자로부터 피해구제의 신청을 받고

첫째, 소비자로부터 피해구제의 신청을 받은 날부터 30일이 경과하여도 합의에 이르지 못하는 경우

둘째, 한국소비자원에 피해구제의 처리를 의뢰하기로 소비자와 합의한 경우

셋째, 그 밖에 한국소비자원의 피해구제의 처리가 필요한 경우로서 대통령령이 정하는 사유에 해당하는 경우(2014년 현재 대통령령으로 관련 규정이 마련되어 있지 않다)

위의 어느 하나에 해당하는 경우 한국소비자원에 피해구제 처리를 의뢰할 수 있다.

피해구제가 접수되면 한국소비자원은 사실조사를 통해 확인한 내용, 전문위원회의 자문 및 필요한 시험·검사 결과 등을 종합적으로 검토하여 내린 결론을 근거로 양 당사자에게 피해보상에 대해 합의권고를 할 수 있다(제57조).

만약 피해구제 처리를 했으나 피해구제의 신청을 받은 날부터 30일 이내에 합의에 이르지 못할 경우, 한국소비자원 원장은 소비자분쟁조정위원회에 분쟁조정을 신청하고 그 결정에 따라 처리해야 한다.

「소비자기본법」시행령에서 정한 의료, 보험, 농업 및 어업 관련 사건이나, 그 밖에 피해의 원인규명에 시험·검사 또는 조사가 필요한 사건에 대해서는 최장 60일 이내의 범위에서 피해구제 처리기간을 연장할 수 있다.

III. 한국소비자원에 의한 소비자분쟁조정

우리나라의 대표적인 재판 외 분쟁해결제도[58](ADR: Alternative Dispute Resolution)의 하나인 소비자분쟁조정에 대해 「소비자기본법」에서 규정하고 있는데 소비자분쟁조정위원회, 분쟁조정의 절차와 효력, 집단분쟁조정 등에 대해 살펴보기로 하자.

▌도표 9-25▌ 「소비자기본법」 제60조~제61조

「소비자기본법」

제8장 소비자분쟁의 해결
제3절 소비자분쟁의 조정(調停) 등
제60조(소비자분쟁조정위원회의 설치) ① 소비자와 사업자 사이에 발생한 분쟁을 조정하기 위하여 한국소비자원에 소비자분쟁조정위원회(이하 "조정위원회"라 한다)를 둔다.
② 조정위원회는 다음 각 호의 사항을 심의·의결한다.
1. 소비자분쟁에 대한 조정결정
2. 조정위원회의 의사(議事)에 관한 규칙의 제정 및 개정·폐지
3. 그 밖에 조정위원회의 위원장이 토의에 부치는 사항
③ 조정위원회의 운영 및 조정 절차 등에 관하여 필요한 사항은 대통령령으로 정한다.

제61조(조정위원회의 구성) ① 조정위원회는 위원장 1인을 포함한 50인 이내의 위원으로 구성하며, 위원장을 포함한 2인은 상임으로 하고, 나머지는 비상임으로 한다.
② 위원은 다음 각 호의 어느 하나에 해당하는 자 중에서 대통령령이 정하는 바에 따라 원장의 제청에 의

58) 재판 외 분쟁해결제도: 개인 간의 관계에서 일어나는 분쟁을 해결하는 제도로 재판이 아닌 중재·조정 등에 의한 방법으로 문제를 해결하는 제도이다.

하여 공정거래위원회위원장이 임명 또는 위촉한다.

1. 대학이나 공인된 연구기관에서 부교수 이상 또는 이에 상당하는 직에 있거나 있었던 자로서 소비자권익 관련 분야를 전공한 자
2. 4급 이상의 공무원 또는 이에 상당하는 공공기관의 직에 있거나 있었던 자로서 소비자권익과 관련된 업무에 실무경험이 있는 자
3. 판사·검사 또는 변호사의 자격이 있는 자
4. 소비자단체의 임원의 직에 있거나 있었던 자
5. 사업자 또는 사업자단체의 임원의 직에 있거나 있었던 자
6. 그 밖에 소비자권익과 관련된 업무에 관한 학식과 경험이 풍부한 자

③ 위원장은 상임위원 중에서 공정거래위원회위원장이 임명한다.

④ 위원장이 부득이한 사유로 직무를 수행할 수 없는 때에는 위원장이 아닌 상임위원이 위원장의 직무를 대행하고, 위원장이 아닌 상임위원이 부득이한 사유로 위원장의 직무를 대행할 수 없는 때에는 공정거래위원회위원장이 지정하는 위원이 그 직무를 대행한다.

⑤ 위원의 임기는 3년으로 하며, 연임할 수 있다.

⑥ 조정위원회의 업무를 효율적으로 수행하기 위하여 조정위원회에 분야별 전문위원회를 둘 수 있다.

⑦ 제6항의 규정에 따른 전문위원회의 구성 및 운영에 관하여 필요한 사항은 대통령령으로 정한다.

출처: 법제처 국가법령정보센터(www.law.go.kr)

1. 한국소비자원의 소비자분쟁조정위원회

한국소비자원에 설치된 소비자분쟁조정위원회는 위원장 1인을 포함한 50인 이내의 위원으로 구성하며, 위원장을 포함한 2인은 상임위원으로 하고, 나머지는 비상임위원으로 한다. 위원장은 상임위원 가운데 공정거래위원회 위원장이 임명하며, 위원은 한국소비자원 원장의 제청에 의해 역시 공정거래위원회 위원장이 임명 또는 위촉한다. 위원의 임기는 3년이며, 위원회의 업무를 효율적으로 수행하기 위하여 소비자분쟁조정위원회 내에 분야별로 전문위원회를 둘 수 있다.

소비자분쟁조정의 건수가 많아짐에 따라 분쟁조정의 처리가 어려운 경우와 비교적 가벼운 경우로 구분하여 처리할 필요성이 제기되어, 소비자분쟁조정위원회의 회의를 '분쟁조정회의'와 '조정부'로 구분하고 있다(제63조~제64조).

'분쟁조정회의'는 위원장, 상임위원과 위원장이 회의마다 임명하는 5명 이상 9명 이하의 위원으로 구성되는 회의이다.

'조정부'는 위원장 또는 상임위원과 위원장이 회의마다 지명하는 2명 이상 4명 이하의 위원으로 구성하는 회의로 '분쟁조정회의'보다는 소규모 회의이다.

소비자분쟁조정위원회(이하 조정위원회)의 회의는 위원과반수 출석과 출석위원 과반수의 찬성으로 의결한다. 조정위원회의 회의에는 소비자 및 사업자를 대표하는 위원이

각 1명 이상 균등하게 포함되어야 한다.

'분쟁조정회의'는 다음의 사항을 심의·의결한다.

첫째, 소비자분쟁 중 합의 권고금액 200만 원 이상[59]의 소비자분쟁에 대한 조정(시행령 제45조의2)

둘째, 조정위원회에 의뢰 또는 신청된 분쟁조정 중 50명 이상의 소비자에게 같거나 비슷한 유형의 피해가 발생하는 경우의 집단분쟁조정

셋째, 조정부가 분쟁조정회의에서 처리하도록 결정한 사항

'조정부'는 위의 세 가지 사항을 제외한 사항을 심의·의결한다.

▌도표 9-26▌ 「소비자기본법」 제63조~제64조

「소비자기본법」

제8장 소비자분쟁의 해결
제3절 소비자분쟁의 조정(調停) 등
제63조(조정위원회의 회의) ① 조정위원회의 회의는 다음 각 호에 따라 구분한다.
1. 분쟁조정회의: 위원장, 상임위원과 위원장이 회의마다 지명하는 5명 이상 9명 이하의 위원으로 구성하는 회의
2. 조정부: 위원장 또는 상임위원과 위원장이 회의마다 지명하는 2명 이상 4명 이하의 위원으로 구성하는 회의

② 조정위원회의 회의는 다음 각 호의 구분에 따라 주재한다.
1. 분쟁조정회의: 위원장
2. 조정부: 위원장 또는 상임위원

③ 조정위원회의 회의는 위원 과반수 출석과 출석위원 과반수의 찬성으로 의결한다. 이 경우 조정위원회의 회의에는 소비자 및 사업자를 대표하는 위원이 각 1명 이상 균등하게 포함되어야 한다.
[전문개정 2011.5.19.]

제63조의2(분쟁조정회의와 조정부의 관장사항) ① 분쟁조정회의는 다음 각 호의 사항을 심의·의결한다.
1. 제60조 제2항제1호에 따른 소비자분쟁 중 대통령령으로 정하는 금액 이상의 소비자분쟁에 대한 조정
2. 제60조 제2항제2호에 따른 조정위원회의 의사에 관한 규칙의 제정 및 개정·폐지
3. 제68조 제1항에 따라 조정위원회에 의뢰 또는 신청된 분쟁조정
4. 조정부가 분쟁조정회의에서 처리하도록 결정한 사항

② 조정부는 제1항 각 호의 사항 외의 사항을 심의·의결한다.
[본조신설 2011.5.19.]

59) 합의 권고의 내용이 물품의 교환인 경우에는 해당 물품에 상당하는 금액이나 권고의 내용이 수리인 경우에는 물품의 수리에 드는 비용에 상당하는 금액이 200만 원 이상인 경우에 분쟁조정회의에서 심의·의결한다.

제64조(위원의 제척 · 기피 · 회피) ① 조정위원회의 위원은 다음 각 호의 어느 하나에 해당하는 경우에는 제58조 또는 제65조 제1항의 규정에 따라 조정위원회에 신청된 그 분쟁조정사건(이하 이 조에서 "사건"이라 한다)의 심의 · 의결에서 제척된다.

1. 위원 또는 그 배우자나 배우자이었던 자가 그 사건의 당사자가 되거나 그 사건에 관하여 공동의 권리자 또는 의무자의 관계에 있는 경우
2. 위원이 그 사건의 당사자와 친족관계에 있거나 있었던 경우
3. 위원이 그 사건에 관하여 증언이나 감정을 한 경우
4. 위원이 그 사건에 관하여 당사자의 대리인으로서 관여하거나 관여하였던 경우

② 당사자는 위원에게 심의 · 의결의 공정을 기대하기 어려운 사정이 있는 경우에는 원장에게 기피신청을 할 수 있다. 이 경우 원장은 기피신청에 대하여 조정위원회의 의결을 거치지 아니하고 결정한다.
③ 위원이 제1항 또는 제2항의 사유에 해당하는 경우에는 스스로 그 사건의 심의 · 의결에서 회피할 수 있다.

출처: 법제처 국가법령정보센터(www.law.go.kr)

2. 한국소비자원에 의한 소비자분쟁조정의 절차와 효력

소비자분쟁조정위원회(이하 분쟁조정위원회라고 한다)의 위원장은 분쟁조정업무의 효율적 수행을 위하여 10일 이내의 기간을 정하여 분쟁당사자에게 보상방법에 대한 합의를 권고할 수 있다(시행령 제54조).

분쟁조정위원회는 분쟁조정업무를 효과적으로 수행하기 위해 전문위원회의 자문을 구하거나 이해관계인, 소비자단체 또는 관계기관의 의견을 들을 수 있다.

분쟁조정위원회 위원장은 분쟁조정 신청을 받으면 그 신청을 받은 날부터 30일 이내에 분쟁조정을 마쳐야 한다. 만약 그 기한 내에 분쟁조정을 마칠 수 없어 기한을 연장하고자 할 때에는 그 사유와 기한을 명시하여 당사자 및 대리인에게 통지하여야 한다.

분쟁조정위원회의 조정결정에 대하여 양 당사자에게 문서로 통지하면 통지를 받은 당사자는 15일 이내에 분쟁조정의 내용에 대한 수락 여부를 분쟁조정위원회에 통보하여야 한다. 양 당사자가 분쟁조정의 내용을 수락할 경우 또는 수락한 것으로 간주되는 경우(통지를 받은 날부터 15일 이내에 의사표시가 없는 경우), 그 분쟁조정의 내용은 '재판상 화해'와 동일한 효력을 갖는다.'재판상 화해'와 동일한 효력이란 재판(소송)을 통해 결정된 결과와 같이 인정된다는 의미로, 분쟁조정의 내용을 수락하고서도 이행하지 않을 경우에는 강제집행이 가능하다는 의미이다.

▌도표 9-27▌ 「소비자기본법」 제65조~제67조

「소비자기본법」

제8장 소비자분쟁의 해결

제3절 소비자분쟁의 조정(調停) 등

제65조(분쟁조정) ① 소비자와 사업자 사이에 발생한 분쟁에 관하여 제16조 제1항의 규정에 따라 설치된 기구에서 소비자분쟁이 해결되지 아니하거나 제28조 제1항제5호의 규정에 따른 합의권고에 따른 합의가 이루어지지 아니한 경우 당사자나 그 기구 또는 단체의 장은 조정위원회에 분쟁조정을 신청할 수 있다.
② 조정위원회는 제58조 또는 제1항의 규정에 따라 분쟁조정을 신청받은 경우에는 대통령령이 정하는 바에 따라 지체 없이 분쟁조정 절차를 개시하여야 한다.
③ 조정위원회는 제2항의 규정에 따른 분쟁조정을 위하여 필요한 경우에는 제61조 제6항의 규정에 따른 전문위원회에 자문할 수 있다.
④ 조정위원회는 제2항의 규정에 따른 분쟁조정 절차에 앞서 이해관계인 · 소비자단체 또는 관계기관의 의견을 들을 수 있다. ⑤ 제59조의 규정은 분쟁조정 절차의 중지에 관하여 이를 준용한다.

제66조(분쟁조정의 기간) ① 조정위원회는 제58조 또는 제65조 제1항의 규정에 따라 분쟁조정을 신청받은 때에는 그 신청을 받은 날부터 30일 이내에 그 분쟁조정을 마쳐야 한다.
② 조정위원회는 제1항의 규정에 불구하고 부득이한 사정으로 30일 이내에 그 분쟁조정을 마칠 수 없는 경우에는 그 기간을 연장할 수 있다. 이 경우 그 사유와 기한을 명시하여 당사자 및 그 대리인에게 통지하여야 한다.

제67조(분쟁조정의 효력 등) ① 조정위원회의 위원장은 제66조의 규정에 따라 분쟁조정을 마친 때에는 지체 없이 당사자에게 그 분쟁조정의 내용을 통지하여야 한다.
② 제1항의 규정에 따른 통지를 받은 당사자는 그 통지를 받은 날부터 15일 이내에 분쟁조정의 내용에 대한 수락 여부를 조정위원회에 통보하여야 한다. 이 경우 15일 이내에 의사표시가 없는 때에는 수락한 것으로 본다.
③ 제2항의 규정에 따라 당사자가 분쟁조정의 내용을 수락하거나 수락한 것으로 보는 경우 조정위원회는 조정조서를 작성하고, 조정위원회의 위원장 및 각 당사자가 기명 · 날인하여야 한다. 다만, 수락한 것으로 보는 경우에는 각 당사자의 기명 · 날인을 생략할 수 있다.
④ 제2항의 규정에 따라 당사자가 분쟁조정의 내용을 수락하거나 수락한 것으로 보는 때에는 그 분쟁조정의 내용은 재판상 화해와 동일한 효력을 갖는다.

출처: 법제처 국가법령정보센터(www.law.go.kr)

3. 한국소비자원에 의한 집단분쟁조정

「소비자기본법」에서는 집단분쟁조정제도를 도입하여 50명 이상 다수의 소비자에게 같거나 유사한 유형으로 소비자피해가 발생하는 경우 국가, 지방자치단체, 한국소비자원, 소비자단체 및 사업자는 피해구제 절차 없이 바로 소비자분쟁조정위원회에 집단분쟁조정(일괄적 분쟁조정)을 의뢰 또는 신청할 수 있도록 하였다(제68조).

집단분쟁조정의 의뢰 또는 신청이 있으면 소비자분쟁조정위원회는 의결로써 집단분쟁조정의 절차를 개시할 수 있고, 14일 이상 기간 동안 한국소비자원 인터넷 홈페이지 및 전국을 보급지역으로 하는 일간신문에 집단분쟁조정 절차의 개시를 공고해야 한다. 만약, 집단분쟁조정 신청을 할 때 미처 포함되지 못했던 소비자 혹은 사업자가 있을 경우 추가로 신청을 받을 수 있다.

집단분쟁조정에 이해관계가 있는 당사자들은 그 중 3명 이하를 대표당사자로 선임할 수 있다. 대표당사자는 자기를 선임한 당사자들을 위하여 그 사건의 조정에 관한 모든 행위를 할 수 있다. 다만, 조정신청의 철회 및 조정안의 수락·거부는 자기를 선임한 당사자들의 문서에 의한 동의를 받아야 한다(제68조의2).

집단분쟁조정의 절차는 일반 분쟁조정사건과 동일하며 조정기한은 원칙적으로 분쟁조정 절차 개시의 공고가 종료된 날부터 30일 이내이다. 다만, 부득이한 사유로 해당 기간 내에 분쟁조정을 마칠 수 없는 경우에는 2회에 한하여 각각 30일의 범위에서 그 기간을 연장할 수 있으며, 이 경우 그 사유와 기한을 구체적으로 밝혀 당사자와 그 대리인에게 통지하여야 한다.

양 당사자가 분쟁조정 결과를 수락한 경우, 역시 일반 분쟁조정사건과 같이 재판상 화해의 효력을 가지며, 분쟁조정위원회는 사업자에게 집단분쟁조정의 당사자가 아니면서 같거나 유사한 피해를 입은 소비자에 대한 보상계획서를 작성하여 제출하도록 권고할 수 있다.

집단분쟁조정의 당사자인 소비자 가운데 일부가 법원에 소송을 제기할 경우 집단분쟁조정 절차는 중지되지 아니하고, 소송을 제기한 해당 소비자들만 조정 절차에서 제외된다.

4. 소비자단체소송

「소비자기본법」상의 소비자단체소송 관련 조항에서는 소비자단체가 사업자의 소비자권익 침해행위에 대해 법원에 소송을 제기할 수 있으나, 소비자권익 침해행위로 인해 발생한 손해배상의 청구는 할 수 없고 다만 사업자의 소비자권익 침해행위에 대한 금지 또는 중지를 청구할 수 있도록 하고 있어 반쪽짜리 소비자단체소송제도라고 비난을 받고 있다.

1) 의의

소비자단체소송제도란 일정한 요건을 갖춘 소비자단체, 사업자단체, 비영리단체가 다수 소비자의 생명·신체·재산 등 권익을 침해하는 사업자의 위법행위에 대해 법원에 금지·중지를 청구하는 제도이다.

이에 따라 직접적인 피해 당사자 이외에도 공익적 활동을 하는 단체가 위법 사업자를 대상으로 소송을 제기할 수 있게 되었다. 이는 소비자피해구제에 있어 큰 의미를 둘 수 있다. 물론 개인 소비자들도 소송을 제기할 수 있지만 대체로 소비자피해는 소액이기 때문에 소비자가 많은 시간과 비용이 드는 소송을 제기하기란 쉽지 않다. 소비자단체소송제도가 도입되면서 조직력과 전문성을 갖춘 단체들이 보다 적극적으로 소송을 제기할 수 있게 되어 소비자피해구제가 활발하게 되리라 예상할 수 있으나, 손해배상의 청구를 할 수 없는 규정 때문에 소비자단체소송은 거의 이루어지지 않고 있다.

2) 소송을 제기할 수 있는 단체의 범위

「소비자기본법」에서 단체소송을 제기할 수 있는 단체는 다음과 같다.

첫째, 1,000명 이상의 정회원수를 가진 공정거래위원회에 3년 이상 등록된 소비자단체

둘째, 대한상공회의소, 중소기업협동조합중앙회 및 전국 단위의 경제단체로서 대통령령이 정하는 단체

셋째, 3년 이상의 소비자권익 증진활동 실적이 있고, 구성원의 수가 5,000명 이상인 비영리민간단체로 50인 이상의 소비자로부터 단체소송의 제기를 요청받은 경우

3) 소송제도의 운영

소송을 하기 위해 소송허가제를 도입하고 있는데, 소송을 제기하고자 하는 단체는 위법 사업자의 주된 사무소 또는 영업소가 소재하는 지방법원에 소송허가신청서를 제출하여야 한다. 법원은 첫째, 단체가 제기하고자 하는 소송이 다수 소비자의 권익보호 및 피해예방을 위한 공익상의 필요가 있을 것, 둘째, 소송허가신청서에 흠결이 없을 것, 셋째, 소송 제기단체가 사업자에게 소비자권익침해행위의 중지를 문서로 요청한 지 14일이 경과할 것 등과 같은 허가요건에 합당하면 소송을 허가한다.

소송의 요건이 되는 사업자의 소비자권익 침해행위는 「소비자기본법」 제20조의 규정을 위반한 행위이다. 구체적으로 국가가 정한 위해방지기준, 표시기준, 광고기준, 개인정보보호기준 및 부당거래행위고시 등을 사업자가 위반한 경우가 소송의 요건이 된다. 국가가 아직 이러한 기준을 마련하지 않고 있는 분야에 대해서는 사실상 소송 제기가 불가능하다는 것이 문제점이다.

도표 9-28 「소비자기본법」 제70조~제75조

「소비자기본법」

제8장 소비자분쟁의 해결

제4절 소비자단체소송

제70조(단체소송의 대상등) 다음 각 호의 어느 하나에 해당하는 단체는 사업자가 제20조의 규정을 위반하여 소비자의 생명·신체 또는 재산에 대한 권익을 직접적으로 침해하고 그 침해가 계속되는 경우 법원에 소비자권익침해행위의 금지·중지를 구하는 소송(이하 "단체소송"이라 한다)을 제기할 수 있다.

1. 제29조의 규정에 따라 공정거래위원회에 등록한 소비자단체로서 다음 각 목의 요건을 모두 갖춘 단체
   가. 정관에 따라 상시적으로 소비자의 권익증진을 주된 목적으로 하는 단체일 것
   나. 단체의 정회원수가 1천명 이상일 것
   다. 제29조의 규정에 따른 등록 후 3년이 경과하였을 것
2. 「상공회의소법」에 따른 대한상공회의소, 「중소기업협동조합법」에 따른 중소기업협동조합중앙회 및 전국 단위의 경제단체로서 대통령령이 정하는 단체
3. 「비영리민간단체 지원법」 제2조의 규정에 따른 비영리민간단체로서 다음 각 목의 요건을 모두 갖춘 단체
   가. 법률상 또는 사실상 동일한 침해를 입은 50인 이상의 소비자로부터 단체소송의 제기를 요청받을 것
   나. 정관에 소비자의 권익증진을 단체의 목적으로 명시한 후 최근 3년 이상 이를 위한 활동실적이 있을 것
   다. 단체의 상시 구성원수가 5천명 이상일 것
   라. 중앙행정기관에 등록되어 있을 것

제71조(전속관할) ① 단체소송의 소는 피고의 주된 사무소 또는 영업소가 있는 곳, 주된 사무소나 영업소가 없는 경우에는 주된 업무담당자의 주소가 있는 곳의 지방법원 본원 합의부의 관할에 전속한다.
② 제1항의 규정을 외국사업자에 적용하는 경우 대한민국에 있는 이들의 주된 사무소·영업소 또는 업무담당자의 주소에 따라 정한다.

제72조(소송대리인의 선임) 단체소송의 원고는 변호사를 소송대리인으로 선임하여야 한다.

제73조(소송허가신청) ① 단체소송을 제기하는 단체는 소장과 함께 다음 각 호의 사항을 기재한 소송허가신청서를 법원에 제출하여야 한다.

1. 원고 및 그 소송대리인
2. 피고
3. 금지·중지를 구하는 사업자의 소비자권익 침해행위의 범위

② 제1항의 규정에 따른 소송허가신청서에는 다음 각 호의 자료를 첨부하여야 한다.

1. 소제기단체가 제70조 각 호의 어느 하나에 해당하는 요건을 갖추고 있음을 소명하는 자료
2. 소제기단체가 제74조 제1항제3호의 규정에 따라 요청한 서면 및 이에 대한 사업자의 의견서. 다만, 동호에서 정하는 기간 내에 사업자의 응답이 없을 경우에는 사업자의 의견서를 생략할 수 있다.

제74조(소송허가요건 등) ① 법원은 다음 각 호의 요건을 모두 갖춘 경우에 한하여 결정으로 단체소송을 허가한다.

1. 물품등의 사용으로 인하여 소비자의 생명·신체 또는 재산에 피해가 발생하거나 발생할 우려가 있는 등 다수 소비자의 권익보호 및 피해예방을 위한 공익상의 필요가 있을 것

2. 제73조의 규정에 따른 소송허가신청서의 기재사항에 흠결이 없을 것
3. 소제기단체가 사업자에게 소비자권익 침해행위를 금지·중지할 것을 서면으로 요청한 후 14일이 경과하였을 것

② 단체소송을 허가하거나 불허가하는 결정에 대하여는 즉시 항고할 수 있다.

제75조(확정판결의 효력) 원고의 청구를 기각하는 판결이 확정된 경우 이와 동일한 사안에 관하여는 제70조의 규정에 따른 다른 단체는 단체소송을 제기할 수 없다. 다만, 다음 각 호의 어느 하나에 해당하는 경우에는 그러하지 아니하다.
1. 판결이 확정된 후 그 사안과 관련하여 국가 또는 지방자치단체가 설립한 기관에 의하여 새로운 연구결과나 증거가 나타난 경우
2. 기각판결이 원고의 고의로 인한 것임이 밝혀진 경우

출처: 법제처 국가법령정보센터(www.law.go.kr)

제8절 소비자분쟁해결기준

「소비자기본법」 제16조에 따라 국가는 소비자와 사업자 사이에 발생하는 분쟁을 원활하게 하기 위하여 소비자분쟁해결기준을 제정할 수 있다.

소비자분쟁해결기준은 일반적 소비자분쟁해결기준(「소비자기본법」시행령 별표1)과 품목별 소비자분쟁해결기준(공정거래위원회 고시)으로 구분한다(시행령 제8조). 일반적 소비자분쟁해결기준은 모든 물품 등에 적용되는 '일반적 내용'으로 '품질보증기간 동안의 수리비용은 사업자가 부담한다'와 같이 모든 물품 등에 적용되는 기준이다. 이러한 '일반적 내용'은 자주 변하지 않으므로 「소비자기본법」시행령 별표1로 제시하고 있다. 품목별 소비자분쟁해결기준은 급속한 기술발전으로 인해 새로운 상품들의 빈번한 출현과 함께 새로운 품목의 소비자분쟁이 자주 발생하므로 그때마다 새로운 품목의 분쟁해결기준을 제시할 필요성이 있어 시행령보다 개정이 쉬운 공정거래위원회 고시로 제정하고 있다.

소비자분쟁해결기준은 분쟁당사자 사이에 분쟁해결 방법에 관한 별도의 의사표시가 없는 경우에 한하여 분쟁해결을 위한 합의 또는 권고의 기준이 된다.

그러나 다른 법령에 근거한 별도의 분쟁해결기준이 소비자분쟁해결기준보다 소비자에게 유리한 경우 그 분쟁해결기준을 우선하여 적용한다.

품목별 소비자분쟁해결기준에서 해당 품목에 대한 분쟁해결기준을 정하고 있지 않은 경우에는 유사한 제품에 대한 분쟁해결기준을 준용(어떤 사항에 관한 규정을 그와 유사하지만 본질이 다른 사항에 대하여, 필요한 경우 조금의 수정을 가하여 적용시키는 것)하

고, 품목별 소비자분쟁해결기준에서 동일한 피해에 대한 분쟁해결기준을 2가지 이상 정하고 있는 경우에는 소비자가 선택하는 분쟁해결기준에 따른다(시행령 제9조).

I. 일반적 소비자분쟁해결기준

1. 품질보증기간 동안의 수리 등의 비용에 관한 분쟁해결기준

품질보증기간 동안의 수리·교환·환급에 소요되는 비용은 사업자가 부담한다. 그러나 품질보증기간 동안이라고 하더라도 소비자의 취급 잘못이나 천재지변으로 인하여 고장 또는 손상이 발생한 경우와 제조자 및 제조자가 지정한 수리점·설치점이 아닌 자가 수리·설치하여 물품이 변경 또는 손상된 경우에는 소비자가 비용을 부담한다.

2. 수리에 관한 분쟁해결기준

사업자는 지체 없이 수리해야 하며, 불가피하게 수리를 지체하는 경우는 이를 소비자에게 알려야 한다. 만약, 소비자가 수리를 의뢰한 날부터 1개월이 지난 후에도 사업자가 수리된 물품 등을 소비자에게 인도하지 못할 경우, 품질보증기간 이내일 때는 같은 종류의 물품 등으로 교환하되 같은 종류의 물품 등으로 교환이 불가능한 경우에는 환급(돈을 되돌려줌)하고, 품질보증기간이 지났을 때는 구입가를 기준으로 정액 감가상각[60]한 금액에 100분의 10을 더하여 환급한다.

물품 등을 유상 수리한 경우, 유상으로 수리한 날부터 2개월 이내에 소비자가 정상적으로 물품 등을 사용하는 과정에서 그 수리한 부분에 종전과 동일한 고장이 재발한 경우에는 무상으로 수리하되, 수리가 불가능한 때에는 종전에 받은 수리비를 환급하여야 한다.

3. 교환에 관한 분쟁해결기준

사업자는 물품 등을 교환하는 경우 원칙적으로 같은 종류의 물품으로 교환해야 하며

60) 공장이나 기계설비와 같은 고정자산은 일정기간이 경과하면 사용이 불가능하게 된다. 그러나 그 가치는 전 사용기간에 걸쳐서 평균적으로 감가(가치가 감소됨)되므로, 각 기간의 가치감소액을 비용으로 할당한 것을 감가상각비라고 한다. 고정자산의 가치감소를 산정하여 그 액수를 고정자산의 금액에서 공제함(뺌)과 동시에 비용으로 계상한 것이다.

같은 종류의 물품으로의 교환이 불가능한 때에는 같은 종류의 유사물품으로 교환한다. 그러나 같은 종류의 물품 등으로 교환하는 것이 불가능하고 소비자가 같은 종류의 유사 물품으로의 교환을 원하지 아니하면 환급한다.

할인 판매된 물품을 교환하는 경우에는 그 정상가격과 할인가격의 차액발생과 관계없이 같은 종류의 물품 등으로 하되, 같은 종류의 물품으로 교환하는 것이 불가능한 경우에는 같은 종류의 유사물품으로 교환한다. 다만, 같은 종류의 물품으로 교환하는 것이 불가능하고 소비자가 같은 종류의 유사물품으로 교환하는 것을 원하지 아니하는 경우에는 환급한다.

4. 환급에 관한 분쟁해결기준

환급금액은 거래 시 교부된 영수증 등에 기재된 물품 등의 가격을 기준으로 한다. 그러나 영수증 등에 기재된 가격에 대해 다툼이 있는 경우 영수증 등에 기재된 금액과 다른 금액을 기준으로 하려는 자가 그 다른 금액이 실제 거래가격임을 입증해야 하며, 영수증이 없는 등의 사유로 실제 거래가격을 입증할 수 없는 경우는 그 지역에서 거래되는 통상적인 가격을 기준으로 한다.

5. 경품류에 관한 분쟁해결기준

사업자가 물품 등의 거래에 부수(주된 것이나 기본적인 것에 붙어서 따름)해 소비자에게 제공하는 경제적 이익인 경품류의 하자·채무불이행 등으로 인한 소비자피해에 대한 분쟁해결기준은 앞에서 제시한 ① 품질보증기간 동안의 수리 등의 비용에 관한 분쟁해결기준, ② 수리에 관한 분쟁해결기준, ③ 교환에 관한 분쟁해결기준, ④ 환급에 관한 분쟁해결기준과 같다.

그러나 소비자의 귀책사유로 계약이 해제 또는 해지되는 경우 사업자는 소비자로부터 그 경품류를 반환받거나, 반환이 불가능한 경우에는 해당 지역에서 거래되는 같은 종류의 유사물품 등을 반환받거나 같은 종류의 유사제품 등의 통상적인 가격을 기준으로 환급받는다.

6. 품질보증서의 교부 등에 관한 분쟁해결기준

사업자는 물품 등의 판매 시 품질보증기간, 부품보유기간, 수리·교환·환급 등 보상

방법, 그 밖의 품질보증에 관한 사항을 표시한 증서(품질보증서)를 교부하거나 그 내용을 물품 등에 표시하여야 한다. 그러나 별도의 품질보증서를 교부하기 어려운 경우는 '공정거래위원회 고시 소비자분쟁해결기준에 따라 피해를 보상한다'는 내용을 표시할 수 있다.

7. 품질보증기간과 부품보유기간에 관한 분쟁해결기준

1) 품질보증기간과 부품보유기간은 해당 사업자가 품질보증서에 표시한 기간으로 한다. 다만, 사업자가 정한 품질보증기간과 부품보유기간이 품목별 소비자분쟁해결기준에서 정한 기간보다 짧을 경우에는 품목별 소비자분쟁해결기준에서 정한 기준으로 한다.
2) 사업자가 품질보증기간과 부품보유기간을 표시하지 아니한 경우에는 품목별 소비자분쟁해결기준에 따른다. 다만, 품목별 소비자분쟁해결기준에 품질보증기간과 부품보유기간이 정해져 있지 아니한 품목의 경우에는 유사품목의 품질보증기간과 부품보유기간에 따르며, 유사품목의 품질보증기간과 부품보유기간에 따를 수 없는 경우에는 품질보증기간은 1년, 부품보유기간은 해당 품목의 생산을 중단한 때부터 기산(일정한 때나 장소를 기점으로 잡아서 계산을 시작함)하여 내용연수(이용가능 연수)에 해당하는 기간으로 한다.
3) 중고물품에 대한 품질보증기간은 품목별 분쟁해결기준에 따른다.
4) 품질보증기간은 소비자가 물품 등을 구입하거나 제공받은 날부터 기산한다. 다만, 계약일과 인도일(용역의 경우에는 제공일을 말한다)이 다른 경우에는 인도일을 기준으로 하고, 교환받은 물품 등의 품질보증기간은 교환받은 날부터 기산한다.
5) 품질보증서에 판매일자가 적혀 있지 아니한 경우, 품질보증서 또는 영수증을 받지 아니하거나 분실한 경우 또는 그 밖의 사유로 판매일자를 확인하기 곤란한 경우에는 해당 물품 등의 제조일이나 수입통관일부터 3월이 지난 날부터 품질보증기간을 기산하여야 한다. 다만, 물품 등 또는 물품 등의 포장에 제조일이나 수입통관일이 표시되어 있지 아니한 물품 등은 사업자가 그 판매일자를 입증하여야 한다.

8. 물품 등의 피해보상 장소

물품 등에 대한 피해의 보상은 물품 등의 소재지나 제공지에서 한다. 다만, 사회통념상 휴대가 간편하고 운반이 쉬운 물품 등은 사업자의 소재지에서 보상할 수 있다.

9. 사업자의 귀책사유로 인해 발생한 비용처리기준

사업자의 귀책사유로 인한 소비자피해의 처리과정에서 발생되는 운반비용, 시험・검사비용 등의 경비는 사업자가 부담한다.

II. 품목별 소비자분쟁해결기준[61]

공정거래위원회는 소비자와 사업자 간 분쟁발생 시 해결기준으로 사용되고 있는 '품목별 소비자분쟁해결기준'을 개정하여 2014년 3월 21일부터 시행하고 있다.

품목별 소비자분쟁해결기준이란 소비자와 사업자 간에 발생할 수 있는 분쟁에 관한 해결방안을 품목별・분쟁 유형별로 규정하고 있는 공정거래위원회 고시(「소비자기본법」 제16조 제2항 및 「소비자기본법」시행령 제8조 제3항에 근거)로서, 분쟁당사자 사이에 분쟁해결 방법에 관한 별도의 의사표시가 없는 경우에 분쟁해결을 위한 합의 또는 권고의 기준이 된다.

소비자분쟁해결기준은 1985년 말에 제정된 이래 그동안 변화하는 소비생활환경에 맞추어 꾸준히 개정되어왔다. 2014년 3월 개정은 일반소비자, 소비자단체, 국회, 언론 등이 제기한 문제점, 공정위가 불공정약관을 시정한 내용 및 한국소비자원 1372 소비자상담센터 상담사례 등을 종합적으로 분석한 결과를 토대로 추진되었다(공정거래위원회 뉴스)(도표 9-29 참조).

▌도표 9-29▌ 품목별 소비자분쟁해결기준

소비자분쟁해결기준

(공정거래위원회 고시 제2014-4호)

공정거래위원회
FAIR TRADE COMMISSION

61) 품목별 소비자분쟁해결기준은 다음과 같은 방법으로 찾아볼 수 있다. 공정거래위원회 홈페이지(www.ftc.go.kr) → 심결/법령 → 위원회소관법령 → 「소비자기본법」 → (고시지침) 소비자분쟁해결기준

소비자분쟁해결기준

제1조(목적) 이 고시는 소비자기본법 제16조 제2항과 같은 법 시행령 제8조 제3항의 규정에 의해 일반적 소비자분쟁해결기준에 따라 품목별 소비자분쟁해결기준을 정함으로써 소비자와 사업자(이하 "분쟁당사자"라 한다)간에 발생한 분쟁이 원활하게 해결될 수 있도록 구체적인 합의 또는 권고의 기준을 제시하는데 그 목적이 있다.

제2조(피해구제청구) 분쟁당사자 간에 합의가 이루어지지 않을 경우 분쟁당사자는 중앙행정기관의 장, 시·도지사, 한국소비자원장 또는 소비자단체에게 그 피해구제를 청구할 수 있다.

제3조(품목 및 보상기준) 이 고시에서 정하는 대상품목, 품목별분쟁해결기준, 품목별 품질보증기간 및 부품보유기간, 품목별 내용연수표는 각각 별표 Ⅰ, 별표 Ⅱ, 별표 Ⅲ, 별표 Ⅳ와 같다.

부 칙

이 규정은 2014년 3월 21일부터 시행한다.

목 차

〈별표 Ⅱ〉

품목별 해결기준 예시

1. 가전제품설치업(1개 업종)

분쟁 유형	해결기준	비고
1) 설치하자로 인해 제품에 하자가 발생하는 경우 2) 사업자의 가전제품 설치 하자로 인해 발생한 소비자의 재산 및 신체상의 피해	• 설치비 환급 및 하자 발생한 제품에 대한 손해배상 • 사업자가 손해 배상	• 설치에 대한 품질보증기간은 1년으로 함

2. 결혼중개업(1개 업종)

분쟁 유형	해결기준	비고
1) 사업자의 귀책사유로 인한 계약해제 및 해지 – 회원가입계약 성립 후 사업자의 만남 개시 전에 해지된 경우 – 1회 만남 후 해지된 경우 – 첫 번째 만난 상대방이 계약서상 기재된 소비자의 우선 희망 조건에 부합하지 않아 해지된 경우	• 가입비 환급 및 가입비의 20% 배상 • 가입비×(잔여 횟수/총횟수)+가입비의 20% 환급 • 가입비 환급 및 가입비의 20% 배상	• 가입비라 함은 계약금, 연회비 등 명칭에 관계없이 소비자가 사업자에게 지급한 일체의 금액을 말함. • 귀책사유란 사업자가 명백하게 객관적으로 판별할 수 있는 사항 〔예: 결혼정보, 직업, 학력, 병력(病歷) 등〕에 관한 정보를 상대방에게 허위로 제공한 경우, 관리소홀(3개월 내 1회도 만남을 주선하지 않은 경우), 계약서상 기재한 우선 희망 조건(종교, 직업 등 객관적인 내용에 한정함)에 부적합한 상대를 소개한 경우 등을 말함. • 횟수 대신 기간으로 계약한 계약을 해지할 경우에는 해지 일까지 일할 계산한 금액으로 정산하고 해지에 책임 있는 당사자가 상대방에게 가입비의 20%를 배상함.
2) 소비자의 계약해제 및 해지 – 회원가입계약 성립 후 사업자의 만남 개시 전에 해지된 경우 – 1회 만남 후 해지된 경우	• 가입비의 80% 환급 • 가입비의 80%×(잔여횟수/총횟수)환급	

찾아 생각하기

1. 현재 소비자문제로 대두되고 있는 특수거래에는 어떠한 것이 있는가?

2. 최근 발표된 공정거래위원회 소비자피해주의보의 내용들을 조사해 보자.

3. 해외직접구매로 가방을 샀는데 문제가 생겼다. 어떻게 해결할 것인지 조사해 보자.

PART 03

소비자 관련 법률 및 제도 요약

〈개 관〉

1. 한국소비자원(2014년)이 제시한 소비자와 관련한 법률과 명령

'소비자일반 관련' 법령	「소비자기본법」(「소비자기본법」시행령, 소비자단체소송규칙) 「약관의 규제에 관한 법률」(「약관의 규제에 관한 법률」시행령) 「표시·광고의 공정화에 관한 법률」(「표시·광고의 공정화에 관한 법률」시행령) 「제조물책임법」 「민법」 「상법」(「상법」시행령) ※ 제조물책임법, 민법 등은 시행령 없이 법을 시행
'특수거래 관련' 법령	「방문판매 등에 관한 법률」(「방문판매 등에 관한 법률」시행령, 「방문판매 등에 관한 법률」시행규칙) 「전자상거래 등에서의 소비자보호에 관한 법률」(「전자상거래 등에서의 소비자보호에 관한 법률」시행령, 「전자상거래 등에서의 소비자보호에 관한 법률」시행규칙) 「할부거래에 관한 법률」(「할부거래에 관한 법률」시행령, 「할부거래에 관한 법률」시행규칙)
'기타' 법령	「소비자생활협동조합법」(「소비자생활협동조합법」시행령, 「소비자생활협동조합법」시행규칙)

2. 일반거래와 특수거래

▶ 일반거래: 시장을 찾아 간 소비자가 사업자를 직접 만나 물품 등을 구매하겠다는 청약(계약을 청하는 것)을 하고 이에 대해 사업자가 승낙하는 방식으로 거래가 성립하며, 거래대금을 일시불로 지급하는 거래

▶ 특수거래: 일반거래와는 달리 사업자가 소비자를 방문하거나, 대금을 할부로 결제하는 등의 특수거래는 할부판매, 방문판매 및 전화권유판매, 다단계판매 및 후원방문판매, 계속거래 및 사업권유거래, 전자상거래 및 통신판매 등이 있음

▶▶▶ chapter 9 · 소비자기본법

1. 소비자기본법의 목적
   - ▶ 실천적(직접적) 목적 → 소비자의 권익증진
   - ▶ 궁극적 목적 → 소비생활 향상과 국민경제 발전에 이바지함

2. 소비자의 정의: 소비를 하는 사람, 사업자에 대립하는 말
   - ▶ 일반적 의미의 소비자: 사업자가 제공하는 물품 또는 서비스를 소비생활을 위하여 사용(또는 이용)하는 사람
   - ▶ 정책적 고려에 의한 소비자: 사업자 또는 생산활동을 하는 자 중 일부를 정책적 고려에 의해 소비자로 간주하여 보호함(168쪽 소비자에 대한 법제처 유권해석 참조)

     ① 물품 등을 생산활동을 위하여 사용하는 자 중 영세사업자

     ② 제공된 물품 등을 농업(축산업) 및 어업활동을 위하여 사용하는 자(해양수산부장관의 허가를 받은 원양어업자는 제외함)

3. 소비자의 권리: 8가지 권리

   ① 위해로부터 보호받을 권리 ② 지식 및 정보를 제공받을 권리 ③ 선택할 권리 ④ 의견을 반영시킬 권리 ⑤ 피해보상을 받을 권리 ⑥ 교육을 받을 권리 ⑦ 단체를 조직할 권리 ⑧ 쾌적한 소비환경에서 소비할 권리

4. 소비자의 책무

   ① 물품 등을 올바르게 선택하고, 소비자의 기본적 권리를 정당하게 행사하기 ② 스스로의 권익증진을 위한 필요한 지식과 정보를 습득하도록 노력하기 ③ 자주적이고 합리적인 행동과 자원절약적이고 환경친화적인 소비생활을 함으로써 소비생활의 향상과 국민경제의 발전에 적극적인 역할을 다하기

5. 국가 · 지방자치단체의 책무
   - ▶ 기본책무: ① 관계 법령 및 조례의 제정 · 개정 · 폐지 ② 필요한 행정조직의 정비 및 운영 개선 ③ 필요한 시책의 수립 및 실시 ④ 소비자의 건전하고 자주적인 조직활동의 지원 · 육성
   - ▶ 정책영역별 책무: ① 지방행정조직에 대한 지원 ② 위해의 방지 ③ 계량 및 규격의 적정화 ④ 표시의 기준 제정 ⑤ 광고의 기준 제정 ⑥ 거래의 적정화 ⑦ 소비자에의 정보제공 ⑧ 소비자의 능력향상 도모 ⑨ 개인정보의 보호 강구 ⑩ 소비자분쟁의 해결 강구 ⑪ 시험 · 검사시설의 설치

6. 사업자의 책무
   - ▶ 거래상의 책무: ① 위해발생 방지 조치강구 ② 부당한 거래조건이나 거래방법의 사용금지 ③ 물품에 대한 정보의 성실하고 정확한 제공 ④ 소비자의 개인정보 보호 ⑤ 소비자피해의 보상
   - ▶ 시책상의 책무: ① 소비자 권익증진 시책에 적극 협력하기 ② 소비자단체 및 한국소비자원의 자

료 및 정보제공 요청에 적극 협력하기 ③ 환경 친화적인 기술의 개발과 자원의 재활용을 위하여 노력하기 ④ 국가가 제정한 각종 기준 등의 준수 및 부당한 거래행위를 하지 않기

7. 소비자정책의 추진체계

(1) 소비자정책 수립: 우리나라 소비자정책은 기본계획과 시행계획으로 구분함

- ▶ 기본계획: 공정거래위원회는 소비자정책위원회의 심의 · 의결을 거쳐 3년마다 소비자정책 기본계획 수립함. 2012년~2014년 소비자정책 기본계획 수립
- ▶ 시행계획: 소비자정책 기본계획에 따라 15개 관계 중앙행정기관의 장은 매년 10월 31일까지 다음 연도의 소비자정책에 관한 시행계획(중앙행정기관별 시행계획)을 수립하고, 시 · 도지사는 매년 11월 30일까지 기본계획과 중앙행정기관별 시행계획에 따라 다음 연도 소비자정책 시행계획(시 · 도별 시행계획)을 수립하면, 공정거래위원회는 중앙행정기관의 장 및 시 · 도지사가 마련한 해당 기관의 다음 연도 소비자정책 시행계획을 매년 12월 31일까지 취합 · 조정하여 소비자정책위원회의 심의 · 의결을 거쳐 종합적인 시행계획(종합시행계획)을 수립하여 시행함

–관계 중앙행정기관의 장 및 시 · 도지사는 종합시행계획이 실효성 있게 추진될 수 있도록 매년 소요비용에 대한 예산편성 등 필요한 재정조치를 강구하여야 함

(2) 소비자정책위원회: 공정거래위원회에 속한 소비자정책위원회의 기능은 소비자정책 기본계획 및 종합시행계획 · 소비자정책의 종합적 추진에 관한 사항 · 소비자정책의 평가 및 제도개선에 관한 사항 · 그 밖에 위원장이 소비자의 권익증진 및 소비생활의 향상을 위하여 토의에 올리는 사항 등을 심의 · 의결함

(3) 국제협력: 국가는 소비자문제의 국제화에 대응하기 위하여 국가 간 상호협력방안을 마련하는 등 필요한 대책을 강구하여야 함

8. 소비자단체

- ▶ 소비자단체 업무: ① 시책에 대한 건의 ② 물품 등에 관한 시험 · 검사 및 거래조건이나 거래방법에 관한 조사 · 분석 ③ 소비자문제 조사 · 연구 ④ 소비자교육 ⑤ 소비자 불만 및 피해에 대한 상담 · 정보제공 · 당사자 사이의 합의권고
- ▶ 소비자단체의 자율적 분쟁조정: 소비자와 사업자 간 분쟁에 대한 소비자단체의 합의권고가 받아들여지지 아니한 경우, 소비자와 사업자 또는 소비자단체는 소비자단체협의체에 자율적 분쟁조정을 신청할 수 있음

9. 한국소비자원

- ▶ 공정거래위원회 산하기관으로 공정거래위원회의 지도 · 감독을 받고 있음
- ▶ 한국소비자원의 업무: ① 제도와 정책의 연구 및 건의 ② 물품 등에 관한 시험검사 및 거래조건이나 거래방법에 대한 조사 · 분석 ③ 정보수집 · 제공 및 국제협력 ④ 교육 · 홍보 및 방송사업 ⑤ 불만처리 및 피해구제 ⑥ 소비자의 권익증진 및 소비생활의 합리화를 위한 종합적인 조사 · 연구 등

10. 소비자안전

▶ 취약계층의 보호: 어린이, 노약자 및 장애인 등 취약계층의 안전을 확보하기 위해 국가 및 지방자치단체는 보호시책을 강구하여야 하고, 사업자는 예방조치를 취하여야 함

▶ 소비자안전조치: 사업자는 결함정보의 보고의무가 있으며 결함이 있는 물품의 자진수거·파기·수리·교환·환급 또는 제조·수입·판매·제공의 금지 등의 조치를 취하여야 함. 중앙행정기관의 장은 결함물품의 수거·파기 등의 권고나 수거·파기 등의 명령을 할 수 있음

▶ 위해정보의 수집 및 처리: 한국소비자원 소속 소비자안전센터 소비자위해감시시스템(www.ciss.or.kr)이 위해정보의 수집 및 처리업무를 담당함. 공정거래위원회는 행정기관(경찰서, 소방서, 보건소 등)·병원·학교·소비자단체 등을 '위해정보 제출기관'으로 지정·운영하고 있으며, 소비자안전센터에서는 위해정보가 수집되면 수집된 위해정보에 대한 사실조사와 분석을 토대로 '위해정보평가위원회'의 심의를 거친 후 한국소비자원 원장에게 그 결과를 보고하고 한국소비자원 원장은 그 결과에 따른 조치를 취함

11. 소비자분쟁의 해결

(1) 소비자상담기구를 통한 불만처리(사업자에 의한 불만처리)

▶ 사업자 및 사업자단체는 소비자의 불만 및 피해의 처리를 위해 소비자상담기구의 설치·운영에 적극 노력하여야 하고, 중앙행정기관의 장은 소비자상담기구의 설치·운영을 권장하거나 이에 필요한 지원을 할 수 있음

(2) 한국소비자원 1372 소비자상담센터(www.ccn.go.kr)를 통한 불만처리

▶ 한국소비자원, 소비자단체, 광역지자체의 소비자 상담기능이 통합·운영되는 시스템으로 전국에서 국번 없이 1372 전화번호(또는 온라인상담 www.ccn.go.kr)를 누르면 실시간으로 상담 및 피해구제가 가능함

(3) 한국소비자원에 의한 소비자피해구제

▶ '피해구제'란 사업자가 제공하는 물품 또는 용역을 사용하거나 이용하는 과정에서 발생하는 소비자의 피해를 구제하기 위하여 사실조사, 전문가 자문 등을 거쳐 관련 법률 및 규정에 따라 양 당사자에게 공정하고 객관적으로 합의를 권고하는 제도임

▶ 피해구제의 대상에서 제외되는 경우: 개인 간 분쟁, 사업자 간 분쟁, 노동 분쟁, 국가 또는 지방자치단체를 대상으로 하는 분쟁, 당사자(소비자·사업자)와 연락이 불가능한 경우, 동일 내용으로 타 분쟁조정기구에 피해구제가 진행 중이거나 종결된 경우, 동일 내용으로 법원에 소송 중인 경우 등

▶ 피해구제 신청 전: 한국소비자원 1372 소비자상담센터(또는 온라인상담 www.ccn.go.kr)를 통해 먼저 상담을 받아야 하며, 상담을 통해 피해처리가 안 된 경우 피해구제를 신청함

▶ 피해구제 신청자: ① 소비자 ② 소비자로부터 피해구제 신청을 받은 지방자치단체 또는 소비자단체 ③ 소비자로부터 피해구제 신청을 받은 사업자로서, 소비자로부터 피해구제의 신청을 받은 날부터 30일이 경과하여도 합의에 이르지 못한 경우이거나 한국소비자원에 피해구제의 처리를 의뢰하기로 소비자와 합의한 경우

▶ 피해구제 절차

① 피해구제 신청

한국소비자원 1372 소비자상담센터(또는 온라인상담 www.ccn.go.kr)의 소비자상담으로 문제가 해결되지 않을 경우 방문, 우편, 팩스, 인터넷을 통하여 피해구제 신청을 할 수 있음

② 사업자 통보

피해구제가 접수되면 해당 사업자에게 피해구제 접수사실 통보

③ 사실조사

소비자의 주장과 사업자의 해명을 토대로 서류검토, 시험검사, 현장조사, 전문가자문 등을 통해 사실조사 실시

④ 합의권고

사실조사를 바탕으로 관련 법률 및 규정에 따라 양 당사자에게 합의를 권고하며 합의가 이루어질 경우 사건은 종결

⑤ 소비자분쟁조정위원회 조정 신청

원만한 합의가 이루어지지 않은 경우 소비자분쟁조정위원회에 조정 신청

(4) 소비자분쟁조정

▶ 분쟁의 해결은 원칙적으로 민사소송을 통해 해결하여야 하지만 소송은 고비용, 장시간, 복잡한 절차 등의 불편이 있으므로 소송을 하기 전 소비자분쟁조정위원회가 조정을 통해 분쟁을 해결하고 있음(소비자분쟁조정은 우리나라의 대표적인 재판 외 분쟁해결제도임)

▶ 소비자분쟁조정위원회: 소비자분쟁조정위원회의 회의는 '분쟁조정회의(전체회의)'와 '조정부(소회의)'로 구분함. '분쟁조정회의'는 다음의 세 가지 사항을 심의·의결함. 첫째, 소비자분쟁 중 합의 권고금액 200만 원 이상의 소비자분쟁에 대한 조정, 둘째, 조정위원회에 의뢰 또는 신청된 분쟁조정(집단분쟁조정), 셋째, 조정부가 분쟁조정회의에서 처리하도록 결정한 사항. '조정부'는 앞의 세 가지 사항을 제외한 사항을 심의·의결함

▶ 분쟁조정의 절차와 효력

① 소비자분쟁조정위원회 회의 개최: 분쟁조정은 신청일로부터 30일 이내에 종결하는 것이 원칙이나, 위원회 일정에 따라 연장할 수 있음

② 조정결정: 조정위원회는 비공개를 원칙으로 하되, 필요한 경우에는 양 당사자가 참석하여 의견을 진술할 수 있으며, 최종적으로 내린 조정결정에 대하여 조정서를 작성하여 15일 이내에 양 당사자에게 수락 여부를 확인함

③ 조정성립: 조정결정에 대해 양 당사자가 문서로 수락 거부의사를 표시하지 않는 경우, 조정은 성립함

④ 종료: 성립된 조정결정 내용은 재판상 화해와 동일한 효력을 갖게 되어 분쟁이 종료되나, 조정이 성립되지 않은 사건은 소비자가 소송 등의 방법을 통해 해결할 수 있음

▶ 집단분쟁조정: 50명 이상 다수의 소비자에게 같거나 유사한 유형으로 소비자피해가 발생하는 경우 국가, 지방자치단체, 한국소비자원, 소비자단체 및 사업자는 피해구제 절차 없이 바로 소비자분쟁조정위원회에 집단분쟁조정을 의뢰 또는 신청할 수 있음

12. 소비자단체소송

일정한 요건을 갖춘 소비자단체, 사업자단체, 비영리단체가 사업자의 소비자권익 침해행위에 대해 법원에 금지·중지를 청구하는 제도로 손해배상의 청구를 할 수 없는 규정 때문에 소비자단체소송은 거의 이루어지지 않고 있음

13. 소비자분쟁해결기준

- ▶ 일반적 소비자분쟁해결기준(「소비자기본법」 시행령 별표1)과 품목별 소비자분쟁해결기준(공정거래위원회 고시)으로 구분
- ▶ 일반적 소비자분쟁해결기준을 「소비자기본법」 시행령 별표1로 제시한 이유는 품질보증기간 등과 같이 그 내용이 자주 바뀌지 않으므로 법령으로 제시함. 품목별 소비자분쟁해결기준은 급속한 기술발전으로 인해 새로운 상품들의 빈번한 출현과 함께 새로운 품목의 소비자분쟁이 자주 발생하므로 그때마다 새로운 품목의 소비자분쟁해결기준을 제시할 필요성이 있어 시행령보다 개정이 쉬운 '공정거래위원회 고시'로 제정함
- ▶ 일반적 소비자분쟁해결기준: 품질보증기간 동안의 수리 등의 비용기준, 수리·교환·환급의 기준, 품질보증서 교부에 관한 기준, 품질보증기간에 관한 기준, 물품 등의 피해보상 장소에 대한 기준, 사업자의 책임으로 발생한 비용처리 기준 등
- ▶ 품목별 소비자분쟁해결기준: 2014년 현재 62개 업종, 670여개 각 품목별 보상기준 및 각 품목에서의 분쟁 유형별 해결기준을 제정함

10
Chapter

민법[62]

제1절 민법 기초

한 나라의 수많은 법규범들은 개개의 법규범들이 다른 법규범들과 아무런 관련 없이 제각기 기능을 하고 있는 것이 아니라 논리적 통일성에 의하여 질서 있게 정돈된 하나의 법질서를 이루고 있다. 이러한 법질서 안에서 소비자로서의 생활은 이루어진다. 소비자가 생활을 하는 가운데 입게 되는 문제 해결의 법적 근거를 보면 영업정지나 과태료와 같은 행정법 규정, 징역이나 벌금 등과 같은 형법 규정, 그리고 손해배상 등에 관한 사법 규정 등이 있으며, 이 중 가장 중요한 것은 사법(private law) 규정이다. 사법은 「민법」(civil law), 「상법」[63](commercial law)으로 나눌 수 있는데(도표 3-1 참조), 이 중 가장 기본이 되는 것은 「민법」이다.

우리나라에는 본래적 소비자법률[64]인 「소비자기본법」, 「전자상거래 등에서의 소비자보호에 관한 법률」 등에서 각각 소비자 관련 개념 및 보호조항들을 다루고 있으나, 개별

---

62) 「민법」의 내용은 김영신 외 (2010). 새로 쓰는 소비자법과 정책. 4장 거래일반 1. 민법기초(pp. 91~114)을 기반으로 수정 및 재구성하였다. 민법을 자세히 공부하고 싶은 경우, 김해마루 지음 《누워서 읽는 법학: 민사법 I, II, III》을 읽어보기 바란다.

63) 「상법」은 기업의 경영과 상거래에 관해 상인이 지켜야 할 내용에 관한 법으로 공정하고 자유로운 기업경영은 궁극적으로 소비자복지증대를 가져오기 때문에 소비자 관련 법률이라고 할 수 있지만 소비자와 직접적으로 관련한 법이 아니므로 이 책에서는 다루지 않기로 한다. 참고로 우리나라 「상법」체계는 제1편 총칙, 제2편 상행위, 제3편 회사, 제4편 보험, 제5편 해상, 제6편 항공운송으로 구성되어 있다.

64) 소비자 관련 법률은 법 제정 목적에 따라 '본래적 소비자법률'과 '기능적 소비자법률'로 구분한다. 본래적 소비자법률은 「전자상거래 등에서의 소비자보호에 관한 법률」처럼 법 제정의 목적이 소비자보호를 직접적으로 추구하는 법률들이며, 기능적 소비자법률은 「할부거래에 관한 법률」처럼 법의 명칭과 목적은 소비자보호를 직접적으로 지향하지 않지만, 법률 운용 과정에서 혹은 그 결과로 소비자보호라는 목표를 달성하는 법률들이다.

법에서 별도 규정으로 다루고 있지 않은 부분에 대한 해석은 「민법」 조항에 근거하게 된다. 이런 점에서 소비자 관련 법률의 올바른 이해와 적용을 위하여 「민법」의 개념을 이해할 필요성이 있다.

I. 민법(civil law)의 의의

「민법」은 형식적으로 「민법」이라는 이름의 성문법전을 가리키지만, 실질적으로는 모든 사람들에게 일반적으로 적용되는 사법(private law, 개인 간의 법률관계를 규정하는 법)을 뜻한다. 전체 법질서 내지는 법체계 가운데에서 차지하는 「민법」의 의의를 살펴보자.

1. 민법의 실질적 의의

1) 사법(private law)으로서의 「민법」

사람의 생활은 크게 둘로 나누어지는데 하나는 국가를 조직하고 유지하는 국민으로서의 생활이고, 다른 하나는 그 이전에 한 인간으로서의 생활이다. 여기서 국민으로서의 생활을 규율하는 법은 공법(public law)이고, 인간으로의 생활을 규율하는 것은 사법(private law)이다. 일반적으로 「국제법」, 「헌법」, 「행정법」, 「형법」, 「형사소송법」, 「민사소송법」 등은 공법에 속하고, 「민법」과 「상법」은 사법으로 분류한다.

2) 일반법(general law)으로서의 「민법」

법은 그 적용범위에 따라 일반법과 특별법으로 나누어지는데, 그 적용대상이나 장소, 시간에 관계없이 누구에게나 적용되는 법을 일반법이라 하고, 그 적용대상이나 장소, 시간에 제한이 있는 법을 특별법이라고 한다. 이런 의미에서 「민법」은 인간이면 누구에게나 적용될 것을 예정한다는 점에서 일반법에 속한다. 반면 「상법」은 상인을 그 적용대상으로 하기 때문에 특별법이 된다. 일반법과 특별법 모두에 저촉되었을 때에는 특별법이 먼저 적용되고, 특별법이 규율하지 않은 사항에 대해서는 일반법이 적용된다.

3) 실체법(substantive law)으로서의 「민법」

법규범의 적용방법에 따라 법은 실체법과 절차법으로 분류하는데, 「민법」은 권리와 의무의 발생 · 변경 · 소멸 등을 규율하는 실체법에 속한다. 반면 「민사소송법」과 「가사소송법」 등은 의무의 위반 등이 있을 때 일정한 절차를 거쳐 그 의무이행을 강제하기 위하여 그 절차를 규율하는 법인 절차법에 해당한다.

2. 민법의 형식적 의의와 구성

1958년에 제정되어 1960년부터 시행되고 있는 성문법적인 현행 「민법」을 형식적 의의의 민법이라고 한다.

개인과 개인 사이의 인간생활 관계에 적용되는 원칙법인 「민법」은 크게 자기보존을 위한 재산관계와 종족보존을 위한 가족관계의 두 가지 유형을 규율하고 있다. 소유권과 계약을 중심으로 한 일반적 경제생활, 즉 재화와 용역의 지배·이용·교환 등과 같은 재산관계를 다룬 '재산법'(물권편·채권편)과 남녀의 성적 결합과 부모·자식의 관계 및 유언과 상속관계 등과 같은 가족관계를 다룬 '가족법'(친족편·상속편)으로 구성된다.

현행 「민법」은 총칙, 물권, 채권, 친족, 상속의 5편으로 구성되어 있는데, 공통적이면서 일반적인 규정들을 모은 '총칙'을 「민법」의 나머지 4편 앞에 두고 있다.

제1편 총칙에서는 권리의 주체로서 자연인과 법인, 권리의 객체로서 물건, 권리변동의 원인으로서 법률행위와 법률의 규정 중 기간과 소멸시효에 관해 규정한다. '통칙·인(person)·법인·물건·법률행위·기간·소멸시효'의 7개 장, 184개 조문으로 구성되어 있다.

제2편 물권과 제3편 채권에 관한 규정인 '재산법'에서는 사람의 경제적 행위에 대한 규범, 즉 거래규범에 대한 것으로 합리성에 바탕을 두고 거래안전의 보호와 간이화(간단하고 쉽게 함)를 위한 각종 규정이 담겨 있다. 특히 당사자 간의 관계를 규율하는 채권법은 대부분의 규정이 임의규정이며, 개인의 의사에 의해 달리 규율될 수 있는 사적 자치가 허용된다.

▌도표 10-1▌ 민법의 구성

제1편 총칙 (제1조부터 제184조까지)
제2편 물권 (제185조부터 제372조까지)
제3편 채권 (제373조부터 제766조까지)
제4편 친족 (제767조부터 제966조까지)
제5편 상속 (제997조부터 제1118조까지)

제4편 친족과 제5편 상속에 관한 규정은 '가족법'인데, 사람의 가족생활에 대한 규범으로 보수성, 지방성(그 지방에만 있거나 그 지방 사람에게만 공통적으로 나타나는 특유한 성질), 습속성(습관이 된 풍속의 성질) 등이 바탕을 이루고, 경제적 행위와는 달리 가족생활은 사회질서와 밀접한 관계가 있으므로 그 규정은 강행규정으로 되어 있다.

II. 민법의 기본 원리

근대 「민법」은 개인주의와 자유주의에 바탕을 두고 '사적 자치의 원칙'을 따르고 있는데, 이것은 법질서가 허용하는 한도에서 각자가 자신의 법률 관계를 자신의 의사에 따라 자주적으로 처리할 수 있고, 국가나 법질서는 여기에 직접적으로 개입하거나 간섭하면 안 된다는 것을 의미한다. 이러한 '사적 자치의 원칙'으로부터 '계약자유의 원칙', '소유권 존중의 원칙', '과실책임의 원칙'이 정립되었다.

'계약자유의 원칙'이란 당사자가 자유롭게 계약을 맺을 것인지의 여부에 관한 계약체결의 자유, 누구와 계약을 맺을 것인가에 관한 상대방 선택의 자유, 어떤 내용으로 계약을 맺을 것인지에 관한 내용 결정의 자유 및 어떤 방식으로 계약을 맺을 것인가에 관한 방식의 자유 등을 그 내용으로 한다.

'소유권 존중의 원칙'은 소유자가 법률의 범위 내에서 그 소유물을 사용 · 수익 · 처분할 수 있는 권리를 가지며, 자기의 소유물을 권한 없이 점유하고 있는 자에 대하여 반환을 청구할 수 있고, 소유권을 방해하거나 방해할 염려가 있는 행위를 한 자에 대하여 방해의 제거나 예방을 청구할 수 있다.

'과실책임의 원칙'은 타인에게 손해를 가한 자는 원칙적으로 고의 또는 과실로 인하여 타인에게 가한 손해에 대해서만 책임을 진다는 것이다.

그러나 이러한 민법의 개인주의 및 자유주의적 경향은 법이 의도하지 않은 결과를 초래할 수 있는데 사용자와 근로자, 임대인과 임차인, 생산자와 소비자 등과 같이 경제적으로나 사회적으로 불평등한 관계에서 그러하다.

이런 상황에서 모든 국민에게 인간다운 생활을 보장해 주기 위하여 개인 상호 간의 법률관계를 사적 자치에만 맡겨둘 수 없어서, 국가나 법질서가 이에 직 · 간접적으로 개입하게 되었으며, 여기서 '사회적 형평'이라는 이념이 반영되게 되었다.

그리하여 우리나라 현재 「민법」의 기본 원리는 '사적 자치의 원칙'을 기본으로 한

'공공복리의 원칙'을 최고원리로 하여, 경제적 약자를 보호하거나 공익을 위해 약한 당사자를 보호하기 위한 '계약자유 제한의 원칙', 부득이하게 공공의 필요를 충족시키기 위한 '소유권 제한의 원칙' 그리고 피해자의 보호와 손해에 공평한 분담을 실현하기 위하여 불가피하게 위험을 내포하고 있는 기업 활동으로부터 이익을 얻게 되는 기업은 그 활동으로 인하여 타인에게 가한 손해에 대하여 고의나 과실이 없더라도 배상할 책임을 부담한다는 '무과실책임주의 원칙'이 정립되었다.

제2절 민법 총칙의 내용

▌도표 10-2▌ 「민법」 총칙의 구성

「민법」(civil law) 제1편 총칙[65]: general provisions

제1장 통칙 (제1조부터 제2조까지)
제2장 인: person (제3조부터 제30조까지)
제3장 법인: juridical person (제31조부터 제97조까지)
제4장 물건: thing (제98조부터 제102조까지)
제5장 법률행위: legal act (제103조부터 제154조까지)
제6장 기간: period (제155조부터 제161조까지)
제7장 소멸시효: extinctive prescription (제162조부터 제184조까지)

I. 통칙[66]

「민법」 제1조에 '민사(civil affairs: 개인 간의 관계)에 관하여 법률에 규정이 없으면 관습법(customary law: 자연발생적으로 형성된 관습이 법체계로 흡수되거나 통합된 것)에 의하고 관습법이 없으면 조리(sound reasoning: 인간의 건전한 상식으로 판단할 수 있는 사회의 이치)에 의한다.'와 제2조에 '권리의 행사와 의무의 이행은 신의에 좇아 성실히 하여야 한다.'고 되어 있다(신의성실의 원칙: rule of good faith). 신의성실의 원칙은 법률을 해석하는 기준이 되는데, 신의성실의 원칙으로부터 권리남용 금지의 원칙, 모순

65) 총칙은 전체를 포괄하는 규칙이나 법칙으로 민법 전체에 해당하는 규칙이다.
66) 통칙은 법령의 해석·운영방침 등에 관한 시달사항을 내용으로 한 것이다.

행위 금지의 원칙 등이 만들어졌다.

「민법」은 권리를 중심으로 크게 권리의 주체, 권리의 객체 및 권리의 변동이라는 3가지 체계로 구성되어 있다.

II. 인(person)

법에 의하여 권리를 누릴 수 있는 힘을 부여받은 자를 권리의 주체라고 하는데, 민법상 권리의 주체인 사람에는 인(person)과 일정한 단체, 즉 사단 또는 재단으로 법인격을 취득한 법인(juridical person)이 있다. 그리고 이런 권리 주체는 권리능력, 의사능력, 행위능력 그리고 책임능력과 같은 「민법」상의 능력을 갖는다.

「민법」 제3조는 '사람은 생존한 동안 권리와 의무의 주체가 된다.'고 규정하고 있는데, 이는 모든 자연인에게 권리능력이 인정된다는 점 및 권리와 의무가 상응한다는 점을 밝힌 것이다.

권리능력(capacity of enjoyments of rights)은 권리를 가질 수 있는 자격을 의미하며, 모든 권리 주체는 권리능력을 가지면서 의무능력을 부담할 수 있다. 권리를 가질 수 있는 자격을 가진 권리능력자는 실제로 권리를 가지고 있는 권리자와는 다른 개념이며, 「민법」상 사람은 출생한 때로부터 권리능력을 가지며 사망으로 인하여 권리능력은 소멸된다. 법인에 대해서도 일정한 범위 내에서 권리능력을 부여하고 있다. 즉, 권리능력자(권리를 가질 수 있는 자격을 가진 자)에는 사람과 법인이 있음을 알 수 있다.

의사능력(mental capacity)은 자기가 하는 행위의 의미를 알고 자신의 의사를 결정할 수 있는 정신적 능력을 말하며, 유아나 정신병자 등에게는 이런 능력이 결여되어 있다. 따라서 의사능력이 없다면 그 의사에 기인한 법률관계의 형성은 무의미한 것이 되고, 의사 무능력자(lack of mental capacity: 자기 행위의 결과를 정상적으로 판단할 수 없는 사람으로 10세 이하의 유아, 백치[67], 술 취한 사람 등)가 한 의사표시는 무효가 된다. 그러나 법인의 경우에는 그 성질상 의사능력은 문제되지 않는다.

행위능력(capacity to act)은 혼자서 완전히 법률행위(예: 계약)를 할 수 있는 능력을 말하는데, 의사능력과는 달리 획일적으로 판단된다. 「민법」상 단순히 능력이라고만 하면 이는 행위능력을 의미한다. 행위능력을 가질 수 없는 사람을 제한능력자라고 하는데,

---

67) 뇌에 장애나 질환이 있어 지능이 아주 낮은 사람을 낮잡아 이르는 말

「민법」상의 제한능력자로는 연령으로 해서 일률적으로 결정되는 19세 미만의 미성년자, 일정한 요건이 갖추어진 경우 법원의 선고에 의한 피성년후견인 · 피한정후견인 · 피특정후견인이 있다.

▌도표 10-3▌ 제한능력자의 종류

제한능력자(행위능력을 가질 수 없는 자)의 종류
1. 미성년자(minor): 19세 미만인 사람
2. 피성년후견인(incompetent): 정신적 제약으로 사무처리능력이 '지속적으로 결여된' 사람
3. 피한정후견인(quasi-incompetent): 정신적 제약으로 사무처리능력이 '부족한' 사람
4. 피특정후견인(temporary-incompetent): 정신적 제약으로 '일시적 또는 특정한 후견이 필요한' 사람

「민법」 제4조에 의해 미성년자는 19세 미만의 사람을 의미한다.

피성년후견인이란 「민법」 제9조 제1항에서 질병, 장애, 노령, 그 밖의 사유로 인한 정신적 제약으로 사무를 처리할 능력이 '지속적으로 결여된 사람'으로 가정법원에서 성년후견개시 심판을 통해 선고한다.

피한정후견인이란 「민법」 제12조 제1항에서 질병, 장애, 노령, 그 밖의 사유로 인한 정신적 제약으로 사무를 처리할 능력이 '부족한 사람'으로 가정법원에서 한정후견개시 심판을 통해 선고한다.

피특정후견인이란 「민법」 제14조의2 제1항에서 질병, 장애, 노령, 그 밖의 사유로 인한 정신적 제약으로 '일시적 후원 또는 특정한 사무에 관한 후원이 필요한 사람'으로 가정법원에서 특정후견개시 심판을 통해 선고한다.

책임능력(capacity in tort)은 자기의 행위가 타인에게 손해를 끼칠지에 대한 판단을 할 수 있는 능력, 즉 법률상의 책임을 인식할 수 있는 능력을 말한다. 이는 의사능력과 마찬가지로 개개의 행위와 관련하여 개별적으로 판단되며, 자연인의 경우에는 자기가 하는 행위의 법률상의 책임을 인식할 지능조차 없으면 책임 무능력자가 된다. 이들은 불법행위 또는 채무불이행에 대하여 책임을 지지 않으며, 이들의 불법행위에 대해서는 감독자가 책임을 지게 된다.

권리의 객체는 권리의 대상을 말하며, 권리의 종류에 따라 다르다. 즉, 물권(real rights)의 객체는 물건(thing)이고, 채권(receivables)의 객체는 채무자의 일정한 행위이다. 「민법」은 권리의 객체 중 물건에 관해서만 규정하고 있는데, 물건은 물권의 객체이지만, 간접적으로 채권과 기타 다른 권리와 관련되기도 한다.

법률관계의 변동이 일어나려면 일정한 전제조건이 갖추어져야 하는데, 이 전제조건을 법률요건이라고 하며, 일정한 법률요건이 갖추어짐에 따라 발생하는 법률관계의 변동, 즉 권리·의무의 발생, 변경, 소멸이 법률효과가 된다. 그리고 사적 자치의 원칙이 지배하는 사법에서 가장 중요한 것은 의사표시를 요소로 하는 법률행위이며, 법률요건을 구성하는 개개의 사실을 법률사실이라고 한다.

III. 법인(juridical person)

법인은 일정한 단체, 즉 사단 또는 재단으로 법인격을 취득한 단체를 말하며 법인(법적으로 단체가 사람의 역할을 하도록 인정을 받은 것)이 된 단체는 법률의 규정에 따라 권리와 의무의 주체가 된다. 즉, 단체가 법인으로서 사무실을 임대하거나 재산을 소유할 수 있다.

IV. 물건(thing)

물건에는 부동산(움직일 수 없는 재산으로 토지와 그 정착물)과 동산(움직일 수 있는 재산으로 자동차 등)이 있다.

V. 법률행위(legal act)

법률행위란 의사표시(expression of intent)를 반드시 필요로 하는 것으로, 권리의 변동을 원하는 당사자의 의사 또는 목적대로 그 효과가 발생한다는 점이 특징이다.

법률행위 성립의 일반적 효력요건은 다음과 같다.

① 당사자의 권리능력·행위능력·의사능력이 있어야 한다.

② 법률행위 내용의 확정성·가능성·적법성·사회적 타당성이 있어야 한다.

③ 의사형성 과정에 하자 없이 자유로운 의사결정을 하고, 의사(intent: 무엇을 하고자 하는 생각)와 표시(expression)의 일치가 요구된다.

▌도표 10-4▌ 제한능력자의 법률행위

<table>
<tr><th></th><th>행위능력
(상대적으로)</th><th>사유
(정신적 능력)</th><th>법률행위</th><th>동의 없는
법률행위</th></tr>
<tr><td>피성년후견인</td><td>크게 제한</td><td>지속적 결여</td><td>무조건 금지</td><td rowspan="4">유동적 유효
(취소 가능)</td></tr>
<tr><td>미성년자</td><td>다소 제한</td><td>19세 미만</td><td>법정대리인의
동의하에 허용</td></tr>
<tr><td rowspan="2">피한정후견인</td><td rowspan="2">조금 제한</td><td rowspan="2">부족</td><td>법정대리인의
동의하에 허용</td></tr>
<tr><td>무조건 허용</td></tr>
<tr><td>피특정후견인</td><td>제한 없음</td><td>일시적 부족
/특정 능력의 부족</td><td>무조건 허용</td><td>확정적 유효
(취소 불가능)</td></tr>
</table>

출처: 김해마루 (2014). 누워서 읽는 법학: 민사법 III. p. 172.

법률행위의 종류는 의사표시의 수 및 방향에 따라 계약, 합동행위, 단독행위로 구분한다. 계약은 두 개 이상의 대립되는 당사자가 서로 상대방에 대하여 내용적으로 일치하는 의사표시를 함으로써 성립하는 법률행위를 말한다. 합동행위는 서로 대립하지 않고 방향을 같이하는 두 개 이상의 의사표시에 의해 성립하는 법률행위로 사단법인의 설립행위가 이에 해당한다. 단독행위는 행위자의 의사표시만으로 성립하는 법률행위를 말하는 것으로 유언, 취소·해제·동의·추인과 같이 형성권의 행사로서 행해지는 의사표시와 채무면제나 소유권 포기 등도 해당한다.

법률행위는 의사표시의 일정한 방식 여부에 따라 요식행위(일정한 방식을 필요로 하는 행위로 예를 들면, 어음발행이나 증여, 혼인, 입양, 유언 따위 등)와 불요식행위(일정한 방식을 필요로 하지 않는 법률행위)로 나눌 수 있는데, 계약자유의 원칙에서 방식의 자유가 인정되므로 일반적으로 법률행위의 방식은 일정한 방식을 필요로 하지 않는 불요식행위를 원칙으로 한다. 그러나 당사자의 신중한 의사결정을 위하여, 거래의 안전과 신속을 위하여 또는 법률관계의 명확화를 위하여 요식행위가 요구되기도 한다.

1. 법률행위의 총칙

법률행위가 선량한 풍속, 기타 사회질서에 위반한 사항을 내용으로 하는 경우와 당사자의 궁박(difficulty: 몹시 가난하여 떳떳하지 못함), 경솔(carelessness: 말이나 행동이 조심성 없이 가벼움) 또는 무경험(inexperience)으로 인하여 현저하게 공정을 잃은 경우에는 무효로 한다.

2. 법률행위의 의사표시(expression of intent)

의사표시는 법률행위의 불가결의 요소로서, 표의자(의사를 표시한 사람)의 의사가 올바르게 표시되어야 하고 그 의사에 따른 법률효과가 발생하여야 한다. 법률행위가 효력을 발생하기 위해서는 그 요소인 의사표시에 흠이 없어야 한다. 따라서 진의 아닌 의사표시(expression of non-real intent), 통정한(서로 짜고 하는) 허위의 의사표시(false expression), 착오로 인한 의사표시(mistake expression), 사기 · 강박에 의한 의사표시(expression by fraud & expression under duress)는 의사와 표시가 일치하지 않는다는 점에서 흠이 있는 의사표시로 간주한다.

상대방이 있는 의사표시에서 진의 아닌 의사표시의 경우에는 표의자가 농담이나 거짓말과 같이 의식적으로 의사와 어긋나는 표시를 하였다면 상대방 보호의 필요에 의해 그 표시대로 효과가 발생한다. 그러나 상대방이 표의자의 의사표시가 진의가 아님을 알았거나 알 수 있었을 경우에는 상대방 보호의 필요가 없어지므로 무효가 된다.

상대방과 통정한 허위의 의사표시의 경우에는 표의자의 의사와 표시가 일치하지 않는다는 점에서 그 표시는 무효가 된다.

착오는 표의자의 과실로 자신의 의사와는 달리 표시한 것으로, 그 표시대로 효과가 발생한다고 볼 수 있다. 「민법」에서는 의사표시를 함에 있어서 법률행위의 중요부분에 착오가 있는 때에는 취소할 수 있지만, 그 착오가 표의자의 중대한 과실로 인한 때에는 취소하지 못하도록 하고 있다.

사기(속임수)나 강박(위협)에 의한 의사표시는 의사와 표시가 같은 경우로 의사표시 자체는 흠이 없지만, 의사표시 형성과정에 흠이 있는 경우로 취소할 수 있으며, 상대방이 있는 의사표시에 관하여 제3자가 사기나 강박을 행한 경우에는 상대방이 그 사실을 알았

▌도표 10-5▌ 의사표시의 종류와 효력

	사기 · 강박에 의한 의사표시		착오로 인한 의사표시	진의 아닌 의사표시	서로 짜고 하는 허위의 의사표시
본질	의사와 표시의 일치		의사와 표시의 불일치		
관계자	상대방이	제3자가	의사표시자가		의사표시자와 상대방이
어떻게	간섭해서		모르고	알면서	공모해서
효력	유동적 유효 (취소 가능)	유효 (원칙)	유동적 유효 (취소 가능)	유효(원칙)	무효

출처: 김해마루 (2014). 누워서 읽는 법학: 민사법 III. p. 121.

거나 알 수 있었을 경우에 한하여 그 의사표시를 취소할 수 있다.

의사표시의 효력은 상대방이 있는 의사표시의 경우 「민법」은 도달주의를 채택하여 그 통지가 상대방에게 도달한 때로부터 효력이 발생한다. '도달'이란 의사표시가 상대방의 사회적 지배범위 내에 들어가 상대방이 객관적으로 의사표시의 내용을 알 수 있는 상태에 놓이는 것을 말한다. 또한 표의자가 그 통지를 보낸 후 사망하거나 행위능력을 상실하더라도 의사표시의 효력은 그대로 유지된다. 그러나 의사표시의 상대방이 그 의사표시의 수령능력이 없는 제한능력자인 경우에는 의사표시로 인정되지 못하며, 법정대리인이 그 도달을 안 후에 도달의 효력이 발생된다. 그리고 표의자가 과실 없이 상대방을 알지 못하거나 상대방의 소재를 알지 못할 때에는 공시송달에 의하여 의사표시의 효력을 발생시킬 수 있다. 공시송달(service by public notice)은 법원 사무관 등이 송달할 서류를 보관하고 그 사유를 법원게시판에 게시하거나 그 밖에 대법원 규칙이 정하는 방법(관보, 공보 또는 신문게재, 전자통신매체를 이용한 공시)에 따라 게시하여야 한다.

3. 법률행위의 대리(represent)

대리란 대리인(K)이 본인(A: 대리를 필요로 하는 사람)의 이름으로 의사표시를 하거나 의사표시를 수령함으로써 그 법률효과가 본인(A)에게 직접 귀속되도록 하는 제도이다. 대리행위의 법률효과가 본인에게 귀속되려면 본인이 대리행위를 할 사람에게 대리할 권한을 주거나 법률이 그러한 권한을 인정한 경우여야 한다는 점과 대리인이 상대방과 법률행위를 하면서 그 효과가 자신이 아닌 본인에게 돌아간다는 점을 밝혀야 한다는 점 그리고 대리인이 대리권의 범위 내에서 대리행위를 하여야 한다는 점 등의 세 가지 요건을 갖추어야 한다.

대리는 원칙적으로 의사표시 또는 그것을 요소로 하는 법률행위에 한하여 인정되며, 혼인이나 유언 등과 같이 본인의 의사결정을 절대적으로 필요로 하는 가족법상의 법률행위에서는 대리가 허용되지 않는다.

4. 법률행위의 무효(invalidity)와 취소(revocation)

계약 자체의 흠(defect)이든 의사표시의 흠이든 이 흠 때문에 계약(법률행위)은 무효가 될 수 있다. 무효란 당연무효일 수도 있고, 후발적으로 무효일 수도 있다.

도표 10-6 법률행위의 무효 종류

	당연무효	후발적 무효
사례	사회질서 위반 법률행위, 강행규정 위반 법률행위 등	(소급)취소권 행사 등 (장래) 해제조건 성취 등

출처: 김해마루 (2014). 누워서 읽는 법학: 민사법 III. p. 131.

당사자가 원하던 대로의 법률효과를 발생시키는 경우에 이 법률행위를 유효하다거나 효력이 있다고 한다. 그러나 법률행위가 성립하였더라도 유효요건이 갖추어지지 않았다면, 법에서는 이를 이유로 효력부여를 거부할 수 있다. 이와 같이 법에 의하여 효력부여가 거부되는 경우를 총칭하여 넓은 의미에서 무효(취소를 포함)라고 할 수 있다.

법률행위의 무효란 법률행위가 성립한 때부터 법률상 당연히 그 효력이 없는 것으로 확정되는 것을 말한다.

법률행위의 취소란 일단 유효하게 성립한 법률행위의 효력을 무능력 또는 의사표시의 결함을 이유로 행위 시에 소급하여 무효로 하는 특정인(취소권자)의 의사표시이다.

법률행위가 무효가 되는 경우는 의사무능력자의 법률행위, 강행규정에 위반하는 법률행위, 사회질서에 반하는 법률행위, 불공정한 법률행위, 상대방이 안 비진의표시, 허위표시, 무권 대리행위(법적권리가 없는 대리행위) 등이다.

법률행위를 취소할 수 있는 경우는 제한능력자의 법률행위, 착오에 의한 의사표시, 사기 또는 강박에 의한 의사표시 등이다.

취소와 구별되는 개념으로 철회, 재판상의 취소, 공법상의 취소, 해제가 있다.

철회는 표의자의 단독행위로 그 효력이 발생하는데 아직 효력이 생기지 않은 의사표시를 그대로 저지하여 장래 효과가 발생하지 않게 하는 것으로 유언자가 생전에 유언을 철회하는 것 등이 해당한다.

재판상의 취소는 혼인이나 입양과 같은 신분행위를 취소하는 것으로 소(訴)로써 법원에 청구하여야 한다.

공법상의 취소는 한정후견개시 선고 또는 성년후견개시 선고의 취소, 실종선고의 취소와 같이 사법상의 의사표시에 관한 사항이 아닌 공법상의 취소를 말한다.

해제는 유효하게 성립된 계약에 당사자 일방의 채무불이행이 있을 때 그 상대방이 일방적으로 계약을 소급적으로 소멸시키는 것을 말하는데, 법률행위 중에서도 계약에만 있는 특유한 것이고, 채무불이행을 원인으로 그 효력을 실효시킨다는 점에서 취소와는 다르다. 또한 해제는 유효하게 성립한 계약의 효력을 소급적으로 소멸시키는 제도라는 점에서 법률행위의 효력이 발생하기 전에 그 발생을 저지하는 철회와 구별된다.

5. 법률행위의 조건(condition)과 기한(term)

법률행위가 성립되면 그 효력이 곧 생기는 것이 원칙이다. 예를 들면, 「민법」에서 매매는 당사자 일방이 재산권을 상대방에게 이전할 것을 약정하고 상대방이 그 대금을 지급할 것을 약정함으로써 그 효력이 생긴다고 정하고 있어 법률행위, 즉 계약은 그 성립에 의하여 효력이 발생한다. 그러나 당사자들이 법률행위 효력의 발생 또는 소멸을 장래의 일정한 사실에 의존하게 할 수 있으며, 이처럼 법률행위 효력의 발생 또는 소멸을 제한하기 위하여 법률행위에 부가되는 약관(계약의 내용)을 법률행위의 부관이라고 한다. 다시 말하면, 법률행위의 당사자가 그 행위에서 생기는 법률효과에 제한을 가하기 위하여 덧붙이는 사항을 부관이라고 하는데, 조건과 기한이 법률행위의 부관이다.

조건(condition: 어떤 일을 결정하기에 앞서 내놓는 요구)은 법률행위의 효력 발생 또는 소멸을 장래 발생할 것이 불확실한 사실에 의존하는 것으로 예를 들면, 취직을 하면 자동차를 사주겠다고 약정하는 경우에 증여계약은 즉시 성립하지만 그 계약에 의한 자동차의 인도가 이루어지려면 취직이 선행되어야 한다. 따라서 조건이 성취되었는지의 여부에 따라 당사자들은 중대한 이해관계를 갖게 된다.

기한(term: 미리 정한 시기)이란 법률행위의 효력 발생이나 소멸 또는 채무의 이행을 장래 발생할 것이 확실한 사실에 의존하는 것을 말한다. 따라서 장래의 사실이라는 점에서 조건과 같지만, 그 사실이 확실하게 발생하는 것이라는 점에서 조건과는 다르다. 기한은 법률행위의 조건으로 당사자가 임의로 정하는 것이므로 법정기한은 여기서 말하는 기한과는 다르다. '기한의 이익(benefit of time)'이란 기한이 도래하지 않음으로써 그동안 당사자가 받는 이익을 말한다. 예를 들면, 김씨는 2014년 2월 2일 정씨로부터 1,000만 원을 이자 없이 2015년 2월 1일 갚기로 하고 빌렸다. 여기에서 기한의 이익이란 김씨가 1년 동안 1,000만 원을 빌려 사용하는 것이다. 현재 시점이 2014년 8월 1일이라면 아직 갚을 날이 6개월 남았으므로 이 6개월 동안 김씨는 기한의 이익을 갖고 있으며, 김씨가 기한의 이익을 포기하고 당장 빚을 갚는 것도 가능하다.

VI. 기간(period)

기간이란 어느 시점에서 어느 시점까지의 계속된 시간을 말하며, 법률사실로서 기간은 사건에 속한다. 그런데 기간은 다른 법률사실과 결합하여 법률요건을 이루는 경우가 많고, 기간계산에 관한 「민법」규정은 보충적인 것이어서 법령이나 재판상의 처분 또는 법률행위에 따라 다르게 정한 바가 있으면 그에 의한다.

기간의 단위를 '시 · 분 · 초'로 정하느냐 아니면 '일 · 주 · 월 · 연'으로 정하느냐에 따라 「민법」은 그 계산방법을 달리한다.

1. 자연적 계산방법

'시 · 분 · 초'일 경우에는 즉시로부터 기산하며, 기간의 만료점은 그 정해진 시 · 분 · 초가 종료한 때가 된다. 예를 들어, 오전 9:00시부터 2시간 후라 하면 기산점(starting point)은 즉시부터이므로 9:00시가 되고 만료점(ending point)은 해당 시, 분, 초의 종료 시이므로 11:00시가 된다.

2. 역법적 계산방법(calendar number)

1) 원칙

기간을 일, 주, 월 또는 연으로 정한 때에는 기간의 초일(starting day)은 산입하지 않는다.

(1) 일(day)로 정한 경우: 2014년 1월 1일 오전 2시부터 5일간일 경우, 기산점(starting point)은 1월 2일 오전 0시이고 만료점(ending point)은 1월 6일 24:00시이다.

(2) 주(week)로 정한 경우: 2014년 1월 1일(목)부터 1주일간일 경우, 기산점은 1월 2일(금) 오전 0시이고 만료점은 1월 8일(목) 24:00시이다.

(3) 월(month)로 정한 경우: 2014년 1월 1일부터 2개월간이라면, 기산점은 2014년 1월 2일 오전 0시이고 만료점은 2014년 3월 1일 24:00시이다.

(4) 연(year)로 정한 경우: 2014년 1월 1일 부터 1년간일 경우, 기산점은 2014년 1월 2일 오전 0시부터이고 만료점은 2015년 1월 1일 24:00시가 된다.

2) 예외

(1) 기산점(starting point)의 예외(초일: starting day 산입)

① 연령의 계산: 1985년 1월 1일 오후 11시 55분 출생한 자의 성년이 되는 시기는 언제인가에 대해, 연령을 계산함에 있어서는 초일(starting day)을 산입하므로 기산점은 1985년 1월 1일 오전 0시가 되어 만료점, 즉 미성년을 마치는 시기는 2003년 12월 31일 24시가 되며, 2004년 1월 1일 0시(=새벽)가 되면서부터 성년자가 된다.

② 오전 0시부터: 예컨대, 오는(=내일) 1월 10일부터 5일간이라고 하면, 아직 도래하지 않은 날부터이므로 이는 1월 10일 오전 0시부터 시작하는 것과 같다. 따라서 기산점은 1월 10일 0시이고 만료점은 1월 14일 24:00시가 된다.

(2) 만료점(ending point)의 예외

① 2014년 2월 1일부터 1달간이면 기산점은 2014년 2월 2일 0시이고, 만료점은 2014년 2월 28일 24:00시이다. 즉, 이 경우 평달보다 약 1~2일간의 차이가 있게 된다. 만료일은 달력에 의해 계산하므로 월이나 연 일수의 장단은 문제되지 않는다.

② 2014년 3월 1일(공휴일)을 만료점으로 정한 경우에는 당일이 3·1절 공휴일이므로 그 익일(the next day)인 2014년 3월 2일 24:00시로 만료한다.

3. 역(reverse)에 의한 계산방법

총회 1주일 전에 통지하도록 되어있는 사원총회 소집통지서의 발송과 같이 의사표시의 효력발생시기에 있어서 발신주의를 적용하는 경우에 사용한다. 예를 들면, 2014년 2월 10일 개최 예정인 사단법인 사원총회 소집 통지서를 언제까지 발송해야 하느냐의 문제에서, 기산점은 2014년 2월 9일 24:00시가 되며, 만료점은 2014년 2월 3일 오전 0시가 된다. 따라서 늦어도 2014년 2월 2일 24:00시까지 소집통지서를 발송하여야 절차상 하자가 없다.

VII. 소멸시효(extinctive prescription)

시효(prescription)란 어떤 상태가 일정한 기간 동안 계속되는 것을 말하며, 일정기간이 경과한 다음 권리소멸의 효과를 부여하는 소멸시효와 이와 반대로 권리취득의 효과를 부여하는 취득시효의 두 가지가 있는데, 「민법」에서 소멸시효는 총칙 편에, 취득시효는 물권 편에 각각 규정하고 있다.

소멸시효(extinctive prescription)란 권리자가 권리행사를 할 수 있음에도 불구하고 일정기간 동안 권리를 행사하지 않는 경우 그 권리의 소멸을 인정하는 제도이다. 채권은 10년간 행사하지 않으면 소멸시효가 완성된다. 즉, 10년간 채권의 권리를 행사하지 않으면 그 권리가 없어진다는 의미이다.

권리가 소멸되거나 실효되는 점에서 소멸시효와 유사한 제도인 제척기간(limitation)은 법률에서 획일적으로 정한 일정한 권리의 행사기간을 말하며, 제척기간 내에 권리를 행사하지 않으면 그 권리는 당연히 소멸된다. 예를 들면, 냉장고의 품질보증기간 1년은 1년의 제척기간에 해당한다.

제3절 물권 편

물권(real rights)이란 특정의 물건(thing)을 직접 지배하여 배타적 이익을 얻는 권리로 점유권, 소유권, 지상권, 지역권, 전세권, 유치권, 질권, 저당권이 있다.

I. 점유권(possessory right)

누구에게나 주장할 수 있는 절대권으로 물건을 사실상 지배하는 사람에게 주어지는 권리이다(「민법」 제192조~제210조).

II. 소유권(ownership)

물건을 자신의 물건으로서 직접적·배타적·전면적으로 지배하여 사용·수익·처분할 수 있는 권리를 말한다(「민법」 제211조~제278조).

III. 지상권(superficies)

타인 소유의 토지에 건물, 기타의 공작물이나 수목을 소유하기 위하여 그 토지를 사용하는 권리를 말한다(「민법」 제279조~제290조).

IV. 지역권(easement)

소유권이 없는 자가 토지를 제한적으로 이용할 수 있는 권리를 말하며 보통 일정한 목적을 위하여 타인의 토지(승역지)를 자기토지(요역지)의 편익에 이용하는 권리를 말한다. 자기 토지의 편익을 위하여 남의 토지를 통행한다든가, 남의 토지로부터 물을 끌어오거나 남의 토지의 관망(view)을 방해하는 공작물 등을 건조하지 못하게 하는 것 등이 있다(「민법」 제291조~제302조).

V. 전세권(leasehold rights)

전세금을 지급하고 타인의 부동산을 일정기간 그 용도에 따라 사용·수익한 후, 그 부동산을 반환하고 전세금의 반환을 받는 권리를 말한다(「민법」 제303조~제319조),

VI. 유치권(lien)

타인의 물건이나 유가증권을 점유한 자가 그 물건이나 유가증권에 관한 채권의 전부를 변제받을 때까지 그 물건이나 유가증권을 유치하여 채무자의 변제를 심리상으로 강제하는 권리이다(「민법」 제320조~제328조). 예를 들면, 세탁소에서 세탁대금의 지급을 받기까지는 세탁한 옷을 유치하여 그 반환을 거절할 수 있다.

VII. 질권(pledge)

채권자가 그의 채권의 담보(security)로서 채무자의 물건을 수취하여 채무의 변제가 있을 때까지 채무자 또는 제3자(물상보증인: 타인의 채무를 위하여 자기 재산을 담보로 제공한 사람)로부터 받은 물건(또는 재산권)을 점유하고, 유치함으로써 한편으로는 채무의 변제를 간접적으로 강제하는 동시에, 채무의 변제가 없는 경우에는 그 목적물로부터 다른 채권자에 우선하여 변제를 받는 권리를 말한다(「민법」 제329조~제355조)

유치권과 질권은 담보물권(real rights for security)으로 목적물을 채권의 담보로 제공하는 것을 목적으로 하는 물권이다. 유치권과 질권의 근본적인 차이점은 유치권은 법정담보물권(legal real rights for security)이며, 질권은 약정담보물권(contracted real rights for security)이라는 것이다. 즉, 유치권은 일정한 요건이 존재하는 경우에 법률상 당연히 생기는 권리이며, 당사자 간의 합의로 성립하는 것이 아니다. 그러나 질권은 약정담보로서 서로 간의 약정(contract)에 의하여 목적물을 담보로 제공하는 것이다.

VIII. 저당권(mortgage)

채권자가 채무자 또는 제3자(물상보증인)의 채무담보로서 제공한 부동산 또는 부동산물권(지상권·전세권)을 인도받지 않고 다만 관념상으로만 지배하여 채무의 변제가 없는 때에 그 목적물로부터 우선변제를 받는 권리를 말한다(「민법」 제356조~제372조). 저당권은 약정담보물권으로서 금융을 얻는 수단이 되고, 투자의 매개수단이 되고 있다.

제4절 채권 편

채권(credit)이란 특정인(채권자)이 특정인(채무자)에 대하여 '돈을 지급하라'든가 '물건을 인도하라'고 하는 것과 같이 일정한 행위를 청구할 수 있는 권리를 말하며, 채권은 재산권이고, 상대권이며 청구권이다.

따라서 채권 편에서는 사적·경제적 영역에서의 거래행위 및 특정한 사람들 사이에서의 이해 조절에 관한 본질적 규정들을 포함하고 있다. 그리고 제3편 채권은 사업자와 소비자 사이에서 일어나는 계약상의 책임과 불법행위 책임에 관하여 적용되며, 채무불이행, 하자담보 책임, 계약의 해제와 해지, 손해배상 책임에 관한 규정들을 포함하고 있다.

「민법」 외에도 「상법」이나 「수표법」, 「어음법」 등 채권관계를 발생시키는 법률들이 많이 있지만, 이런 특별법상의 채권관계들에 대해서도 그 법률들이 달리 정하고 있지 않는 한 「민법」의 규정들이 적용된다.

I. 계약의 성립 · 해제와 해지

계약(contract)은 서로 대립되는 두 개 이상의 의사표시의 합치로 성립하는 법률행위로, 채권관계의 발생을 목적으로 한다. 계약법의 기본 원칙 중의 하나는 일단 맺어진 계약은 지켜야 한다는 것으로 계약은 자유이면서 동시에 구속이라고 할 수 있다.

계약에는 계약자유의 원칙이 적용된다. 그런데 계약자유의 원칙에 의한 계약은 원칙적으로 교섭력이 대등한 당사자들이 실현할 수 있으나, 당사자들이 사전합의를 한다든지 약관규제 등의 여러 가지 경우에는 계약자유의 제한을 받기도 한다.

1. 계약의 성립

계약은 원칙적으로 당사자들의 의사표시의 합치, 즉 합의(consensus)에 의하여 성립하며, 합의는 보통 청약(offer)과 승낙(acceptance)으로 성립한다.

1) 청약

청약(offer)이란 계약을 신청하는 것으로, 그에 대응하는 상대방의 승낙과 합치하여 일정한 내용의 계약을 성립시킬 것을 목적으로 하는 당사자 일방의 확정적 의사표시이다. 청약은 그에 응하는 승낙만 있으면 바로 계약이 성립될 수 있을 정도로 확정적이어야 하며, 의사표시의 효력 발생 시기에 관한 일반원칙에 따라 도달에 의하여 효력이 발생한다. 청약의 구속력에 의해서 청약이 효력을 발생하게 되면 청약자가 이를 마음대로 철회하지 못한다.

2) 승낙(acceptance)

승낙이란 청약에 응하여 계약을 성립시키려고 청약 수령자(피청약자)가 청약자에 대하여 행하는 의사표시이다. 도달주의의 일반원칙에 따라 승낙은 도달한 때에 그 효력이 발생하고 계약도 그때에 성립하게 된다. 그러나 승낙기간이 지난 후에 도착한 승낙은 최초의 청약자가 이를 새로운 청약으로 보고 그에 대하여 승낙함으로써 계약을 성립시킬 수 있다.

3) 계약의 효력발생(effectuation)

계약이 성립하였다고 해서 언제나 당사자가 원하는 바의 효과가 발생하는 것은 아니며, 다시 일정한 요건을 갖추어야 비로소 효력이 발생하게 된다.

「민법」의 계약의 효력에서는 쌍무계약(Give and Take 계약)의 특유한 효력인 동시이행의 항변권과 채무자 위험부담, 그리고 제3자를 위한 계약에 관하여 규정하고 있다(「민법」 제536조~제542조).

동시이행의 항변권은 쌍무계약의 당사자 일방이 상대방이 채무를 이행하거나 이행의 제공을 하지 않은 채 채무의 이행을 청구하면 자기 채무의 이행을 거절할 수 있는 것을 말한다.

채무자 위험부담에서 '위험'이라 함은 건네주어야 하는 대상물, 즉 급부의 대상물이 우연한 사정으로 계약 성립 시점부터 완전하게 이전(이행)되어야 하는 시점 사이에서 멸실 또는 손상되는 등의 이유로 더 이상 건네질 수 없는 경우를 말한다. 즉, 매도인(채무자: debtor)이 물품을 매수인(채권자: creditor)에게 완전히 인도하기 전에 양 당사자의 책임 있는 사유가 없이 우연히 발생하는 사건으로 인해 물품이 멸실 또는 손상되는 경우이다. 예를 들어, 유명화가의 그림을 팔기로 계약한 이후에 매도인(채무자)이 매수인(채권자)에게 그 그림을 건네주기 전에 우연히 화재가 나서 그림이 소실되었다면 그 책임을 누가 부담할 것인가라는 문제에 직면하게 된다. 우리나라는 채무자 위험부담주의를 택하고 있어서 이러한 경우 채무자인 매도인(seller)이 책임을 져야 한다.

그리고 제3자를 위한 계약은 계약 당사자가 자기 명의로 체결한 계약에 의하여 제3자로 하여금 직접 계약 당사자의 일방에 대하여 권리를 취득하게 하는 것을 목적으로 하는 것이다. 예를 들면, 보험회사 A와 보험계약자 B 사이의 생명보험계약에 의하여 B가 보험료를 지불하고, 아들 C로 하여금 A보험회사에 대한 보험금 청구권을 취득하게 하는 것이 해당한다. 여기서 A회사는 낙약자(promissor: 계약이행을 승낙한 자), B는 요약자(stipulator: 계약을 요청한 자) 또는 채권자, 그리고 C는 수익자(beneficiary: 계약으로 인한 이익을 받는 자) 또는 제3자가 된다.

2. 계약의 해제와 해지

1) 계약의 해제(cancellation)

계약의 해제란 유효하게 성립한 계약의 효력을 당사자 일방의 의사표시에 의하여 소급적으로 소멸하게 하는 것으로, 처음부터 존재하지 않았던 것과 같은 상태로 복귀시키는 일방적인 의사표시를 말한다. 본래 계약은 일단 성립한 후에는 당사자가 이를 마음대로 해제하지 못하므로, 계약의 해제는 당사자가 해제권을 가지는 경우에 한하며, 해제권은 형성권에 속한다.

해제권은 다음의 두 경우에 발생하게 된다.

① 법정해제권: 당사자 일방의 채무불이행을 원인으로 법률의 규정에 의하여 당연히 발생하는 경우이다.

② 약정해제권: 계약당사자 일방의 의사에 의하여 행하여지는 해제로 그 해제권 발생의 원인이 당사자의 계약에 기하는 것을 약정해제권이라 한다. 예를 들어, A로부터 30만 원에 가방을 사는 계약을 체결한 B가 계약금으로 5만 원을 A에게 건넸다고 하면 매수인 B는 5만 원을 포기함으로써 또는 매도인 A가 배액인 10만 원을 B에게 상환함으로써 그 매매계약을 해제할 수 있다(「민법」 제565조).

그러나 해제권이 발생하더라도 그 권리가 행사되지 않는다면 해제의 효과는 발생하지 않는다. 해제권의 행사는 상대방에 대한 의사표시로 하는데, 이 의사표시는 철회할 수 없고, 조건이나 기한을 붙이지 못한다. 일단 해제권에 의해 계약이 해제되면 당사자는 계약적 구속으로부터 해방되어 계약상의 의무를 면하고, 해제되는 계약에 기하여 발생한 권리는 소멸하게 된다. 또한 계약의 이행으로 이전된 권리를 복구하게 되어 아직 이행하지 않은 채무는 소멸하고, 이미 이행한 것에 대해서는 서로 원상회복의무를 지게 된다.

2) 계약의 해지(termination)

계속적 계약관계에서 당사자 일방의 채무불이행을 이유로 그 채권관계를 해제에 의해 소멸하게 한다면 원상회복이 매우 어렵게 된다. 예를 들면, 학습지를 1년 계약으로 매달 구독료를 내면서 구독하고 있다가 6개월째 들어 구독료를 안 낸 경우, 처음부터 없었던 계약으로 만들기는 힘들다. 그 이유는 이미 학습지를 풀어 본 상황이라 처음부터 없었던 계약으로 하는 계약의 해제는 불가능하다. 이럴 경우 그 효과를 계약체결 시로 소급하여 발생시키지 않고, 장래로 향하여 효력이 없는 것으로 하면 충분하다. 그러므로 구독료를 못 낸 그 시점으로부터 이후의 학습지 제공을 하지 않는 것은 가능하다. 이렇게 계속적 계약관계에서 일방적 의사표시로 계약의 효력을 장래로 향하여 소멸하게 하는 행위를 해지라고 하고, 해지할 수 있는 권리를 해지권이라고 한다. 해지는 소급효과가 없다는 점에서 해제와는 다르고, 해지 사유는 각 계약의 특성에 맞게 개별적으로 규정되어 있다.

도표 10-7 취소 · 해제 · 해지의 구분

	취소	해제	해지
적용대상	모두 가능(주로 일시적 계약)		계속적 계약
법률행위 당시	유효		
취소권 등의 행사 결과	소급적 무효		장래적 무효
취소권 등의 발생 사유	법률행위 당시 사정(상황)	법률행위 이후의 사정(상황)	

출처: 김해마루 (2014). 누워서 읽는 법학: 민사법 I. p. 135.

II. 채무불이행 · 매도인의 담보책임과 불법행위책임

1. 채무불이행(default)(민법 제387조~제407조)

채무자(debtor)에게는 채무(debt)의 내용에 따른 이행을 할 의무가 있다. 그러나 여러 가지 원인으로 인하여 급부(benefit: 채권의 내용이 되는 채무자의 특정한 행위)가 정상적으로 이루어지지 않는 경우가 있는데, 이를 급부장애라고 한다. 즉, 급부장애란 채무의 내용실현이 불가능하게 되거나, 지체되거나 또는 불완전하게 되어 마땅히 행해져야 할 상태대로 이행되지 않은 상태를 말한다. 급부가 채무의 내용대로 이행될 수 없는 상태를 포괄하는 개념이다. 급부장애는 여러 유형이 있지만, 여기서는 채무불이행에 대해서만 살펴보기로 한다.

채무불이행(default)에는 일반적으로 이행지체(delay in performance), 이행불능(impossibility of performance), 불완전이행(incomplete performance)이 있고, 채권자지체를 채무불이행의 범주에 넣는 경우도 있다.

이행지체(delay in performance)는 채무의 이행이 가능하지만, 이행이 늦어지고 있는 경우이다. 이 경우 채권자는 강제이행을 법원에 청구할 수 있고(「민법」 제389조), 채무의 이행을 위하여 상당한 기간을 정하여 이행을 최고(notice)하여 그 기간 내에 이행을 하지 않으면 계약을 해제하고 이행하지 못한 것으로 인한 손해배상을 채무자에게 청구할 수 있고, 늦는 만큼 지연이자를 배상하도록 할 수 있다.

이행불능(impossibility of performance)은 급부제공이 불가능한 것으로, 채무의 내용에 합치하는 결과를 채무자의 행위에 의하여 실현시킬 수 없거나 그러한 결과의 실현에 필요한 행위가 이루어질 수 없는 경우를 말한다. 예를 들어, 1억 원에 A가 B로부터 산

도자기를 배송받으려고 기다리고 있었지만 B가 가져오는 도중 깨뜨려 버린 경우, 채권자인 A는 이미 도자기가 깨져 버렸으므로 더 이상 이행을 바랄 수가 없게 된다. 이 경우, 계약이 해제되고 채무자 B는 더 이상 채무의 이행에서 벗어나게 되지만, 채권자에게 이행이 불가능해지면서 도자기 값 1억 원과 입힌 손해를 배상하여야 한다.

불완전이행(incomplete performance)이란 채무자가 채무의 이행으로서 이행행위를 하였으나 그것이 채무 내용에 따른 이행이 아닌 경우 또는 그 보다 좁게 이행함으로써 채권자에게 손해가 발생한 경우를 말하며, 적극적 채권 침해라고도 한다. 예를 들면, 초코파이 1상자를 주문하였는데 유통기한이 지난 초코파이가 배달되어 오는 경우, 새 컴퓨터를 주문했더니 알고 보니 전부 중고부품인 경우에 해당한다. 이러한 경우 채권자는 수령을 거절하거나, 불완전 이행된 그 만큼의 부분에 대하여 다시 이행을 청구 할 수 있다.

채권자지체는 채무자는 채무를 이행하였으나, 채권자가 급부의 수령을 지체하는 것을 말한다. 예를 들어, 돈 갚으러 갔더니 채권자가 없어서 돈을 못줬다는 경우가 대표적이다. 이 경우 채무자는 고의 또는 중대한 과실이 없으면 불이행으로 인한 모든 책임에서 자유롭게 되고, 채무자가 목적물의 보관 및 변제에 필요한 비용이 증가한 경우 채권자가 이를 부담하여야 한다(「민법」 제403조).

2. 매도인의 담보책임(민법 제568조~제583조)

매도인의 담보책임 또는 매도인(seller)의 하자담보책임(guarantee against defect)이란 매매에 의하여 이전된 권리나 권리의 객체인 물건에 불완전한 점(defect: 하자)이 있는 경우에 매도인이 부담하는 일정한 책임(손해배상 등)을 말한다.

3. 불법행위책임(민법 제750조~제766조)

불법행위란 타인에게 손해를 가하는 위법한 행위를 말하며, 이는 법정채권관계의 발생원인이다. 불법행위 및 그에 따른 손해배상 책임은 개인의 위법행위에 대한 형사책임과는 다르게 사회생활에서 생기는 손해를 적정하게 배분함에 그 목적이 있다.

1) 과실책임의 원칙

고의(intention)란 자기 행위로 인하여 타인에게 손해가 발생할 것을 알고도 그것을 일부러 하는 심리상태이고, 과실(negligence)은 사회생활상 주의를 기울였다면 일정한 결과의 발생을 알 수 있었거나 그러한 결과를 회피할 수 있었을 것임에도, 그 주의를 다하지 못하여 그러한 결과를 발생하게 하는 심리상태를 말한다.

과실책임의 원칙이란 가해자가 고의 또는 과실로 인한 위법행위로 타인에게 손해를 가한 경우 그 손해를 배상할 책임을 진다는 원칙을 말한다. 이 경우 과실에 대한 입증책임은 원칙적으로 피해자가 진다.

그러나 피해자가 가해자의 과실책임을 입증하기가 쉽지 않다는 점에서 가해자의 과실책임을 입증하지 못한 경우, 피해자의 희생으로 가해자가 이익을 얻을 수도 있다. 그리하여 가해자에게 과실이 없더라도 그의 행위로 인하여 손해가 발생하였다는 관계가 있으면 그것만으로 손해배상책임을 지우는 무과실책임주의가 대두되었다.

우리나라에서는 「환경정책기본법」, 「토양환경보전법」, 「원자력손해배상법」, 「제조물책임법」 등의 법조문에서 무과실책임을 인정하거나 과실을 추정하고 있다.

불법행위를 행한 자는 자신의 행위가 위법한 것임을 인식할 수 있는 정신능력, 즉 책임능력을 갖추어야 한다. 일반인은 대체로 책임능력을 갖추고 있으므로 가해자 쪽에서 책임을 면하려면 책임무능력의 사실을 입증하여야 한다. 또한 현실적으로 손해가 발생한 것에 한하여 배상을 하며, 타인의 어떤 권리를 침해하였더라도 손해가 생기지 않으면 손해배상책임은 발생하지 않는다. 따라서 손해배상을 받기 위해서는 피해자 측에서 가해행위와 손해 사이에 인과관계가 있음을 입증하여야 한다. 그리고 타인의 신체, 자유 또는 명예를 해하거나 기타 정신상 고통을 가한 자는 재산 이외의 손해에 대해서도 배상할 책임이 있다. 또한 타인의 생명을 해한 자는 피해자의 직계존속, 직계비속 및 배우자에 대하여 재산상의 손해가 없는 경우에라도 손해배상의 책임을 진다. 그러나 미성년자가 타인에게 손해를 가한 경우에 그 행위의 책임을 변식할(알아차릴) 지능이 없는 때에는 배상의 책임이 없고, 심신상실(irresponsibility) 중에 타인에게 손해를 가한 자 역시 배상의 책임이 없다. 불법행위로 인한 손해배상 청구권은 피해자나 그 법정대리인이 그 손해 및 가해자를 안 날로부터 3년간 이를 행사하지 아니하면 시효로 인하여 소멸하고, 불법행위를 한 날로부터 10년을 경과한 때에도 소멸한다.

2) 불법행위와 보험제도

불법행위에서 배상의무자에게 변제능력(갚을 능력)이 없다면 무과실책임에 의하여 피해자에게 손해배상청구권을 인정하더라도 손해의 공평한 분담이라는 목적을 달성할 수 없게 되므로 배상의무자의 배상능력을 강화하기 위한 수단으로 보험제도가 이용되고 있으며, 책임보험 등이 이에 해당한다. 예를 들면, 자동차 손해배상책임보험, 근로자의 재해보상보험, 원자력 손해배상보험 등이 있다.

찾아 생각하기

1. 현재 우리나라 「민법」의 기본 원리는 어떻게 형성되었는가?

2. 「민법」에서 나타나 있는 '사람(인)'의 능력에는 어떠한 것이 있는가?

3. 법률행위란 의사표시를 반드시 필요로 하는 것으로 계약, 합동행위, 단독행위 등이 있는데, 이 중에서 자신이 경험한 법률행위에 대해 정리해 보자.

PART 03

소비자 관련 법률 및 제도 요약

▶▶▶ chapter 10 • 민법(civil law)

1. 민법의 실질적 의의

- ▶ 사법(private law)으로서의 「민법」: 인간으로서의 생활을 규율
- ▶ 일반법(general law)으로서의 「민법」: 적용대상이나 장소, 시간에 관계없이 누구에게나 적용
- ▶ 실체법(substantive law)으로서의 「민법」: 권리와 의무의 발생·변경·소멸 등을 규율

2. 민법의 형식적 의의

- ▶ 1960년부터 시행되고 있는 성문법적인 현행 「민법」을 형식적 의의의 민법이라고 함

3. 민법의 구성

- ▶ 자기보존을 위한 재산관계와 종족보존을 위한 가족관계에 대해 규율
- ▶ 현행 「민법」은 총칙, 물권, 채권, 친족, 상속의 5편으로 구성
- ▶ 제1편 총칙은 권리의 주체로 자연인과 법인, 권리의 객체로서 물건, 권리변동의 원인으로 법률행위, 기간과 소멸시효에 관해 규정
- ▶ 제2편 물권과 제3편 채권의 규정은 '재산법'
  제4편 친족과 제5편 상속의 규정은 '가족법'

「민법」(civil law)의 구성

제1편 총칙: general provisions
- 제1장 통칙 (제1조부터 제2조까지)
- 제2장 인: person (제3조부터 제30조까지)
- 제3장 법인: juridical person (제31조부터 제97조까지)
- 제4장 물건: thing (제98조부터 제102조까지)
- 제5장 법률행위: legal act (제103조부터 제154조까지)
- 제6장 기간: period (제155조부터 제161조까지)

제7장 소멸시효: extinctive prescription (제162조부터 제184조까지)
제2편 물권: real rights (제185조부터 제372조까지)
제3편 채권: credit (제373조부터 제766조까지)
제4편 친족: domestic relations (제767조부터 제966조까지)
제5편 상속: inheritance (제997조부터 제1118조까지)

4. 민법의 기본 원리

▶ 근대 「민법」은 '사적 자치의 원칙'을 따르며, 이로부터 '계약자유의 원칙', '소유권 존중의 원칙', '과실책임의 원칙'이 정립됨

▶ 현재 우리나라 「민법」의 기본 원리는 '사적 자치의 원칙'을 기본으로 한 '공공복리의 원칙'을 최고원리로 하여, '계약자유 제한의 원칙', '소유권 제한의 원칙', '무과실책임주의 원칙'이 정립됨

5. 민법 제1편 총칙

▶ '통칙 · 인(person) · 법인 · 물건 · 법률행위 · 기간 · 소멸시효'의 7개 장, 184개 조문으로 구성

▶ 제1장 통칙: 민사(civil affairs: 개인 간의 관계)에 관하여 법률에 규정이 없으면 관습법(customary law)에 의하고 관습법이 없으면 조리(sound reasoning)에 의함. 권리의 행사와 의무의 이행은 신의(good faith)를 좇아 성실히 하여야 함

▶ 권리의 주체: 법에 의하여 권리를 누릴 수 있는 힘을 부여받은 자
「민법」상 권리의 주체에는 인(person)과 법인(juridical person)이 있으며,
권리능력, 의사능력, 행위능력, 책임능력을 가짐

① 권리능력(capacity of enjoyments of rights): 권리를 가질 수 있는 자격
모든 권리 주체는 권리능력을 가지면서 의무능력을 부담, 출생한 때로부터 권리능력을 가지며 사망으로 인하여 권리능력은 소멸, 법인에 대해서도 일정한 범위에서 권리능력을 부여함

② 의사능력(mental capacity): 자기가 하는 행위의 의미를 알고 자신의 의사를 결정할 수 있는 정신적 능력, 의사 무능력자(자기행위의 결과를 정상적으로 판단할 수 없는 사람으로 10세 이하의 유아, 백치, 술 취한 사람 등)가 한 의사표시는 무효임

③ 행위능력(capacity to act): 혼자서 완전히 법률행위를 할 수 있는 능력, 「민법」상 단순히 능력이라고만 하면 이는 행위능력을 의미함. 제한능력자(행위능력을 가질 수 없는 사람)에는 19세 미만의 미성년자, 법원의 선고에 의한 피성년후견인 · 피한정후견인 · 피특정후견인이 있음

제한능력자(행위능력을 가질 수 없는 자)의 종류

1. 미성년자(minor): 19세 미만인 사람
2. 피성년후견인(incompetent): 정신적 제약으로 사무처리능력이 '지속적으로 결여된' 사람
3. 피한정후견인(quasi-incompetent): 정신적 제약으로 사무처리능력이 '부족한'사람
4. 피특정후견인(temporary-incompetent): 정신적 제약으로 '일시적 또는 특정한 후견이 필요한' 사람

④ 책임능력(capacity in tort): 자기의 행위가 타인에게 손해를 끼칠지에 대한 판단을 할 수 있는 능력, 자연인(person)의 경우에는 자기가 하는 행위의 법률상의 책임을 인식할 지능조차 없으면 책임 무능력자가 되며, 이들은 불법행위 또는 채무불이행에 대하여 책임을 지지 않음

▶ 권리의 객체: 물건(thing)으로 부동산(real estate)과 동산(movables)이 있음

▶ 법률행위(legal act): 의사표시를 반드시 필요로 하는 것으로 계약, 합동행위(사단법인의 설립행위 등), 단독행위(유언 등) 등이 있음

① 법률행위의 총칙

- 법률행위가 '선량한 풍속, 기타 사회질서에 위반한 사항을 내용으로 하는 경우'(반사회질서의 법률행위)와 '당사자의 궁박(difficulty), 경솔(carelessness) 또는 무경험(inexperience)으로 인하여 현저하게 공정을 잃은 경우'(불공정한 법률행위)는 무효

② 법률행위의 의사표시(expression of intent)

- 법률행위가 효력을 발생하기 위해서는 그 요소인 의사표시에 흠(defect)이 없어야 함
- 진의 아닌 의사표시(expression of non-real intent), 통정한(서로 짜고 하는) 허위의 의사표시(false expression), 착오로 인한 의사표시(mistake expression), 사기·강박에 의한 의사표시(expression by fraud & expression under duress)는 의사와 표시가 일치하지 않는다는 점에서 흠이 있는 의사표시로 간주함
- 의사표시의 효력은 상대방이 있는 의사표시의 경우 「민법」은 도달주의를 채택하여 그 통지가 상대방에게 도달한 때로부터 효력이 발생함
- 표의자가 그 통지를 보낸 후 사망하거나 행위능력을 상실하더라도 의사표시의 효력은 그대로 유지되나 의사표시의 상대방이 그 의사표시의 수령능력이 없는 무능력자인 경우에는 의사표시로 인정되지 못함

③ 법률행위의 대리(represent)

- 대리란 대리인(K)이 본인(A: 대리를 필요로 하는 사람)의 이름으로 의사표시를 하거나 의사표시를 수령함으로써 그 법률효과가 본인(A)에게 직접 귀속되도록 하는 제도
- 대리행위의 법률효과가 본인에게 귀속되려면 ① 본인이 대리행위를 할 사람에게 대리할 권한을 주거나 법률이 그러한 권한을 인정한 경우, ② 대리인이 상대방과 법률행위를 하면서 그 효과가 자신이 아닌 본인에게 돌아간다는 점을 밝혀야 하며, ③ 대리인이 대리권의 범위 내에서 대리행위를 하여야 하는 등 세 가지 요건을 갖추어야 함

④ 법률행위의 무효(invalidity)와 취소(revocation)

- 법률행위의 무효란 법률행위가 성립한 때부터 법률상 당연히 그 효력이 없는 것으로 확정되는 것, 법률행위의 취소는 일단 유효하게 성립한 법률행위의 효력을 무능력 또는 의사표시의 결함을 이유로 행위 시로 소급하여 무효로 하는 특정인(취소권자)의 의사표시에 의해 확정되는 것
- 법률행위가 무효가 되는 경우는 의사 무능력자의 법률행위, 강행규정에 위반하는 법률행위, 사회질서에 반하는 법률행위, 불공정한 법률행위, 상대방이 안 비진의표시, 허위표시, 무권 대리행위(법적권리가 없는 대리행위) 등이며, 법률행위를 취소할 수 있는 경우는 제한능력자의 법률행위, 착오에 의한 의사표시, 사기 또는 강박에 의한 의사표시 등임

⑤ 법률행위의 조건(condition)과 기한(term)

- 조건(condition, 어떤 일을 결정하기에 앞서 내놓는 요구): 법률행위의 효력 발생 또는 소멸을 장래의 불확실한 사실의 성립 여부에 의존하는 것
- 기한(term, 미리 정한 시기): 법률행위의 효력 발생이나 소멸 또는 채무의 이행을 장래 발생할 것이 확실한 사실에 의존하는 것

▶ 기간(period): 어느 시점에서 어느 시점까지의 계속된 시간

① 자연적 계산방법: '시・분・초'일 경우에는 즉시로부터 기산(counting)하며, 기간의 만료점은 그 정해진 시・분・초가 종료한 때가 됨

② 역법적 계산방법(calendar number): 원칙은 기간을 일(day), 주(week), 월(month), 연(year)으로 정한 때에는 기간의 초일(starting day)은 산입하지 않음. 기산점(starting point of reckon-ing)의 예외에는 초일을 산입하는 경우로 연령의 계산과 아직 도래하지 않은 날 오전 0시부터 계산할 때임. 만료점(ending point)의 예외는 2월 1달간의 경우로 달력에 의한 계산을 하므로 월이나 연 일수의 장단은 문제가 되지 않으며 만료점이 공휴일이면 그 익일(the next day)을 만료점으로 함

③ 역(reverse)에 의한 계산방법: 총회 1주일 전에 통지하도록 되어 있는 사원총회 소집통지서의 발송과 같이 의사표시의 효력발생시기에 있어서 발신주의를 적용하는 경우에 사용함. 예를 들면, 2014년 2월 10일 개최 예정인 사단법인 사원총회 소집 통지서를 언제까지 발송해야 하느냐의 문제에서 기산점은 2014년 2월 9일 24:00시가 되며, 만료점은 2014년 2월 3일 오전 0시가 되므로 늦어도 2014년 2월 2일 24:00시까지 소집통지서를 발송하여야 절차상 하자가 없음

▶ 소멸시효(extinctive prescription): 권리자가 권리행사를 할 수 있음에도 불구하고 일정기간 동안 권리를 행사하지 않는 경우 그 권리의 소멸을 인정하는 제도. 예를 들어, '채권(credit)은 10년간 행사하지 않으면 소멸시효가 완성된다.'의 의미는 '10년간 채권의 권리를 행사하지 않으면 그 권리가 없어진다.'는 의미

6. 민법 제2편 물권(real rights): 특정의 물건(thing)을 직접 지배하여 배타적 이익을 얻는 권리

▶ 점유권(possessory right): 물건을 사실상 지배하는 사람에게 주어지는 권리

▶ 소유권(ownership): 자신의 물건을 지배하여 사용・수익・처분할 수 있는 권리

▶ 지상권(superficies): 타인 소유의 토지에 건물, 기타의 공작물 등을 소유하기 위하여 그 토지를 사용하는 권리

▶ 지역권(easement): 소유권이 없는 자가 토지를 제한적으로 이용할 수 있는 권리

▶ 전세권(leasehold rights): 전세금을 지급하고 타인의 부동산을 일정기간 사용・수익한 후, 그 부동산을 반환하고 전세금의 반환을 받을 권리

▶ 유치권(lien): 법정담보물권으로 타인의 물건 등을 점유한 자가 그 물건 등을 변제받을 때까지 그 물건 등을 유치하여 심리상으로 채무자의 변제를 강제하는 권리

▶ 질권(pledge): 약정담보물권으로 서로 간의 약정에 의하여 목적물을 담보로 제공받아 그 목적물을 점유하여 채무자의 변제를 강제하는 동시에 채무의 변제가 없는 경우 우선적으로 그 목적물로부터 변제를 받는 권리

▶ 저당권(mortgage): 채권자가 채무자의 부동산 또는 부동산물권(지상권・전세권)을 인도받지 않

고 다만 관념상으로 지배하여 채무의 변제가 없는 때에 그 목적물로부터 우선변제를 받는 권리

7. 민법 제3편 채권(credit)

특정인(채권자)이 특정인(채무자)에 대하여 '돈을 지급하라'든가 '물건을 인도하라'고 하는 것과 같이 일정한 행위를 청구할 수 있는 권리

사업자와 소비자 사이에서 일어나는 계약상의 책임과 불법행위 책임에 관하여 적용되며, 채무불이행, 하자담보 책임, 계약의 해제와 해지, 손해배상 책임에 관한 규정들을 포함

▶ 계약(contract)의 성립: 서로 대립되는 두 개 이상의 의사표시의 합치, 즉 합의로 성립하는 법률행위가 계약이며, 보통 청약(offer)과 승낙(acceptance)으로 성립

▶ 계약의 효력발생: 계약이 성립하였다고 해서 언제나 당사자가 원하는 바의 효과가 발생하는 것은 아니며, 일정한 요건을 갖추어야 비로소 효력이 발생하게 됨. 「민법」의 계약의 효력에서는 동시이행의 항변권, 채무자의 위험부담주의, 제3자를 위한 계약에 관하여 규정하고 있음

- 동시이행 항변권: 쌍무계약(give and take contract)의 당사자 일방이 상대방이 채무를 이행하거나 이행의 제공을 하지 않은 채 채무의 이행을 청구하면 자기 채무의 이행을 거절할 수 있는 권리
- 채무자 위험부담주의: 매도인(채무자: seller & debtor)이 물품을 매수인(채권자: buyer & creditor)에게 완전히 인도하기 전에 양 당사자의 책임 없는 사유로 우연히 발생하는 사건으로 인해 물품이 멸실 또는 손상되는 경우에는 채무자가 위험부담을 지게 함
- 제3자를 위한 계약: 계약 당사자가 자기 명의로 체결한 계약에 의하여 제3자로 하여금 권리를 취득하게 하는 것을 목적으로 하는 것

▶ 계약의 해제(cancellation)와 해지(termination)

① 계약의 해제: 유효하게 성립한 계약의 효력을 처음부터 존재하지 않았던 것과 같은 상태로 복귀시키는 일방적인 의사표시를 말함

② 계약의 해지: 계속적 계약관계에서 일방적 의사표시로 계약의 효력을 장래로 향하여 소멸하게 하는 행위, 해지를 하면 당사자들은 지금까지 계속되었던 관계를 청산할 의무를 부담하는데 이는 해제에서의 원상회복 의무와는 다르고, 계약상의 의무의 연장으로 볼 수 있음

	취소	해제	해지
적용대상	모두 가능(주로 일시적 계약)		계속적 계약
법률행위 당시	유효		
취소권 등의 행사 결과	소급적 무효		장래적 무효
취소권 등의 발생 사유	법률행위 당시 사정(상황)	법률행위 이후의 사정(상황)	

▶ 채무불이행(default): 채무자(debtor)가 채무의 내용에 따른 이행을 하지 않는 것을 말하며, 종류로는 이행지체, 이행불능, 불완전이행과 함께 채권자 지체가 있음

① 이행지체(delay in performance): 채무의 이행이 가능하지만, 이행을 하지 않아 늦어지고 있는

경우

② 이행불능(impossibility of performance): 채무의 내용에 합치하는 결과를 채무자의 행위에 의하여 실현시킬 수 없거나 그러한 결과의 실현에 필요한 행위가 이루어질 수 없는 경우

③ 불완전이행(incomplete performance): 채무자가 채무의 이행으로서 이행행위를 하였으나 그것이 채무 내용에 따른 이행이 아닌 경우 또는 그보다 좁게 이행함으로써 채권자에게 손해가 발생한 경우

④ 채권자지체: 채무자는 채무를 이행하였으나, 채권자가 급부의 수령을 지체하는 것

▶ 매도인(seller)의 담보책임(guarantee against defect): 매매에 의하여 이전된 권리나 권리의 객체인 물건에 불완전한 점(하자: defect)이 있는 경우에 매도인이 부담하는 일정한 책임(손해배상 등)을 말함

▶ 불법행위책임: 불법행위란 타인에게 손해를 가하는 위법한 행위를 말하며, 고의(intention) 또는 과실(negligence)로 인한 위법행위로 타인에게 손해를 가한 경우 그 손해를 배상할 책임을 가짐(과실책임의 원칙). 과실에 대한 입증책임은 원칙적으로 피해자가 가짐. 그러나 피해자가 가해자의 과실책임을 입증하기가 쉽지 않다는 점에서 가해자의 과실책임을 입증하지 못한 경우, 피해자의 희생으로 가해자가 이익을 얻을 수도 있어 가해자에게 과실이 없더라도 그의 행위로 인하여 손해가 발생하였다는 관계가 있으면 손해배상책임을 지우는 무과실책임주의가 나타남(우리나라에서는 「환경정책기본법」, 「토양환경보전법」, 「원자력손해배상법」, 「제조물책임법」 등의 법조문에서 무과실책임을 인정하고 있음)

할부거래에 관한 법률

11
Chapter

일반적으로 물품을 거래할 때는 물품의 제공과 동시에 그 매매대금의 지급이 이루어진다. 그러나 이와 같은 일반거래와 달리 물품의 제공이 먼저 이루어지고 그 매매대금의 지급이 일정 기간에 걸쳐 분할하여 이루어지는 경우가 있는데, 이를 할부거래라고 한다. 이러한 할부거래는 일반거래와 대비되는 특수거래의 한 유형(161쪽 참조)으로서 「민법」이 아닌 「할부거래에 관한 법률」의 적용을 받는다.

「할부거래에 관한 법률」(이하 「할부거래법」이라 한다)에서는 '할부계약에 의한 거래'와 '선불식 할부계약에 의한 거래'에 대해 규정하고 있으며, '할부계약 및 선불식 할부계약에 의한 거래'를 공정하게 함으로써 소비자의 권익을 보호하고 시장의 신뢰도를 높여 국민경제의 건전한 발전에 이바지함을 목적으로 한다.

제1절 할부거래 및 선불식 할부거래의 정의와 관련 법령

I. 할부거래 및 선불식 할부거래의 정의

1. 할부거래

할부거래는 당장 필요한 물품 및 서비스를 구입해야 하지만 그 값을 한꺼번에 치를 능력이 없는 경우에 요긴하게 쓸 수 있는 거래방법이다. 할부거래란 '할부계약에 의한 거래'를 말하며 할부계약이란 재화의 대금이나 용역의 대가를 2개월 이상의 기간에 걸쳐 3회 이상 나누어 지급하는 경우를 말한다(「할부거래법」 제2조 제1호).

할부계약에는 직접할부계약과 간접할부계약이 있다.

1) 직접할부계약

소비자가 사업자에게 재화의 대금이나 용역의 대가(이하 '재화 등의 대금'이라 한다)를 2개월 이상의 기간에 걸쳐 3회 이상 나누어 지급하고, 재화 등의 대금을 완납하기 전에 재화의 공급이나 용역의 제공(이하 '재화 등의 공급'이라 한다)을 받기로 하는 계약이다. 즉, 소비자와 사업자가 직접적으로 체결하는 할부계약이다.

2) 간접할부계약

소비자가 신용제공자(신용카드사 등)에게 재화 등의 대금을 2개월 이상의 기간에 걸쳐 3회 이상 나누어 지급하고, 재화 등의 대금을 완납하기 전에 사업자로부터 재화 등의 공급을 받기로 하는 계약이다. 즉, 소비자가 신용제공자를 통해 간접적으로 사업자와 체결하는 할부계약이다.

이러한 할부계약에 의한 재화 등의 공급을 업으로 하는 자를 할부거래업자라고 한다(「할부거래법」 제2조 제3호). 예를 들어, 가게에서 물건을 사고 신용카드를 이용해서 3개월 할부로 결제하는 행위, 자동차를 구매하면서 그 구매대금을 12개월에 걸쳐 분할납부하기로 하는 행위 등이 모두 할부거래에 해당한다.

2. 선불식 할부거래

선불식 할부계약이란 첫째, 제공시기가 확정되지 않은 장례서비스 또는 혼례서비스 및 이에 관련한 재화 등의 대금을 2개월 이상의 기간에 걸쳐 2회 이상 나누어 지급함과 동시에 또는 지급한 후에 재화 등의 공급을 받기로 하는 계약, 둘째, 장례서비스나 혼례서비스 등과 같은 종류의 소비자피해가 발생하는 재화 등으로서 소비자의 피해를 방지하기 위하여 대통령령으로 정하는 재화 등[68]의 대금을 2개월 이상의 기간에 걸쳐 2회 이상 나누어 지급함과 동시에 또는 지급한 후에 재화 등의 공급을 받기로 하는 계약이 해당한다. 예를 들어, 상조 서비스에 가입해서 매달 일정액을 납입하는 행위는 선불식 할부계약에 의해 이루어지는 선불식 할부거래에 해당한다. 또한 선불식 할부계약에 의한 재화 등의 공급을 업으로 하는 자를 선불식 할부거래업자라고 한다(「할부거래법」 제2조 제4호).

68) 2014년 현재 대통령령으로 정한 재화는 없는 상황이다.

3. 할부거래법 적용대상 및 제외대상

「할부거래법」의 적용을 받는 할부거래는 할부금을 2개월 이상의 기간에 걸쳐 3회 이상 나누어 지급하는 경우이다. 따라서 물건을 사면서 2개월 할부로 결제하고 2회에 걸쳐 완납한 경우에는 「할부거래법」의 적용을 받는 할부거래에 해당하지 않는다. 장례서비스나 혼례서비스와 관련하여 2개월 이상의 기간에 걸쳐 2회 이상 나누어 지급하는 선불식 할부거래는 「할부거래법」 적용을 받는다.

「할부거래법」에 따른 할부거래의 대상에서 제외되는 거래는 다음과 같다(제3조 및 시행령 제4조).

- 사업자가 상행위를 위해서 재화 등의 공급을 받는 거래(단, 사업자가 사실상 소비자와 같은 지위에서 다른 소비자와 같은 거래조건으로 거래하는 경우는 「할부거래법」이 적용된다)
- 한국표준산업분류표상의 제조업에 의해 생산되지 아니한 가공되지 않은 농산물 · 수산물 · 축산물 · 임산물 · 광산물
- 의약품
- 보험
- 증권 및 어음
- 부동산

즉, 「할부거래법」은 사업자가 상행위를 위해서 재화 등의 공급을 받는 거래, 가공되지 않은 농산물 · 수산물 · 축산물 · 임산물 · 광산물, 토지와 주택과 같은 부동산과 보험, 증권 및 어음, 의약품 등에 적용되지 않는 것에 주의해야 한다.

II. 할부거래 관련 법령

할부거래 관련 법령에는 「할부거래에 관한 법률」, 「소비자기본법」, 「소액사건심판법」, 「민사소송법」, 「민사조정법」 등이 있다. 이들 관련 법령들은 원칙적으로 사법(private law)의 바탕 위에서 사회 · 경제적 약자를 보호하기 위한 목적으로 공법적인 통제를 가하여 개인의 인간다운 생활을 보호하는 사회법(social law) 영역에 속하고, 법의 효력이 해당 당사자들에게만 미치는 특별법이다.

1. 할부거래에 관한 법률

「할부거래법」은 할부거래 및 선불식 할부거래에 관한 일반적인 사항을 규정하여 할부거래 및 선불식 할부거래를 하는 소비자의 권익을 보호하고 있다.

2. 소비자기본법

「소비자기본법」은 소비자의 위해를 사전에 예방하고, 소비자 문제 및 분쟁이 발생한 경우에 이를 해결함으로써 소비자의 권익증진과 소비생활의 향상 및 국민경제에 이바지 할 것을 목적으로 하고 있다.

3. 소액사건심판법

「소액사건심판법」은 분쟁금액이 소액(소송목적의 값이 2,000만 원 이하)인 민사사건(civil case)을 신속하게 처리하기 위한 재판절차인 소액사건에 관한 사항을 규정하고 있다.

4. 민사소송법

「민사소송법」은 민사소송의 일반적인 절차 외에도 민사(civil case)와 관련한 소송을 공정하고 신속하게 처리하기 위해 간이소송절차인 지급명령(독촉절차)에 관한 사항을 규정하고 있다.

5. 민사조정법

「민사조정법」은 민사에 관한 분쟁을 당사자 사이의 합의를 통해 해결하기 위해 민사조정에 관한 사항을 규정하고 있다.

6. 분쟁조정위원회 관련 법령

분쟁조정위원회에 의한 분쟁조정에 관해서 「소비자기본법」의 소비자분쟁조정위원회 외에도 각 개별법에서 관련 분쟁조정위원회의 구성, 효력 등에 관한 사항을 규정하고 있다. 금융분쟁조정위원회와 관련해서는 「금융위원회의 설치 등에 관한 법률」이, 의료분쟁조정위원회와 관련해서는 「의료사고 피해구제 및 의료분쟁 조정 등에 관한 법률」이, 전자문서 · 전자거래분쟁조정위원회와 관련해서는 「전자문서 및 전자거래기본법」이, 개인정보분쟁조정위원회와 관련해서는 「정보통신망 이용촉진 및 정보보호 등에 관한 법률」이, 한국저작권위원회와 관련해서는 「저작권법」이 각각 정하고 있다.

소비자가 자금능력을 고려하지 않고 고가의 물건을 할부로 구매하는 등의 충동구매에 빠지기 쉬운 점에서 할부거래에서의 소비자보호 필요성 때문에 「할부거래에 관한 법률」이 제정되었다. 다음에서는 「할부거래법」에 나타난 '할부거래에서 할부거래업자의 의무', '할부거래에서 소비자의 권리', '선불식 할부거래에서 선불식 할부거래업자의 의무', '선불식 할부거래에서 소비자의 권리'를 살펴보고자 한다.

제2절 할부거래에서 할부거래업자의 의무

I. 할부거래업자의 계약 관련 의무

할부거래업자는 할부계약체결 전의 각종 정보제공의 의무와 계약서의 작성 및 교부의 의무 등이 있다.

1. 할부계약체결 전의 정보제공

소비자의 충동구매를 막고 합리적인 선택을 할 수 있게 하기 위해 할부거래업자가 계약을 체결하기 전에 소비자에게 할부거래의 내용과 거래조건 등에 관한 자세한 정보를 제공하도록 하고 있다. 제공해야 하는 정보의 내용에는

첫째, 재화 등의 종류와 내용

둘째, 현금가격(할부계약에 의하지 않고 소비자가 재화 등의 공급을 받은 때에 할부거래업자에게 지급해야 할 대금 전액을 말한다)

셋째, 할부가격(소비자가 할부거래업자나 신용제공자에게 지급해야 할 계약금과 할부금의 총 합계액을 말한다)

넷째, 각 할부금의 금액 · 지급횟수 및 지급시기

다섯째, 할부수수료의 실제연간요율

여섯째, 계약금(최초지급금 · 선수금 등 명칭이 무엇이든 할부계약을 체결할 때에 소비

자가 할부거래업자에게 지급하는 금액을 말한다)

일곱째, 「할부거래에 관한 법률」 제12조 제1항에 따른 지연손해금 산정 시 적용하는 비율 등이 있다(「할부거래법」 제5조).

다만, 「여신전문금융업법」에 따른 신용카드회원과 신용카드가맹점 사이의 간접할부계약의 경우에는 할부가격, 각 할부금의 금액·지급횟수 및 지급시기, 계약금 및 지연손해금 산정 시 적용하는 비율의 사항을 표시하지 않을 수 있다.

2. 할부거래업자의 계약서 작성 및 교부

할부계약은 다음의 13가지 사항을 기재한 문서(「전자문서 및 전자거래기본법」 제2조 제1호에 따른 전자문서를 포함한다)로 체결해야 하고, 계약체결 후에는 해당 계약서를 소비자에게 내주도록 할부거래업자에게 의무를 부과하고 있다(「할부거래법」 제6조 제1항·제2항). 다만, 「여신전문금융업법」에 따른 신용카드회원과 신용카드가맹점 사이의 간접할부계약의 경우에는 소비자의 동의를 받아 해당 계약의 내용을 팩스나 「전자문서 및 전자거래기본법」 제2조 제1호에 따른 전자문서로 보내는 것으로 대신할 수 있다. 이때, 팩스나 전자문서로 보낸 계약서의 내용이나 도달에 다툼이 있으면 할부거래업자가 이를 증명해야 한다.

① 할부거래업자·소비자 및 신용제공자의 성명과 주소
② 재화 등의 종류·내용 및 재화 등의 공급 시기
③ 현금가격
④ 할부가격(신용카드결제의 경우는 미기재 가능)
⑤ 각 할부금의 금액·지급횟수·지급기간 및 지급 시기(신용카드결제의 경우는 지급 시기 미기재 가능)
⑥ 할부수수료의 실제연간요율
⑦ 계약금
⑧ 재화의 소유권 유보에 관한 사항
⑨ 소비자의 청약철회권의 기한·행사방법·효과에 관한 사항(「할부거래법」 제8조)
⑩ 할부거래업자의 할부계약의 해제에 관한 사항(「할부거래법」 제11조 제1항)
⑪ 지연손해금 산정 시 적용하는 비율(「할부거래법」 제12조 제1항, 신용카드결제의 경

우는 미기재 가능)

⑫ 소비자의 기한의 이익 상실에 관한 사항(「할부거래법」 제13조)

⑬ 소비자의 항변권과 그 행사방법에 관한 사항(「할부거래법」 제16조)

신용제공자는 할부가격, 각 할부금의 금액 · 지급횟수 · 지급기간 및 지급 시기, 할부수수료의 실제연간요율, 소비자의 청약철회권의 기한 · 행사방법 · 효과에 관한 사항, 지연손해금 산정 시 적용하는 비율, 소비자의 기한의 이익 상실에 관한 사항 및 소비자의 항변권과 그 행사방법에 관한 사항을 적은 문서를 소비자에게 발급해야 한다(「할부거래법」 제6조 제3항).

할부계약서의 내용이 위의 요건을 갖추지 못하거나 그 내용이 불확실한 경우에는 소비자와 할부거래업자 간의 특약이 없으면 그 계약 내용은 어떠한 경우에도 소비자에게 불리하게 해석되어서는 안 된다(「할부거래법」 제6조 제4항).

3. 할부거래업자의 할부계약 해제권의 제한

소비자가 할부금을 납부하지 않으면 할부거래업자가 할부계약을 해제할 수 있지만, 할부금의 납부가 다소 지체되었다는 이유로 즉시 계약이 해제된다면 그때까지 할부금을 납부해 온 소비자는 상당한 불이익을 받게 되므로, 「할부거래법」은 할부거래업자의 할부계약 해제권 행사를 제한하고 있다.

1) 할부계약 해제 전의 최고(notice: 알림)

소비자가 할부금을 지급하지 않더라도 할부거래업자는 할부계약을 즉시 해제할 수 없으며, 계약을 해제하기 전에 14일 이상의 기간을 정해 소비자에게 할부금 지급을 이행할 것을 문서로 통보해야 한다(「할부거래법」 제11조 제1항). 할부거래업자가 문서로 알리지 않으면 할부거래업자의 할부계약 해제권 행사는 소비자에게 효력이 없다.

2) 목적물 반환과 할부금 반환의 동시이행 관계

할부계약이 해제되면 각 당사자는 상대방에게 원상회복의무를 지게 되는데, 이 경우 소비자의 재화 등 반환의무와 할부거래업자의 지급받은 할부금 반환의무는 동시에 이행해야 한다. 따라서 소비자는 할부거래업자가 그 대금을 반환할 때까지 재화 등의 반환을 거절할 수 있다(「할부거래법」 제11조 제2항).

3) 소유권 유보 시 반환청구의 제한

소유자에게 할부금의 지급지체와 같은 채무불이행이 있는 경우 할부거래업자가 할부계약을 해제하지 않고 바로 목적물의 반환을 청구할 수 있는가에 대해 「할부거래법」은 재화 등의 소유권이 할부거래업자에게 유보되어 있는 경우에도 할부거래업자가 할부계약을 해제하지 않으면 그 재화 등의 반환을 청구할 수 없도록 하고 있다(「할부거래법」 제11조 제3항).

4. 할부거래 시 휴업기간 중의 업무처리

할부거래업자 또는 신용제공자는 그 휴업기간 또는 영업정지기간 중에도 청약의 철회에 관한 업무를 계속해야 한다(「할부거래법」 제17조).

도표 11-1 할부계약의 해제와 목적물 반환 예시

Q. 골프채 세트를 할부로 구매했습니다. 지난달에 할부금을 못 냈는데 사업자가 오늘 전화를 해서 미납된 할부금을 내지 않으면 즉시 계약을 해제하고 골프채 세트를 가져가겠다고 합니다. 당장은 할부금을 낼 여력이 없는데, 어떻게 해야 하나요?

A. 소비자가 할부금을 지급하지 않는다고 해서 사업자(할부거래업자)가 할부계약을 즉시 해제하고 그 재화의 반환을 청구할 수는 없습니다. 사업자가 계약을 해제하려면 해제 전에 14일 이상의 기간을 정해서 소비자에게 문서로 할부금 지급의 이행을 통보해야 하며, 할부계약이 해제되지 않으면 그 재화의 반환을 청구할 수 없기 때문입니다(「할부거래에 관한 법률」 제11조 제1항 및 제3항). 따라서 계약해제에 관한 문서통보를 받기 전에는 계약이 유효하므로 골프채를 돌려주지 않아도 됩니다.
통상적인 청약철회기간이 지났으므로 소비자는 사업자와 협의해서 또는 계약 당시에 교부받은 약관에 계약해제에 관한 내용이 있다면 그 내용에 따라서 계약을 해제할 수 있습니다. 할부계약이 해제된 경우에 소비자의 재화 등 반환의무와 사업자의 지급받은 할부금 반환의무는 동시에 이행되므로(「할부거래에 관한 법률」 제11조 제2항) 소비자는 골프채 세트를 돌려주고 그 동안 지급한 할부금을 돌려받을 수 있습니다(환급비용은 약관 또는 골프채 사용기간 및 손상 정도 등을 감안해서 감가상각될 수 있음).
만일 소비자가 부당하게 계약해제를 당했거나 일방적인 목적물반환청구를 받았다면 사업자와 직접 협의해서 피해를 구제받을 수 있으며, 한국소비자원 1372 소비자상담센터(또는 www.ccn.go.kr)에 연락해 피해구제를 요청할 수 있습니다. 또한, 불공정약관 부분에 대해서는 공정거래위원회에 신고할 수 있습니다.

출처: 찾기 쉬운 생활법령정보(oneclick.law.go.kr)

II. 할부거래업자의 손해배상 관련 의무

1. 할부거래업자 등의 손해배상청구금액의 제한

소비자가 자신의 책임 있는 사유로 할부금의 지급을 지체하고 있으면, 할부거래업자 또는 신용제공자(예를 들어, 신용카드회사)는 소비자의 채무불이행을 이유로 손해배상을 청구할 수 있지만, 소비자보다 우월한 지위에 있는 할부거래업자 등이 소비자에게 과중한 손해배상책임을 부담시킬 우려가 있으므로 「할부거래법」은 할부거래업자 등의 손해배상청구금액을 일정한 범위로 제한하고 있다(제12조). 과다한 손해배상금액이 청구될 경우에는 「할부거래법」 제12조 및 시행령 제9조에 의해 피해구제를 받을 수 있으므로 한국소비자원 1372 소비자상담센터에 문의하여야 한다.

제3절 할부거래에서 소비자의 권리

I. 할부거래에서 소비자의 청약철회권

1. 할부거래에서 청약철회권의 행사

1) 할부거래에서 청약철회권

재화 또는 용역의 거래계약은 보통 소비자가 청약(계약을 신청함)이라는 의사표시를 하고 여기에 대해 사업자가 승낙함으로써 성립되며, 계약이 성립한 후에는 청약 또는 승낙의 의사를 철회할 수 없는 것이 원칙이다. 그러나 할부거래는 소비자가 충동 구매할 가능성이 크기 때문에, 소비자보호 차원에서 소비자에게 다시 생각할 수 있는 기간을 부여하여 이 기간 내에 소비자가 위약금이나 손해배상책임 없이 할부계약의 모든 효력을 부인하는 청약철회권을 행사할 수 있도록 하고 있다.

2) 할부거래에서 청약철회권의 행사범위

(1) 할부거래에서 청약철회권 행사기간

소비자는 다음의 기간(거래 당사자가 더 긴 기간으로 약정한 경우에는 그 기간) 내에 할부거래에 관한 청약을 철회할 수 있다(「할부거래법」 제8조 제1항).

① 재화 등의 제공이 계약서 교부보다 빠르거나 동일한 경우: 계약서를 받은 날부터 7일
② 재화 등의 제공이 계약서 교부보다 늦은 경우: 재화 등을 공급받은 날부터 7일
③ 계약서를 받지 않은 경우·할부거래업자의 주소 등이 적혀 있지 않은 계약서를 받은 경우·할부거래업자의 주소 변경 등의 사유로 청약을 철회할 수 없는 경우: 할부거래업자의 주소를 안 날 또는 알 수 있었던 날 등 청약을 철회할 수 있는 날부터 7일
④ 계약서에 청약의 철회에 관한 사항이 적혀 있지 않은 경우: 청약을 철회할 수 있음을 안 날 또는 알 수 있었던 날부터 7일
⑤ 할부거래업자가 청약의 철회를 방해한 경우: 그 방해 행위가 종료된 날부터 7일

계약서의 발급사실과 그 시기, 재화 등의 공급 사실과 그 시기에 관해서 다툼이 있는 경우에는 할부거래업자가 이를 입증해야 한다(「할부거래법」 제8조 제5항).

(2) 할부거래에서 청약철회권의 제한

할부거래에서 청약을 철회할 수 없는 경우는 다음과 같다(「할부거래법」 제8조 제2항 및 시행령 제6조).

① 소비자에게 책임 있는 사유로 재화 등이 멸실되거나 훼손된 경우(단, 재화 등의 내용을 확인하기 위해서 포장 등을 훼손한 경우는 제외한다)
② 사용 또는 소비에 의해서 그 가치가 현저히 낮아질 우려가 있는 선박·항공기·「철도사업법」 및 「도시철도법」에 따른 궤도를 운행하는 차량·건설기계·자동차를 사용 또는 소비한 경우,
설치에 전문인력 및 부속자재 등이 요구되는 것으로서 냉동기·전기냉방기(난방 겸용을 포함한다)·보일러를 설치한 경우
③ 시간이 지남으로써 다시 판매하기 어려울 정도로 재화 등의 가치가 현저히 낮아진 경우
④ 복제할 수 있는 재화 등의 포장을 훼손한 경우
⑤ 할부가격이 10만 원 미만인 할부계약(단, 신용카드를 사용해서 할부거래를 하는 경우에는 할부가격이 20만 원 미만인 할부계약을 말한다)
⑥ 소비자의 주문에 따라 개별적으로 제조되는 재화 등의 공급을 목적으로 하는 할부계약

할부거래업자는 위의 청약을 철회할 수 없는 재화 등에 대해서는 그 사실을 재화 등의 포장이나 그 밖에 소비자가 쉽게 알 수 있는 곳에 분명하게 표시하거나 시용상품(sample)을 제공하는 등의 방법으로 소비자가 청약을 철회하는 것이 방해받지 않도록 조치해야 한다(「할부거래법」 제8조 제6항). 만일 해당 재화 등이 청약철회 제한 사유에 해당하는지 여부에 관해서 다툼이 있는 경우에는 할부거래업자가 이를 입증해야 한다(「할부거래법」 제8조 제5항).

▌도표 11-2▐ 할부거래에서 재화 훼손 시 청약철회 가능 여부 예시 1

Q. 광고를 보고 손해사정인 교재를 할부로 구입하였습니다. 그러나 시험 합격이 어렵고 합격한다 하더라도 자격증 활용 여부가 의심되어 청약철회를 요청했습니다. 그런데 교재를 보관하다가 교재의 상당 부분이 물에 젖었습니다. 판매처에서는 이것을 이유로 청약철회 요청을 거절하고 있습니다. 청약철회를 할 수 있을까요?

A. 구입한 재화를 훼손시킨 경우에는 청약을 철회할 수 없습니다.
소비자가 청약철회권을 행사할 경우에는 이미 인도 받은 재화를 반환하여야 할 의무가 있습니다. 또한 「전자상거래 등에서의 소비자보호에 관한 법률」 제17조 제2항 제1호 및 「할부거래에 관한 법률」 제5조 제4항에는 구입자에게 책임 있는 사유로 목적물이 멸실 또는 훼손된 경우에는 구입자는 계약에 관한 청약을 철회할 수 없게 되어 있습니다.

출처: 한국소비자원(www.kca.go.kr) 품목별 피해구제 사례.

▌도표 11-3▐ 할부거래에서 재화 훼손 시 청약철회 가능 여부 예시 2

Q. 가전대리점에서 냉장고를 12개월 할부로 구입하였다. 그런데 본인이 계약한 냉장고를 받아 사용하는 도중 마음에 들지 않는 부분이 있었다. 「할부거래법」에 따라 청약철회를 하려면 청약철회권의 행사기간 내에 할부거래업자에게 청약철회 의사표시가 적힌 문서를 발송해야 한다는 것을 알고 있었기 때문에 구입일로부터 5일만에 청약철회의 의사를 내용증명우편을 통해 발송하였다. 대리점에서는 냉장고는 청약철회 대상품목이 아니라며 계약취소를 할 수 없다고 한다. 이 경우 청약철회를 할 수 없는 것인가?

A. 냉장고의 사용 전에는 청약철회를 할 수 있다. 그러나 냉장고를 사용한 상황이므로 냉장고의 일정부분이 훼손되었다고 볼 수 있어 청약철회를 할 수 없다.

「할부거래에 관한 법률」 제8조 제2항 및 시행령 제6조에는

① 소비자에게 책임 있는 사유로 재화 등이 멸실되거나 훼손된 경우(단, 재화 등의 내용을 확인하기 위해서 포장 등을 훼손한 경우는 제외한다)

② 사용 또는 소비에 의해서 그 가치가 현저히 낮아질 우려가 있는 '선박 · 항공기 · 「철도사업법」 및 「도시철도법」에 따른 궤도를 운행하는 차량 · 건설기계 · 자동차를 사용 또는 소비한 경우. 설치에 전문인력 및 부속자재 등이 요구되는 것으로서 냉동기 · 전기냉방기(난방 겸용을 포함한다) · 보일러를 설치한 경우

③ 시간이 지남으로써 다시 판매하기 어려울 정도로 재화 등의 가치가 현저히 낮아진 경우
④ 복제할 수 있는 재화 등의 포장을 훼손한 경우
⑤ 할부가격이 10만 원 미만인 할부계약(단, 신용카드를 사용해서 할부거래를 하는 경우에는 할부가격이 20만 원 미만인 할부계약을 말한다)
⑥ 소비자의 주문에 따라 개별적으로 제조되는 재화 등의 공급을 목적으로 하는 할부계약의 경우 등에는 청약철회를 할 수 없다고 제시되어 있다.

그러나 할부거래업자는 위의 청약을 철회할 수 없는 재화 등에 대해서는 그 사실을 재화 등의 포장이나 그 밖에 소비자가 쉽게 알 수 있는 곳에 분명하게 표시하거나 시용상품(sample)을 제공하는 등의 방법으로 소비자가 청약을 철회하는 것이 방해받지 않도록 조치해야 한다(「할부거래법」 제8조 제6항).

출처: 한국소비자원(www.kca.go.kr) 품목별 피해구제 사례.

3) 할부거래에서 청약철회권의 행사방법

(1) 직접할부계약의 청약철회권 행사방법

청약철회권를 행사하려면 소비자는 청약철회권의 행사기간 내에 할부거래업자에게 청약을 철회하는 의사표시가 적힌 문서를 발송해야 한다(「할부거래법」 제8조 제3항).

도표 11-4 청약철회권의 행사방법: 내용증명우편

청약의 철회는 철회의 의사표시를 문서로 작성한 후 각 「개별법」에서 정한 기간 내에 사업자에게 발송하면 되는데, 이때 증거의 확보 등을 위해 내용증명우편을 이용하는 것이 일반적이다. '내용증명우편'이란 누가, 언제, 누구에게, 어떤 내용의 문서를 발송했다는 사실을 우체국에서 증명해 주는 제도로서, 문서의 정확한 전달, 보낸 사실 및 내용에 대한 증거로써 활용될 수 있다.

내용증명우편을 보내려면 우선 A4용지에 철회의 의사표시, 발송인(소비자)과 수취인(사업자, 신용카드거래를 한 경우에는 사업자와 신용카드회사)의 주소·성명이 기재된 청약철회문서 3통(신용카드거래의 경우 4통)을 작성해서 우체국에 접수한다. 우체국은 우편물을 접수하여 청약철회문서 원본을 수취인(사업자와 신용카드회사)에게 발송하고, 1부는 발송인에게 주며, 나머지 1부는 우체국이 3년간 보관하게 된다.

청약철회문서는 발송한 날부터 효력이 발생하며(「할부거래법」 제8조 제4항), 청약철회권 행사기간의 마지막 날이 토요일 또는 공휴일인 경우 그 다음 날까지 발송하면 된다.

▶ 청약철회를 위한 내용증명우편 작성 예시

청약철회 통보서(또는 청약철회문서)

• 수취인 인적사항
- 수 신: OOO회사
- 주 소 :
- 전화번호 :

• 발송인 인적사항
- 성 명 :
- 주 소 :
- 전화번호:

1. 본인은 귀사로부터 다음과 같이 물품을 구매한 바 있습니다.
   - 구매일자 :
   - 구매품목 :
   - 구매금액 :
   - 기지불액 :

2. 본인은 (「할부거래에 관한 법률」, 「전자상거래 등에서의 소비자보호에 관한 법률」, 「방문판매 등에 관한 법률」)에 의거하여 OOOO년 OO월 OO일자로 계약을 철회하고자 하오니 조치하여 주시기 바랍니다.

년 월 일
발송인 (인)
OOOO 귀하

(2) 간접할부계약의 청약철회권 행사방법

신용제공자(예를 들어, 신용카드회사)가 따로 있는 간접할부계약의 경우에는 청약철회 기간 내에 신용제공자에게도 청약을 철회하는 의사표시가 적힌 문서를 발송해야 신용제공자가 소비자에게 할부금 지급을 청구하더라도 소비자는 이를 거절할 수 있다(「할부거래법」 제9조 제1항·제2항 본문). 그러나

① 신용제공자가 청약철회의 기간 이내에 할부거래업자에게 재화 등의 대금을 지급한 경우

② 신용제공자가 할부거래업자로부터 할부금청구의 중지 또는 취소를 요청받은 경우

위의 어느 하나에 해당하면, 소비자가 신용제공자에게 청약철회문서를 발송하지 않은 경우라도 신용제공자의 할부금지급청구를 거절할 수 있다(「할부거래법」 제9조 제2항).

4) 할부거래에서 청약철회권의 효력발생

(1) 원상회복의무

청약이 철회되면 소비자와 할부거래업자는 모두 계약에 따른 내용 등을 계약체결 전의 상태로 회복시킬 의무가 발생한다. 따라서 소비자는 이미 제공받은 재화 등을 반환해야 하고, 이와 동시에 할부거래업자(소비자로부터 재화 등의 계약금 또는 할부금을 지급받은 자 또는 소비자와 할부계약을 체결한 자를 포함한다)는 다음 어느 하나에 해당하는 영업일 이내에 이미 지급받은 계약금 및 할부금을 반환해야 한다(「할부거래법」 제10조 제1항 · 제2항).

① 재화를 공급한 경우에는 재화를 반환받은 날부터 3영업일

② 용역을 제공한 경우에는 청약을 철회하는 문서를 수령한 날부터 3영업일

할부거래업자가 소비자에게 재화 등의 계약금 및 할부금의 환급을 지연한 때에는 그 지연기간에 따른 지연배상금(계약금 및 할부금×연 100분의 20)을 함께 환급해야 한다(「할부거래법」 제10조 제2항 후단 및 시행령 제7조).

(2) 제공된 용역에 대한 반환의 제한

청약철회권을 행사하기 전에 이미 용역(일정한 시설을 이용하거나 용역을 제공받을 권리는 제외한다)이 제공되었다면, 할부거래업자는 소비자에게 이미 제공된 용역과 동일한 용역의 반환을 청구할 수 없다(「할부거래법」 제10조 제3항).

(3) 이미 사용된 부분에 대한 비용 청구

할부거래업자는 소비자가 청약을 철회한 경우에 이미 재화 등이 사용되었거나 일부 소비된 경우에는 그 재화 등을 사용하거나 일부 소비해서 소비자가 얻은 이익 또는 그 재화 등의 공급에 든 비용에 상당하는 금액을 소비자에게 청구할 수 있다. 그러나 이 비용은 일정한 범위를 넘지 못한다(「할부거래법」 제10조 제9항 및 시행령 제8조).

(4) 재화 등 반환비용의 부담

원상회복의무에 따라 소비자가 재화 등을 반환하는 데 필요한 비용은 할부거래업자가 부담한다(「할부거래법」 제10조 제10항 전단).

(5) 위약금 또는 손해배상 청구의 제한

할부거래업자는 소비자에게 청약의 철회를 이유로 위약금 또는 손해배상을 청구할 수 없다(「할부거래법」 제10조 제10항 후단).

(6) 신용제공자에 대한 할부금 청구 중지 또는 취소 요청

간접할부계약인 경우 할부거래업자는 청약을 철회하는 문서를 수령하면 지체 없이 해당 신용제공자에게 재화 등에 대한 할부금의 청구를 중지 또는 취소하도록 요청해야 한다. 이 경우 할부거래업자가 신용제공자로부터 해당 재화 등의 대금을 이미 지급받은 때에는 지체 없이 이를 신용제공자에게 환급해야 한다(「할부거래법」 제10조 제4항).

만일 할부거래업자가 이 요청을 지연해서 소비자로 하여금 신용제공자에게 할부금을 지불하게 한 경우에는 소비자가 지불한 금액에 대해서 소비자가 환급받는 날까지의 기간에 대한 지연배상금을 소비자에게 지급해야 한다(「할부거래법」 제10조 제6항).

또한 신용제공자는 할부거래업자로부터 할부금의 청구를 중지 또는 취소하도록 요청받았다면 지체 없이 이에 필요한 조치를 취해야 한다. 이 경우 소비자가 이미 지불한 할부금이 있는 때에는 지체 없이 이를 환급해야 한다(「할부거래법」 제10조 제5항).

신용제공자가 그 환급을 지연한 경우에는 그 지연기간에 따른 지연배상금을 소비자에게 지급해야 한다. 다만, 할부거래업자가 할부금의 청구를 중지 또는 취소하도록 하는 요청을 지연해서 신용제공자가 소비자에 대한 할부금 환급을 지연하게 한 경우에는 그 할부거래업자가 지연배상금을 지급해야 한다(「할부거래법」 제10조 제7항).

(7) 할부거래 청약철회와 관련해서 소비자에게 불이익을 주는 행위의 금지

할부거래업자 또는 신용제공자는 소비자가 청약을 철회함에 따라 소비자와 분쟁이 발생한 경우에 그 분쟁이 해결될 때까지 할부금 지급거절을 이유로 해당 소비자를 약정한 기일 이내에 채무를 변제하지 않는 자로 처리하는 등 소비자에게 불이익을 주는 행위를 해서는 안 된다(「할부거래법」 제10조 제8항).

▮도표 11-5▮ 할부거래의 취소 예시

Q. 직장인 A씨는 회사 근처 K피부관리실에서 개업 10주년 기념으로 50% 할인된 금액에 서비스를 제공해 준다는 말에 200만 원을 신용카드로 10개월 할부결제했습니다. 계약 당시 할인된 가격이기 때문에 환불은 안 된다는 설명을 들었습니다. 3일 후 사정이 생겨서 계약을 취소하고 싶은데, 이때 A씨는 환불을 받을

수 있을까요?

A. 할부로 계약을 체결한 소비자는 「할부거래법」에 따라 일정한 보호를 받게 됩니다. A씨의 경우 계약서를 받았다면 교부받은 날부터 7일 이내에, 계약서를 받지 못했다면 K피부관리실의 주소를 안 날 또는 알 수 있었던 날 등 철회권을 행사할 수 있는 날부터 7일 이내에 할부계약에 관한 청약을 철회할 수 있습니다(「할부거래법」 제8조 제1항).

– 다만, A씨의 경우 신용카드를 이용해서 계약을 체결한 것으로 보이는데 이처럼 신용제공자가 있는 경우에 A씨는 동일한 기간 내에 신용제공자(신용카드회사)에게도 철회의 의사표시가 적힌 문서를 발송해야 합니다(「할부거래법」 제9조 제1항).

(참조) 할부계약에 대한 철회권의 행사는 위의 기간(7일) 이내에 K피부관리실을 수신인으로 하는 철회의 의사표시가 적힌 문서를 발송하면 됩니다. 이때는 내용증명우편을 이용하시는 것이 안전합니다. 이러한 철회의 효력은 문서를 발송한 날에 발생하는 것으로 봅니다(「할부거래법」 제8조 제4항).

출처: 찾기 쉬운 생활법령정보(oneclick.law.go.kr)

2. 할부거래에서 소비자의 계약해제권을 인정하지 않는 이유

할부거래에서는 소비자의 청약철회권만 있고 계약해제권[69]이 없다. 그 이유를 들면 다음과 같다. 할부거래로 물건을 산 경우 청약철회기간(일반적으로 재화 등의 공급이 계약서 교부보다 빠르거나 동일한 경우에는 계약서를 받은 날부터 7일)이내에는 청약철회가 가능하다. 그러나 청약철회기간(일반적으로 7일)이 지난 시점에서는 대부분의 소비자가 물건을 사용하고 있는 중이므로 소비자 입장에서는 계약해제를 할 수가 없다.

반면 소비자가 할부거래를 통해 구입한 물건을 사용하고 있는 중이라도 소비자가 할부금 지급의무를 이행하지 아니하면 할부거래업자는 할부계약을 해제할 수 있다. 이 경우 할부거래업자는 그 계약을 해제하기 전에 14일 이상의 기간을 정하여 소비자에게 할부금 지급을 이행할 것을 문서로 알려야 한다.

II. 할부거래에서 기한 전 할부금의 지급권

소비자는 할부기간의 만료 전에 할부금을 일시 지급할 수 있으며, 일정한 사유가 있으면 할부금 지급을 거절할 수 있다.

69) 유효하게 성립한 계약의 효력을 당사자 일방의 의사표시에 의하여 처음부터 존재하지 않았던 것과 같은 상태로 복귀시키는 권리

1. 할부거래에서 기한이익 상실의 제한

1) 할부거래에서 기한이익 상실의 의미

'기한의 이익'이란 기간이 도래하지 않음으로써 그 기간 동안 당사자가 받는 이익을 말한다. 할부거래에서 '기한의 이익'이란 당장 구매능력이 없더라도 재화 또는 용역을 사용하면서 그 대금은 몇 개월에 걸쳐 나누어 냄으로써 얻는 소비자의 이익을 말한다.

따라서 할부거래에서 '기한이익의 상실'이란 '재화 등의 대금을 할부로 지급할 수 있는 이익을 상실하고 한꺼번에 대금을 지급해야 한다'는 것을 의미한다.

2) 할부거래에서 기한이익 상실의 사유

「할부거래법」은 기한이익의 상실을 원칙적으로 유효한 것으로 인정하지만, 소비자에게 지나치게 불리하지 않도록 하기 위해 기한의 이익이 상실되는 사유를 다음과 같이 제한하고 있다(제13조 제1항 및 시행령 제10조).

① 할부금을 다음 지급기일까지 연속해서 2회 이상 지급하지 않고, 그 지급하지 않은 금액이 할부가격의 10/100을 초과하는 경우

② 생업에 종사하기 위해서 외국에 이주하는 경우

③ 외국인과의 혼인 및 연고관계로 인해서 외국에 이주하는 경우

▌도표 11-6▐ 할부거래에서 기한이익의 상실 예시

Q. 1,300만 원 할부로 자동차를 구입한 후 초기엔 정상적으로 할부금을 내다가 할부금 납부일을 며칠 지나서 낸 적도 있었습니다. 그런데 이번에 할부금이 2개월 연체되어 80만 원이 연체되자, 채권회사에서 할부금의 기한의 이익이 상실되었다며 차를 공매해서 할부금을 회수하겠다고 하는데, 부당한 행위가 아닌지요?

A. 할부금융사의 기한이익 상실조치는 타당치 않은 것으로 판단됩니다. 「할부거래에 관한 법률」 제13조 제1항을 보면, 할부금을 다음 지급기일까지 연속해서 2회 이상 지급하지 않고 그 지급하지 않은 금액이 할부가격의 10분의 1을 초과하는 경우에는 채무자는 채권자에 대해 기한의 이익을 주장하지 못한다고 규정되어 있습니다.

즉, 할부금을 연속해서 2회 연체를 하였다 할지라도 그 금액이 할부가격의 10%를 초과하지 않는다면 기한의 이익을 주장할 수 있다는 것이므로, 본 건의 경우 할부금을 2회 연속 연체를 한 것은 맞지만 그 연체금액이 80만 원이므로 전체 할부가격(1,300만 원)의 10%인 130만 원을 초과하지 않은 바, 다른 기한이익 상실사유가 없는 한 할부금융사의 기한이익 상실조치는 잘못된 것으로 판단됩니다.

출처: 한국소비자원(www.kca.go.kr) 품목별 피해구제 사례.

III. 할부거래에서 소비자의 항변권

소비자는 아래의 사유가 있는 경우에는 할부거래업자에게 그 할부금의 지급을 거절할 수 있다(「할부거래법」 제16조).

① 할부계약이 불성립·무효인 경우
② 할부계약이 취소 또는 해지된 경우
③ 재화 등의 전부 또는 일부가 재화 등의 공급시기까지 소비자에게 공급되지 않은 경우
④ 할부거래업자가 하자담보책임을 이행하지 않은 경우
⑤ 그 밖에 할부거래업자의 채무불이행으로 인하여 계약의 목적을 달성할 수 없는 경우
⑥ 다른 법률에 따라 정당하게 청약을 철회한 경우

제4절 선불식 할부거래에서 선불식 할부거래업자의 의무

선불식 할부거래의 공정화와 선불식 할부거래를 하는 소비자를 보호하기 위해서 「할부거래법」은 선불식 할부거래업자에게 할부계약 내용의 설명의무 및 계약서의 작성·교부의무를 부과하는 한편, 선불식 할부거래업자에 의한 선불식 할부계약 해제권을 제한하고 있다.

I. 선불식 할부거래업자의 계약 관련 의무

1. 선불식 할부계약체결 전의 정보제공

선불식 할부거래업자는 선불식 할부계약을 체결하기 전에 소비자가 계약의 내용을 이해할 수 있도록 다음의 사항을 소비자에게 설명해야 한다(「할부거래법」 제23조 제1항 및 시행령 제15조).

① 선불식 할부거래업자의 상호·주소·전화번호·전자우편주소·대표자의 이름
② 재화 등의 종류 및 내용
③ 재화 등의 가격과 그 지급의 방법 및 시기
④ 재화 등을 공급하는 방법 및 시기

⑤ 계약금(최초지급금 · 선수금 등 명칭이 무엇이든 선불식 할부계약을 체결할 때에 소비자가 선불식 할부거래업자에게 지급하는 금액을 말한다)

⑥ 청약의 철회 및 계약 해제의 기한 · 행사방법 · 효과에 관한 사항 및 청약의 철회 및 계약 해제의 권리 행사에 필요한 서식(「할부거래법」시행규칙 별지 제6호 서식)

⑦ 소비자피해보상, 재화 등에 대한 불만 및 소비자와 사업자 사이의 분쟁 처리에 관한 사항

⑧ 선불식 할부거래에 관한 약관

⑨ 재화 등의 가격 외에 소비자가 추가로 부담해야 할 사항이 있는 경우에는 그 내용 및 금액

⑩ 판매일시 · 판매지역 · 판매수량 · 인도지역 등 판매조건과 관련해서 제한이 있는 경우에는 그 내용

⑪ 선불식 할부거래업자가 선불식 할부계약의 주된 목적이 되는 재화 등이 제공되기 전에 소비자에게 공급하는 재화 등이 있는 경우에는 그 가격

2. 선불식 할부계약 시 계약서 작성 및 교부

선불식 할부계약을 체결할 때는 앞에서 제시한 11가지의 제공해야 하는 정보의 내용이 기재된 문서로 체결해야 하고, 해당 계약서를 소비자에게 내주도록 선불식 할부거래업자에게 의무를 부과하고 있다(「할부거래법」 제23조 제2항).

3. 선불식 할부계약 해제권의 제한

1) 선불식 할부계약 해제 전의 최고(notice: 알림)

소비자가 할부금을 지급하지 않더라도 선불식 할부거래업자는 할부계약을 즉시 해제할 수 없으며, 계약을 해제하기 전에 14일 이상의 기간을 정해 소비자에게 할부금 지급을 이행할 것을 문서로 통보해야 한다(「할부거래법」 제26조). 선불식 할부거래업자가 문서로 통지하지 않으면 선불식 할부거래업자의 할부계약 해제권 행사는 소비자에게 효력이 없다.

4. 선불식 할부계약 거래기록 등의 열람

선불식 할부거래는 재화 등의 공급이 할부금 지급과 동시에 또는 할부금의 지급 후에

이루어지므로 「할부거래법」은 거래의 정확성을 확인하는 동시에 불필요한 분쟁을 예방하기 위해서 소비자가 재화 등의 거래기록을 열람할 수 있도록 하고 있다.

1) 재화 등의 거래기록 등의 열람을 위한 조치

선불식 할부거래업자는 재화 등의 거래기록, 소비자피해보상보험계약 등의 체결 내용을 소비자가 방문·전화 또는 인터넷 등을 통해서 즉시 열람할 수 있도록 필요한 조치를 해야 하며, 소비자가 우편 등의 방법으로 열람할 수 있도록 요청하는 경우에는 3영업일 이내에 관련 자료를 발송해야 한다(「할부거래법」 제33조 및 시행령 제21조).

5. 선불식 할부계약 시 휴업기간 중의 업무처리

선불식 할부거래업자는 그 휴업기간 또는 영업정지기간 중에도 청약의 철회나 계약의 해제 업무를 계속해야 한다(「할부거래법」 제32조).

II. 선불식 할부거래업자의 손해배상 관련 의무

선불식 할부거래를 하는 소비자를 보호하기 위해서 「할부거래법」은 선불식 할부거래업자에게 소비자피해보상보험계약 등을 체결하도록 하고 있다.

1. 선불식 할부거래업자의 소비자피해보상보험계약 등의 체결

1) 선불식 할부거래업자의 소비자피해보상보험계약 등의 체결의무

선불식 할부거래업자가 선불식 할부거래업 등록을 할 경우에는 소비자로부터 선불식 할부계약과 관련한 재화 또는 용역의 대금으로서 미리 수령한 금액(이하 "선수금"이라 한다)을 보전하기 위해서 다음 어느 하나에 해당하는 계약을 체결해야 한다(「할부거래법」 제27조 제1항 및 시행령 제16조 제2항).

① 소비자피해보상을 위한 보험계약
② 소비자피해보상금의 지급을 확보하기 위한 「은행법」에 따른 은행과의 채무지급보증계약
③ 소비자피해보상금의 지급을 확보하기 위한 다음 예치기관과의 예치계약

가. 「은행법」 제2조 제1항제2호 및 제5조에 따른 금융회사

나. 「우체국 예금·보험에 관한 법률」에 따른 체신관서

다. 「보험업법」에 따른 보험회사

④ 「할부거래에 관한 법률」 제28조에 따라 설립된 공제조합과의 공제계약

2) 선불식 할부거래업자의 소비자피해보상보험계약 등의 필수사항

소비자피해보상보험계약 등은 다음 사항을 충족해야 한다(「할부거래법」시행령 제16조 제1항).

① 소비자피해보상금의 지급 사유가 발생한 경우에는 소비자피해를 보상하도록 할 것

② 피보험자 또는 수혜자는 해당 소비자피해보상보험계약 등을 체결한 자가 판매하는 재화 등의 구매자로 하고, 피해보상금은 해당 구매자가 수령할 수 있도록 할 것

③ 소비자가 신속하고 쉽게 피해보상을 받을 수 있도록 하고, 보상이 지연되는 경우에는 지연배상금이 지급되도록 할 것

④ 정당한 사유 없이 소비자의 의사표시방법을 제한하거나 소비자에게 지나친 입증책임의 부담을 부과하지 않을 것

⑤ 정당한 사유 없이 피해보상의 범위나 소비자피해보상보험계약 등에 따라 소비자피해보상금을 지급할 의무가 있는 자(이하 '지급의무자'라 한다) 또는 재화 등의 판매자의 책임을 한정하지 않을 것

⑥ 소비자에게 예상하기 어려운 위험이나 손해를 줄 우려가 있거나 부당하게 불리한 약정을 두지 않을 것

⑦ 보험계약 또는 채무지급보증계약은 보험회사 또는 은행과 체결할 것

⑧ 선불식 할부거래업자가 소비자피해보상보험계약 등의 계약을 체결하여 거래하는 기간은 1년 이상의 기간으로 하고, 정당한 사유 없이 계약해지의 요건을 용이하게 정해서 소비자에게 불이익을 주지 않을 것

⑨ 지급의무자는 소비자가 방문·전화 또는 인터넷을 통해서 해당 소비자에 관한 소비자피해보상보험계약 등의 내용 및 이에 따라 보전된 소비자피해보상금의 액수를 쉽게 열람할 수 있도록 필요한 조치를 할 것

3) 선불식 할부거래업자의 소비자피해보상 증서의 발급

소비자피해보상보험계약 등을 체결한 선불식 할부거래업자 및 지급의무자는 소비자에게 소비자피해보상 증서를 발급해야 한다(「할부거래법」 제27조 제6항).

2. 선불식 할부거래에서 소비자피해보상금의 지급 사유

소비자피해보상보험계약 등에 따라 소비자피해보상금을 지급할 의무가 있는 지급의무자는 다음 어느 하나에 해당하는 지급 사유가 발생한 경우에는 지체 없이 소비자피해보상금을 지급해야 한다(「할부거래법」 제27조 제4항 및 시행령 제16조 제5항) 또한 지급의무자가 정당한 사유 없이 지급을 지연한 경우에는 지연배상금을 지급해야 한다(「할부거래법」 제27조 제4항 단서).

① 선불식 할부거래업자가 폐업한 경우
② 선불식 할부거래업자가 은행으로부터 당좌거래의 정지처분을 받은 경우
③ 「할부거래법」 제21조에 따라 등록이 말소된 경우 및 「할부거래법」 제40조에 따라 등록이 취소된 경우
④ 선불식 할부거래업자가 「채무자 회생 및 파산에 관한 법률」에 따른 파산선고를 받은 경우
⑤ 선불식 할부거래업자에 대해서 「채무자 회생 및 파산에 관한 법률」에 따른 회생절차 개시의 결정이 있는 경우

III. 선불식 할부거래업자가 하여서는 안 되는 금지행위

선불식 할부거래를 하는 소비자를 보호하기 위해서 「할부거래법」은 선불식 할부거래업자에게 계약체결 강요행위, 거짓·과장된 사실을 알리거나 기만적 방법을 사용하여 거래를 유도하는 등의 행위를 금지하고 있다(제34조).

① 계약의 체결을 강요하거나 청약의 철회 또는 계약의 해제를 방해할 목적으로 소비자를 위협하는 행위의 금지
② 거짓 또는 과장된 사실의 고지행위 등의 금지
③ 청약철회 등을 방해할 목적으로 주소·전화번호 등을 변경하는 행위의 금지
④ 분쟁해결 등에 필요한 인력 등의 부족을 방치해서 소비자에게 피해를 주는 행위의

금지

⑤ 소비자의 청약이 없음에도 재화 등의 대금을 청구하는 행위의 금지

⑥ 소비자가 구매의사 없음을 밝혔는데도 전화 등을 통해 재화 등을 구매하도록 강요하는 행위의 금지

⑦ 소비자피해보상보험계약 등을 체결하지 않고 영업하는 행위의 금지

⑧ 소비자피해보상보험계약 등을 체결하지 않았음에도 체결한 사실을 나타내는 표지 등을 제작 또는 사용하는 행위의 금지

⑨ 소비자의 허락 없이 소비자에 관한 정보를 이용하는 행위 등의 금지

⑩ 소비자의 계약해제를 정당한 사유 없이 지연하거나 거부하는 행위의 금지

⑪ 대금을 지급받기 위해 소비자에게 위계(deceptive scheme) 또는 위력(force)을 가하는 행위의 금지

⑫ 사업자가 공급하는 재화 등을 소비자가 양도·양수하는 것을 이유 없이 제한하는 등의 행위의 금지

⑬ 타인에게 사업자의 명의 또는 상호를 사용해서 선불식 할부거래업 등을 하게 하는 행위의 금지

제5절 선불식 할부거래에서 소비자의 권리[70)]

I. 선불식 할부거래에서 소비자의 청약철회권과 계약해제권

1. 선불식 할부거래에서 청약철회권과 계약해제권의 의미

장례서비스와 같은 선불식 할부거래는 소비자가 충동구매를 할 가능성이 있기 때문에, 소비자보호 차원에서 소비자에게 다시 생각할 수 있는 기간, 즉 청약철회기간을 부여하여 그 기간 내에 소비자가 위약금이나 손해배상책임 없이 선불식 할부계약의 모든 효력을 부인하는 청약철회권을 행사할 수 있도록 하고 있다. 즉, 청약철회권이란 청약철회기

70) 선불식 할부거래에 관해 궁금한 사항은 「선불식 할부거래에서의 소비자보호 지침」(2014.12.24. 공정거래위원회 예규 제207호)을 살펴보면 더욱 많은 내용을 알 수 있다.

간 이내에 그 계약을 없던 일로 하는 것이다.

선불식 할부계약에서는 선불식 할부계약을 체결하고 청약철회기간이 지난 후부터 그 계약에 따른 재화 등을 공급받기 전까지의 기간에는 위약금을 일부 지급하거나 위약금의 지급 없이 계약해제권을 행사할 수 있도록 하고 있다. 즉, 선불식 할부계약에서 계약해제권이란 청약철회기간이 지난 이후에 그 계약을 없던 일로 하는 것이다.

2. 선불식 할부거래에서 소비자의 청약철회권 행사

1) 선불식 할부거래에서 청약철회권의 행사기간

소비자는 다음의 기간(거래 당사자가 더 긴 기간으로 약정한 경우에는 그 기간) 내에 선불식 할부거래에 관한 청약을 철회할 수 있다(「할부거래법」 제24조 제1항).

① 계약서를 받은 날부터 14일

② 선불식 할부거래업자의 주소 등이 적혀 있지 않은 계약서를 받은 경우·선불식 할부거래업자의 주소 변경 등의 사유로 계약서를 받은 날부터 14일 이내에 청약을 철회할 수 없는 경우: 선불식 할부거래업자의 주소를 안 날 또는 알 수 있었던 날 등 청약을 철회할 수 있는 날부터 14일

③ 계약서에 청약의 철회에 관한 사항이 적혀 있지 않은 경우: 청약을 철회할 수 있음을 안 날 또는 알 수 있었던 날부터 14일

④ 선불식 할부거래업자가 청약의 철회를 방해한 경우: 그 방해 행위가 종료된 날부터 14일

⑤ 계약서를 받지 않은 경우: 계약일로부터 3개월

계약서의 발급 사실과 그 시기 등에 관해서 다툼이 있는 경우에는 선불식 할부거래업자가 이를 입증해야 한다(「할부거래법」 제24조 제4항).

2) 선불식 할부거래에서 청약철회권의 행사방법

청약철회권를 행사하려면 소비자는 청약철회권의 행사기간 내에 선불식 할부거래업자에게 청약을 철회하는 의사표시가 적힌 문서를 발송해야 한다(「할부거래법」 제24조 제2항).

3) 선불식 할부거래에서 청약철회권의 효력발생일

청약철회의 효력은 그 청약철회문서를 발송한 날에 발생한다(「할부거래법」 제24조 제3항).

4) 선불식 할부거래에서 청약철회권 행사의 효력

소비자가 청약을 철회하면 선불식 할부거래업자는 청약철회의 문서를 접수한 날부터 3영업일 이내에 이미 지급받은 계약금 및 할부금을 환급해 주어야 한다(「할부거래법」 제24조 제5항 본문).

3. 선불식 할부거래에서 소비자의 계약해제권 행사

1) 선불식 할부거래에서 계약해제권의 행사기간

소비자는 선불식 할부계약을 체결한 후에 그 계약에 따른 재화 등의 공급을 받기 전까지 선불식 할부거래에 관한 계약을 해제할 수 있다(「할부거래법」 제25조 제1항).

2) 선불식 할부거래에서 계약해제권 행사의 효력

소비자가 계약을 해제하면 선불식 할부거래업자는 계약이 해제된 날부터 3영업일 이내에 이미 지급받은 대금에서 위약금을 뺀 금액을 환급해 주어야 한다(「할부거래법」 제25조 제4항).

해약환급금은 '선불식 할부계약의 해제에 따른 해약환급금 산정기준(공정거래위원회 고시 제2011-7호 제4조)'에 따라 산정한다.

3) 선불식 할부거래에서 위약금 청구의 제한

소비자가 선불식 할부계약을 체결하고 그 계약에 의한 재화 등의 공급을 받지 않은 경우에는 그 계약을 해제할 수 있는데, 이 경우 소비자에게 해제로 인한 손실을 초과하는 위약금을 청구해서는 안 된다(「할부거래법」 제25조 제1항·제2항). 또한 소비자가 다음 어느 하나에 해당하는 사유로 계약을 해제하는 경우에는 위약금을 청구해서는 안 된다(「할부거래법」 제25조 제3항).

① 선불식 할부거래업자가 휴업 또는 폐업신고를 한 때
② 선불식 할부거래업자가 영업정지 처분을 받은 때
③ 선불식 할부거래업자의 등록이 취소되거나 말소된 때
④ 선불식 할부거래업자가 「은행법」에 따른 은행으로부터 당좌거래의 정지처분을 받은 때
⑤ 선불식 할부거래업자의 파산 또는 화의(和議)[71] 개시의 신청이 있는 때

71) 파산을 예방할 목적으로 채무정리에 관하여 법원의 중재를 받아 채권자와 채무자 사이에 맺는 강제계약

찾아 생각하기

1. 선불식 할부거래인 '상조서비스'의 소비자문제가 많이 발생하고 있다. 이를 해결하기 위한 방안에는 무엇이 있는가?

2. 할부거래에서 청약철회 시 '내용증명우편'을 이용해야 한다. 자신이 소비자문제를 당했다고 가정하고 청약철회문서를 작성하여 내용증명우편을 보내보자.

3. 할부거래를 통해 상품을 구매하였는데 마음에 들지 않는다. 어떻게 해결할 것인가?

PART 03

소비자 관련 법률 및 제도 요약

▶▶▶ chapter 11 · 할부거래에 관한 법률

1. 할부거래법의 목적

▶ '할부계약 및 선불식 할부계약에 의한 거래'를 공정하게 함으로써 소비자의 권익을 보호하고 시장의 신뢰도를 높여 국민경제의 건전한 발전에 이바지함을 목적으로 함

2. 할부거래 및 선불식 할부거래의 정의

▶ 할부거래: '할부계약에 의한 거래'를 말하며 할부계약이란 재화의 대금이나 용역의 대가를 2개월 이상의 기간에 걸쳐 3회 이상 나누어 지급하는 경우를 의미함

① 직접할부계약: 소비자가 사업자에게 재화 등의 대금을 2개월 이상의 기간에 걸쳐 3회 이상 나누어 지급하고, 재화 등의 대금을 완납하기 전에 재화 등의 공급을 받기로 하는 계약, 즉 소비자와 사업자가 직접적으로 체결하는 할부계약

② 간접할부계약: 소비자가 신용제공자(신용카드사 등)에게 재화 등의 대금을 2개월 이상의 기간에 걸쳐 3회 이상 나누어 지급하고, 재화 등의 대금을 완납하기 전에 사업자로부터 재화 등의 공급을 받기로 하는 계약, 즉 소비자가 신용제공자를 통해 간접적으로 사업자와 체결하는 할부계약

▶ 할부거래업자: 할부계약에 의한 재화 등의 공급을 업으로 하는 자

▶ 선불식 할부거래: 장례서비스 또는 혼례서비스(제공시기가 확정된 경우는 제외) 및 이에 관련된 재화 등의 대금을 2개월 이상의 기간에 걸쳐 2회 이상 나누어 지급함과 동시에 또는 지급한 후에 재화 등의 공급을 받기로 하는 계약

▶ 선불식 할부거래업자: 선불식 할부계약에 의한 재화 등의 공급을 업으로 하는 자

3. 할부거래법 적용대상 및 제외대상

▶ 「할부거래법」 적용대상: 할부금을 2개월 이상의 기간에 걸쳐 3회 이상 나누어 지급하는 할부거래 및 장례서비스나 혼례서비스와 관련하여 2개월 이상의 기간에 걸쳐 2회 이상 나누어 지급하는 선불식 할부거래

▶ 「할부거래법」 제외대상

① 물건을 사면서 2개월 할부로 결제하고 2회에 걸쳐 완납한 경우
② 사업자가 상행위를 위해서 재화 등의 공급을 받는 거래
③ 한국표준산업분류표상의 제조업에 의해 생산되지 아니한 가공되지 않은 농산물·수산물·축산물·임산물·광산물
④ 토지와 주택과 같은 부동산과 보험, 증권 및 어음, 의약품

4. 할부거래에서 할부거래업자의 의무

1) 할부거래업자의 계약 관련 의무

(1) 할부계약체결 전 정보제공

▶ 할부거래업자가 계약을 체결하기 전에 소비자에게 할부거래의 내용과 거래조건 등에 관한 자세한 정보를 제공하여야 함
▶ 제공해야 하는 정보로는 재화 등의 종류와 내용, 현금가격(재화 등의 대금 전액), 할부가격(계약금과 할부금의 총 합계액), 할부금의 금액·지급횟수 및 지급시기, 할부수수료의 실제연간요율, 계약금, 지연손해금 산정 시 적용하는 비율 등이 있음

(2) 할부거래업자의 계약서 작성 및 교부

▶ 할부계약은 문서로 체결해야 하고, 계약체결 후에는 해당 계약서를 소비자에게 내주도록 할부거래업자에게 의무를 부과하고 있음
▶ 다만, 간접할부계약의 경우에는 소비자의 동의를 받아 해당 계약의 내용을 팩스나 전자문서로 보내는 것으로 대신할 수 있음. 이때 팩스나 전자문서로 보낸 계약서의 내용이나 도달에 다툼이 있으면 할부거래업자가 이를 증명해야 함
▶ 할부계약서에 기재되어야 할 13가지 사항
① 할부거래업자·소비자 및 신용제공자의 성명과 주소
② 재화 등의 종류·내용 및 재화 등의 공급 시기
③ 현금가격
④ 할부가격(신용카드결제의 경우는 미기재 가능)
⑤ 각 할부금의 금액·지급횟수·지급기간 및 지급 시기(신용카드결제의 경우는 지급 시기 미기재 가능)
⑥ 할부수수료의 실제연간요율
⑦ 계약금
⑧ 재화의 소유권 유보에 관한 사항
⑨ 소비자의 청약철회권의 기한·행사방법·효과에 관한 사항
⑩ 할부거래업자의 할부계약의 해제에 관한 사항
⑪ 지연손해금 산정 시 적용하는 비율(신용카드결제의 경우는 미기재 가능)
⑫ 소비자의 기한의 이익 상실에 관한 사항
⑬ 소비자의 항변권과 그 행사방법에 관한 사항
▶ 신용제공자는 할부가격, 각 할부금의 금액·지급횟수·지급기간 및 지급 시기, 할부수수료의 실제연간요율, 소비자의 청약철회권의 기한·행사방법·효과에 관한 사항, 지연손해금 산정 시

적용하는 비율, 소비자의 기한의 이익 상실에 관한 사항 및 소비자의 항변권과 그 행사방법에 관한 사항까지의 내용을 적은 문서를 소비자에게 발급해야 함

(3) 할부거래업자의 할부계약 해제권 제한

▶ 소비자가 할부금을 지급하지 않더라도 할부거래업자는 할부계약을 즉시 해제할 수 없으며, 계약을 해제하기 전에 14일 이상의 기간을 정해 소비자에게 할부금 지급을 이행할 것을 문서로 통보해야 함

▶ 할부거래업자가 문서로 알리지 않으면 할부거래업자의 할부계약 해제권 행사는 소비자에게 효력이 없음

▶ 할부계약이 해제되면 각 당사자는 상대방에게 원상회복의무를 지게 되는데, 이 경우 소비자의 재화 등 반환의무와 할부거래업자의 지급받은 할부금 반환의무를 동시에 이행해야 함. 따라서 소비자는 할부거래업자가 그 대금을 반환할 때까지 재화 등의 반환을 거절할 수 있음

▶ 재화 등의 소유권이 할부거래업자에게 유보되어 있는 경우에도 할부거래업자가 할부계약을 해제하지 않으면 소비자에게 그 재화 등의 반환을 청구할 수 없음

(4) 할부거래업자의 휴업기간 중의 업무처리

▶ 할부거래업자 또는 신용제공자는 그 휴업기간 또는 영업정지기간 중에도 청약의 철회에 관한 업무를 계속해야 함

2) 할부계약에서의 손해배상 관련 의무

▶ 소비자가 자신의 책임 있는 사유로 할부금의 지급을 지체하고 있으면, 할부거래업자 또는 신용제공자는 소비자의 채무불이행을 이유로 손해배상을 청구할 수 있음

▶ 할부거래업자는 자신의 우월한 지위를 이용해 소비자에게 과중한 손해배상 책임을 부담시킬 우려가 있으므로 할부거래업자 등의 손해배상청구금액을 일정한 범위로 제한하고 있음

▶ 과다한 손해배상금액이 청구될 경우에는 피해구제를 받을 수 있으므로 한국소비자원 1372 소비자상담센터에 문의하여야 함

5. 할부거래에서 소비자의 권리

1) 할부거래에서 청약철회권의 의미와 행사기간 등

(1) 할부거래에서의 청약철회권

▶ 할부거래는 재화의 대금을 여러 번 나누어 내므로 한 번에 지급하는 비용이 적어 소비자가 충동구매할 가능성이 크기 때문에, 소비자보호 차원에서 소비자에게 다시 생각할 수 있는 기간을 부여하여 이 기간 내에 소비자가 위약금이나 손해배상책임 없이 할부계약의 모든 효력을 부인하는 청약철회권을 행사할 수 있음

(2) 할부거래에서의 청약철회권 행사기간

① 재화 등의 제공이 계약서 교부보다 빠르거나 동일한 경우: 계약서를 받은 날부터 7일

② 재화 등의 제공이 계약서 교부보다 늦은 경우: 재화 등을 공급받은 날부터 7일

③ 계약서를 받지 않은 경우・할부거래업자의 주소 등이 적혀 있지 않은 계약서를 받은 경우・할부거래업자의 주소 변경 등의 사유로 청약을 철회할 수 없는 경우: 할부거래업자의 주소를 안 날 또는 알 수 있었던 날 등 청약을 철회할 수 있는 날부터 7일

④ 계약서에 청약의 철회에 관한 사항이 적혀 있지 않은 경우: 청약을 철회할 수 있음을 안 날 또는 알 수 있었던 날부터 7일

⑤ 할부거래업자가 청약의 철회를 방해한 경우: 그 방해 행위가 종료된 날부터 7일

(3) 할부거래에서의 청약철회권 제한

▶ 할부거래에서 청약을 철회할 수 없는 경우

① 소비자에게 책임 있는 사유로 재화 등이 멸실되거나 훼손된 경우(단, 재화 등의 내용을 확인하기 위해서 포장 등을 훼손한 경우는 제외)

② 사용 또는 소비에 의해서 그 가치가 현저히 낮아질 우려가 있는 선박·항공기·「철도사업법」 및 「도시철도법」에 따른 궤도를 운행하는 차량·건설기계·자동차를 사용 또는 소비한 경우, 설치에 전문인력 및 부속자재 등이 요구되는 것으로서 냉동기·전기냉방기(난방 겸용을 포함한다)·보일러를 설치한 경우

③ 시간이 지남으로써 다시 판매하기 어려울 정도로 재화 등의 가치가 현저히 낮아진 경우

④ 복제할 수 있는 재화 등의 포장을 훼손한 경우

⑤ 할부가격이 10만 원 미만인 할부계약(단, 신용카드를 사용한 할부거래는 할부가격이 20만 원 미만)

⑥ 소비자의 주문에 따라 개별적으로 제조되는 재화 등의 공급을 목적으로 하는 할부계약

▶ 할부거래업자는 위의 청약을 철회할 수 없는 재화 등에 대해서는 그 사실을 재화 등의 포장이나 그 밖에 소비자가 쉽게 알 수 있는 곳에 분명하게 표시하거나 시용상품(sample)을 제공하는 등의 방법으로 소비자가 청약을 철회하는 것이 방해받지 않도록 조치해야 함

(4) 할부거래에서 청약철회권의 행사방법

▶ 할부거래에서 청약철회권를 행사하려면 소비자는 청약철회권의 행사기간 내에 할부거래업자에게 청약을 철회하는 의사표시가 적힌 문서를 발송해야 함(증거확보를 위해 일반적으로 '내용증명우편'을 이용)

▶ 신용제공자(예를 들어, 신용카드회사)가 따로 있는 간접할부계약의 경우에는 청약철회기간 내에 신용제공자에게도 청약을 철회하는 의사표시가 적힌 문서를 발송해야 신용제공자가 소비자에게 할부금 지급을 청구하더라도 소비자는 이를 거절할 수 있음

▶ 내용증명우편: 누가, 언제, 누구에게, 어떤 내용의 문서를 발송했다는 사실을 우체국에서 증명해주는 제도로 문서의 정확한 전달, 보낸 사실 및 내용에 대한 증거로써 활용할 수 있음. 내용증명우편을 보내려면 우선 A4용지에 철회의 의사표시, 발송인(소비자)과 수취인(사업자, 신용카드거래를 한 경우에는 사업자와 신용카드회사)의 주소·성명이 기재된 청약철회문서 3통(신용카드거래의 경우 4통)을 작성해서 우체국에 접수함. 우체국은 우편물을 접수하여 '청약철회문서 원본'을 수취인(사업자와 신용카드회사)에게 발송하고, 1부는 발송인에게 주며, 나머지 1부는 우체국이 3년간 보관함

(5) 할부거래에서 청약철회권의 효력발생

▶ 원상회복의 의무

▶ 제공된 용역에 대한 반환 제한: 청약철회권을 행사하기 전에 이미 용역이 제공되었다면, 할부거래업자는 소비자에게 이미 제공된 용역과 동일한 용역의 반환을 청구할 수 없음

▶ 이미 사용된 부분에 대한 비용청구
▶ 소비자의 청약철회를 이유로 위약금 또는 손해배상을 청구할 수 없음
▶ 신용제공자에 대한 할부금 청구 중지 또는 취소 요청

2) 할부거래에서는 소비자의 청약철회권만 있고 계약해제권이 없음

▶ 할부거래로 물건을 산 경우 청약철회기간(일반적으로 재화 등의 공급이 계약서 교부보다 빠르거나 동일한 경우에는 계약서를 받은 날부터 7일) 이내에는 청약철회가 가능하지만 청약철회기간(일반적으로 7일)이 지난 시점에서는 대부분의 소비자가 물건을 사용하고 있는 중이므로 소비자 입장에서는 계약해제를 할 수 없음

3) 할부거래에서의 기한 전 할부금 지급권

▶ 소비자는 할부기간의 만료 전에 할부금을 일시 지급할 수 있으며, 일정한 사유가 있으면 할부금 지급을 거절할 수 있음
▶ 할부거래에서 '기한이익의 상실'이란 '재화 등의 대금을 할부로 지급할 수 있는 이익을 상실하고 한꺼번에 대금을 지급해야 한다'는 것을 의미함
▶ 기한의 이익이 상실되는 사유
① 할부금을 다음 지급기일까지 연속해서 2회 이상 지급하지 않고, 그 지급하지 않은 금액이 할부가격의 10/100을 초과하는 경우
② 생업에 종사하기 위해서 외국에 이주하는 경우
③ 외국인과의 혼인 및 연고관계로 인해서 외국에 이주하는 경우

4) 할부거래에서의 소비자항변권

▶ 소비자는 ① 할부계약이 불성립·무효인 경우 ② 할부계약이 취소 또는 해지된 경우 ③ 재화 등의 전부 또는 일부가 재화 등의 공급시기까지 소비자에게 공급되지 않은 경우 ④ 할부거래업자가 하자담보책임을 이행하지 않은 경우 ⑤ 그 밖에 할부거래업자의 채무불이행으로 인하여 계약의 목적을 달성할 수 없는 경우 ⑥ 다른 법률에 따라 정당하게 청약을 철회한 경우 등에는 할부거래업자에게 그 할부금의 지급을 거절할 수 있음

6. 선불식 할부거래에서 선불식 할부거래업자의 의무

1) 선불식 할부거래업자의 계약 관련 의무

▶ 선불식 할부계약체결 전 정보제공
▶ 계약서 작성 및 교부
▶ 선불식 할부계약 해제권: 소비자가 할부금을 지급하지 않더라도 선불식 할부거래업자는 할부계약을 즉시 해제할 수 없으며, 계약을 해제하기 전에 14일 이상의 기간을 정해 소비자에게 할부금 지급을 이행할 것을 문서로 통보해야 함, 선불식 할부거래업자가 문서로 통지하지 않으면 선불식 할부거래업자의 할부계약 해제권 행사는 소비자에게 효력이 없음
▶ 거래기록 등의 열람
▶ 휴업기간 중의 업무처리: 선불식 할부거래업자는 그 휴업기간 또는 영업정지기간 중에도 청약의 철회나 계약의 해제 업무를 계속해야 함

2) 선불식 할부거래에서 손해배상 관련 의무

▶ 선불식 할부거래업자가 선불식 할부거래업 등록을 할 경우에는 소비자로부터 선불식 할부계약과 관련되는 재화 또는 용역의 대금으로서 미리 수령한 금액(선수금)을 보전하기 위해서 ① 소비자 피해보상을 위한 보험계약 ② 은행과의 채무지급보증계약 ③ 예치기관(금융회사, 체신관서, 보험회사)과의 예치계약 ④ 공제조합과의 공제계약 중 어느 하나에 해당하는 계약을 체결해야 함

▶ 소비자피해보상보험계약 등을 체결한 선불식 할부거래업자 및 지급의무자는 소비자에게 소비자 피해보상 증서를 발급해야 함

▶ 선불식 할부거래에서 소비자피해보상금을 지급해야 하는 사유

① 선불식 할부거래업자가 폐업한 경우

② 선불식 할부거래업자가 은행으로부터 당좌거래의 정지처분을 받은 경우

③ 「할부거래법」에 따라 등록이 말소된 경우 및 등록이 취소된 경우

④ 선불식 할부거래업자가 파산 선고를 받은 경우

⑤ 선불식 할부거래업자에 대해서 회생절차개시의 결정이 있는 경우

7. 선불식 할부거래에서 소비자의 권리

▶ 선불식 할부거래에서 소비자의 권리로는 청약철회권과 계약해제권이 있음

▶ 선불식 할부거래에서 청약철회권의 의미: 장례서비스와 같은 선불식 할부거래는 소비자가 충동구매를 할 가능성이 있기 때문에, 소비자보호 차원에서 소비자에게 다시 생각할 수 있는 기간, 즉 청약철회기간을 부여하여 그 기간 내에 소비자가 위약금이나 손해배상책임 없이 선불식 할부계약의 모든 효력을 부인하는 권리인 청약철회권을 행사할 수 있음. 즉, 청약철회권이란 청약철회기간 이내에 행사하는 권리로 그 계약을 없던 일로 하는 것임

▶ 선불식 할부거래에서 계약해제권의 의미: 선불식 할부계약을 체결하고 청약철회기간이 지난 후부터 그 계약에 따른 재화 등을 공급받기 전까지의 기간에는 위약금을 일부 지급하거나 위약금의 지급 없이 계약해제권을 행사할 수 있음. 즉, 선불식 할부계약에서의 계약해제권이란 청약철회기간이 지난 이후부터 그 재화를 공급받기 전까지의 기간 사이에 행사할 수 있는 권리로 그 계약을 없던 일로 하는 것임

1) 선불식 할부거래에서의 소비자의 청약철회권

(1) 선불식 할부거래에서 청약철회권의 행사기간

① 계약서를 받은 날부터 14일

② 선불식 할부거래업자의 주소 등이 적혀 있지 않은 계약서를 받은 경우 · 선불식 할부거래업자의 주소 변경 등의 사유로 계약서를 받은 날부터 14일 이내에 청약을 철회할 수 없는 경우: 선불식 할부거래업자의 주소를 안 날 또는 알 수 있었던 날 등 청약을 철회할 수 있는 날부터 14일

③ 계약서에 청약의 철회에 관한 사항이 적혀 있지 않은 경우: 청약을 철회할 수 있음을 안 날 또는 알 수 있었던 날부터 14일

④ 선불식 할부거래업자가 청약의 철회를 방해한 경우: 그 방해 행위가 종료된 날부터 14일

⑤ 계약서를 받지 않은 경우: 계약일로부터 3개월

(2) 선불식 할부거래에서 청약철회권 행사방법

▶ 청약철회권를 행사하려면 소비자는 청약철회권의 행사기간 내에 선불식 할부거래업자에게 청약

을 철회하는 의사표시가 적힌 문서를 발송해야 함(내용증명우편 이용)

(3) 선불식 할부거래에서 청약철회권 효력발생일

▶ 발신주의: 청약철회문서를 발송한 날에 효력이 발생함

(4) 선불식 할부거래에서 청약철회권 행사의 효력

▶ 소비자가 청약을 철회하면 선불식 할부거래업자는 청약철회의 문서를 접수한 날부터 3영업일 이내에 이미 지급받은 계약금 및 할부금을 환급해 주어야 함

▶ 선불식 할부거래업자가 환급을 지연하면 그 지연기간에 따라 지연배상금을 함께 환급해 주어야 함

2) 선불식 할부거래에서 소비자의 계약해제권

(1) 선불식 할부거래에서 계약해제권의 행사기간

▶ 선불식 할부계약을 체결하고 청약철회기간(일반적으로 계약서를 받은 날부터 14일)이 지난 후부터 그 계약에 따른 재화 등을 공급받기 전까지의 기간에는 위약금을 일부 지급하거나 위약금의 지급 없이 그 계약을 없던 일(계약해제)로 할 수 있음

(2) 선불식 할부거래에서 계약해제권 행사의 효력

▶ 소비자가 계약을 해제하면 선불식 할부거래업자는 계약이 해제된 날부터 3영업일 이내에 이미 지급받은 대금에서 위약금을 뺀 금액을 환급해 주어야 함

▶ 선불식 할부거래업자가 환급을 지연하면 그 지연기간에 따라 지연배상금을 함께 환급해 주어야 함

▶ 소비자에게 해제로 인한 손실을 초과하는 위약금을 청구해서는 안 됨

▶ 선불식 할부거래업자가 ① 휴업 또는 폐업신고를 한 때 ② 영업정지 처분을 받은 때 ③ 등록이 취소되거나 말소된 때 ④ 은행으로부터 당좌거래의 정지처분을 받은 때 ⑤ 파산 또는 화의개시의 신청이 있는 때 중 어느 하나에 해당하는 사유로 소비자가 계약을 해제하는 경우에는 위약금을 청구해서는 안 됨

방문판매 등에 관한 법률 및 제도

12
Chapter

소비자의 수요가 고도화·다양화됨에 따라 종래의 점포판매방식에서 벗어나 가정이나 직장으로 소비자를 찾아가는 방문판매나 전화권유판매 또는 다단계판매 등의 새로운 적극적 판매방식이 생겨나게 되면서, 이러한 판매방식에서 소비자의 이익을 법적으로 보호하기 위해 「방문판매 등에 관한 법률」을 1991년 제정하게 되었다.

「방문판매 등에 관한 법률」(이하 「방문판매법」이라 한다)의 적용을 받는 판매 유형에는 '방문판매', '전화권유판매', '다단계판매 및 후원방문판매', '계속거래 및 사업권유거래'가 있는데, 이들 판매방식을 특수판매라고도 한다(「방문판매법」 제4조 제1항).

방문판매 등에서는 소비자가 점포에 가지 않고도 상품 등을 구입할 수 있어 편리하나 갑작스러운 방문판매원의 방문이나 전화권유 등으로 인해 충분히 생각할 여유가 없고, 판매자보다 해당 상품에 대한 지식이 부족하기 때문에 소비자피해가 발생하기 쉽다.

제1절 방문판매 등에 관한 법률에서 사용하는 용어의 정의와 법 적용이 되지 않는 범위

I. '방문판매 등'에 대한 용어의 정의

방문판매업에서 '방문판매 등'이라 함은 방문판매, 전화권유판매, 다단계판매 및 후원방문판매, 계속거래 및 사업권유거래를 의미하며 이들을 '특수판매'라고도 한다(「방문판매법」 제4조 제1항).

1. 방문판매의 정의

방문판매란 판매업자가 방문을 하는 방법으로 사업장 외의 장소에서 소비자에게 권유하여 계약의 청약을 받거나 계약을 체결하여 상품 등을 판매하는 것을 말한다(「방문판매법」 제2조 제1호).

사업장이란 영업소, 대리점, 지점, 출장소 등 명칭에 관계없이 첫째, 소유 또는 임차하거나 점용 허가를 받은 고정된 장소에서 3개월 이상 계속적으로 영업할 것(다만, 천재지변 등 불가피한 사유로 영업을 계속할 수 없는 기간은 산입하지 아니한다), 둘째, 판매에 필요한 시설을 갖출 것, 셋째, 영업 중에는 소비자가 자유의사에 따라 출입할 수 있을 것, 넷째, 영업장소 내에서 소비자가 자유의사에 따라 상품 등을 선택할 수 있는 상태를 유지할 것 등의 네 가지 요건을 모두 갖춘 장소이다(「방문판매법」시행규칙 제2조). 따라서 「방문판매법」은 이러한 사업장 외의 장소, 즉 가정집이나 3개월 미만 영업장소 등에서 판매하는 것을 규제한다.

주의할 점은 사업장 외의 장소에서 소비자를 다양한 방법으로 유인하여 사업장에 오도록 하여 계약을 체결하는 것도 방문판매에 해당한다(「방문판매법」시행규칙 제3조). 구체적으로 첫째, 사업장 외의 장소에서 권유 등의 방법으로 소비자를 유인하여 함께 사업장으로 이동하는 것, 둘째, 주된 재화 등의 판매 목적을 숨기고 다른 재화 등의 무료·염가 공급 또는 소득 기회 제공 등의 방법으로 유인하여 소비자가 사업장에 방문하게 하는 것, 셋째, 다른 소비자에 비하여 현저하게 유리한 조건으로 재화 등을 판매·공급한다고 권유하여 소비자를 사업장에 방문하도록 하는 것 등의 경우는 방문판매에 해당한다.

방문판매자란 방문판매를 업으로 하기 위하여 방문판매조직을 개설하거나 관리·운영하는 자(방문판매업자)와 방문판매업자를 대신하여 방문판매업무를 수행하는 자(방문판매원)을 말한다(「방문판매법」 제2조 제2호).

도표 12-1 방문판매의 유형

직접방문판매	판매원이 가정, 회사 등을 방문하여 판매하는 것으로 방문판매 중 가장 많은 형태이다. 직장 내 식당, 복도 등에 상품을 진열하여 판매하는 경우도 해당한다.
노상판매	길거리 진열대에서 전시판매하는 것과 자동차에 싣고 순회하면서 판매하는 경우, 또는 아파트나 주택밀집지역에 순회상점을 차려 판매하는 경우 등
파티세일	호텔, 전시장 등을 단기(3개월 미만) 임차하여 판매하는 경우 등

출처: 공정거래위원회(http://www.ftc.go.kr/policy/consumer/pyramidNotion.jsp)

▌도표 12-2▌ 방문판매에 해당하는지의 여부결정 예시

- 소비자가 광고지를 보고 판매자에게 전화를 해서 재화 등의 정보를 문의하자 사업자가 자세한 정보를 제공하겠다며 소비자의 가정을 방문해서 재화 등의 구매를 권유해서 계약을 체결한 경우
  ➡ 소비자가 전화를 해서 재화 등의 정보를 문의했지만, 재화 등에 대한 정보제공 및 소비자의 청약이 사업자의 사업장 외의 장소에서 이루어진 것이므로 방문판매에 해당합니다.
- 사업자가 판촉활동을 위해 시내 주요 지점에 간이판매장소를 설치하고 2개월 동안 영업활동을 했는데, 소비자가 이러한 간이판매장소에 방문해서 계약을 체결하는 경우
  ➡ 3개월 미만의 기간 동안 영업한 간이판매장소는 사업장 외의 장소에 해당하므로 이러한 행위는 방문판매에 해당합니다. 다만, 계속적으로 영업하는 고정된 사업장 앞의 인도에 간이판매장소를 설치해서 그 사업장 소속의 직원이 소비자와 구매 계약을 체결하는 경우는 재화 등의 정보를 고정된 사업장에서 얻을 수 있고 간이판매장소가 고정된 사업장에 포함된다고 볼 수 있으므로 방문판매에 해당하지 않습니다.
- 소비자가 사업장을 찾아가서 에어컨(설치형 재화)에 대해 청약을 하고 구두로 계약을 체결한 후, 설치 기사가 가정을 방문해서 에어컨을 설치한 후에 계약서, 품질보증서 및 설치확인서 등의 제반 서류에 소비자가 서명하고 계약을 체결한 경우
  ➡ 소비자가 사업장을 찾아가서 청약을 했으므로 방문판매에 해당하지 않습니다.
- 소비자가 전화로 가정학습지에 대한 구매 여부를 결정하기 위해 자녀의 학습 습관 및 학습 과목 등을 판매자와 상담하던 중 소비자가 자세한 상담을 위하여 판매원(교사 포함)의 방문을 요청하거나, 사업자가 판매원으로 하여금 소비자의 가정을 방문하게 해서 해당 가정학습지의 구매 계약이 체결된 경우
  ➡ 재화의 특성상 방문을 통해 정보를 제공하는 것이 일반적인 경우로서 전화를 통해 구체적인 청약 의사표시가 되지 않은 한, 사업장 외의 장소에서 구매 계약이 체결된 경우이므로 방문판매에 해당합니다.

출처: 공정거래위원회. 특수판매에서의 소비자보호 지침. 공정거래위원회 예규 제179호.

2. 전화권유판매의 정의

전화권유판매란 전화를 이용하여 소비자에게 권유해 계약의 청약을 받거나 계약을 체결하여 판매하는 것을 말한다(「방문판매법」 제2조 제3호). 전화로 상품 등을 소개·광고하는데 그치고 실제 계약은 추후에 이루어진다면 전화권유판매가 아니라 일반판매나 통신판매에 해당한다.

전화권유판매자란 전화권유판매를 업으로 하기 위하여 전화권유판매조직을 개설하거나 관리·운영하는 자(전화권유판매업자)와 전화권유판매업자를 대신하여 전화권유판매 업무를 수행하는 자(전화권유판매원)를 말한다.

▌도표 12-3▌ 전화권유판매 여부결정 예시

- 판매자가 소비자에게 전화를 먼저 걸어 상품에 대한 정보를 제공하고 소비자와 대화를 하는 행위에 의하여 소비자의 청약을 받는 행위

➡ 이 경우 전화권유판매에 해당함. 다만, ARS 또는 문자메시지 등 전화를 이용하여 상품 정보만을 제공하는 것은 「전자상거래 등에서의 소비자보호에 관한 법률」의 '통신판매'에 해당한다.

- 휴대폰에 광고 메시지를 전송하여 소비자로 하여금 광고메시지에 안내된 전화번호를 통하여 전화를 걸도록 유도한 후 계약의 청약을 받거나 계약을 체결하는 행위
  ➡ 이 경우 판매자가 소비자로부터 걸려오는 전화에 대한 응답을 함에 있어서 추가적인 구매 권유 없이 고객의 주문만 접수하는 형태로 전화권유판매에는 해당하지 않고 「전자상거래 등에서의 소비자보호에 관한 법률」의 '통신판매'에 해당한다.

※ '전화권유판매'와 '통신판매' 간 중요한 구별 기준은 소비자의 구매의사가 처음에 존재하였으면 '통신판매'이고 전화를 통한 판매자의 권유에 의하여 구매가 유도된 경우에는 '전화권유판매'이다.
통신판매에 있어 전화는 단지 상품 정보를 제공하는 수단에 지나지 않으나, 전화권유판매에 있어서 전화는 정보제공은 물론이고 소비자에게 접근하여 계약체결을 하는 데 적극적으로 사용되는 매체이다. 이를 구별하는 중요한 이유는 청약철회기간이 전화권유판매(일반적으로 계약서를 교부받은 날부터 14일 이내)와 통신판매(일반적으로 계약서를 교부받은 날부터 7일 이내)가 서로 다르기 때문이다.

- "경품에 당첨되었습니다. 000-0000으로 확인하여 주세요" 등의 문자 메시지를 보고 해당 업체에 그 사실을 확인하고자 소비자가 먼저 전화를 걸고, 정수기·비데 등 상품을 구입할 것을 권유받아 이를 구매하게 된 경우
  ➡ 이 경우 소비자는 상품을 구매할 의사가 없이 경품 당첨 등 사실을 확인하고자 전화를 한 것이고, 판매자의 권유에 의하여 상품을 구매한 것이므로 전화권유판매에 해당한다.

출처: 공정거래위원회. 특수판매에서의 소비자보호 지침. 공정거래위원회 예규 제179호에서 발췌하여 재구성.

3. 다단계판매 및 후원방문판매의 정의

다단계판매란 다단계판매업자에 속한 판매원이 특정인을 하위판매원으로 모집하고, 판매원의 가입이 3단계 이상이며, 판매원의 판매 및 조직관리 활동에 대해 후원수당을 지급하는 판매방식을 말한다(「방문판매법」 제2조 제5호). 즉, 판매원 매출의 소매이익에 더해 자신과 자신의 모든 하위판매원들이 모집한 판매 실적에 따라 후원수당을 받는 특징이 있다.

후원방문판매는 다단계판매와 같이 판매업자에 속한 판매원이 특정인을 하위판매원으로 모집하고, 판매원의 가입이 3단계 이상이며, 판매원의 판매 및 조직관리 활동에 대해 후원수당을 지급하는 판매방식이나 다단계판매와 구별되는 점은 특정판매원의 구매·판매의 실적이 그 직근 상위판매원(자신의 바로 윗단계 판매원) 1인의 후원수당에만 영향을 미치는 후원수당 지급방식을 가진 경우이다. 후원방문판매는 방문판매와 다단계판매의 요건을 모두 갖추고 있다.

방문판매, 다단계판매, 후원방문판매를 구별하면 다음과 같다. 판매원이 개개인의 매출에 대해 소매이익(자신의 이익)만 가져간다면 방문판매, 판매원 매출의 소매이익에 더

해 자신과 자신의 모든 하위판매원들이 모집한 판매 실적에 따라 후원수당을 받으면 다단계판매, 판매원의 단계가 3단계 이상이지만 자신의 직하위 판매원(바로 아래 단계 판매원)의 실적에 대한 후원수당만 받는다면 후원방문판매로 나뉜다(도표 12-4 참조).

▌도표 12-4▌ 다단계판매와 후원방문판매의 차이

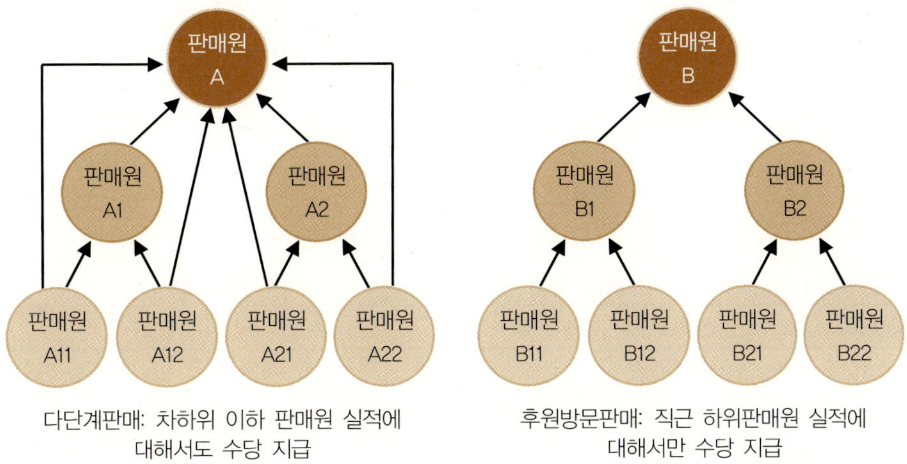

출처: 서울특별시(http://economy.seoul.go.kr/archives/103)

다단계판매자란 다단계판매를 업으로 하기 위하여 다단계판매조직을 개설하거나 관리·운영하는 자(다단계판매업자)와 다단계판매조직에 판매원으로 가입한 자(다단계판매원)을 말한다(「방문판매법」 제2조 제6호).

후원방문판매자란 후원방문판매를 업으로 하기 위한 조직(후원방문판매조직)을 개설하거나 관리·운영하는 자(후원방문판매업자)와 후원방문판매조직에 판매원으로 가입한 자(후원방문판매원)를 말한다(「방문판매법」 제2조 제8호).

후원수당이란 판매수당, 알선수수료, 장려금, 후원금 등 그 명칭 및 지급형태와 상관없이 판매업자가 첫째, 판매원 자신의 재화 등의 거래실적, 둘째, 판매원의 수당에 영향을 미치는 다른 판매원들의 재화 등의 거래실적, 셋째, 판매원의 수당에 영향을 미치는 다른 판매원들의 조직관리 및 교육훈련실적 등과 관련하여 소속판매원에게 지급하는 경제적 이익과 판매원들의 판매활동을 장려하거나 보상하기 위하여 지급하는 일체의 경제적 이익을 말한다(「방문판매법」 제2조 제9호).

도표 12-5 피라미드판매와 다단계판매 · 후원방문판매 비교

구분	피라미드판매(불법적인 다단계판매)	다단계판매 · 후원방문판매
가입비용	가입비, 교육비, 상품 및 재고 구매비 등 각종 명목으로 과도한 초기 가입비용 강요	없거나 소액의 비용
상품	저질의 고가 내구재	우수한 품질의 중저가 소비재
업무구조	초기부터 전업으로 사업하도록 강요	초기부터 부업으로 시작할 것을 권유
사업성격	단기간에 일확천금을 노리는 투기적 성격	장기적 차원의 사업
후원수당	단기간에 손쉽게 돈을 버는 판매방식, 새로운 회원모집을 통해서만 수당이 지급됨	장기적 성과급, 본인의 구매실적과 판매실적, 교육수당 등의 다양한 수당지급 기준
강제구매유도	판매원 등록 시 일정량의 상품구입, 월별 강제구매액 설정 승급을 빌미로 강제구매 유도	상품구매는 자유의사
주수입	판매원을 등록시키는 행위자체로 수익발생	제품판매로 수익발생
판매량 할당	강제 · 의도적 판매량 할당 규정	판매량 할당의 강요 없음
확장구조	하위 판매원 확보 의무 부과	히위 판매원 확보 의무 없음
조직	배타 · 폐쇄 · 인위적 구조로 탈퇴가 어려움	개방적이고 자유스러운 가입 및 탈퇴 허용
환불	소비자나 판매원에 대한 환불규정 불이행, 재고 상품 반환규정 없음	환불규정 명시
피해보상	공제조합 등에 가입되어 있지 않아 보상 불가능	공제조합 등에 가입되어 소비자피해 발생 시 보상 가능

출처: 한국직접판매협회(www.kdsa.or.kr)

도표 12-6 불법 피라미드 판매조직의 특징

만일 자신이 알고 있는 어떤 다단계조직이 다음에 해당한다면 즉시 공정거래위원회, 시 · 도, 경찰관서, 소비자단체, 협회로 신고하시기 바랍니다.

- 폭력, 합숙, 강요, 감금, 기타 반강제적, 위협수단으로 가입을 유도한다.
- 판매원 가입 시 가입조건으로 돈을 받거나 제품을 사게 한다.
- 다단계판매업 등록증 및 등록번호가 없거나 불명확하다.
- 소비자가 제품을 구매할 때마다 발급되어야 하는 공제번호 또는 공제번호통지서가 교부되지 않는다.
- 다단계판매업등록증, 다단계판매원수첩 등을 교부하지 않거나 부실한 것을 교부한다.
- 승급을 위해 개인이 직접 구매 또는 판매해야 하는 할당금액이 있다.
- 사람을 가입시키는 행위만으로도 수입이 발생된다.
- 반품 및 환불을 제대로 해주지 않는다.
- 상품판매 없이 하위판매원의 가입비만을 나눠가지는 금전 배당조직이다.
- 후원수당비율이 지나치게 높다.

출처: 한국직접판매협회(www.kdsa.or.kr)

4. 계속거래 및 사업권유거래의 정의

계속거래란 1개월 이상에 걸쳐 계속적으로 또는 부정기적으로 재화 등을 공급하는 계약으로서 중도에 해지할 경우 대금 환급의 제한 또는 위약금에 관한 약정이 있는 거래를 말한다(「방문판매법」 제2조 제10호). 예를 들면, 학습지, 레저 스포츠시설 이용권 판매 등 대부분 회원제 거래가 계속거래의 형태를 취하며 이들 서비스는 1개월 이상의 기간 동안 여러 차례 서비스를 제공받거나 서비스를 이용하는 거래의 형태이다.

사업권유거래란 사업자가 소득 기회를 알선·제공하는 방법으로 거래 상대방을 유인하여 금품을 수수하거나 재화 등을 구입하게 하는 거래를 말한다(「방문판매법」 제2조 제11호). 예를 들어, 온라인쇼핑몰을 개설하여 주는 대신 컴퓨터를 판매하거나, 번역 업무를 맡기면서 번역 관련 서적이나 테이프 등을 판매하는 등의 거래이다.

▌도표 12-7▌ 사업권유거래 예시

- 속기록, 번역 등의 아르바이트 일감을 주면서 보다 유리한 조건으로 아르바이트를 하기 위해서는 자격증 등을 취득해야 한다며 교재 구입 및 인터넷 학원 수강을 하도록 하는 경우는 사업권유거래에 해당함
  ➡ 그러나 아르바이트 일감을 주지 않고 단순히 자격증 취득을 위한 교재구매를 권유하는 경우는 사업권유거래에 해당하지 않음
- 식당을 운영하고 있는 자영업자 A가 몇 년 전 식당 앞에 복권자동판매기를 설치하여 괜찮은 부수입을 올린 경험이 있어 자판기 판매사업자에게 연락하여 스티커사진 자판기를 설치하도록 한 경우
  ➡ 사업권유거래는 원칙적으로 그 분야에 전문지식 또는 사업 경험이 없는 자에게 사업을 권유하는 경우에 해당하므로, A의 경우는 이미 자판기 운영 경험이 있고 자판기 판매업자에게 유인되어 거래한 것이 아니므로 사업권유거래의 상대방에 해당하지 않음
- 사업권유거래에 해당하는 경우
  ① 소정의 PC나 소프트웨어를 구입하거나 또는 PC강좌를 수강하면 업자가 입력업무를 제공·소개하고 수익을 얻을 수 있다고 한 경우
  ② 스테인드글라스제조기나 골프볼제조기 등을 구입하거나 또는 제품의 원재료를 구입하여 제품을 제조하면 업자가 구입하거나 또는 판매처를 소개한다고 한 경우
  ③ 사업자가 지정하는 자동차판매점으로부터 경(輕)트럭을 구입하여 가맹금을 지급하고 운송업을 개시하면 운송 업무를 소개한다고 한 경우
  ④ 사업자의 연수를 받아 기술을 습득하면 하우스크리닝 등의 업무를 소개한다고 한 경우
  ⑤ 판매업자로부터 옷, 이불, 정수기 등의 상품을 구입하고 그 상품을 이용한 감상을 기입하여 제출하거나, 구매한 옷을 착용하고 전시판매회에 출석하면 사업자가 모니터료를 지급한다고 한 경우
  ⑥ 강좌를 수강하고 일정한 자격을 취득하면 그 자격을 이용하는 일을 사업자가 소개한다는 권유문구로 유인하는 경우

출처: 공정거래위원회, 특수판매에서의 소비자보호 지침, 공정거래위원회 예규 제179호;
한국소비자단체협의회 (2003). 사업권유거래·전화권유판매의 유형 및 피해방지를 위한 제도 개선연구. p. 95.

5. 방문판매법에서 소비자의 정의

「방문판매법」에서 소비자란 사업자가 제공하는 재화 등을 소비생활을 위하여 사용하거나 이용하는 자(이하 '사용하는 자'로 한다) 또는 사업자가 제공하는 재화 등을 소비생활 외의 목적으로 사용하는 자로서 첫째, 재화 등을 최종적으로 사용하는 자(다만, 재화 등을 원재료 및 자본재로 사용하는 자는 제외한다), 둘째, 사실상 소비자와 같은 지위에서 다른 소비자와 같은 거래 조건으로 거래하는 사업자, 셋째, 다단계판매원 또는 후원방문판매원이 되기 위하여 다단계판매업자 또는 후원방문판매업자로부터 재화 등을 최초로 구매하는 자, 넷째, 방문판매업자 또는 전화권유판매업자와 거래하는 경우의 방문판매원 또는 전화권유판매원, 다섯째, 재화 등을 농업(축산업 포함) 및 어업 활동을 위하여 구입한 자(해양수산부장관의 허가를 받은 원양어업자는 제외한다)(「방문판매법」 제12조, 시행령 제4조) 중 어느 하나에 해당하는 자를 말한다.

II. 방문판매법이 적용되지 않는 범위

「방문판매법」은 방문판매, 전화권유판매, 다단계판매 및 후원방문판매, 계속거래 및 사업권유거래 이외에는 적용될 수 없으며, 다음의 경우에도 「방문판매법」이 적용되지 않기 때문에 소비자는 「방문판매법」에 의해 보호를 받을 수 없게 된다.

첫째, 사업자가 상행위를 목적으로 재화 등을 구입하는 거래에는 「방문판매법」이 적용되지 않는다. 그러나 다단계판매원, 후원방문판매원, 또는 사업권유의 상대방에게는 「방문판매법」이 적용된다. 또한 사업자가 사실상 소비자와 같은 지위에서 다른 소비자와 같은 거래조건으로 거래하는 경우는 「방문판매법」이 적용된다.

둘째, 보험회사와 보험계약을 체결하기 위한 거래는 「방문판매법」이 적용되지 않는다.

셋째, 개인이 독립된 자격으로 공급하는 재화 등의 거래로서 가공되지 않은 농·수·축·임산물의 거래와 방문판매자가 직접 생산한 재화 등의 거래에는 「방문판매법」이 적용되지 않는다. 예를 들어, 생산자가 과일·야채 등 농산물을 트럭에 싣고 다니면서 방문판매하는 경우는 「방문판매법」이 적용되지 않는다.

III. 다른 법률과의 관계

방문판매, 전화권유판매, 다단계판매 및 후원방문판매, 계속거래 및 사업권유거래에서 소비자보호와 관련하여 「방문판매법」과 다른 법률이 경합하여 적용되는 경우에는 「방문판매법」을 우선 적용한다. 다만, 다른 법률을 적용하는 것이 소비자에게 유리한 경우에는 그 법을 적용한다.

실제 거래상에서 방문판매원을 통해서 물품을 구입하고 대금의 지불방법을 할부로 하는 경우가 상당히 많다. 이 경우 「방문판매법」과 「할부거래법」 중에 어느 법을 적용할 것인가의 문제가 생기는데, 「방문판매법」이 소비자에게 청약철회기간 등에서 더욱 유리한 경우가 많아 우선 적용하며, 「할부거래법」을 적용하는 것이 소비자에게 더 유리한 경우에는 「할부거래법」을 적용할 수 있다.

방문판매 또는 전화권유판매, 다단계판매 및 후원방문판매를 통한 선불식 할부거래 및 선불식 할부거래업자에 대하여는 방문판매 또는 전화권유판매, 다단계판매 및 후원방문판매의 '청약철회 및 계약해제' 관련조항을 적용하지 않으며, 다단계판매업자 및 후원방문판매업자의 '소비자피해보상보험계약 등'의 조항도 적용하지 않는다(「방문판매법」 제4조 제4항). 방문판매 또는 전화권유판매, 다단계판매 및 후원방문판매를 통한 선불식 할부거래 및 선불식 할부거래업자에 대하여는 「할부거래법」 제24조~제27조를 적용한다. 이는 「할부거래법」의 적용이 소비자에게 유리하기 때문이다.

▌도표 12-8▌ 소비자에게 유리한 법률의 우선 적용 예시

Q. 방문판매 재화 등을 할부로 산 경우에 청약철회는 언제까지 가능한가요?

A. 「방문판매 등에 관한 법률」은 청약철회권의 행사기간을 계약일 또는 재화 등의 공급일부터 14일로 정하고 있고(제8조 제1항), 소비자보호와 관련한 다른 법률의 적용과 경합할 경우에는 소비자에게 「방문판매 등에 관한 법률」이 유리하면 그 법을, 다른 법률이 유리하면 해당 법률을 우선 적용한다고 규정하고 있다(제4조). 따라서 방문판매 방식으로 재화 등을 할부로 산 경우에는 「방문판매 등에 관한 법률」에서의 청약철회기간인 계약일 또는 물품 등의 공급일부터 14일 이내에 구매의사를 철회하면 된다.

출처: 찾기 쉬운 생활법령정보(oneclick.law.go.kr)

IV. 방문판매 등에 관한 법령

「방문판매법」의 성격은 사회경제적인 약자를 보호하기 위한 목적으로 제정된 사회법이고, 법의 적용대상이 방문판매 등의 거래를 한 사람에게 제한이 되는 법으로 특별법이다.

또한 방문판매 등의 거래를 한 소비자가 피해를 입은 경우에는 「소비자기본법」, 「소액사건심판법」, 「민사소송법」, 「민사조정법」 및 분쟁조정 관련 법령에 따라 그 피해를 구제받을 수 있다.

제2절 방문판매 및 전화권유 판매

I. 방문판매 및 전화권유판매에서 사업자의 의무

1. 방문판매업자와 전화권유판매업자의 신고의무

방문판매업자 또는 전화권유판매업자는 상호 · 주소 · 전화번호 · 전자우편번호 등을 공정거래위원회 또는 시장 · 군수 · 구청장에게 신고하여야 한다(「방문판매법」 제5조). 상법에 따른 회사인 경우 방문판매업자의 자산, 부채 및 자본금을 포함하여 신고하여야 한다(「방문판매법」시행령 제7조).

2. 방문판매원 및 전화권유판매원의 명부작성의무

방문판매업자와 전화권유판매업자는 방문판매원과 전화권유판매원의 명부를 작성하여 소비자가 요청하면 언제든지 방문판매원 및 전화권유판매원의 신분을 확인할 수 있도록 하여야 한다.

방문판매자 또는 전화권유판매자가 재화 등을 판매하려는 경우에는 소비자에게 미리 해당 방문 · 전화가 판매를 권유하기 위한 것이라는 것과 방문판매자 또는 전화권유판매자의 성명 또는 명칭, 판매하는 재화 등의 종류 및 내용을 밝혀야 한다(「방문판매법」 제6조).

3. 방문판매 및 전화권유판매에서 계약체결 전 정보의 제공 및 계약체결에 따른 계약서 교부의무

방문판매자 등(방문판매자인 방문판매업자와 방문판매원, 전화권유판매자인 전화권유업자와 전화권유판매원을 말한다)은 재화 등의 판매에 관한 계약을 체결하기 전에 소비자가 계약의 내용을 이해할 수 있도록 방문판매자 등의 성명, 상호, 주소, 전화번호, 재화의 종류, 가격, 가격의 지급방법과 시기, 청약의 철회방법, 환불조건과 절차 등을 소비자에게 설명하고 계약서를 주어야 한다(「방문판매법」 제7조, 시행령 제11호).

예를 들어, 고가의 사은품이 있는 재화 등을 판매하면서 청약철회 등을 할 때 사은품 비용을 청구해서 청약철회 등을 어렵게 할 수 있는 경우, '청약철회 등을 할 때 사은품에 대한 비용청구에 관한 사항'을 계약을 체결하기 전에 소비자에게 설명해야 하며 계약서에 기재해야 한다('특수판매에서의 소비자보호 지침', 공정거래위원회 예규 제179호).

또한 방문판매자 등은 미성년자와 재화 등의 거래에 관한 계약을 체결하는 경우에는 법정대리인의 동의를 얻어야 하며, 법정대리인이 그 계약에 대해 동의를 하지 않으면 미성년자 본인 또는 법정대리인이 그 계약을 취소할 수 있다는 내용을 미성년자에게 알려주도록 의무를 부과하고 있다(「방문판매법」 제7조 제3항).

전화권유판매에 의한 계약의 경우에는 소비자의 동의를 받아 그 계약의 내용을 팩스나 전자문서로 보내는 것으로 소비자에게 계약서를 발급한 것으로 한다. 이 경우 팩스나 전자문서로 보낸 계약서의 내용이나 도달에 관하여 다툼이 있으면 전화권유판매업자가 이를 증명해야 한다(「방문판매법」 제7조 제4항).

▌도표 12-9▌ 미성년자가 한 방문판매 계약의 취소 예시

Q. 초등학교에 다니는 아들이 학교 앞 간이 천막에서 아동문학전집을 사면 휴대전화를 준다는 상술에 꾀여 계약을 하고 휴대전화를 받아왔습니다. 이 계약을 취소할 수 있나요?

A. 계약을 취소할 수 있습니다. 미성년자가 법률행위를 하려면 부모 등 법정대리인의 동의를 얻어야 합니다. 따라서 법정대리인의 동의가 없다면 미성년자 본인이나 법정대리인이 이를 취소할 수 있습니다(「민법」 제5조).

계약을 취소하기 위해서는 사업자에게 연락하고 내용을 확실하게 하기 위해 내용증명우편을 발송하는 것이 좋으며, 이후에도 사업자가 계약취소 처리업무를 하지 않으면 한국소비자원(국번 없이) 1372 소비자상담센터로 전화해 피해구제를 요청할 수 있습니다.

계약을 해제하는 경우에 사은품으로 받은 휴대전화는 사업자에게 반환해야 하며, 반환이 불가능한 경우에는 해당 지역에서 거래되는 같은 종류의 유사물품 등을 반환하거나 같은 종류의 유사물품 등의 통상적인 가격을 기준으로 환급해야 합니다(「소비자기본법」 제16조 제2항, 「소비자기본법」시행령 제8조 제2항 및 별표 1 제3호).
만일 사업자가 미성년자인 자녀와 계약체결 시 부모 등 법정대리인이 동의하지 않으면 미성년자 본인 또는 법정대리인이 그 계약을 취소할 수 있다는 내용을 미성년자에게 알려주지 않았다면 시정명령 또는 과징금 처분을 받을 수 있으며, 이 사실이 허위로 기재된 계약서를 교부하면 1천만 원 이하의 벌금에 처해지며, 계약서를 교부하지 않으면 500만 원 이하의 과태료가 부과됩니다(「방문판매 등에 관한 법률」 제7조 제3항, 제49조 제1항 제1호 및 제51조 제1항, 제63조 제2호, 제66조 제2항 제3호 및 「방문판매 등에 관한 법률」시행령 별표 4 제2호).

출처: 찾기 쉬운 생활법령정보(oneclick.law.go.kr) → 백문백답 → 소비자 → 방문판매 → 미성년자에 대한 고지

4. 방문판매자 등의 손해배상청구금액의 제한

방문판매자 등은 소비자의 채무불이행을 이유로 손해배상을 청구할 수 있지만, 소비자보다 우월한 지위에 있는 사업자 등이 소비자에게 과중한 손해배상책임을 부담시킬 우려가 있으므로 「방문판매법」은 방문판매자 등의 손해배상청구금액을 일정한 범위로 제한하고 있다(「방문판매법」 제10조 제1항).

5. 방문판매자 등이 하여서는 안 되는 금지행위

방문판매자 등은 다음의 행위를 하여서는 안 된다(「방문판매법」 제11조).

① 계약의 체결을 강요하거나 청약철회 또는 계약해지를 방해할 목적으로 소비자를 위협하는 행위의 금지
② 거짓 또는 과장된 사실을 알리거나 기만적 방법을 사용하여 소비자와 거래하거나 청약철회 등을 방해하는 행위의 금지
③ 방문판매원이 되기 위한 조건 등으로 연 2만 원 이상의 비용을 징수하거나 재화 등을 구매하게 하는 의무를 부과하는 행위의 금지
④ 방문판매원에게 다른 방문판매원을 모집하는 의무를 부과하는 행위의 금지
⑤ 청약철회 등을 방해할 목적으로 주소·전화번호 등을 변경하는 행위의 금지
⑥ 분쟁이나 불만처리에 필요한 인력 또는 설비의 부족을 방치하여 소비자에게 피해를 주는 행위의 금지
⑦ 소비자의 청약 없이 일방적으로 재화 등을 공급하고 그 대금을 청구하는 행위의 금지
⑧ 소비자가 재화 등을 구매할 의사가 없음을 밝혔음에도 불구하고 전화 등을 통해 재화 등을 구매하도록 강요하는 행위의 금지

⑨ 소비자의 허락 없이 소비자에 관한 정보를 이용하는 행위의 금지

II. 방문판매 및 전화권유판매에서 소비자의 권리

1. 방문판매 및 전화권유판매에서 소비자의 청약철회권 및 계약해제권

1) 방문판매 및 전화권유판매에서 청약철회권 및 계약해제권

방문판매 및 전화권유판매의 경우 소비자는 사업자의 상술에 현혹되어 충동적으로 계약을 체결하여 나중에 이를 둘러싸고 다툼이 생기는 경우가 많다. 따라서 「방문판매법」은 충동구매로부터 소비자를 보호하기 위해 소비자에게 청약철회 및 계약해제[72](이하 '청약철회 등'이라 한다)의 권리를 인정하고 있다.

2) 방문판매 및 전화권유판매에서 청약철회권 등의 행사범위

일반적으로 소비자는 자신이 체결한 방문판매 및 전화권유판매의 계약에 대해 그 계약의 내용을 불문하고 청약철회 등의 기간 내에는 청약철회 등을 할 수 있다(「방문판매법」 제8조 제1항). 그러나 다음의 경우에는 방문판매자 등이 받아들이지 않으면 청약철회 등을 할 수 없다(「방문판매법」 제8조 제2항, 시행령 제12조).

① 소비자에게 책임 있는 사유로 재화 등이 멸실 또는 훼손된 경우(단, 재화 등의 내용을 확인하기 위해 포장 등을 훼손한 경우는 제외한다)

② 소비자가 재화 등을 사용하거나 일부 소비하여 그 가치가 현저히 감소한 경우

③ 시간이 지남으로써 다시 판매하기가 어려울 정도로 재화 등의 가치가 현저히 낮아진 경우

④ 복제할 수 있는 재화의 포장을 훼손한 경우
단, 복제가 가능한 CD를 포장해서 판매하지 않고 방문판매원이 직접 가정을 방문해서 컴퓨터에 CD의 콘텐츠를 설치해 주고, CD를 회수해서 가는 경우는 청약철회 등이 가능하다. 또한 방문판매 또는 전화권유판매를 통하여 판매된 인터넷 교육 등 용역 제공의 경우 소비자가 콘텐츠를 모두 복제할 수 있는 경우에는 청약철회 등이

---

72) 청약철회권은 계약을 한 이후 청약철회기간 이내에 계약을 철회하는 것이고, 계약해제권이란 청약철회기간이 지난 이후 계약을 없던 일로 하고 싶을 때 행사하는 권리이다.

불가능하나 콘텐츠 복제가 되지 않는 경우에는 청약철회 등이 가능하다(특수판매에서의 소비자보호 지침, 공정거래위원회 예규 제179호 Ⅲ. 제3호 나목(1)).

⑤ 소비자의 주문에 의해 개별적으로 생산되는 재화 등에 대해 청약철회 등을 인정하면 방문판매자 및 전화권유판매자에게 회복할 수 없는 중대한 피해가 예상되는 경우로서 사전에 소비자에게 그 사실을 별도로 알리고 문서(전자문서 포함) 동의를 받은 경우

위 ②, ③, ④의 경우라도 방문판매자나 전화권유판매자가 청약철회 등이 불가능하다는 사실을 재화 등의 포장이나 그 밖에 소비자가 쉽게 알 수 있는 곳에 분명하게 표시하지 않았거나 시용상품(sample)을 제공하지 않는 등의 방법으로 청약철회 등의 권리행사를 방해하였다면 소비자는 청약철회 등을 할 수 있다(「방문판매법」 제8조 제2항・제5항).

방문판매 및 전화권유판매에서 재화 등의 내용이 표시・광고의 내용과 다르거나 계약 내용과 다르게 이행된 경우에는 그 재화 등을 공급받은 날부터 3개월 이내에, 그 사실을 안 날 또는 알 수 있었던 날부터 30일 이내에 청약철회 등을 할 수 있다(「방문판매법」 제8조 제3항).

도표 12-10 방문판매에서의 청약철회 행사범위 예시

Q. 건강식품을 구입하고 사은품으로 받은 옥매트는 포장을 뜯어 사용하였으나, 건강식품은 포장을 훼손하지도 않고 그대로 둔 경우는 청약철회가 가능합니까?

A. 이 경우 청약철회는 가능하나 계약서 등에 따라 사은품 옥매트 사용에 따른 비용 지급의 문제는 발생할 수 있습니다.

Q. 방문판매원이 청소기의 사용방법을 알려준다면서 포장을 뜯고 사용한 후 소비자가 그 청소기를 구입한 경우에 소비자는 청약철회기간 내에 사용으로 가치가 감소했더라도 청소기의 청약철회가 가능합니까?

A. 이 경우 방문판매원이 포장을 뜯고 사용하였기 때문에 청약철회가 가능합니다. 방문판매자는 재화 등의 사용 또는 일부 소비에 의해 그 가치가 현저히 감소하는 경우에는 시용상품(sample)을 제공하는 등의 방법으로 조치를 취해야 하기 때문입니다.

출처: 공정거래위원회, 특수판매에서의 소비자보호 지침, 공정거래위원회 예규 제179호.

3) 방문판매 및 전화권유판매에서 청약철회권 등의 행사기간

소비자는 다음의 기간(거래당사자가 더 긴 기간으로 약정한 경우에는 그 기간) 내에 방문판매 등에 의한 계약의 청약철회 및 계약해제를 할 수 있다(「방문판매법」 제8조 제1항・제3항).

① 재화 등의 제공이 계약서 교부보다 빠르거나 동일한 경우: 계약서를 받은 날부터 14일
② 재화 등의 제공이 계약서 교부보다 늦은 경우: 재화 등을 공급받거나 공급이 시작된 날부터 14일
③ 방문판매자 등에게 계약서를 받지 않은 경우: 방문판매자 등의 주소를 안 날 또는 알 수 있었던 날부터 14일
④ 방문판매자 등의 주소 등이 적혀 있지 않은 계약서를 받은 경우: 방문판매자 등의 주소를 안 날 또는 알 수 있었던 날부터 14일
⑤ 방문판매자 등의 주소 변경 등의 사유로 청약철회 등을 할 수 없는 경우: 방문판매자 등의 주소를 안 날 또는 알 수 있었던 날부터 14일
⑥ 계약서에 청약철회 등에 관한 사항이 적혀 있지 않은 경우: 청약철회 등을 할 수 있음을 안 날 또는 알 수 있었던 날부터 14일
⑦ 방문판매업자 등이 청약철회 등을 방해한 경우: 그 방해 행위가 종료한 날부터 14일
⑧ 재화 등의 내용이 표시·광고의 내용과 다르거나 계약 내용과 다르게 이행된 경우: 그 재화 등을 공급받은 날부터 3개월 이내, 그 사실을 안 날 또는 알 수 있었던 날부터 30일 이내

▌도표 12-11▌ 방문판매로 구입한 재화의 반품 예시

Q. 유치원을 운영하는 A씨는 일주일 전 방문판매를 통해 유아용 도서 전집(시가 180만 원 상당)을 구입했습니다. 이후 유아용 도서 전집이 처음 판매원이 설명해 줄 때의 도서와 다르고, 내용 또한 유아에게 맞지 않아 반품을 하고 이미 지급한 매매대금을 돌려받고 싶어 합니다. 그러나 사업자는 A씨가 이미 재화를 개봉했기 때문에 반품이 안 된다고 합니다. 재화를 반환하고 환불받을 수 있나요?

A. 방문판매를 통해 재화 또는 용역을 구입한 소비자는 「방문판매 등에 관한 법률」의 보호를 받습니다. 「방문판매 등에 관한 법률」에 따른 청약철회의 기본 원칙에 따르면 청약철회 등은 계약서를 교부받은 날부터 14일 이내, 계약서를 교부받지 않았다면 방문판매자의 주소를 안 날 또는 알 수 있었던 날부터 14일 이내에 할 수 있습니다(제8조 제1항).

그러나 다음과 같은 경우에는 소비자의 청약철회 등의 행사가 제한됩니다(제8조 제2항).

1. 소비자에게 책임 있는 사유로 재화 등이 멸실 또는 훼손된 경우(내용확인을 위한 포장 훼손은 제외)
2. 소비자의 사용 또는 일부 소비에 의해 재화 등의 가치가 현저히 낮아진 경우
3. 식품과 같이 시간의 경과에 의해 재판매가 곤란할 정도로 재화 등의 가치가 현저히 낮아진 경우
4. 복제가 가능한 재화 등의 포장을 훼손한 경우
5. 소비자의 주문에 의해 개별적으로 생산되는 재화 등과 같이 청약철회를 인정하면 사업자에게 회복할 수 없는 중대한 피해가 예상되는 경우로서 사전에 소비자에게 그 사실을 별도로 고지하고 문서(전자문서 포함) 동의를 받은 경우

A씨의 경우 포장을 제거하기는 했지만 도서류의 배달 포장을 제거·개봉한 것은 위에서 열거한 5가지의 경우에 해당하지 않으며, 청약철회가 불가능한 제품 등에 대해서는 사업자가 이를 쉽게 알 수 있는 곳에 분명

하게 표시하거나 시용상품을 제공하는 등의 조치를 해야 할 의무가 있는데 이러한 조치를 사업자가 하지 않았기 때문에(「방문판매법」 제8조 제2항 · 제5항) A씨는 위 도서를 반환하고 지급한 대금을 돌려받을 수 있습니다. 이때, 반환에 필요한 비용은 사업자가 부담합니다(「방문판매법」 제8조 제3항 및 제9조 제9항).

출처: 찾기 쉬운 생활법령정보(oneclick.law.go.kr)

4) 방문판매 및 전화권유판매에서 청약철회권 등의 효력발생일

소비자는 문서나 그 밖의 방법으로 청약철회 등을 할 수 있는데, 문서로 하는 경우에는 문서를 발송한 날부터 그 효력이 발생한다(「방문판매법」 제8조 제4항).

5) 방문판매 및 전화권유판매에서 청약철회권 등 행사의 효력

(1) 방문판매 및 전화권유판매에서 원상회복의무

청약철회 등이 이루어지면 소비자와 방문판매자 등은 모두 계약에 따른 내용 등을 계약체결 전의 상태로 회복시킬 의무가 발생한다.

따라서 소비자는 이미 제공받은 재화 등을 반환해야 하고, 방문판매자 등은 재화 등을 반환받은 날부터 3영업일 이내에 대금을 환급해야 하며, 그 환급이 지연된 경우에는 그 지연기간에 대하여 지연배상금을 지급해야 한다(「방문판매법」 제9조 제1항 · 제2항, 시행령 제13조).

(2) 방문판매 및 전화권유판매에서 사용된 재화 등에 대한 반환

청약철회 등에 따라 재화 등을 반환해야 하는 소비자가 이미 재화 등을 일부 사용 또는 소비한 경우에 방문판매자 등의 청구가 있으면 다음의 비용을 지급해야 한다(「방문판매법」 제9조 제8항, 시행령 제16조 제1항).

① 재화 등의 사용으로 인해 소모성 부품의 재판매가 곤란하거나 재판매가격이 현저히 하락하는 경우에는 해당 소모성 부품의 공급에 소요된 비용

② 여러 개의 동일한 가분물(물건의 성질을 현저하게 손상하지 않고도 분할할 수 있는 물건으로 금전, 곡물, 토지 등이 해당한다)로 구성된 재화 등의 경우에는 소비자의 일부 소비로 인해 소비된 부분의 공급에 소요된 비용

(3) 방문판매 및 전화권유판매에서 재화 등 반환비용의 방문판매자 부담

소비자가 재화 등을 반환하는 데 필요한 비용은 방문판매자 등이 부담한다(「방문판매

법」 제9조 제9항).

(4) 방문판매 및 전화권유판매에서 위약금 또는 손해배상 청구의 제한

방문판매자 등은 소비자의 청약철회 등을 이유로 소비자에게 위약금 또는 손해배상을 청구할 수 없다(「방문판매법」 제9조 제9항).

(5) 방문판매 및 전화권유판매에서 신용카드를 이용해서 거래한 경우

소비자가 신용카드로 재화 등의 대금을 결제한 경우에 청약철회 등이 되면 방문판매자 등은 해당 결제업자(예: 신용카드회사)에게 대금청구를 정지 또는 취소하도록 요청해야 하고, 방문판매자 등이 결제업자로부터 대금을 이미 지급받았다면 그 대금을 즉시 결제업자에게 환급하고 소비자에게 그 사실을 알려야 한다(「방문판매법」 제9조 제3항).

방문판매자 등이 정당한 이유 없이 결제업자에게 대금을 환급하지 않으면 소비자는 결제업자에게 자신이 환급받을 금액에 대해 방문판매자 등의 다른 채무와 상계(cost off-set)할 것을 요청할 수 있다(「방문판매법」 제9조 제6항).

또한, 소비자는 결제업자가 정당한 이유 없이 위의 상계를 게을리하면 대금의 결제를 거부할 수 있는데, 이 경우 방문판매자 등과 결제업자는 그 결제의 거부를 이유로 해당 소비자를 연체자로 처리하는 등 불이익을 주어서는 안 된다(「방문판매법」 제9조 제7항).

6) 방문판매 및 전화권유판매에서 휴업기간 중의 업무처리

방문판매자 등은 휴업기간 또는 영업정지기간 중에도 청약철회 또는 계약해제의 업무와 청약철회 또는 계약해제에 따른 대금의 환급과 관련된 업무를 계속하여야 한다(「방문판매법」 제12조 제1항).

제3절 다단계판매 및 후원방문판매

다단계판매에 대한 다음의 내용들은 후원방문판매에도 준용[73]된다. 이하 다단계(또는

73) 준용: 어떤 사항에 관한 규정을 필요한 경우 조금의 수정을 가하여 그와 유사하지만 본질이 다른 사항에 대하여 적용시키는 것

후원방문)판매라고 한다.

I. 다단계(또는 후원방문)판매업 등록 및 다단계(또는 후원방문)판매에서 사업자의 의무

「방문판매법」은 소비자가 다단계(또는 후원방문)판매에 의한 피해를 입지 않도록 다단계(또는 후원방문)판매업 등록제를 도입해서 사업자가 일정한 등록요건을 갖춘 경우에만 다단계(또는 후원방문)판매를 할 수 있도록 하고 있다.

1. 다단계(또는 후원방문)판매업 등록의무

다단계(또는 후원방문)판매업을 하려는 자는 자본금 3억 원 이상, 소비자피해보상보험계약체결 등의 일정한 요건을 갖추어서 공정거래위원회 또는 시·도지사에게 반드시 등록해야 한다(「방문판매법」 제13조 제1항).

그러나 미성년자(19세 미만)·피한정후견인(정신적 제약으로 사무처리 능력이 부족한 사람) 또는 피성년후견인(정신적 제약으로 사무처리 능력이 지속적으로 결여된 사람), 파산선고를 받고 복권되지 않은 개인 또는 그가 임원으로 있는 법인 등은 다단계(또는 후원방문)판매업의 등록을 할 수 없다(「방문판매법」 제14조).

2. 다단계(또는 후원방문)판매원의 등록 및 탈퇴

1) 다단계(또는 후원방문)판매원의 등록

다단계(또는 후원방문)판매조직에 다단계(또는 후원방문)판매원으로 가입하려는 자는 그 조직을 관리·운영하는 다단계(또는 후원방문)판매업자에게 반드시 등록해야 한다(「방문판매법」 제15조 제1항).

그러나 국가공무원, 지방공무원 또는 교육공무원 및 「사립학교법」에 따른 교원 등은 다단계판매원 및 후원방문판매원으로 등록할 수 없다(「방문판매법」 제15조 제2항 및 시행령 제23조).

다단계(또는 후원방문)판매원으로 등록되면 다단계(또는 후원방문)판매업자로부터 성명, 생년월일, 주소, 등록일, 등록번호 및 다단계(또는 후원방문)판매업자명(직인을 포함)

이 표시된 다단계(또는 후원방문)판매원 등록증을 받게 된다(「방문판매법」 제15조 제3항 및 시행규칙 제16조).

2) 다단계(또는 후원방문)판매원의 탈퇴

다단계(또는 후원방문)판매원은 언제든지 다단계(또는 후원방문)판매업자에게 탈퇴의사를 표시하고 탈퇴할 수 있으며, 다단계(또는 후원방문)판매업자는 다단계(또는 후원방문)판매원의 탈퇴에 조건을 붙여서는 안 된다(「방문판매법」 제22조 제4항).

3. 다단계(또는 후원방문)판매원에 대한 과다한 부담의 부과 금지

다단계(또는 후원방문)판매업자는 다단계(또는 후원방문)판매원이 되려는 자 또는 다단계(또는 후원방문)판매원에게 등록·자격유지 또는 유리한 후원수당의 지급기준을 적용받게 할 조건으로 과다한 재화 또는 용역의 구입 등 연간 5만 원 이상의 부담을 지게 해서는 안 된다(「방문판매법」 제22조 제1항 및 시행령 제29조 전단).

이 경우 다단계(또는 후원방문)판매원이 되려는 자, 다단계(또는 후원방문)판매원 또는 그 하위판매원의 판매실적과 구매실적에 따라 후원수당의 지급기준을 달리하는 행위는 재화 등을 구매하도록 하는 부담으로 보지 않는다(시행령 제29조 후단).

▌도표 12-12▐ 다단계(또는 후원방문)판매원에 대한 과다한 부담행위 예시

- 다단계(또는 후원방문)판매원을 모집하면서 정회원이 되는 요건으로 반드시 본인 명의로 회사 구입가 25만 원 상당의 컴퓨터 모뎀 단말기 등을 대금 77만 원 이상에 구입해야만 정회원이 될 수 있고, 정회원이 된 후 높은 비율의 후원수당을 지급받는다고 현혹해서 다단계(또는 후원방문)판매원이 되고자 하는 자로부터 다단계(또는 후원방문)판매원인 정회원 등록조건부 물품구입비 명목으로 1인당 77만 원 이상을 받는 행위는 과다한 부담의 부과금지에 위반된다.

- 다단계판매원을 모집하면서 업체의 수당을 받을 수 있는 다단계판매원인 속칭 '아이비오(IBO)회원'이 되는 요건으로 저가의 건강보조식품 등을 제공하면서 반드시 본인 명의로 40만 원 이상을 납입해야만 IBO회원이 될 수 있고 IBO회원이 된 후 실적에 따라 높은 비율의 수당을 지급받을 수 있다고 해서 다단계판매원인 IBO회원 등록조건부 물품구입비 명목으로 1인당 40만 원 이상을 받는 행위는 과다한 부담의 부과금지에 위반된다.

출처: 공정거래위원회. 특수판매에서의 소비자보호 지침. 공정거래위원회 예규 제179호.

4. 다단계(또는 후원방문)판매 재화 등에 대한 가격의 제한

고가(expensive price)의 재화 등을 다단계(또는 후원방문)판매 방식에 의해 판매하는 경우 판매마진이 커서 고액의 후원수당의 지급을 가능하게 하여 사행심을 유발할 우려가 있으므로 제한하고 있다.

다단계판매자(다단계판매업자와 다단계판매원)와 후원방문판매자(후원방문판매업자와 후원방문판매원)가 판매하는 개별 재화 등의 가격은 160만 원(부가가치세를 포함) 이하여야 한다(「방문판매법」 제23조 제1항 제9호, 시행령 제30조).

도표 12-13 재화 등의 최고액 가격제한 예시

- 다단계판매 및 후원방문판매에서 세트(set)로 판매할 경우
  첫째, 주된 재화 등의 기능에 반드시 필요한 재화 등을 세트로 판매하는 경우
  둘째, 주된 재화 등의 품질이나 성능유지나 안전을 위해 필요한 재화 등을 세트로 판매하는 경우
  셋째, 분리해서 개별적으로 판매하는 것이 기술적으로 매우 곤란하거나 상당한 비용을 요구하는 경우에 이들 재화 등을 세트로 판매하는 경우 등은 세트를 개별 재화로 간주하여 160만 원을 초과하여서는 안 된다.
- 할부판매 또는 재화 등의 소유권 이전을 전제로 한 리스계약의 경우 160만 원 초과 여부는 할부금 또는 리스사용료 전체 가격으로 판단한다.
- 용역(일정한 시설을 이용하거나 용역의 제공을 받을 수 있는 권리)의 판매인 경우는 그 용역을 제공하기로 한 계약 기간 동안의 총가격이 160만 원을 초과해서는 안 된다.
  ➡ 용역 제공 계약기간이 1년이라면 1년 동안 공급 가격이 160만 원 이하여야 하고, 계약기간이 2년이라면 2년 동안의 공급 가격이 160만 원 이하여야 한다.

출처: 공정거래위원회. 특수판매에서의 소비자보호 지침. 공정거래위원회 예규 제179호.

5. 다단계(또는 후원방문)판매자의 계약체결 전 정보 및 계약서의 내용 설명과 계약서의 교부의무

다단계판매자(다단계판매업자와 다단계판매원)와 후원방문판매자(후원방문판매업자와 후원방문판매원)는 재화 등의 판매에 관한 계약을 체결하기 전에 소비자가 계약의 내용을 이해할 수 있도록 성명, 상호, 주소, 재화의 종류, 가격과 그 지급방법 및 지급시기, 청약의 철회방법, 환불조건과 절차 등을 소비자에게 설명하고 계약서를 내 주어야 한다(「방문판매법」 제7조·제16조, 시행령 제11조, 시행규칙 제10조).

6. 다단계(또는 후원방문)판매에서의 미성년자에 대한 고지의무

미성년자인 소비자를 보호하기 위해 다단계(또는 후원방문)판매자가 미성년자와 재화 등의 거래에 관한 계약을 체결하는 경우에는 법정대리인의 동의를 얻어야 하며, 법정대리인이 그 계약에 대해 동의를 하지 않으면 미성년자 본인 또는 법정대리인이 그 계약을 취소할 수 있다는 내용을 미성년자에게 알려주어야 한다(「방문판매법」 제7조 제3항 · 제16조).

7. 다단계(또는 후원방문)판매에서 손해배상청구금액의 제한

소비자가 자신의 책임 있는 사유로 채무를 성실하게 이행하지 않으면 다단계판매자 등(다단계판매업자와 다단계판매원, 후원방문판매업자와 후원방문판매원)은 소비자의 채무불이행을 이유로 손해배상을 청구할 수 있지만, 소비자보다 우월한 지위에 있는 다단계판매자 등이 소비자에게 과중한 손해배상책임을 부담시킬 우려가 있으므로, 「방문판매법」은 다단계판매자 등의 손해배상청구금액을 일정한 범위로 제한하고 있다.

다단계판매자 등의 과도한 손해배상액 청구를 막기 위해서 소비자에게 청구할 수 있는 손해배상액은 반환된 재화 등의 통상 사용료액 또는 그 사용에 의해 통상 얻어지는 이익에 상당하는 금액 등에 대금미납에 따른 지연배상금을 더한 금액을 초과할 수 없다(「방문판매법」 제10조 · 제19조).

8. 다단계(또는 후원방문)판매에서 소비자피해보상보험계약 등의 체결

소비자에게 피해가 발생한 경우 그 피해보상을 신속하고 안정적으로 처리하기 위해 다단계(또는 후원방문)판매업 등록을 하려는 사업자는 다음 어느 하나에 해당하는 계약을 체결해야 한다(「방문판매법」 제37조 제1항).

① 소비자피해보상을 위한 보험계약

② 소비자피해보상금의 지급을 확보하기 위한 채무지급보증계약

③ 「방문판매 등에 관한 법률」 제38조에 따라 설립된 공제조합과의 공제계약

9. 다단계(또는 후원방문)판매업자 및 다단계(또는 후원방문)판매원의 금지행위

다단계(또는 후원방문)판매거래의 공정화와 다단계(또는 후원방문)판매거래를 하는 소

비자를 보호하기 위해서 「방문판매법」은 사업자에게 다음과 같은 여러 가지 금지의무를 부과하고 있다(「방문판매법」 제23조 · 제24조 · 제25조 · 제28조).

① 계약체결의 강요행위 등 금지
② 거짓 또는 과장된 사실의 고지행위 금지
③ 청약철회 등을 방해할 목적으로 주소 · 전화번호 등을 변경하는 행위의 금지
④ 분쟁해결 등에 필요한 인력 등의 부족을 방치해서 소비자에게 피해를 주는 행위의 금지
⑤ 소비자의 청약이 없는데도 일방적으로 재화 등을 공급하고 그 대금을 청구하는 행위 등의 금지
⑥ 소비자가 구매의사가 없음을 밝혔는데도 전화 등을 통해 재화 등을 구매하도록 강요하는 행위 등의 금지
⑦ 다단계(또는 후원방문)판매업자에게 고용되지 않은 다단계(또는 후원방문)판매원을 다단계(또는 후원방문)판매업자에게 고용된 사람으로 오인하게 하는 행위 등의 금지
⑧ 소비자피해보상보험계약 등을 체결하지 않고 영업하는 행위의 금지
⑨ 판매재화 등의 가격을 160만 원을 초과하는 금액(부가가치세를 포함)으로 책정해서 판매하는 행위의 금지
⑩ 소비자의 허락 없이 소비자에 관한 정보를 이용하는 행위 등의 금지
⑪ 다단계(또는 후원방문)판매조직 및 다단계(또는 후원방문)판매원의 지위를 양도 · 양수하는 행위의 금지
⑫ 사행적 판매원 확장행위 등의 금지

10. 후원방문판매자의 의무

후원방문판매자는 후원방문판매원에게 판매원 자신의 직근 하위판매원(바로 아래 단계 판매원)이 아닌 다른 후원방문판매원의 구매 · 판매 등의 실적과 관련하여 후원수당을 지급하거나 이러한 지급을 약속하여 후원방문판매원을 모집하는 행위를 하여서는 안 된다(「방문판매법」 제29조 제1항).

다단계판매와 후원방문판매의 차이는 다음과 같다.

▮도표 12-14▮ 다단계판매와 후원방문판매의 차이

구분	등록제		피해보상보험 가입	임직원 결격사유	후원수당상한	취급제품 가격제한
	시도등록	자본금				
다단계판매	○	○ (3억 원 이상)	○	○	○ (재화가격 합계액의 35%)	○ (160만원 이하)
후원방문판매	○	X	○	○	○ (재화가격 합계액의 38%)	○ (160만원 이하)

출처: 서울특별시(http://economy.seoul.go.kr/archives/103) 내용 수정.

II. 다단계(또는 후원방문)판매에서 소비자의 권리

1. 다단계(또는 후원방문)판매에서 청약철회권 및 계약해제권

다단계(또는 후원방문)판매의 경우, 많은 자본을 투자하지 않고 재화 등을 판매하거나 회원을 모집해서 소매이익이나 후원수당을 얻을 수 있다는 거짓된 상술에 현혹되어 계약을 체결한 후 이를 둘러싼 분쟁이 생기는 경우가 많다. 따라서 「방문판매법」은 이러한 계약으로부터 소비자를 보호하기 위해 소비자에게 청약철회 및 계약해제(이하 '청약철회 등'이라 한다)의 권리를 인정하고 있다.

2. 다단계(또는 후원방문)판매에서 청약철회권 등의 행사범위

1) 소비자의 경우

일반적으로 소비자는 자신이 체결한 다단계(또는 후원방문)판매의 계약에 대해 그 계약의 내용을 불문하고 청약철회 등의 기간(계약서와 함께 재화 등을 공급받은 날부터 14일 등) 내에는 청약철회 등을 할 수 있다(「방문판매법」 제8조 제1항 · 제17조 제1항 본문).

그러나 다음의 경우에는 다단계(또는 후원방문)판매자가 받아들이지 않으면 청약철회 등을 할 수 없다(「방문판매법」 제8조 제2항 및 시행령 제12조).

① 소비자에게 책임 있는 사유로 재화 등이 멸실 또는 훼손된 경우(단, 재화 등의 내용을 확인하기 위해 포장 등을 훼손한 경우는 제외)

② 소비자가 재화 등을 사용하거나 일부 소비하여 그 가치가 현저히 낮아진 경우

③ 시간이 지남으로써 다시 판매하기 어려울 정도로 재화 등의 가치가 현저히 낮아진 경우

④ 복제할 수 있는 재화 등의 포장을 훼손한 경우

단, 복제가 가능한 CD를 포장해서 판매하지 않고 방문판매원이 직접 가정을 방문해서 컴퓨터에 CD의 콘텐츠를 설치해 주고, CD를 회수해서 가는 경우는 청약철회 등이 가능하다. 또한 방문판매 또는 전화권유판매를 통하여 판매된 인터넷 교육 등 용역 제공의 경우 소비자가 콘텐츠를 모두 복제할 수 있는 경우에는 청약철회 등이 불가능하나 콘텐츠 복제가 되지 않는 경우에는 청약철회 등이 가능하다(특수판매에서의 소비자보호 지침, 공정거래위원회 예규 제179호 Ⅲ. 제3호 나목(1)).

⑤ 소비자의 주문에 의하여 개별적으로 생산되는 재화 등에 대해 청약철회 등을 인정하면 다단계(또는 후원방문)판매자에게 회복할 수 없는 중대한 피해가 예상되는 경우로서 사전에 소비자에게 그 사실을 별도로 알리고 문서(전자문서 포함) 동의를 받은 경우

위 ②, ③, ④의 경우 다단계(또는 후원방문)판매자가 청약철회 등이 불가능하다는 사실을 재화 등의 포장이나 그 밖에 소비자가 쉽게 알 수 있는 곳에 분명하게 표시하지 않았거나 시용상품(sample)을 제공하지 않는 등 청약철회 등의 권리행사를 방해했다면 소비자는 청약철회 등을 할 수 있다(「방문판매법」 제8조 제2항 단서·제5항 및 제17조 제1항).

2) 다단계(또는 후원방문)판매원의 경우

일반적으로 다단계(또는 후원방문)판매원은 다단계(또는 후원방문)판매업자와 체결한 계약에 대해 아래의 경우를 제외하고는 계약의 내용을 불문하고 계약을 체결한 날부터 3개월 이내에 반드시 문서로 청약철회 등을 할 수 있다(「방문판매법」 제17조 제2항).

그러나 아래의 경우에는 다단계(또는 후원방문)판매업자가 받아들이지 않으면 청약철회 등을 할 수 없다(「방문판매법」 제17조 제2항 및 시행령 제25조).

① 다단계(또는 후원방문)판매업자에게 재고의 보유를 거짓으로 보고하는 등의 방법으로 재화 등의 재고를 과다하게 보유한 경우

② 다시 판매하기 어려울 정도로 재화 등을 훼손한 경우

③ 다단계(또는 후원방문)판매원에게 책임 있는 사유로 재화 등이 멸실 또는 훼손된 경

우(단, 재화 등의 내용을 확인하기 위해 포장 등을 훼손한 경우는 제외)

④ 재화 등의 일부 사용 또는 소비에 의해 그 가치가 현저히 낮아진 경우(단, 청약철회 등이 불가능하다는 사실을 재화 등의 포장이나 그 밖에 쉽게 알 수 있는 곳에 분명하게 표시하거나 시용상품을 제공하는 등의 방법으로 재화 등의 일부 사용 등에 의하여 청약철회 등의 권리행사가 방해받지 않도록 조치한 경우로 한정한다)

⑤ 복제할 수 있는 재화 등의 포장을 훼손한 경우

⑥ 다단계(또는 후원방문)판매원의 주문에 의해 개별적으로 생산되는 재화 등에 대한 것으로서 청약철회 등을 인정하면 다단계(또는 후원방문)판매업자에게 회복할 수 없는 중대한 피해가 예상되는 경우로서 사전에 다단계(또는 후원방문)판매원에게 그 사실을 별도로 알리고 문서(전자문서 포함)로 동의를 받은 경우

3. 다단계(또는 후원방문)판매에서 청약철회권 등의 행사기간

1) 소비자의 경우

소비자는 다음의 기간(거래당사자가 더 긴 기간으로 약정한 경우에는 그 기간) 내에 청약철회 등을 할 수 있다(「방문판매법」 제8조·제17조 제1항).

① 재화 등의 제공이 계약서 교부보다 빠르거나 동일한 경우: 계약서를 받은 날부터 14일

② 재화 등의 제공이 계약서 교부보다 늦은 경우: 재화 등을 공급받거나 공급이 시작된 날부터 14일

③ 다단계(또는 후원방문)판매자 등에게 계약서를 받지 않은 경우: 다단계(또는 후원방문)판매자 등의 주소를 안 날 또는 알 수 있었던 날부터 14일

④ 다단계(또는 후원방문)판매자 등의 주소 등이 적혀 있지 않은 계약서를 받은 경우: 다단계(또는 후원방문)판매자 등의 주소를 안 날 또는 알 수 있었던 날부터 14일

⑤ 다단계(또는 후원방문)판매자 등의 주소 변경 등의 사유로 청약철회 등을 할 수 없는 경우: 다단계(또는 후원방문)판매자 등의 주소를 안 날 또는 알 수 있었던 날부터 14일

⑥ 계약서에 청약철회 등에 관한 사항이 적혀 있지 않은 경우: 청약철회 등을 할 수 있음을 안 날 또는 알 수 있었던 날부터 14일

⑦ 다단계(또는 후원방문)판매자 등이 청약철회 등을 방해한 경우: 방해 행위가 종료한

날부터 14일

2) 다단계(또는 후원방문)판매원의 경우

다단계(또는 후원방문)판매원이 다단계(또는 후원방문)판매업자 등과 거래를 한 경우에는 계약을 체결한 날부터 3개월 이내에 반드시 문서로 청약철회 등을 할 수 있다(「방문판매법」 제17조 제2항).

4. 다단계(또는 후원방문)판매에서 청약철회권 등의 행사방법

소비자가 다단계(또는 후원방문)판매에서 청약철회 등을 하려면 우선적으로 다단계(또는 후원방문)판매원에게 청약철회 등을 할 수 있다(「방문판매법」 제17조 제1항 단서).

소비자는 문서나 전화 또는 그 밖의 방법으로 청약철회를 할 수 있지만, 청약철회문서를 작성하여 내용증명우편으로 발송하는 것이 가장 좋다.

다음의 사유로 다단계(또는 후원방문)판매원에게 청약철회 등을 하는 것이 곤란한 경우에는 다단계(또는 후원방문)판매업자에게 청약철회 등을 할 수 있다(「방문판매법」 제17조 제1항 단서 및 시행령 제24조).

① 다단계(또는 후원방문)판매원의 주소・전화번호 또는 전자우편주소 등 연락처의 변경이나 소재 불명 등의 사유로 청약철회 등을 할 수 없는 경우

② 해당 다단계(또는 후원방문)판매원에게 청약철회 등을 하더라도 대금 환급 등을 기대하기 어려운 경우

다단계(또는 후원방문)판매업자가 다단계(또는 후원방문)판매원을 대신해 소비자에게 대금을 환급한 경우에 그 환급금액이 자신이 다단계(또는 후원방문)판매원에게 공급한 금액을 초과하면 다단계(또는 후원방문)판매원에게 그 차액을 청구할 수 있다(「방문판매법」 제18조 제6항).

5. 다단계(또는 후원방문)판매에서 청약철회권의 효력발생일

다단계(또는 후원방문)판매원은 반드시 문서로 청약철회 등을 해야 하는데, 청약철회문서는 내용증명우편으로 발송하는 것이 가장 확실하다.

소비자는 문서나 그 밖의 방법으로, 다단계(또는 후원방문)판매원은 문서로만 청약철회를 할 수 있는데 문서로 청약철회 등을 하는 경우에는 문서를 발송한 날부터 그 효력이

발생한다(「방문판매법」 제8조 제4항 · 제17조 제1항).

6. 다단계(또는 후원방문)판매에서 청약철회권 등 행사의 효력

1) 다단계(또는 후원방문)판매에서 원상회복의 의무

(1) 소비자의 경우

다단계(또는 후원방문)판매에서 청약철회 등이 이루어지면 소비자와 사업자 모두 계약에 따른 내용 등을 계약체결 전의 상태로 회복시킬 의무가 발생한다.

따라서 소비자는 이미 제공받은 재화 등을 반환해야 하고, 사업자는 재화 등을 반환받은 날부터 3영업일 이내에 대금을 환급해야 하며, 그 환급이 지연된 경우에는 그 지연기간에 대해 지연배상금을 함께 지급해야 한다(「방문판매법」 제18조 제2항).

(2) 다단계(또는 후원방문)판매원의 경우

청약철회 등이 이루어지면 다단계(또는 후원방문)판매원과 다단계(또는 후원방문)판매업자 모두 계약에 따른 내용 등을 계약체결 전의 상태로 회복시킬 의무가 발생한다.

따라서 다단계(또는 후원방문)판매원은 이미 제공받은 재화 등을 반환해야 하고, 다단계(또는 후원방문)판매업자는 재화 등을 반환받은 날부터 3영업일 이내에 대금을 환급해야 하며, 그 환급이 지연된 경우에는 그 지연기간에 대해 지연배상금을 함께 지급해야 한다(「방문판매법」 제18조 제2항).

그러나 다단계(또는 후원방문)판매원에게 재화 등이 공급되거나 공급이 시작된 날부터 1개월이 지난 후에 청약철회 등이 이루어져 다단계(또는 후원방문)판매업자가 다단계(또는 후원방문)판매원에게 재화 등의 대금 환급을 하게 되는 경우에는 다음의 비용을 공제한 차액만 환급받을 수 있다(「방문판매법」 제18조 제2항 단서 · 시행령 제26조).

① 공급일부터 1개월이 지난 후 2개월 이내에 반환하는 경우: 그 재화 등의 대금의 5% 이내로서 당사자 간에 약정한 금액

② 공급일부터 2개월 지난 후 3개월 이내에 반환하는 경우: 그 재화 등의 대금의 7% 이내로서 당사자 간에 약정한 금액

※ 다단계(또는 후원방문)판매업자의 등록이 취소되어 환급하는 경우에는 위에서 정한 비용의 1/2에 해당하는 금액을 한도로 공제한 차액을 환급받을 수 있다(「방문판매

법」 제18조 제2항 단서 및 시행령 제26조 단서).

2) 다단계(또는 후원방문)판매에서 사용된 재화 등에 대한 반환

청약철회 등에 따라 재화 등을 반환해야 하는 소비자가 이미 재화 등을 일부 사용 또는 소비한 경우에 다단계(또는 후원방문)판매자의 청구가 있으면 그로 인해 얻은 이익 또는 그 재화 등의 공급에 소요된 비용에 해당하는 금액을 반환해야 한다(「방문판매법」 제18조 제7항).

3) 다단계(또는 후원방문)판매에서 재화 등 반환비용의 부담

소비자가 재화 등을 반환하는 데 필요한 비용은 다단계(또는 후원방문)판매자가 부담해야 한다(「방문판매법」 제18조 제8항).

4) 다단계(또는 후원방문)판매에서 위약금 또는 손해배상청구의 제한

다단계(또는 후원방문)판매자는 소비자의 청약철회 등과 관련해서 소비자에게 위약금 또는 손해배상을 청구할 수 없다(「방문판매법」 제18조 제8항).

5) 다단계(또는 후원방문)판매에서 신용카드를 이용해서 거래한 경우

소비자가 신용카드로 재화 등의 대금을 결제한 경우에 청약철회 등이 되면 다단계(또는 후원방문)판매자는 해당 결제업자(예: 신용카드회사)에게 대금청구를 정지 또는 취소하도록 요청해야 하고, 다단계(또는 후원방문)판매자가 결제업자로부터 대금을 이미 지급받았다면 그 대금을 즉시 결제업자에게 환급하고 소비자에게 그 사실을 알려야 한다(「방문판매법」 제18조 제3항).

다단계(또는 후원방문)판매자가 정당한 이유 없이 결제업자에게 대금을 환급하지 않으면 소비자는 결제업자에게 자신이 환급받을 금액에 대해 다단계(또는 후원방문)판매자의 다른 채무와 상계(cost offset)할 것을 요청할 수 있다(「방문판매법」 제18조 제4항).

또한, 소비자는 결제업자가 정당한 이유 없이 위의 상계를 게을리 하면 대금의 결제를 거부할 수 있는데, 이 경우 다단계(또는 후원방문)판매자와 결제업자는 그 결제의 거부를 이유로 해당 소비자를 연체자로 처리하는 등 불이익을 주어서는 안 된다(「방문판매법」 제18조 제5항).

7. 다단계(또는 후원방문)판매에서 휴업기간 중 업무처리

다단계(또는 후원방문)판매자는 휴업기간 또는 영업정지기간 중에도 청약철회 등의 업무와 청약철회 등에 따른 대금의 환급과 관련된 업무를 계속해야 한다(「방문판매법」 제26조 제1항).

제4절 계속거래와 사업권유거래

I. 계속거래 및 사업권유거래에서 사업자의 의무

1. 계속거래 및 사업권유거래에서 계약체결 전 계약 내용의 설명 및 계약서의 교부의무

계속거래 및 사업권유거래(이하 '계속거래 등'이라 한다)를 업으로 하는 자(이하 '계속거래업자 등'이라 한다)는 계약체결 시 소비자가 신중하게 계약을 체결할 수 있도록 하는 동시에 불필요한 분쟁을 예방하고 만일 분쟁이 발생했을 경우에는 그 해결을 쉽게 하기 위해 계약체결 전에 계약 내용을 설명하고 계약이 체결되면 그 계약 내용에 관한 문서(계약서)를 내주도록 하고 있다(「방문판매법」 제30조).

1) 계속거래 및 사업권유거래의 금액 · 기간의 기준

모든 계속거래 및 사업권유거래가 계약 내용의 설명 및 계약서의 교부의무를 준수하여야 하는 것이 아니다. 계속거래는 거래금액이 10만 원 이상이며 3개월 이상을 거래조건으로 하는 계속거래의 경우와 사업권유거래는 기간에 관계없이 30만 원 이상인 경우에 계약 내용의 설명 및 계약서의 교부의무가 있다(「방문판매법」시행령 제37조).

2) 계속거래 및 사업권유거래에서 계약서의 내용 설명의무

계속거래업자 및 사업권유거래를 업으로 하는 자는 계약을 체결하기 전에 소비자가 계약의 내용을 이해할 수 있도록 성명, 상호, 주소, 재화의 종류, 대금지급방법, 계약의 해지와 그 행사방법을 설명하여야 하고, 사업권유거래의 경우에는 사업자가 제공하는 사업기회에 의하여 얻게 되는 이익이나 그 보장에 관한 조건 등을 설명하여야 하며 이러한 사항을 기재한 계약서를 교부하여야 한다(「방문판매법」 제30조 제1항 및 시행령 제38조).

2. 계속거래 및 사업권유거래에서 미성년자에 대한 고지

미성년자인 소비자를 보호하기 위해서 계속거래업자 등이 미성년자와 재화 등의 거래에 관한 계약을 체결하는 경우에는 법정대리인의 동의를 얻어야 하며, 법정대리인이 그 계약에 대해 동의를 하지 않으면 미성년자 본인 또는 법정대리인이 그 계약을 취소할 수 있다는 내용을 미성년자에게 알려주어야 한다(「방문판매법」 제30조 제4항).

도표 12-15 미성년자가 한 계속거래 계약의 취소 예시

Q. 학습지 회사에서 고등학생인 딸의 휴대전화로 전화를 걸어서 유명연예인 콘서트 티켓을 주겠다며 학습지 구독을 권유했고, 딸아이가 이 상술에 꾀여 학습지 구독계약을 체결했습니다. 기존에 하고 있는 학습지도 있고, 학습지 회사도 생소해서 믿음이 가지 않습니다. 이 계약을 취소할 수 있나요?

A. 계약을 취소할 수 있습니다.
미성년자가 법률행위를 하려면 부모 등 법정대리인의 동의를 얻어야 합니다. 따라서 법정대리인의 동의가 없다면 미성년자 본인이나 법정대리인이 이를 취소할 수 있습니다(「민법」 제5조). 계약을 취소하기 위해서는 사업자에게 연락하고 내용을 확실하게 하기 위해 내용증명우편을 발송하는 것이 좋으며, 이후에도 사업자가 계약취소처리업무를 하지 않으면 한국소비자원 1372 소비자상담센터에 연락을 취해 피해구제를 요청할 수 있습니다.
계약을 해제하는 경우에 사은품으로 받은 콘서트 티켓을 사업자에게 반환해야 하며, 반환이 불가능한 경우에는 해당 지역에서 거래되는 같은 종류의 유사물품 등을 반환하거나 같은 종류의 유사물품 등의 통상적인 가격을 기준으로 환급해야 합니다(「소비자기본법」 제16조 제2항, 「소비자기본법」시행령 제8조 제2항 및 별표 1 제3호).
만일 사업자가 미성년자인 자녀와 계약체결 시 부모 등 법정대리인이 동의하지 않으면 미성년자 본인 또는 법정대리인이 그 계약을 취소할 수 있다는 내용을 미성년자에게 알려주지 않은 경우에는 시정권고, 시정명령 또는 과징금처분을 받게 할 수 있으며, 이 사실이 허위로 기재된 계약서를 교부하면 1천만 원 이하의 벌금에 처해지고, 계약서를 교부하지 않으면 500만 원 이하의 과태료가 부과됩니다(「방문판매 등에 관한 법률」 제7조 제3항, 제48조, 제49조 제1항 제1호, 제51조 제1항, 제63조 제2호, 제66조 제2항 제3호 및 「방문판매 등에 관한 법률」시행령 별표 4 제2호).

출처: 찾기 쉬운 생활법령정보(oneclick.law.go.kr)

3. 계속거래 및 사업권유거래에서 거래기록의 열람

계속거래업자 등은 재화 등의 거래기록 등을 소비자가 방문·전화 또는 인터넷 등을 통해 즉시 열람할 수 있도록 조치해야 하고, 우편으로 요청하는 경우에는 3영업일 이내에 관련 자료를 발송해야 한다(「방문판매법」 제33조 및 시행령 제42조).

4. 계속거래업자 등이 하여서는 안 되는 금지행위

계속거래업자 등은 소비자를 기만하는 방식의 거래, 청약철회 등의 방지를 목적으로 하는 주소변경의 행위 등 하여서는 안 되는 금지행위가 있다(「방문판매법」 제34조).

① 계약체결의 강요나 계약해지 등의 방해를 위하여 소비자를 위협하는 행위의 금지
② 거짓 또는 과장된 사실을 알리거나 기만적 방법을 사용하여 소비자를 유인하는 행위 등의 금지
③ 통상의 거래가격보다 현저히 비싼 가격으로 구입하게 하는 행위의 금지
④ 소비자의 계약해지 등을 거부하는 행위의 금지
⑤ 계약해지 등을 방해할 목적으로 주소 등을 변경하는 행위의 금지
⑥ 분쟁해결 등에 필요한 인력 등의 부족을 방치해서 소비자에게 피해를 주는 행위의 금지
⑦ 소비자의 청약이 없는데도 일방적으로 재화 등을 공급하고 그 대금을 청구하는 행위의 금지
⑧ 소비자가 구매의사가 없음을 밝혔는데도 전화 등을 통해 재화 등을 구매하도록 강요하는 행위의 금지

II. 계속거래 및 사업권유거래에서 소비자의 권리

계속거래 및 사업권유거래에서는 청약철회가 불가능하다. 청약철회(cooling off)제도란 갑작스러운 방문·전화 등을 통한 유인(주의나 흥미를 일으켜 꾀어냄)으로, 계약의사가 불확정한 상태에서 계약을 하게 된 사람에게 머리를 식혀 냉정하게 생각하여 계약을 없었던 일로 하는 제도이다. 그런데 계속거래인 1년 치 잡지 구독의 경우 갑작스러운 방문 등의 유인에 의하여 잡지를 구독하게 된 경우라도 잡지를 받아본 이상 이미 잡지 내용은 소비자에게 알려진 상황(이는 사용이나 일부 소비에 해당한다)으로 그 잡지의 가치가 현저히 낮아졌기 때문에 청약철회가 불가능하고 계약해제도 불가능하다. 이 경우에는 계약기간 내에 계약을 해지하는 것만 가능하다. 계약을 해지할 경우 대금 환급의 제한 또는 위약금에 관한 약정이 있다. 잡지 구독, 레저·스포츠시설 이용권 판매 등 대부분의 회원

제 거래가 계속거래의 형태를 취하고 있다.

사업권유거래란 사업자가 소득 기회를 알선·제공하는 방법으로 거래 상대방을 유인하여 금품을 수수하거나 재화 등을 구입하게 하는 거래를 말하는데 사업권유거래를 받은 소비자는 소득을 얻기 위한 거래이므로 신중하게 생각하여 거래한다고 간주한다. 그리하여 사업권유거래는 갑작스러운 방문·전화 등을 통한 유인에 의한 거래로 볼 수 없으므로 청약철회는 불가능하고 계약해지가 가능하다.

계속거래 및 사업권유거래에서의 계약해제·계약해지에 대해 구체적으로 살펴보면 다음과 같다.

계속거래에서는 계약의 해제(계약이 처음부터 없었던 것으로 하는 것)가 불가능하고 계약의 해지(그 시점부터 계약이 없던 것으로 하는 것)만 할 수 있다. 예를 들면, 계속거래로 시험지를 받아보는 경우 이미 받은 시험지를 원상회복하여 돌려주는 건 불가능하기 때문에 계약의 해지만이 가능하다.

그리고 사업권유거래에서는 일반적으로 계약의 해지만 가능하다. 그러나 소비자의 청약이 없는데도 일방적으로 재화 등을 공급하고 그 대금을 청구하는 행위를 당한 경우에는 소비자의 계약해제가 가능하다. 예를 들면, 자판기 운영계약을 하고 자판기를 설치한 후 영업을 하다가 영업을 할 수 없는 사정이 생겼다면 계약해제는 불가능하고 계약해지만 가능하다. 그런데 자판기운영에 관한 상담을 받았을 뿐인데 자판기를 가게 앞에 설치한 후 그 대금을 청구하는 경우라면 계약해제가 가능하다.

도표 12-16 계속거래 및 사업권유거래에서 계약해지 예시

Q. 일본어 초벌번역사 교재를 구입해서 일정 단계까지 학습하면 일본어 초벌번역을 주선해 주겠다는 회사의 말을 믿고 교재를 구입했습니다. 두 달 동안 교재를 이용했는데, 별로 효과가 없는 것 같아서 그만 두려고 합니다. 이용 계약을 해지하면 위약금 등을 내야 하나요?

A. 사업권유거래로 물품 또는 서비스를 구매한 소비자는 「방문판매 등에 관한 법률」의 보호를 받습니다. 「방문판매 등에 관한 법률」에 따른 사업권유거래의 계약해지 기본 원칙에 따르면 사업권유거래 계약을 체결한 소비자는 계약기간 중 언제든지 계약을 해지할 수 있습니다. 소비자가 사업권유거래업자의 귀책사유가 없음에도 불구하고 사업권유거래의 계약을 중도에 해지하면 위약금이 청구될 수 있습니다. 그러나 이 경우 사업권유거래업자는 소비자의 계약해지로 발생하는 손실을 현저히 초과하는 금액을 위약금으로 청구할 수 없으며, 실제 공급한 물품 등의 대가를 초과해서 수령한 대금에 대해 그 반환을 부당하게 거부해서도 안 됩니다.

Q. 자판기 운영 계약을 해지하겠다고 여러 차례 통보했는데, 사업자가 계약의 해지를 차일피일 미루고 있습

니다. 어떻게 해야 하나요?

A. 소비자가 사업권유거래의 계약을 해지한 경우에 사업권유거래업자는 정당한 사유 없이 이에 대한 조치를 지연하거나 거부하는 행위를 해서는 안 됩니다. 이를 위반한 사업권유거래업자는 시정조치명령 또는 과징금처분을 받게 될 수 있으며, 2년 이하의 징역 또는 5천만 원 이하의 벌금에 처해집니다. 계약의 해지를 거부당한 경우에는 사업권유거래업자에게 계약을 해지한다는 내용의 내용증명우편을 보내고 한국소비자원 1372(국번 없이 1372) 소비자상담센터에 전화해 상담하는 것이 좋습니다.

출처: 법제처 미디어 속 법령(http://www.moleg.go.kr/news/media)

1. 계속거래 및 사업권유거래에서 계약해지권의 행사기간 및 범위

일반적으로 소비자는 자신이 체결한 계속거래 또는 사업권유거래에 대해 계약기간 중 언제든지 계약을 해지할 수 있다(「방문판매법」 제31조). 그러나 다음의 경우에는 계속거래업자 등이 받아들이지 않으면 계약을 해지할 수 없다(「방문판매법」 제31조, 시행령 제40조).

① 다른 법률에 별도의 규정이 있는 경우

② 소비자의 주문에 의해 개별적으로 생산되는 재화 등에 대해 계약해지를 인정하면 계속거래업자 또는 사업권유거래업자에게 회복할 수 없는 중대한 피해가 예상되는 경우로서 사전에 소비자에게 그 사실을 별도로 알리고 문서(전자문서 포함)로 소비자의 동의를 받은 경우

▌도표 12-17▌ 계속거래 및 사업권유거래에서 계약해지권이 제한되는 예시

Q. 60대의 소비자가 재혼을 하기 위해 계약금 등 200만 원을 주고 결혼정보업체와 계약을 체결했는데, 계약 내용 중 3회 이상 소개를 받은 경우에는 계약해지가 불가능하다는 조항이 있었고, 소비자는 어느 한 날에 3회의 소개를 한꺼번에 받았으며 이후 연락이 없이 1년이 되도록 정보제공을 받지 못해 계약을 해지하려 했으나 당초 계약을 이유로 해지를 해주지 않는 경우에는 어떻게 하나요?

A. 계속거래의 계약해지 제한 사유는 '소비자 등의 주문에 의해 개별적으로 생산되는 재화 등 계약해지를 인정하는 경우 사업자에게 회복할 수 없는 중대한 피해가 예상되는 경우로서 사전에 별도로 고지하고 문서로 동의를 얻은 경우'로 한정되며, 이 건의 경우는 사전동의를 얻었다고 할 수 없습니다. 그러므로 계약해지가 가능합니다.

- '인터넷쇼핑몰 분양'의 경우, 동일하거나 유사한 쇼핑몰이 다른 자에게 분양된 사례가 있어 주문에 의해 생산되지만 반환할 경우 타인에게 양도가 용이하므로 '주문에 의해 개별적으로 생산되는 재화 등'에 포함되지 않아 계약해지가 가능합니다.

출처: 공정거래위원회. 특수판매에서의 소비자보호 지침. 공정거래위원회 예규 제179호.

2. 계속거래 및 사업권유거래에서 계약해지권 등 행사의 효력

1) 계속거래 및 사업권유거래에서 재화 등의 반환

소비자는 계약이 해지된 경우에 반환할 수 있는 재화 등이 있으면 이를 계속거래의 사업자에게 반환할 수 있다(「방문판매법」 제32조 제2항).

2) 계속거래 및 사업권유거래에서 재화 등 반환 시의 환급금과 위약금

계속거래의 계약이 해지된 경우에 소비자는 반환 가능한 재화 등을 반환할 수 있다(「방문판매법」 제32조 제2항). 이 경우 계속거래업자 등은 재화 등을 반환받은 날부터 3영업일 이내에 반환받은 재화 등의 가치에 상당하는 금액을 환급금에 더해서 지급하거나 위약금에서 차감하여 청구해야 한다(「방문판매법」 제32조 제2항 및 시행령 제41조).

3) 계속거래 및 사업권유거래에서 위약금 청구의 범위

소비자가 계속거래업자 등의 귀책사유가 없음에도 계속거래의 계약을 중도에 해지하는 경우에는 이미 지불한 대금을 환급받을 수 있지만, 동시에 위약금이 청구될 수 있다. 이 경우 계속거래업자 등은 소비자의 계약해지로 인해 발생하는 손실을 현저히 초과하는 금액을 위약금으로 청구할 수 없으며, 실제 공급한 재화 등의 대가를 초과해서 수령한 대금에 대해 그 반환을 부당하게 거부해서도 안 된다(「방문판매법」 제32조 제1항). 2014년 현재 체결하는 국내결혼중개업, 컴퓨터 통신교육업, 헬스·피트니스업, 미용업, 학습지업계약이 사업자의 귀책사유 없이 해지된 경우라면 사업자는 소비자에게 위약금을 청구할 수 있다(「방문판매법」 제32조, 계속거래 등의 해지·해제에 따른 위약금 및 대금의 환급에 관한 산정기준: 공정거래위원회 고시 제2014-1호).

이때 위약금은 다음의 금액을 초과하지 못한다.

도표 12-18 계속거래 등의 해지에 따른 위약금 산정기준

업종	구분	위약금 기준
국내결혼중개업	서비스 개시 전	총계약대금의 20%
	1회 이상 소개 후	총계약대금의 20% × (잔여횟수/총횟수)

컴퓨터 통신교육업	계약체결일 또는 서비스 이용가능일로부터 7일 이내	위약금을 부과할 수 없음
	그 외의 경우	총 계약대금의 10%
헬스 · 피트니스업	–	총 계약대금의 10%
미용업	재화 등의 제공 개시 전이고, 계약일로부터 20일 이내	위약금을 부과할 수 없음
	그 외의 경우	총 계약대금의 10%
학습지업	–	계약해지 시점 이후에 제공하기로 되어 있는 재화 등의 단위대금[74]의 10%

출처: 공정거래위원회. 계속거래 등의 해지 · 해제에 따른 위약금 및 대금의 환급에 관한 산정기준. 공정거래위원회 고시 제2014-1호.

▌도표 12-19▌ 계속거래의 계약해지 예시

Q. 유치원 아들을 둔 A씨는 매주 한 권씩 유아용 학습지를 받아보기로 했습니다. 6개월 동안 학습지를 했는데, 아이가 계속 학습지를 하지 않는 상황이라 그만 두려고 합니다. 학습지 이용 계약을 취소하는 데 문제될 사항이 있나요?

A. 계속거래로 재화 또는 용역을 구입한 소비자는 「방문판매 등에 관한 법률」의 보호를 받습니다. 「방문판매 등에 관한 법률」에 따른 계속거래의 계약해지의 기본 원칙에 따르면 계속거래를 체결한 소비자는 계약기간 중 언제든지 계약을 해지할 수 있습니다(「방문판매 등에 관한 법률」 제31조). 따라서 A씨의 경우 언제든지 학습지 이용 계약을 해지할 수 있으며, 일부 위약금을 지불할 수 있습니다. 만약 계약해지와 관련해서 부당한 일을 경험했다면 한국소비자원 1372 소비자상담센터에 그 피해의 구제를 요청할 수 있습니다.

Q. 직장으로 스쿼시 및 헬스클럽 코치가 찾아와 최고의 시설에서 전문코치가 강습을 해준다며 스포츠센터의 가입을 권유하여 6개월 회원으로 등록하고 42만 원을 지불하였습니다. 그러나 막상 스포츠센터를 이용해보니 시설이 미흡하고 강사도 수시로 바뀌는 등 불편하여 약 3주 정도 이용하다가 중도해지를 요청하였습니다. 그러나 담당 코치는 위약금과 이용료, 그리고 가입 시 제공한 라켓과 운동복 등에 대해 터무니없는 비용을 요구하다가 현재는 다른 사람에게 양도하라며 해지를 거절하고 있습니다. 어떻게 해야 하나요?

A. 일정액의 위약금을 부담하면 언제든지 계약을 해지할 수 있습니다.
위약금 10%, 이용료와 운동용품 비용을 공제한 금액을 환급받을 수 있습니다. 스포츠센터 이용 계약은 대부분 3개월에서 12개월의 장기간 계약으로 체결되기 때문에, 소비자는 이용과정에서 시설이나 강습 등에 대한 불만이나 개인사정으로 중도에 해지하려는 경우가 많이 발생합니다. 그러나 소비자가 중도해지를 요구하면 스포츠센터에서는 해지 자체를 기피 내지 거부하거나 위약금과 운동용품에 대한 비용을 과다하게 요구하는 경우가 많습니다.
「방문판매법」 제31조(계약의 해지)에 의하면 장기간 계속적인 거래계약을 체결한 소비자는 계약기간 중 언제든지 계약을 해지할 수 있으며, 「소비자분쟁해결기준」에서는 소비자에게 책임 있는 사유로 스포츠센터 이용 계약을 중도에 해지할 경우에는, 소비자는 총 가입금액의 10%에 상당하는 위약금과 이용일수에 해당하는 이용료를 공제한 금액을 환급받을 수 있도록 정하고 있습니다. 따라서 소비자는 계속거래인 이

74) 단위대금은 소비자가 공급받은 단위(1개월, 1회, 1시간 등)에 대해 소비자가 부담하는 금액을 말한다.

계약에 대해 중도해지를 요구하여 위약금 4만2천 원과 이용료 4만9천 원(180일 중 21일 이용), 그리고 운동용품에 대한 적정한 비용을 공제한 금액을 환급받을 수 있습니다.

출처: 한국소비자원(www.kca.go.kr) 품목별 피해구제 사례.

제5절 방문판매 등(특수판매)에 관한 제도

I. 다단계판매업자 및 후원방문판매업자의 정보공개 제도

공정거래위원회는 다단계판매업자 및 후원방문판매업자에 대한 정보공개를 정례적으로 연 5회 실시한다. 1년에 한 번 공개하는 것과 분기별로 공개하는 것을 합하여 총 연 5회 정보공개를 하고 있다. 연 1회 정보공개에서는 다단계판매업자 및 후원방문판매업자의 후원수당, 판매원수, 매출액 등을 공개하며, 분기별 정보공개에서는 상호, 대표이사, 주소 등의 변경에 대해 공개하고 있다. 공개 내용은 공정거래위원회 홈페이지(www.ftc.go.kr)의 '보도자료'에서 확인가능하다.

II. 특수판매에서의 소비자보호지침 제도

공정거래위원회에서는 특수판매에서의 건전한 거래질서 확립 및 소비자의 보호를 위하여 사업자의 자율적 준수를 유도하기 위한 지침, 즉 소비자보호지침을 제정하고 있다(「방문판매법」 제35조). 특수판매에서의 소비자보호지침(공정거래위원회 예규 제179호)을 제정하여 사업자의 자율적 소비자권익보호를 유도하고 있다.

III. 전화권유판매 수신거부의사 등록시스템 제도

공정거래위원회는 전화권유판매자의 행위로부터 소비자를 보호하기위하여 소비자가 수신거부의사를 분명하게 표시하여 등록할 수 있는 전화권유판매 수신거부의사 등록시스템(www.donotcall.go.kr)을 구축하고 있다(「방문판매법」 제42조). 전화권유판매 수신거부의사 등록시스템(www.donotcall.go.kr)에 접속하여 자신의 핸드폰을 등록하면 모든 판매회사의 영업목적용 전화와 문자 수신을 한 번에 차단할 수 있는 편리한 제도이다.

전화권유판매자가 전화권유판매를 하려는 경우에는 전화권유판매 수신거부의사 등록 시스템에서 소비자의 전화 수신거부의사 등록 여부를 확인하여야 하며, 전화권유판매 수신거부의사를 등록한 소비자에게 전화권유판매를 하여서는 안 된다.

IV. 특수판매에서의 소비자피해분쟁조정 제도

행정청(국가 또는 지방자치단체의 기관)은 특수판매에 관해 소비자의 피해구제 신청이 있으면 시정권고 또는 시정조치를 행하기 전에 특수판매에 관한 소비자보호 관련 업무를 수행하는 기관인 한국소비자원, 시·도지사가 설치한 소비자피해구제기구(예를 들어, 부산시 소비생활센터 등), 그 밖에 소비자보호 관련 법령에 따라 설치·운영되는 분쟁조정기구에 그 조정을 의뢰할 수 있다(「방문판매법」 제50조 제1항, 시행령 제57조).

찾아 생각하기

1. 방문판매, 다단계판매, 후원방문판매는 어떻게 구별하는가?

2. 불법다단계판매의 피해사례와 대처방안을 알아보자.

3. 방문판매, 전화권유판매, 다단계판매 및 후원방문판매, 계속거래 및 사업권유거래의 소비자피해사례를 찾아보고 해결방법에 대해 정리해 보자.

PART 03

소비자 관련 법률 및 제도 요약

▶▶▶ chapter 12 • 방문판매 등에 관한 법률 및 제도

1. 방문판매 등에 관한 법률(방문판매법)의 목적

▶ 방문판매 등(방문판매, 전화권유판매, 다단계판매 및 후원방문판매, 계속거래 및 사업권유거래)에 의한 재화 또는 용역의 공정한 거래에 관한 사항을 규정함으로써 소비자의 권익을 보호하고 시장의 신뢰도를 높여 국민경제의 건전한 발전에 이바지함을 목적으로 함

2. 방문판매법에서 용어의 정의

▶ 방문판매: 판매업자가 방문을 하는 방법으로 사업장 외의 장소에서 소비자에게 권유하여 계약의 청약을 받거나 계약을 체결하여 상품 등을 판매하는 것을 말함

▶ 방문판매자: 방문판매자란 방문판매를 업으로 하기 위하여 방문판매조직을 개설하거나 관리·운영하는 자(방문판매업자)와 방문판매업자를 대신하여 방문판매업무를 수행하는 자(방문판매원)를 말함

▶ 전화권유판매: 전화를 이용하여 소비자에게 권유해 계약의 청약을 받거나 계약을 체결하여 판매하는 것을 말함

전화권유판매	통신판매
전화를 통한 판매자의 권유에 의하여 구매가 이루어짐	소비자의 구매의사가 처음부터 존재한 상태에서 전화 등을 통한 구매를 함
전화는 정보제공은 물론 소비자에게 접근하여 계약체결을 하는 데 적극적으로 사용되는 매체	전화는 단지 상품 정보를 제공하는 수단에 지나지 않음
청약철회기간(재화 등의 공급이 계약서 교부보다 빠르거나 동일한 경우에는 계약서를 받은 날부터 14일) 이내 청약철회 가능	청약철회기간(재화 등의 공급이 계약서 교부보다 빠르거나 동일한 경우에는 계약서를 받은 날부터 7일) 이내 청약철회 가능

※ 청약철회기간의 차이로 인해 전화권유판매와 통신판매를 구별해야 함

▶ 전화권유판매자: 전화권유판매를 업으로 하기 위하여 전화권유판매조직을 개설하거나 관리·운

영하는 자(전화권유판매업자)와 전화권유판매업자를 대신하여 전화권유판매업무를 수행하는 자(전화권유판매원)를 말함

▶ 방문판매자 등: 방문판매자인 방문판매업자와 방문판매원, 전화권유판매자인 전화권유업자와 전화권유판매원을 말함

▶ 다단계판매: 다단계판매업자에 속한 판매원이 특정인을 하위판매원으로 모집, 판매원의 가입이 3단계 이상, 판매원의 판매 및 조직관리 활동에 대해 후원수당을 지급하는 판매방식임. 판매원 매출의 소매이익에 더해 자신과 자신의 모든 하위판매원들이 모집한 판매실적에 따라 후원수당을 받음

▶ 다단계판매자: 다단계판매를 업으로 하기 위하여 다단계판매조직을 개설하거나 관리・운영하는 자(다단계판매업자)와 다단계판매조직에 판매원으로 가입한 자(다단계판매원)을 말함

▶ 후원방문판매: 다단계판매와 같이 판매업자에 속한 판매원이 특정인을 하위판매원으로 모집, 판매원의 가입이 3단계 이상, 판매원의 판매 및 조직관리 활동에 대해 후원수당을 지급하는 판매방식임. 다단계판매와 구별되는 점은 특정판매원의 후원수당이 자신과 자신의 직근 하위판매원(바로 아래 단계 판매원)의 판매실적에 따라 결정됨. 후원방문판매는 방문판매와 다단계판매의 요건을 모두 갖춤

▶ 후원방문판매자: 후원방문판매를 업으로 하기 위한 조직(후원방문판매조직)을 개설하거나 관리・운영하는 자(후원방문판매업자)와 후원방문판매조직에 판매원으로 가입한 자(후원방문판매원)를 말함

▶ 후원수당: 판매수당, 알선수수료, 장려금, 후원금 등 그 명칭 및 지급형태와 상관없이 판매업자가 첫째, 판매원 자신의 재화 등의 거래실적, 둘째, 판매원의 수당에 영향을 미치는 다른 판매원들의 재화 등의 거래실적, 셋째, 판매원의 수당에 영향을 미치는 다른 판매원들의 조직관리 및 교육훈련실적 등과 관련하여 소속판매원에게 지급하는 경제적 이익과 판매원들의 판매활동을 장려하거나 보상하기 위하여 지급하는 일체의 경제적 이익을 말함

▶ 계속거래: 1개월 이상에 걸쳐 계속적으로 또는 부정기적으로 재화 등을 공급하는 계약으로서 중도에 해지할 경우 대금 환급의 제한 또는 위약금에 관한 약정이 있는 거래를 말함

▶ 사업권유거래: 사업자가 소득 기회를 알선・제공하는 방법으로 거래 상대방을 유인하여 금품을 수수하거나 재화 등을 구입하게 하는 거래를 말함

▶ 「방문판매법」에서 소비자의 정의

- 사업자가 제공하는 재화 등을 소비생활을 위하여 사용하거나 이용하는 자
- 사업자가 제공하는 재화 등을 소비생활 외의 목적으로 사용하는 자로서

① 재화 등을 최종적으로 사용하는 자(다만, 재화 등을 원재료 및 자본재로 사용하는 자는 제외)
② 사실상 소비자와 같은 지위에서 다른 소비자와 같은 거래 조건으로 거래하는 사업자
③ 다단계판매원 또는 후원방문판매원이 되기 위하여 다단계판매업자 또는 후원방문판매업자로부터 재화 등을 최초로 구매하는 자
④ 방문판매업자 또는 전화권유판매업자와 거래하는 경우의 방문판매원 또는 전화권유판매원
⑤ 재화 등을 농업(축산업 포함) 및 어업 활동을 위하여 구입한 자(해양수산부장관의 허가를 받은 원양어업자는 제외)

3. 방문판매법이 적용되지 않는 범위

- ▶ 방문판매, 전화권유판매, 다단계판매 및 후원방문판매, 계속거래 및 사업권유거래 이외에는 적용이 안 됨
- ▶ 사업자가 상행위를 목적으로 재화 등을 구입하는 거래(다만, 다단계판매원, 후원방문판매원, 또는 사업권유의 상대방에게는 「방문판매법」을 적용함, 사업자가 사실상 소비자와 같은 지위에서 다른 소비자와 같은 거래조건으로 거래하는 경우에도 「방문판매법」을 적용함)
- ▶ 보험회사와 보험계약을 체결하기 위한 거래
- ▶ 개인이 독립된 자격으로 공급하는 재화 등의 거래로서 가공되지 않은 농·수·축·임산물의 거래와 방문판매자가 직접 생산한 재화 등의 거래

4. 방문판매 및 전화권유판매

1) 방문판매 및 전화권유판매에서 사업자의 의무

(1) 방문판매업자와 전화권유판매업자의 신고의무

- ▶ 방문판매업자 또는 전화권유판매업자는 상호·주소·전화번호·전자우편번호 등을 공정거래위원회 또는 시장·군수·구청장에게 신고하여야 함
- ▶ 상법에 따른 회사인 경우 방문판매업자의 자산, 부채 및 자본금을 포함한 상호·주소·전화번호·전자우편번호 등을 공정거래위원회 또는 시장·군수·구청장에게 신고하여야 함

(2) 방문판매원 및 전화권유판매원의 명부작성의무

- ▶ 방문판매원 등의 명부작성 및 비치
- ▶ 방문판매원 등의 신원확인의무
- ▶ 판매 전 성명·명칭·재화의 종류 등 사전고지의무

(3) 방문판매 및 전화권유판매에서 계약체결 전 정보의 제공 및 계약체결에 따른 계약서 교부의무

- ▶ 재화 등의 판매에 관한 계약을 체결하기 전에 소비자가 계약의 내용을 이해할 수 있도록 방문판매자 등의 성명, 상호, 주소, 전화번호, 재화의 종류, 가격, 가격의 지급방법과 시기, 청약의 철회방법, 환불조건과 절차 등을 소비자에게 설명하고 계약서를 주어야 함, 전화권유판매에 의한 계약의 경우에는 소비자의 동의를 받아 그 계약의 내용을 팩스나 전자문서로 보내는 것으로 소비자에게 계약서를 발급한 것으로 함
- ▶ 미성년자와 재화 등의 거래에 관한 계약을 체결하는 경우에는 법정대리인의 동의를 얻어야 하며, 법정대리인이 그 계약에 대해 동의를 하지 않으면 미성년자 본인 또는 법정대리인이 그 계약을 취소할 수 있다는 내용을 미성년자에게 알려주어야 함

(4) 방문판매자 등의 손해배상청구금액의 제한

(5) 방문판매자 등이 해서는 안 되는 금지행위

① 계약의 체결을 강요하거나 청약철회 또는 계약해지를 방해할 목적으로 소비자를 위협하는 행위의 금지

② 거짓 또는 과장된 사실을 알리거나 기만적 방법을 사용하여 소비자와 거래하거나 청약철회 등을 방해하는 행위의 금지

③ 방문판매원이 되기 위한 조건 등으로 연 2만 원 이상의 비용을 징수하거나 재화 등을 구매하게

하는 의무를 부과하는 행위의 금지
④ 방문판매원에게 다른 방문판매원을 모집하는 의무를 부과하는 행위의 금지
⑤ 청약철회 등을 방해할 목적으로 주소·전화번호 등을 변경하는 행위의 금지
⑥ 분쟁이나 불만처리에 필요한 인력 또는 설비의 부족을 방치하여 소비자에게 피해를 주는 행위의 금지
⑦ 소비자의 청약 없이 일방적으로 재화 등을 공급하고 그 대금을 청구하는 행위의 금지
⑧ 소비자가 재화 등을 구매할 의사가 없음을 밝혔음에도 불구하고 전화 등을 통해 재화 등을 구매하도록 강요하는 행위의 금지
⑨ 소비자의 허락 없이 소비자에 관한 정보를 이용하는 행위의 금지

2) 방문판매 및 전화권유판매에서 소비자의 권리

(1) 방문판매 및 전화권유판매에서 청약철회 및 계약해제(청약철회 등)의 권리 행사

▶ 청약철회권: 갑작스러운 방문이나 전화를 통한 유인에 의해 계약을 하게 되는 상황 때문에 발생하는 피해를 방지하기 위하여 소비자는 계약체결 후 일정기간 내에 아무런 불이익을 받지 않고 계약을 철회할 수 있음

▶ 계약해제권: 청약철회기간이 지난 후에는 소비자가 일정한 불이익을 감수하고 계약을 해제할 수 있음

(2) 방문판매 및 전화권유판매에서 청약철회권 등 제한

▶ 다음의 경우 방문판매자 등이 받아들이지 않으면 청약철회 등을 할 수 없음

① 소비자에게 책임 있는 사유로 재화 등이 멸실 또는 훼손된 경우
(단, 재화 등의 내용을 확인하기 위해 포장 등을 훼손한 경우는 제외한다)
② 소비자가 재화 등을 사용하거나 일부 소비하여 그 가치가 현저히 감소한 경우
③ 시간이 지남으로써 다시 판매하기가 어려울 정도로 재화 등의 가치가 현저히 낮아진 경우
④ 복제할 수 있는 재화의 포장을 훼손한 경우
(단, 복제할 수 있는 CD를 포장해서 판매하지 않고 방문판매원이 직접 가정을 방문해서 컴퓨터에 CD의 콘텐츠를 설치해 주고, CD를 회수해서 가는 경우는 청약철회 등이 가능함. 또한 방문판매를 통하여 판매된 인터넷 교육 등과 같은 용역 제공의 경우 소비자가 콘텐츠를 모두 복제할 수 있는 때에는 청약철회 등이 불가능하지만, 콘텐츠 복제가 되지 않는 경우에는 청약철회 등이 가능함)
⑤ 소비자의 주문에 의해 개별적으로 생산되는 재화 등에 대해 청약철회 등을 인정하면 방문판매자 및 전화권유판매자에게 회복할 수 없는 중대한 피해가 예상되는 경우로서 사전에 소비자에게 그 사실을 별도로 알리고 문서(전자문서 포함) 동의를 받은 경우

▶ 위 ②, ③, ④의 경우라도 방문판매자나 전화권유판매자가 청약철회 등이 불가능하다는 사실을 재화 등의 포장이나 그 밖에 소비자가 쉽게 알 수 있는 곳에 분명하게 표시하지 않았거나 시용상품(sample)을 제공하지 않는 등의 방법으로 청약철회 등의 권리행사를 방해하였다면 소비자는 청약철회 등을 할 수 있음

(3) 방문판매 및 전화권유판매에서 청약철회권 등 행사기간

① 재화 등의 제공이 계약서 교부보다 빠르거나 동일한 경우: 계약서를 받은 날부터 14일

② 재화 등의 제공이 계약서 교부보다 늦은 경우: 재화 등을 공급받거나 공급이 시작된 날부터 14일
③ 방문판매자 등에게 계약서를 받지 않은 경우: 방문판매자 등의 주소를 안 날 또는 알 수 있었던 날부터 14일
④ 방문판매자 등의 주소 등이 적혀 있지 않은 계약서를 받은 경우: 방문판매자 등의 주소를 안 날 또는 알 수 있었던 날부터 14일
⑤ 방문판매자 등의 주소 변경 등의 사유로 청약철회 등을 할 수 없는 경우: 방문판매자 등의 주소를 안 날 또는 알 수 있었던 날부터 14일
⑥ 계약서에 청약철회 등에 관한 사항이 적혀 있지 않은 경우: 청약철회 등을 할 수 있음을 안 날 또는 알 수 있었던 날부터 14일
⑦ 방문판매업자 등이 청약철회 등을 방해한 경우: 그 방해 행위가 종료한 날부터 14일
⑧ 재화 등의 내용이 표시·광고의 내용과 다르거나 계약 내용과 다르게 이행된 경우: 재화 등을 공급받은 날부터 3개월 이내, 그 사실을 안 날 또는 알 수 있었던 날부터 30일 이내

(4) 방문판매 및 전화권유판매에서 청약철회권 등 효력발생시기

▶ 청약철회 등을 문서로 하는 경우: 문서를 발송한 날에 청약철회의 효과 발생
▶ 청약철회 등은 문서나 그 밖의 방법(전화 등)으로 할 수 있음

(5) 방문판매 및 전화권유판매에서 청약철회권 등 행사효력

▶ 원상회복의무: 청약철회 등이 이루어지면 소비자와 방문판매자 등은 모두 계약에 따른 내용 등을 계약체결 전의 상태로 회복시킬 의무가 발생함
▶ 사용된 재화 등의 반환: 청약철회 등에 따라 재화 등을 반환해야 하는 소비자가 이미 재화 등을 일부 사용 또는 소비한 경우에 방문판매자 등의 청구가 있으면 다음의 비용을 지급해야 함
① 재화 등의 사용으로 인해 소모성 부품의 재판매가 곤란하거나 재판매가격이 현저히 하락하는 경우에는 해당 소모성 부품의 공급에 소요된 비용
② 여러 개의 동일한 가분물(분할할 수 있는 물건으로 금전, 곡물 등)로 구성된 재화 등의 경우에는 소비자의 일부 소비로 인해 소비된 부분의 공급에 소요된 비용
▶ 재화 등 반환비용의 부담: 소비자가 재화 등을 반환하는 데 필요한 비용은 방문판매자 등이 부담함
▶ 방문판매자 등은 소비자의 청약철회 등을 이유로 소비자에게 위약금 또는 손해배상을 청구할 수 없음
▶ 소비자가 신용카드로 재화 등의 대금을 결제한 경우
- 방문판매자 등은 해당 결제업자(예: 신용카드회사)에게 대금청구를 정지 또는 취소하도록 요청해야 함
- 방문판매자 등이 결제업자로부터 대금을 이미 지급받았다면 그 대금을 즉시 결제업자에게 환급하고 소비자에게 그 사실을 알려야 함

3) 방문판매 및 전화권유판매에서 휴업기간 중의 업무처리

▶ 방문판매자 등은 휴업기간 또는 영업정지기간 중에도 청약철회 또는 계약해제의 업무와 청약철회 또는 계약해제에 따른 대금의 환급과 관련한 업무를 계속하여야 함

5. 다단계판매 및 후원방문판매

1) 다단계판매업 및 후원방문판매업 등록 및 다단계판매 및 후원방문판매에서 사업자의 의무

(1) 다단계판매업 및 후원방문판매업 등록

▶ 다단계(또는 후원방문)판매업을 하려는 자는 자본금 3억 원 이상, 소비자피해보상보험계약체결 등의 일정한 요건을 갖추어서 공정거래위원회 또는 시·도지사에게 반드시 등록해야 함

▶ 미성년자(19세 미만)·피한정후견인(정신적 제약으로 사무처리 능력이 부족한 사람) 또는 피성년후견인(정신적 제약으로 사무처리 능력이 지속적으로 결여된 사람), 파산선고를 받고 복권되지 않은 개인 또는 그가 임원으로 있는 법인 등은 다단계(또는 후원방문)판매업의 등록을 할 수 없음

(2) 다단계(또는 후원방문)판매원의 등록 및 탈퇴

▶ 다단계(또는 후원방문)판매원의 등록

- 다단계(또는 후원방문)판매조직에 다단계(또는 후원방문)판매원으로 가입하려는 자는 그 조직을 관리·운영하는 다단계(또는 후원방문)판매업자에게 반드시 등록해야 함
- 국가공무원, 지방공무원 또는 교육공무원 및 「사립학교법」에 따른 교원 등은 다단계판매원 및 후원방문판매원으로 등록할 수 없음
- 다단계(또는 후원방문)판매원으로 등록되면 다단계(또는 후원방문)판매원 등록증을 받게 됨

▶ 다단계(또는 후원방문)판매원의 탈퇴: 다단계(또는 후원방문)판매원은 언제든지 다단계(후원방문)판매업자에게 탈퇴의사를 표시하고 탈퇴할 수 있으며, 다단계(또는 후원방문)판매업자는 다단계(또는 후원방문)판매원의 탈퇴에 조건을 붙여서는 안 됨

(3) 다단계(또는 후원방문)판매원에 대한 과다한 부담의 부과 금지

▶ 다단계(또는 후원방문)판매업자는 다단계(또는 후원방문)판매원이 되려는 자 또는 다단계(또는 후원방문)판매원에게 등록·자격유지 또는 유리한 후원수당의 지급기준을 적용받게 할 조건으로 과다한 재화 또는 용역의 구입 등 연간 5만 원 이상의 부담을 지게 해서는 안 됨

(4) 다단계(또는 후원방문)판매 재화 등에 대한 가격의 제한

▶ 다단계판매자(다단계판매업자와 다단계판매원)와 후원방문판매자(후원방문판매업자와 후원방문판매원)가 판매하는 개별 재화 등의 가격은 160만 원(부가가치세를 포함) 이하여야 함

(5) 다단계(또는 후원방문)판매자의 계약체결 전 정보 및 계약서의 내용 설명과 계약서의 교부의무

(6) 다단계(또는 후원방문)판매에서의 미성년자에 대한 고지의무

(7) 다단계(또는 후원방문)판매에서 손해배상청구금액의 제한

(8) 다단계(또는 후원방문)판매에서 소비자피해보상보험계약 등의 체결

(9) 다단계(또는 후원방문)판매업자 및 다단계(또는 후원방문)판매원의 금지행위

① 계약체결의 강요행위 등 금지
② 거짓 또는 과장된 사실의 고지행위 금지
③ 청약철회 등을 방해할 목적으로 주소·전화번호 등을 변경하는 행위의 금지
④ 분쟁해결 등에 필요한 인력 등의 부족을 방치해서 소비자에게 피해를 주는 행위 금지
⑤ 소비자의 청약이 없는데도 일방적으로 재화 등을 공급하고 그 대금을 청구하는 행위 등의 금지
⑥ 소비자가 구매의사가 없음을 밝혔는데도 전화 등을 통해 재화 등을 구매하도록 강요하는 행위

등의 금지

⑦ 다단계(또는 후원방문)판매업자에게 고용되지 않은 다단계(또는 후원방문)판매원을 다단계(후원방문)판매업자에게 고용된 사람으로 오인하게 하는 행위 등의 금지

⑧ 소비자피해보상보험계약 등을 체결하지 않고 영업하는 행위의 금지

⑨ 판매재화 등의 가격을 160만 원을 초과하는 금액(부가가치세를 포함)으로 책정해서 판매하는 행위의 금지

⑩ 소비자의 허락 없이 소비자에 관한 정보를 이용하는 행위 등의 금지

⑪ 다단계(또는 후원방문)판매조직 및 다단계(또는 후원방문)판매원의 지위를 양도・양수하는 행위의 금지

⑫ 사행적 판매원 확장행위 등의 금지

(10) 후원방문판매자의 의무

▶ 후원방문판매자는 후원방문판매원에게 판매원 자신의 직근 하위판매원(바로 아래 단계 판매원)이 아닌 다른 후원방문판매원의 구매・판매 등의 실적과 관련하여 후원수당을 지급하거나 이러한 지급을 약속하여 후원방문판매원을 모집하는 행위를 하여서는 안 됨

2) 다단계(또는 후원방문)판매에서 소비자의 권리

(1) 다단계(또는 후원방문)판매에서 청약철회 및 계약해제(청약철회 등)권리의 행사범위

▶ 소비자의 경우

- 일반적으로 소비자는 자신이 체결한 다단계(또는 후원방문)판매의 계약에 대해 그 계약의 내용을 불문하고 청약철회 등의 기간(계약서를 받은 날부터 14일 등) 내에는 청약철회 등을 할 수 있음
- 그러나 다음의 경우에는 다단계(또는 후원방문)판매자가 받아들이지 않으면 청약철회 등을 할 수 없음

① 소비자에게 책임 있는 사유로 재화 등이 멸실 또는 훼손된 경우(단, 재화 등의 내용을 확인하기 위해 포장 등을 훼손한 경우는 제외)

② 소비자가 재화 등을 사용하거나 일부 소비하여 그 가치가 현저히 낮아진 경우

③ 시간이 지남으로써 다시 판매하기 어려울 정도로 재화 등의 가치가 현저히 낮아진 경우

④ 복제할 수 있는 재화 등의 포장을 훼손한 경우

- 위 ②, ③, ④의 경우 다단계(또는 후원방문)판매자가 청약철회 등이 불가능하다는 사실을 재화 등의 포장이나 그밖에 소비자가 쉽게 알 수 있는 곳에 분명하게 표시하지 않았거나 시용상품(sample)을 제공하지 않는 등 청약철회 등의 권리행사를 방해했다면 소비자는 청약철회 등을 할 수 있음

▶ 다단계(또는 후원방문)판매원의 경우

- 일반적으로 다단계(또는 후원방문)판매원은 다단계(또는 후원방문)판매업자와 체결한 계약에 대해 계약의 내용을 불문하고 계약을 체결한 날부터 3개월 이내에 반드시 문서로 청약철회 등을 할 수 있음
- 그러나 아래의 경우에는 다단계(또는 후원방문)판매업자가 받아들이지 않으면 청약철회 등을 할 수 없음

① 다단계(또는 후원방문)판매업자에게 재고의 보유를 거짓으로 보고하는 등의 방법으로 재화 등의 재고를 과다하게 보유한 경우
② 다시 판매하기 어려울 정도로 재화 등을 훼손한 경우
③ 다단계(또는 후원방문)판매원에게 책임 있는 사유로 재화 등이 멸실 또는 훼손된 경우(단, 재화 등의 내용을 확인하기 위해 포장 등을 훼손한 경우는 제외)
④ 재화 등의 일부 사용 또는 소비에 의해 그 가치가 현저히 낮아진 경우(단, 청약철회 등이 불가능하다는 사실을 재화 등의 포장이나 그 밖에 쉽게 알 수 있는 곳에 분명하게 표시하거나 시용상품을 제공하는 등의 방법으로 재화 등의 일부 사용 등에 의하여 청약철회 등의 권리행사가 방해받지 않도록 조치한 경우로 한정한다)
⑤ 복제가 가능한 재화 등의 포장을 훼손한 경우
⑥ 소비자 또는 다단계(또는 후원방문)판매원의 주문에 의해 개별적으로 생산되는 재화 등에 대한 것으로서 청약철회 등을 인정하면 다단계(또는 후원방문)판매업자에게 회복할 수 없는 중대한 피해가 예상되는 경우로서 사전에 소비자 또는 다단계(또는 후원방문)판매원에게 그 사실을 별도로 알리고 문서(전자문서 포함)로 동의를 받은 경우

(2) 다단계(또는 후원방문)판매에서 청약철회권 등의 행사기간

▶ 소비자의 경우: 소비자는 다음의 기간(거래당사자가 더 긴 기간으로 약정한 경우에는 그 기간) 내에 청약철회 등을 할 수 있음

① 재화 등의 제공이 계약서 교부보다 빠르거나 동일한 경우: 계약서를 받은 날부터 14일
② 재화 등의 제공이 계약서 교부보다 늦은 경우: 재화 등을 공급받거나 공급이 시작된 날부터 14일
③ 다단계(또는 후원방문)판매자 등에게 계약서를 받지 않은 경우: 다단계(또는 후원방문)판매자 등의 주소를 안 날 또는 알 수 있었던 날부터 14일
④ 다단계(또는 후원방문)판매자 등의 주소 등이 적혀 있지 않은 계약서를 받은 경우: 다단계(또는 후원방문)판매자 등의 주소를 안 날 또는 알 수 있었던 날부터 14일
⑤ 다단계(또는 후원방문)판매자 등의 주소 변경 등의 사유로 청약철회 등을 할 수 없는 경우: 다단계(또는 후원방문)판매자 등의 주소를 안 날 또는 알 수 있었던 날부터 14일
⑥ 계약서에 청약철회 등에 관한 사항이 적혀 있지 않은 경우: 청약철회 등을 할 수 있음을 안 날 또는 알 수 있었던 날부터 14일
⑦ 다단계(또는 후원방문)판매자 등이 청약철회 등을 방해한 경우: 방해 행위가 종료한 날부터 14일

▶ 다단계(또는 후원방문)판매원의 경우
다단계(또는 후원방문)판매원이 다단계(또는 후원방문)판매업자 등과 거래를 한 경우에는 계약을 체결한 날부터 3개월 이내에 반드시 문서로 청약철회 등을 할 수 있음

(3) 다단계(또는 후원방문)판매에서 청약철회권 등의 행사방법

▶ 소비자의 경우: 청약철회 등을 하려면 우선적으로 다단계(후원방문)판매원에게 청약철회 등을 할 수 있으며, 문서나 전화 등 그 밖의 방법으로 청약철회가 가능하나 확실한 방법은 청약철회 문서를 작성하여 내용증명우편으로 발송하는 것임

▶ 소비자가 다단계(후원방문)판매원에게 청약철회 등을 하는 것이 곤란한 경우에는 다단계(후원방문)판매업자에게 청약철회 등을 할 수 있음

▶ 다단계(후원방문)판매원의 경우: 다단계(후원방문)판매업자에게 계약을 체결한 날부터 3개월 이내에 반드시 문서로 청약철회 등을 할 수 있음, 청약철회문서를 내용증명우편으로 발송하는 것이 확실함

(4) 다단계(또는 후원방문)판매에서 청약철회권의 효력발생일

▶ 소비자의 경우: 전화 등으로 청약철회가 가능하지만, 입증의 어려움 때문에 청약철회문서를 내용증명우편으로 발송하는 것이 확실하며, 문서를 발송한 날부터 청약철회의 효과가 발생함

▶ 다단계(후원방문)판매원의 경우: 반드시 문서로 청약철회가 가능하며 문서를 발송한 날부터 청약철회의 효과가 발생함

(5) 다단계(또는 후원방문)판매에서 청약철회권 등 행사의 효력

▶ 다단계(또는 후원방문)판매에서 원상회복의 의무

① 소비자의 경우: 소비자는 이미 제공받은 재화 등을 반환해야 하고, 사업자는 재화 등을 반환받은 날부터 3영업일 이내에 대금을 환급해야 하며, 그 환급이 지연된 경우에는 그 지연기간에 대해 지연배상금을 함께 지급해야 함

② 다단계(또는 후원방문)판매원의 경우: 다단계(또는 후원방문)판매원은 이미 제공받은 재화 등을 반환해야 하고, 다단계(또는 후원방문)판매업자는 재화 등을 반환받은 날부터 3영업일 이내에 대금을 환급해야 하며, 그 환급이 지연된 경우에는 그 지연기간에 대해 지연배상금을 함께 지급해야 함

▶ 청약철회 등에 따라 재화 등을 반환해야 하는 소비자가 이미 재화 등을 일부 사용 또는 소비한 경우에 다단계(또는 후원방문)판매자의 청구가 있으면 그로 인해 얻은 이익 또는 그 재화 등의 공급에 소요된 비용에 해당하는 금액을 반환해야 함

▶ 소비자가 재화 등을 반환하는 데 필요한 비용은 다단계(또는 후원방문)판매자가 부담해야 함

▶ 다단계(또는 후원방문)판매자는 소비자의 청약철회 등과 관련해서 소비자에게 위약금 또는 손해배상을 청구할 수 없음

▶ 소비자가 신용카드로 재화 등의 대금을 결제한 경우, 다단계(또는 후원방문)판매자는 해당결제업자(예: 신용카드회사)에게 대금청구를 정지 또는 취소하도록 요청해야 함

3) 다단계(또는 후원방문)판매에서 휴업기간 중 업무처리

▶ 다단계(또는 후원방문)판매자는 휴업기간 또는 영업정지기간 중에도 청약철회 등의 업무와 청약철회 등에 따른 대금의 환급과 관련된 업무를 계속해야 함

6. 계속거래와 사업권유거래

1) 계속거래 및 사업권유거래에서 사업자의 의무

(1) 계속거래 및 사업권유거래에서 계약체결 전 계약 내용의 설명

▶ 계속거래업자 등(계속거래 및 사업권유거래를 업으로 하는 자)은 계속거래에서 거래금액 10만 원 이상, 거래기간 3개월 이상의 계약을 체결하는 경우와 사업권유거래에서 기간은 관계없이 거래금액 30만 원 이상의 계약을 체결하는 경우에는 계약체결 전에 소비자가 계약의 내용을 이해할 수 있도록 설명하고, 계약체결을 할 때에는 설명한 내용이 기재된 계약서를 소비자에게 교부하여야 함

(2) 계속거래 및 사업권유거래에서 미성년자에 대한 고지

(3) 계속거래 및 사업권유거래에서 거래기록의 열람

(4) 계속거래업자 등이 하여서는 안 되는 금지행위

① 계약체결의 강요나 계약해지 등의 방해를 위하여 소비자를 위협하는 행위의 금지

② 거짓 또는 과장된 사실을 알리거나 기만적 방법을 사용하여 소비자를 유인하는 행위 등의 금지

③ 통상의 거래가격보다 현저히 비싼 가격으로 구입하게 하는 행위의 금지

④ 소비자의 계약해지 등을 거부하는 행위의 금지

⑤ 계약해지 등을 방해할 목적으로 주소 등을 변경하는 행위의 금지

⑥ 분쟁해결 등에 필요한 인력 등의 부족을 방치해서 소비자에게 피해를 주는 행위의 금지

⑦ 소비자의 청약이 없는데도 일방적으로 재화 등을 공급하고 그 대금을 청구하는 행위의 금지

⑧ 소비자가 구매의사가 없음을 밝혔는데도 전화 등을 통해 재화 등을 구매하도록 강요하는 행위의 금지

2) 계속거래 및 사업권유거래에서 소비자의 권리

▶ 계속거래 및 사업권유거래에서는 청약철회가 불가능함

청약철회란 갑작스러운 방문·전화 등을 통한 유인(주의나 흥미를 일으켜 꾀어냄)으로, 계약의사가 불확정한 상태에서 계약을 하게 된 사람에게 머리를 식혀 냉정하게 생각하여 계약을 없었던 일로 하는 것임. 계속거래인 1년 치 잡지 구독의 경우, 갑작스러운 방문이나 전화 등의 유인에 의하여 잡지를 구독하게 된 경우라도 잡지를 받아 본 이상 이미 잡지의 내용은 소비자에게 알려진 상황(이는 사용이나 일부 소비에 해당한다)으로 그 잡지의 가치가 현저히 낮아졌기 때문에 청약철회가 불가능하고, 계약해제도 불가능함

사업권유거래에서는 사업권유거래를 받은 소비자는 소득을 얻기 위한 거래이므로 신중하게 생각하여 거래한다고 간주하므로 갑작스러운 방문·전화 등을 통한 유인에 의한 거래로 볼 수 없기 때문에 청약철회가 불가능함

▶ 계속거래에서는 계약의 해제(계약이 처음부터 없었던 것으로 하는 것)는 불가능하고, 계약의 해지(그 시점부터 계약이 없던 것으로 하는 것)만 가능함

예: 계속거래로 시험지를 받아보는 경우 이미 받은 시험지를 원상회복하여 돌려주는 것이 어려우므로 계약해제는 불가능함

▶ 사업권유거래에서는 일반적으로 계약의 해지만 가능하나, 소비자의 청약이 없는데도 일방적으로 재화 등을 공급하고 그 대금을 청구하는 행위를 당한 경우에는 소비자의 계약해제가 가능함

예: 자판기 운영계약을 한 후 자판기를 설치하여 영업을 하다가 영업을 할 수 없는 상황이 되었다면 계약해제는 불가능하고 계약해지만 가능함. 그런데 자판기 운영에 관한 상담을 받았을 뿐인데 자판기를 가게 앞에 설치한 후 그 대금을 청구하는 경우라면 계약해제가 가능함

(1) 계속거래 및 사업권유거래에서 계약해지권의 행사기간 및 범위

▶ 일반적으로 소비자는 자신이 체결한 계속거래 또는 사업권유거래에 대해 계약기간 중에는 언제든지 계약을 해지할 수 있음

▶ 그러나 다음의 경우에는 계속거래업자 등이 받아들이지 않으면 계약을 해지할 수 없음

① 다른 법률에 별도의 규정이 있는 경우

② 소비자의 주문에 의해 개별적으로 생산되는 재화 등에 대해 계약해지를 인정하면 계속거래업자 또는 사업권유거래업자에게 회복할 수 없는 중대한 피해가 예상되는 경우로서 사전에 소비자에게 그 사실을 별도로 알리고 문서(전자문서 포함)로 소비자의 동의를 받은 경우

(2) 계속거래 및 사업권유거래에서 계약해지권 등 행사효력

- ▶ 재화 등의 반환: 소비자는 계약이 해지된 경우에 반환할 수 있는 재화 등이 있으면 이를 계속거래의 사업자에게 반환할 수 있음
- ▶ 재화 등 반환시의 환급금과 위약금: 계속거래업자 등은 재화 등을 반환받은 날부터 3영업일 이내에 반환받은 재화 등의 가치에 상당하는 금액을 환급금에 더해서 지급하거나 위약금에서 차감하여 청구해야 함
- ▶ 위약금 청구의 범위: 소비자가 계속거래업자 등의 귀책사유가 없음에도 계속거래의 계약을 중도에 해지하는 경우에는 이미 지불한 대금을 환급받을 수 있지만, 동시에 위약금이 청구될 수 있음

7. 방문판매 등(특수판매)에 관한 제도

1) 다단계판매업자 및 후원방문판매업자의 정보공개제도

- ▶ 공정거래위원회는 다단계판매업자 및 후원방문판매업자에 대한 정보공개를 정례적으로 연 5회 (연 1회 공개 + 분기별로 공개) 하고 있음
- ▶ 연 1회 정보공개에서는 다단계판매업자 및 후원방문판매업자의 후원수당, 판매원수, 매출액 등을 공개하며, 분기별 정보공개에서는 상호, 대표이사, 주소 등의 변경에 대해 공개함
- ▶ 공개 내용은 공정거래위원회 홈페이지(www.ftc.go.kr)의 '보도자료'에서 확인가능

2) 특수판매에서의 소비자보호지침 제도

- ▶ 특수판매에서의 소비자보호지침(공정거래위원회 예규 제179호)을 통해 '사업자의 자율적 소비자 권익보호'를 유도함

3) 전화권유판매 수신거부의사 등록시스템 제도

- ▶ 전화권유판매자가 전화권유판매를 하려는 경우에는 전화권유판매 수신거부의사 등록시스템에서 소비자의 전화 수신거부의사 등록 여부를 확인해야 하며, 전화권유판매 수신거부의사를 등록한 소비자에게 전화권유판매를 하여서는 안 됨
- ▶ 소비자가 전화권유판매 수신거부의사 등록시스템(www.donotcall.go.kr)에 접속하여 자신의 핸드폰을 등록하면 전화권유판매에 관한 전화와 문자 수신을 한 번에 차단할 수 있음

4) 특수판매에서의 소비자피해분쟁조정 제도

- ▶ 국가 또는 지방자치단체의 기관은 특수판매에 관해 소비자의 피해구제 신청이 있으면 시정권고 또는 시정조치를 행하기 전에 한국소비자원, 시·도의 소비생활센터, 또는 소비자 관련 법령에 따라 설치·운영되는 분쟁조정기구에 그 조정을 의뢰할 수 있음

13

Chapter

전자상거래 관련 법률 및 제도

일반적으로 재화 또는 용역을 거래할 때는 소비자가 사업자로부터 직접 재화 또는 용역을 제공받고 매매대금을 지불한다.

그러나 이와 같은 일반거래와 달리 재화 또는 용역의 거래가 전자문서에 의해 처리되면 전자상거래라고 하고, 그 거래가 우편·전기통신·광고물·광고시설물·전단지·방송·신문·잡지 등의 비대면(no facing) 방법으로 이루어지면 통신판매라고 한다. 이러한 전자상거래 및 통신판매는 일반거래와 대비되는 특수거래의 한 유형으로서 「민법」이 아닌 「전자상거래 등에서의 소비자보호에 관한 법률」의 적용을 받는다. 「전자상거래 등에서의 소비자보호에 관한 법률」에서 '전자상거래 등'이 의미하는 것은 전자상거래와 통신판매이다.

전자상거래는 거래 주체에 따라 기업과 소비자의 전자상거래(B2C: Business to Consumer), 기업과 기업의 전자상거래(B2B: Business to Business), 기업과 정부의 전자상거래(B2G: Business to Government), 소비자와 소비자의 전자상거래(C2C: Consumer to Consumer)로 구분한다.

제1절 전자상거래 및 통신판매의 정의

전자상거래[75]란 재화 또는 용역을 거래할 때 그 전부 또는 일부가 전자문서에 의해 처

75) 전자상거래란 종이에 의한 문서를 사용하지 않고 표준 전자문서를 컴퓨터 간에 교환해 즉시 업무에 활용하도록 하는 전자문서교환(EDI: Electronic Data Interchange), 팩시밀리(FAX), 전자게시판(Electronic Bulletin Board), 전자자금이체(Electronic Fund Transfer)와 같은 전자매체를 이용한 상거래라고 미국 무부에서 정의하고 있다.

리되는 방식으로 거래하는 상행위를 말한다(「전자상거래 등에서의 소비자보호에 관한 법률」 제2조 제1호 및 「전자문서 및 전자거래기본법」 제2조 제5호).

즉, 거래의 전부뿐만 아니라 일부(정보제공, 청약, 승낙, 결제, 이행)라도 전자문서[76]로 이루어지는 거래를 의미하는 것으로 인터넷쇼핑, 인터넷뱅킹, 오프라인 매장에서의 카드결제[77] 등이 이에 해당한다.

통신판매란 '우편 · 전기통신 · 광고물 · 광고시설물 · 전단지 · 방송 · 신문 및 잡지 등을 이용하는 방법' 또는 '판매자와 직접 대면하지 않고 우편환 · 우편대체 · 지로 및 계좌이체 등을 이용하는 방법'으로 재화 등의 판매에 관한 정보를 제공하고 소비자의 청약에 의해 재화 등을 판매하는 것을 말한다. 그러나 전화를 사용해서 소비자의 응답을 유도하고 대화함으로써 청약을 받거나 계약을 체결하는 전화권유판매는 통신판매에서 제외한다(「전자상거래 등에서의 소비자보호에 관한 법률」 제2조 제2호).

즉, 통신판매는 정보제공과 소비자의 청약이 비대면인 상태(서로 만나지 않은 상태)에서 전기통신이나 우편 등의 방법으로 이루어지는 거래를 말하며, TV홈쇼핑 · 카탈로그쇼핑 · 인터넷쇼핑(전자상거래이기도 함) 등이 이에 해당한다.

전자상거래와 통신판매의 차이를 구분하면 다음과 같다.

전자상거래는 일부의 거래라도 거래가 반드시 전자문서로 이루어져야 하지만 통신판매거래는 반드시 전자문서로 이루어지지 않아도 되며, 전자상거래는 반드시 비대면(no facing)일 필요가 없으나(예: 일반 상점에서 상품구매 후 카드결제를 할 경우 전자상거래에 해당함), 통신판매는 비대면의 형태로 이루어진다는 점에서 이 둘을 구별한다.

하지만 실제 거래에서는 대부분의 통신판매가 전자상거래의 방법을 활용해 이루어지고 있다. 예를 들어, 인터넷쇼핑몰을 통해 재화 등을 구매하는 경우 소비자가 인터넷을 통해 비대면 상태에서 구매한다는 점에서 통신판매에 해당하며, 재화 등의 구매대금을 신용카드 또는 인터넷뱅킹 등을 이용해 전자매체인 전자문서로 지불한다는 점에서 전자상거래라고 할 수 있다. 즉, 인터넷쇼핑몰을 통한 구매는 통신판매와 전자상거래 둘 다에 해당한다.

---

76) 전자문서란 컴퓨터 등 정보처리시스템을 가진 장치로 특히 워드프로세서 등 문서작성기에 의하여 전자적인 형태로 작성 · 송신 · 수신 또는 저장된 정보를 말한다.

77) 카드결제는 전자자금이체로 전자매체를 이용한 상거래이므로 전자상거래에 해당한다.

제2절 전자상거래의 특성과 소비자문제 유형

I. 전자상거래의 특성

전자상거래는 전통적 상거래와 비교할 때 거래과정, 유통과정, 배송 그리고 마케팅의 방법이 다르다. 전자상거래의 특성은 다음과 같다(김영신 외, 2010: 197의 내용을 재구성).

첫째, 전통적 거래에서는 물리적 공간에서 영업시간 중에 이루어지던 거래가 전자상거래에서는 사이버공간에서 지구촌 전체를 대상으로 하여 실시간으로 24시간 거래가 가능하게 되어 소비자들이 매우 편리하게 이용할 수 있게 되었다.

둘째, 전통적 거래에서는 소비자의 의사와 관계없이 일방적이고 무차별적인 마케팅(광고)이 주어졌다면, 전자상거래에서는 가상공간에서 사업자가 직접적으로 소비자의 욕구를 수시로 파악하고 즉시 대응할 수 있어 훨씬 소비자의 취향에 맞는 상품과 서비스를 제공할 수 있게 되었으며, 이에 따라 소비자의 상품선택의 폭이 넓어지는 경향이 나타나고 있다.

셋째, 전자상거래에서는 거래주문의 접수 및 처리비용 등 유통비용이 감소되어 소규모 사업자의 시장진입이 가능하므로 공급자 간의 경쟁이 증대됨에 따라 소비자에게 품질이 좋고 가격이 저렴한 상품과 서비스를 제공할 기회가 증대되었다.

II. 전자상거래 특성에 따른 소비자문제 유형

전자상거래의 특성에 힘입어 전자상거래는 급격한 증가추세를 보이고 있으나, 한편으로는 소비자에게 여러 가지 새로운 문제를 일으키고 있다. 전자상거래 특성에 따른 소비자문제 유형을 〈도표 13-1〉에서 살펴보자.

▌도표 13-1▌ 전자상거래 특성에 따른 소비자문제 유형

특성	소비자문제
비대면(非對面) 거래 (얼굴을 보지 않고 하는 거래)	사기·거짓 광고와 표시의 문제 미성년자의 거래문제 부당한 개인정보의 수집 및 유포에 관한 문제 거래상대방을 신뢰할 수 있을 지에 대한 문제
격지(隔地)간 거래 (서로 다른 곳에 있으며 하는 거래)	상품의 배송지연, 미(未)배송, 다른 상품의 배송 등 배송문제 네트워크 접속 서비스 불량의 문제
즉시성	판단 착오에 의한 청약철회의 문제
선지급·후배송	발생한 피해에 대한 보상의 어려움 문제
단말기 이용	조작실수로 인한 다른 상품주문의 문제 조작실수로 인한 이중계약의 문제 잘못한 주문에 대한 취소의 어려움 문제

출처: 이종인 (2005). 국제 전자상거래 소비자피해구제방안 연구. p. 11.

제3절 전자상거래 관련 법률 및 제도

전자상거래 및 통신판매는 상거래라는 점에서는 기존 거래방식과 공통되는 부분이 있음과 동시에 전자상거래 및 통신판매라는 특성이 있으므로 기존 상거래에 관련한 법의 적용과 함께 전자상거래 관련 법률들이 적용된다. 따라서 「민법」, 「방문판매 등에 관한 법률」, 「할부거래에 관한 법률」, 「약관의 규제에 관한 법률」, 「소비자기본법」, 「표시·광고의 공정화에 관한 법률」 등은 전통적 거래와 전자상거래 모두 적용되는 법률들이다.

전자상거래 관련 법률로는 「전자문서 및 전자거래기본법」, 「전자상거래 등에서의 소비자보호에 관한 법률」, 「정보통신망 이용촉진 및 정보보호 등에 관한 법률」, 「전자서명법」, 「전기통신기본법」, 「통신비밀보호법」, 「신용정보의 이용 및 보호에 관한 법률」 등이 있다. 전자상거래 관련 법률들은 개인의 인간다운 생활을 보장하기 위한 사회법이고 법의 효력이 전자상거래 및 통신판매거래를 하는 특정인들에게 미치는 특별법이다.

전자상거래 관련 공정거래위원회 고시로는 「결제대금예치 또는 소비자피해보상보험계약 등의 체결이 면제되는 거래에 관한 고시」, 「구매안전서비스에 대한 통신판매업자의 표시·광고 또는 고지의 방법에 관한 고시」, 「전자상거래 등에서의 상품 등의 정보제공에 관한 고시」, 「통신판매업 신고면제 기준에 대한 고시」, 「전자상거래 소비자보호법 위

반사업자에 대한 과징금 부과기준 고시」, 「전자상거래 등에서의 소비자보호지침」이 있다. 행정안전부의 고시로는 「개인정보보호지침」, 문화체육관광부의 고시로는 「콘텐츠이용자보호지침」이 있다.

전자상거래 관련 표준약관으로는 공정거래위원회의 「인터넷 사이버몰 이용 표준약관」, 「전자금융거래 기본약관」, 「전자보호거래 표준약관」, 문화체육관광부의 「디지털콘텐츠 이용 표준약관」 등이 있다.

이들 중 「전자상거래 등에서의 소비자보호에 관한 법률」과 「전자상거래 등에서의 소비자보호지침」, 「인터넷 사이버몰 이용 표준약관」에 대해 살펴보기로 하자.

I. 전자상거래 등에서의 소비자보호에 관한 법률

정보통신기술의 발달로 전자상거래 및 통신판매가 날로 증가하여 이에 따른 소비자보호가 필요해짐에 따라 2002년 3월 「전자상거래 등에서의 소비자보호에 관한 법률」이 제정되었다. 그 후 몇 차례의 개정을 거쳐 2014년 현재에 이르고 있다.

「전자상거래 등에서의 소비자보호에 관한 법률」은 다음의 경우에는 적용되지 않는다(제3조 제1항 및 제4조).

첫째, 소비자가 상행위를 목적으로 구입하는 거래에는 적용되지 않는다.

사업자라 하더라도 사실상 소비자와 같은 지위에서 다른 소비자와 같은 거래조건으로 거래하는 경우에는 적용된다.

둘째, 다른 법률을 적용하는 것이 소비자에게 유리한 경우에는 그 법을 적용한다.

셋째, 이 법의 적용이 일부 배제되는 경우가 있다. 예를 들면, 유·무선전화기 등으로 전화정보서비스를 이용하는 경우에는 계약 내용에 따른 문서교부가 곤란하므로 계약체결 시 '통신판매업자의 계약서(전자문서 포함) 교부의무'가 적용되지 않는다. 이러한 전화정보서비스를 이용하는 거래의 경우에는 거래 전에 재화 등의 제공자의 성명, 연락처 및 재화 등의 내용·이용요금 등을 밝히고, 거래 후에 거래대금 결제 내용을 통보하여야 한다(시행규칙 제4조).

「전자상거래 등에서의 소비자보호에 관한 법률」 제2조(정의)에서 '통신판매업자'에 대한 용어 정의를 하고 있으나, '전자상거래를 하는 사업자'에 대한 용어 정의는 하고 있지 않다. '전자상거래를 하는 사업자'에 대한 용어 정의가 없는 이유는 법조문에 명시되어 있지 않지만 다음과 같이 추정한다.

첫째, '전자상거래를 하는 사업자'가 비대면(no facing)방법에 의한 판매인 '통신판매업자'에 해당하는 경우, '통신판매업자'와 '전자상거래를 하는 사업자'가 동일하므로 이를 '통신판매업자'로 정의하면 되므로 '전자상거래를 하는 사업자'로 정의할 필요가 없다.

둘째, 일반(오프라인) 상점에서 상품구매 후 카드결제를 하는 경우, 상거래의 일부가 전자문서에 의한 거래로 전자상거래에 해당하지만 일반 거래업자로 정의된다. 따라서 '전자상거래를 하는 사업자'로 정의할 필요가 없다.

「전자상거래 등에서의 소비자보호에 관한 법률」 제2조 '통신판매업자'에 대한 용어의 정의를 살펴보면 다음과 같다.

'통신판매업자'란 통신판매를 업으로 하는 자 또는 그와의 약정에 따라 통신판매업무를 수행하는 자를 말한다.

'통신판매중개'란 사이버몰(컴퓨터 등과 정보통신설비를 이용하여 재화 등을 거래할 수 있도록 설정된 가상의 영업장)의 이용을 허락하거나 그 밖에 자신의 명의로 통신판매를 위한 광고수단을 제공하거나 그 광고수단에 자신의 이름을 표시하여 통신판매에 관한 정보의 제공이나 청약의 접수 등 통신판매의 일부를 수행하는 방법으로 거래당사자 간의 통신판매를 알선하는 행위를 말한다.

'통신판매업자'에는 '통신판매중개자'와 '통신판매중개를 의뢰한 자(통신판매중개의뢰자)'가 있으며 '통신판매중개의뢰자'는 사업자인 경우와 사업자가 아닌 경우로 구분할 수 있다.

'우리가 인터넷쇼핑몰을 하고 싶을 때 어떻게 해야 하나?'를 살펴보자. 인터넷쇼핑몰을 통한 거래는 「전자상거래 등에서의 소비자보호에 관한 법률」의 전자상거래와 통신판매 모두에 해당한다. 즉, 인터넷쇼핑몰은 「전자상거래 등에서의 소비자보호에 관한 법률」상의 통신판매업에 해당하므로 인터넷쇼핑몰 창업자는 이 법에 따른 통신판매업 신고를 반드시 해야 하며, 특히 자본금이 1억 원을 초과하는 창업자는 「전기통신사업법」의 부가통신사업에도 해당하므로 통신판매업 신고 외에 「전기통신사업법」에 따른 부가통신사업 신고도 해야 한다.

1. 전자상거래 및 통신판매 사업자의 의무

전자상거래 또는 통신판매거래를 하는 소비자를 보호하기 위하여, 사업자에게 신원 및 거래조건에 대한 정보제공, 소비자피해보상보험의 가입 또는 결제대금 예치제도의 이용, 구매권유광고 수신거부의사의 확인, 계약 관련 사항의 고지, 손해배상청구금액의 제한, 휴업기간 중의 업무처리의무, 물품 또는 서비스의 공급과 환불 의무 및 그 밖의 금지행위에 대한 규제를 하고 있다.

1) 전자상거래 및 통신판매에서 거래단계별 사업자의 의무

(1) 전자상거래 및 통신판매에서 사업자의 영업 전 단계 의무

① 통신판매업자의 신고의무

통신판매업자는 상호·주소·전화번호·전자우편주소·인터넷도메인이름·호스트서버의 소재지 등을 공정거래위원회(외국인사업자인 경우)나 특별자치도지사·시장·군수·구청장에게 신고하여야 한다(「전자상거래 등에서의 소비자보호에 관한 법률」 제12조 제1항). 예를 들면, 인터넷쇼핑몰을 하고 싶은 경우, 인터넷쇼핑몰이 통신판매업에 해당하므로, 통신판매업의 상호·주소 등을 시장·군수·구청장 등에게 신고해야 한다.

② 전자상거래 및 통신판매 사업자의 소비자피해보상보험계약 등의 체결의무

공정거래위원회는 전자상거래 또는 통신판매 사업자가 소비자피해보상보험계약 등을 체결하도록 권장하고 있다. 선지급식 통신판매업자[78]는 소비자가 원하는 경우에는 소비자가 결제대금예치를 이용하도록 하거나 소비자피해보상보험계약을 체결하여야 한다(「전자상거래 등에서의 소비자보호에 관한 법률」 제24조). 단, 5만 원 미만의 재화 등을 구매하는 거래, 신용카드로 구매하는 경우, 정보통신망으로 전송되거나 제3자가 배송을 확인할 수 없는 재화 등을 구매하는 거래(예: 게임, 인터넷 학원 수강 등), 일정기간에 걸쳐 분할해 공급하는 재화 등을 구매하는 경우 등은 결제대금예치나 소비자피해보상보험계약의 의무를 갖지 않는다.

소비자피해보상보험이란 전자상거래 또는 통신판매거래로 인해 소비자에게 피해가 발생한 경우에 그 피해를 보상해 주는 것을 내용으로 하는 보험으로서 보험회사와의 보험계약, 은행과의 채무지급보증계약, 공제조합과의 공제계약이 여기에 해당한다(「전자상거래 등에서의 소비자보호에 관한 법률」 제24조 제1항).

---

78) 선지급식 통신판매란 소비자가 재화 등을 공급받기 전에 미리 재화 등 대금의 전부 또는 일부를 지급하는 거래형태를 말한다. 선지급식 통신판매업자란 선지급식 통신판매를 업으로 하는 자를 말한다.

결제대금예치(에스크로: ESCROW)란 구매의 안전을 위해 소비자가 원하는 경우에 은행 등 공신력 있는 결제대금예치업자가 소비자의 결제대금을 맡아두고 있다가 재화 등의 배송이 완료된 뒤 사업자에게 대금을 지급하게 하는 것을 말한다(「전자상거래 등에서의 소비자보호에 관한 법률」 제13조 제2항 제10호).

▌도표 13-2▌ 결제대금예치(에스크로: ESCROW)제도의 활용 예시

Q. 인터넷쇼핑몰에서 마음에 드는 선글라스(판매가 15만 원)를 발견한 A씨는 무통장입금으로 대금을 지불하고 물건을 구매하려고 합니다. 그런데 혹시나 물건은 받지 못하고 대금만 지불하게 되는 것은 아닐까 걱정이 됩니다. 무슨 방법이 없을까요?

A. 전자상거래를 통한 거래의 경우 물건은 받지 못하고 물건 대금만 떼이는 사기성 거래가 발생할 가능성이 일반거래보다 높은 편입니다. 따라서 소비자의 구매안전을 보장하기 위해 결제대금예치제도와 소비자피해보상보험계약 등의 구매안전서비스제도가 실시되고 있습니다.
결제대금예치제도란 소비자가 결제한 대금이 바로 사업자에게 이전되는 것이 아니라 공신력 있는 결제대금예치업자가 이를 먼저 맡아두고 물건이 소비자에게 전달된 뒤 사업자에게 자신이 맡아두었던 대금을 지급하는 거래안전장치입니다. 결제대금예치제도를 이용하면 대금을 결제했는데 물건을 제대로 배송받지 못할 경우 자신이 지불한 대금을 돌려받을 수 있습니다. 다만, 이러한 결제대금예치제도는 인터넷쇼핑몰 사업자와 결제대금예치업자의 계약을 통해 이루어지므로, 소비자는 자신이 물건을 구매하고자 하는 인터넷쇼핑몰이 결제대금예치제도를 이용하고 있는지를 먼저 확인해야 합니다. 인터넷쇼핑몰 사업자가 결제대금예치제도를 이용하는 계약을 체결한 경우에는 그 사실을 나타내는 표지를 사용할 수 있으므로, 소비자는 해당 표지의 확인을 통해 결제대금예치제도의 이용 여부를 알 수 있습니다(「전자상거래 등에서의 소비자보호에 관한 법률」 제24조 제2항·제8항·제9항).

출처: 찾기 쉬운 생활법령정보(oneclick.law.go.kr)

(2) 전자상거래 및 통신판매에서 청약의 유인단계 의무

① 자기신원정보 표시

사이버몰 운영자는 소비자가 사업자의 신원 등에 관하여 쉽게 알 수 있도록 상호 및 대표자 성명·영업소 소재지 주소·전화번호·팩스번호·전자우편 주소·사업자 등록번호·사이버몰 이용약관·기타 소비자보호를 위하여 필요한 사항을 사이버몰 초기화면에 표시하여야 한다(「전자상거래 등에서의 소비자보호에 관한 법률」 제10조 제1항).

통신판매업자(전자상거래업자를 포함한다)가 재화 등의 거래에 관한 청약을 받을 목적으로 표시·광고를 할 때에는 상호 및 대표자 성명·주소·전화번호·전자우편주소·통신판매업 신고번호, 신고기관 등을 포함한 통신판매업자의 신원을 표시하여야 한다(「전자상거래 등에서의 소비자보호에 관한 법률」 제13조 제1항).

② 표시·광고의 기록보존의무

사업자는 전자상거래 및 통신판매에서의 표시·광고·계약 내용 및 그 이행 등 거래에 관한 기록을 상당한 기간(6월~5년) 보존하여야 한다(「전자상거래 등에서의 소비자보호에 관한 법률」 제6조).

도표 13-3 인터넷쇼핑몰의 허위·과장 표시 및 광고에 속아 재화를 구입한 경우 예시

Q. 인터넷쇼핑몰에서 순모 100% 코트로 표시되어 있어 구입하였으나 배달된 코트를 확인하니 합성섬유가 포함된 코트였습니다. 쇼핑몰에서는 구입 후 20일이 경과되었다고 반품을 거절하고 있습니다. 어떻게 처리해야 하나요?

A. 객관적인 입증자료가 있는 경우 보상요구가 가능합니다. 인터넷쇼핑몰에서 허위로 표시한 근거를 입증할 수 있다면 이를 근거로 사업자에게 반품을 하고 환급을 받을 수 있다고 봅니다. 통상 허위·과장광고로 인해 피해를 입은 경우에는 허위·과장광고 임을 입증할 수 있는 근거(화면 인쇄 자료, 전단, 신문광고 등)가 있다면 보상을 요구할 수 있습니다. 현행 「전자상거래 등에서의 소비자보호에 관한 법률」 제17조 제3항에 의하면 "재화 등의 내용이 표시·광고 내용과 다르거나 계약 내용과 다르게 이행된 경우에는 해당 재화 등을 공급받은 날부터 3개월 이내, 그 사실을 안 날 또는 알 수 있었던 날부터 30일 이내에 청약철회 등을 할 수 있다"고 되어 있습니다. 철회방법으로는 문서로 통보하는 것이 또 다른 분쟁을 예방할 수 있으므로 우체국의 내용증명우편으로 사업자에게 청약철회 사실을 통보해야 합니다.

출처: 한국소비자원(www.kca.go.kr) 품목별 피해구제 사례.

(3) 전자상거래 및 통신판매 사업자의 청약단계 의무

① 통신판매업자의 재화 등에 대한 사항의 표시·광고 및 고지

소비자가 재화 등에 대한 거래조건을 정확히 이해하고 실수 또는 착오 없이 거래할 수 있도록 하기 위해 통신판매업자는 계약체결 전에 적절한 방법으로 계약 내용을 표시·광고 또는 고지하여야 한다(「전자상거래 등에서의 소비자보호에 관한 법률」 제13조 제2항). 통신판매업자가 미성년자와 계약체결 시 법정대리인인 부모의 동의를 얻지 않았거나, 법정대리인이 그 계약에 대해 동의를 하지 않으면 미성년자 본인 또는 법정대리인이 그 계약을 취소할 수 있다는 내용을 미성년자에게 알려주어야 한다(「전자상거래 등에서의 소비자보호에 관한 법률」 제13조 제3항).

도표 13-4 미성년자가 한 초고속인터넷서비스 계약의 취소 예시

Q. 중학교 2학년 아들이 초고속 인터넷서비스에 가입하면 넷북을 준다는 인터넷 광고를 보고 인터넷서비스에 가입했다는 사실을 알게 되었습니다. 인터넷선을 설치하러 방문하겠다는 사업자의 전화를 받았는데,

이 계약을 취소할 수 있나요?

A. 계약을 취소할 수 있습니다. 미성년자가 법률행위를 하려면 부모 등 법정대리인의 동의를 얻어야 합니다. 따라서 법정대리인의 동의가 없다면 미성년자 본인이나 법정대리인이 이를 취소할 수 있습니다(「민법」 제5조).
계약을 취소하기 위해서는 사업자에게 연락하고 내용을 확실하게 하기 위해 내용증명우편을 발송하는 것이 좋으며, 이후에도 사업자가 계약취소 처리업무를 하지 않으면 한국소비자원 1372 소비자상담센터에 연락을 취해 피해구제를 요청할 수 있습니다.
사업자가 미성년자인 자녀와 계약체결 시 법정대리인인 부모의 동의를 얻지 않았거나, 법정대리인이 그 계약에 대해 동의를 하지 않으면 미성년자 본인 또는 법정대리인이 그 계약을 취소할 수 있다는 내용을 미성년자에게 알려주어야 합니다(「전자상거래 등에서의 소비자보호에 관한 법률」 제13조 제3항).

출처: 찾기 쉬운 생활법령정보(oneclick.law.go.kr)

② 청약확인 및 조작실수 방지를 위한 적절한 절차의 구비

통신판매업자는 소비자로부터 재화 등의 거래에 관한 청약을 받은 경우 소비자의 조작실수로 인한 피해예방을 위해 청약 의사표시의 수신 확인 및 거래대금의 부과시점 또는 계약체결 전에 소비자가 청약의 내용을 확인하고 정정 또는 취소할 수 있도록 적절한 절차를 갖추어야 한다(「전자상거래 등에서의 소비자보호에 관한 법률」 제7조 · 제14조).

③ 재화 등의 공급불능 고지

통신판매업자가 청약을 받은 재화 등을 공급하기 곤란하다는 것을 알게 된 경우에는 그 사유를 소비자에게 즉시 알려야 한다.

④ 계약서의 송부

통신판매업자는 계약을 체결한 소비자에게 계약 내용에 관한 문서(전자문서를 포함하는 것으로 이메일, 문자메시지 등)를 재화 등을 공급할 때까지 교부하여야 한다(「전자상거래 등에서의 소비자보호에 관한 법률」 제13조 제2항).

(4) 전자상거래 및 통신판매 사업자의 영업 후 단계 의무

① 기간 내 재화 등의 공급에 필요한 조치

통신판매업자는 소비자가 청약을 한 날부터 7일 이내(대금의 전부나 일부를 이미 받은 선지급식 통신판매의 경우 그 대금을 받은 날부터 3영업일 이내)에 재화 등의 공급에 필요한 조치를 취하여야 한다. 단, 별도의 약정이 있는 경우에는 제외한다(「전자상거래 등

에서의 소비자보호에 관한 법률」 제15조 제1항).

'공급에 필요한 조치'가 반드시 그 기간 내에 공급이 완료되어야 하는 것을 의미하는 것은 아니며, 출고나 배송 등 공급을 위하여 필요한 조치를 하여야 함을 의미한다.

② 공급절차 및 진행상황을 확인할 수 있는 조치

통신판매업자는 소비자가 재화 등의 공급절차 및 진행상황을 확인할 수 있도록 적절한 조치를 하여야 한다(「전자상거래 등에서의 소비자보호에 관한 법률」 제15조 제3항).

③ 전자적 대금지급사실에 대한 통지 및 자료열람

사업자와 전자결제업자 등은 전자적 대금지급이 이루어진 경우 전자문서의 송신 등 소비자에게 그 사실을 통보하고, 언제든지 소비자에게 전자적 대금지급과 관련한 자료를 열람할 수 있도록 하여야 한다(「전자상거래 등에서의 소비자보호에 관한 법률」 제8조 제3항).

(5) 전자상거래 및 통신판매에서 소비자의 청약철회로 인한 사업자의 의무

① 대금의 환급

통신판매업자는 재화 등을 반환받은 날부터 3영업일 이내에 이미 지급받은 재화 등의 대금을 환급하여야 한다. 통신판매업자가 소비자에게 재화 등의 대금환급을 지연한 때에는 그 지연기간에 대하여 지연배상금을 지급하여야 한다(「전자상거래 등에서의 소비자보호에 관한 법률」 제18조 제2항).

통신판매업자는 재화 등의 대금을 환급할 때 소비자가 신용카드 등으로 대금을 지급한 경우에는 지체 없이 해당 결제수단을 제공한 사업자(결제업자)에게 재화 등의 대금 청구를 정지하거나 취소하도록 요청하여야 한다. 다만, 통신판매업자가 결제업자로부터 해당 재화 등의 대금을 이미 받은 때에는 지체 없이 그 대금을 결제업자에게 환급하고, 그 사실을 소비자에게 알려야 한다(「전자상거래 등에서의 소비자보호에 관한 법률」 제18조 제3항).

통신판매업자가 정당한 사유 없이 결제업자에게 대금을 환급하지 아니하는 경우 소비자는 환급받을 금액에 대하여 결제업자에게 해당 통신판매업자에 대한 다른 채무와 상계할 것을 요청할 수 있다(「전자상거래 등에서의 소비자보호에 관한 법률」 제18조 제6항).

만약, 소비자와 통신판매계약을 체결한 자와 그 대금을 지급받은 자(통신판매중개자 등)가 다른 경우에는 양자가 연대하여 책임을 진다(「전자상거래 등에서의 소비자보호에 관한 법률」 제18조 제11항).

② 반환배송비의 부담

소비자의 변심에 의한 청약철회의 경우 공급받은 재화 등의 반환에 필요한 비용은 소비자가 부담한다(「전자상거래 등에서의 소비자보호에 관한 법률」 제18조 제9항). 그러나 재화 등의 내용이 표시·광고 내용과 다르거나 계약 내용과 다르게 이행된 경우의 청약철회 등에 있어서는 재화 등의 반환에 필요한 비용은 통신판매업자가 부담하여야 한다(「전자상거래 등에서의 소비자보호에 관한 법률」 제18조 제11항).

▌도표 13-5▐ 전자상거래 등에서 청약철회 시 반환배송비 부담 예시

Q. 골프공을 흡입할 정도로 흡입 성능이 좋다고 하는 인터넷쇼핑몰의 광고를 보고 진공청소기를 구입하였는데 실제 사용해 보니 수박씨 정도도 제대로 흡입하지 않을 정도라 반품하려고 하자 판매자가 반송비용을 부담하라고 합니다. 이러한 경우 반송비용은 누가 부담해야 하는지요?

A. 반송비용은 사업자가 부담합니다.
「전자상거래 등에서의 소비자보호에 관한 법률」 제17조 제3항에 따르면, 재화 등의 내용이 표시·광고의 내용과 다르거나 계약 내용과 다르게 이행된 경우에는 비록 소비자의 귀책사유로 재화 등이 멸실·훼손·가치감소 등이 있어도 해당 재화 등을 공급받은 날부터 3개월 이내, 그 사실을 안 날 또는 알 수 있었던 날부터 30일 이내에 청약철회 등을 할 수 있습니다.
또한 이러한 경우 반환에 필요한 비용도 사업자가 부담해야 합니다(「전자상거래 등에서의 소비자보호에 관한 법률」 제18조 제10항).

출처: 한국소비자원(www.kca.go.kr) 품목별 피해구제 사례.

③ 위약금, 손해배상 등의 청구제한

통신판매업자는 소비자의 변심에 의한 청약철회 등에 대해서는 위약금 또는 손해배상을 청구할 수 없다(「전자상거래 등에서의 소비자보호에 관한 법률」 제18조 제9항). 다만, 소비자에게 책임 있는 사유로 인하여 계약이 해제된 경우에는 소비자에게 손해배상을 청구할 수 있으나, 그 손해배상액은 대금미납의 경우에는 미납대금에다 미납에 따른 지연배상금을 더한 금액을 초과할 수 없다(「전자상거래 등에서의 소비자보호에 관한 법률」 제19조).

2) 통신판매중개자의 책임

통신판매중개자[79]는 자신이 통신판매의 당사자가 아니라는 사실을 소비자가 쉽게 알 수 있도록 통신판매중개자가 운영하는 사이버몰의 초기 화면에 미리 고지하여야 한다.

통신판매중개자는 통신판매중개를 의뢰한 자(이하 '통신판매중개의뢰자'라 한다)가 사업자인 경우에는 그 성명(사업자가 법인인 경우에는 그 명칭과 대표자의 성명)·주소·전화번호 등을 확인하여 청약이 이루어지기 전까지 소비자에게 제공하여야 하고, 통신판매중개의뢰자가 사업자가 아닌 경우에는 그 성명·전화번호 등을 확인하여 거래의 당사자들에게 상대방에 관한 정보를 열람할 수 있는 방법을 제공하여야 한다(「전자상거래 등에서의 소비자보호에 관한 법률」 제20조).

통신판매중개자는 사이버몰 등을 이용함으로써 발생하는 불만이나 분쟁의 해결을 위하여 그 원인 및 피해의 파악 등 필요한 조치를 신속히 시행하여야 한다.

3) 전자상거래 및 통신판매 사업자의 금지행위

공정한 거래를 통한 소비자보호를 위해 사업자의 아래와 같은 행위들을 금지한다(「전자상거래 등에서의 소비자보호에 관한 법률」 제21조 제1항).

(1) 거짓 또는 과장된 사실을 알리거나 기만적 방법을 사용해서 소비자를 유인 또는 거래하거나 청약철회 등을 방해하는 행위를 금지한다.

(2) 청약철회 등을 방해할 목적으로 주소·전화번호·인터넷도메인 이름 등을 변경 또는 폐지하는 행위를 금지한다.

(3) 분쟁이나 불만처리에 필요한 인력 또는 설비의 부족을 상당기간 방치해서 소비자에게 피해를 주는 행위를 금지한다.

(4) 소비자의 청약이 없음에도 불구하고 일방적으로 재화 또는 용역을 공급하고 그 대금을 청구하거나 재화 등의 대금만을 청구하는 행위를 금지한다.

(5) 소비자가 재화 등을 구매할 의사가 없음을 밝혔음에도 불구하고 전화, 팩스, 컴퓨터 통신 등을 통해서 재화 등을 구매하도록 강요하는 행위를 금지한다.

---

79) 통신판매중개자에는 옥션, 11번가 등이 해당한다(예: 옥션홈페이지에는 "옥션은 통신판매중개자이며 통신판매의 당사자가 아닙니다. 따라서 옥션은 상품·거래정보 및 거래에 대하여 책임을 지지 않습니다"라고 표시되어 있다).

(6) 소비자의 허락을 받지 않거나 허락 받은 범위를 넘어 소비자에 관한 정보를 이용하는 행위를 금지한다. 그러나 다음의 경우는 가능하다.

① 재화 등의 배송 또는 전송을 위탁받은 자에게 소비자에 관한 정보를 제공할 수 있다.

② 재화 등의 설치, 사후 서비스와 그 밖에 약정한 서비스의 제공을 위탁받은 자에게 소비자에 관한 정보를 제공할 수 있다.

③ 재화 등의 거래에 따른 대금정산을 위해 필요한 경우 소비자에 관한 정보를 이용할 수 있다.

④ 소비자의 신원 및 실명 여부나 본인의 진의 여부의 확인을 위해 기간통신사업자·신용정보회사 및 신용정보집중기관·대금결제와 직접 관련된 전자결제업자·도용방지를 위한 실명확인을 직업으로 하는 자 중 하나에 해당하는 자에게 소비자에 관한 정보를 제공할 수 있다.

⑤ 미성년자와의 거래에 있어 법정대리인의 동의 여부를 확인하기 위해 소비자에 관한 정보를 이용할 수 있다.

⑥ 법률의 규정 또는 법률에 의해 필요한 불가피한 사유가 있는 경우 소비자에 관한 정보를 이용할 수 있다.

2. 전자상거래 및 통신판매에서 소비자의 권리

전자상거래 또는 통신판매에서는 소비자가 충동구매를 하기 쉽기 때문에 소비자에게 일정기간 동안 위약금이나 손해배상금을 물지 않고 자유롭게 청약을 철회하거나 그 계약을 해제할 수 있도록 일반적으로 7일 정도의 청약철회기간(cooling off period)을 두고 있다.

청약철회를 하면 계약이 처음부터 없었던 것처럼 되기 때문에 소비자와 사업자는 원상회복의무를 지며, 방문판매·전화권유판매·다단계판매 등에 의한 거래와 달리 전자상거래 및 통신판매에서는 청약철회로 인한 재화 또는 용역의 반환에 드는 비용을 소비자가 부담한다.

1) 전자상거래 및 통신판매에서 소비자의 청약철회권 등의 행사

통신판매업자와 재화 등의 구매에 관한 계약을 체결한 소비자는 계약문서를 교부받은 날부터(재화 등의 공급이 그보다 늦게 이루어진 경우에는 공급이 개시된 날부터) 7일 이내에 청약을 철회할 수 있다(「전자상거래 등에서의 소비자보호에 관한 법률」 제17조 제1항). 다만, 재화 등의 내용이 표시·광고의 내용과 다르거나 계약 내용과 다르게 이행된 경우에는 비록 소비자의 귀책사유로 재화 등이 멸실·훼손·가치감소 등이 있어도 해당 재화 등을 공급받은 날부터 3개월 이내, 그 사실을 안 날 또는 알 수 있었던 날부터 30일 이내에 청약철회 등을 할 수 있다(「전자상거래 등에서의 소비자보호에 관한 법률」 제17조 제3항).

훼손의 책임, 공급시기 등과 관련하여 다툼이 있는 경우 통신판매업자가 이를 입증하여야 한다(「전자상거래 등에서의 소비자보호에 관한 법률」 제17조 제5항).

도표 13-6 전자상거래로 구입한 재화의 현금 반환 예시

Q. 전자상거래로 니트를 구입한 후 7일 이내 청약철회를 요구해서 물건을 반품했는데 물건 대금을 현금으로 환급해 주지 않고 적립금으로 처리하고 나중에 다른 물건을 구입하라고 합니다. 현금 환급이 가능한지요?

A. 현금으로 환급받을 수 있습니다. 「전자상거래 등에서의 소비자보호에 관한 법률」 제18조는 청약철회 시 소비자는 이미 공급받은 제품을 사업자에게 반환해야 하며, 사업자는 재화를 반환받은 날로부터 3영업일 이내에 이미 지급받은 대금을 환급해야 한다고 명시하고 있습니다. 사업자가 대금의 환급을 지연할 경우에는 가산이자를 지급하도록 하고 있습니다.

출처: 한국소비자원(www.kca.go.kr) 품목별 피해구제 사례.

2) 전자상거래 및 통신판매에서 소비자의 청약철회 제한

거래의 안전을 위해 다음의 경우에는 통신판매업자가 받아들이지 않으면 소비자의 변심을 이유로 청약철회 등을 할 수 없다. 단, 아래 (2), (3), (4)의 규정에 따라 청약철회가 불가능한 재화 등의 경우에는 그 사실을 재화 등의 포장이나 그밖에 소비자가 쉽게 알 수 있는 곳에 명확하게 적거나 시용제품(sample)을 제공하지 않았다면, 청약철회를 할 수 있다(「전자상거래 등에서의 소비자보호에 관한 법률」 제17조 제2항).

(1) 소비자에게 책임 있는 사유로 재화 등이 멸실 또는 훼손된 경우(다만, 재화 등의 내용을 확인하기 위하여 포장 등을 훼손한 경우를 제외한다)에는 청약철회 등을 할 수 없다.

(2) 소비자의 사용 또는 일부 소비에 의하여 재화 등의 가치가 현저히 감소한 경우에는 청약철회 등을 할 수 없다.

(3) 시간 경과에 따라 재판매가 곤란할 정도로 재화의 가치가 현저히 감소한 경우에는

청약철회 등을 할 수 없다.

(4) 복제가 가능한 재화 등의 포장을 훼손한 경우에는 청약철회 등을 할 수 없다.

(5) 개별주문 생산되는 재화 등의 청약철회 시 판매자에게 회복할 수 없는 피해가 예상되어 소비자에게 문서(전자문서 포함)로 사전 동의를 얻은 경우에는 청약철회 등을 할 수 없다.

▌도표 13-7▐ 재화 훼손에 따른 청약철회의 가능 여부 예시

Q. 얼마 전 인터넷쇼핑몰을 통해 제일 사이즈가 큰 운동용 공을 주문하고, 인수 즉시 공기를 주입하던 중 사이즈가 너무 큰 것 같아 작은 상품으로 교환하고자 공기를 완전히 빼고 재포장해서 반품하고자 하였으나 판매자는 공기를 주입하였다며 거부합니다. 판매자는 공기를 주입하면 반품이 안 된다고 인터넷사이트에 주의사항으로 적어 놓았다고 하나 제품을 사용할 수 없을 만큼 훼손된 것도 아니고, 배송시 안내문도 없었던 바, 다른 사이즈의 상품으로 교환을 받을 수 없나요?

A. 소비자가 구입한 공을 인수해서 포장을 개봉하여 공기를 주입하고 사용하면 청약철회가 안 된다고 인터넷 사이트상에 명시한 경우 판매자가 받아들이지 않으면 제품교환은 어려울 것입니다.
「전자상거래 등에서의 소비자보호에 관한 법률」에 따라 전자상거래로 구입한 재화에 대해서 소비자는 7일 이내에 청약철회를 할 수 있으나(제17조 제1항), 소비자가 재화를 사용 또는 일부 소비해서 가치가 현저히 감소하거나 재화를 멸실 또는 훼손한 경우는 사업자가 받아들이지 않으면 청약철회를 할 수 없습니다(제17조 제2항). 다만, 재화의 내용을 확인하기 위하여 포장 등을 훼손한 경우는 청약철회가 가능하고(제17조 제2항 제1호 단서), 재화의 사용 또는 일부 소비할 경우 청약철회가 안 되는 재화에 대해 그 사실을 포장 등에 쉽게 알 수 있도록 표시하지 않은 경우에도 청약철회가 가능합니다(제17조 제6항).

출처: 한국소비자원(www.kca.go.kr) 품목별 피해구제 사례.

3) 전자상거래 및 통신판매에서 소비자에 의한 청약철회 효력 및 효력발생일

(1) 전자상거래 및 통신판매에서 원상회복의무

청약철회 등이 이루어지면 소비자와 사업자는 모두 계약에 따른 내용 등을 계약체결 전의 상태로 회복시킬 의무가 발생하므로 소비자는 이미 제공받은 재화 등을 반환해야 하고, 청약철회 등에 따라 재화 등을 반환해야 하는 소비자가 이미 재화 등을 일부 사용 또는 소비한 경우나 재화 등의 사용으로 인해 소모성 부품의 재판매가 곤란하거나 재판매가격이 현저히 하락하는 경우에는 사업자의 지급 청구가 있으면 관련 비용을 사업자에게 지급해야 한다(「전자상거래 등에서의 소비자보호에 관한 법률」 제18조).

(2) 전자상거래 및 통신판매에서 재화 등 반환비용의 부담

원상회복의무에 따라 소비자가 재화 등을 반환하는 데 필요한 비용은 방문판매·전화권유판매·다단계판매 등에 의한 거래와 달리 소비자가 부담해야 한다. 다만, 재화 등의 내용이 표시·광고 내용과 다르거나 계약 내용과 다르게 이행된 경우의 반환비용은 사업자가 부담한다(「전자상거래 등에서의 소비자보호에 관한 법률」 제18조).

(3) 전자상거래 및 통신판매에서 청약철회 효력발생일

소비자는 문서나 그 밖의 방법으로 청약철회 등을 할 수 있는데, 문서로 하는 경우에는 문서를 발송한 날부터 그 효력이 발생한다(「전자상거래 등에서의 소비자보호에 관한 법률」 제17조 제4항).

도표 13-8 전자상거래로 구입한 재화의 반환 시 배송료 부담 여부 예시

Q. 전자상거래로 신발을 구입하였는데 사이즈가 맞지 않아 반품과 구입가 환급을 요구하니 왕복택배비를 부담하라고 합니다. 왕복택배비를 부담해야 하는지요?

A. 왕복택배비를 소비자가 부담해야 합니다. 「전자상거래 등에서의 소비자보호에 관한 법률」 제18조 제9항은 소비자의 사정에 의한 청약철회 시 택배비는 소비자가 부담하도록 규정하고 있으며, 이 경우 사업자는 이러한 내용을 소비자가 알기 쉽게 명확하게 표시하도록 규정하고 있습니다. 단, 재화 등의 내용이 표시·광고 내용과 다르거나 계약 내용과 다르게 이행된 경우에는 택배비를 사업자가 부담하도록 하고 있습니다.

출처: 한국소비자원(www.kca.go.kr) 품목별 피해구제 사례.

도표 13-9 신용카드로 결제한 의류를 반품하였으나 처리해 주지 않는 경우 예시

Q. 전자상거래로 원피스를 주문하고 대금을 신용카드로 결제하였습니다. 구입 후 7일 이내 청약철회를 요구하여 반품하였는데 그 대금을 환급해 주지 않고 있습니다. 어떻게 해야 하나요?

A. 신용카드사에 사업자의 다른 채무와의 상계를 요구할 수 있습니다. 「전자상거래 등에서의 소비자보호에 관한 법률」 제18조는 청약철회 시 사업자가 신용카드로 결제한 대금의 환급을 지연할 경우 신용카드사에 환급에 필요한 조치를 요구할 수 있도록 하고 있습니다. 이 경우 신용카드사는 환급에 필요한 조치를 취해야 하며 카드사가 사업자에게 지급할 대금이 있을 경우 이를 주지 않고 소비자가 결제한 대금을 상계처리한 후 소비자의 결제대금 매출을 취소해 주어야 합니다.

출처: 한국소비자원(www.kca.go.kr) 품목별 피해구제 사례.

II. 전자상거래 등에서의 소비자보호 지침

전자상거래 등에서의 소비자보호 지침(공정거래위원회고시 제2012-33호)은 「전자상거래 등에서의 소비자보호에 관한 법률」 제21조에 따라 위반행위의 방지 및 소비자피해의 예방을 위하여 관련 법령의 해석에 관한 기준을 제시하는 부분인 '일반사항'과 「전자상거래 등에서의 소비자보호에 관한 법률」 제23조의 규정에 따라 건전한 거래질서 확립 및 소비자의 보호를 위하여 사업자의 자율적 준수를 유도하기 위한 '권고사항'의 두 부분으로 구성되어 있다. '일반사항'은 관련 법령의 적용기준을 제시한 부분으로 관련 법령의 위반 여부를 판단하는 기준이 된다. 사업자가 사용하는 약관(미리 마련한 계약의 내용)이 '권고사항'에 규정된 내용보다 소비자에게 불리한 경우에 사업자는 그 다르게 정한 약관의 내용을 소비자가 알기 쉽게 표시 또는 고지하여야 하며, 그러한 표시 또는 고지를 아니한 경우에는 시정조치의 대상이 된다.

▮도표 13-10▮ 전자상거래 등에서의 소비자보호 지침

전자상거래 등에서의 소비자보호 지침

Ⅰ. **목적 및 구성** (내용 생략)

Ⅱ. **일반사항**

1. 일반적 준수사항

사업자는 전자상거래 및 통신판매를 함에 있어서 다음 각 호의 사항을 준수하여야 한다.

가. 사업자가 표시·광고를 할 때에는 「표시·광고의 공정화에 관한 법률」과 「중요한 표시·광고 사항 고시」(공정거래위원회고시 제2005-18호), 「부당한 표시·광고 행위의 유형 및 기준 지정 고시」(공정거래위원회고시 제2001-13호) 등의 관련 규정을 준수하여야 한다.

나. 사업자가 거래조건을 정하거나 이를 소비자에게 알릴 때에는 「독점규제 및 공정거래에 관한 법률」, 「약관의 규제에 관한 법률」, 「할부거래에 관한 법률」 등 거래조건에 관한 법령의 규정을 준수하여야 하며, 소비자가 거래조건을 용이하게 전자문서로 저장하거나 인쇄하여 보존할 수 있도록 하여야 한다.

다. 사업자가 청소년(이 지침에서 '청소년'이라 함은 「청소년보호법」 제2조 제1호에서 정하는 바에 따르며, 이하 같다)을 대상으로 전자상거래 및 통신판매를 할 때에는 「청소년보호법」 제2조 제3호의 규정에 의한 청소년유해매체물 등 타법령에 의하여 청소년의 접근이 제한된 재화와 정보 등에 대해서는 청소년의 접근을 제한하고 이를 구매할 수 없도록 하기 위한 조치를 강구하여야 한다.

2. 통신판매, 통신판매업자, 통신판매중개자의 개념 정의 및 책임의 범위

가. 법 제2조 제2호의 규정에 의한 '통신판매'는 사업자의 판매에 관한 정보제공 및 소비자의 청약이 직접 대면하지 아니하고 이루어진 것을 의미한다.

〈예시〉

• 갑은 인터넷상의 사이버몰에서 을의 제품광고를 본 후, 을의 상점을 직접 방문하여 제품을 구입하였다.

➡ 이는 판매에 관한 정보의 제공이 비대면으로 이루어진 것일 뿐 청약이 비대면으로 이루어진 것이 아니므로 통신판매에 해당하지 않는다.

나. 법 제2조 제3호에서 '통신판매를 업으로 하는 자와의 약정에 따라 통신판매업무를 수행하는 자'를 예시하면 다음과 같다.

〈예시〉

• A신용카드사는 통신판매업자인 B여행사를 위하여 A신용카드사 자신의 명의로 발행되는 카탈로그를 이용하여 B여행사의 여행상품에 대한 판매의 정보를 제공하고 고객으로부터 동 여행상품에 대한 청약을 비대면으로 접수하여 여행상품 판매업무를 수행하였다.

➡ 이러한 경우, A신용카드사는 통신판매업자(B여행사)와의 약정에 따라 통신판매업무를 수행하는 자로서 통신판매업자에 해당한다.

• 반면에 A신용카드사가 자신의 명의로 발행되는 우편물에 B여행사를 위하여 여행상품에 대한 판매의 정보를 제공하고 청약의 접수 및 판매는 B여행사에서 이루어지는 경우,

➡ A카드사는 통신판매업자에 해당하지 아니한다(이 경우 통신판매중개자에는 해당한다).

-------- 일부 생략 --------

Ⅲ. 권고사항

1. 청약철회 등 관련

가. 재화 등의 내용이 표시・광고 내용과 다르거나 계약 내용과 다르게 이행된 사유로 청약철회 등을 하는 경우에 구매 시의 배송비는 통신판매업자가 부담하여야 하며, 이미 소비자가 지불한 경우에는 통신판매업자는 이를 환불해 주어야 한다.

나. 소비자가 단순한 변심에 의해 청약철회 등을 하는 경우에는 구매시의 배송비를 부담할 자를 당사자 간의 약정에 의하여 정할 수 있고, 사업자는 이를 소비자가 알기 쉽고 명확하게 표시하여야 한다.

다. 사업자가 소비자로부터 청약을 받기 위해 무료전화(080서비스 등)를 이용하는 경우에는 청약철회 등의 분쟁처리에 관한 사항도 무료전화로 할 수 있도록 조치하여야 하며, 청약철회 등과 관련된 통화를 고의적으로 연기, 방치하여서는 아니된다.

라. 숙박업 및 여행업 등에서 소비자가 통신판매를 통하여 예약한 후 청약철회 등을 하고자 할 때 법 제17조 제2항 제3호(시간의 경과에 의하여 재판매가 곤란할 정도로 재화등의 가치가 현저히 감소한 경우)에 해당하는지에 대하여 통신판매업자와 소비자간에 분쟁이 발생하는 경우 사업자는 「소비자분쟁해결기준」상의 공제기준을 넘지 않는 범위에서 공제한 후 환불할 수 있다. 다만, 사업자는 소비자가 이러한 사실을 미리 알 수 있도록 사전에 고지하여야 하며 고지 내용에는 법 제17조 제2항 제3호에 해당되는 구체적 사유 등을 포함하여야 한다.

2. 공개된 정보의 수집 및 도용피해의 회복

가. 법 제11조 제1항의 규정과 관련하여, 사업자가 전자상거래 및 통신판매를 위하여 소비자의 가족사항 등 사생활과 관련된 내용을 공개된 정보로부터 수집하여 사용하는 방법을 예시하면 다음과 같다.

〈예시〉

• 사업자가 인물정보서비스가 제공하는 공개된 정보에서 특정인의 가족사항 등에 대한 정보를 수집하여 사용하는 경우에는 본인에게 그러한 내용을 통지하고 사용하여야 한다.

나. 법 제11조 및 법시행령 제12조의 규정과 관련하여, 사업자가 취하여야 할 도용에 의한 피해의 회복방법을 예시하면 다음과 같다.

-------- 이하 생략 --------

출처: 공정거래위원회. 전자상거래 등에서의 소비자보호 지침. 공정거래위원회 고시 제2012-33호.

III. 인터넷 사이버몰 이용 표준약관

공정거래위원회는 국내 영업 중인 전자상거래 쇼핑몰 업체의 상당수가 거래약관이 없거나, 있더라도 거래약관이 고객에게 일방적으로 불리한 내용이 많은 실정을 고려하여 인터넷 전자상거래의 건전한 거래질서 확립 및 소비자권익보호를 위하여 한국정보통신진흥협회 및 전자상거래 연구조합 등이 청구한 '인터넷 사이버몰 이용표준약관'을 2000년 1월 승인하였으며, 수차례의 개정을 통해 현재 사용하고 있다. 인터넷쇼핑 시 반드시 다음 사항이 표시된 쇼핑몰을 이용해야 한다.

▌도표 13-11▌ 전자상거래(인터넷사이버몰) 표준약관

※ 00쇼핑몰은 공정거래위원회에서 심의한 표준약관을 사용하고 있음

전자상거래(인터넷사이버몰) 표준약관

제1조(목적)
이 약관은 OO 회사(전자상거래 사업자)가 운영하는 OO사이버몰(이하 '몰'이라 한다)에서 제공하는 인터넷 관련 서비스(이하 '서비스'라 한다)를 이용함에 있어 사이버몰과 이용자의 권리·의무 및 책임사항을 규정함을 목적으로 합니다.

※ PC통신, 무선 등을 이용하는 전자상거래에 대해서도 그 성질에 반하지 않는 한 이 약관을 준용합니다.

찾아 생각하기

1. 청약철회기간의 의미와 할부거래, 방문판매, 전화권유판매, 다단계판매 및 후원방문판매, 계속거래 및 사업권유거래, 전자상거래에서의 청약철회기간을 알아보자.

2. 전화권유판매와 통신판매는 어떻게 구별하는가?

3. 전자상거래 및 통신판매에서 빈번히 발생하는 소비자피해들을 조사해 보고 어떻게 해결할 수 있는지 생각해 보자.

PART 03

소비자 관련 법률 및 제도 요약

▶▶▶ chapter 13 • 전자상거래 관련 법률 및 제도

1. 전자상거래 및 통신판매의 정의

▶ 전자상거래: 재화 또는 용역을 거래할 때 그 전부 또는 일부가 전자문서에 의해 처리되는 방식으로 이루어지는 거래

예: 인터넷쇼핑, 인터넷뱅킹, 오프라인 매장에서의 카드결제 등

▶ 통신판매: '우편 · 전기통신 · 광고물 · 광고시설물 · 전단지 · 방송 · 신문 및 잡지 등을 이용하는 방법' 또는 '판매자와 직접 대면하지 않고 우편환 · 우편대체 · 지로 및 계좌이체 등을 이용하는 방법'으로 재화 등의 판매에 관한 정보를 제공하고 소비자의 청약에 의해 재화 등을 판매하는 것

예: TV홈쇼핑 · 카탈로그 쇼핑 등

▶ 인터넷쇼핑은 전자상거래와 통신판매 둘 다에 해당함

▶ 거의 모든 통신판매는 전자상거래에 해당함

▶ 통신판매와 전화권유판매의 구별 기준과 구별 이유

구별 기준: 소비자의 구매의사가 처음부터 존재하였으면 전화를 통한 계약일지라도 '통신판매'이고, 전화를 통한 판매자의 권유에 의하여 구매가 유도된 경우에는 '전화권유판매'임

구별 이유: 통신판매의 청약철회기간은 재화 등의 공급과 함께 계약서를 받은 경우에는 계약서를 받은 날부터 7일 이내이고 전화권유판매의 청약철회기간은 재화 등의 공급과 함께 계약서를 받은 경우에는 계약서를 받은 날부터 14일 이내이므로 청약철회기간의 차이로 인해 구별함

▶ 통신판매업자: 통신판매를 업으로 하는 자 또는 그와의 약정에 따라 통신판매업무를 수행하는 자를 말함. 전자상거래를 하는 사업자는 기본적으로 비대면(no facing)방법에 의한 판매인 통신판매업자에 해당한다고 볼 수 있기 때문에 통신판매업자의 개념 안에 전자상거래업자를 포함함

2. 전자상거래 관련 법률

▶ 「전자문서 및 전자거래기본법」, 「전자상거래 등에서의 소비자보호에 관한 법률」, 「정보통신망 이

용촉진 및 정보보호 등에 관한 법률」, 「전자서명법」, 「전기통신기본법」, 「통신비밀보호법」, 「신용정보의 이용 및 보호에 관한 법률」 등

3. 「전자상거래 등에서의 소비자보호에 관한 법률」 내용

▶ 「전자상거래 등에서의 소비자보호에 관한 법률」이 적용되지 않는 경우

① 소비자가 상행위를 목적으로 구입하는 거래. 단, 사업자라 하더라도 사실상 소비자와 같은 지위에서 다른 소비자와 같은 거래조건으로 거래하는 경우에는 이 법을 적용함

② 다른 법률을 적용하는 것이 소비자에게 유리한 경우에는 그 법을 적용함

1) 전자상거래 및 통신판매 사업자의 의무

(1) 전자상거래 및 통신판매 사업자의 영업 전 단계 의무

① 통신판매업자의 신고의무

▶ 통신판매업자는 상호 · 주소 · 전화번호 · 전자우편주소 · 인터넷도메인이름 · 호스트서버의 소재지 등을 공정거래위원회(외국인사업자인 경우)나 특별자치도지사 · 시장 · 군수 · 구청장에게 신고하여야 함

② 소비자피해보상보험계약 등의 체결의무

▶ 공정거래위원회는 전자상거래 또는 통신판매 사업자가 소비자피해보상보험계약 등을 체결하도록 권장하며, 선지급식 통신판매업자는 소비자가 원하는 경우에는 소비자가 결제대금예치를 이용하도록 하거나 소비자피해보상보험계약을 체결하여야 함

▶ 소비자피해보상보험이란 전자상거래 또는 통신판매거래로 인해 소비자에게 피해가 발생한 경우에 그 피해를 보상해 주는 것을 내용으로 하는 보험으로서 보험회사와의 보험계약, 은행과의 채무지급보증계약, 공제조합과의 공제계약이 해당함

▶ 결제대금예치(에스크로: ESCROW)란 구매의 안전을 위해 소비자가 원하는 경우에 은행 등 공신력 있는 결제대금예치업자가 소비자의 결제대금을 맡아두고 있다가 재화 등의 배송이 완료된 뒤 사업자에게 대금을 지급하게 하는 것을 말함

(2) 전자상거래 및 통신판매 사업자의 청약의 유인단계 의무

① 자기신원정보 표시

▶ 사이버몰 운영자는 소비자가 사업자의 신원 등에 관하여 쉽게 알 수 있도록 상호 및 대표자 성명 · 영업소 소재지 주소 · 전화번호 · 팩스번호 · 전자우편 주소 · 사업자 등록번호 · 사이버몰 이용약관 · 기타 소비자보호를 위하여 필요한 사항을 사이버몰 초기화면에 표시하여야 함

▶ 통신판매업자가 재화 등의 거래에 관한 청약을 받을 목적으로 표시 · 광고를 할 때에는 상호 및 대표자 성명 · 주소 · 전화번호 · 전자우편주소 · 통신판매업 신고번호 · 신고기관 등을 포함한 통신판매업자의 신원을 표시하여야 함

② 표시 · 광고의 기록보존의무: 사업자는 전자상거래 및 통신판매에서의 표시 · 광고 · 계약 내용 및 그 이행 등 거래에 관한 기록을 상당한 기간(6월~5년) 보존하여야 함

(3) 전자상거래 및 통신판매 사업자의 청약단계 의무

① 통신판매업자의 재화 등에 대한 사항의 표시 · 광고 및 고지

② 청약확인 및 조작실수 방지를 위한 적절한 절차를 구비하여야 함

③ 재화 등의 공급불능 고지: 통신판매업자가 청약을 받은 재화 등을 공급하기 곤란하다는 것을 알게 된 경우에는 그 사유를 소비자에게 즉시 알려야 함

④ 계약서의 송부: 통신판매업자는 계약을 체결한 소비자에게 계약 내용에 관한 문서(전자문서를 포함하는 것으로 이메일, 문자메시지 등)를 재화 등을 공급할 때까지 교부해야 함

(4) 전자상거래 및 통신판매 사업자의 영업 후 단계 의무

① 기간 내 재화 등의 공급에 필요한 조치: 통신판매업자는 소비자가 청약을 한 날부터 7일 이내(선지급식 통신판매의 경우 그 대금을 받은 날부터 3영업일 이내)에 재화 등의 공급에 필요한 조치를 취하여야 함

② 공급절차 및 진행상황을 확인할 수 있는 조치를 하여야 함

③ 전자적 대금지급사실에 대한 통지 및 자료를 열람할 수 있도록 하여야 함

(5) 전자상거래 및 통신판매에서 소비자의 청약철회로 인한 사업자의 의무

① 대금의 환급: 통신판매업자는 재화 등을 반환받은 날부터 3영업일 이내에 이미 지급받은 재화 등의 대금을 환급하여야 하며, 통신판매업자가 소비자에게 재화 등의 대금환급을 지연한 때에는 그 지연기간에 대하여 지연배상금을 지급하여야 함

② 반환배송비의 부담: 소비자의 변심에 의한 청약철회의 경우 공급받은 재화 등의 반환에 필요한 비용은 소비자가 부담함. 단, 재화 등의 내용이 표시·광고 내용과 다르거나 계약 내용과 다르게 이행된 경우에는 통신판매업자가 부담함

③ 위약금, 손해배상 등의 청구제한: 통신판매업자는 소비자의 변심에 의한 청약철회 등에 대해서는 위약금 또는 손해배상을 청구할 수 없음. 다만, 소비자에게 책임 있는 사유로 인하여 계약이 해제된 경우에는 소비자에게 손해배상을 청구할 수 있음

(6) 통신판매중개자의 책임

▶ 통신판매중개자는 자신이 통신판매의 당사자가 아니라는 사실을 소비자가 쉽게 알 수 있도록 통신판매중개자가 운영하는 사이버몰의 초기화면에 미리 고지하여야 함

▶ 통신판매중개자의 대표적인 예로 옥션, 11번가 등을 들 수 있으며 옥션의 경우 사이버몰 초기화면에 "옥션은 통신판매중개자이며 통신판매의 당사자가 아닙니다. 따라서 옥션은 상품·거래정보 및 거래에 대하여 책임을 지지 않습니다"라고 표시하고 있음

(7) 전자상거래 및 통신판매 사업자의 금지행위

① 거짓 또는 과장된 사실을 알리거나 기만적 방법을 사용해서 소비자를 유인 또는 거래하거나 청약철회 등을 방해하는 행위의 금지

② 청약철회 등을 방해할 목적으로 주소·전화번호·인터넷도메인 이름 등을 변경 또는 폐지하는 행위의 금지

③ 분쟁이나 불만처리에 필요한 인력 또는 설비의 부족을 상당기간 방치해서 소비자에게 피해를 주는 행위의 금지

④ 소비자의 청약이 없음에도 불구하고 일방적으로 재화 또는 용역을 공급하고 그 대금을 청구하거나 재화 등의 대금만을 청구하는 행위의 금지

⑤ 소비자가 재화 등을 구매할 의사가 없음을 밝혔음에도 불구하고 전화, 팩스, 컴퓨터 통신 등을 통해서 재화 등을 구매하도록 강요하는 행위의 금지

⑥ 소비자의 허락을 받지 않거나 허락받은 범위를 넘어 소비자에 관한 정보를 이용하는 행위의 금지. 그러나 다음의 경우는 가능

- 재화 등의 배송 또는 전송을 위탁받은 자에게 소비자에 관한 정보를 제공할 수 있음
- 재화 등의 설치, 사후 서비스와 그 밖에 약정한 서비스의 제공을 위탁받은 자에게 소비자에 관한 정보를 제공할 수 있음
- 재화 등의 거래에 따른 대금정산을 위해 필요한 경우 소비자에 관한 정보를 이용할 수 있음
- 소비자의 신원 및 실명 여부나 본인의 진의 여부의 확인을 위해 기간통신사업자 · 신용정보회사 및 신용정보집중기관 · 대금결제와 직접 관련된 전자결제업자 · 도용방지를 위한 실명확인을 직업으로 하는 자 중 하나에 해당하는 자에게 소비자에 관한 정보를 제공할 수 있음
- 미성년자와의 거래에 있어 법정대리인의 동의 여부를 확인하기 위해 소비자에 관한 정보를 이용할 수 있음
- 법률의 규정 또는 법률에 의해 필요한 불가피한 사유가 있는 경우 소비자에 관한 정보를 이용할 수 있음

2) 전자상거래 및 통신판매에서 소비자의 권리

(1) 전자상거래 및 통신판매에서 청약철회권 등의 행사

▶ 통신판매업자와 재화 등의 구매에 관한 계약을 체결한 소비자는 계약문서를 교부받은 날부터(재화 등의 공급이 그보다 늦게 이루어진 경우에는 공급이 개시된 날부터) 7일 이내에 청약을 철회할 수 있음

▶ 다만, 재화 등의 내용이 표시 · 광고의 내용과 다르거나 계약 내용과 다르게 이행된 경우에는 비록 소비자의 귀책사유로 재화 등이 멸실 · 훼손 · 가치감소 등이 있어도 해당 재화 등을 공급받은 날부터 3개월 이내, 그 사실을 안 날 또는 알 수 있었던 날부터 30일 이내에 청약철회 등을 할 수 있음

▶ 훼손의 책임, 공급시기 등과 관련하여 다툼이 있는 경우 통신판매업자가 이를 입증하여야 함

(2) 전자상거래 및 통신판매에서 청약철회의 제한

▶ 일반적으로 소비자는 자신이 체결한 전자상거래 또는 통신판매의 계약에 대해 그 계약의 내용을 불문하고 청약철회 기간 내에는 청약철회를 할 수 있음

▶ 그러나 다음의 경우에는 청약철회 등을 할 수 없음

① 소비자에게 책임 있는 사유로 재화 등이 멸실 또는 훼손된 경우(단, 재화의 내용을 확인하기 위해 포장 등을 훼손한 경우는 제외)

② 소비자의 사용 또는 일부 소비에 의해 재화 등의 가치가 현저히 감소한 경우

③ 시간의 경과에 의해 재판매가 곤란할 정도로 재화 등의 가치가 현저히 감소한 경우

④ 복제가 가능한 재화 등의 포장을 훼손한 경우

⑤ 개별주문 생산되는 재화 등의 청약철회 시 판매자에게 회복할 수 없는 피해가 예상되어 소비자에게 문서(전자문서 포함)로 사전 동의를 얻는 경우

▶ ②부터 ④까지의 경우라도 사업자가 청약철회 등이 불가능하다는 사실을 재화 등의 포장이나 그 밖에 소비자가 쉽게 알 수 있는 곳에 표시하거나 시용상품(sample)을 제공하는 등의 방법으로 청약철회 등의 권리행사가 방해받지 않도록 조치를 취하지 않았다면 소비자는 청약철회 등

을 할 수 있음

(3) 전자상거래 및 통신판매에서 소비자에 의한 청약철회 효과 및 효력발생일

▶ 원상회복의무: 청약철회 등이 이루어지면 소비자와 사업자는 모두 계약에 따른 내용 등을 계약 체결 전의 상태로 회복시킬 의무가 발생하므로 소비자는 이미 제공받은 재화 등을 반환해야 하고, 청약철회 등에 따라 재화 등을 반환해야 하는 소비자가 이미 재화 등을 일부 사용 또는 소비한 경우나 재화 등의 사용으로 인해 소모성 부품의 재판매가 곤란하거나 재판매가격이 현저히 하락하는 경우에는 사업자의 지급 청구가 있으면 관련 비용을 사업자에게 지급해야 함

▶ 재화 등 반환비용의 부담: 원상회복의무에 따라 소비자가 재화 등을 반환하는 데 필요한 비용은 방문판매 · 전화권유판매 · 다단계판매 등에 의한 거래와 달리 소비자가 부담해야 함. 단, 재화 등의 내용이 표시 · 광고 내용과 다르거나 계약 내용과 다르게 이행된 경우의 반환비용은 사업자가 부담함

▶ 발신주의: 소비자는 문서나 그 밖의 방법으로 청약철회 등을 할 수 있는데, 문서로 하는 경우에는 문서를 발송한 날부터 그 효력이 발생함

4. 전자상거래 등에서의 소비자보호 지침

▶ 전자상거래 등에서의 소비자보호 지침(공정거래위원회고시 제2012-33호)은 관련 법령의 해석에 관한 기준을 제시하는 부분인 '일반사항'과 사업자의 자율적 준수를 유도하기 위한 '권고사항'의 두 부분으로 구성되어 있음

5. 인터넷사이버몰 이용표준약관

▶ 공정거래위원회는 인터넷거래 약관이 고객에게 일방적으로 불리한 내용이 많은 실정을 고려하여 인터넷 전자상거래의 건전한 거래질서 확립 및 소비자권익보호를 위하여 한국정보통신진흥협회 및 전자상거래 연구조합 등이 청구한 '인터넷사이버몰 이용표준약관'을 2000년 1월 승인하였으며, 수차례의 개정을 통해 현재 사용하고 있음

14 Chapter 약관의 규제에 관한 법률 및 제도

은행에 가서 예금통장을 만들고자 할 때, 매번 개인과 은행이 예금거래에 관한 계약의 내용을 일일이 작성하는 것은 번거로운 일이 될 것이다. 이에 은행은 '미리 마련한 예금 계약의 내용'인 '예금거래기본약관'을 우리에게 제시하고 우리는 이에 동의하는 절차를 밟아 편리하고 신속하게 예금통장을 만든다.

이처럼 오늘날 대부분의 계약은 사업자가 일방적으로 만든 약관(約款)에 의하여 이루어지게 되며, 이 약관(general conditions)에는 계약의 내용과 조건이 제시되어 있다. 우리나라는 1986년 「약관의 규제에 관한 법률」(이하 「약관규제법」이라 한다)을 제정하였고, 이 이후 여러 차례의 개정을 거쳐 현재에 이르고 있다.

제1절 약관규제법의 의의

I. 약관(general conditions)의 정의

약관이란 그 명칭이나 형태 또는 범위에 상관없이 계약의 한쪽 당사자가 여러 명의 상대방과 계약을 체결하기 위하여 일정한 형식으로 '미리 마련한 계약의 내용'을 말한다(「약관규제법」 제2조). 약관은 같은 종류의 대량거래가 반복되는 경우에 신속한 거래와 획일성을 도모할 수 있다는 점에서 사업자와 소비자 모두에게 매우 편리한 도구로 이용되지만, 사업자가 일방적으로 만든다는 점에서 약관의 내용에 대한 불공정성 문제가 제기될 수 있다.

II. 약관규제법의 목적 및 성격

「약관규제법」은 '사업자가 그 거래상의 지위를 이용하여 불공정한 내용의 약관을 작성·사용하는 것을 방지하고 불공정한 내용의 약관을 규제함'으로써 궁극적으로 건전한 거래질서를 확립하고, 이를 통하여 소비자를 보호하여 국민생활을 향상시키는 것을 목적으로 제정되었다.

거래를 간편·신속하게 하고 경제사회 구조의 복잡·다양화에 따른 불편을 해소하기 위하여 약관(미리 마련한 계약의 내용)의 사용이 보편화되고 있지만, 약관 작성 주체가 대부분 계약조항을 자기에게 유리하게 작성하거나 대부분의 소비자(고객)가 약관을 알지 못하여 자기 뜻대로 계약 내용을 자유롭게 결정할 자유를 갖지 못하고 있는 것이 현실이므로, 경제적 약자인 소비자를 보호하고 약관거래의 공정성을 확립하기 위해서 불공정약관의 규제가 필요하게 되었다.

「약관규제법」의 성격을 살펴보면, 약관을 사용하는 거래 주체에만 해당하는 특별법이고, 당사자 사이에 「약관규제법」 자체를 인정하지 않는다는 합의가 있어도 그 합의에 상관없이 적용되는 강행법으로 행정관청에 의한 시정명령(권고) 및 과태료가 부과되는 행정법규이다(공정거래위원회).

제2절 약관규제법의 내용

I. 약관의 계약에의 편입(약관규제법 제3조·제4조)

약관(미리 마련한 계약의 내용)이 계약으로 인정받기 위해서는 사업자는 약관을 명시하고 설명하여야 한다. 약관의 작성 시 사업자는 고객이 약관의 내용을 쉽게 알 수 있도록 한글로 작성하고, 표준화·체계화된 용어를 사용하며, 약관의 중요한 내용을 부호, 색채, 굵고 큰 문자 등으로 명확하게 표시하여 알아보기 쉽게 약관을 작성하여야 한다.

그리고 사업자가 계약을 체결할 때에는 고객에게 약관의 내용을 계약의 종류에 따라 일반적으로 예상되는 방법으로 분명하게 밝히고, 고객이 요구할 경우 그 약관의 사본을 고객에게 내주어 고객이 약관의 내용을 알 수 있게 하여야 한다. 다만, 여객운송업, 전기·가스 및 수도 사업, 우편업, 공중전화 서비스제공 통신업의 경우 약관의 명시·설명의 의무가 없다.

그리고 사업자는 약관에 정하여져 있는 중요한 내용을 고객이 이해할 수 있도록 설명하여야 한다. 다만, 계약의 성질상 설명하는 것이 현저하게 곤란한 경우는 설명하지 않아도 된다.

당사자 사이에 「약관규제법」 자체를 인정하지 않는다는 합의가 있어도 그 합의에 상관없이 적용되는 강행법이지만, 개별 약관에서 정하고 있는 사항에 관하여 사업자와 고객이 약관의 내용과 일부 다르게 합의한 사항이 있을 때에는 그 합의사항은 약관보다 우선한다(개별약정의 우선).

II. 약관의 작성과 해석(약관규제법 제5조)

약관은 신의성실의 원칙에 따라 작성하여야 하고, 공정하게 해석하여야 하며 고객에 따라 다르게 해석하여서는 안 된다. '신의성실의 원칙'은 약관작성자가 상대방의 이익과 합리적 기대에 어긋나지 않고, 형평에 맞는 약관조항을 작성하여야 한다는 원칙이다. 즉, 신의성실의 원칙에 따라 작성한 약관을 공정하게 그리고 다수의 고객에게 동일하게 객관적으로 해석하여야 하며(객관적·통일적 해석의 원칙), 약관의 뜻이 명백하지 않은 경우에는 고객에게 유리하게 해석하여야 한다(고객유리해석의 원칙 또는 작성자 불이익의 원칙).

III. 불공정약관조항의 무효

1. 불공정약관조항의 사용금지(약관규제법 제17조)

「약관규제법」에서는 개별 약관의 불공정조항을 가려내기 위해 크게 2가지 판정기준(일반원칙과 개별금지조항)을 두고 있다.

1) 불공정약관 판정기준의 일반원칙(「약관규제법」 제6조)

(1) 신의성실의 원칙을 위반한 약관조항은 무효이다.

신의성실의 원칙을 위반하여 공정성을 잃은 약관조항은 무효가 된다. 예를 들어, 인터넷 유해정보의 차단은 인터넷통신사업자의 당연한 의무임에도 불구하고 부가서비스로 구분하여 소비자에게 추가부담을 지우는 약관조항은 무효이다.

(2) 고객에게 부당하게 불리한 약관조항은 무효이다.

예를 들어, 고객에게 귀속할 물건을 사업자의 소유로 정하는 약관조항은 무효이다.

(3) 고객이 계약의 거래형태 등 관련한 모든 사정에 비추어 예상하기 어려운 약관조항은 무효이다.

예를 들어, 쌍방 간의 계약에서 사업자의 의무를 배제하는 약관조항은 무효이다.

(4) 계약의 목적을 달성할 수 없을 정도로 계약에 따르는 본질적 권리를 제한하는 약관조항은 무효이다.

예를 들어, 생명보험사가 보험금 지급에 있어서 보험금 청구요건을 갖추기 어려운 약관조항을 둔 경우는 무효이다.

2) 불공정약관 판정기준에서 약관의 개별금지조항(「약관규제법」 제7조~제14조)

(1) 사업자의 부당한 면책(책임을 없애주는 것) 등을 포함한 조항은 무효이다(「약관규제법」 제7조).

사업자의 책임을 부당하게 줄여주는 아래와 같은 약관조항은 무효이다.

① 사업자, 이행 보조자(예: 운송회사의 운전사) 또는 피고용자(종업원)의 고의 또는 중대한 과실로 인한 법률상의 책임을 배제(받아들이지 아니함)하는 조항은 무효이다(예: 주차장 내 제반 사고에 대한 책임을 일체 지지 않는다는 주차장 이용약관).

② 상당한 이유 없이 사업자의 손해배상 범위를 제한하거나 사업자가 부담하여야 할 위험을 고객에게 떠넘기는 조항은 무효이다(예: 매매계약체결일 이후 천재지변 등 불가항력사유로 인한 목적물의 멸실·훼손에 대해 매수인이 책임진다는 부동산매매약관).

③ 상당한 이유 없이 사업자의 담보책임(잘못될 경우를 대비하여 사업자가 책임지고 준비하는 것)을 배제 또는 제한하거나 그 담보책임에 따르는 고객의 권리행사의 요건을 가중(더 무겁게 함)하는 조항은 무효이다(예: 공급면적의 증감에 따른 정산을 요구하지 못하도록 하는 내용의 상가분양계약).

④ 상당한 이유 없이 계약목적물에 관하여 견본이 제시되거나 품질·성능 등에 관한 표시가 있는 경우 그 보장된 내용에 대한 책임을 배제 또는 제한하는 조항은 무효

이다(예: 품질의 하자가 표시되어 있다고 물품의 교환을 하지 못하도록 하는 의류 판매계약).

(2) 고객에게 부당한 손해배상액을 예정한 조항은 무효이다(「약관규제법」 제8조).

고객에게 부당하게 과중한 지연손해금 등의 손해배상의무를 부담시키는 약관조항은 무효이다. 예를 들어, 부동산 임대차의 중도해지 시에 손해배상금으로 보증금의 30%를 정한 약관조항은 무효이다.

(3) 계약의 해제(계약을 일방적인 의사표시에 의하여 처음부터 없었던 계약으로 하는 것)·해지(계속적 계약관계에서 당사자의 일방적 의사표시에 의하여 그 시점 이후의 장래에 대해 소멸시키는 것)에 관한 제한조항은 무효이다(「약관규제법」 제9조).

계약의 해제·해지에 관한 특정 제한을 두고 있는 아래의 어느 하나에 해당하는 약관조항은 무효이다.

① 법률에 따른 고객의 해제권 또는 해지권을 배제하거나 그 행사를 제한하는 조항(예: 스포츠센터 이용계약 시 소비자가 서명한 회원가입신청서의 '연기 및 환급불가' 조항은 무효)

② 사업자에게 법률에서 규정하고 있지 아니하는 해제권 또는 해지권을 부여하여 고객에게 부당하게 불이익을 줄 우려가 있는 조항(예: 가전제품 할부계약 약관 중 월불입금을 불입약정일로부터 1개월 이상 납입하지 않은 경우에 사업자가 소비자에게 알리지 않고 계약을 해제할 수 있도록 정한 조항은 무효)

③ 법률에 따른 사업자의 해제권 또는 해지권의 행사 요건을 완화하여 고객에게 부당하게 불이익을 줄 우려가 있는 조항(예: 부동산 공인중개사가 폐업을 할 경우 그 해에 낸 공제료를 한국공인중개사협회로부터 환급받아야 하는데 이러한 공제료의 환급청구권을 1년으로 규정하는 약관조항은 보험료 및 적립금의 반환청구권 시효기간을 2년으로 규정하고 있는 「상법」 제662조의 규정보다 불리한 조항으로써 계약해지 또는 해제로 인한 부동산 공인중개사의 원상회복 청구권을 부당하게 포기하도록 하는 조항으로 무효)

④ 계약의 해제 또는 해지로 인한 원상회복의무를 상당한 이유 없이 고객에게 과중하게 부담시키거나 고객의 원상회복 청구권을 부당하게 포기하도록 하는 조항(예: 방

문할부판매약관 중 계약해제의 경우 계약당사자 중 계약해제의 책임이 누구에게 있는지 여부에 상관없이 고객은 계약해제 시점까지의 불입금과 계약금액의 30%를 사업자에게 지불하도록 하는 계약해제 조항은 무효)

⑤ 계약의 해제 또는 해지로 인한 사업자의 원상회복의무나 손해배상의무를 부당하게 경감하는 조항(예: 해외유학수속 대행약관 중 고객의 사정에 의하여 계약을 취소할 경우 사정 여하를 막론하고 지불된 수속비를 환불하지 않는 원상회복의무 경감조항은 무효)

⑥ 계속적인 채권관계의 발생을 목적으로 하는 계약에서 그 존속기간을 부당하게 단기 또는 장기로 하거나 묵시적인 기간의 연장 또는 갱신이 가능하도록 정하여 고객에게 부당하게 불이익을 줄 우려가 있는 조항(예: 신용카드 미사용 시 신용카드 연회비를 부과하지 않아야 하는데 묵시적인 기간의 연장이 되도록 하여 카드폐지 신고 시에만 연회비를 부과하지 않는다는 조항은 무효)

(4) 채무(계약에 대한 의무)의 이행에 관한 불공정조항은 무효이다(「약관규제법」 제10조).

채무의 이행에 관한 아래의 불공정 약관조항은 무효이다.

① 상당한 이유 없이 급부(채무자가 하여야 할 행위)의 내용을 사업자가 일방적으로 결정하거나 변경할 수 있도록 권한을 부여하는 조항(예: 돈을 내고 물건을 빌려 쓰는 임차인의 차임감액청구권(rent reduction claim)을 인정하지 않고 돈을 받고 물건을 빌려주는 임대인만 차임(rent)을 인상할 수 있다고 하는 조항은 무효)

② 상당한 이유 없이 사업자가 이행하여야 할 급부를 일방적으로 중지할 수 있게 하거나 제3자에게 대행할 수 있게 하는 조항(예: 수강자가 교습 중 자동차운전면허를 취득한 경우 운전면허학원에서 일방적으로 교습을 종료할 수 있다는 조항은 무효)

(5) 고객의 권익보호를 해하는 조항은 무효이다(「약관규제법」 제11조).

고객의 권익보호를 침해하는 아래의 내용과 같은 약관조항은 무효이다.

① 법률에 따른 고객의 항변권(상대편의 청구권 행사를 저지할 수 있는 권리), 상계권(채무자와 채권자가 같은 종류의 채무와 채권을 가지는 경우 일방적 의사표시로 서로의 채무와 채권을 같은 액수만큼 소멸시키는 권리) 등의 권리를 상당한 이유 없이 배제하거나 제한하는 조항(예: 임차인이 목적물을 넘겨준 시점부터 상당기간이 지

난 후 임대보증금을 반환한다는 조항은 무효)

② 고객에게 주어진 기한의 이익(기한이 되지 않았음에도 불구하고 당사자가 받는 이익)을 상당한 이유 없이 박탈하는 조항(예: 신용카드사에서 이용대금 지급일이 되지 않았는데도 이를 문서로 통지한 후 은행 잔고를 인출해 갈 수 있도록 하는 조항은 무효)

③ 고객이 제3자와 계약을 체결하는 것을 부당하게 제한하는 조항(예: 구체적 범위를 정하지 않고 영업을 양도한 자가 일정기간 동안 같은 종류의 영업활동을 하여서는 안 된다는 계약은 무효)

④ 사업자가 업무상 알게 된 고객의 비밀을 정당한 이유 없이 누설하는 것을 허용하는 조항(예: 백화점 신용카드약관 중 신용카드회원이 채무를 불이행하는 경우 사업자는 신용정보를 신용정보기관과 관련업계에 임의제공(징벌적 의미의 제공)하는 신용정보 제공조항은 무효)

(6) 의사표시의 의제(간주)[80]에 관한 불공정조항은 무효이다(「약관규제법」 제12조). 불공정하게 의사표시로 간주하는 아래의 내용을 정하고 있는 약관조항은 무효이다.

① 일정한 작위(적극적 행위) 또는 부작위(마땅히 하여야 할 일을 일부러 하지 아니함)[81]가 있을 경우 고객의 의사표시가 표명되거나 표명되지 아니한 것으로 보는 조항. 다만, 고객에게 상당한 기한 내에 의사표시를 하지 아니하면 의사표시가 표명되거나 표명되지 아니한 것으로 본다는 뜻을 명확하게 따로 고지한 경우이거나 부득이한 사유로 그러한 고지를 할 수 없는 경우에는 그 약관조항은 무효가 아니다(예: 가스공급시설의 매매 등으로 가스사용자가 바뀌었을 경우 새로운 가스사용자로의 명의변경 신청이 없다면 종전 사용자의 모든 권리·의무를 새로운 가스사용자가 승계한다는 조항은 무효).

② 고객의 의사표시의 형식이나 요건에 대하여 부당하게 엄격한 제한을 두는 조항(예: 병원 예약의 취소·변경 시 예약 전일 16시까지 해당 진료과로 직접 가서 취소·변

80) 간주: 본질은 같지 않지만 법률에서 다룰 때는 동일한 것으로 처리하여 동일한 효과를 주는 일로, 예를 들어 민법에서 보통 실종의 경우 최후소식이 있는 때부터 5년이 지나면 실종선고를 받은 사람은 사망한 것으로 간주한다(의제한다).

81) 예를 들어, 신용카드 미사용 시 카드연회비를 부과하지 않아야 하는데 신용카드 폐지신고 시에만 연회비를 부과하지 않는 행위를 부작위행위라 할 수 있다.

경 수속을 밟도록 한 조항은 무효)

③ 고객의 이익에 중대한 영향을 미치는 사업자의 의사표시가 상당한 이유 없이 고객에게 도달된 것으로 보는 조항(예: 사업자가 한 의사표시의 발신만으로 의사표시의 효력이 발생한다는 조항은 무효)

④ 고객의 이익에 중대한 영향을 미치는 사업자의 의사표시 기한을 부당하게 길게 정하거나 불확정하게 정하는 조항(2014년 현재 사례를 찾아볼 수 없음)

(7) 대리인의 책임가중에 관한 조항은 무효이다(「약관규제법」 제13조).

고객의 대리인에 의하여 계약이 체결된 경우 고객이 그 의무를 이행하지 아니하는 경우에는, 대리인에게 그 의무의 전부 또는 일부를 이행할 책임을 지우는 내용의 약관조항은 무효이다. 예를 들면, 대리인에 의해 체결된 계약이 무효·취소되는 경우에 대리인이 무과실 손해배상책임을 진다는 조항은 무효이다.

(8) 소송제기의 금지 등에 관한 조항은 무효이다(「약관규제법」 제14조).

불공정하게 소송제기를 금지시키는 등의 아래와 같은 약관조항은 무효이다.

① 고객에게 부당하게 불리한 소송제기 금지조항 또는 재판관할의 합의조항(예: 사유를 불문하고 일체의 민·형사상 책임을 묻지 못하도록 한 조항 또는 소비자의 소재지 법원이 아닌 사업자의 소재지 법원을 관할법원으로 정한 조항은 무효)

② 상당한 이유 없이 고객에게 입증책임을 부담시키는 약관조항(예: 게임이용약관에서 사업자가 인지할 수 없는 사유로 인하여 발생한 인터넷 접속지연 등의 손해에 대해서는 책임을 지지 않도록 하는 조항은 무효)

2. 국제적으로 통용되는 약관 등에서 불공정약관조항 적용의 제한(약관규제법 제15조).

국제적으로 통용되는 약관이나 그 밖에 특별한 사정이 있는 약관으로서, 대통령령으로 정하는 경우에는 「약관규제법」 제7조부터 제14조까지의 규정(불공정약관조항으로 규제하는 것)을 조항별·업종별로 제한할 수 있다(「약관규제법」시행령 제3조).

① 국제적으로 통용되는 운송업 약관은 불공정약관조항으로 규제하는 것을 제한할 수 있다.

② 국제적으로 통용되는 금융업 및 보험업 약관은 불공정약관조항으로 규제하는 것을 제한할 수 있다.

③ 무역보험법에 따른 무역보험 약관은 불공정약관조항으로 규제하는 것을 제한할 수 있다.

3. 약관조항 일부 무효의 특칙(약관규제법 제16조)

약관 내용에 무효[82]조항이 포함되더라도 원칙적으로 약관은 나머지 부분만으로 유효하게 존속한다. 그러나 유효한 부분만으로 계약의 목적달성이 불가능하거나 일방에게 부당하게 불리한 경우에는 계약의 전부가 무효가 된다.

IV. 공정거래위원회에 의한 약관의 규제

사업자는 불공정약관조항을 계약의 내용으로 해서는 안 되며, 공정거래위원회는 불공정약관을 사용한 사업자에게 해당 불공정약관의 삭제·수정 등 시정에 필요한 조치를 권고할 수 있다.

공정거래위원회는 불공정약관조항을 사용한 사업자가 아래의 어느 하나에 해당하는 경우에는 사업자에게 해당 불공정약관조항의 삭제·수정, 시정명령을 받은 사실의 공표 등의 시정에 필요한 조치를 명할 수 있다.

① 사업자가 「독점규제 및 공정거래에 관한 법률」 제2조 제7호의 시장지배적 사업자인 경우

② 사업자가 자기의 거래상의 지위를 부당하게 이용하여 계약을 체결하는 경우

③ 사업자가 일반 공중에게 물품·용역을 공급하는 계약으로서 계약체결의 긴급성·신속성으로 인하여 고객이 계약을 체결할 때에 약관조항의 내용을 변경하기 곤란한 경우

④ 사업자의 계약 당사자로서의 지위가 현저하게 우월하거나 고객이 다른 사업자를 선택할 범위가 제한되어 있어 사실상 강제되는 경우

⑤ 계약의 성질상 또는 목적상 계약의 취소·해제 또는 해지가 불가능하거나 계약을 취소·해제 또는 해지 시 고객에게 현저한 재산상의 손해가 발생하는 경우

---

82) '무효'란 당사자가 의도한 법률상의 효과가 발생하지 않는 것을 말한다.

⑥ 사업자가 불공정약관조항의 시정권고를 정당한 사유 없이 따르지 아니하여 여러 고객에게 피해가 발생하거나 발생할 우려가 현저한 경우 등

공정거래위원회는 행정관청이 작성한 약관 또는 다른 법률에 의하여 행정관청의 인가를 받은 약관이 「약관규제법」의 불공정약관조항에 해당한다고 인정할 때에는 해당 행정관청에 그 사실을 통보하고 이를 시정하기 위하여 필요한 조치를 하도록 요청할 수 있다. 또한 「은행법」에 따른 은행의 약관에서 불공정약관 사용금지조항에 위반한 사실이 있다고 인정될 때에는 공정거래위원회는 금융감독원에 그 사실을 통보하고 이를 시정하기 위하여 필요한 조치를 권고할 수 있다. 공정거래위원회가 이렇게 행정관청이나 금융감독원에 불공정약관 사용금지조항 위반의 시정에 필요한 조치를 요청 또는 권고를 한 경우, 공정거래위원회 자체적으로는 불공정약관 사용금지조항 위반에 대한 시정권고 또는 시정명령을 하지 않는다(「약관규제법」 제18조).

V. 약관의 심사청구(약관규제법 제19조)

약관의 조항과 관련하여 법률상의 이익이 있는 자, 등록된 소비자단체, 한국소비자원, 사업자단체 등은 약관조항이 「약관규제법」에 위반되는지 여부에 관한 심사를 공정거래위원회에 청구할 수 있다. 이때 약관의 심사청구는 공정거래위원회에 문서나 전자문서로 제출하여야 한다.

공정거래위원회의 약관심사와 법원의 약관심사 간의 차이를 살펴보면 다음과 같다. 공정거래위원회의 약관심사는 구체적인 계약관계를 전제하지 않고, 오로지 약관조항 자체의 불공정성을 심사하여 그 효력 유무를 결정한 후 필요한 경우 특정 약관조항의 삭제 및 수정 등 필요한 조치를 취한다. 이에 비해 법원은 구체적인 계약관계에 있어서 당사자의 권리·의무관계를 확정하기 위해 먼저 해결되어야 할 문제로서 약관조항의 효력유무를 심사하며, 그 효과도 개별 소송사건을 제기한 사람에게만 사후적으로 미친다.

VI. 표준약관(약관규제법 제19조의3)

사업자 및 사업자단체는 건전한 거래질서를 확립하고 불공정한 내용의 약관이 통용되는 것을 방지하기 위하여 일정한 거래 분야에서 표준이 될 약관(이하 '표준약관'이라 한

다)을 마련하여 그 내용이 「약관규제법」을 위반하는지 여부에 관하여 공정거래위원회에 심사를 청구할 수 있다.

또한 「소비자기본법」에 따라 등록된 소비자단체 또는 한국소비자원은 소비자피해가 자주 일어나는 거래분야의 표준이 될 약관을 마련할 것을 공정거래위원회에 요청할 수 있다.

소비자단체 등의 요청이 있는 경우와 일정한 거래 분야에서 여러 고객에게 피해가 발생하는 경우에는 공정거래위원회가 피해 발생상황을 조사하여 약관이 없거나 불공정약관조항이 있는 경우 사업자 및 사업자단체에 대하여 표준이 될 약관을 마련하여 심사청구할 것을 권고할 수 있다. 그러나 사업자 및 사업자단체가 공정거래위원회로부터 표준이 될 약관 마련에 대한 권고를 받은 날부터 4개월 이내에 필요한 조치를 하지 않는 경우에는 공정거래위원회에서 관련 분야의 거래당사자 및 소비자단체 등의 의견을 듣고 관계부처의 협의를 거쳐 표준이 될 약관을 마련할 수 있으며, 마련한 표준약관을 공시하고 사업자 및 사업자단체에 대하여 그 사용을 권장할 수 있다.

표준약관의 사용을 권장받은 사업자 및 사업자단체에서 표준약관과 다른 내용을 약관으로 사용하는 경우에는 '표준약관 표지'를 사용해서는 안 되며, 이를 위반할 경우에는 표준약관과 다르게 정한 주요 내용을 고객이 알기 쉽게 표시하여야 하고, 표준약관의 내용보다 고객에게 더 불리한 약관의 내용은 무효로 한다.

VII. 약관규제법 위반사실에 대한 조사 및 의견진술(약관규제법 제20조~제22조)

공정거래위원회는 「약관규제법」 제17조의2에 따른 시정권고 또는 시정명령을 하기 위하여 필요하다고 인정되는 경우 및 「약관규제법」 제19조에 따라 약관의 심사청구를 받은 경우에 약관이 「약관규제법」을 위반한 사실이 있는지 여부를 확인하기 위하여 필요한 조사를 할 수 있으며, 조사를 하는 공무원은 그 권한을 표시하는 증표를 지니고 이를 관계인에게 내보여야 한다.

공정거래위원회는 약관의 내용이 「약관규제법」을 위반하는지 여부에 대하여 심의하기 전에 그 약관에 따라 거래를 한 사업자 또는 이해관계인에게 해당 약관이 심사대상이 되었다는 사실을 알려야 한다. 통지방법은 문서로 하여야 하며 공정거래위원회의 회의일시 및 장소를 적어야 한다(「약관규제법」시행령 제8조 제1항).

공정거래위원회로부터 약관이 심사대상이 되었다는 통지를 받은 당사자 또는 이해관계인은 공정거래위원회의 회의에 출석하여 의견을 진술하거나 필요한 자료를 제출할 수 있으며, 공정거래위원회의 회의에 출석한 당사자 또는 이해관계인에 대하여는 예산의 범위 안에서 필요한 경비를 지급할 수 있다(「약관규제법」시행령 제8조 제2항). 또한 심사대상이 된 약관이 다른 법률에 따라 행정관청의 인가를 받았거나 받아야 할 경우에는 심의에 앞서 그 행정관청에 의견을 제출하도록 요구할 수 있다. 행정관청에 대한 의견 제출의 요구는 그 내용과 기한을 분명히 밝힌 문서로 하여야 한다(「약관규제법」시행령 제8조 제3항).

VIII. 불공정약관조항의 공개(약관규제법 제23조)

공정거래위원회는 「약관의 규제에 관한 법률」을 위반한다고 심의 · 의결한 약관조항의 목록을 인터넷 홈페이지에 공개하여야 한다(도표 14-1 참조).

도표 14-1 공정거래위원회 홈페이지 상에 공개된 불공정약관 심사결과

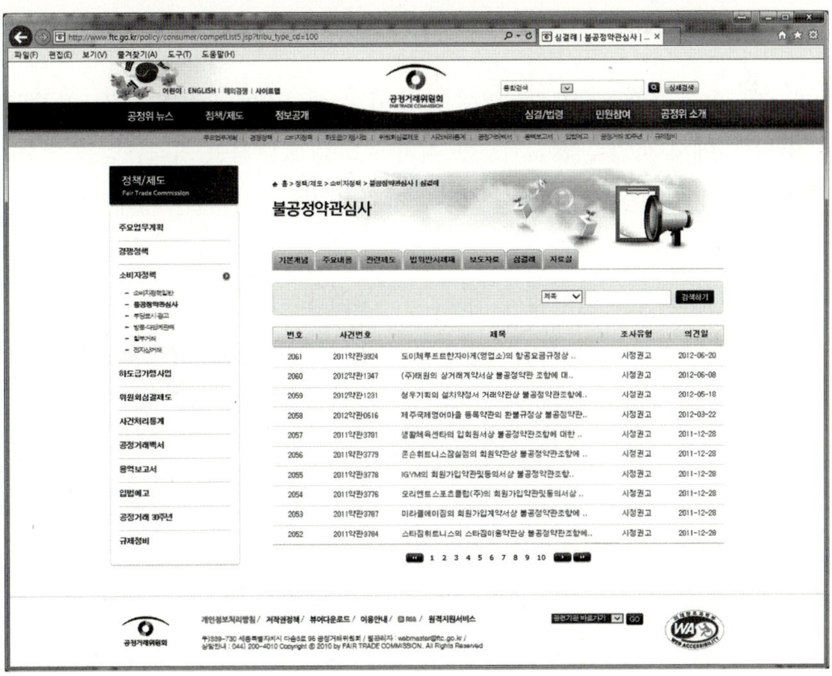

제3절 약관으로 인한 분쟁 등의 조정

I. 약관 분쟁조정협의회 설치 및 구성(약관규제법 제24조)

불공정약관조항의 사용금지를 위반한 약관과 관련한 분쟁을 조정하기 위하여 '약관 분쟁조정협의회'를 설치하여 전체회의와 분과회의를 통해 조정한다.

II. 약관규제법의 적용범위(약관규제법 제30조)

약관에 「상법」 제3편, 「근로기준법」 등을 적용할 경우에는 「약관규제법」을 적용하지 않는다. 또한 다른 법률에 특별한 규정이 있는 특정한 거래 분야의 약관에 대해서는 「약관규제법」을 적용하지 않는다.

제4절 표준약관제도

표준약관제도는 「약관규제법」에 의해 1992년 우리나라에 도입되었다. 표준약관이란 일정한 거래분야에서 사업자들이 최소한 지켜야 하는 표준적인 거래규범을 명시한 문서로, 불공정한 거래 내용이 약관에 사용되는 것을 방지하고 건전한 거래질서를 확립하는 데 그 목적이 있다.

이 표준약관은 그 영업 분야에서 선도적인 지위에 있는 사업자 및 사업자단체가 주도하여 마련한 것이라는 점에서 의미가 있다.

한편, 공정거래위원회는 2000년 2월부터 소비자의 선택에 중요한 영향을 미치는 약관이 표준약관인지의 여부를 판단할 수 있도록 '표준약관 표지(마크)제'를 시행하고 있다.

도표 14-2 표준약관 표지(마크)

공정거래위원회

표준약관 제○○○○○○호
(. . . 제정)

▌도표 14-3▌ 표준약관 제 · 개정 현황[83)]

거래분야	표준약관명	
1. 아파트분양 및 주택임대차(2)	• 아파트 표준공급계약서	• 임대주택 표준임대차계약서
2. 병원이용(2)	• 수술(검사 · 마취동의서)	• 입원약정서
3. 은행여신거래(13)	• 은행여신거래기본약관(기업용) • 여신거래약정서 I (기업용) • 추가약정서(한도증액용) • 대출거래약정서 II(가계용) • 지급보증거래약정서(가계용) • 근저당권설정계약서	• 은행여신거래기본약관(가계용) • 대출거래약정서 I (가계용) • 여신거래약정서 II(기업용) • 지급보증거래약정서(기업용) • 저당권설정계약서 • 보증서 • 근보증서
4. 상가분양	• 상가분양계약서	
5. 백화점 임대차	• 백화점 임대차계약서	
6. 은행예금거래(4)	• 예금거래기본약관 • 적립식 예금약관	• 입출금이 자유로운 예금약관 • 거치식 예금약관
7. 주차장이용	• 주차장 관리규정	
8. 휴양콘도미니엄(3)	• 휴양콘도미니엄 분양계약서 • 휴양콘도미니엄 시설이용약관	• 휴양콘도미니엄 입회계약서
9. 여행업(2)	• 국내여행 표준약관	• 국외여행 표준약관
10. 상품권이용	• 상품권 표준약관	
11. 전자거래(3)	• 인터넷사이버몰이용 표준약관 • 전자보험거래 표준약관	• 전자금융거래 표준약관
12. 공연업	• 영화관람 표준약관	
13. 프랜차이즈	• 프랜차이즈(외식업) 표준약관	
14. 운수업	• 택배 표준약관	• 퀵서비스이용 표준약관
15. 관혼상제(4)	• 결혼정보업 표준약관 • 예식장 표준약관	• 장례식장 표준약관 • 상조서비스 표준약관
16. 교육서비스(5)	• 자동차운전학원 표준약관 • 유학수속대행 표준약관 • 학습지 표준약관	• 학원 표준약관 • 어학연수절차대행 표준약관
17. 문화, 체육, 오락(4)	• 골프장이용 표준약관 • 종합유선방송 표준약관	• 체력단련장 표준약관 • 중계유선방송 표준약관
18. 이사서비스	• 이사화물 표준약관	
19. 대부거래	• 대부(사채)거래 표준약관	
20. 가전제품 및 영업용 제품 거래(3)	• 자동판매기매매 표준약관 • 무인경비 표준약관	• 정수기임대차(렌탈) 표준약관
21. 세탁서비스	• 세탁서비스 표준약관	
22. 자동차	• 자동차(신차)매매 표준약관	
23. 신용카드	• 신용카드 개인회원 표준약관	
24. 건설기계	• 건설기계임대차 표준계약서	
25. 발코니창호	• 발코니창호공사 표준계약서	
25개 거래분야	60개 표준약관	

출처: 공정거래위원회(www.ftc.go.kr)

83) 2014년 10월 1일 현재 공정거래위원회 홈페이지에 게시된 표준약관 제 · 개정 현황은 2009년 1월 7일까지의 내용이다. 산업의 발달로 다양한 거래분야가 생겨나고 있고 새로운 거래분야에 대한 표준약관을 계속 만들고 있는 중이므로 2014년 제 · 개정 현황으로의 업데이트가 필요하다.

찾아 생각하기

1. 자신이 이용하고 있는 약관에는 어떠한 것이 있는가?

2. 공정거래위원회에 의한 약관심사와 법원에 의한 약관심사는 어떤 차이가 있는지 살펴보자.

3. 현재 사용되고 있는 불공정약관조항을 찾아보고 이를 공정한 약관조항으로 수정하는 연습을 해보자.

PART 03

소비자 관련 법률 및 제도 요약

▶▶▶ chapter 14 · 약관의 규제에 관한 법률 및 제도

1. 약관(general conditions)의 정의

그 명칭이나 형태 또는 범위에 상관없이 계약의 한쪽 당사자가 여러 명의 상대방과 계약을 체결하기 위하여 일정한 형식으로 미리 마련한 계약의 내용

2. 약관규제법의 목적

▶ 실천적(직접적) 목적 → 불공정한 내용의 약관(미리 마련한 계약의 내용)을 작성·사용하는 것의 방지 및 불공정한 내용의 약관을 규제

▶ 궁극적 목적 → 건전한 거래질서 확립 및 소비자보호를 통한 국민생활 향상

3. 약관규제법의 내용

1) 약관의 계약에의 편입

▶ 약관이 계약으로 인정받기 위해서는 사업자는 약관을 명시하고 설명하여야 함

▶ 여객운송업, 전기·가스 및 수도사업, 우편업, 공중전화 서비스제공 통신업의 경우 약관의 명시·설명의 의무가 없음

2) 약관의 작성과 해석에 관한 원칙

▶ 약관작성의 원칙: 신의성실의 원칙

약관작성자가 상대방의 이익과 합리적 기대에 어긋나지 않고, 형평에 맞는 약관조항을 작성하여야 한다는 원칙

▶ 약관해석의 원칙: 객관적·통일적 해석의 원칙, 고객유리해석의 원칙(작성자 불이익의 원칙)

3) 불공정약관조항의 무효: 불공정약관 판정기준은 일반원칙과 개별금지조항이 있음

(1) 불공정약관 판정기준의 일반원칙

① 신의성실의 원칙을 위반한 약관조항은 무효

② 고객에게 부당하게 불리한 약관조항은 무효

③ 고객이 계약의 거래형태 등 관련한 모든 사정에 비추어 예상하기 어려운 약관조항은 무효

④ 계약의 목적을 달성할 수 없을 정도로 계약에 따르는 본질적 권리를 제한하는 약관조항은 무효

(2) 불공정약관 판정기준에서 약관의 개별금지조항

① 사업자의 책임을 부당하게 줄여주는 약관조항은 무효

② 고객에게 부당한 손해배상액을 부담시키는 약관조항은 무효

③ 계약의 해제·해지에 관한 특정 제한을 두고 있는 약관조항은 무효

④ 채무의 이행에 관한 불공정약관조항은 무효

⑤ 고객의 권익보호를 침해하는 약관조항은 무효

⑥ 불공정하게 의사표시로 간주하는 내용을 정하고 있는 약관조항은 무효

⑦ 고객의 대리인에 의하여 계약이 체결된 경우 고객이 그 의무를 이행하지 아니하는 경우에 대리인에게 그 의무의 전부 또는 일부를 이행할 책임을 지우는 내용의 약관조항은 무효

⑧ 불공정하게 소송제기를 금지시키는 약관조항은 무효

(3) 국제적으로 통용되는 「운송업」 약관, 「금융업」 및 「보험업」 약관, 「무역보험」 약관은 불공정약관조항으로 규제하는 것을 제한할 수 있음

4) 약관조항 일부 무효의 특칙

▶ 약관 내용에 무효조항이 포함되더라도 원칙적으로 약관은 나머지 부분만으로 유효하게 존속함

▶ 그러나 유효한 부분만으로 계약의 목적달성이 불가능하거나 일방에게 부당하게 불리한 경우에는 계약의 전부가 무효가 됨

4. 공정거래위원회에 의한 약관의 규제

▶ 사업자는 불공정약관조항을 계약의 내용으로 해서는 안 되며, 공정거래위원회는 불공정약관을 사용한 사업자에게 해당 불공정약관의 삭제·수정 등 시정에 필요한 조치를 권고할 수 있음

▶ 공정거래위원회는 행정관청이 작성한 약관 또는 다른 법률에 의하여 행정관청의 인가를 받은 약관이 「약관규제법」의 불공정약관조항에 해당한다고 인정될 때에는 해당 행정관청에 그 사실을 통보하고 이를 시정하기 위하여 필요한 조치를 하도록 요청할 수 있음

5. 약관의 심사청구

약관의 조항과 관련하여 법률상의 이익이 있는 자, 등록된 소비자단체, 한국소비자원, 사업자단체 등은 약관조항이 「약관규제법」에 위반되는지 여부에 관한 심사를 공정거래위원회에 청구할 수 있음

▶ 공정거래위원회에 의한 약관심사: 구체적인 계약관계를 전제하지 않고, 특정 약관조항 자체의 불공정성을 심사하여 특정 약관조항의 삭제 및 수정 등 필요한 조치를 취함

▶ 법원에 의한 약관심사: 구체적인 계약관계에 있어 약관조항의 효력유무를 심사하며, 그 효과가 개별 소송사건을 제기한 사람에게만 사후적으로 적용됨

6. 표준약관

▶ 표준약관이란 일정한 거래분야에서 사업자들이 최소한 지켜야 하는 표준적인 거래규범을 명시한 문서

▶ 공정거래위원회는 표준약관인지의 여부를 판단할 수 있도록 '표준약관 표지(마크)'제를 2000년

2월부터 시행하고 있음

- ▶ 사업자 및 사업자단체는 일정한 거래 분야의 표준약관을 마련하여 그 내용이 「약관규제법」을 위반하는지 여부에 관하여 공정거래위원회에 심사를 청구할 수 있음
- ▶ 등록된 소비자단체 및 한국소비자원은 소비자피해가 자주 일어나는 거래 분야의 표준이 될 약관을 마련할 것을 공정거래위원회에 요청할 수 있음
- ▶ 소비자단체 등의 요청이 있는 경우와 일정한 거래 분야에서 여러 고객에게 피해가 발생하는 경우에는 공정거래위원회가 피해발생 상황을 조사하여 약관이 없거나 불공정약관조항이 있는 경우, 사업자 및 사업자단체에 대하여 표준이 될 약관을 마련하여 심사청구할 것을 권고할 수 있음
- ▶ 사업자 및 사업자단체가 공정거래위원회로부터 표준약관 마련에 대한 권고를 받은 날로부터 4개월 이내에 필요한 조치를 하지 않는 경우, 공정거래위원회는 관련 분야의 거래당사자 및 소비자단체 등의 의견을 듣고 관계부처의 협의를 거쳐 표준약관을 마련할 수 있으며, 마련한 표준약관을 공시하고 사업자 및 사업자단체에 대해 그 사용을 권장할 수 있음

7. 약관규제법 위반 사실에 대한 조사 및 의견진술

- ▶ 공정거래위원회는 시정권고 또는 시정명령을 하기 위하여 필요하다고 인정하는 경우 및 약관의 심사청구를 받은 경우에 약관이 「약관규제법」을 위반한 사실이 있는지 여부를 확인하기 위하여 필요한 조사를 할 수 있으며, 조사를 하는 공무원은 그 권한을 표시하는 증표를 지니고 이를 관계인에게 내보여야 함
- ▶ 공정거래위원회로부터 약관이 심사대상이 되었다는 통지를 받은 당사자 또는 이해관계인은 공정거래위원회의 회의에 출석하여 의견을 진술하거나 필요한 자료를 제출할 수 있음

8. 불공정약관조항의 공개

공정거래위원회는 「약관규제법」에 위반된다고 심의·의결한 약관조항의 목록을 인터넷 홈페이지에 공개하여야 함

9. 약관으로 인한 분쟁 등의 조정

불공정약관조항의 사용금지를 위반한 약관과 관련한 분쟁을 조정하기 위하여 '약관 분쟁조정협의회'를 설치하여 전체회의와 분과회의를 통해 조정함

10. 약관규제법의 적용범위

약관에 「상법」 제3편, 「근로기준법」 등을 적용할 경우에는 「약관규제법」을 적용하지 않음. 또한 다른 법률에 특별한 규정이 있는 특별한 거래 분야의 약관에 대해서는 「약관규제법」을 적용하지 않음

15

Chapter

표시 · 광고의 공정화에 관한 법률 및 제도

어떤 사항을 알리는 문구 따위를 외부에 나타내 보이는 것이 표시이다. 즉, 남에게 알리기 위해 보여 주는 것이 표시이다. 광고란 판매를 목적으로, 상품에 대한 정보를 여러 가지 매체를 통하여 소비자에게 널리 알리는 의도적인 활동이다. 넓은 의미에서 살펴보면, 광고는 표시의 한 방법이 된다.

표시나 광고가 잘못된 정보를 제공할 경우, 소비자에게 큰 문제나 피해를 일으킬 수 있으므로, 상품 또는 용역에 관한 표시 · 광고를 할 때 소비자로 하여금 잘못 알게 하는 부당한 표시 · 광고를 방지하고 소비자에게 바르고 유용한 정보를 제공하도록 함으로써 공정한 거래질서를 확립하고 소비자를 보호함을 목적으로 「표시 · 광고의 공정화에 관한 법률」이 제정되었다. 「표시 · 광고의 공정화에 관한 법률」(이하 「표시광고법」이라 한다)은 사회법에 해당하고, 표시 · 광고를 하는 사업자에게만 해당하는 특별법이다.

사업자에 의해 일방적으로 표시 · 광고가 행해지기 때문에 「표시광고법」에서는 소비자에 대한 규정이 없고 사업자의 의무사항에 대해서만 규정하고 있다.

제1절 표시 · 광고의 정의

「표시광고법」 제2조 및 시행령 제2조에서는 표시와 광고를 다음과 같이 정의하고 있다.

'표시(labeling)'란 사업자 또는 사업자단체(이하 '사업자 등'이라 한다)가 상품 또는 용역(이하 '상품 등'이라 한다)에 관한 사항을 소비자에게 알리기 위하여 상품의 용기 · 포장에 쓰거나 붙인 문자 · 도형, 사업장 등의 게시물 또는 상품권과 같은 상품 등에 관한 권리를 나타내는 증서에 쓰거나 붙인 문자 · 도형과 상품의 특성을 나타내는 용기 · 포장을 말한다.

'광고(advertising)'란 사업자 등이 상품 등에 관한 표시사항을 신문이나 인터넷신문, 잡지 등과 같은 정기간행물, 방송, 전기통신, 전단 · 팸플릿 · 견본 또는 입장권, 인터넷 또는 PC통신, 포스터 · 간판 · 네온사인 · 애드벌룬 또는 전광판, 비디오물 · 음반 · 서적 · 간행물 · 영화 또는 연극, 그 밖에 유사한 매체 또는 수단을 이용하여 소비자에게 널리 알리거나 제시하는 것을 말한다.

즉, 표시는 상품 등에 관한 사항을 쓰거나 붙인 문자 · 도형 또는 상품의 특성을 나타내는 용기나 포장을 말하며, 이러한 표시사항을 신문 등과 같은 매체를 통해 널리 알리는 의도적 활동을 광고라고 정리할 수 있다.

제2절 사업자 등에 의한 부당한 표시 · 광고의 금지

사업자 등은 소비자를 속이거나 소비자로 하여금 잘못 알게 할 우려가 있는 표시 · 광고 행위로써 공정한 거래질서를 해칠 우려가 있는 다음 4가지 유형의 부당한 표시 · 광고 행위를 하거나 하여서는 안 된다(「표시광고법」 제3조 및 시행령 제3조).

I. 거짓 · 과장된 표시 · 광고의 금지

거짓으로 사실과 다르게 표시 · 광고하거나 사실을 지나치게 부풀려 표시 · 광고하는 것을 금지한다. 예를 들면, 경기도 고양시 소재 일산 X아파트 사업자는 분양광고를 하면서 분양이 완료되지 않았음에도 완료된 것처럼 사실과 다르게 사실을 부풀려 광고하였다. 이에 대해 공정거래위원회(제3소회의 의결 제2012-049호 2012.4.5.)는 시정명령(향후 재발방지명령)을 내렸다.

II. 기만적인 표시 · 광고의 금지

사실을 은폐하거나 축소하는 등의 방법으로 표시 · 광고하는 것을 금지한다. 예를 들면, N사는 유아식 제품에 대해 "국내는 물론 세계 어느 유가공 회사에도 N유업과 같은 첨단 설비와 시스템을 갖춘 곳은 없습니다", "멜라민을 비롯한 유해원료는 100% 원천 봉쇄됩니다" 등의 내용을 2008.10.3.~10.14. 기간 동안 모두 16회에 걸쳐 7개 일간지에 광고하였다. 이 내용에 대해 공정거래위원회가 시정명령을 내렸으나, N사에서 이의를 제기하여 공정거래위원회가 서울고등법원에 그 사실을 통보하였고, 이를 재판한 결과는 다음과 같다. '원고의 광고 내용은 국내 및 세계의 유가공업체 중 원고만큼 첨단의 생산설비와 시스템을 갖춘 회사는 없다는 것으로서, 원고가 세계에서 가장 첨단의 생산설비 등을 갖추고 유아식을 생산하고 있다는 취지로 오인할 우려가 있다. 또한 세계 최고의 첨단 설비로 유아식을 생산하기 때문에 원고가 생산하는 유아식은 유해원료가 전혀 들어 있지 않은 절대적으로 안전한 제품이라는 의미로 인식할 우려가 있어 기만적인 광고에 해당하므로 시정명령은 정당하다'(공정거래위원회).

III. 부당하게 비교하는 표시 · 광고의 금지

비교대상 및 기준을 분명하게 밝히지 아니하거나, 객관적인 근거 없이 자기 또는 자기의 상품 등을 다른 사업자 등이나 다른 사업자 등의 상품 등과 비교하여 우량 또는 유리하다고 표시 · 광고하는 것을 금지한다.

예를 들면, 공정거래위원회는 '압도적 회원 수', '점유율 63.2%', '국내 유일 공정거래위원회에 회원 수 근거자료 제출'이라고 광고를 한 D정보(주)에 시정명령(공표명령 포함)을 했다. D정보는 공정거래위원회 의결서(2012년 3월)에 기재된 4개 업체의 매출액을 시장 점유율로 환산하여 63.2%라고 표현했으나 비교기준이 회원 수가 아니므로 객관적인 근거가 아닌 부당한 비교에 해당하며, 0000여 개 결혼정보 업체에서 차지하는 D정보의 점유율을 부풀린 것이다. 그리고 홈페이지(2010년 11월~2013년 3월)에 '국내 유일 공정거래위원회에 회원 수 근거자료 제출'이라 표현했으나 이는 경쟁업체도 회원 수 관련 자료를 제출한 사실이 있는데 D정보만 제출한 것처럼 부당하게 비교하였다(http://kftc.tistory.com/4925).

IV. 비방적인 표시 · 광고의 금지

다른 사업자 등 또는 다른 사업자 등의 상품 등에 관하여 객관적인 근거가 없는 내용으로 표시·광고하여 비방하거나, 불리한 사실만을 표시·광고하여 비방하는 것을 금지한다.

예를 들면, 공정거래위원회는 TV 및 홈페이지 등을 통해 유명 연예인을 출연시켜 경쟁업체의 토익 교재를 비방·광고한 (주)S컴퍼니에 시정명령(공표명령 포함)을 내렸다. S컴퍼니는 2010년 4월부터 토익·토플 등의 인터넷 강의 및 학원 강의를 개설하여 운영해오고 있는 회사로서, '영어단기학교'라 불린다. 경쟁 사업자인 H토익 교재를 상징하는 표현으로 "빨갱이 파랭이", "빨간색과 파란색 토익 교재 2권"을 지속적으로 광고에 사용하여 경쟁사업자를 비방광고했다. H토익 교재는 2005년 출간 당시부터 빨간색과 파란색 표지를 유지하고 있고, 토익 학습자들에게 '빨갱이 파랭이'라는 별칭으로 불렸다. 2013년 12월부터 2014년 4월까지 TV 방송, 인터넷, 극장, 지하철 행선기(지하철 내 도착역 등을 알려주는 영상매체) 영상 등을 통해 광고모델 2인이 빨간색과 파란색 토익 교재 2권을 보며 "한참 전 토익 문제들 모아놓은 이거", "에이 요즘 누가 그걸 봐"라는 대화와 교재를 땅바닥에 내팽개치는 내용의 광고는 비방광고에 해당한다(http://kftc.tistory.com/5310).

제3절 부당한 표시·광고에 관한 고시 및 지침

부당한 표시·광고를 규제하기 위해 공정거래위원회에서는 첫째, 부당한 표시·광고 행위에 공통적으로 적용되는 고시 및 지침, 둘째, 분야별 표시·광고 지침으로 구분하여 시행하고 있다.

부당한 표시·광고 행위에 '공통적으로 적용되는 고시 및 지침'에는 「부당한 표시·광고 행위의 유형 및 기준 지정고시」, 「기만적인 표시·광고 심사 지침」, 「비교 표시·광고에 관한 심사 지침」, 「정정광고에 관한 운영지침」, 「표시·광고심사자문위원회의 설치 및 운영에 관한 규정」, 「표시·광고의 공정화에 관한 법률 위반사업자 등에 대한 과징금 부과 세부기준 등에 관한 고시」 등이 있다.

'분야별 표시·광고 지침'에는 주택, 상가, 환경관련, 은행 등의 금융상품, 보험상품, 수상·인증, 통신판매, 추천·보증, 인터넷, 소비자안전에 관한 지침이 있다.

I. 부당한 표시 · 광고 행위의 유형 및 기준 지정고시

이 고시는 부당한 표시 · 광고가 구체적으로 어떠한 경우에 해당하는지를 사업자, 사업자단체 및 일반 국민에게 예시함으로써 부당한 표시 · 광고 행위를 사전에 방지하고 부당한 표시 · 광고에 대한 법 집행의 객관성과 투명성을 확보하는 데 그 목적이 있다.

이 고시에서 표시 · 광고에 관한 일반지침으로 표시 · 광고의 기본 원칙과 사업자 자신에 관한 표시 · 광고, 가격, 원재료 및 성분, 품질, 성능, 효능, 규격, 용량, 수량, 제조일자, 유효기간, 제조방법, 특징, 원산지, 제조사, 보증, 용기, 포장, 추천 및 권장, 용도, 사용방법, 주의사항, 경쟁사업자 및 경쟁관계상품 등에 관한 표시 · 광고에 대해 규정하고 있다.

1. 표시 · 광고의 기본 원칙

소비자는 자기가 구매하고자 하는 상품 등에 관하여 알 권리가 있고, 공급자는 자기가 판매하고자 하는 상품 등에 관하여 소비자에게 알릴 권리가 있는 동시에 또한 알려주어야 할 의무가 있으므로 모든 상품 등의 공급자는 이러한 자기의 권리와 의무를 각별히 유의할 필요가 있다. 이 고시에 예시된 사항은 일반거래상에 흔히 나타나고 있는 대표적이고 공통적인 사항만을 추출한 것이다.

2. 사업자 자신에 관한 표시 · 광고

사업자가 자신이나 구성사업자의 규모, 연혁, 생산시설, 수상경력, 사업계획, 사업실적, 기술제휴 등에 관한 사항에 대하여 표시 · 광고할 경우 사실과 다르게 또는 사실을 과장하거나 모호하게 표시 · 광고하여 소비자를 오인시킬 우려가 있는 표시 · 광고 행위는 부당한 표시 · 광고가 된다.

예시

- 자기의 생산규모가 국내에서만 가장 큰 규모인데도 "세계 최대의 규모"라고 표시 · 광고하는 경우
- A사가 자사의 주주회원을 모집하면서 향후 자사주식의 공개상장여부는 미래의 불확실한 사실(영업실적 등 공개상장여건 충족 여부 등에 따라 결정)인데도 불구하고, "○○년에는 틀림없이 공개상장되어 5,000원권 주식이 6만 원선에 매각가능"이라고 마치 확실한 사실인 것처럼 표시 · 광고하는 경우

3. 가격 등에 관한 표시 · 광고

가격, 원재료 및 성분, 품질, 성능, 효능, 규격, 용량, 수량, 제조일자, 유효기간, 제조방법, 특징, 원산지, 제조사, 보증, 용기, 포장, 추천 및 권장, 용도, 사용방법, 주의사항, 경쟁사업자 및 경쟁관계상품 등에 관한 표시 · 광고에 대해 사실과 다르게 또는 과장하여 표시 · 광고하여 소비자를 오인시킬 우려가 있는 표시 · 광고 행위는 부당한 표시 · 광고가 된다.

예시

- 종전거래가격은 80,000원인데 이를 가격인하 하여 70,000원에 판매하고자 하는 경우, 종전거래가격을 80,000원이 아닌 100,000원으로 사실과 다르게 표시 · 광고하는 경우
- 실제는 콩기름이나 들기름 등 기타 식용유를 섞어서 판매하면서 "참기름"이라고 표시 · 광고하는 경우
- 실제는 50%가 실크(Silk)이고 50%는 레이온(Rayon)인데도 불구하고 "100% 실크(Silk)" 또는 "실크(Silk)"라고 표시 · 광고하는 경우
- 정부기관 등 공인기관으로부터 의약품으로 약효를 인정받지 아니하였는데도 불구하고 각종 질병을 치료 또는 예방하는 효과가 있는 것처럼 표시 · 광고하는 경우
- 미국의 정부기관이 인정한 내용은 "해당 사업자가 제시한 자료를 근거로 살펴볼 때 건강에 유익한 것으로 고려된다"라고 한 것에 불과한데도 "○○효능을 미국정부기관이 공인"이라고 표시 · 광고하는 경우
- KS규격 또는 외국공인규격 등에 해당하지 아니함에도 불구하고 "KS규격" 또는 "외국기관 등에 의하여 공인된 규격"이라는 내용으로 표시 · 광고하는 경우
- "제조일자로부터 ○○일간 유효"라고만 하고 제조일자는 표시 · 광고하지 아니하거나 제조일자 또는 유효기간을 소비자가 식별하기 곤란하게 표시 · 광고함으로써 최근에 제조되거나 사용 등에 문제가 없는 것처럼 소비자를 오인시킬 우려가 있는 경우
- 일정기간이 경과되면 소모 또는 마모되는 것을 영구히 또는 사실보다 상당히 장기간 존속하는 것처럼 표시 · 광고하는 경우
- 일반소비자가 손으로 만든 상품을 선호하고 있다는 점을 착안하여 기계로 만든 상품(공예품, 면)인데도 손으로 만든 상품인 것처럼 표시 · 광고하는 경우

II. 분야별 표시 · 광고 지침

분야별 표시 · 광고 지침에는 주택, 상가, 환경관련, 은행 등의 금융상품, 보험상품, 수상 · 인증, 통신판매, 추천 · 보증, 인터넷, 소비자안전에 관한 지침이 있다.

1. 주택의 표시 · 광고에 관한 심사 지침

이 지침은 주택공급사업자가 주택의 분양 및 임대와 관련하여 행하는 표시 · 광고로서

분양 또는 임대하는 주택의 공급자, 면적, 특징 등에 관하여 소비자를 오인시킬 우려가 있는 부당한 표시·광고 행위의 유형을 제시하고 있다.

예시

주택의 등기면적에 대하여 전용면적 이외에 공용면적이나 서비스면적 등을 포함하여 표시·광고함으로써 실제보다 넓은 것으로 오인시킬 우려가 있는 경우는 부당한 표시·광고에 해당한다.

2. 상가 등의 분양 및 임대 표시·광고에 관한 심사 지침

이 지침은 사업자가 상가, 사무실, 오피스텔, 콘도미니엄 등의 분양·임대와 관련하여 행하는 표시·광고로서 상가 등의 명칭, 시행자·시공자·분양자, 분양업종, 상권, 수익성, 분양가, 건축허가, 건물인증 등에 관하여 소비자를 오인시킬 우려가 있는 부당한 표시·광고 행위의 유형을 제시하고 있다.

예시

일반시장의 허가를 받아 놓고도 ○○백화점, ○○쇼핑, ○○쇼핑센터, ○○전문백화점, ○○쇼핑몰이라는 용어를 사용하는 경우 부당한 표시·광고에 해당한다.

3. 환경관련 표시·광고에 관한 심사 지침

이 지침은 사업자가 환경과 관련된 내용으로 행하는 표시·광고로서 사업자 자신 또는 경쟁사업자가 공급하는 상품이나 용역의 원재료, 성분, 품질, 성능, 제조방법, 가격, 보증 기타의 거래 내용이나 거래조건 등에 관하여 소비자를 오인시킬 우려가 있는 부당한 표시·광고 행위의 유형을 제시하고 있다.

예시

비닐제품의 포장에 "썩는 비닐"이라고 표시하면서 그 반대편에 상대적으로 눈에 띄지 않는 글씨로 "상온에 습도 40% 이상인 토양에 매립되는 경우에 한함"이라고 표시하는 것은 소비자가 이 두 가지 내용을 한 가지 속성에 관한 통일적 표시로 인식하기 어려우므로 기만적인 표시에 해당한다.

4. 은행 등의 금융상품 표시·광고에 관한 심사 지침

이 지침은 은행 등이 국내에서 공급하는 금융상품의 거래조건 등에 대해서 행하는 표시 · 광고로서 이자율 · 수익률, 이자 · 수익 산정방법, 대출자격 등에 관하여 소비자를 오인시킬 우려가 있는 부당한 표시 · 광고 행위의 유형을 제시하고 있다.

예시

실제보다 신탁상품의 수익률을 높게 기재하여 표시 · 광고하거나, 수익률이 최근 하락하였음에도 하락하기 이전의 수익률을 기재한 안내장 등을 사용하여 표시 · 광고하는 행위는 부당한 표시 · 광고 행위에 해당한다.

5. 보험상품 표시 · 광고에 관한 심사 지침

이 지침은 보험회사가 국내에서 판매하는 보험상품에 관하여 행하는 표시 · 광고로서 보험회사의 보험료, 보험혜택, 중도해약환급금, 만기환급금 등에 관하여 소비자를 오인시킬 우려가 있는 부당한 표시 · 광고 행위의 유형을 제시하고 있다.

예시

주계약 가입시의 보험료만 제시한 채 단순히 "보험금지급예시" 등으로 표현하면서 특약 시의 보장 내용까지 포함하여 표시 · 광고할 경우에는 부당한 표시 · 광고에 해당한다.

6. 수상 · 인증 등의 표시 · 광고에 관한 심사 지침

이 지침은 사업자가 각종 수상 · 인증 · 특허 등에 관하여 행하는 표시 · 광고로서 수상 · 인증 · 선정 · 특허 등의 사실 · 획득 의미 · 인정 가치 등에 관하여 소비자를 오인시킬 우려가 있는 부당한 표시 · 광고 행위의 유형을 제시하고 있다.

예시

ISO 9000 또는 14000규격에 의한 인증은 생산 공정 등 경영시스템에 대한 인증임에도 불구하고 "ISO 9000인증을 획득함으로써 품질을 인정받았다"고 광고하는 등 ISO 9000인증사실을 가지고 제품의 우수성을 인증받은 것처럼 표시 · 광고하는 행위는 부당한 표시 · 광고에 해당한다.

7. 통신판매 표시 · 광고에 관한 심사 지침

이 지침은 통신판매 사업자가 상품판매 또는 용역 제공에 관하여 행하는 표시 · 광고로서 통신판매 사업자의 주소, 전화번호 등 사업자 자신, 상품의 내용 및 가격, 거래조건 등에 관하여 소비자를 오인시킬 우려가 있는 부당한 표시 · 광고 행위의 유형을 제시하고 있다.

예시
수험교재 통신판매 사업자인 주식회사 국가고시○○회가 자신의 상호에 대해 주식회사임을 생략하고 표현함으로써 마치 국가자격시험을 관장하는 국가기관 또는 공공기관인 것처럼 표시·광고하는 경우는 부당한 표시·광고에 해당한다.

8. 추천·보증 등의 표시·광고에 관한 심사 지침

이 지침은 개인적 경험·체험이나 전문가 또는 단체의 추천·보증 등에서 소비자피해를 유발하는 부당한 표시·광고 행위의 유형을 제시하고 있다.

예시
주름살이 펴지는 얼굴미용기구를 광고하면서 이 상품을 사용한 경험이 있는 소비자의 감사편지를 게재하여 광고하였으나, 소비자가 실존 인물이 아닌 경우는 부당한 표시·광고에 해당한다.

9. 인터넷 광고에 관한 심사 지침

이 지침은 인터넷 광고의 부당한 표시·광고 행위를 심사함에 있어 구체적인 처리기준을 제시하고 있다.

예시
사업자가 자기의 인터넷 홈페이지의 팝업광고를 통해 고가의 최신 라식 수술기기의 이미지와 함께 "라식 100만 원"이라고 광고하면서 실제로는 100만 원의 비용이 소요되는 라식수술은 상대적으로 저렴한 수술기기를 이용하는 것임에도 이러한 사실을 해당 팝업광고 또는 이와 연결된 인터넷 페이지에서 명시하지 않은 경우는 부당한 표시·광고에 해당한다.

10. 소비자 안전에 관한 표시·광고 심사 지침

이 지침은 상품 또는 용역에 관한 표시·광고에 있어서 소비자 안전과 관련하여 부당한 표시·광고가 될 수 있는 대표적인 유형을 공통지침과 업종별지침으로 구분하여 제시하고 있다.

예시
유통기간이 얼마 남지 않아 소비자가 정상적으로 소비할 경우에 그 기간을 초과하게 되어 생명 등에 위해를 초래할 우려가 있는 식품에 대하여 이 사실을 은폐·축소하면서 파격적인 가격으로 할인하였다는 사실만을 강조하여 표시·광고하는 경우는 부당한 표시·광고에 해당한다.

제4절 중요정보의 고시 및 통합공고

공정거래위원회는 상품 등이나 거래 분야의 성질에 비추어 소비자보호 또는 공정한 거래질서 유지를 위하여 필요한 사항에 대해서는 사업자 등이 표시·광고에 포함하여야 하는 사항(이를 '중요정보'라 한다)과 표시·광고의 방법을 고시할 수 있다(「표시광고법」 제4조).

중요정보(사업자 등이 표시·광고에 포함하여야 하는 사항)에는

첫째, 표시·광고를 하지 아니하여 소비자피해가 자주 발생하는 경우

둘째, 표시·광고를 하지 아니하면, 소비자가 상품 등의 중대한 결함이나 기능상의 한계 등을 정확히 알지 못하여 구매선택을 하는 데에 결정적인 영향을 미치게 되는 경우

셋째, 소비자의 생명·신체 또는 재산에 위해를 끼칠 가능성이 있는 경우

넷째, 그 밖에 소비자의 합리적인 선택을 현저히 그르칠 가능성이 있거나 공정한 거래질서를 현저히 해치는 경우 등이 있다.

공정거래위원회는 중요정보를 고시할 때 소비자, 사업자 등 이해관계인에게 종합적인 정보를 제공하기 위하여 다른 법령에서 표시·광고를 하도록 한 사항과 표시·광고를 제한하거나 금지하고 있는 사항을 통합하여 공고(이하 '통합공고'라 한다)하고 있다. 2014년 현재 공정거래위원회에서는 「중요한 표시·광고사항 고시」와 「표시·광고사항에 관한 통합공고」를 시행하고 있다.

제5절 표시·광고 내용의 실증

사업자 등은 자기가 한 표시·광고 중 사실과 관련한 사항에 대하여는 실증할 수 있어

야 한다(「표시광고법」 제5조 제1항). 공정거래위원회는 실증이 필요하다고 인정하는 경우에는 그 내용을 구체적으로 밝혀 해당 사업자 등에게 관련 자료를 제출하도록 요청할 수 있다(「표시광고법」 제5조 제2항). 실증자료 제출을 요청받은 사업자 등은 요청받은 날부터 15일 이내에 그 실증자료를 공정거래위원회에 제출하여야 한다. 다만, 공정거래위원회는 정당한 사유가 있다고 인정하는 경우에는 그 제출기간을 연장할 수 있다(「표시광고법」 제5조 제3항).

공정거래위원회는 상품 등에 관하여 소비자가 잘못 아는 것을 방지하거나 공정한 거래질서를 유지하기 위하여 필요하다고 인정하는 경우에는 사업자 등이 제출한 실증자료를 갖추어두고 일반이 열람할 수 있게 하거나 그 밖의 적절한 방법으로 이를 공개할 수 있다. 다만, 그 자료가 사업자 등의 영업상 비밀에 해당하여 공개하면 사업자 등의 영업활동을 침해할 우려가 있는 경우에는 공개하지 않는다(「표시광고법」 제5조 제4항).

공정거래위원회는 사업자 등이 실증자료의 제출을 요구받고도 제출기간 내에 이를 제출하지 아니한 채 계속하여 표시·광고를 하는 경우에는 실증자료를 제출할 때까지 그 표시·광고의 중지를 명할 수 있다(「표시광고법」 제5조 제5항). 2014년 현재 공정거래위원회에서는 「표시·광고 실증에 관한 운영고시」를 제정하여 시행하고 있다.

제6절 부당한 표시·광고에 대한 임시중지명령

공정거래위원회는 공정거래위원회가 고시한 중요정보를 포함하지 아니하고 표시·광고 행위를 한 경우, 제출하여야 하는 실증자료를 제출하지 아니한 경우, 공정거래위원회가 정하여 고시한 부당한 표시·광고의 세부적인 유형 및 기준에 명백하게 해당한다고 판단되는 경우, 기존 판례나 심결례에 비추어 부당한 표시·광고 유형과 동일하거나 상당히 유사하다고 명백하게 판단되는 경우 등과 소비자나 경쟁사업자에게 회복하기 어려운 손해가 발생할 우려가 있는 경우[84]에는 그 표시·광고 행위를 일시정지할 것을 명할

84) 소비자나 경쟁사업자에게 회복하기 어려운 손해가 발생할 우려가 있는 경우로는 첫째, 소비자의 생명·신체의 안전에 심각한 위해나 재산상 중대한 손해가 발생할 우려가 있는 경우, 둘째, 경쟁사업자가 사업 자체를 계속할 수 없거나 중대한 경영상의 위기를 맞게 될 것으로 보이는 손해가 발생할 우려가 있는 경우가 있다.

수 있다(「표시광고법」 제8조 및 시행령 제9조).

임시중지명령의 요청은 소비자단체, 방송통신위원회, 한국소비자원, 사단법인 한국신문윤리위원회 및 사단법인 한국광고자율심의기구, 그 밖에 사업자 등이 한 표시 · 광고를 심의하기 위하여 다른 법령에 따라 설립된 기관 또는 단체가 할 수 있다. 공정거래위원회는 「임시중지명령에 관한 운영지침」을 제정하여 시행하고 있다.

소비자단체 또는 임시중지명령을 내릴 수 있는 기관이나 단체가 임시중지명령을 요청하려면, 임시중지명령의 대상이 되는 표시 · 광고의 내용 및 임시중지명령을 요청한 사유 등을 적은 요청서를 공정거래위원회에 제출하여야 한다(「표시광고법」 제8조 및 시행령 제10조).

임시중지명령에 불복하는 자는 그 명령을 받은 날부터 7일 이내에 공정거래위원회에 이의를 제기할 수 있다. 사업자 등이 임시중지명령에 이의를 제기하였을 경우, 공정거래위원회는 지체 없이 서울고등법원에 그 사실을 통보하여야 하며, 통보를 받은 서울고등법원은 '비송사건[85]절차법'에 따라 재판을 해야 한다.

제7절 부당한 표시 · 광고로 인한 손해배상

사업자 등은 부당한 표시 · 광고 행위를 함으로써 피해를 입은 자가 있는 경우에는 그 피해자에 대하여 손해배상의 책임을 진다. 사업자 등은 고의 또는 과실이 없음을 들어 피해자에 대한 책임을 면할 수 없다(「표시광고법」 제10조).

제8절 표시 · 광고의 자율규약 및 자율심의기구

사업자 등은 자율적으로 표시 · 광고에 관한 규약이나 기준 등(이하 '자율규약'이라 한다)을 정할 수 있다(「표시광고법」 제14조).

---

85) 비송사건이란 법원의 관할에 속하는 민사사건 중 소송절차로 처리하지 않는 사건(소송이 아닌 사건)을 말한다.

사업자 등의 표시·광고가 부당한 표시·광고 행위의 금지조항 또는 자율규약에 위반되는 지 등을 심의(그 명칭에 관계없이 표시·광고가 법령 또는 자율규약에 위반되는 지를 판단하는 행위를 말한다)하는 등 부당한 표시·광고를 방지하기 위한 조직(이하 '자율심의기구 등'이라 한다)을 운영하는 자는 공정거래위원회에 신고할 수 있다(「표시광고법」 제14조의2).

찾아 생각하기

1. 사업자의 부당한 표시 · 광고 행위로 인해 발생한 소비자문제를 조사해 보자.

2. 부당한 표시 · 광고를 규제하기 위해 공정거래위원회가 시행하는 소비자정책들을 찾아보자.

3. 중요정보 고시제도의 목적, 기본 원칙, 적용대상, 고시현황 등에 대해 자세히 살펴보고, 2~3가지의 업종이나 분야를 선택하여 중요정보 고시제도의 규정대로 잘 이행되고 있는지 확인해 보자.

PART 03

소비자 관련 법률 및 제도 요약

▶▶▶ chapter 15 · 표시 · 광고의 공정화에 관한 법률 및 제도

1. 표시(labeling) · 광고(advertising)의 정의

▶ 표시: 소비자에게 알리기 위하여 상품 등에 관한 사항을 쓰거나 붙인 문자 · 도형 또는 상품의 특성을 나타내는 용기나 포장을 의미함

▶ 광고: 상품 등에 관한 표시사항을 신문이나 인터넷신문, 잡지 등과 같은 매체를 통해 널리 알리는 의도적 활동을 의미함

2. 부당한 표시 · 광고의 금지

① 거짓 · 과장된 표시 · 광고의 금지: 사실과 다르게 표시 · 광고하거나 사실을 지나치게 부풀려 표시 · 광고하는 것을 금지함

② 기만적인 표시 · 광고의 금지: 사실을 은폐하거나 축소하는 등의 방법으로 표시 · 광고하는 것을 금지함

③ 부당하게 비교하는 표시 · 광고의 금지: 비교대상 및 기준을 분명하게 밝히지 아니하거나, 객관적인 근거 없이 자기 또는 자기의 상품 등을 다른 사업자 등이나 다른 사업자 등의 상품 등과 비교하여 우량 또는 유리하다고 표시 · 광고하는 것을 금지함

④ 비방적인 표시 · 광고의 금지: 다른 사업자 등 또는 다른 사업자 등의 상품 등에 관하여 객관적인 근거가 없는 내용으로 표시 · 광고하여 비방하거나 불리한 사실만을 표시 · 광고하여 비방하는 것을 금지함

3. 부당한 표시 · 광고에 관한 고시 및 지침

▶ 부당한 표시 · 광고를 규제하기 위해 공정거래위원회에서는 첫째, 부당한 표시 · 광고 행위에 공통적으로 적용되는 고시 및 지침, 둘째, 분야별 표시 · 광고 지침으로 구분하여 시행하고 있음

▶ 부당한 표시 · 광고 행위에 공통적으로 적용되는 고시 및 지침: 「부당한 표시 · 광고 행위의 유형 및 기준 지정고시」, 「기만적인 표시 · 광고 심사 지침」, 「비교 표시 · 광고에 관한 심사 지침」, 「정정광고에 관한 운영지침」, 「표시 · 광고 심사자문위원회의 설치 및 운영에 관한 규정」, 「표

시・광고의 공정화에 관한 법률 위반사업자 등에 대한 과징금부과 세부기준 등에 관한 고시」 등

▶ 분야별 표시・광고 지침: 「주택의 표시・광고에 관한 심사 지침」, 「상가 등의 분양 및 임대 표시・광고에 관한 심사 지침」, 「환경관련 표시・광고에 관한 심사 지침」, 「은행 등의 금융상품 표시・광고에 관한 심사 지침」, 「보험상품 표시・광고에 관한 심사 지침」, 「수상・인증 등의 표시・광고에 관한 심사 지침」, 「통신판매 표시・광고에 관한 심사 지침」, 「추천・보증 등의 표시・광고에 관한 심사 지침」, 「인터넷 광고에 관한 심사 지침」, 「소비자 안전에 관한 표시・광고 심사 지침」 등

4. 중요정보의 고시 및 통합공고

▶ 공정거래위원회는 사업자 등이 표시・광고에 포함하여야 하는 사항(중요정보)과 표시・광고의 방법을 고시할 수 있음

▶ 중요정보(사업자 등이 표시・광고에 포함하여야 하는 사항)

① 표시・광고를 하지 아니하여 소비자피해가 자주 발생하는 경우

② 표시・광고를 하지 아니하면, 소비자가 상품 등의 중대한 결함이나 기능상의 한계 등을 정확히 알지 못하여 구매선택을 하는 데에 결정적인 영향을 미치게 되는 경우

③ 소비자의 생명・신체 또는 재산에 위해를 끼칠 가능성이 있는 경우

④ 그 밖에 소비자의 합리적인 선택을 현저히 그르칠 가능성이 있거나 공정한 거래질서를 현저히 해치는 경우

▶ 공정거래위원회의 통합공고: 공정거래위원회는 중요정보를 고시할 때 소비자, 사업자 등 이해관계인에게 종합적인 정보를 제공하기 위하여 다른 법령에서 표시・광고를 하도록 한 사항과 표시・광고를 제한하거나 금지하고 있는 사항을 통합하여 공고(통합공고)함

5. 표시・광고 내용의 실증

▶ 사업자 등은 자기가 한 표시・광고 중 사실과 관련한 사항에 대하여는 실증할 수 있어야 함

▶ 공정거래위원회는 실증이 필요하다고 인정하는 경우에는 그 내용을 구체적으로 밝혀 해당 사업자 등에게 관련 자료를 제출하도록 요청할 수 있음

▶ 실증자료 제출을 요청받은 사업자 등은 요청받은 날부터 15일 이내에 그 실증자료를 공정거래위원회에 제출하여야 함(단, 정당한 사유가 있다고 인정되면 제출기간 연장가능)

▶ 공정거래위원회는 상품 등에 관하여 소비자가 잘못 아는 것을 방지하거나 공정한 거래질서를 유지하기 위하여 필요하다고 인정하는 경우에는 사업자 등이 제출한 실증자료를 갖추어두고 일반인이 열람할 수 있게 하거나 그 밖의 적절한 방법으로 이를 공개할 수 있음

▶ 공정거래위원회는 사업자 등이 실증자료의 제출을 요구받고도 제출기간 내에 이를 제출하지 아니한 채 계속하여 표시・광고를 하는 경우에는 실증자료를 제출할 때까지 그 표시・광고의 중지를 명할 수 있음

6. 부당한 표시 · 광고에 대한 임시중지명령

▶ 공정거래위원회는 표시 · 광고 행위가 '임지중지명령의 요건'에 해당하는 경우에는 사업자 등에 대하여 그 표시 · 광고 행위를 일시중지할 것을 명할 수 있음

▶ '임시중지명령의 요건'

1) 부당한 표시 · 광고 행위의 경우

① 공정거래위원회가 고시한 중요정보를 포함하지 아니하고 표시 · 광고 행위를 한 경우

② 제출하여야 하는 실증자료를 제출하지 아니한 경우

③ 공정거래위원회가 정하여 고시한 부당한 표시 · 광고의 세부적인 유형 및 기준에 명백하게 해당한다고 판단되는 경우

④ 기존 판례나 심결례에 비추어 부당한 표시 · 광고 유형과 동일하거나 상당히 유사하다고 명백하게 판단되는 경우

2) 소비자나 경쟁사업자에게 회복하기 어려운 손해가 발생할 우려가 있는 경우

① 소비자의 생명 · 신체의 안전에 심각한 위해나 재산상 중대한 손해가 발생할 우려가 있는 경우

② 경쟁사업자가 사업 자체를 계속할 수 없거나 중대한 경영상의 위기를 맞게 될 것으로 보이는 손해가 발생할 우려가 있는 경우

▶ 임시중지명령을 내릴 수 있는 기관 및 단체: 소비자단체, 방송통신위원회, 한국소비자원, 사단법인 한국신문윤리위원회 및 사단법인 한국광고자율심의기구, 그 밖에 사업자 등이 한 표시 · 광고를 심의하기 위하여 다른 법령에 따라 설립된 기관 또는 단체

▶ 임시중지명령 요청의 방법: 소비자단체 또는 임시중지명령을 내릴 수 있는 기관이나 단체가 임시중지명령을 요청하려면, 임시중지명령의 대상이 되는 표시 · 광고의 내용 및 임시중지명령을 요청한 사유 등을 적은 요청서를 공정거래위원회에 제출하여야 함

▶ 임시중지명령에 대한 이의제기: 임시중지명령에 불복하는 자는 그 명령을 받은 날부터 7일 이내에 공정거래위원회에 이의를 제기할 수 있음

7. 부당한 표시 · 광고 행위로 인한 손해배상

▶ 사업자 등은 부당한 표시 · 광고 행위를 함으로써 피해를 입은 자가 있는 경우에는 그 피해자에 대하여 손해배상의 책임을 지며, 고의 또는 과실이 없음을 들어 피해자에 대한 책임을 면할 수 없음

8. 표시 · 광고의 자율규약 및 자율심의기구

▶ 사업자 등은 자율적으로 표시 · 광고에 관한 규약이나 기준 등(자율규약)을 정할 수 있음

▶ 사업자 등의 표시 · 광고가 부당한 표시 · 광고 행위의 금지조항 또는 자율규약에 위반되는지 등을 심의하는 등 부당한 표시 · 광고를 방지하기 위한 조직(자율심의기구 등)을 운영하는 자는 공정거래위원회에 신고할 수 있음

독점규제 및 공정거래에 관한 법률

16
Chapter

우리나라의 경제발전 과정에서 정부는 외화 획득을 위해 내수시장보다는 수출중심의 경제정책을 시행하였다. 기업들의 수출을 우선적으로 지원한 결과, 기업들은 대기업화되고 독과점시장을 형성하게 되었다. 따라서 소비자 중심이 아닌 기업들의 이윤추구 경영이 심각해짐에 따라 이를 규제하기 위해 1975년 「물가안정 및 공정거래에 관한 법률」을 제정하였고, 이 법의 '공정거래'에 관한 내용을 발전시켜 1980년 「독점규제 및 공정거래에 관한 법률」을 제정하여 현재에 이르고 있다.

제1절 독점규제 및 공정거래에 관한 법률의 의의

I. 독점규제 및 공정거래에 관한 법률의 성격

「독점규제 및 공정거래에 관한 법률」(이하 「공정거래법」이라 한다)의 성격은 공정하고 자유로운 경쟁을 촉진하기 위하여 사적인 거래관계에 공법적인 통제를 가한다는 점에서 사회법에 속하고, 사업자를 대상으로 하는 특별법이자 실체법이다.

II. 공정거래법의 목적

이 법은 사업자의 시장지배적 지위의 남용과 과도한 경제력의 집중을 방지하고, 부당한 공동행위 및 불공정거래행위를 규제하여 공정하고 자유로운 경쟁을 촉진함으로써 창의적인 기업활동을 조장하고 소비자를 보호함과 아울러 국민경제의 균형 있는 발전을 도모함을 목적으로 한다.

제2절 공정거래법의 주요 내용

이 법은 시장지배적 지위의 남용 금지(「공정거래법」 제2장), 기업결합의 제한 및 경제력집중의 억제(「공정거래법」 제3장), 부당한 공동행위의 제한(「공정거래법」 제4장), 불공정거래행위 및 특수관계인에 대한 부당한 이익제공의 금지(「공정거래법」 제5장), 사업자단체(「공정거래법」 제6장), 재판매가격유지행위의 제한(「공정거래법」 제7장), 국제계약의 체결 제한(「공정거래법」 제8장) 등을 주요 내용으로 하며, 여기서는 소비자보호 관련 조항을 중심으로 살펴보기로 한다.

I. 시장지배적 지위의 남용 금지

시장지배적 사업자는 첫째, 경쟁사업자가 없는 경우, 둘째, 경쟁사업자와의 관계에서 압도적인 지위를 점하고 있는 경우, 셋째, 소수의 사업자들이 어떤 시장에서 압도적인 지위를 점하고 있는 경우, 즉 1개사의 시장점유율이 50% 이상이거나 3개 이하 사업자의 시장점유율 합계 75% 이상인 경우 등을 말한다(「공정거래법」 제4조).

시장이 한 개 혹은 소수의 사업자에 의해 지배되면 제품과 서비스의 가격, 수량, 품질 등의 거래조건이 이들 사업자에 의해 좌우되므로 소비자는 양질의 상품을 저가로 구매하기 어렵게 된다. 이처럼 시장지배적 사업자는 독과점적 지위를 유지하기 위해 새로운 사업자의 시장진입을 제한하고 자유롭고 공정한 경쟁을 저해할 가능성이 크다. 또 시장지배적 사업자 자신도 신기술을 개발하거나 내부 혁신을 제고하려는 유인이 낮아져 전체적으로 경제적 효율성이 낮아지게 된다.

「공정거래법」은 일정한 기준에 해당하는 사업자를 시장지배적 사업자로 지정하고 이들이 시장지배력을 남용하는 것을 금지하고 있다. 시장지배적 사업자의 다음에 해당하는 행위는 남용행위로써 금지되며(「공정거래법」 제3조의2), 이를 위반하는 경우에는 공정거래위원회가 가격의 인하, 해당 행위의 중지, 기타 사정을 위한 필요한 조치를 명할 수 있다(「공정거래법」 제5조).

① 상품의 가격이나 용역의 대가를 부당하게 결정 · 유지 또는 변경하는 행위의 금지
② 상품의 판매 또는 용역의 제공을 부당하게 조절하는 행위의 금지
③ 다른 사업자의 사업활동을 부당하게 방해하는 행위의 금지

④ 새로운 경쟁사업자의 참가를 부당하게 방해하는 행위의 금지
⑤ 부당하게 경쟁사업자를 배제하기 위하여 거래하거나 소비자의 이익을 현저히 저해할 우려가 있는 행위의 금지

II. 기업결합의 제한 및 경제력집중의 억제

기업결합[86]은 기업의 소유·지배·경영의 주체를 혁신하여 생산성 및 자원배분의 효율성을 높이고 기업의 경쟁력을 강화하는 순기능이 있다. 그러나 다른 한편으로 기업결합은 독과점을 형성하고 경제력 집중을 심화시키는 역기능도 아울러 가지고 있다. 기업결합은 시장에서 경쟁자의 수를 감소시켜 해당 회사들의 시장지배력을 강화시키는 역할을 하며, 나아가 시장지배력을 활용하여 독과점 가격을 형성할 경우 소비자피해를 초래할 수 있다.

「공정거래법」은 일정한 거래 분야에 있어서 경쟁을 실질적으로 제한하는 기업결합(M&A)행위를 규제하고 있다(제7조). 「공정거래법」은 기업결합을 규제하기 위한 수단으로서 사업자로 하여금 기업결합행위의 신고를 의무화하고 있다(제12조). 공정거래위원회는 심사기준에 의거하여 해당 기업결합행위가 경쟁을 실질적으로 제한하는지 여부를 심사하고, 경쟁제한적 기업결합으로 판단될 경우 시정조치를 내린다(「공정거래법」 제16조).

III. 부당한 공동행위의 제한

일반적으로 카르텔이라 불리는 부당한 공동행위는 시장에서 경쟁을 통해 결정되어야 할 가격, 수량 등 경쟁조건을 사업자들끼리 공동으로 결정하는 부당한 행위를 말한다. 이와 같은 부당한 공동행위는 시장에서 자유로운 경쟁활동을 방해함으로써 시장경쟁의 원리를 정면으로 위반하고, 또 공동행위에 참가하는 사업자 간에 협정을 통해 높은 가격을 형성하고 유지함으로써 소비자가 누려야 할 이익을 생산자에게로 이전시키는 결과를 초래한다. 이런 이유로 우리나라를 포함하여 대부분의 나라에서는 부당한 공동행위, 즉 카

---

86) 기업결합(M&A): Merger(합병) & Acquisition(인수)은 어떤 기업의 주식을 매입함으로써 소유권을 획득하는 경영전략이다.
M(Merger): 매수한 기업을 해체하여 매수한 자사(自社)조직의 일부분으로 흡수하는 형태,
A(Acquisition): 매수한 기업을 해체하지 않고 자회사, 별회사, 관련회사로 두고 관리하는 형태

르텔을 엄격히 규제하고 있다.

「공정거래법」에서는 사업자가 계약·협정·결의, 기타 어떠한 방법에 의해서든 다른 사업자와 공동으로 부당하게 경쟁을 제한하는 다음 행위 중 하나라도 할 것에 합의하면 이를 부당한 공동행위로 규정하고 있다(「공정거래법」 제19조).

① 가격을 결정·유지 또는 변경하는 행위(가격 카르텔)의 규제

② 상품 또는 용역의 거래조건이나 그 대금 또는 대가의 지급조건을 정하는 행위(거래조건 카르텔)의 규제

③ 상품의 생산·출고·수송 또는 거래의 제한이나 용역의 거래를 제한하는 행위(수량카르텔)의 규제

④ 거래지역 또는 거래상대방을 제한하는 행위(시장분할 카르텔)의 규제

⑤ 생산 또는 용역의 거래를 위한 설비의 신설 또는 증설이나 장비의 도입을 방해하거나 제한하는 행위(설비제한 카르텔)의 규제

⑥ 상품 또는 용역의 생산·거래 시에 그 상품 또는 용역의 종류·규격을 제한하는 행위(상품의 종류 및 규격제한 카르텔)의 규제

⑦ 영업의 주요 부문을 공동으로 수행·관리하거나 수행·관리하기 위한 회사 등을 설립하는 행위(영업 공동수행 카르텔)의 규제

⑧ 입찰[87] 또는 경매에 있어 낙찰자, 경락자, 투찰가격, 낙찰가격 또는 경락가격, 그 밖에 대통령령으로 정하는 사항을 결정하는 행위(입찰담합 카르텔)의 규제

⑨ 다른 사업자의 사업활동 또는 사업 내용을 방해하거나 제한함으로써 일정한 거래분야에서 경쟁을 실질적으로 제한하는 행위(다른 사업자의 사업활동 제한 카르텔)의 규제

---

87) 입찰: 경쟁매매 방법

경매: 채권자의 신청에 따라 법원이 하는 강제집행의 한 방법으로 부동산을 매각하는 절차에 따라 최고가격을 제시한 자에게 파는 방법

낙찰자: 경매나 경쟁입찰 따위에서 물건이나 일을 받기로 결정된 사람

경락자(경락인): 민사소송법에서 경매에 의하여 동산(움직일 수 있는 재산으로 물건이나 금전 등)이나 부동산(움직일 수 없는 재산으로 토지 등)의 소유권을 취득한 사람

투찰가격: 경매나 경쟁입찰 따위에서 제시하는 가격

낙찰가격: 경매나 경쟁입찰에서 선정된 가격

IV. 불공정거래행위의 금지

불공정거래행위란 자유로운 시장경쟁을 저해할 수 있는 공정하지 않거나 정당하지 못한 방법 등을 사용하여 거래하는 행위를 말한다. 불공정거래행위는 모든 사업 분야에 공통적으로 발생하는 '일반불공정거래행위'와 특정한 거래 분야에서 발생하는 '특수불공정거래행위'로 구분한다.

1. 일반불공정거래행위의 유형

'일반불공정거래행위'의 유형에는 아래의 9가지 유형이 있다(「공정거래법」 제23조 및 시행령 제36조 제1항 별표1의2).

① '거래거절'은 사업자가 정당한 이유 없이 거래의 개시를 거절하거나, 계속적인 거래관계를 중단하거나, 거래하는 상품이나 용역의 수량·내용을 현저히 제한하는 행위이다. 주류제조사가 슈퍼마켓 등에 맥주를 공급하면서 자기가 생산한 위스키를 구입하지 않는다는 이유로 특정 슈퍼마켓에 맥주를 공급하지 않은 사례가 있다.

② '차별적 취급'은 사업자가 거래상대방에 대해 거래지역이나 가격, 기타 거래조건을 차별하여 경쟁사업자나 거래상대방의 지위를 약화시켜 자신의 지위를 유지·강화하는 행위이다. 소금제조사가 A, B 두 개 대리점과 거래하면서 A대리점에서는 현금결제비율을 50%로 하고 B대리점에서는 100%로 하는 등 정당한 이유 없이 신규대리점에 비해 기존 대리점에게 현금결제비율을 높이고 소금공급비율도 적게 하여 차별 취급한 사례가 있다.

③ '경쟁사업자 배제'는 사업자가 경쟁사업자를 배제하기 위해 정상적인 경쟁수단을 사용하지 않고 상품 또는 용역을 공급원가보다 현저히 낮은 가격으로 판매하거나 통상 거래되는 가격에 비하여 부당하게 높은 가격으로 구입하는 행위이다. 치약제조사가 경쟁치약제조사를 시장에서 배제하기 위해 치약을 개당 1원으로 응찰하여 낙찰받은 후 330만 개를 공급한 사례가 있다.

④ '부당한 고객유인'은 사업자가 과도한 이익의 제공, 계약성립의 저지, 계약불이행의 유인 등을 통해 부당하게 경쟁자의 고객을 자기와 거래하도록 유인하는 행위이다. 제약업체들이 국내병원에 자기가 생산·공급하는 의약품을 납품함에 있어서 자기 의약품의 신규채택 및 처방량 증대를 통하여 판매를 증가시킬 목적으로 종합병원

등에 약품채택비(랜딩비), 처방사례비(리베이트), 접대비 등을 지급한 사례가 있다.

⑤ '거래강제'는 사업자가 끼워팔기나 회사 임직원으로 하여금 본인 의사에 반하여 상품이나 용역을 구입·판매하도록 강제하는 행위 등을 통해 부당하게 경쟁자의 고객을 자기와 거래하도록 강제하는 행위이다. 예식장 사업주가 자기의 예식장을 이용하는 고객들에게 예식장을 임대하는 조건으로 자기의 음식점만을 이용하도록 하거나, 자기 예식장의 결혼의상 등 부대용품만을 이용하도록 한 사례가 있다.

⑥ '거래상 지위 남용'은 거래상 우월적 지위를 가지고 있는 사업자가 그 지위를 부당하게 남용하여 거래상대방의 자유로운 의사결정을 침해하여 거래상 불이익을 주는 행위이다. 유명브랜드 전자제품 제조사가 대리점이 주문하지 않았음에도 불구하고 재고상황이나 상대방의 주문의사에 상관없이 과대한 물량을 공급한 사례가 있다.

⑦ '구속조건부 거래'는 사업자가 자유롭고 공정한 시장경쟁을 침해하여 거래지역 또는 거래상대방을 제한함으로써 사업활동을 부당하게 구속하는 조건으로 거래하는 행위이다. 자사의 생수를 취급하는 대리점들에게 경쟁사 제품 취급을 금지하고, 이를 위반 시 위약금 부과 및 계약해지를 한 사례가 있다.

⑧ '사업활동 방해'는 사업자가 거래상대방의 사업활동을 부당하게 방해하는 행위를 말하며, 기술의 부당이용으로 인한 사업활동 방해, 인력의 부당유인·채용으로 인한 사업활동 방해, 거래처 이전 방해로 인한 사업활동 방해, 기타의 사업활동 방해 등이 있다.

⑨ '부당한 자금·자산·인력의 지원'(부당 지원행위)은 부당하게 특수관계인 또는 다른 회사에 대하여 가지급금(정확한 날보다 앞당겨 임시로 지급하는 돈), 대여금(빌려주는 돈), 인력, 부동산, 유가증권, 상품, 용역, 지적재산권 등을 제공하거나 현저히 유리한 조건으로 거래하여 특수관계인 또는 다른 회사를 지원하는 행위이다. 부당 지원행위는 동일 기업집단 내의 계열회사 간에 내부거래를 통해 이루어지므로 '부당 내부거래'라고도 한다.

2. 특수불공정거래행위의 유형

'특수불공정거래행위'의 유형은 별도의 고시 등을 통하여 규정하고 있는데 첫째, 경품제공에 있어서의 특수불공정거래행위, 둘째, 대규모소매업에 있어서의 특수불공정거래행위, 셋째, 신문업에 있어서의 특수불공정거래행위, 넷째, 병행수입에 있어서의 특수불공정거래행위 등의 4가지 유형으로 구분된다.

① 경품 제공에 있어서의 특수불공정거래행위

경품이란 사업자가 상품이나 용역의 거래 시 소비자에게 제공하는 상품 등의 경제상 이익을 말한다. 통상적인 상거래 관행으로 인정되는 감액, 인하, 애프터서비스 등은 경품에 해당하지 않는다. 소비자의 경품류, 즉 사업자가 상품이나 용역의 거래에 부수하여 일반소비자에게 제공하는 경품(덤 상품)류는 제한 없이 허용되고 있으며, 소비자현상[88]경품(prize gift: 상을 내걸고 추첨을 통해 덤으로 주는 상품을 지급하는 경우)류에 대해서만 규제하고 있다.

경품 제공을 규제하는 이유로는 사업자 간 경쟁이 가격, 품질, 서비스에 의한 본래의 경쟁 대신 과다한 경품 제공 등 자금력에 의한 부당경쟁으로 이어질 경우 사업자 간 공정한 경쟁 촉진을 보장하기 어렵고, 과다한 경품 제공은 소비자의 올바른 선택권을 왜곡하며, 경품 제공 비용이 소비자에게 전가될 소지가 있기 때문이다('경품류 제공에 관한 불공정거래행위의 유형 및 기준 지정고시', 공정거래위원회 고시 제2012-65호).

② 대규모소매업에 있어서의 특수불공정거래행위

대규모소매업자에 대한 규제는 백화점, 대형마트, TV홈쇼핑 등과 같은 대규모소매업자들이 거래상대방인 납품업자, 점포임차인 등에 대하여 거래상 우월적인 지위를 이용하여 부당하게 불이익을 주는 행위를 방지할 필요가 있기 때문이다.

주요 내용으로 첫째, 부당 반품행위의 금지, 둘째, 부당 감액행위의 금지, 셋째, 부당한 수령거부행위의 금지, 넷째, 판촉비용 등의 부당한 강요행위의 금지, 다섯째, 문서계약체결의무 및 부당한 계약변경행위의 금지 등이 있다('대규모소매업에 있어서의 특정불공정거래행위의 유형 및 기준 지정고시', 공정거래위원회 고시 제2012-29호).

'부당 반품행위의 금지'는 대규모소매업자가 주문제조한 거래 또는 직접 매입하여 거래한 상품의 전부 또는 일부를 해당 납품업자에게 반품하는 행위를 하면 안 된다는 것을 말하며, 상거래관행상 인정되거나 미리 구체적으로 문서로 약정한 경우는 제외된다(해당

---

88) 현상(prize): 무엇을 모집하거나 구하는 일 따위에 상을 내걺. 여기에서 '현상'이라 함은 추첨 등의 기타 유연성을 이용하는 방법 또는 특정행위의 우열이나 맞고 틀림에 의한 방법으로 경품류의 제공 상대방이나 제공하는 경품류의 가액을 정하는 것을 말한다.

고시 제3조).

'부당 감액행위의 금지'는 대규모소매업자가 납품업자로부터 상품을 매입한 후에 해당 상품의 대금을 감액하는 행위를 하면 안 된다는 것이다(해당 고시 제4조).

'부당한 수령거부행위의 금지'는 대규모소매업자가 납품업자에게 귀책사유가 없음에도 해당 납품량 전부 또는 일부의 수령을 지연·거부하는 행위를 해서는 안 된다는 것이다(해당 고시 제7조).

'판촉비용 등의 부당한 강요행위의 금지'는 대규모소매업자가 납품하는 상품의 판매촉진에 기여하지 않은 비용 등을 부담시키는 행위와 미리 정하지 않은 비용을 전가하는 행위 등을 해서는 안 된다는 것이다(해당 고시 제8조).

'문서계약체결의무 및 부당한 계약변경행위의 금지'는 대규모소매업자가 납품업자 등과 문서계약서를 작성하여 계약을 체결하여야 하고 부당한 계약변경행위를 해서는 안 된다는 것이다(해당 고시 제11조).

③ 신문업에 있어서의 특수불공정거래행위

과도한 무료신문과 경품 제공 등을 통한 부당한 거래유인행위를 방지하여 신문시장에서의 공정한 거래질서를 확립할 필요가 있기 때문에 신문업에 대한 규제가 이루어지고 있다.

'신문업에 있어서의 불공정거래행위 및 시장지배적 지위 남용행위의 유형 및 기준 지정고시'(공정거래위원회 고시 제2012-18호)에서는 무가지(무료신문으로 판촉용 신문과 예비용 신문 등을 포함) 및 경품류 제공의 제한, 부당한 고객유인행위의 금지, 거래상 지위 남용행위의 금지, 차별적 취급행위의 금지, 거래강제행위의 금지, 신문판매업자에 대한 배타조건부 거래행위의 금지, 거래거절행위의 금지, 시장지배적 지위 남용행위의 금지를 규정하고 있다.

'무가지 및 경품류 제공의 제한'은 부당하게 무가지 및 경품류를 제공하여 경쟁자의 고객을 자기와 거래하도록 유인하는 행위를 제한하는 것이다(해당 고시 3조).

'부당 고객유인행위 금지'는 구독계약이 종료된 후 구독중지의사를 표시한 자에게 7일 이상 신문을 계속 투입하는 행위를 금지시키는 것 등이 있다(해당 고시 4조).

'거래상 지위 남용행위의 금지'로는 신문발행업자가 신문판매업자에게 사전협의 없이 그 의사에 반하여 판매 목표량을 늘리도록 강요하는 행위를 금지시키는 것 등이 있다(해당 고시 5조).

'차별적 취급행위의 금지'에는 신문발행업자가 신문판매업자에게 부당하게 거래지역 또는 거래 상대방에 따라 현저하게 유리하거나 불리한 조건으로 거래하는 행위를 금지시키는 것 등이 있다(해당 고시 6조).

'거래강제행위의 금지'는 사회통념상 아주 낮은 보수 또는 무보수로 사원을 채용한 뒤 그 사원이 수주한 광고대가의 일부를 보수로 지급하는 조건으로 그 사원에게 광고상품의 판매를 강요하는 행위를 금지시키는 것 등이 있다(해당 고시 7조).

'신문판매업자에 대한 배타조건부 거래행위의 금지'는 신문판매업자에게 부당하게 사전계약 또는 합의에 의하지 않고 다른 신문발행업자의 신문을 판매하지 못하게 하는 행위를 금지시키는 것 등이 있다(해당 고시 8조).

'거래거절행위의 금지'는 신문발행업자가 신문판매업자에게 부당하게 신문공급을 중단 또는 현저히 제한하는 행위를 금지시키는 것이다(해당 고시 9조).

'시장지배적 지위 남용행위의 금지'로는 시장지배적 사업자인 신문발행업자가 자기 신문판매업자들에게 지나치게 낮은 가격으로 신문을 공급함으로써 다른 신문발행업자를 배제시킬 우려가 있는 행위를 금지시키는 것 등이 있다(해당 고시 10조).

④ 병행수입에 있어서의 특수불공정거래행위

병행수입이란 독점수입권자[89]에 의해 해당 외국상품이 수입되는 경우에 제3자가 다른 유통경로를 통하여 진정상품(genuine goods)을 국내 독점수입권자의 허락 없이 수입하는 것을 말한다. 수입이 허용되는 상품을 국내에 수입하여 판매하는 병행수입업자의 행위를 부당하게 저해하는 독점수입권자 및 그 판매업자의 불공정거래행위를 그 규제대상으로 하며, 다음 행위가 불공정거래행위로 규제대상이 된다.

해외 유통경로로부터의 진정상품 구입 방해, 판매업자에 대한 병행수입품의 취급 제한, 병행수입품을 취급한 판매업자에 대한 차별적 취급, 병행수입품을 취급한 판매업자에 대한 제품공급 거절 및 중단, 병행수입품을 취급하는 소매업자에 대한 독점수입품의 판매 제한 등이 있다('병행수입에 있어서의 불공정거래행위의 유형 고시', 공정거래위원

89) 독점수입권자란 외국상표권자와 국내상표권자가 동일인이거나 계열회사관계(주식 또는 지분의 30% 이상을 소유하면서 최다출자자인 경우)이거나, 수입대리점관계에 있는 자 또는 이들로부터 전용사용권을 설정받은 자를 의미한다.

회 고시 제2012-17호).

도표 16-1 안전지대: 불공정거래행위 해당 여부 심사로부터의 안전지대(Safety Zone)

- 의미: 사업자의 규모나 시장점유율 등이 미미할 경우 시장경쟁에 미치는 영향이 적을 것으로 간주하여, 그 사업자의 거래행위에 대해 공정거래위원회가 원칙적으로 불공정거래행위에 해당하는지에 대한 심사절차를 개시하지 않는 제도
- 안전지대 적용범위: 경쟁제한성 위주로 심사하는 불공정거래행위 유형 중 거래거절, 차별적 취급행위, 경쟁사업자 배제행위, 구속조건부 거래행위 등에 해당하더라도 불공정거래행위 혐의사실을 실행한 사업자의 시장점유율이 10% 미만인 경우. 다만, 시장점유율 산정이 사실상 불가능하거나 현저히 곤란한 경우에는 해당 업체의 연간매출액이 20억 원 미만인 경우
- 안전지대를 적용하지 않는 경우: 부당한 고객유인행위, 거래강제 행위(사원판매 강제 등), 거래상 지위 남용행위, 사업활동 방해행위 등
- 유의사항: 안전지대에 해당하는 업체의 행위라도 공정거래위원회가 「공정거래법」의 적용을 위한 심사를 개시할 수 있다.

출처: 공정거래위원회(www.ftc.go.kr/policy/compet/utpNotion.jsp)

V. 특수관계인에 대한 부당한 이익제공의 금지

특수관계인이란 대통령령이 정하는 특수한 관계에 있는 자로 첫째, 해당 회사를 사실상 지배하고 있는 자, 둘째, 동일인 관련자(해당 회사를 사실상 지배하고 있는 자의 배우자, 6촌 이내의 혈족[90], 4촌 이내의 인척[91]), 셋째, 경영을 지배하려는 공동의 목적을 가지고 해당 기업결합에 참여하는 자를 말한다(「공정거래법」시행령 제11조). 이러한 특수관계인에 대한 부당한 이익을 제공하는 것은 금지된다.

VI. 사업자단체가 하여서는 안 되는 금지행위

사업자단체란 그 형태 여하를 불문하고 둘 이상의 사업자가 공동의 이익을 증진할 목적으로 조직한 결합체 또는 연합체를 의미한다(「공정거래법」 제2조). 따라서 사단, 재단, 협회, 조합, 협의회, 중앙회, 연합회와 같은 단체는 모두 사업자단체에 해당하지만 공동의 이익, 즉 경제적 이익을 목적으로 하지 않는 친목, 종교, 학술, 조사, 연구, 사회활동

90) 혈족: 피를 나눈 친척

91) 인척: 혼인을 통해 형성된 친척

을 목적으로 하는 사업자단체는 「공정거래법」의 적용을 받지 않는다.

사업자단체가 나서서 경쟁제한적인 행위를 할 경우에는 개별 사업자들이 모여서 부당한 공동행위(카르텔)를 할 때와 마찬가지의 효과를 가져올 수 있으며, 경우에 따라서는 사업자들 간의 경우보다 경쟁제한의 정도가 더 클 수 있다.

이러한 사업자단체의 경쟁제한 행위를 규제하기 위하여 「공정거래법」에서는 사업자단체가 해서는 안 되는 행위를 다음과 같이 정하고 있다(「공정거래법」 제26조).

① 부당한 공동행위로 인해 부당하게 경쟁을 제한하는 행위(부당한 경쟁 제한)의 금지
② 일정한 거래 분야에 있어서 현재 또는 장래의 사업자 수를 제한하는 행위(사업자 수 제한)의 금지
③ 사업자단체의 구성사업자의 사업 내용 또는 활동을 부당하게 제한하는 행위(구성사업자의 사업활동 제한)의 금지
④ 사업자에게 불공정거래행위 및 재판매가격유지행위를 하도록 하거나 이를 방조하는 행위(불공정거래행위 또는 재판매가격유지행위)의 금지

VII. 재판매가격유지행위의 제한

재판매가격유지행위(resale price maintenance)란 사업자가 상품을 판매함에 있어서 재판매하는 사업자에게 거래단계별 가격을 미리 정하여 그 가격대로 판매할 것을 강제하는 행위를 말한다.

각 생산자로부터 소비자에 이르기까지 각 거래단계마다 가격을 미리 정하는 재판매가격유지행위는 독립적인 유통업자들 간의 자유로운 가격결정을 구속하여 가격경쟁을 감소시키며, 소비자의 가격선택의 기회를 빼앗아 가기 때문에 「공정거래법」에서는 이를 금지하고 있다(「공정거래법」 제29조).

재판매가격유지행위를 허용하는 경우로는 저작권법상의 저작물과 공정거래위원회가 사전에 지정한 경우가 있다.

① 저작권법상의 저작물

「저작권법」 제2조에 의한 저작물 중 관계 중앙행정기관 장과의 협의를 거쳐 공정거래위원회가 정하는 출판된 저작물(예: 창작성과 예술성이 강한 저작물)에 한해 재판매가격유지행위가 허용된다. 이에 따라 2007년 10월부터 실용도서와 학습참고서Ⅱ를 제외한

모든 간행물(단, 발행일로부터 18개월이 경과된 간행물은 제외) 및 일간신문에 대해서는 재판매가격유지행위가 허용되고 있다('재판매가격유지행위가 허용되는 저작물의 범위 고시', 공정거래위원회 고시 제2012-19호).

② 공정거래위원회가 사전에 지정한 경우

사업자는 첫째, 품질이 동일하다는 것을 쉽게 식별할 수 있고, 둘째, 일반소비자에 의해 일상 사용되고 있으며, 셋째, 자유로운 경쟁이 행해지고 있는 상품에 대해 재판매가격유지행위를 하기 위하여 공정거래위원회에 신청할 수 있다. 공정거래위원회는 재판매가격유지행위가 가능한 상품을 지정·고시한다.

VIII. 부당한 국제계약의 체결 제한

「공정거래법」은 사업자 또는 사업자단체가 부당한 공동행위, 불공정거래행위 및 재판매가격유지행위에 해당하는 사항을 내용으로 하는 국제적 협정이나 국제계약의 체결을 금지하고 있다(제32조).

찾아 생각하기

1. 「독점규제 및 공정거래에 관한 법률」에서의 불공정거래행위로 최근 공정거래위원회의 시정조치를 받은 사례를 찾아보자.

2. 「독점규제 및 공정거래에 관한 법률」에서의 부당한 공동행위에는 어떠한 것들이 있는지 알아보자.

PART 03

소비자 관련 법률 및 제도 요약

▶▶▶ chapter 16 · 독점규제 및 공정거래에 관한 법률

1. 독점규제 및 공정거래에 관한 법률(공정거래법)의 목적

▶ 실천적(직접적) 목적 → 사업자의 시장지배적 지위의 남용과 과도한 경제력의 집중을 방지하고, 부당한 공동행위 및 불공정거래행위를 규제하여 공정하고 자유로운 경쟁을 촉진함

▶ 궁극적 목적 → 창의적인 기업활동 조장, 소비자 보호, 국민경제의 균형 있는 발전 도모

2. 공정거래법의 주요 내용

1) 시장지배적 지위의 남용 금지

▶ 시장지배적 사업자: 첫째, 경쟁사업자가 없는 경우, 둘째, 경쟁사업자와의 관계에서 압도적인 지위를 점하고 있는 경우, 셋째, 소수의 사업자들이 어떤 시장에서 압도적인 지위를 점하고 있는 경우, 즉 1개사의 시장점유율이 50% 이상이거나 3개 이하 사업자의 시장점유율 합계 75% 이상인 경우

▶ 시장지배적 사업자의 다음에 해당하는 행위를 금지함

① 상품의 가격이나 용역의 대가를 부당하게 결정·유지 또는 변경하는 행위의 금지

② 상품의 판매 또는 용역의 제공을 부당하게 조절하는 행위의 금지

③ 다른 사업자의 사업활동을 부당하게 방해하는 행위의 금지

④ 새로운 경쟁사업자의 참가를 부당하게 방해하는 행위의 금지

⑤ 부당하게 경쟁사업자를 배제하기 위하여 거래하거나 소비자의 이익을 현저히 저해할 우려가 있는 행위의 금지

2) 기업결합의 제한 및 경제력 집중의 억제

▶ 일정한 거래 분야에 있어서 경쟁을 실질적으로 제한하는 기업결합(M&A)행위를 규제함

3) 부당한 공동행위(카르텔)의 제한

▶ 부당한 공동행위(카르텔)의 의미: 시장에서 경쟁을 통해 결정되어야 할 가격, 수량 등 경쟁조건을 사업자들끼리 공동으로 결정하는 부당한 행위

▶ 「공정거래법」에서는 사업자가 계약·협정·결의, 기타 어떠한 방법에 의해서든 다른 사업자와

공동으로 부당하게 경쟁을 제한하는 다음 행위 중 하나라도 할 것에 합의하면 이를 부당한 공동행위로 규정하여 규제함

① 가격 카르텔의 규제 ② 거래조건 카르텔의 규제
③ 수량 카르텔의 규제 ④ 시장분할 카르텔의 규제
⑤ 설비제한 카르텔의 규제 ⑥ 상품의 종류 및 규격제한 카르텔의 규제
⑦ 영업 공동수행 카르텔의 규제 ⑧ 입찰담합 카르텔의 규제
⑨ 다른 사업자의 사업활동 제한 카르텔의 규제

4) 불공정거래행위의 금지

▶ 불공정거래행위의 의미: 자유로운 시장경쟁을 저해할 수 있는 공정하지 않거나 정당하지 못한 방법 등을 사용하여 거래하는 행위

▶ 불공정거래행위는 모든 사업 분야에 공통적으로 발생하는 '일반불공정거래행위'와 특정한 거래 분야에서 발생하는 '특수불공정거래행위'로 구분함

(1) 금지하는 일반불공정거래행위의 유형(「공정거래법」 제23조 및 시행령 제36조 제1항)

① 거래거절 ② 차별적 취급 ③ 경쟁사업자 배제
④ 부당한 고객유인 ⑤ 거래강제 ⑥ 거래상 지위 남용
⑦ 구속조건부 거래(사업자가 거래지역 또는 거래상대방을 제한함으로써 사업활동을 부당하게 구속하는 조건으로 하는 거래)
⑧ 사업활동 방해 ⑨ 부당한 자금・자산・인력의 지원(부당 지원행위)

(2) 금지하는 특수불공정거래행위 유형: 별도의 고시로 규정함

① 경품 제공에 있어서의 특수불공정거래행위의 금지: 소비자현상경품(prize gift: 상을 내걸고 추첨을 통해 덤으로 주는 상품을 지급하는 경우)류에 대해서만 규제하고 있음

② 대규모소매업(백화점, 대형마트, TV홈쇼핑 등)에 있어서의 특수불공정거래행위의 금지
첫째, 부당 반품행위의 금지
둘째, 부당 감액행위의 금지
셋째, 부당한 수령거부행위의 금지
넷째, 판촉비용 등의 부당한 강요행위의 금지
다섯째, 문서계약체결의무 및 부당한 계약변경행위의 금지

③ 신문업에 있어서의 특수불공정거래행위의 금지
첫째, 무가지(무료신문으로 판촉용 신문과 예비용 신문 등을 포함) 및 경품류 제공의 제한
둘째, 부당한 고객유인행위의 금지
셋째, 거래상 지위 남용행위의 금지
넷째, 차별적 취급행위의 금지
다섯째, 거래강제행위의 금지
여섯째, 신문판매업자에 대한 배타조건부 거래행위의 금지
일곱째, 거래거절행위의 금지
여덟째, 시장지배적 지위 남용행위의 금지

④ 병행수입에 있어서의 특수불공정거래행위의 금지

첫째, 해외 유통경로로부터의 진정상품(genuine goods) 구입방해 금지
둘째, 판매업자에 대한 병행수입품의 취급제한 금지
셋째, 병행수입품을 취급한 판매업자에 대한 차별적 취급 금지
넷째, 병행수입품을 취급한 판매업자에 대한 제품공급 거절 및 중단 금지
다섯째, 병행수입품을 취급하는 소매업자에 대한 독점수입품의 판매제한 금지 등

5) 특수관계인에 대한 부당한 이익제공의 금지

▶ 특수관계인이란 대통령령이 정하는 특수한 관계에 있는 자로 첫째, 해당 회사를 사실상 지배하고 있는 자, 둘째, 동일인 관련자(해당 회사를 사실상 지배하고 있는 자의 배우자, 6촌 이내의 혈족, 4촌 이내의 인척), 셋째, 경영을 지배하려는 공동의 목적을 가지고 해당 기업결합에 참여하는 자를 말함

▶ 이러한 특수관계인에 대한 부당한 이익을 제공하는 것을 금지함

6) 사업자단체가 하여서는 안 되는 금지행위

▶ 사업자단체란 그 형태 여하를 불문하고 둘 이상의 사업자가 공동의 이익을 증진할 목적으로 조직한 결합체 또는 연합체를 의미

▶ 사업자단체가 해서는 안 되는 4가지 행위

① 부당한 공동행위로 인해 부당하게 경쟁을 제한하는 행위(부당한 경쟁 제한)의 금지
② 일정한 거래 분야에 있어서 현재 또는 장래의 사업자 수를 제한하는 행위(사업자 수 제한)의 금지
③ 사업자단체의 구성사업자의 사업 내용 또는 활동을 부당하게 제한하는 행위(구성사업자의 사업 활동 제한)의 금지
④ 사업자에게 불공정거래행위 및 재판매가격유지행위를 하도록 하거나 이를 방조하는 행위(불공정거래행위 또는 재판매가격유지행위)의 금지

7) 재판매가격유지행위의 제한

▶ 재판매가격유지행위란 사업자가 상품을 판매함에 있어서 재판매 하는 사업자에게 거래단계별 가격을 미리 정하여 그 가격대로 판매할 것을 강제하는 행위를 말함

▶ 재판매가격유지행위는 독립적인 유통업자들 간의 자유로운 가격결정을 구속하여 가격경쟁을 감소시키며, 소비자의 가격선택의 기회를 빼앗아가기 때문에 이를 금지함

▶ 재판매가격유지행위가 허용되는 경우

① 저작권법상의 저작물: 2007년 10월부터 실용도서와 학습참고서Ⅱ를 제외한 모든 간행물(단, 발행일로부터 18개월이 경과된 간행물은 제외) 및 일간신문에 대해서는 재판매가격유지행위를 허용함
② 공정거래위원회가 사전에 지정한 경우: 사업자가 첫째, 품질이 동일하다는 것을 쉽게 식별할 수 있고, 둘째, 일반소비자에 의해 일상 사용되고 있으며, 셋째, 자유로운 경쟁이 행해지고 있는 상품에 대해 재판매가격유지행위를 하기 위하여 공정거래위원회에 신청을 하면 공정거래위원회는 재판매가격유지행위가 가능한 상품을 지정·고시함

8) 부당한 국제계약의 체결 제한: 사업자 또는 사업자단체가 부당한 공동행위, 불공정거래행위 및 재판매가격유지행위에 해당하는 사항을 내용으로 하는 국제적 협정이나 국제계약의 체결을 하는 것을 금지함

Chapter 17

금융거래 관련 법률 및 제도

금융(finance: 금전을 융통하는 일)이란 돈을 맡기거나 빌리거나 늘리는 등의 돈을 관리하는 일이며, 금융소비자란 돈을 맡기거나 빌리는 등의 돈관리를 하는 사람을 말한다. 돈을 맡기거나 빌릴 때 기본적으로 필요한 것이 신용이다.

신용(credit)이란 타인을 신뢰하는 것으로, 돈을 맡길 때 또는 빌릴 때 신뢰할 수 없는 상황, 즉 신용이 없는 경우에는 거래가 불가능하다. 따라서 금융거래의 기본은 신용이 있을 때 가능하다. 소비자신용(consumer credit)이란 상대방이 일정기간 후 상환(repayment: 갚음) 또는 지불할 수 있는 능력을 갖는다고 인정할 때, 물건이나 돈을 빌려주거나 지불을 연기하여 주는 일이다.

신용을 바탕으로 금융거래를 하는 금융소비자(financial consumer)는 금융기관(은행, 보험회사 등)에 비해 금융에 대한 정보의 부족과 적은 지식으로 인해 불리한 입장에 처하게 되므로 금융거래에 있어서 소비자보호의 중요성은 매우 크다.

이 장에서는 소비자신용 및 신용카드 거래, 보증 및 대부거래, 개인신용회복지원제도 및 예금자보호제도에 관한 일반적 사항 및 이들과 관련한 법과 제도에서의 소비자 관련 조항을 살펴보고자 한다.

제1절 소비자신용 및 신용카드 거래

소비자신용(consumer credit)이란 금융기관이나 판매업자가 소비자에게 현재 소비생활에 필요한 자금을 빌려주거나 상품매매 대금의 상환(갚음)을 연기하여 주고, 그 대신 이자나 수수료를 덧붙여 빌려준 돈 혹은 상품매매대금을 나중에 받는 것을 말한다. 소비자신용이란 용어는 신용을 제공한 측의 입장에서 사용하는 용어로 소비자 측에서 보면 현재 소비생활을 위하여 필요한 것을 사용하고 나중에 돈을 갚기로 하는 것으로 소비자 신용은 곧 소비자채무(consumer debt)를 의미한다.

신용카드란 이를 제시함으로써 반복하여 신용카드가맹점(상점)에서 상품 및 서비스를 구매할 때 결제할 수 있는 증표(수단)이다. 그러나 금전채무의 상환, 금융투자상품, 예금, 적금, 부금, 사행성게임물의 이용대가 및 이용에 따른 금전의 지급 등은 신용카드로 결제할 수 없다.

I. 소비자신용의 유형

소비자신용에는 상품신용(commodity credit)과 대출신용(debt credit)이 있다. 상품신용은 상품판매자가 상품대금의 지급을 연기하여 주는 방법으로, 소비자입장에서는 구매 즉시 가격을 지불하지 않고 외상구입하는 구매대출의 형태를 가지며 신용카드를 통한 할부구매가 대표적인 형태이다.

대출신용은 금융기관 혹은 신용카드회사 등이 소비자에게 자금을 공급하는 방법으로 소비자 입장에서는 현금을 빌려 쓰는 것이다. 금융기관은 대출해준 돈에 대하여 소비자가 상품을 구매하거나 다른 부채를 상환 혹은 투자를 하는 등 어떠한 용도로 사용하든 상관하지 않는다.

대출신용에는 신용대출(금융기관에서 신용만을 근거로 자금을 빌리는 것), 담보부대출(금융기관이 담보물을 잡고 하는 대출), 사금융대출(제3금융기관으로부터 자금을 빌리는 것)과 신용카드회사로부터의 카드론(Card Loan) 및 현금서비스가 있다.

II. 신용카드의 이용과 관련한 법률 및 거래구조

신용카드의 이용과 관련한 법률에는 신용카드의 발급과 이용, 관리 등에 관해서는 「여신전문금융업법(specialized credit finance business act)」이 있고, 신용카드를 이용한 할부거래 시에는 「할부거래에 관한 법률(installment transactions act)」이, 신용카드로 세금납부 시에는 「국세기본법(framework act on national taxes)」, 「지방세기본법(framework act on local taxes)」, 「관세법(customs act)」, 「조세특례제한법(special tax treatment control act)」이, 도로교통 위반 후 신용카드로 과태료납부 시에는 「도로 교통법(road traffic act)」 등이 있다.

신용카드의 거래는 기본적으로 소비자(카드회원)–상점(신용카드가맹점)–카드발행인(신용카드회사) 사이의 거래로 이루어지는데, 할부구매(외상으로 물건을 구입하되, 물건값을 약속한 기한 내에 나누어서 갚는 것)를 하는 소비자는 신용카드(이하 '카드'라고 한다)의 거래구조에 대해 반드시 알아두어야 할 필요가 있다.

첫째, 신용카드회사(카드발행인)는 카드 신청자에 대하여 신용상태와 적격성을 심사한 후 카드회원의 신용을 인정한다는 증표로 카드를 발급한다.

둘째, 소비자(카드회원)는 미리 카드발행인과 계약을 맺은 상점(신용카드가맹점)에 카드를 제시하고 매출전표에 서명한다.

셋째, 상점(신용카드가맹점)은 카드 뒷면에 쓰인 서명과 매출전표의 서명이 일치하는지의 여부 등으로 본인 여부를 확인한 후 물품 또는 서비스를 제공한다.

넷째, 상점(신용카드가맹점)은 일정한 기간(보통 7일~10일) 내에 매출전표를 카드회사(카드발행인)에 제출하여 대금을 청구한다.

다섯째, 신용카드회사(신용카드발행인)는 상점(신용카드가맹점)이 제출한 판매대금에서 미리 약정된 일정한 수수료를 공제(뺌)한 후 나머지 금액을 상점(신용카드가맹점)에게 지불한다. 카드회사(카드발행인)는 소비자(카드회원)를 대신하여 상점(신용카드가맹점)에게 물품 혹은 서비스대금을 지불할 의무를 지니며, 이는 카드발행인이 카드회원의 신용을 보증하였기 때문이다. 특히 소비자가 할부로 구입한 상품이라도, 상점(신용카드가맹점)에서는 그 대금을 카드회사로부터 일시불로 지급받는다는 사실을 알아두어야 한다.

▌도표 17-1▌ 신용카드 거래구조

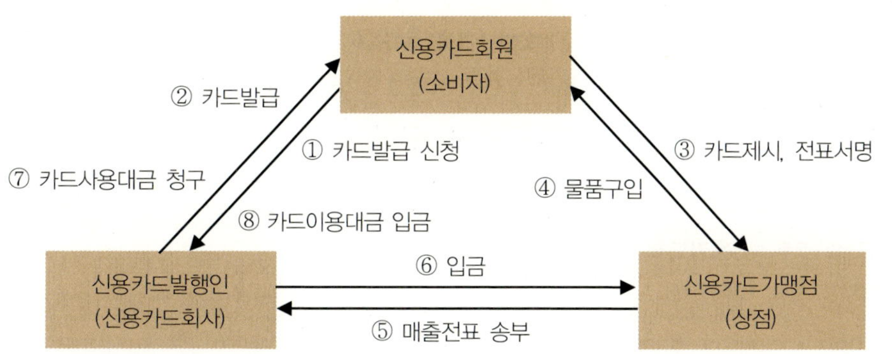

출처: 찾기 쉬운 생활법령정보(oneclick.law.go.kr)

여섯째, 신용카드회사(신용카드발행인)는 계약에서 정한 매월의 일정기일(결제일로 은행에서 정해준 날짜 중 회원이 정한 날짜)에 소비자(신용카드회원)가 사용한 카드대금을 소비자(신용카드회원)에게 청구한다.

일곱째, 소비자(카드회원)는 대금결제일에 신용카드회사에 구매대금을 지불한다.

III. 신용카드로 할부구매 시 알아두어야 할 사항

신용카드를 이용하여 할부로 상품구매를 할 때, 소비자가 구매의사결정과정에서 주의해야 할 점은 다음과 같다.

첫째, 판매자는 판매고를 높이기 위해서 소비자에게 고가의 상품을 할부로 구입하도록 은근히 유도할 수 있다. 신용카드회사(카드발행인)는 소비자의 할부구매 시에도 일시금(수수료를 뺀 총금액)을 한 번에 상점(신용카드가맹점)에게 지불하고 있기 때문에, 상점(신용카드가맹점)에서는 물품 판매 시 일시금과 할부판매의 차이가 전혀 없으므로 할부구매를 부추긴다.

둘째, 신용카드 할부수수료율은 이자에 관리비 등을 포함시킨 개념으로 시중금리보다 높은 경향이 있기 때문에 소비자신용 이용 시 신용카드 할부구매보다 금융기관으로부터 돈을 빌리는 것이 유리하다. 예를 들면, 2015년 현재 1,000만 원을 시중은행에서 빌릴 경우 연 4.74~11.1% 정도의 이자(은행연합회)를 내야 하는데 반해, 신용카드를 이용한 1,000만 원의 2개월 할부구매의 경우 연 13% 내외의 수수료를 지불해야 하기 때문이다.

셋째, 할부수수료율은 신용카드회사에 따라 다르며, 할부기간이 길수록 높아진다. 〈도표 17-2 할부수수료율〉은 OO신용카드회사의 할부수수료율을 제시한 것으로 할부기간이 길수록 할부수수료율이 높아지고 있음을 보여주고 있다. 특히 소비자가 주의를 기울여야 할 것은 할부기간에서 2개월 할부와 3개월 할부, 3개월 할부와 4개월 할부, 5개월 할부와 6개월 할부는 1개월 차이이지만 할부수수료율은 큰 차이가 있다는 점이다.

도표 17-2 신용카드회사의 할부수수료율

할부이용기간	2개월	3개월	4~5개월	6~9개월	10~11개월	12개월
수수료율	13%	16.5%	18.7%	19.3%	19.8%	20.6%

3개월 할부보다는 2개월 할부가, 4개월 할부보다는 3개월 할부가, 6개월 할부보다는 5개월 할부가 소비자에게 유리하다.

IV. 신용카드 발급 및 이용

신용카드 거래는 「여신전문금융업법」에서 규율하고 있는데, '여신'이란 금융기관에서 고객에게 돈을 빌려주는 일을 의미하며 「여신전문금융업법」이란 금융기관에서 돈이나 시설 등을 빌려주는 것에 관한 규정으로 신용카드업, 시설대여업, 할부금융업 및 신기술사업금융업을 하는 자의 건전하고 창의적인 발전을 지원하는 법이다. 「여신전문금융업법」에서는 소비자(신용카드회원)에 대한 신용카드의 발급 및 이용과 관리, 신용카드회사(카드발행인) 및 상점(신용카드가맹점)의 의무에 관해 규율하고 있다. 즉, 신용카드 거래를 한 신용카드회원을 보호하기 위해 신용카드회사 또는 신용카드가맹점에 대해 신용카드 분실・도난・위조 및 변조 시의 책임부과, 거래조건 주지의무, 거래거절 금지의무, 본인 여부 확인의무 등을 부과하고 있다.

1. 신용카드 발급

신용카드를 비롯한 직불카드 등의 발급은 이용자의 발급신청이 있는 경우에 한하여 발급할 수 있다. 신용카드를 발급받고자 하는 자는 다음의 요건을 갖추어야 하며, 신용카드업자는 신용카드 신청자가 다음의 요건을 갖추고 있는지를 확인하여야 한다(「여신전문금융법」 제14조).

첫째, 본인이 신청할 것

둘째, 신용카드 한도액이 신용카드업자가 정하는 신용한도 산정기준에 따른 개인 신용한도를 넘지 아니할 것, 이 경우 신용한도 산정기준에는 다음 사항이 포함되어야 한다.

① 소득과 재산에 관한 사항

② 타인에 대한 지급보증에 관한 사항

③ 신용카드 이용대금을 결제할 수 있는 능력에 관한 사항

④ 신청인이 신용카드 발급 당시 다른 금융기관으로부터 받은 신용공여액(빌린 금액)에 관한 사항

⑤ 신용카드의 발급신청인이 그 신용카드업자나 다른 금융기관에 상환 기일 내에 상환

하지 못한 채무의 존재 여부

⑥ 채무가 상환[92]되거나 변제[93]된 경우에는 그 상환방법이나 변제방법

셋째, 신용카드업자(신용카드회사)는 다음의 요건을 갖춘 자에게 신용카드를 발급할 수 있다.

① 앞에서 언급한 '둘째'의 요건을 갖춘 자

② 신용카드의 발급신청일 현재 「민법」 제4조에 따른 성년 연령 19세 이상인 사람(「아동복지법」 제38조에 따른 자립지원 등 국가 또는 지방자치단체의 정책적 필요에 따라 불가피하게 신용카드를 발급해야 하는 경우에는 성년 연령 미만인 사람에게도 발급할 수 있음)

③ 신용카드의 발급신청일 현재 개인신용등급이 금융위원회가 정하여 고시하는 기준을 충족할 것

신용카드업자는 신용카드나 직불카드(도표 17-3 참조)를 발급하는 경우, 그 약관과 함께 다음의 사항을 신청자에게 문서로 내주어야 한다. 다만, 신청자가 동의하면 팩스나 전자문서로 보낼 수 있다(「여신전문금융업법」 제14조 제5항 및 「여신전문금융업법」시행령 제6조의7 제1항).

첫째, 연회비, 이자율, 수수료, 이용한도, 결제방법, 결제일, 신용카드 유효기간 및 신용등급수준 등 거래조건

둘째, 신용카드업자와 신용카드회원 또는 직불카드회원 간에 분쟁이 발생할 경우에 신용카드회원 또는 직불카드회원이 이의를 제기하는 절차

셋째, 신용카드 또는 직불카드의 도난·분실, 위조·변조가 발생할 경우에 신용카드회원 또는 직불카드회원에게 고의, 과실 또는 중과실이 있는 것으로 인정되는 사항

넷째, 계약해지에 따른 연회비 반환사유, 연회비 반환금액 산정방식 및 연회비 반환금액의 반환기한(「여신전문금융업법」시행령 제6조의11)

신용카드와 유사한 직불카드, 체크카드, 선불카드의 차이점에 대해서는 〈도표 17-3〉을 통해 파악할 수 있다.

92) 상환이란 갚거나 돌려줌을 의미한다.

93) 변제란 '남에게 진 빚을 갚음'이란 의미로, 상환과 변제는 빚을 갚는다는 같은 의미로 이해할 수 있다.

▌도표 17-3▌ 신용카드, 직불카드, 체크카드 및 선불카드의 차이점

구분	신용카드	직불카드	체크카드	선불카드
네트워크	신용카드망	직불카드공동망	신용카드망	신용카드망
발급기관	은행 및 신용카드사	은행	은행 및 신용카드사	은행 및 신용카드사
사용장소	신용카드가맹점 (약 200만개)	직불카드가맹점 (약 30만개)	신용카드가맹점 (약 200만개)	신용카드가맹점 (약 200만개)
이용시간	24시간	08:00 ~23:30 (은행공동망 가동시간)	24시간(단, 하루5분정도의 시스템점검시간에는 사용불가)	24시간
결제방법	선(先)구매 후(後)결제	구매즉시 결제	구매즉시 결제	구매즉시 결제
연회비	있음	없음	없음	없음
이용한도	신용한도액	예금잔액 범위 내	예금잔액 범위 내	충전잔액 이내
할부구매	가능	불가능	불가능	불가능
신용공여94)	가능	불가능	불가능(단, 신용공여 기능이 있으면 가능함)	불가능

출처: 한국은행 (2009). 우리나라의 지급결제제도. p. 78.

▌도표 17-4▌ 신용카드 발급신청 시 유의사항

신용카드는 현금을 대신하는 지불결제수단으로서 다양한 형태의 신용을 제공하고, 각 신용카드회사가 제공하는 다양한 부가서비스 혜택을 누릴 수 있다. 그러나 신용카드의 편리함 뒷면에는 충동구매와 소비조장이라는 양면성이 있으므로 다음의 사항을 주의해야 한다.

1. 신용카드는 본인이 신청하고 본인만 발급받을 수 있다.
   다만, 가족회원의 경우에는 가족회원의 동의를 얻어 본인회원이 신청할 수 있다.
2. 신용카드는 꼭 필요한 경우에만 발급받고, 사용하지 않는 신용카드는 해지하여 불필요한 연회비 납부 및 신용카드 분실 등에 따른 불이익을 당하지 않도록 주의해야 한다.
3. 신용카드회원으로 가입하여 카드발급을 신청한 경우, 최초년도 연회비는 반드시 납부해야 하며, 1년 이상 사용하지 않은 신용카드의 연회비는 부과하지 않는다. 그러나 간혹 연회비가 부과되는 경우가 있으므로, 사용하지 않는 신용카드는 카드 해지를 통해 정리하는 것이 필요하다.
4. 신용카드회사가 회원에게 제공하는 서비스는 다양한 종류가 있으나, 경우에 따라서는 회원에게 연회비 등을 부담시키고 있으므로 제공되는 서비스 및 연회비 등을 충분히 살펴보고 자신에게 맞는 신용카드를 신청해야 한다.
   또한 국내외 겸용카드(VISA, MasterCard, AMEX, JCB 등)는 국내 뿐만 아니라 해외에서도 사용이 가능하나, 국내전용카드에 비해 연회비가 비싸고 국내이용에는 차이가 없으므로 해외에서의 신용카드 사용계획

94) 신용공여(granting of credit)란 어떤 금액을 상대에게 빌려줄 때 상대가 반환할 의사와 반환할 능력이 있음을 믿고 빌려줘 상대방이 일시 이용토록 하는 것이다.

이 없는 경우에는 국내전용카드를 발급받는 것이 연회비를 절약할 수 있는 방법이다.
5. 신용카드는 미래의 소득을 현재화시켜 사용하는 것이므로 과도한 신용카드 사용을 자제하고, 본인 소득수준 및 상환능력 등을 고려하여 이용한도를 설정하여야 한다.

출처: 금융감독원 (2011). 금융소비자보호백서. p. 144.

V. 신용카드회사의 소비자보호 책임

1. 신용카드 분실 · 도난의 경우

신용카드회사는 신용카드회원으로부터 신용카드의 분실 · 도난 등의 통지를 받으면, 없어진 신용카드 사용으로 인한 책임을 지게 된다. 신용카드회사가 분실 · 도난당한 신용카드의 사용에 대해 책임져야 하는 기간은 신용카드를 분실 · 도난당한 소비자가 통지한 날부터 60일 전까지이다(「여신전문금융업법」 제16조). 다만, 신용카드의 분실 · 도난 등에 대해 그 책임의 전부 또는 일부를 신용카드회원의 부담으로 할 수 있다는 취지의 계약을 문서로 체결했다면 신용카드회사는 신용카드회원에게 그 계약에 따른 책임을 부담하게 할 수 있다(「여신전문금융업법」 제16조 제3항 · 제7항).

신용카드를 도난 또는 분실할 경우, 전화 또는 문서를 통한 신고를 하여야 하고, 도난이나 분실로 인한 신용카드 부정사용금액에 대하여 보상신청을 하고자 할 때에는 신용카드회사가 정하는 소정양식에 따라 반드시 문서로 보상신청을 해야 한다. 이 경우 신용카드회원은 도난 · 분실신고 접수시점의 60일 전부터 그 이후에 발생한 제3자의 신용카드 부정사용금액에 대하여 보상을 받을 수 있다. 단, 현금서비스, 카드론 및 전자상거래 등 비밀번호를 본인확인 수단으로 활용하는 카드거래에서 발생한 제3자의 카드 부정사용 등에 대한 책임은 도난, 분실 등의 사고로 신용카드회원에게 손해가 발생하더라도 신용카드회사에서 책임을 지지 않는다('신용카드 개인회원표준약관' 제20조 제2항 · 제22조).

2. 신용카드 위조 · 변조의 경우

신용카드회사는 신용카드회원에 대해 위조 · 변조된 신용카드의 사용으로 인한 책임을 진다(「여신전문금융업법」 제16조 제5항). 다만, 신용카드회사가 신용카드회원의 고의 또는 중대한 과실을 입증하면 그 책임의 전부 또는 일부를 신용카드회원의 부담으로 할 수 있다는 취지의 계약을 문서로 체결했다면, 신용카드회사는 해당 신용카드회원에 대해 그 계약 내용에 따른 책임을 부담하게 할 수 있다(「여신전문금융업법」 제16조 제6항 · 제7항). 여기에서의 고의 또는 중대한 과실은 첫째, 고의 또는 중대한 과실에 의한 비밀번호의 누설, 둘째, 신용카드의 양도 또는 담보 목적으로 신용카드를 제공한 경우로, 이때에는 해당 신용카드회원에게 그 책임을 부담하게 할 수 있다(「여신전문금융업법」 제16조 제9항 및 시행령 제6조의10).

3. 소비자분쟁해결기준에 따른 신용카드회사의 책임

공정거래위원회에서 고시한 소비자분쟁해결기준에는 신용카드 분실 · 도난을 비롯한 제3자의 부정사용으로 인한 신용카드회원(소비자)의 피해에 대한 보상기준이 마련되어 있다. 특히 비고란을 보면 '소비자의 귀책사유가 신용카드회원 약관에 규정되어 있는 경우'는 과실상계가 됨을 명시하고 있다. 다시 말하면 소비자에게 책임이 있는 경우, 소비자의 과실과 보상받아야 할 금액을 서로 따져 계산하는 과실상계를 적용하고 있다. 이는 신용카드회원이 신용카드회사로부터 약관을 반드시 받아야 함은 물론 소비자가 책임져야 할 사항에 대해 잘 알고 있어야 함을 시사한다.

▌도표 17-5▌ 신용카드 제3자 부정사용 관련 소비자분쟁해결기준

피해 유형	보상기준	비고
분실 · 도난신고를 통지한 날로부터 60일 전 시점에서 그 이후에 제3자가 부정사용한 경우	전액보상	소비자에게 귀책사유가 있는 경우 (신용카드회원 약관에 규정)는 과실상계 가능
발급카드 수령 전 제3자에게 전달되어 부정사용된 경우	전액보상	회원이 카드 미수령에 따른 사고발생 사실(타인수령 등)을 인지하였으나, 카드사에 신고를 미루어둠으로써 부정사용 대금이 발생한 경우에는 과실상계 가능
명의도용에 따른 신용카드 부정발급, 카드의 위 · 변조에 의해 제3자가 부정사용한 경우	명의인의 카드대금 채무무효	소비자에게 귀책사유가 있는 경우 (신용카드약관에 규정)는 과실상계가 가능
가맹점수수료가 회원에게 전가된 경우	신용카드가맹점에서 수수료 환급받음	

출처: 김영신 외 4인 (2010). 새로 쓰는 소비자법과 정책. p. 181.

4. 신용카드 거래조건 주지의무

신용카드회사는 다음의 사항을 해당 신용카드회사 및 여신전문금융협회의 인터넷 홈페이지에 게시하거나, 전국단위의 일간신문에 공고하거나, 신용카드회원에게 개별 통보하는 등의 방식으로 신용카드회원과 신용카드가맹점에 알려야 한다(「여신전문금융업법」 제18조).

① 신용카드회사가 정하는 이자율·할인율·연체료율 등 각종 요율
② 신용카드 이용금액의 결제방법
③ 신용카드 등의 분실·도난·위조·변조 시 신용카드회원 등에 대한 책임
④ 신용카드가맹점에 대한 책임과 신용카드가맹점의 준수사항
⑤ 신용카드회원에게 적용되는 신용등급의 분포현황 등

VI. 신용카드가맹점의 소비자보호 책임

1. 신용카드 거래거절 금지

상점(신용카드가맹점)은 신용카드에 의한 거래를 이유로 물품 등의 제공을 거절하거나 신용카드회원을 불리하게 대우하는 것 등을 금지한다(「여신전문금융업법」 제19조 제1항). 만약, 이를 위반하면 1년 이하의 징역 또는 1천만 원 이하의 벌금에 처해진다(「여신전문금융업법」 제70조 제3항).

2. 신용카드 거래 시 본인 여부의 확인

신용카드가맹점은 신용카드에 의한 거래를 할 때마다 신용카드 상의 서명과 매출전표 상의 서명이 일치하는지를 확인하는 등 해당 신용카드가 본인에 의해 정당하게 사용되고 있는지 여부를 확인해야 한다(「여신전문금융업법」 제19조 제2항). 이를 위반하면 500만 원 이하의 과태료를 부과된다(「여신전문금융업법」 제72조 제1항).

3. 신용카드 거래 시 가맹점수수료 전가금지

신용카드가맹점은 가맹점수수료를 신용카드회원이 부담하게 해서는 안 된다(「여신전문금융업법」 제19조 제3항). 이를 위반하면 1년 이하의 징역 또는 1천만 원 이하의 벌금에 처해진다(「여신전문금융업법」 제70조 제3항)

▌도표 17-6▌ 신용카드 피해예방을 위한 유의사항

1. 신용카드회원 가입 시 약관을 잘 읽어보고 카드의 이용방법, 회원의 책임, 도난·분실 시의 보상제도 등을 확인한다.
2. 신용카드를 받은 즉시, 뒷면의 서명란에 서명을 한다.
3. 수시로 카드소지 여부를 확인한다.
4. 매출전표를 작성할 때는 반드시 입회하며 가맹점상호, 가맹점번호, 금액 등을 확인하고 서명한다.
5. 매출전표 사본은 결제가 끝날 때까지 보관한다.
6. 가맹점수수료는 소비자가 지불하지 않는다.
7. 도난, 분실 시는 즉시 전화로 신고하되, 전화신고 시에는 접수번호, 접수일시, 접수자 성명 등을 확인, 기록해 두고 곧바로 문서로 신고해야 확실하다.
8. 타인에게 빌려주지 않는다.
9. 신용카드 거래구조를 확실하게 알아둔다.
10. 여러 개의 카드를 특정한 이용목적 없이 소지하면 위험할 수 있으므로 가능하면 하나의 카드만 발급받아 사용한다.
11. 주소변경 후 즉시 카드사에 신고한다.

출처: 김영신 외 4인 (2010). 새로 쓰는 소비자법과 정책. p. 182.

제2절 보증 및 대부거래

I. 보증

보증이란 일반적으로 금전거래에서 채무자(돈을 빌린 사람)가 채권자(돈을 빌려준 사람)에게 빌린 돈을 갚지 않을 경우에 대비하여 제3자인 보증인의 재산으로 채권자의 채권(받을 돈)을 담보하는(책임지게 하는)제도를 말한다.

보증에는 크게 일반보증, 어음보증[95], 신용보증제도[96]가 있는데, 여기서는 일반보증에 대해서만 살펴보기로 한다. 일반보증과 관련한 법률에는 「민법」이 있다. 「민법」에서는 보증의 개념과 종류, 보증계약의 체결방식, 보증인이 될 수 있는 사람, 보증인에 대한 채권자의 권리, 채권자에 대한 보증인의 책임, 보증채무를 이행한 보증인의 주 채무자에 대한 권리 등을 정하고 있다. 그 밖에 「보증인 보호를 위한 특별법」, 「채권의 공정한 추

95) '어음보증'이란 환어음 또는 약속어음 액수의 전부 또는 일부의 지급을 보증에 의해 담보하는 것을 말한다.
96) '신용보증제도'에는 신용보증기금의 신용보증, 지역신용보증재단의 신용보증, 기술신용보증, 농림수산업자의 신용보증, 주택금융신용보증기금의 신용보증, 주택담보노후연금보증 등이 있다.

심에 관한 법률」, 「신용보증법」 등에서 보증인 보호 등에 관한 사항을 정하고 있다.

보증을 서게 되면 주 채무자가 채권자에게 돈을 갚지 않을 경우, 보증인이 대신 그 돈을 전부 갚아야 하므로 보증인에게 큰 부담이 될 수 있다. 보증에 관한 유의사항을 보증을 서기 전과 보증계약체결 시로 나누어 살펴보자.

1. 보증 서기 전 유의사항

보증을 서게 되면, 잘못될 경우 보증인이 대신 그 돈을 전부 갚아야 하므로 보증인에게 큰 부담이 된다. 따라서 보증은 절대 서지 말아야 한다.

보증을 부탁받으면 잘못될 경우 같이 망하게 된다는 사실을 강력하게 알리고, 직접 보증을 서는 대신 보증보험에 가입하는 방법을 이용하도록 권유해야 한다. 보증보험이란 각종 거래에서 발생하는 신용위험을 감소시키기 위해 보험의 형식으로 하는 보증제도로서 보증보험회사가 일정한 대가, 즉 보험료를 받고 계약상의 채무이행 또는 법령상의 의무이행을 보증하는 특수한 형태의 보험을 말한다.

2. 보증계약체결 시 유의사항

부득이 보증을 서야만 하는 상황이라면 다음의 사항에 유의해야 한다.

① 채무자의 직업, 재산상태, 사업을 하는 경우 업종이나 발전가능성을 확인해야 한다.

② 보증기간을 확인해야 한다. 채무자의 직업이나 재산상태가 현재는 좋더라도 보증기간이 길어지면 그 변동가능성이 커지므로 가급적 보증기간은 짧을수록 좋다.

③ 보증계약은 본인이 직접 체결하고 가급적 인감과 신분증을 다른 사람에게 맡겨 대신 보증계약을 체결하도록 하는 일은 없어야 한다.

④ 보증계약서를 작성할 때, 보증의 종류 및 책임범위를 확인해야 한다. 2013년 7월부터 제2금융권(보험회사, 증권회사, 신용카드사, 상호저축은행, 지연단위농협, 새마을금고, 신용협동조합 등)에서 가계대출 또는 개인사업자가 대출받을 경우 연대보증이 폐지되었다. 연대보증을 요구할 경우 폐지되었음을 인식시키고 연대보증을 할 수 없음을 명확히 해야 한다. 만약 불가피하게 연대보증을 서게 될 때 채무자가 못 갚으면 그의 모든 빚을 보증인이 갚아야 하는 '포괄근저당'계약을 해서는 안 된다(도표 17-7 참조).

⑤ 보증계약서를 작성할 때는 본인도 모르는 사이에 계약서의 내용이 바뀔 수 있으므

로 보증액수, 보증기간, 주 채무자 등 주요 내용은 반드시 자필로 적고 공란을 남겨 두지 않는 것이 바람직하다.

⑥ 추후에 분쟁이 생길 가능성에 대비하여 보증계약서 사본을 보관해 두어야 한다.

⑦ 보증 관련 궁금한 사항이 있거나 분쟁이 발생한 경우 상담 및 법률구조에 관한 도움을 받아 볼 수 있는 기관을 미리 알아 두어야 한다.

▌도표 17-7▌ 포괄근저당계약

아직도 포괄근저당에 시달리는 제2금융권(저축은행, 지역농협협동조합, 신용협동조합, 새마을 금고 등) 대출자

지난 2013년 10월, 대구에 사는 주부 김정순(가명 · 45) 씨는 지인 임모 씨에 대한 연대보증을 섰다. 농 · 축협 직원은 "대출에 필요한 형식적인 절차다. 걱정할 것 없다"고 했다.
그런데 2014년 초 임씨가 수입이 끊겨 빚을 못 갚게 되자, 농 · 축협은 담보로 잡았던 임씨의 땅과 건물을 경매 절차에 따라 8억 7000만 원에 매각한 뒤, 나머지 빚과 연체이자 8억 3000만 원을 김씨에게 갚으라고 독촉했다.
김씨가 영문을 알아보니 황당했다. "대출금 일부에 대해서만 보증을 선 줄 알았는데, 알고 보니 임씨의 빚 전부를 갚아야 하는 '포괄근저당'계약이었다"는 것이다.

포괄근저당제도란?
대출자가 금융회사에 진 빚(대출 · 카드 빚 · 어음 등)을 못 갚으면 모든 빚을 대신 끌어안겠다고 보증인이 약속하는 것을 말한다.
만약 대출자가 사업자금 조달을 목적으로 보증을 받았는데, 사업자금뿐 아니라 카드빚, 마이너스통장빚을 못 갚은 경우 이런 빚도 보증인이 책임져야 한다. 제2금융권의 경우 개인에 대한 연대보증과 포괄근저당 설정이 2013년 7월부터 금지되었으나 여전히 없어지지 않고 있다.

출처: 조선일보 (2015.4.20).

▌도표 17-8▌ 보증상담기관

보증상담기관	연락처
대한법률구조공단 법률상담센터	전화 : 국번없이 132 홈페이지 www.klac.or.kr → 사이버상담실

도표 17-9 보증계약서 서식

보증계약서

채권자 000을 갑으로 하고 보증인 000을 을로 하여, 양 당사자 간에 보증채무에 관하여 다음의 계약을 체결한다.

제1조(계약의 목적) 보증인 을은 2000년 0월0일 채권자 갑과 채무자 △△△(주소: 00시 00구 00동 00번지) 간의 00계약서에 적힌 채무에 대해서 채무자가 이행을 하지 않을 때는 그 이행을 할 책임을 진다.

제2조(검색의 항변권 포기) 보증인은 검색의 이익을 포기한다.
– (제2조를 삭제한 보증계약서의 작성이 가능하다면 제2조 내용을 빼는 것이 바람직하다)(도표 17-10 검색의 항변권 참조)

제3조(채무의 변제의무) 보증인은 채권자로부터 채무자가 그 채무를 이행하지 않은 취지를 통보받은 후 00일 간 내에 제1조의 보증채무를 이행하지 않을 때는 채권자에 대하여 위약금 000원을 지급한다.

이 계약을 증명하기 위해 이 증서 2통을 작성하여 각자 서명·날인하고 각 1통을 보관한다.

채권자	주소					
	성명 또는 상호	인	주민등록번호 또는 사업자등록번호		전화번호	
보증인	주소					
	성명 또는 상호	인	주민등록번호 또는 사업자등록번호		전화번호	

* 보증계약서 서식은 대한법률구조공단(www.klac.or.kr) → 법률정보 → 법률서식에서 다운받아 이용할 수 있다.

도표 17-10 검색의 항변권

채권자가 보증인에게 채무이행을 청구한 경우 보증인이 주 채무자에게 변제능력(갚을 능력)이 있다는 사실과 집행이 용이함을 입증하여 먼저 주 채무자의 재산에 대해 집행할 것을 항변할 수 있는 권리이다.
보증채무에는 최고(알림)의 항변권과 검색의 항변권이 있는데, 양 항변권은 별개의 것이므로 하나만을 주장할 수도 있고, 최고의 항변권을 행사하지 않고 바로 검색의 항변권을 주장할 수도 있다. 최고의 항변권(채무자가 돈을 갚을 능력이 있다는 사실을 채권자에게 알리고, 보증인이 갚지 않겠다고 항의하는 것)에는 실효성이 없으나 검색의 항변권(채무자가 돈을 갚을 능력이 있다는 사실을 보증인이 채권자에게 입증하여 주면서 보증인이 갚지 않겠다고 하는 것)은 보증인의 재산에 대한 강제집행을 일시 연기할 수도 있다는 점에서 보증인 보호에 큰 기능을 한다.

'검색의 항변권' 행사요건에는 2가지가 있다.
첫째, 주 채무자에게 변제능력이 있음을 증명하면 되는데, 보증인은 주 채무자가 거래관념상 상당한 금액의 변제능력이 있다는 것을 입증해야 한다.
둘째, 주 채무자의 재산에 대한 집행이 용이함을 입증해야 하는데 단순히 채무자에게 일정한 재산이 있다는 증명만으로는 충분한 증명이라고 할 수 없다.
위의 2가지 요건을 갖추면 채권자는 주 채무자의 재산에 대해 먼저 집행하지 않으면 보증인에게 청구할 수 없다. 완전변제를 받지 못했다면 잔액은 보증인에게 청구할 수 있는데, 이때 보증인은 주 채무자의 능력이 양호해져도 다시 검색의 항변권을 행사할 수는 없다. 그리고 검색의 항변권 행사 후에 채권자가 주 채무자에 대한 집행을 게을리 하여 변제받지 못했다면 그 한도 내에서 보증인의 의무를 면한다. 보증인에게 이 항변권이 있는 동안에는 채권자가 주 채무자에 대한 상계(相計)로 대항할 수 없다. 그러나 항변권이 배제되는 때가 있는데 보증인이 연대보증인일 때, 변제능력이 없어 주 채무자가 파산선고를 받은 때, 주 채무자의 행방을 알 수 없는 경우, 보증인이 항변권을 포기한 경우 등이다. 한편 신용보증계약의 신원보증인은 검색의 항변권이 없다고 본다.

출처: 한국 브리태니커. 검색의 항변권(http://preview.britannica.co.kr/bol/topic.asp?article_id=b01g2307a)

마지막으로 누군가가 자신에게 보증을 부탁할 경우, 정중하게 거절해야 하며 미안한 마음 때문에 힘이 든다면 자신이 가지고 있는 현금을 그냥 주는 방안이 가장 좋은 대처가 될 것이다.

II. 대부거래

경제가 어려워질수록 은행과 같은 제도권 금융기관이 아닌 대부업체(일반적으로 '사채업자'라고도 한다)에서 돈을 빌리는 사람이 많아지고 있다. 그러나 돈을 쉽게 빌릴 수 있는 반면, 높은 이자로 인한 연체, 불법채권추심행위(illegal debt collection act: 불법 빚독촉행위)나 대출을 빙자해 소비자들로부터 주민등록 등·초본, 통장, 급여내역서 등의 개인정보 등을 요구한 뒤 일방적으로 연락을 끊어버리는 등의 대출관련 피해가 많이 발생하고 있다(도표 17-11 참조). 따라서 대부거래의 개념, 대부거래 시 유의사항 등과 같은 대부거래 관련 내용 등을 살펴보아 소비자피해를 예방하고자 한다.

1. 대부업 및 대부중개업의 개념

대부업이란 남에게 얼마간의 이자를 받고 기한을 정하여 돈을 빌려 주는 업(業)을 말하거나, 「대부업 등의 등록 및 금융이용자 보호에 관한 법률」 제3조에 따라 대부업의 등록을 한 자 또는 여신금융기관[97]으로부터 대부계약에 따른 채권(receivables)을 양도받아

이를 추심(collection: 찾아내어 받아냄)하는 것을 업으로 하는 것을 말한다.

대부중개업이란 돈을 빌려주는 대부업체와 돈을 빌리려는 사람을 연결시켜 주는 업을 말한다.

도표 17-11 대부업 대출관련 소비자피해사례

【사례1】 부당채권추심(부당 빚 독촉) 피해
경남 창원시 대원동에 거주하는 조모 씨는 3년 전 R업체에서 390만 원을 대출받았는데, 지난달에 이자를 연체했더니 자녀들만 있는 자택에 와서 고함을 지르는 등 부당하게 채권추심함

【사례2】 과다한 중도상환수수료 요구 피해
울산에 거주하는 황모 씨는 300만 원을 대출받았는데, 과다한 이자에 상환 지연 등으로 피해금액이 2,268만 원이나 된다고 불만을 호소함

【사례3】 대출을 빙자해 '개인정보' 획득 후 연락두절
대출을 빙자해 소비자들로부터 주민등록등·초본, 통장, 급여내역서 등의 개인정보 등을 요구한 뒤 일방적으로 연락이 끊김

【사례4】 과다한 이자 요구 피해
경남 김해에 거주하는 40대 남성 신모 씨의 막내 동생이 100만 원을 등록되지 않은 사채업자에게 빌렸는데, 이자까지 모두 700만 원을 내라고 함

【사례5】 선 수수료 편취 피해
울산에 거주하는 최모 씨는 대출을 위해 상담하던 중 각종 수수료 명목으로 530만 원을 입금했는데, 추가로 120만 원을 요구해 대출을 포기하겠다고 하니 입금한 530만 원을 환불할 수 없다고 주장함

【사례6】 휴대폰 대출을 미끼로 개인정보의 도용 피해
경남 사천시 용현면에 거주하는 서모 씨는 휴대폰으로 대출해 주겠다고 해 신분증을 보내 100만 원 대출 신청했더니 60만 원만 대출해 주고, 대부업체가 대포폰을 여러 대 개통하여 통신요금이 700만 원이 청구되는 피해발생함

【사례7】 휴대폰 대출 광고문자 사기
"시중은행 대출 어려우신 분 저금리로 대출 가능"이라는 문자를 받고 생계자금으로 300만 원 대출신청을 함. 신용등급이 낮아 대출이자가 높으므로 30만 원의 수수료를 내면 저금리대출상품으로 전환해 주겠다고 하여 대출업체에 30만 원을 송금했는데, 송금 후 연락이 끊김

출처: 한국소비자원 (2013). 피해예방주의보. 대부업 대출관련 소비자피해사례.

97) '여신(loan)'이란 금융기관에서 고객에게 돈을 빌려주는 일을 의미하며, 여신금융기관, 즉 돈을 빌려주는 금융기관에는 은행, 상호저축은행, 신용협동조합, 신용카드업자, 시설대여업자, 할부금융업자, 신기술사업금융업자, 보험회사, 대부업체 등이 있다.

2. 대부업체 이용자와 관련한 법령

대부업체 이용자와 관련한 법령은 「대부업 등의 등록 및 금융이용자 보호에 관한 법률」, 「이자제한법」, 「채권의 공정한 추심에 관한 법률」 등이 있다. 「대부업 등의 등록 및 금융이용자 보호에 관한 법률」은 대부업 또는 대부중개업의 등록·제한, 대부업자의 대부계약체결절차 등에 관해 규정하면서 등록대부업자의 최고이자율은 연 34.9%를 초과할 수 없도록 제한하고 있다. 미등록대부업자의 최고이자율은 「이자제한법」을 준용하여 연 25%를 초과할 수 없도록 제한하고 있다. 고리사채업자 및 불법 대부업자들의 과도한 추심행위(debt collection: 빚 독촉행위)를 방지하기 위해 「채권의 공정한 추심에 관한 법률」에서는 대부업자 또는 미등록대부업자를 불문하고 이들에게서 채권을 양도 또는 재양도 받아 추심하는 채권추심자가 해서는 안 되는 불법적 채권추심행위 및 불공정한 행위를 구체적으로 나열하고 있다.

불법적 채권추심행위(불법적 빚 독촉행위)에는

첫째, 채무자 또는 관계인을 폭행·협박·체포 또는 감금하거나 그에게 위계(상대방의 무지나 착오를 이용해 목적을 달성하는 것)나 위력(상대방의 의사를 억압할 수 있는 힘)을 사용하는 행위

둘째, 정당한 사유 없이 반복적으로 또는 야간(오후 9시 이후부터 다음 날 오전 8시까지)에 채무자나 관계인을 방문함으로써 공포심이나 불안감을 유발하여 사생활 또는 업무의 평온을 심하게 해치는 행위

셋째, 정당한 사유 없이 반복적으로 또는 야간에 전화하는 등 말·글·음향·영상 또는 물건을 채무자나 관계인에게 도달하게 함으로써 공포심이나 불안감을 유발하여 사생활 또는 업무의 평온을 심하게 해치는 행위

넷째, 채무자 외의 사람(보증인을 포함)에게 채무에 관한 거짓사실을 알리는 행위

다섯째, 채무자 또는 관계인에게 금전의 차용이나 이와 유사한 방법으로 채무의 변제자금을 마련할 것을 강요함으로써, 공포심이나 불안감을 유발하여 사생활 또는 업무의 평온을 심하게 해치는 행위

여섯째, 채무를 변제할 법률상 의무가 없는 채무자 외의 사람에게 채무자를 대신하여 채무를 변제할 것을 요구함으로써 공포심이나 불안감을 유발하여 사생활 또는 업무의 평온을 심하게 해치는 행위

일곱째, 채무자의 직장이나 거주지 등 채무자의 사생활 또는 업무와 관련된 장소에서

다수인이 모여 있는 가운데 채무자 외의 사람에게 채무자의 채무금액, 채무불이행 기간 등 채무에 관한 사항을 공연히 알리는 행위 등이 있다.

그리고 금지하고 있는 불공정 채권추심행위에는

첫째, 혼인·장례 등 채무자가 채권추심에 응하기 곤란한 사정을 이용하여 채무자 또는 관계인에게 채권추심의 의사를 공개적으로 표시하는 행위

둘째, 채무자의 연락두절 등 소재파악이 곤란한 경우가 아님에도 채무자의 관계인에게 채무자의 소재, 연락처 또는 소재를 알 수 있는 방법 등을 문의하는 행위

셋째, 정당한 사유 없이 수화자부담전화료 등 통신비용을 채무자에게 발생하게 하는 행위

넷째, 개인회생절차 개시의 결정이 있는 때에는, 개인회생채권에 대한 변제를 받거나 변제를 요구하는 일체의 행위가 중지 또는 금지되었음에도 불구하고 법령으로 정한 절차가 아닌 방법으로 반복적으로 채무변제를 요구하는 행위

다섯째, 「채무자 회생 및 파산에 관한 법률」에 따른 회생절차, 파산절차 또는 개인회생절차에 따라 전부 또는 일부 면책되었음을 알면서 법령으로 정한 절차가 아닌 방법으로 반복적으로 채무변제를 요구하는 행위

여섯째, 엽서에 의한 채무변제 요구 등 채무자 외의 자가 채무사실을 알 수 있게 하는 행위 등이 있다.

불법적 채권추심행위와 금지되는 불공정한 행위를 한 자들은 징역 또는 벌금에 처해지거나 과태료를 부과받고 있다.

불법적 채권추심행위나 불공정한 행위로 의심될 경우에는 금융감독원 전화 1332나 경찰서에 신고해야 하며, 신고 시에는 불법적 채권추심행위임을 증명할 수 있는 녹음이나 문자메시지 등 증거자료를 확보하면 문제 해결에 도움이 된다.

3. 대부계약의 체결 절차

1) 신용등급의 조회

자신의 신용등급을 조회하기 위해서는 첫째, '금융감독원 서민금융 1332' 사이트(s1332.fss.or.kr)로 접속해 '신용 및 재무관리 → 무료신용조회'로 들어가 확인할 수 있다. 둘째, 누구나 신용정보회사인 크레딧뱅크(CREDITBank), 마이크레딧(mycredit), 올

크레딧(KCB) 중 한 곳에 회원가입 후 연 3회 무료로 신용정보 조회가 가능하고, 카드발급사실, 대출 및 현금서비스 이용현황, 연체정보 등을 안내받을 수 있다.

2) 대출상품 확인

돈이 필요할 경우 은행 등 제도권 금융기관을 이용하는 것이 가장 바람직하다. 그러나 은행 대출이 안 될 경우에 생활정보지 등의 대부광고에 의존하지 말고 다음의 방법들을 이용하기 바란다.

(1) 금융감독원의 '서민금융지원제도'

금융감독원(www.fss.or.kr) 홈페이지로 들어가 중앙부분 '민원인'을 클릭하고 우측에 보이는 '서민금융 1332 · 무료신용조회'를 클릭하면 '서민금융 1332(s1332.fcs.or.kr)'가 나타난다. 상단의 '서민금융지원'을 클릭하여 '서민금융지원제도 안내책자 다운받기'를 눌러 책자를 다운받아 살펴보면 자신의 신용에 맞는 금융회사를 찾을 수 있다.

(2) 한국이지론의 맞춤대출정보 '한눈에' 서비스 이용

한국이지론(www.egloan.co.kr, 상담센터 1644-1110)에 회원가입 후 한 번의 본인 신용정보 조회로 은행 및 대부업체 등 여러 금융회사의 대출상품을 안내받을 수 있다.

한국이지론(주)은 제도권 금융회사 이용이 어려운 서민들의 사금융 수요를 제도권 금융회사로 흡수하고 불법 사금융 피해로부터 금융소비자들을 보호하기 위해, 은행을 비롯한 금융회사가 공동출자하여 설립한 사회적 기업으로서 맞춤대출정보 '한눈에' 서비스를 무료로 제공하고 있다. 한국이지론(www.egloan.co.kr) 맞춤대출정보 '한눈에' 서비스란 제도권 금융회사의 다양한 대출상품 중에서 본인의 신용등급과 소득상태에 맞는 가장 적합한 대출상품을 한눈에 제공하여, 고객이 직접 금융기관 및 대출상품을 선택할 수 있도록 정보를 제공하는 무료서비스이다.

한국이지론(주)의 대출중개상품 및 지원제도에는 CSS(Credit Scoring System) 신용대출서비스, 새희망홀씨대출, 햇살론, 뉴환승론, 바꿔드림론, 징검다리전세대출, 전세대출, 주택담보대출 등이 있다.

새희망홀씨는 소득이 적거나 신용이 낮아 은행에서 대출받기 어려운 서민들을 위해 별도의 심사기준을 마련하여 대출해 주는 서민맞춤형 대출상품으로 16개의 시중은행에서 취급한다. 햇살론은 대부업 등의 고금리를 부담해야 하는 저신용·저소득 서민에게 10%대의 저금리로 대출해 주는 보증부대출로 지역(단위)농협, 단위신협, 새마을금고, 저축은행, 수협, 산림조합에서 취급한다. 뉴환승론은 대부업 등의 고금리대출을 제2금융기관의 10~20%대의 금리로 전환하고 성실상환자에게는 최대 8%까지 금리인하혜택을 부여하는 대출상품이다. 대학생 학자금/전환대출은 학자금이 필요한 대학생에게 학자금을 지원하고, 대부업체, 저축은행 또는 캐피탈 등에서 연 20% 이상 고금리대출을 받아 상환 중인 학생에게는 연 2%의 저금리로 전환하여 주는 대출상품이다.

바꿔드림론은 대부업체 등에서 빌린 20% 이상의 고금리대출을 은행의 연 10% 수준의 낮은 금리대출로 전환해 주는 금융상품으로 연소득 3,000만 원 이하이거나 신용등급 6~10등급이면서 연소득 4,000만 원 이하인 사람이 이용할 수 있다.

한국이지론에서 대출상품을 안내받더라도 자동적으로 대출이 이루어지지 않고, 안내받은 금융회사의 대출심사를 통과해야 실제 대출이 이루어진다.

2014년 현재 우리나라의 서민금융상품은 홍보가 제대로 안 되어 있으며, 종류도 다양하고, 운영기관이 제각각이라 대출이 필요한 서민들이 어디서 상담받아야 할지 모르는 실정이다. 2014년 초 긴급생활자금이 필요했던 직장인 윤씨(34)는 인터넷에 '서민을 위한 초특급 대출 이벤트'라는 광고를 보고, 한 저축은행에서 연 20%대 금리로 700만 원을 빌렸다. 고금리 때문에 힘겹게 이자를 갚아나가던 윤씨는 최근 자신의 신용등급(6등급)과 연소득(3800만 원)이면 은행에서 제공하는 서민금융상품을 이용할 수 있다는 사실을 알게 되었다. 윤씨는 현재 국민행복기금의 보증을 통해 연 20% 이상의 금리를 8~12%로 바꿔주는 '바꿔드림론'을 은행에 신청한 상태이다. 윤씨는 '서민금융상품은 저축은행이나 캐피탈업체에서만 제공하는 줄 알았다'며 '제대로 알아보지 않고 돈을 빌린 것을 후회한다'고 말했다(조선일보 2015.4.21).

우리나라 서민금융상품을 용도별로 분류한 〈도표 17-12〉를 참조하기 바란다.

▌도표 17-12▌ 서민금융상품 용도별 분류

	창업긴급생활자금			주택마련 한국주택금융공사(www.hf.go.kr) 모기지론		저금리전환
상품	새희망홀씨	햇살론	미소금융	디딤돌대출	보금자리론	바꿔드림론
대상	-연소득 3000만원 이하 모든 신용등급 -3000만~4000만원은 6~10등급(햇살론 대상자: 근로자·자영업자)		신용등급 7~10등급인 자영업자·창업예정자	-부부합산 소득 연 6000만원 이하(생애최초 주택 구입자는 연 7000만원 이하) -세대주를 포함한 세대원 전원 무주택자	무주택 또는 1주택자 (기존 주택을 담보로 하거나 3년 이내 기존 주택 처분조건)	-연소득 3000만원 이하의 모든 신용등급 -3000만~4000만원은 6~10등급
대출 한도	2000만원	긴급생계자금 1000만원, 사업운영자금 2000만원, 창업자금 5000만원	사업운영·시설개선자금 2000만원, 창업자금 7000만원	2억원 (6억원 이하 주택 마련)	5억원(9억원 이하 주택 마련)	3000만원
금리	연 7~12% (성실상환자·취약계층 금리우대)	연 9~12%	연 4.5% 이내	연 2.6~3.4% (소득·만기에 따라 다름)	연 2.85~3.1% (만기에 따라 다름)	연 8~12%로 전환(5년 이내 원리금 균등 분할 상환)
취급 기관	16개 은행	농협·수협·신협·새마을금고 등 제2금융권	미소금융 중앙재단 (www.smilemicrobank.or.kr)	14개 은행, 삼성생명, 미래에셋생명	은행, 저축은행, 보험사 등	16개 은행, 캠코(한국자산관리공사)

출처: 조선일보 (2015.4.21). 서민금융상품 난립: 몰라서 활용 못하는 서민들. 기사 수정.

▌도표 17-13▌ 제1금융권·제2금융권·제3금융권의 구분

금융권이란 사전적인 의미로 금융에 관계된 일을 하는 사람들의 영역 또는 범위를 이르는 말이다. 금융권은 금융기관이란 말로 바꾸어 사용할 수 있다. 금융권은 제1금융권, 제2금융권, 제3금융권으로 구분한다.

제1금융권은 바로 '은행'이다. 시중에 있는 은행, 외국계은행, 지방은행과 특수은행으로 나뉜다. 제1금융권(또는 제1금융기관) 수신기능의 특징은 자금조달이 편리하고, 저금리 여신취급이 가능하다는 점이다.
제1금융권인 은행에는 일반은행, 외국계은행, 지방은행, 특수은행이 있다.

일반은행	KB국민은행, 우리은행, 신한은행, 하나은행 등
외국계은행	HSBC은행, 한국씨티은행, 스탠다드차타드은행 등
지방은행	부산은행, 광주은행, 경남은행, 대구은행 등
특수은행	수출입은행, 기업은행, 산업은행, 농협은행 등

제2금융권의 특징에 대해 설명하기 전에 제2금융기관이 생기게 된 배경을 살펴보면 다음과 같다. 우리나라의 금융시장은 기업의 만성적인 자금 초과수요로 인하여 은행 이외의 광범위한 사(private)금융시장이 발달하여 금융의 이중구조가 심화되었다. 이러한 사금융을 제도금융권 안으로 흡수하고 경제발전에 필요한 자금수요의 다양화를 꾀하기 위해 1970년대부터 본격적으로 제2금융권이 설립되어 발전해 오고 있다. 「은행법」의 적용을 받지 않으면서도 일반 상업은행과 유사한 기능을 담당해 '비은행금융권'이라고도 한다. 1980년대 이후 보험회사와 증권회사 등을 중심으로 성장한 뒤 다양하게 분화되었다. 일반은행이 자금의 공급자와 수요자 사이에 은행이 역할을 하는 간접금융인데 비하여 자금이 공급자에서 수요자에게 직접 융통되는 직접금융인 경우가 일반적이다.
보험회사와 증권회사를 비롯하여 신용카드회사·상호저축은행·지역(단위)농협·새마을금고·신용협동조합·리스회사·벤처캐피털 등이 이에 속한다.

증권사	대신증권, 삼성증권, 현대증권, 한화증권 등
보험사	삼성생명, 교보생명, 동양생명, 대한생명 등
여신금융회사	할부금융사, 카드사, 리스사, 캐피탈 등
투자신탁회사	한국투자증권, 하나대투증권, KB자산운용, 알이안츠자산운용사 등
상호저축은행	KB저축은행, IBK저축은행 등

제3금융권은 제도금융권에 속하지 않는 나머지 금융기관으로 대부업법의 적용을 받는다. 그 종류로는 한국계 대부업(예: 웰컴론), 일본계 대부업(예: 러시앤캐시, 산와머니 등), 사채, 전당포 등이 있다.

출처: http://blog.daishin.com

3) 대부업체의 선정 및 대부(또는 대출)조건의 확인

한국이지론에서 안내받은 금융기관이 제도권 금융권이 아닌 대부업체일 경우 대부업체의 선정 및 대부(또는 대출)조건의 확인이 필요하다. 은행과 같은 제도권 금융기관에서 돈을 빌릴 경우 '대출'이라고 하고 대부업체로부터 돈을 빌릴 경우 '대부'라는 용어를 사용하는 것이 타당하다. 그러나 대부업체들도 제도권 금융기관처럼 '대출'이란 용어를 사용하고 있다.

(1) 등록 대부업체[98]인지의 여부를 확인해야 한다.

미등록 대부업은 위법이므로 등록 대부업체인지를 확인해야 한다.

실제 등록된 대부업체 이름과 광고를 통해 알려진 대부(또는 대출)상품 이름이 다르므로, 반드시 자신이 알고 있는 대부(또는 대출) 상품이름으로 인터넷 검색을 하여, 해당 홈페이지에 대부업 등록번호가 표시되어 있는지를 확인해야 한다. 홈페이지에 표시된 대

98) 우리나라의 등록된 대부업체로는 웰컴론, 일본계 대부업체인 러시앤캐시, 산와머니 등이 있다.

부업 등록번호를 가지고 금융감독원 서민금융 1332(s1332.fss.or.kr)'의 등록대부업체 조회에서 등록대부업체인지를 확인하거나, 지방자치단체 대부업 담당자(지방자치단체 홈페이지)에게 문의를 하는 것이 필요하다. 대부업 등록번호가 일치하더라도 전화번호와 상호가 일치하지 않을 경우 명의도용의 우려가 있으므로 이용하지 말아야 한다.

우리나라 건설업계의 경우 GS건설에서 만든 아파트 전문 브랜드 자이(Xi), 삼성물산의 래미안, 현대건설의 힐스테이트 등이 있는데 건설업체 이름과 아파트 이름이 다른 것처럼 대부업체 이름과 대부업체에서 만든 대부(또는 대출)상품 이름이 다르다는 점에 주의해야 한다. 예를 들어, 러시앤캐시의 경우 등록된 이름은 아프로파이낸셜대부(주)이다. 러시앤캐시 홈페이지를 확인해 보면 '러시앤캐시 아프로파이낸셜대부(주) 2014-서울중구-0084'로 표시되어 있다.

(2) 대부업체를 이용하려는 경우에는 게시된 대부(또는 대출)조건을 확인해야 한다.

대부업자는 등록증, 대부(또는 대출)이자율, 이자계산방법, 변제방법, 연체이자율, 대부업 등록번호, 대부계약과 관련한 부대비용의 내용 등을 일반인이 알 수 있도록 영업소마다 게시해야 하므로, 이용자들은 이러한 사항을 반드시 확인하고 대부업체를 선정해야 한다(「대부업 등의 등록 및 금융이용자보호에 관한 법률」 제9조). 그러나 인터넷이나 전화 등을 통해 대출을 받을 경우 대부업 등록번호, 대부이자율 및 연체이자율은 알 수 있지만 이자계산방법이나 변제방법 등을 알기 어려우므로 반드시 확인할 필요가 있다. 대부(또는 대출)이자율이 법정최고이자율을 초과하는지 여부는 '금융감독원 서민금융 1332' 사이트(s1332.fss.or.kr)로 접속해 → 불법사금융 · 개인정보불법유통 → 이자계산기를 통해 확인이 가능하다(도표 17-14 대부이자계산방법 참조).

등록된 대부업자가 개인에게 대부(또는 대출)를 하는 경우, 그 이자율은 연 34.9%를 초과할 수 없고, 미등록 대부업자는 연 25%를 초과할 수 없다.

도표 17-14 대부업체 및 대부업 계열 저축은행을 이용한 대부(또는 대출)계약 시 대부(또는 대출)이자계산방법

일수기준 연이자율 산출

예시 대출원금 1,000,000원을 10일마다 105,334원씩 10회 상환하는 경우 연이자율 계산

→ 상환 횟수에 "10", 1회 상환원리금에 "105,334", 납입주기에 "10", 원금에 "1,000,000"를 입력하고 "계산하기"를 클릭하면 연이자율 34.9%가 계산됨

상환 횟수	
1회 상환원리금	
납입 주기	
원금	계산하기
연이자율	

일수기준 1회 상환원리금 산출

예시 대출원금 1,000,000원을 연이자율 34.9%로 10일마다 10회 상환하는 경우 1회 상환원리금 계산

→ 연이자율에 "34.9", 상환 횟수에 "10", 납입주기에 "10", 원금에 "1,000,000"을 입력하고 "계산하기"를 클릭하면 1회 상환원리금이 105,334원으로 계산됨

연이자율	
상환 횟수	
납입 주기	
원금	계산하기
1회 상환 원리금	

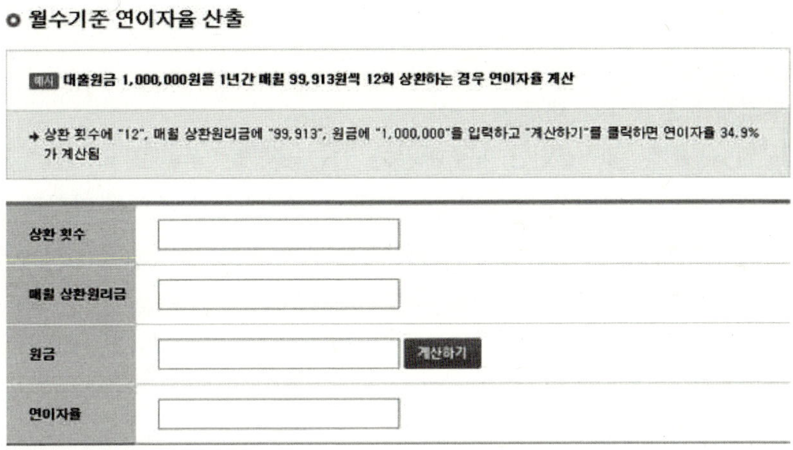

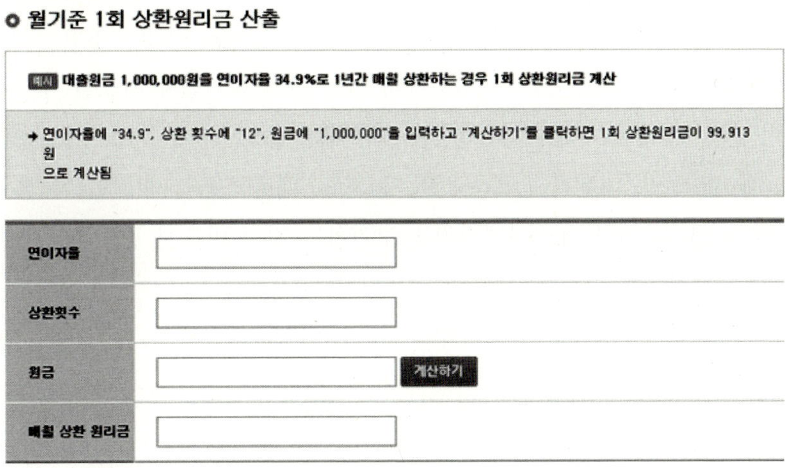

출처: 금융감독원 서민금융 1332 홈페이지(s1332.fss.or.kr) → 불법사금융·개인정보불법유통 → 이자계산기

4) 대부업체의 대출계약 및 보증계약의 체결

(1) 대부업체의 대출계약체결

대부업체의 대출계약을 체결하는 경우, 대부업자는 대부업체 이용자에게 대출계약서의 기재사항을 모두 설명해야 하고(「대부업 등의 등록 및 금융이용자보호에 관한 법률」 제6조 제2항), 대부업체 이용자가 대출계약서에 자필로 대출금액, 대출이자율, 변제기간 및 연체이자율을 적게 해야 한다(「대부업 등의 등록 및 금융이용자보호에 관한 법률」 제6조의2 제1항 및 시행령 제4조의2). 대부업체와 대출계약체결 시에는 반드시 계약서를 보

관하고 있어야 한다.

(2) 대부업체 보증계약의 체결

대부업체의 대출계약과 관련한 보증계약을 하는 경우, '포괄근저당' 보증계약(도표 17-7 참조) 및 연대보증계약은 하지 말아야 한다. 대부업자는 보증인이 자필로 보증기간, 피보증채무의 금액, 보증의 범위 및 연체이자율을 적게 하고, 보증인에게 보증계약서 및 대출계약서 사본을 교부해야 한다(「대부업 등의 등록 및 금융이용자보호에 관한 법률」 제6조 제3항).

5) 대부업체의 대출금상환

대부업체 이용자는 약정한 상환기일이 도래하기 전이라도 원금은 전부 또는 일부를 상환할 수 있지만, 대출계약체결 시 채무자의 기한 전의 임의변제(가능할 때 돈 갚기)로 대부업자가 받을 손해에 대해 미리 약정한 경우에는 중도상환수수료 등을 부담해야 한다(「민법」 제468조 및 '대부거래 표준약관' 제13조). 대출금을 변제(갚음)할 경우 변제사실을 증명하는 영수증이나 계좌이체내역을 보관하는 것이 반드시 필요하다.

6) 대부업체의 대출금을 갚기 힘든 경우

대부업체로부터 빌린 대출금 이자의 지급이 어렵거나 대출금을 정상적으로 상환하기 어려울 경우에는 연체이자를 감면(reduction and exemption)하거나 상환기간을 연장해주는 채무조정프로그램을 이용할 수 있다. 이에 대해서는, 다음 제3절의 개인신용회복지원제도에서 살펴보기로 한다.

4. 대부업체 이용 시 주의사항

무이자, 업계 최저금리, 회사이름 등을 반복적으로 외치던 대부업 광고가 최근에는 조용한 감성 광고로 바뀌었다. 예를 들면, 러시앤캐시의 '신입사원편' 텔레비전 광고에서 여주인공은 러시앤캐시에 취직한 신입사원이다. 그녀는 대부업이 은행과 크게 다르지 않은 일을 하며 대부업에 대한 편견이 사실이 아니라고 우회적으로 표현하고 있다. 이 외에도 누구나 따라 부르기 쉬운 로고송 등을 통해 대부업체에 대한 친근감을 조성하고 있는 현실이다. 그러나 이러한 밝은 이미지만을 부각시킨 대부업체의 감성광고는 최고 이자율

연 34.9%에 이르는 대부업체의 실체를 교묘하게 감추고 있음을 알아야 한다(연합뉴스, 2015.4.12.; 오마이뉴스, 2014.1.8).

중장년층보다 청년층이 대부업체를 이용하는 비율이 훨씬 더 높은데 그 이유가 TV 및 인터넷 광고를 통해 청년층에게 친숙한 이미지로 다가가고 있기 때문이다. 그리고 이러한 긍정적 이미지로 인하여 신용이 양호한 고객들에 대한 대출까지도 늘려가고 있다. 그러나 대부업체의 신용조회 기록만 있어도 은행 등 제도권 금융기관에서 신용등급을 낮게 책정하여 대출을 어렵게 하는 현실이므로 소액대출을 대부업체에서 받은 후에는 은행권의 대출이 어려움을 알아야 한다(이대기, 2013).

서민들이 소액 급전을 빌려 쓰는 대부업시장에서 일본계인 아프로그룹(러시앤캐시, 미즈사랑 등)이 사실상 독주하는 가운데 역시 일본계인 산와머니(산와대부)가 2위로서 명함을 내밀 뿐, 나머지 회사는 시장에서 영향력이 미미한 상황이다. 국내 대부업체 중에서는 웰컴론(웰컴크레디라인)이 업계 3위를 달리고 있지만 점유율이 7%에도 미치지 못한다. 대부업체는 제도권 금융기관이 아니나 대부업체가 최근 상호저축은행을 인수·합병하면서 대부업 계열 저축은행이 등장하게 되었고, 대부업 계열 저축은행에서 적금이나 예금의 업무보다 고금리대출업무에 치중하여 영업을 하면서 문제가 되고 있다. 대부업 계열 저축은행이 '은행'임을 강조하는 광고를 하면서도 대부업 수준의 고금리대출을 하고 있는 점에 주의해야 한다. 이들은 서민금융을 위해 15~20%대 중금리상품을 선보이겠다고 금융당국에 약속했지만 실제로는 연 30%에 육박하는 고금리대출을 하고 있는 실정이다. 대부업 계열 저축은행에는 OK저축은행, 웰컴저축은행, 친애저축은행 등이 있다(오마이뉴스, 2014.11.15). 저축은행업계 역시 이미 일본계에 사실상 잠식당했다는 평가가 나온다. 일본계 대주주가 소유한 저축은행에는 SBI저축은행, OSB저축은행, 친애저축은행, OK저축은행, JT저축은행 등이 있다. 일본계 저축은행과 일본계 대부업체들은 저금리 일본자금을 들여와 한국서민금융시장을 잠식하고 이윤추구만 하고 있는 실정이므로 국가차원에서 적절한 관리방안이 필요하다(연합뉴스, 2015.4.12).

1) 대부업체 또는 대부업 계열 저축은행을 이용하기 전 주의사항

대부업체나 대부업 계열 저축은행을 이용하기 전에 주의해야 할 사항은 다음과 같다.

첫째, 광고를 통해 친근감을 갖게 된 저축은행이나 대부업체일지라도 연 30%대의 고금리대출을 하고 있는 실정이므로, 감정에 현혹되지 말고 이용하지 않는다는 생각을 하는 것이 바람직하다.

둘째, 대부업체 및 대부업 계열 저축은행의 신원조회 기록만 있어도 은행 등 제도권 금융기관의 대출이 어려움을 알아야 한다.

셋째, 대부업체나 대부업 계열 저축은행의 대출을 신청하기 전, 반드시 한국이지론(www.egloan.co.kr, 상담센터 1644-1110) 또는 금융감독원(www.fss.or.kr) 홈페이지로 들어가 중앙부분 '민원인'을 클릭하고 우측에 보이는 '서민금융 1332 · 무료신용조회'를 클릭하면 '서민금융 1332(s1332.fcs.or.kr)'가 나타난다. 상단의 '서민금융지원'을 클릭하여 '서민금융지원제도 안내책자 다운받기'를 눌러 책자를 다운받아 살펴보면 자신의 신용에 맞는 금융회사를 찾을 수 있다.

넷째, 대부업체나 대부업 계열 저축은행은 어쩔 수 없는 경우 가장 마지막에 고려해야 할 금융기관이라는 점을 명심해야 한다.

2) 대부업체나 대부업 계열 저축은행을 이용하는 경우 주의사항

어쩔 수 없이 대부업체나 대부업 계열 저축은행을 이용하는 경우 다음의 주의사항을 반드시 따라야 한다.

첫째, 반드시 자신이 알고 있는 대부(또는 대출) 상품이름으로 인터넷 검색을 하여, 해당 홈페이지에 대부업 등록번호가 표시되어 있는지를 확인해야 한다. 확인방법은 대부업체 홈페이지에 표시된 대부업 등록번호를 가지고 금융감독원 '서민금융 1332(s1332.fss.or.kr)'의 등록대부업체 조회에서 등록대부업체인지 확인하거나, 지방자치단체 대부업 담당자(지방자치단체 홈페이지)에게 문의를 해야 한다. 대부업 등록번호가 일치하더라도 전화번호와 상호가 일치하지 않을 경우 명의도용의 우려가 있으므로 이용하지 말아야 한다.

둘째, 연 이자율이 34.9%를 초과하지 않는지 알아보아야 한다. 대출이자율이 법정최고이자율을 초과하는지 여부는 '금융감독원 서민금융 1332' 사이트(s1332.fss.or.kr)로 접속해 → 불법사금융 · 개인정보불법유통 → 이자계산기를 통해 확인해야 한다.

셋째, 신용조회를 빌미로 신용카드번호, 비밀번호, 유효기간 등을 요구하면 절대 알려주지 말고 그 업체는 이용하지 말아야 한다.

넷째, 대출중개수수료는 불법이고, 대출 전 선입금(보증보험료 비용, 신용등급조정 비용, 예치금, 공탁금 등)을 입금하라는 것도 사기이므로 절대 응하지 말아야 한다. 대출중개수수료 요구 및 대출사기 발생 시에는 경찰서 또는 금융감독원(1332 → 3번)에 신고해야 한다. 대출모집인일 경우 정식등록 여부를 '대출모집인 통합조회시스템'(www.loanconsultant.or.kr)에서 확인해 보아야 한다.

다섯째, 대출로 인한 개인정보 관련 피해를 예방하기 위하여 3가지 서비스에 반드시 가입하여야 한다.

① 휴대폰 명의도용 방지를 위한 '명의도용방지서비스'(www.msafer.or.kr)[99]에 가입하여 확인하여야 한다.

② 주민등록번호 이용내역을 확인하여야 한다. 한국정보진흥원에서 운영하는 주민번호 클린센터(clean.kisa.or.kr) 홈페이지에 접속한 후 메뉴바에서 '주민등록번호 이용내역 확인'을 클릭한 후 '개인정보수집 및 이용 동의' 절차를 진행하면 주민등록번호 이용내역을 확인할 수 있다.

③ '개인정보 노출자 사고예방시스템'에 등록하여야 한다. '개인정보 노출자 사고예방시스템'이란 주민등록증이나 운전면허증의 분실 등으로 개인정보를 노출한 금융소비자가 대출사기 등의 금융 사고를 우려하여 금융회사로부터 보호조치를 제공받고자 할 때, 금융회사 한 곳에 개인정보 노출사실을 신고하면 다른 금융회사도 동시에 공유하도록 하는 시스템이다. 신청대상자는 신분증(주민등록증, 운전면허증 등) 분실자, 기타 개인정보노출 피해자이며, 신청방법은 각 거래은행 영업점 및 금융감독원의 소비자보호센터를 직접 방문하여 본인 여부 확인 및 개인정보 노출사실 전파신청서를 접수하여야 한다.

여섯째, 대출금이자 연체로 인한 불법적 채권추심행위나 불공정한 행위로 괴롭힘을 당할 경우에는 금융감독원 전화 1332나 경찰서에 신고해야 하며, 신고 시에는 불법적 채권추심행위임을 증명할 수 있는 녹음이나 문자메시지 등 증거자료를 확보하면 문제 해결에 도움이 된다.

일곱째, 어쩔 수 없는 상황 때문에 연체자가 되는 경우 개인신용회복지원제도(채무조

---

99) 명의도용방지서비스(Msafer)란 신규로 각종 통신서비스(이동전화, 무선인터넷[WiBro], 유선전화, 초고속인터넷, 인터넷전화[VoIP], 유료방송 등)에 가입하거나 명의변경을 통해 양도받을 경우 그 사실을 본인 명의로 사용하고 있는 이동전화 회선을 통해 SMS로 알려주는 서비스를 말한다. 명의도용방지서비스 홈페이지(www.msafer.or.kr)에서는 명의도용가입제한 서비스, 가입현황조회 서비스, 이메일안내 서비스 등의 부가서비스를 제공하고 있으며, 본 서비스는 명의도용 피해를 예방하고자 제공하는 대국민 무료 서비스이다.

정프로그램)를 이용하도록 한다.

도표 17-15 대학생 대상 금융대출사기 예방 및 신고방법

대학생을 상대로 한 취업 및 장학금 등을 미끼로 하는 금융대출사기가 계속 발생하고 있으므로 각별한 주의가 필요하다.

예방방법

- 어떠한 경우에도 제3자가 장학금 지급, 취업, 투자 등을 미끼로 금융회사로부터 대출받을 것을 요구하는 행위에 응해서는 안 된다.
- 공인인증서 및 보안카드 등을 제3자에게 제공하면 금융사기를 당할 가능성이 매우 높다.
- 사기범에게 속아 직접 대출을 신청하거나 대출금을 받는 것에 동의한 경우에는 대출금상환책임이 본인에게 있어 구제받기 어렵다.

신고방법

- 대출사기가 의심되면 경찰서에 신고하거나 금융감독원(1332 → 3번)으로 문의해야 한다.

출처: 금융감독원. 금융관련 긴급상황발생 시 행동요령.

제3절 개인신용회복지원제도(채무조정프로그램)

우리가 인생을 살면서 예상하지 못한 어려움에 처할 경우가 종종 있는데, 친지의 신용보증이 문제가 되거나 뜻하지 않은 실직 등으로 성실히 생활하였으나 돈이 없어 빌린 돈의 이자를 갚지 못하거나 원금을 갚지 못해 신용불량자 또는 연체자(정한 기한에 이자나 돈을 갚지 못한 사람)라는 늪에 빠지게 될 경우가 있다.

우리나라는 성실히 생활하였으나 경제불황 등 어쩔 수 없는 상황 때문에 연체자나 신용불량자가 된 사람들에게 연체이자를 감면하거나 상환기간을 연장해 주어 신용회복을 할 수 있는 채무조정프로그램을 제공하고 있다.

채무조정이란 현재의 소득으로 본인의 채무(빚)를 정상적으로 상환할 수 없는 채무자를 대상으로 실질적 변제가능성을 고려한 채무변경(연체이자 감면, 원금 일부감면, 상환기간 연장 등)을 통해 채무자의 경제적 회생을 지원하는 절차이다. 채무조정프로그램에는 한국자산관리공사의 신용회복기금(국민행복기금) · 캠코신용지원 · 희망모아, 신용회복위원회의 프리워크아웃 · 개인워크아웃, 법원의 개인회생 및 개인파산 등이 있다. 각 프로그램별로 신청대상, 채무감면율, 상환기간, 채무조정효과 등이 다르므로 채무자는 본인의 상황에 적합한 채무조정프로그램을 선택해야 한다.

▌도표 17-16▌ 각 채무조정프로그램의 지원대상

기관	채무조정프로그램	신청대상
한국자산관리공사(캠코)	국민행복기금(채무조정)	국민행복기금이 보유하고 있는 채권의 채무자
	국민행복기금(바꿔드림론)	제도권금융기관 및 등록대부업체의 고금리 채무보유자, 재직(사업영위) 및 소득이 있는 자, 현재 연체가 없으며 최근 3개월 이내 30일 이상 계속된 연체가 없는 자
	캠코신용지원	한국자산관리공사에서 보유하고 있는 채권의 채무자
	희망모아	희망모아유동화전문유한회사에서 보유하고 있는 채권의 채무자
신용회복위원회	프리워크아웃	채무불이행기간이 30일 초과 90일 미만이며, 2개 이상의 금융회사에 총 채무액이 5억 원 이하인 경우
	개인워크아웃	3개월 이상 금융채무연체자 생계비 이상의 소득이 있는 자
법원	개인회생	채무불이행 상태
	개인파산	채무불이행 상태

출처: 법제처 찾기 쉬운 생활법령정보(oneclick.law.go.kr) → 대부업체(사채)이용자

I. 한국자산관리공사의 채무조정프로그램

한국자산관리공사(캠코)는 금융기관의 부실채권을 인수하여 정리하는 국내 최대의 부실채권정리 전담기관이다. 2008년 캠코신용회복기금을 출범시켜 부실채권정리 대상자인 금융소외자들에게 신용회복의 기회를 제공하여 왔고, 2013년부터는 국민행복기금을 출범시켜 제도권 금융에서 소외된 사람들에게 경제적 회생을 할 수 있도록 연체채권 채무조정 및 바꿔드림론을 통한 고금리대출의 저금리 환승, 자활프로그램 제공 및 복지지원을 위한 종합 신용회복을 제공하고 있다. 한국자산관리공사(또는 캠코)(www.kamco.or.kr) 홈페이지에서 개인신용지원(www.oncredit.or.kr) 또는 국민행복기금(www.happyfund.or.kr) 등을 통해 자세히 살펴볼 수 있다.

II. 신용회복위원회의 채무조정프로그램

신용회복위원회에서는 개인연체자의 경제회생을 도와주는 제도로 프리워크아웃, 개인

워크아웃, 대학생지원, 군입대 및 복무자 지원, 청년·대학생 전환대출 등이 있다.

신용회복위원회의 채무조정프로그램은 금융회사의 자율협약인 '신용회복지원 협약'에 따라 금융채무를 정상적으로 상환할 수 없는 채무자를 대상으로 본인의 상환능력에 맞게 채무를 변제할 수 있도록 상환기간 연장, 분할상환, 변제기 유예, 이자율 인하 및 채무감면 등을 통해 채무를 조정하는 절차이다.

1. 프리워크아웃(free workout: 간편 재무구조 개선작업)

도표 17-17 프리워크아웃 안내

지원대상

▶ 연체기간 90일 이내인 단기연체 채무자
연소득 4천만 원 이하인 자로서, 최근 1년 동안 반복된 연체 누적일수가 30일이 초과된 경우 연체발생 즉시 신청가능

▶ 총 채무액 15억 원(담보채무 10억 원, 무담보채무 5억 원) 이하인 자

지원 내용

▶ 상환기간 연장: 무담보채무 최장 10년, 담보채무 최장 20년 이내에서 분할상환

▶ 이자율 인하: 약정이자율의 50%까지 인하(최저이율 5%)

프리워크아웃 장점

*신청 즉시 채권금융회사의 모든 추심활동(빚독촉)이 중단된다.
*신청비 5만 원 외 별도비용이 들지 않는다.
*신용회복지원협약가입 금융회사의 모든 채무를 통합하여 조정해 준다.
*제도권금융회사는 물론 대부업체, 자신관리회사 등도 대부분 신용회복지원협약에 가입되어 있다.
*금융회사와 협의를 통한 사적 조정제도이므로 신속한 결정이 가능하다.
*채권금융회사 동의율이 높다(98%).
*신청절차 및 준비서류가 간편하여 방문 즉시 신청가능하다.
*직접방문이 어려운 경우 인터넷으로도 신청할 수 있다(공인인증서 사용).

유의사항

*세부지원방법 및 요건은 신청인의 보유재산, 소득수준 등에 따라 다르게 적용될 수 있다.
*자세한 내용은 상담센터 1600-5500에서 안내받을 수 있다.

출처: 신용회복위원회(www.ccrs.or.kr)

2. 개인워크아웃(개인재무구조 개선작업)

도표 17-18 개인워크아웃 안내

지원대상

- ▶ 연체기간 90일 이상 경과된 금융채무불이행자
- ▶ 총 채무액 15억 원(담보채무 10억 원, 무담보채무 5억 원) 이하인 자

지원 내용

- ▶ 연체이자 및 이자 전액 감면
- ▶ 원금은 채무성격에 따라 최대 50%, 사회소외계층인 경우 최대 70% 감면
- ▶ 최장 10년 이내에서 장기분할상환

개인워크아웃 장점

*신청 즉시 채권금융회사의 모든 추심활동(빚 독촉)이 중단된다.
*신청비 5만 원 외 별도비용이 들지 않는다.
*신용회복지원 협약가입 금융회사의 모든 채무를 통합하여 조정해 준다.
*제도권금융회사는 물론 대부업체, 자산관리회사 등도 대부분 신용회복지원 협약에 가입되어 있다.
*금융회사와 협의를 통한 사적 조정제도이므로, 신속한 결정이 가능하다.
*채권금융회사 동의율이 높다(98%).
*신청절차 및 준비서류가 간편하여 방문 즉시 신청가능하다.
*직접방문이 어려운 경우 인터넷으로도 신청할 수 있다(공인인증서 사용).

유의사항

*세부지원방법 및 요건은 신청인의 보유재산, 소득수준 등에 따라 다르게 적용될 수 있다.
*자세한 내용은 상담센터 1600-5500에서 안내받을 수 있다.

출처: 신용회복위원회(www.ccrs.or.kr)

3. 신용회복위원회의 대학생 지원

도표 17-19 대학생 지원 안내

지원대상

- ▶ 금융회사의 대출금을 3개월 이상 연체하고 있는 대학생
  졸업생(만 29세 미만)의 경우 대학생으로 재학하던 기간 중 차입한 금융채무(빌린 돈)인 것으로 확인된 경우에는 지원이 가능하며, 대학원생은 졸업생 자격요건 충족 시 지원가능

지원 내용

- ▶ 상환유예: 대학 졸업 시까지 채무상환을 유예하며, 졸업 후 미취업자에게는 추가로 구직 시까지 매 6개월 단위로 채무상환을 유예(최장 2년)하며, 유예기간 중 이자는 면제
- ▶ 분할상환: 최장 10년 이내, 상각채권 원금 최대 50%까지 감면(개인워크아웃 채무조정기준 적용)

▶ 이자면제: 분할상환 기간 내에 채무원금만을 전액상환하면 완납 시까지 발생하는 이자는 모두 면제
▶ 신청비용(5만 원) 면제
▶ 취업교육: 채무조정지원과 병행하여 취업교육 및 구직알선을 지원(고용노동부 취업 성공 패키지 지원)
▶ 구직활동지원: 구직자는 취업지원센터에 구직등록을 해야 하며, 고용노동부 work-net에 연계하여 구직 알선 등 지원

신청방법

*방문: 신청서류를 지참하고, 가까운 신용회복위원회를 방문
*홈페이지 사이버지부(cyber.ccrs.or.kr)에서 신청

신청서류

구분	구비서류
방문신청	신용회복지원(상담)신청서 (위원회 양식)
	주민등록등본 및 신분증 (주민등록증, 운전면허증, 여권 등)
	재학증명서 또는 졸업증명서
대리신청 시 추가서류	가족관계 확인서류 (주민등록등본 또는 가족관계증명서)
	신청인 및 대리인 신분증, 신청인의 인감증명서와 인감도장, 위임장

유의사항

*신청서 작성 시 채권기관명 및 채권액은 본인이 아는 범위 내에서 가능한 상세히 기재하며, 신청서에 가족 등 연락가능한 전화번호(휴대폰)를 반드시 기재하여야 한다. 신용회복지원을 신청한 채무 중 지원대상에서 제외되는 채무가 있을 수 있다.
*상담센터 1600-5500

출처: 신용회복위원회(www.ccrs.or.kr)

III. 법원에 의한 채무조정프로그램

1. 개인회생제도

1) 개인회생제도의 의미

개인회생제도는 재정적 어려움으로 인하여 파탄에 직면하고 있는 개인채무자로서 장래 계속적으로 또는 반복하여 수입을 얻을 가능성이 있는 자에 대하여 채권자 등 이해관계인의 법률관계를 조정함으로써 채무자의 효율적 회생과 채권자의 이익을 도모하기 위하여 마련된 절차로 2004년 9월 23일부터 시행하고 있다.

구체적으로 개인회생제도란 총 채무액이 무담보채무의 경우에는 5억 원, 담보채무의 경우에는 10억 원 이하인 개인채무자로서 장래 계속적으로 또는 반복하여 수입을 얻을 가능성이 있는 자가 3년 내지 5년간 일정한 금액을 변제하면 나머지 채무의 면제를 받을 수 있는 절차이다.

2) 신청자격

개인회생절차를 이용할 수 있는 채무자는 일정한 수입이 있는 '급여소득자'와 '영업소득자'로서 현재 과다한 채무로 인하여 지급불능의 상태에 빠져 있거나 지급불능의 상태가 발생할 염려가 있는 개인만이 신청할 수 있다. 개인회생절차는 신용회복위원회의 지원제도를 이용 중인 채무자, 배드뱅크 제도[100]에 의한 지원절차를 이용 중인 채무자도 이용할 수 있다.

3) 신청서 제출법원

개인회생사건은 원칙적으로 채무자의 주소지를 관할하는 '지방법원의 본원'에 제출하여야 한다(서울중앙지방법원은 '파산과', 각 지방법원 본원은 '민사신청과'에 제출한다). 예를 들면, 부천시에 거주하고 있는 채무자는 인천지방법원 부천지원에 신청서를 제출하는 것이 아니라 인천지방법원에 신청서를 제출하여야 한다. 다만, 서울시에 주소가 있는 사람은 그 주소지의 관할법원이 예컨대 서울동부지방법원이나 서울남부지방법원이라도 서울중앙지방법원에 신청서를 제출하여야 한다.

신청비용과 신청서 작성방법, 첨부서류 등은 대한민국법원 전자민원센터(help.scourt.go.kr → 절차안내 → 개인파산/회생)에서 확인할 수 있다.

2. 개인파산 및 면책

1) 개인파산의 의미

개인파산이란 봉급생활자, 주부, 학생 등 비영업자가 소비활동의 일환으로 물품을 구

---

100) 배드뱅크(bad bank)란 금융기관으로부터 부실채권을 사들여 이들을 처리하는 곳으로 우리나라에서는 정부 산하기관인 한국자산관리공사(캠코)와 민간기관으로는 시중의 6개 은행(국민은행, 우리은행, 신한은행, 기업은행, 하나은행, 농협)이 출자해 만든 연합 자산관리주식회사(UAMCO)가 배드뱅크역할을 한다.

입하거나 돈을 차용한 결과 자신의 모든 채무를 변제할 수 없는 상태에 빠진 경우에 그 채무의 정리를 위하여 스스로 파산신청을 하는 경우 이를 관행상 개인파산이라고 한다.

2) 개인파산의 목적

개인파산제도의 주된 목적은 모든 채권자가 평등하게 채권을 변제받도록 보장함과 동시에, 채무자에게 면책(exemption from responsibility)절차를 통하여 남아 있는 채무에 대한 변제 책임을 면제받아 경제적으로 재기·갱생할 수 있는 기회를 부여하는 것이다. 개인파산제도는 성실하지만 불운하게도 과도한 채무를 지게 되어 절망에 빠지고 생활의 의욕을 상실한 채무자에게 좋은 구제책이 될 수 있다.

개인파산을 신청하는 이유는 주로 파산선고를 거쳐 면책결정까지 받음으로써 채무로부터 해방되기 위한 것이므로, 개인파산을 신청하기 전에 자신에게 면책불허가 사유가 있는지 여부를 잘 검토해야 한다.

3) 파산 및 면책 동시신청의 방법

파산 및 면책은 자신의 모든 채무를 변제할 수 없는 재정상태에 빠진 사람이 신청할 수 있는 것으로 신용불량자가 아니라도 신청할 수 있다.

채무자는 파산 및 면책 신청서류를 작성하여 자신의 주소지를 관할하는 지방법원 본원(단, 주소지가 서울특별시에 있는 경우에는 서울중앙지방법원이 관할법원이다)의 접수계(파산과가 설치되어 있는 법원의 경우에는 파산과 접수계를 말한다)에 접수시키면 된다. 파산 및 면책신청서가 없는 경우에는 파산신청서와 면책신청서를 각각 작성하여 함께 제출하여도 된다. 파산 및 면책 신청서류는 해당 지방법원 파산과(또는 신청과)에서 나누어 주고 있으며, '대한민국법원 전자민원센터(help.scourt.go.kr) → 양식모음 → 개인파산/면책'으로 가서 다운받을 수도 있다.

도표 17-20 면책불허가 사유

모든 파산자가 법원으로부터 면책(책임을 없애주는 것)을 허가받을 수 있는 것은 아니다. 즉, 파산자가 면책신청을 하면 법원은 파산자를 심문하여 사정을 듣고, 채권자로부터도 의견을 청취한 다음 면책허가결정을 할 것인지를 판단한다. 그리고 다음에서 예시한 일정한 사유가 있는 경우에는 「파산법」 제346조의 규정에 의해 원칙적으로 면책허가결정을 받을 수 없다.
면책이 허가되지 아니하는 경우에는 파산의 원인이 된 채무를 다 갚을 때까지 계속하여 변제하여야 할 뿐만 아니라 파산자로서 여러 가지 제약을 받게 된다. 이러한 점을 신중히 검토해야 한다.

면책불허가 사유는 아래와 같다.
1. 파산자가 자기 재산을 숨기거나 다른 사람 명의로 바꾸거나 헐값에 팔아버린 행위
2. 파산자가 채무를 허위로 증가시키는 행위
3. 파산자가 낭비 또는 도박 등을 하여 현저히 재산을 감소시키거나 과다한 채무를 부담하는 행위
4. 파산자가 현저히 불리한 조건으로 채무를 부담하거나 신용거래로 구입한 상품을 현저히 불리한 조건으로 처분하는 행위
5. 파산자가 파산원인인 사실이 있음을 알면서 어느 채권자에게 특별한 이익을 줄 목적으로 파산자의 의무에 속하지 않거나 그 방법 또는 시기가 파산자의 의무에 속하지 않는데도 일부 채권자에게만 변제하거나 담보를 제공하는 행위(아직 변제기가 도래하지 않은 일부 채권자에게만 변제하거나 원래 대물변제 약정이 없는데도 일부 채권자에게 대물변제하는 행위를 포함)

출처: 대한민국법원 전자민원센터(help.scourt.go.kr)

4) 파산선고의 불이익

파산선고가 내려지면 채무자는 파산자가 되고 파산자는 다음과 같은 불이익을 받게 된다. 그러나 이러한 불이익은 파산자 본인에게 한정되고, 가족 등 다른 사람에게는 아무런 불이익이 없다(도표 17-21 참조).

도표 17-21 파산선고의 불이익

공·사법(公·私法)상의 제한	파산선고를 받은 사람은 사법상 후견인, 친족회원, 유언집행자, 수탁자가 될 수 없다. 다만, 권리능력, 행위능력 및 소송능력은 제한받지 아니한다. 파산선고를 받은 사람은 공법상 공무원, 변호사, 공인회계사, 변리사, 공증인, 부동산중개업자, 사립학교교원, 건축사 등이 될 수 없다. 다만 대통령, 국회의원, 지방자치단체장의 선거권 및 피선거권은 계속 보유하게 된다. 자격증에 관한 자세한 사항은 자격증을 발급해 주는 기관에 문의해야 한다. 상법상 합명회사, 합자회사 사원의 퇴사원인이 된다. 주식회사, 유한회사와 위임관계에 있는 이사의 경우 그 위임관계가 파산선고로 종료되어 당연 퇴임하게 된다. 회사의 사규나 취업규칙에 파산선고를 받는 것이 당연 퇴직사유로 규정되어 있는지 확인해야 한다. 파산관계인이나 채권자집회의 요청이 있으면 파산에 관하여 필요한 설명을 할 의무가 있다. 이유없이 설명을 아니하거나, 허위의 설명을 하는 때에는 형사처벌의 대상이 되고, 면책불허가 사유에 해당된다.
경제활동의 제한	파산선고결정이 확정되면 파산자의 신원증명업무를 관장하는 등록기준지 시·구·읍·면장에게 파산선고사실이 통지되고 신원증명서에 신원증명사항의 하나로 기재되어(가족관계등록부에 등재되는 것은 아님) 각종 금융거래와 취직 등에 있어서 불이익을 받을 수 있다.
불이익의 제거	그러나 전부 면책결정이 확정되면 위와 같은 불이익은 모두 소멸하고, 파산자의 신원증명업무를 관장하는 등록기준지 시·구·읍·면장에게 면책결정 확정사실이 통지되어 파산선고를 받은 사실이 신원증명사항에서 삭제된다. 복권의 경우도 마찬가지이다.

출처: 대한민국법원 전자민원센터(help.scourt.go.kr) → 절차안내 → 개인파산/회생

개인파산의 경우, 대부분 채무자에게 배당의 재원이 될 만한 재산이 거의 남아 있지 아

도표 17-22 채무조정프로그램 비교

기관	한국자산관리공사				신용회복위원회		법원	
채무조정 프로그램	국민행복기금 (채무조정)	국민행복기금 (바꿔드림론)	캠코 신용지원	희망모아	프리워크 아웃	개인워크 아웃	개인회생	개인파산
신청대상	• 국민행복기금이 보유하고 있는 채권의 채무자	• 제도권 금융기관 및 등록대부업체의 고금리 채무 보유자 • 재직(사업영위) 및 소득이 있는 자 • 현재 연체가 없으며, 최근 3개월 내 30일 이상 계속된 연체 없는 자	• 한국자산관리공사에서 보유하고 있는 채권의 채무자	• 희망모아유동화전문유한회사에서 보유하고 있는 채권의 채무자	• 채무불이행기간이 30일 초과 90일 미만이며, 2개 이상의 금융회사에 총 채무액이 5억 원 이하인 경우	• 3개월 이상 금융채무연체자 • 생계비 이상의 소득이 있는 자	• 채무불이행 상태	• 채무불이행 상태
대상채무	• 국민행복기금과 협약을 맺은 금융기관 등으로부터 매입한 연체채권 • 2013년 2월 말 기준, 연체기간 6개월 이상	• 6개월 이상 상환 중인 고금리채무 • 연 20% 이상 고금리 • 신용등급이 6~10등급인자	• 한국자산관리공사 보유 채무	• 희망모아 유동화전문 유한회사 보유 채무	• 협약가입 금융회사 채무	• 협약가입 금융회사 채무	• 제한 없음 (사채포함)	• 제한 없음 (사채포함)
채무범위	• 최소 50만원부터 1억 원 이하	• 원금 3천만원 이하	• 제한 없음	• 5천만원 이하	• 5억원 이하	• 5억원 이하	• 무담보채무 5억 • 담보채무 10억	• 제한 없음
채무조정 수준	• 재산 無: 연체이자 감면 잔채권 원금 30%~50% 감면 ※특수채무관계자의 경우 – 채무재조정채권액의 60~70% 감면	• 연20%이상 고금리대출을 연 8%~12%의 시중은행 대출로 전환	• 재산 無 :연체이자 감면 잔채권 원금 30% 감면 ※특수채무관계자의 경우 – 채무재조정채권액의 20~30% 추가 감면 • 재산有: 재산가치에 따라 감면 여부 결정	• 재산 無 :연체이자 감면 잔채권 원금 30% 감면 ※특수채무관계자의 경우 – 채무재조정채권액의 20~30% 추가 감면 • 재산有: 재산가치에 따라 감면 여부 결정	• 연체이자 감면, 최초 약정이자율의 50% 적용(최저 5% 적용 다만, 기존이자율 5% 미만이면 기존이자율 적용)	• 이자채권 전액감면, 원금은 상각채권에 한해 최대 50% 감면 • 8년 이내 분할 상환	• 변제액이 청산가치보다 클 것 변제기간 5년 이내	• 파산선고 후 면책
보증인에 대한 효력	• 약정후 보증인 추심보류 • 주 채무자 연체시 추심가능	해당사항 없음	• 약정후 보증인 추심보류 • 주 채무자 연체시 추심가능	• 약정후 보증인 추심보류 • 주 채무자 연체시 추심가능	• 주 채무자에 대한 신용회복지원 내용은 보증인에게도 동일한 효력을 미침	• 주 채무자에 대한 신용회복지원 내용은 보증인에게도 동일한 효력을 미침	• 보증인에 대한 채권추심 가능	• 보증인에 대한 채권추심 가능
신용정보 (연체 등 정보)	• 약정 체결시 "연체정보" 삭제 및 "신용회복지원중"으로 등록 • 24개월 성실 상환시 "신용회복지원중" 삭제	해당사항 없음	• 약정 체결 시 연체정보 해제 • 3개월 이상 연체시 재등록	• 약정시 신용정보사에 등재된 연체정보 해제 '희망모아 약정하였음'으로 등재 • 24개월 성실납부시 상기 기록삭제	• 지원확정자 별도 등록 없음	• 지원확정시 연체정보 해제 • 특수기록정보(신용회복지원 중)는 2년이상 상환시 삭제	• 변제계획 인가시 해제 • 특수기록정보(개인회생인가)는 변제계획 이행완료시 삭제	• 면책결정시 해제 • 특수기록정보(파산면책자)는 5년 경과시 해제
기타	• 연체 없이 성실상환시 소액금융지원(마이크로파이낸스)	• 연소득 4천만원 초과시 지원불가 • 총부채상환비율(DTI) 40% 초과시 지원불가 • 신용회복지원 중인 경우에도 보증심사조건 충족시 바꿔드림론 가능	• 연체 없이 성실상환시 소액금융지원(마이크로파이낸스)	• 연체 없이 성실상환시 소액금융지원(마이크로파이낸스)		• 취업지원, 소액금융지원등 입체적 지원	• 법률구조공단의 법률구조 서비스	

출처: 서민금융나들목(www.hopenet.or.kr)
* 잔채권: 남은 채권

니하여 이를 금전으로 환가하여도 파산절차의 비용에도 충당할 수 없기 때문에 여러 가지 파산절차를 진행하지 않고, 파산선고와 동시에 파산절차를 종결하는 동시폐지결정을 한다. 동시폐지결정이 내려지면 면책절차로 넘어가게 된다.

이에 대한 자세한 사항은 인터넷에서 '대한민국법원 전자민원센터(help.scourt.go.kr)' → 절차안내 → 개인파산/회생 → 개인파산 및 면책'으로 들어가 살펴볼 수 있다.

✔ 기억하세요! 무료법률상담안내

대한법률구조공단에서는 경제적으로 어렵거나 법을 모르기 때문에 법의 보호를 충분히 받지 못하는 사람들에게 법률상담, 변호사 및 공익법무관에 의한 소송대리 및 형사변호, 기타 법률 사무에 관한 각종 지원을 하고 있으며, 그 중 법률상담은 전 국민을 대상으로 법률문제 전반에 대하여 무료상담을 실시하고 있다.

☎ 대한법률구조공단 상담전화: 국번 없이 132, 홈페이지 www.klac.or.kr → 사이버상담실

제4절 예금자보호제도

예금자보호제도는 은행, 보험회사 등의 금융기관이 파산 등의 사유로 고객예금을 지급할 수 없는 경우에 예금보험공사가 일정 한도의 예금 지급을 보증함으로써 해당 금융기관과 거래한 소비자를 보호하는 제도로 우리나라에서는 「예금자보호법」을 제정하여 고객들의 예금을 보호하고 있다.

「예금자보호법」에 따라 보호받을 수 있는 예금보험 가입 금융기관은 은행과 한국산업은행, 중소기업은행, 농업협동조합중앙회, 수산업협동조합중앙회, 외국은행 국내지점 등과 투자매매업자·투자중개업자, 보험회사, 종합금융회사, 상호저축은행 등이며, 보호받는 금액은 금융기관별 1인당 원금과 소정의 이자를 포함하여 최고 5천만 원이다.

「예금자보호법」에 따른 예금보험에 따라 보호되는 금융상품은 예금 등만 해당하며, 은행의 양도성예금증서(CD)나 투자매매업자·투자중개업자의 금융투자상품, 보험회사의 보증보험계약, 상호저축은행의 발행채권 등 투자성 있는 상품은 예금자보호대상에서 제외된다.

그리고 일부 금융기관은 「예금자보호법」이 아니라 다른 개별법에 의한 예금자보호체계가 운용되고 있고, 보호받는 금액은 1인당 원금과 소정의 이자를 포함하여 최고 5천만

원이다. 즉, 농 · 수협 단위조합의 경우에는 「농업협동조합의 구조개선에 관한 법률」 및 「수산업협동조합의 구조개선에 관한 법률」에 따른 상호금융예금자보호기금에 의해 보호되며, 새마을금고는 「새마을금고법」에 따른 예금자보호준비금에 의해 보호된다. 우체국의 경우에는 「우체국예금 · 보험에 관한 법률」에 따라 국가가 우체국예금(이자를 포함함)의 전액 지급을 보장한다(「우체국예금 · 보험에 관한 법률」 제4조).

찾아 생각하기

1. 신용카드로 할부구매 시 알아두어야 할 사항에는 어떠한 것들이 있는가?

2. 직장에 취업을 하였다. 신용카드, 직불카드, 체크카드, 선불카드 등 다양한 종류의 카드 중 어떤 카드를 발급받을 것인가? 그 카드를 선택한 이유는 무엇인가?

3. 친한 친구가 보증을 부탁하더라도 보증은 절대 서지 말아야 한다. 보증을 서지 말아야 할 이유는 무엇인가? 어떻게 거절할 것인가?

4. 감성광고로 유명한 대출광고를 믿지 말아야 하는 이유는 무엇인가?

5. 금융감독원의 '서민금융지원제도 안내책자'를 찾아 '청년 · 대학생을 위한 금융지원'에 대해 알아보자.

PART 03

소비자 관련 법률 및 제도 요약

▶▶▶ chapter 17 · 금융거래 관련 법률 및 제도

1. 소비자신용과 신용카드의 의미

▶ 소비자신용(consumer credit): 상대방이 일정기간 후 상환(repayment: 갚음) 또는 지불할 수 있는 능력을 갖는다고 인정할 때, 물건이나 돈을 빌려주거나 지불을 연기하여 주는 일

▶ 신용카드(credit card): 신용카드가맹점(상점)에서 상품 및 서비스를 구매할 때 결제할 수 있는 증표(identification)

2. 소비자신용의 유형

▶ 상품신용(commodity credit)과 대출신용(debt credit)이 있음

▶ 상품신용: 소비자가 구매 즉시 가격을 지불하지 않고 외상 구입하는 구매대출의 형태로, 대표적인 형태로는 신용카드를 통한 할부구매가 있음

▶ 대출신용: 금융기관 혹은 신용카드회사 등이 소비자에게 자금을 공급하는 방법으로 소비자가 현금을 빌려 쓰는 것, 대출신용에는 신용대출(금융기관에서 신용만을 근거로 자금을 빌리는 것), 담보부대출(금융기관이 담보물을 잡고 하는 대출), 사금융대출(제3금융기관으로부터 자금을 빌리는 것)과 신용카드회사로부터의 대출인 카드론(Card Loan) 및 현금서비스가 있음

3. 신용카드의 거래구조

▶ 신용카드 거래는 소비자(신용카드회원)–상점(신용카드가맹점)–신용카드발행인(신용카드회사) 사이의 거래로 이루어짐

① 신용카드회사(신용카드발행인)는 신용카드 신청자에 대하여 신용상태와 적격성을 심사한 후 신용카드회원의 신용을 인정한다는 증표로 카드를 발급

② 소비자(신용카드회원)는 미리 신용카드발행인과 계약을 맺은 상점(신용카드가맹점)에 신용카드를 제시하고 매출전표에 서명

③ 상점(신용카드가맹점)은 신용카드 뒷면에 쓰인 서명과 매출전표의 서명이 일치하는지의 여부 등으로 본인 여부를 확인한 후 물품 또는 서비스를 제공함

④ 상점(신용카드가맹점)은 일정한 기간(보통 7일~10일) 내에 매출전표를 신용카드회사(신용카드발행인)에 제출하여 대금을 청구

⑤ 신용카드회사(신용카드발행인)는 상점(신용카드가맹점)이 제출한 판매대금에서 미리 약정된 일정한 수수료를 공제(뺌)한 후 나머지 금액을 상점(신용카드가맹점)에게 지불

⑥ 신용카드회사(신용카드발행인)는 신용카드계약에서 정한 매월의 일정기일(결제일로 은행에서 정해준 날짜 중 회원이 정한 날짜)에 소비자(신용카드회원)가 사용한 신용카드대금을 소비자(신용카드회원)에게 청구

⑦ 소비자(신용카드회원)는 대금 결제일에 신용카드회사에 구매대금을 지불

4. 신용카드의 발급

▶ 신용카드의 발급과 이용, 관리 등에 관해 「여신전문금융업법(specialized credit finance business act)」에서 규율

▶ 신용카드 발급 요건

① 본인이 신청할 것

② 신용카드 한도액이 신용카드업자가 정하는 신용한도 산정기준에 따른 개인신용한도를 넘지 아니할 것

③ 신용카드의 발급신청일 현재 「민법」 제4조에 따른 성년 연령 19세 이상인 사람(「아동복지법」 제38조에 따른 자립지원 등 국가 또는 지방자치단체의 정책적 필요에 따라 불가피하게 신용카드를 발급해야 하는 경우에는 성년 연령 미만인 사람에게도 발급할 수 있음)

④ 신용카드의 발급신청일 현재 개인신용등급이 금융위원회가 정하여 고시하는 기준을 충족할 것

〈신용카드, 직불카드, 체크카드 및 선불카드의 차이점〉

구분	신용카드	직불카드	체크카드	선불카드
네트워크	신용카드망	직불카드공동망	신용카드망	신용카드망
발급기관	은행 및 신용카드사	은행	은행 및 신용카드사	은행 및 신용카드사
사용장소	신용카드가맹점 (약 200만개)	직불카드가맹점 (약 30만개)	신용카드가맹점 (약 200만개)	신용카드가맹점 (약 200만개)
이용시간	24시간	08:00~23:30 (은행공동망 가동시간)	24시간(단, 하루 5분 정도의 시스템점검시간에는 사용불가)	24시간
결제방법	선(先)구매 후(後)결제	구매즉시 결제	구매즉시 결제	구매즉시 결제
연회비	있음	없음	없음	없음
이용한도	신용한도액	예금 잔액 범위 내	예금 잔액 범위 내	충전 잔액 이내
할부구매	가능	불가능	불가능	불가능
신용공여	가능	불가능	불가능(단, 신용공여기능이 있으면 가능함)	불가능

▶ 신용카드업자는 신용카드나 직불카드를 발급하는 경우, 그 약관과 함께 다음의 사항을 신청자에게 문서로 내주어야 함

① 연회비, 이자율, 수수료, 이용한도, 결제방법, 결제일, 신용카드 유효기간 및 신용등급수준 등 거

래조건

② 신용카드업자와 신용카드회원 또는 직불카드회원 간에 분쟁이 발생할 경우에 신용카드회원 또는 직불카드회원이 이의를 제기하는 절차

③ 신용카드 또는 직불카드의 도난·분실, 위조·변조가 발생할 경우에 신용카드회원 또는 직불카드회원에게 고의, 과실 또는 중과실이 있는 것으로 인정되는 사항

④ 계약해지에 따른 연회비 반환사유, 연회비 반환금액 산정방식 및 연회비 반환금액의 반환기한

5. 신용카드회사의 소비자보호책임

1) 신용카드 분실·도난의 경우

▶ 신용카드 분실·도난 신고는 전화 또는 문서로 함

▶ 도난이나 분실로 인한 신용카드 부정사용금액에 대하여 보상신청을 할 때에는 신용카드사가 정하는 소정양식에 따라 반드시 문서로 보상신청을 해야 함

▶ 회원은 도난·분실신고 접수시점으로부터 60일 전 시점에서 그 이후에 발생한 제3자의 신용카드 부정사용금액에 대하여 보상을 받을 수 있음

2) 신용카드 위조·변조의 경우

▶ 신용카드회사는 신용카드회원에 대해 위조·변조된 신용카드의 사용으로 인한 책임을 짐

▶ 다만, 신용카드회사가 신용카드회원의 고의 또는 중대한 과실을 입증하면 그 책임을 신용카드회원의 부담으로 할 수 있다는 취지의 계약을 문서로 체결할 경우, 신용카드회사는 신용카드회원에게 그 책임을 부담하게 할 수 있음

▶ 신용카드회원의 고의 또는 중대한 과실은 다음과 같음
첫째, 고의 또는 중대한 과실에 의한 비밀번호의 누설
둘째, 신용카드의 양도 또는 담보 목적으로 신용카드를 제공한 경우

〈신용카드 제3자 부정사용 관련 소비자분쟁해결기준〉

피해 유형	보상기준	비고
분실·도난신고를 통지한 날로부터 60일 전 시점에서 그 이후에 제3자가 부정사용한 경우	전액보상	소비자에게 귀책사유가 있는 경우(신용카드회원 약관에 규정)는 과실상계 가능
발급카드 수령 전 제3자에게 전달되어 부정사용된 경우	전액보상	회원이 카드 미수령에 따른 사고발생 사실(타인수령 등)을 인지하였으나, 카드사에 신고를 미루어둠으로써 부정사용 대금이 발생한 경우에는 과실상계 가능
명의도용에 따른 신용카드 부정발급, 카드의 위·변조에 의해 제3자가 부정사용한 경우	명의인의 카드대금 채무무효	소비자에게 귀책사유가 있는 경우(신용카드약관에 규정)는 과실상계가 가능
가맹점수수료가 회원에게 전가된 경우	신용카드가맹점에서 수수료 환급받음	

3) 소비자분쟁해결기준에 따른 신용카드회사의 책임

▶ 공정거래위원회에서 고시한 소비자분쟁해결기준에는 신용카드 분실 · 도난을 비롯한 제3자의 부정사용으로 인한 신용카드 이용자의 피해에 대한 보상기준이 마련되어 있음

▶ 소비자의 귀책사유(reason of imputation)가 신용카드회원 약관에 규정되어 있는 경우는 보상이 되지 않음

6. 신용카드가맹점의 소비자보호책임

▶ 신용카드에 의한 물품 구매대금 지급거절의 금지, 신용카드 거래 시 신용카드 뒷면의 서명과 매출전표상의 서명이 일치하는지의 확인, 신용카드 거래 시 신용카드가맹점수수료를 소비자에게 부담시키는 행위의 금지 등

7. 보증 및 대부거래의 의미

▶ 보증: 금전거래에서 채무자(돈을 빌린 사람)가 채권자(돈을 빌려준 사람)에게 빌린 돈을 갚지 않을 경우에 대비하여 제3자인 보증인의 재산으로 채권자의 채권(받을 돈)을 담보하는(책임지게 하는) 제도

▶ 대부거래: 은행과 같은 금융기관이 아닌 사금융 대부업체를 통해 금전의 이자와 기한을 정하고 돈을 빌려주고 받는 거래

8. 보증 서기 전과 보증계약체결 시 유의사항

1) 보증 서기 전 유의사항

▶ 보증을 서게 되면, 잘못될 경우 보증인이 대신 그 돈을 전부 갚는 등 집안이 망하는 결과를 낳게 되므로 절대 보증을 서지 말아야 함. 보증을 부탁받을 경우, 보증보험에 가입하는 방법을 이용하도록 권유할 것

▶ 보증보험이란 각종 거래에서 발생하는 신용위험을 감소시키기 위해 보험의 형식으로 보증을 서는 제도로서 보증보험회사가 일정한 대가, 즉 보험료를 받고 계약상의 채무이행 또는 법령상의 의무이행을 보증하는 특수한 형태의 보험임

2) 보증계약체결 시 유의사항

① 채무자의 직업, 재산상태, 사업을 하는 경우 업종이나 발전가능성을 확인할 것

② 보증기간을 확인(가급적 보증기간은 짧을수록 좋음)할 것

③ 보증계약은 본인이 직접 체결하고 가급적 인감과 신분증을 다른 사람에게 맡겨서 대신 보증계약을 체결하도록 하는 일은 없어야 함

④ 보증계약서를 작성할 때, 보증의 종류 및 책임범위를 확인할 것(대출자가 금융회사에 진 빚– 대출금 · 카드빚 · 어음 등–을 못 갚으면 보증인이 모든 빚을 갚겠다고 약속하는 '포괄근저당' 보증계약과 연대보증계약은 금지되어 있으므로 절대 하지 말아야 함)

⑤ 보증계약서를 작성할 때는 본인도 모르는 사이에 계약서의 내용이 바뀔 수 있으므로 보증액수, 보증기간, 주 채무자 등 주요 내용은 반드시 자필로 적고 공란을 남겨두지 않는 것이 바람직함

⑥ 추후에 분쟁이 생길 가능성에 대비하여 보증계약서 사본을 보관할 것

⑦ 보증관련 궁금한 사항이 있거나 분쟁이 발생한 경우 상담 및 법률구조에 관한 도움을 받아볼 수

있는 기관을 알아둘 것(대한법률구조공단 법률상담센터: 국번 없이 132, www.klac.or.kr)

9. 대부계약의 체결 절차

1) 신용등급 조회: 자신의 신용등급을 조회하기 위해서는

▶ '금융감독원 서민금융 1332' 사이트(s1332.fss.or.kr)로 접속해 '신용 및 재무관리 → 무료신용조회'로 들어가 확인할 수 있음

▶ 누구나 신용정보회사인 크레딧뱅크(CREDITBank), 마이크레딧(mycredit), 올크레딧(KCB) 중 한 곳에 회원가입 후 연 3회 무료로 신용정보 조회가 가능하고, 카드발급 사실, 대출 및 현금서비스 이용현황, 연체정보 등을 안내받을 수 있음

2) 대출상품 확인

▶ 금융감독원(www.fss.or.kr) 홈페이지로 들어가 중앙부분 '민원인'을 클릭하고 우측에 보이는 '서민금융 1332 · 무료신용조회'를 클릭하면 '서민금융 1332'(s1332.fcs.or.kr)가 나타난다. 상단의 '서민금융지원'을 클릭하여 '서민금융지원제도 안내책자 다운받기'를 눌러 책자를 다운받아 살펴보면 자신의 신용에 맞는 금융회사를 찾을 수 있음

▶ 한국이지론의 맞춤대출정보 '한눈에' 서비스 이용: 한국이지론(www.egloan.co.kr)에 회원가입 후 한 번의 본인 신용정보 조회로 은행 및 대부업체 등 여러 금융회사의 대출상품을 안내받을 수 있음

▶ 한국이지론의 서민특화대출인 새희망홀씨, 햇살론, 뉴환승론, 대학생 학자금/전환대출과 바꿔드림론 등이 있음

3) 대부업체 선정

▶ 은행과 같은 제도권 금융기관에서 돈을 빌릴 경우 '대출'이라고 하고 대부업체로부터 돈을 빌릴 경우 '대부'라는 용어를 사용하는 것이 타당함. 그러나 대부업체들도 제도권 금융기관처럼 '대출'이란 용어를 사용하고 있음

▶ 반드시 자신이 알고 있는 대부업체의 대출상품 이름으로 인터넷 검색을 하여, 해당 홈페이지에 대부업 등록번호가 표시되어 있는지를 확인해야 함

▶ 대부업체 이름과 대부업체에서 만든 대출상품 이름이 다르다는 점에 주의할 것
예: 러시앤캐시의 경우 등록된 이름은 아프로파이낸셜대부(주)임

▶ 홈페이지에 표시된 대부업 등록번호를 가지고 금융감독원 서민금융 1332(s1332.fss.or.kr)의 등록대부업체 조회에서 등록대부업체인지를 확인하거나 지방자치단체 대부업 담당자(지방자치단체 홈페이지)에게 문의를 해야 함

▶ 대부업 등록번호가 일치하더라도 전화번호와 상호가 일치하지 않을 경우 명의도용의 우려가 있으므로 이용하지 말아야 함

4) 대부업체의 대출조건 확인

▶ 등록된 대부업체가 개인에게 대출을 하는 경우, 그 이자율은 연 34.9%를 초과할 수 없고, 미등록대부업자는 연 25%를 초과할 수 없음

▶ 대부업체는 대부업 등록번호 등을 영업소마다 게시해야 하므로, 게시된 대출이자율, 이자계산방법, 변제방법, 연체이자율 및 대부업 등록번호 등을 확인하고 대부업체를 선정할 것

▶ 대출이자율이 법정최고이자율을 초과하는지 여부는 '금융감독원 서민금융 1332' 사이트(s1332.fss.or.kr)로 접속해 → 불법사금융·개인정보불법유통 → 이자계산기를 통해 확인이 가능함

5) 대부업체의 대출계약 및 보증계약체결

▶ 대부업체의 대출계약체결: 대부업체는 대부업체 이용자에게 대출계약서의 기재사항을 모두 설명해야 하고, 대부업체 이용자가 대출계약서에 자필로 대출금액, 대출이자율, 변제기간 및 연체이자율을 적게 해야 함

▶ 대부업체의 보증계약체결: 대부업체는 보증인이 자필로 보증기간, 피보증채무의 금액, 보증의 범위 및 연체이자율을 적게 하고, 보증인에게 보증계약서 및 대출계약서 사본을 내주어야 함

▶ 대부업체의 대출계약과 관련한 보증계약을 하는 경우, 금지되어 있는 '포괄근저당' 보증계약과 연대보증계약은 하지 말아야 함

6) 대부업체의 대출금상환

▶ 대부업체 이용자는 약정한 상환기일이 도래하기 전이라도 원금의 전부 또는 일부를 상환할 수 있지만, 대출계약체결 시 채무자의 기한 전 임의변제(가능할 때 돈 갚기)로 대부업자가 받을 손해에 대해 미리 약정한 경우에는 중도상환수수료 등을 부담함

▶ 대출금을 갚기 힘든 경우: 채무조정프로그램을 이용할 수 있음

▶ 채무조정프로그램에는 한국자산관리공사의 신용회복기금·캠코신용지원·희망모아, 신용회복원회의 프리워크아웃·개인워크아웃, 법원의 개인회생 및 개인파산 등이 있음

10. 대부업체나 대부업 계열 저축은행을 이용하기 전 주의사항

▶ 광고를 통해 친근감을 갖게 된 저축은행이나 대부업체일지라도 연 30% 대의 고금리대출을 하고 있는 실정이므로 감정에 현혹되지 말아야 함

▶ 금융감독원(www.fss.or.kr) 홈페이지 → 중앙에 '민원인' → '서민금융 1332·무료신용조회' → 서민금융 1332(s1332.fcs.or.kr) → '서민금융지원'→ '서민금융지원제도 안내책자 다운받기'를 눌러 책자를 다운받아 살펴보면 자신의 신용에 맞는 금융회사를 찾을 수 있음

▶ 한국이지론(www.egloan.co.kr, 상담센터 1644-1110)에서 은행 등 제도권 금융기관의 서민금융상품 알아보기

▶ 대부업체 및 대부업 계열 저축은행의 신원조회 기록만 있어도 은행 등 제도권 금융기관에서는 신용등급을 낮게 책정하여 대출하기 어려움을 기억하기

▶ 대부업체나 대부업 계열 저축은행은 어쩔 수 없는 경우 가장 마지막에 고려해야 할 금융기관임

11. 대부업체나 대부업 계열 저축은행을 이용할 때 주의사항

▶ 반드시 자신이 알고 있는 대출상품이름으로 인터넷 검색을 하여, 해당 홈페이지에 대부업 등록번호가 표시되어 있는지를 확인하기

▶ 연 이자율 34.9%를 초과하지 않는지 알아보기: 금융감독원 서민금융 1332 사이트(s1332.fss.or.kr)로 접속해 → 불법사금융·개인정보불법유통 → 이자계산기를 통해 확인이 가능함

▶ 신용조회를 빌미로 신용카드번호, 비밀번호, 유효기간 등을 요구하면 절대 알려주지 말고, 그 업

체를 이용하지 않기

▶ 대출중개수수료는 불법, 대출 전 선입금(보증보험료 비용, 신용등급조정 비용, 예치금, 공탁금 등) 입금도 사기이므로 절대 응하지 말기

▶ 대출중개수수료 요구 및 대출사기 발생 시에는 경찰서 또는 금융감독원(1332 → 3번)에 신고하기, 대출모집인일 경우 정식등록 여부를 대출모집인 통합조회시스템(www.loanconsultant.or.kr)에서 확인하기

▶ 대출로 인한 개인정보 관련 피해를 예방하기 위하여 다음의 3가지 서비스에 반드시 가입하기

명의도용방지서비스(www.msafer.or.kr)

신규로 각종 통신서비스(이동전화, 무선인터넷[WiBro], 유선전화, 초고속인터넷, 인터넷전화[VoIP], 유료방송 등)에 가입하거나 명의변경을 통해 양도받을 경우 그 사실을 본인 명의로 사용하고 있는 이동전화 회선을 통해 SMS로 알려주는 서비스

주민등록번호 이용내역

한국정보진흥원에서 운영하는 주민번호 클린센터(clean.kisa.or.kr) 홈페이지 → '주민등록번호 이용내역 확인' → '개인정보 수집 및 이용 동의' 절차를 진행한 후 주민등록번호 이용내역을 확인하기

개인정보 노출자 사고예방시스템

주민등록증이나 운전면허증의 분실 등으로 개인정보를 노출한 금융소비자가 대출사기 등의 금융사고를 우려하여 금융회사로부터 보호조치를 제공받고자 할 때, 금융회사 한 곳에 개인정보 노출사실을 신고하면 다른 금융회사도 동시에 공유하도록 하는 시스템

- 신청대상자: 신분증(주민등록증, 운전면허증 등) 분실자, 기타 개인정보 노출 피해자
- 신청방법: 각 거래은행 영업점 및 금융감독원의 소비자보호센터를 직접 방문하여 본인 여부 확인 및 개인정보 노출사실 전파신청서를 접수하여야 함

▶ 대출금이자 연체로 인한 불법적 채권추심행위(불법 빚 독촉행위)나 불공정한 행위로 괴롭힘을 당할 경우 금융감독원 전화 1332나 경찰서에 신고하기, 신고 시에는 불법적 채권추심행위임을 증명할 수 있는 녹음이나 문자메시지 등 증거자료를 확보하면 문제 해결에 도움이 됨

▶ 어쩔 수 없는 상황 때문에 연체자가 되는 경우 개인신용회복지원제도(채무조정프로그램)를 이용하기

12. 개인신용회복지원제도(채무조정프로그램)

1) 한국자산관리공사의 채무조정프로그램

▶ 한국자산관리공사(또는 캠코)(www.kamco.or.kr) 홈페이지에서
개인신용지원(www.oncredit.or.kr), 국민행복기금(www.happyfund.or.kr) 등을 통해 자세히 살펴볼 수 있음

2) 신용회복위원회의 채무조정프로그램

(1) 프리워크아웃(free workout: 간편 재무구조 개선작업)

▶ 지원대상: 연체기간 90일 이내인 단기연체 채무자로, 연소득 4천만 원 이하인 자이고 최근 1년 동안 반복된 연체 누적일수가 30일이 초과된 경우 연체발생 즉시 신청가능

▶ 지원 내용: 상환기간 연장(무담보채무 최장 10년, 담보채무 최장 20년 이내에서 분할상환) 및 이자율 인하(약정이자율의 50%까지 인하가능, 최저이율 5%)

(2) 개인워크아웃(개인재무구조 개선작업)

▶ 지원대상: 연체기간 90일 이상 경과된 금융채무불이행자

▶ 지원 내용: 연체이자 및 이자 전액 감면, 원금은 채무 성격에 따라 최대 50%, 사회소외계층인 경우 최대 70% 감면, 최장 10년 이내에서 장기분할상환

(3) 대학생 지원

▶ 지원대상: 금융회사의 대출금을 3개월 이상 연체하고 있는 대학생, 졸업생의 경우 대학생으로 재학하던 기간 중 차입한 금융채무인 것으로 확인된 경우

▶ 지원 내용: 상환유예(대학 졸업 시까지 채무상환을 유예하며, 졸업 후 미취업자에게는 추가로 구직 시까지 매 6개월 단위로 채무상환을 최장 2년 유예하며, 유예기간 중 이자는 면제함), 분할상환(최장 10년 이내, 상각채권 원금 최대 50%까지 감면), 이자면제(분할상환 기간 내에 채무원금만을 전액상환하면 완납 시까지 발생하는 이자는 모두 면제), 신청비용(5만 원) 면제, 취업교육

3) 법원에 의한 채무조정프로그램

(1) 개인회생

▶ 총 채무액이 무담보채무의 경우에는 5억 원, 담보채무의 경우에는 10억 원 이하인 개인채무자로서 장래 계속적으로 또는 반복하여 수입을 얻을 가능성이 있는 자가 3년 내지 5년간 일정한 금액을 변제하면 나머지 채무의 면제를 받을 수 있는 절차

(2) 개인파산

▶ 봉급생활자, 주부, 학생 등 비영업자가 소비활동의 일환으로 물품을 구입하거나 돈을 차용한 결과 자신의 모든 채무를 변제할 수 없는 상태에 빠진 경우에 그 채무의 정리를 위하여 스스로 파산신청을 하는 것

13. 예금자보호제도

▶ 은행, 보험회사 등의 금융기관이 파산 등의 사유로 고객예금을 지급할 수 없는 경우에 예금보험공사가 일정 한도의 예금지급을 보증함으로써 해당 금융기관과 거래한 소비자를 보호하는 제도로 우리나라는 「예금자보호법」을 제정하여 금융기관별 1인당 원금과 이자를 포함하여 최고 5천만 원까지 보호하고 있음

▶ 일부 금융기관은 「예금자보호법」이 아닌 다른 개별법에 의하여 예금자보호체계를 운용하고 있음

▶ 농・수협 단위(지역)조합의 경우에는 「농업협동조합의 구조개선에 관한 법률」 및 「수산업협동조합의 구조개선에 관한 법률」에 따른 상호금융예금자보호기금에 의해 보호되며, 새마을금고는 「새마을금고법」에 따른 예금자보호준비금에 의해 보호되고, 1인당 원금과 이자를 포함하여 최고 5천만 원까지 보호함

▶ 우체국의 경우에는 「우체국예금・보험에 관한 법률」에 따라 국가가 우체국예금(이자를 포함함)의 전액 지급을 보장함

Chapter

18 소비자안전 관련 제도 및 제조물책임법

'소비자안전'이란 물품의 사용 또는 서비스의 이용과 관련해서 발생할 수 있는 모든 위해로부터 소비자의 생명·신체 또는 재산상의 손해가 날 염려가 없는 상태를 의미한다. 소비자안전 관련 제도 및 법령에는 위해정보관리와 결함보상제도, 품목별 소비자안전제도, 제조물책임법 등이 있다.

먼저 위해정보관리, 결함보상제도 및 제조물책임법을 간략히 정리하면 다음과 같다.

소비생활에서 발생하는 다양한 위해물품, 위해 경위, 위해 내용, 위해 부위 등에 관해 기록한 정보를 수집·분석한 내용을 통해 소비자는 위험과 해로움에 대한 정보를 쉽게 알 수 있다. 이러한 위해정보를 수집·분석하고 적절한 조치를 취하는 일련의 과정을 위해정보관리라고 한다. 현재 위해정보관리는 한국소비자원 소비자안전센터 소비자위해감시시스템(www.ciss.or.kr)에서 담당하고 있다(「소비자기본법」 제51조 제3항 제1호).

결함보상(recall)이란 소비자에게 제공한 물품 또는 서비스의 결함으로 인해 소비자의 생명·신체 또는 재산에 위해를 끼치거나 끼칠 우려가 있는 경우 사업자가 스스로 또는 강제적으로 물품 등의 위해성을 알리고 해당 물품 등을 수거·파기·수리·교환·환급 또는 제조·수입·판매·제공의 금지 등 적절한 시정조치를 함으로써 위해요인을 제거하는 소비자안전조치이다(「소비자기본법」 제48조·제49조·제50조).

제조물책임법에서는 소비자가 제조물의 결함으로 생명·신체·재산상의 손해를 입었다면 제조업자에게 고의 또는 과실이 없더라도 그 손해를 배상할 책임을 지도록 하고 있다.

결함보상제도가 결함제품들을 미리 회수해서 전체 소비자의 위해를 방지하고자 하는 사전(事前: before)적 피해예방제도인데 반해, 제조물책임법은 결함제품 등의 사용 등으로 인해 피해를 입은 개별 소비자의 손해를 배상해 주는 사후(事後: after)적 피해구제제도이다.

제1절 품목별 소비자안전제도

I. 공산품 분야

'공산품'이란 공업적으로 생산된 제품으로서 소비자가 별도의 가공(단순한 조립은 제외) 없이 사용할 수 있는 최종제품 또는 그 부분품이나 부속품을 말한다(「품질경영 및 공산품안전관리법」 제2조 제5호).

1. 공산품 안전인증제도

'공산품 안전인증'이란 공산품의 구조·재질·사용방법 등으로 인해 소비자의 생명·신체에 대한 위해, 재산상 피해 또는 자연환경의 훼손에 대한 우려가 크다고 인정되는 공산품에 대해 제조업자가 안전성 검사를 받도록 하고 있는 것을 말한다(「품질경영 및 공산품안전관리법」 제2조 제8호·제14조 제1항). 공산품 안전인증을 반드시 받아야 하는 공산품 안전인증 대상 품목은 다음과 같으며(「품질경영 및 공산품안전관리법」 제2조 제8호·시행규칙 제2조 제1항 및 별표 1), 안전인증을 받은 공산품에는 반드시 안전인증 표시를 하도록 하고 있다.

▌도표 18-1▌ 공산품 안전인증 대상 품목

분야	안전인증 대상 공산품
1. 화학	자동차용 재생타이어(트레드고무 포함)
2. 금속	가정용 압력냄비 및 압력솥
3. 생활용품	가. 가스라이터 나. 물놀이기구 다. 비비탄 총 라. 어린이 놀이기구 마. 자동차용 어린이보호장치
4. 기계	「승강기시설 안전관리법」 제2조 제1호에 따른 승강기를 구성하는 주요 부품[조속기(調速機), 비상 정지장치, 완충기, 상승과속 방지장치용 브레이크, 승강장 문 잠금장치 및 에스컬레이터용 역주행 방지장치만 해당]

※ 다만, 연구·개발이나 전시회 출품 등 법에서 정한 일정한 사유에 해당하면 안전인증의 전부 또는 일부를 받지 않아도 된다(「품질경영 및 공산품안전관리법」 제15조 제1항 및 「품질경영 및 공산품안전관리법」시행규칙 제16조 제1항).

2. 공산품 자율안전확인제도

공산품 자율안전확인이란 공산품의 구조・재질 및 사용방법 등으로 인해 소비자의 신체에 대한 위해를 초래할 우려가 있는 공산품 중 제품검사만으로도 그 위해를 방지할 수 있다고 인정되는 공산품에 대해 공산품 안전기준에 적합한 것인지를 해당 제조업자 및 수입업자가 지정된 시험・검사기관으로부터 스스로 확인한 후 이를 안전인증기관에 신고하는 것을 말한다(「품질경영 및 공산품안전관리법」 제2조 제9호・제19조 제1항).

자율안전확인을 해야 하는 공산품인 자율안전확인 대상 공산품은 다음과 같으며(「품질경영 및 공산품안전관리법」 제2조 제9호・시행규칙 제2조 제2항 및 별표 2), 자율안전확인을 한 공산품은 자율안전확인 표시를 하도록 하고 있다.

도표 18-2 자율안전확인 표시 대상 공산품

구분	품 목
섬유	등산용 로프, 스포츠용 구명복, 유아용 섬유제품
화학	건전지(충전지는 제외), 부동액, 자동차용 브레이크액, 자동차용 앞면 창유리 세정액, 자동차용 타이어, 합성수지제 어린이용품(유아보호용품 포함),
기계	빙삭기, 휴대용 예초기의 날 및 보호덮개, 승강기를 구성하는 주요 부품(엘리베이터 권상기용 제동장치, 엘리베이터용 안전극한스위치, 럽처밸브, 에스컬레이터용 스텝, 에스컬레이터용 스텝체인, 에스컬레이터용 전자브레이크, 와이어로프, 안전회로기판만 해당)
토건	미끄럼방지타일, 실내용 바닥재
생활용품	고령자용 보행보조차, 고령자용 보행차, 디지털도어록, 롤러스포츠 보호장구, 스노보드, 스케이트보드, 스키용구, 아동용 이단침대, 완구, 유아용 삼륜차, 유아용 의자, 유아용 캐리어, 이륜자전거, 일회용 기저귀, 학용품, 헬스기구(공급되는 교류 전원이 50볼트 이상 1천볼트 이하에서 사용되는 헬스기구는 제외), 휴대용 레이저용품, 물휴지(물티슈), 온열시트, 보행기, 승차용 안전모(승차용 눈보호구를 포함), 운동용 안전모, 유모차, 유아용 침대, 온열팩(주머니난로 포함), 수유패드

※ 다만, 연구・개발 또는 수출 목적 등 법에서 정한 일정한 사유에 해당하면 자율안전확인 신고를 면제받거나 안전성 시험・검사의 전부 또는 일부를 받지 않아도 된다(「품질경영 및 공산품안전관리법」 제19조 제7항).

3. 어린이보호포장제도

어린이보호포장이란 성인이 개봉하기는 어렵지 않지만, 5세 미만의 어린이가 일정 시간 내에 내용물을 꺼내기 어렵게 설계・고안된 포장(용기 포함)을 말한다(「품질경영 및 공산품안전관리법」 제2조 제11호).

소비자가 마시거나 흡입하는 경우에 중독 등의 위해가 우려되는 공산품 중에서 어린이보호포장을 해야 하는 공산품, 즉 어린이보호포장 대상 공산품은 다음과 같다(「품질경영 및 공산품안전관리법」 제2조 제12호 · 시행규칙 제2조 제4항 및 별표 4).

▌도표 18-3▐ 어린이보호포장 대상 공산품

구분	품목
화학	부동액, 자동차용 앞면 창유리 세정액

어린이보호포장 대상 공산품의 제조업자 및 수입업자가 어린이보호포장을 사용한 경우에는 그 내용을 어린이보호포장 대상 공산품의 모델별로 산업통상자원부장관에게 신고해야 한다(「품질경영 및 공산품안전관리법」 제25조 제2항).

어린이보호포장 사용을 신고한 경우에는 어린이보호포장표시를 해야 한다(「품질경영 및 공산품안전관리법」 제25조 제1항). 어린이보호포장 마크는 〈도표 18-4〉와 같다.

▌도표 18-4▐ 어린이보호포장 표시

어린이보호포장신고필증번호:

II. 전기용품

전기용품이란 교류전원 또는 직류전원에 연결해서 사용되는 기계, 기구, 재료 또는 그 부분품이나 부속품을 말한다(「전기용품안전관리법」 제2조 제1호).

1. 전기용품 안전인증제도

전기용품의 구조 · 사용방법 등으로 인해 화재 · 감전 등의 위해가 발생할 우려가 크다고 인정되는 전기용품에 대해 제조업자가 안전성 검사를 받도록 하고 있는데, 이를 전기용품 안전인증이라고 한다(「전기용품안전관리법」 제2조 제3호 · 제3조 제1항).

전기용품 안전인증을 반드시 받아야 하는 안전인증 대상 전기용품은 전기 스위치, 전기청소기, 전기다리미 등으로 「전기용품안전관리법」시행규칙 별표 2에 나타나 있다.

2. 전기용품 안전확인제도

구조·사용방법 등으로 인하여 화재·감전 등의 위해가 발생할 우려가 있는 전기용품 중 제품검사만으로도 그 위해를 방지할 수 있다고 인정되는 전기용품에 대해 해당 전기용품의 제조업자 및 수입업자가 안전성 검사를 받아 해당 전기용품이 안전기준에 적합한 것임을 스스로 확인한 후 이를 신고하도록 하고 있는데, 이를 전기용품 안전확인이라고 한다(「전기용품안전관리법」 제2조 제4호 및 제11조 제1항).

III. 공산품 및 전기용품을 제외한 그 밖의 분야

소비자안전을 사전에 확보하기 위해서 식품, 승강기, 어린이놀이시설, 자동차 등 분야별로 생산·제조에서 유통 및 소비 과정에 이르기까지의 종합적인 품질관리제도를 두고 있다.

1. 식품 분야

소비자가 먹는 식품의 안전성을 확보하기 위해서 「식품위생법」은 식품의 생산, 제조·가공·보관 및 유통 과정에 관해 정하고 있다. 이를 위해서 식품 등의 기준·규격 관리제도, 식품안전관리인증기준제도, 식품이력추적관리제도, 유전자재조합식품의 표시제도, 식품 등의 표시제도, 식품의 영양표시제도 등이 시행되고 있다.

도표 18-5 식품 분야의 안전관리제도

구분	내 용
식품 등의 기준·규격관리	기준과 규격이 고시되지 않은 화학적 합성품인 첨가물과 이를 함유한 식품을 판매·제조·수입·가공·사용·조리·저장·소분(작게 나눔)·운반 또는 진열할 수 없다(「식품위생법」 제6조·제7조).
식품안전관리인증기준	식품의약품안전처에서 식품의 원료관리, 제조·가공·조리·소분(작게 나눔)·유통의 모든 과정에서 위해한 물질이 식품에 섞이거나 식품이 오염되는 것을 방지하기 위해 각 과정의 위해요소를 확인·평가하여 중점적으로 관리하는 기준인 식품안전관리인증기준을 식품별로 정하여 고시하고 있다(「식품위생법」 제48조).

식품이력추적관리	식품을 제조·수입·가공단계부터 판매단계까지 각 단계별로 정보를 기록·관리하여 그 식품의 안전성 등에 문제가 발생할 경우 그 식품을 추적하여 원인을 규명하고 필요한 조치를 할 수 있도록 관리하고 있다(「식품위생법」 제2조 제13호).
유전자재조합식품의 표시	생물의 유전자 중 유용한 유전자만을 취하여 다른 생물체의 유전자와 결합시키는 등의 유전자재조합기술을 활용하여 재배·육성된 농산물·축산물·수산물 등을 주요 원재료로 하여 제조·가공한 식품 또는 식품첨가물은 유전자재조합식품임을 표시해야 한다(「식품위생법」 제12조의2).
식품 등의 표시	식품의약품안전처에서 국민보건을 위하여 판매를 목적으로 하는 식품 또는 식품첨가물의 표시, 기준과 규격이 정하여진 기구 및 용기·포장의 표시에 관한 기준을 정하여 고시하고 있다(「식품위생법」 제10조 제1항).
식품의 영양표시	식품의 영양표시에 관해 필요한 기준을 정해 고시하고, 판매를 목적으로 식품을 제조·가공·소분 또는 수입하는 사업자는 이 영양표시기준을 준수하여야 한다(「식품위생법」 제11조 제1항·제2항).

※ 그 밖에 식품 분야의 안전에 관한 자세한 내용은 법제처 찾기 쉬운 생활법령정보 사이트 (oneclick.law.go.kr)의 「식품소비자 보호」에서 확인할 수 있다.

2. 승강기 분야

소비자의 생명 및 신체에 대한 위해를 방지하기 위해 승강기에 대한 안전을 사전에 확보하기 위해서 승강기 검사제도, 자체점검제도 등이 시행되고 있다.

▌도표 18-6▐ 승강기 안전관리제도

구분	내 용
승강기 검사	승강기의 안전성 유지를 위해 승강기의 관리 주체가 완성검사, 정기검사, 수시검사, 정밀안전검사를 받아야 한다(「승강기시설 안전관리법」 제13조 제1항·제13조의2).
승강기 자체점검	승강기의 관리주체는 스스로 승강기 운행의 안전에 관한 점검을 월 1회 이상 실시하고 그 점검기록을 작성·보존해야 한다(「승강기시설 안전관리법」 제17조 제1항).

※ 그 밖에 승강기 분야의 안전에 관한 자세한 내용은 법제처 찾기 쉬운 생활법령정보 사이트 (oneclick.law.go.kr)의 '건물 관리-안전관리-승강기 안전'에서 확인할 수 있다.

3. 어린이 놀이시설 분야

어린이 놀이시설에 대한 안전을 위해 어린이 놀이시설 설치검사제도, 유지관리제도 등의 품질관리제도가 시행되고 있다.

도표 18-7 어린이 놀이시설 분야의 안전관리제도

구분	내 용
어린이 놀이시설 설치검사	어린이 놀이시설을 설치하는 자는 「어린이제품 안전특별법」 제17조에 따라 안전인증을 받은 어린이놀이기구를 국민안전처장관이 고시하는 시설기준 및 기술기준에 적합하게 설치하고, 설치한 어린이놀이시설을 관리주체에게 인도하기 전에 안전검사기관으로부터 설치검사를 받아야 한다(「어린이놀이시설 안전관리법」 제2조 제6호·제11조·제12조 제1항).
어린이 놀이시설 유지관리	어린이 놀이시설의 관리주체는 월 1회 이상 안전점검을 실시해야 한다(「어린이놀이시설 안전관리법」 제15조 제1항 및 「어린이놀이시설 안전관리법」시행령 제11조 제1항).

※ 그 밖에 어린이 놀이시설 분야의 안전에 관한 자세한 내용은 법제처 찾기 쉬운 생활법령정보 사이트(oneclick.law.go.kr)의 '어린이 생활안전–놀이안전–어린이놀이시설 안전사고'에서 확인할 수 있다.

4. 자동차 분야

자동차 검사제도, 자동차 배출가스 정밀검사제도 등의 자동차 품질관리제도가 시행되고 있다.

도표 18-8 자동차 안전관리제도

구분	내용
자동차 검사	자동차 소유자는 해당 자동차에 대하여 신규검사(신규등록을 하려는 경우 실시하는 검사), 정기검사(신규등록 후 일정 기간마다 정기적으로 실시하는 검사), 튜닝검사(자동차를 튜닝한 경우에 실시하는 검사), 임시검사(자동차 소유자의 신청을 받아 비정기적으로 실시하는 검사 등)를 실시하여야 한다(「자동차관리법」 제43조).
자동차 배출가스 정밀검사	특정지역에 등록된 자동차 소유자는 운행차 배출가스 정밀검사를 받아야 한다(「대기환경보전법」 제63조).

※ 그 밖에 자동차 분야의 안전에 관한 자세한 내용은 법제처 찾기 쉬운 생활법령정보 사이트(oneclick.law.go.kr)의 '자동차 구입·관리–자동차 유지하기–자동차 검사받기'에서 확인할 수 있다.

제2절 제조물책임법

I. 제조물책임의 의미와 요건

1. 제조물책임의 의미

제조물책임은 제조물의 결함으로 인해서 소비자에게 발생한 손해에 대해 제조업자가 고의 또는 과실이 없더라도 그 손해에 대한 배상을 해야 한다는 것을 의미한다(「제조물책임법」 제1조 · 제3조 제1항).

2. 제조물책임의 요건

제조업자에게 제조물 책임이 적용되려면 첫째, 제조물의 결함이 원인이 되어, 둘째, 소비자가 생명 · 신체 또는 재산에 손해를 입어야 한다(「제조물책임법」 제3조 제1항).

제조물이란 제조되거나 가공된 동산(다른 동산이나 부동산의 일부를 구성하는 경우를 포함한다)을 말한다(「제조물책임법」 제2조 제1호). 예를 들어, 자동차의 에어백, 냉장고의 모터, TV브라운관 등은 제조물에 해당한다.

결함이란 제조물에 다음 〈도표 18-9〉와 같은 제조 · 설계 또는 표시상의 결함이 있거나 그 밖에 통상적으로 기대할 수 있는 안정성이 결여된 것을 말한다(「제조물책임법」 제2조 제2호).

▌도표 18-9▌ 결함의 유형

구분	내 용
제조상의 결함	제조업자의 제조물에 대하여 제조 상 · 가공 상의 주의의무를 이행하였는지에 관계없이 제조물이 원래 의도한 설계와 다르게 제조 · 가공됨으로써 안전하지 못하게 된 경우
설계상의 결함	제조업자가 합리적인 대체설계를 채용하였더라면 피해나 위험을 줄이거나 피할 수 있었음에도 대체설계를 채용하지 않아 해당 제조물이 안전하지 못하게 된 경우
표시상의 결함	제조업자가 합리적인 설명 · 지시 · 경고 또는 그 밖의 표시를 하였더라면 해당 제조물에 의해 발생할 수 있는 피해나 위험을 줄이거나 피할 수 있었음에도 이를 하지 않은 경우

3. 제조물책임의 면책 사유

제조업자가 그 제조물의 결함이 다음 어느 하나에 해당한다는 사실을 입증하면 제조물로 인해 피해를 입은 소비자에게 손해배상책임을 지지 않아도 된다(「제조물책임법」 제4조 제1항).

첫째, 제조업자가 해당 제조물을 공급하지 않았다는 사실

둘째, 제조업자가 해당 제조물을 공급한 당시의 과학 · 기술 수준으로는 결함의 존재를 발견할 수 없었다는 사실

셋째, 제조물의 결함이 제조업자가 해당 제조물을 공급할 당시의 법령이 정하는 기준을 준수함으로써 발생하였다는 사실

넷째, 원재료 또는 부품의 경우에는 해당 원재료 또는 부품을 사용한 제조물 제조업자의 설계 또는 제작에 관한 지시로 인해 결함이 발생하였다는 사실(예: 부품제조자의 경우 그 부품을 조립한 완성품의 설계가 원인이 되어 결함이 발생하였다는 사실 또는 완성품 제조자의 지시에 따랐기 때문에 결함이 발생하였다는 사실을 입증할 경우)

다만, 제조업자가 제조물을 공급한 후에 해당 제조물에 결함이 존재한다는 사실을 알거나 알 수 있었음에도 불구하고 그 결함에 의한 손해 발생을 방지하기 위해 적절한 조치를 취하지 않았다면, 책임이 면책되지 않는다(「제조물책임법」 제4조 제2항).

4. 제조물책임으로 인한 손해배상의 청구기간

「제조물책임법」에 따라 손해를 배상받으려는 피해자나 그 법정대리인은 다음의 기간 내에 제조업자에게 손해배상을 청구해야 한다. 이 기간 내에 손해배상청구권을 행사하지 않으면 시효로 소멸하게 된다(「제조물책임법」 제7조).

첫째, 손해와 손해배상책임을 지는 사람을 알게 된 날부터 3년 이내

둘째, 제조업자가 손해를 발생시킨 제조물을 공급한 날부터 10년 이내

셋째, 신체에 누적되어 사람의 건강을 해치는 물질로 인해 발생한 손해 또는 일정한 잠복기간이 경과한 후에 증상이 나타나는 손해인 경우에는 그 손해가 발생된 날부터 10년 이내

II. 제조물책임 상담센터

소비자가 제조물책임과 관련한 상담을 원하거나 제조물의 결함에 관한 분쟁이 발생했을 때 소송 이외의 방법으로 간편하고 신속하게 해결하기를 원하는 경우에는 제조물책임 상담센터(PL[101] 상담센터)를 이용할 수 있다.

소비자가 제조물의 결함에 관한 상담을 신청하면 제조물책임 상담센터는 소비자와 제조업자에게 상담·알선의 방법으로 합의를 권고할 수 있으며, 합의가 되지 않으면 양 당사자의 동의를 얻은 후 자체적으로 운영하는 분쟁심의위원회를 통해 조정할 수 있다.

우리나라의 제조물책임 상담센터는 각 업종별 사업자단체에서 운영하고 있다(도표 18-10 참조).

101) PL: Product Liability

도표 18-10 제조물책임 상담센터

센터명	대상 물품
대한상공회의소 PL센터(pl.korcham.net)	가입업체의 모든 형태의 공업생산물, 농수축산 가공식품, 단 부동산은 제외
한국PL센터(www.kplc.or.kr)	사업자 대상 제조물 책임에 대한 컨설팅과 소비자지원
전자제품 PL센터(www.eplc.or.kr)	PC, TV, 비디오, 냉장고, 세탁기 등
자동차 PL상담센터(www.aplc.or.kr)	자동차

찾아 생각하기

1. 품목별 소비자안전제도 중 가장 관심을 갖는 분야에 대해 조사해 보자.

2. 제조물책임의 의미와 제조물책임 상담센터의 상담사례를 찾아 정리해 보자.

PART 03

소비자 관련 법률 및 제도 요약

▶▶▶ chapter 18 • 소비자안전 관련 제도 및 제조물책임법

1. 소비자안전 관련 제도 및 제조물책임법

▶ 위해정보관리, 결함보상제도, 품목별 소비자안전제도, 제조물책임법 등이 있음

2. 용어의 의미

▶ 소비자안전: 물품의 사용 또는 서비스의 이용과 관련해서 발생할 수 있는 모든 위해(위험과 재해를 아울러 이르는 말)로부터 소비자의 생명·신체 또는 재산상의 손해가 날 염려가 없는 상태

▶ 위해정보관리: 소비생활에서 발생하는 다양한 위해물품, 위해 경위, 위해 내용, 위해 부위 등에 관해 기록한 정보를 수집·분석하고 적절한 조치를 취하는 일련의 과정, 현재 위해정보관리는 한국소비자원 소비자안전센터 소비자위해감시시스템(www.ciss.or.kr)에서 담당

▶ 결함보상(recall): 소비자에게 제공한 물품 또는 서비스의 결함으로 인해 소비자의 생명·신체 또는 재산에 위해를 끼치거나 끼칠 우려가 있는 경우 사업자가 스스로 또는 강제적으로 물품 등의 위해성을 알리고 해당 물품 등을 수거·파기·수리·교환·환급 또는 제조·수입·판매·제공의 금지 등 적절한 시정조치를 함으로써 위해요인을 제거하는 소비자안전조치

▶ 제조물책임: 제조물의 결함으로 인해 소비자에게 발생한 손해에 대해 제조업자에게 고의 또는 과실이 없더라도 제조업자가 그 손해에 대한 배상을 하는 것

3. 품목별 소비자안전제도

1) 공산품 분야

▶ 공산품 안전인증제도: 공산품의 구조·재질·사용방법 등으로 인해 소비자의 생명·신체에 대한 위해, 재산상 피해 또는 자연환경의 훼손에 대한 우려가 크다고 인정되는 공산품에 대해 제조업자가 안전성 검사를 받도록 하는 제도

▶ 공산품 자율안전확인제도: 공산품의 구조·재질 및 사용방법 등으로 인해 소비자의 신체에 대한 위해를 초래할 우려가 있는 공산품 중 제품검사만으로도 그 위해를 방지할 수 있다고 인정되는 공산품에 대해 공산품 안전기준에 적합한 것인지를 해당 제조업자 및 수입업자가 지정된 시험·검사기관으로부터 스스로 확인한 후 이를 안전인증기관에 신고하는 제도

▶ 어린이보호포장제도: 성인이 개봉하기는 어렵지 않지만, 5세 미만의 어린이가 일정 시간 내에 내용물을 꺼내기 어렵게 설계·고안된 포장(용기 포함)을 통해 어린이를 보호하는 제도

2) 전기용품 분야

▶ 전기용품 안전인증제도: 전기용품의 구조·사용방법 등으로 인해 화재·감전 등의 위해가 발생할 우려가 크다고 인정되는 전기용품에 대해 제조업자가 안전성 검사를 받도록 하는 제도

▶ 전기용품 안전확인제도: 구조·사용방법 등으로 인하여 화재·감전 등의 위해가 발생할 우려가 있는 전기용품 중 제품검사만으로도 그 위해를 방지할 수 있다고 인정되는 전기용품에 대해 해당 전기용품의 제조업자 및 수입업자가 안전성 검사를 받아 해당 전기용품이 안전기준에 적합한 것임을 스스로 확인한 후 이를 신고하도록 하는 제도

3) 공산품 및 전기용품을 제외한 그 밖의 분야

(1) 식품 분야

▶ 식품 등의 기준·규격 관리제도, 식품안전관리인증기준제도, 식품이력추적관리제도, 유전자재조합식품의 표시제도, 식품 등의 표시제도, 식품의 영양표시제도 등을 시행

(2) 승강기 분야

▶ 승강기 검사제도, 승강기 자체점검제도 등을 시행

(3) 어린이 놀이시설 분야

▶ 어린이 놀이시설 설치검사제도, 어린이 놀이시설 유지관리제도 등을 시행

(4) 자동차 분야

▶ 자동차 검사제도, 자동차 배출가스 정밀검사제도 등을 시행

4. 제조물책임법

▶ 제조물책임의 요건: ① 제조물의 결함이 원인이 되어 ② 소비자가 생명·신체 또는 재산에 손해를 입어야 함

▶ 결함의 유형

① 제조상의 결함: 제조업자의 제조물에 대하여 제조상·가공상의 주의의무를 이행하였는지에 관계없이 제조물이 원래 의도한 설계와 다르게 제조·가공됨으로써 안전하지 못하게 된 경우

② 설계상의 결함: 제조업자가 합리적인 대체설계를 채용하였더라면 피해나 위험을 줄이거나 피할 수 있었음에도 대체설계를 채용하지 않아 해당 제조물이 안전하지 못하게 된 경우

③ 표시상의 결함: 제조업자가 합리적인 설명·지시·경고 또는 그 밖의 표시를 하였더라면 해당 제조물에 의해 발생할 수 있는 피해나 위험을 줄이거나 피할 수 있었음에도 이를 하지 않은 경우

▶ 제조물책임의 면책사유: 제조업자가 그 제조물의 결함이 다음 어느 하나에 해당한다는 사실을 입증하면 소비자에게 손해배상책임을 지지 않아도 됨

① 제조업자가 해당 제조물을 공급하지 않았다는 사실

② 제조업자가 해당 제조물을 공급한 당시의 과학·기술 수준으로는 결함의 존재를 발견할 수 없었다는 사실

③ 제조물의 결함이 제조업자가 해당 제조물을 공급할 당시의 법령이 정하는 기준을 준수함으로

써 발생하였다는 사실

④ 원재료 또는 부품의 경우에는 해당 원재료 또는 부품을 사용한 제조물 제조업자의 설계 또는 제작에 관한 지시로 인해 결함이 발생하였다는 사실

▶ 제조물책임으로 인한 손해배상의 청구기간: 「제조물책임법」에 따라 손해를 배상받으려는 피해자나 그 법정대리인은 다음의 기간 내에 제조업자에게 손해배상을 청구해야 함

① 손해와 손해배상책임을 지는 사람을 알게 된 날부터 3년 이내

② 제조업자가 손해를 발생시킨 제조물을 공급한 날부터 10년 이내

③ 신체에 누적되어 사람의 건강을 해치는 물질로 인해 발생한 손해 또는 일정한 잠복기간이 경과한 후에 증상이 나타나는 손해인 경우에는 그 손해가 발생된 날부터 10년 이내

▶ 제조물책임 상담센터(PL 상담센터): 소비자가 제조물의 결함에 관한 상담을 신청하면 제조물책임 상담센터는 소비자와 제조업자에게 상담・알선의 방법으로 합의를 권고할 수 있으며, 합의가 되지 않으면 양 당사자의 동의를 얻은 후 자체적으로 운영하는 분쟁심의위원회를 통해 조정할 수 있음

19
Chapter

소비자생활협동조합법

생활협동조합은 협동조합의 여러 형태들 중 하나이다. 협동조합이란 공동으로 소유되고 민주적으로 관리되는 사업체를 통해 공통의 경제적 · 사회적 · 문화적 필요와 욕구를 해결하고자 자발적으로 조직된 사람들의 자율적인 조직이다.

소비자생활협동조합은 우리나라에만 있는 독특한 용어이다. 유럽 등 외국에서는 통상 소비자협동조합이라는 의미의 consumer cooperative로 지칭하고 있고, 일본에서는 '소비자'라는 말 대신 '생활자'라는 개념을 만들어 생활협동조합이라고 한다. 우리나라에서는 1980년대 초반까지 '소비자협동조합'이라는 명칭을 쓰다가 1980년대 중반부터 일본의 '생활협동조합'이라는 말을 받아들여 점차로 '소비자협동조합'이란 말 대신 '생활협동조합'이란 용어를 널리 쓰기 시작하였다. 그 영향으로 1999년 「소비자생활협동조합법」이란 명칭으로 법이 제정되었다(위키백과).

「소비자생활협동조합법」이 탄생하기까지의 역사를 살펴보면 다음과 같다.

우리나라에서 소비자생활협동조합은 오래 전부터 활동을 해왔으나 여러 가지 이유로 법적인 뒷받침이 없이 활동하였다. 1970년대에 신용협동조합에서 농촌지역을 중심으로 전개한 지역사회 개발사업의 하나인 '공동구매사업'을 시작하였는데, 이것이 소비자생활협동조합 활동의 시초이다. 1990년대 접어들면서 '식품안전성'에 대한 문제가 사회문제화 됨에 따라 농산물 산지직거래가 활성화되고, 농산물 산지직거래사업을 중심으로 하는 무점포 공동구입형 소비자생활협동조합 활동이 확산되었다. 이러한 생산농가와의 직거래 측면 등 농산물 유통구조 개선사업의 일환으로 소비자생활협동조합 지원 · 육성의 필요성이 대두되어 1999년 2월 5일 「소비자생활협동조합법」이 제정되었다.

소비자생활협동조합의 조직화된 행동은 소비자정책기관이나 소비자단체와 함께 소비자의 소비생활에서 발생한 소비자문제들을 해결할 수 있게 해준다. 소비자정책기관은 정부차원에서 거시적인 안목으로 시장을 분석하고 사업자에 대한 규제를 통하여 소비자를 보호하며, 소비자단체는 시민단체차원에서 소비자의 의견 형성, 소비자상담, 로비활동 등을 통하여 소비자를 보호하고, 소비자생활협동조합은 소비자 차원에서 자발적인 조직을 결성하여 소비자 자신의 소비생활에서 발생한 문제를 직접 경제활동을 통하여 해결함으로써 소비자복지를 증대시킨다(박성용, 2010).

제1절 소비자생활협동조합법의 목적과 용어 정의

I. 소비자생활협동조합법의 목적

이 법은 상부상조의 정신을 바탕으로 한 소비자들의 자주·자립·자치적인 생활협동조합활동을 촉진함으로써 조합원의 소비생활 향상과 국민의 복지 및 생활문화 향상에 이바지함을 목적으로 한다(「소비자생활협동조합법」 제1조).

II. 소비자생활협동조합법에서의 용어 정의

'조합'이란 조합원의 소비생활 향상과 국민의 복지 및 생활문화 향상에 이바지하기 위해 이 법에 따라 설립된 소비자생활협동조합을 말한다(「소비자생활협동조합법」 제2조 제1호).

'연합회'란 조합의 공동이익을 도모하기 위하여 이 법에 따라 설립된 소비자생활협동조합 연합회를 말한다(「소비자생활협동조합법」 제2조 제2호).

'전국연합회'란 조합과 연합회의 공동이익을 도모하기 위하여 이 법에 따라 설립된 소비자생활협동조합 전국연합회를 말한다(「소비자생활협동조합법」 제2조 제3호).

제2절 소비자생활협동조합의 유형

소비자생활협동조합의 사업구역은 행정구역·생활권을 고려하여 지역, 직장, 학교, 단체 등의 사업구역으로 나누고 있다(「소비자생활협동조합법」 제5조 및 시행령 제2조).

소비자생활협동조합의 사업구역에 따라서는 지역을 중심으로 하는 조합, 직장을 중심으로 하는 조합, 학교를 중심으로 하는 조합, 사회단체나 종교단체 등 특정 활동을 위하여 설립된 단체를 중심으로 하는 조합으로 구분한다.

소비자생활협동조합의 운영형태에 따라서는 점포형 생활협동조합, 무점포형 생활협동조합, 혼합형 생활협동조합으로 구분한다. 점포형 생활협동조합은 생활에 필요한 물품을 구매하여 매장에 진열해 놓고 조합원이 매장에 와서 물품을 구매하는 형태의 조합이다. 무점포형 생활협동조합은 점포가 없이 조합원이 사전에 카탈로그를 보고 소비자생활협동조합에 주문하면 일정한 기간 내에 그 물품을 조합원에게 공급하는 생활협동조합이다. 혼합형 생활협동조합은 점포형과 무점포형을 겸하는 형태이다.

제3절 소비자생활협동조합의 설립절차

도표 19-1 소비자생활협동조합 설립절차

소비자생활협동조합 설립절차	내 용
소비자생활협동조합 설립준비	① 조합의 목적 및 명칭 정하기 ② 정관작성 ③ 창립총회 개최 ④ 출자
소비자생활협동조합 설립인가	⑤ 조합의 주무관청 확인 ⑥ 주무관청에 설립인가 신청 ⑦ 주무관청으로부터 설립인가 받기
소비자생활협동조합 설립등기 등	⑧ 관할 법원등기소에 설립등기 ⑨ 조합설립 신고 및 사업자등록

출처: 찾기 쉬운 생활법령정보(oneclick.law.go.kr) → 사회적 기업 → 법인설립절차

소비자생활협동조합을 설립하기 위해서는 준비단계에서 조합의 목적 및 명칭 정하기, 정관작성하기, 창립총회를 개최하여 출자받기 등이 있고, 인가단계에서는 조합의 주무관청을 확인하여 주무관청에 조합인가를 신청하고 인가를 받아야 한다. 그리고 관할법원등기소에 설립등기와 신고 및 사업자등록을 하여야 한다(「소비자생활협동조합법」 제2절 및 시행령 제3조~제10조).

찾아 생각하기

1. 현재 우리나라에서 활동하고 있는 '소비자생활협동조합' 중 하나를 택하여 활동영역 및 활동사항을 조사해 보자.

2. 미래의 소비자권익 창조를 위하여 필요한 소비자생활협동조합의 활동영역을 탐색해 보자.

PART 03

소비자 관련 법률 및 제도 요약

▶▶▶ chapter 19 • 소비자생활협동조합법

1. 소비자생활협동조합법의 목적

▶ 상부상조의 정신을 바탕으로 한 소비자들의 자주 · 자립 · 자치적인 생활협동조합활동을 촉진함으로써 조합원의 소비생활 향상과 국민의 복지 및 생활문화 향상에 이바지함을 목적으로 함

2. 소비자생활협동조합의 정의

▶ 조합원의 소비생활 향상과 국민의 복지 및 생활문화 향상에 이바지하기 위해 설립된 조합

3. 소비자생활협동조합의 유형

▶ 행정구역 · 생활권에 따른 사업구역을 중심으로: 지역을 중심으로 하는 조합, 직장을 중심으로 하는 조합, 학교를 중심으로 하는 조합, 특정 활동을 위하여 설립된 단체를 중심으로 하는 조합

▶ 운영형태를 중심으로: 점포형 생활협동조합, 무점포형 생활협동조합, 혼합형 생활협동조합

4. 소비자생활협동조합의 설립절차

▶ ① 조합의 목적 및 명칭 정하기 → ② 정관작성 → ③ 창립총회 개최 → ④ 출자 → ⑤ 조합의 주무관청(주된 사무소 관할 시 · 도지사) 확인 → ⑥ 주무관청에 설립인가 신청 → ⑦ 주무관청으로부터 설립인가 받기 → ⑧ 관할 법원등기소에 설립등기 → ⑨ 조합설립 신고 및 사업자등록

참|고|문|헌

공정거래위원회. 경품류 제공에 관한 불공정거래행위의 유형 및 기준 지정고시. 공정거래위원회 고시 제2012-65호.

공정거래위원회. 계속거래 등의 해지 · 해제에 따른 위약금 및 대금의 환급에 관한 산정기준. 공정거래위원회 고시 제2014-1호.

공정거래위원회. 대규모소매업에 있어서의 특정불공정거래행위의 유형 및 기준 지정고시. 공정거래위원회 고시 제2012-29호.

공정거래위원회. 병행수입에 있어서의 불공정거래행위의 유형고시. 공정거래위원회 고시 제2012-17호.

공정거래위원회. 불공정약관 심결례, 2007.7.23. 제1호.

공정거래위원회. 선불식 할부거래에서의 소비자보호지침. 공정거래위원회 예규 제207호.

공정거래위원회. 소비자분쟁해결기준. 공정거래위원회 고시 제2014-4호.

공정거래위원회. 소비자정책 기본계획 2012-2014.

공정거래위원회. 신문업에 있어서의 불공정거래행위 및 시장지배적 지위남용행위의 유형 및 기준 지정고시, 공정거래위원회 고시 제2012-18호.

공정거래위원회. 약관심사지침. 공정거래위원회 예규 제158호.

공정거래위원회. 재판매가격유지행위가 허용되는 저작물의 범위 고시. 공정거래위원회 고시 제2012-19호.

공정거래위원회. 전자상거래 등에서의 소비자보호지침. 공정거래위원회 고시 제2012-33호.

공정거래위원회. 특수판매에서의 소비자보호지침. 공정거래위원회 예규 제179호.

금융감독원. 금융소비자보호백서. 2011.

김동훈, 김용재 (2005). 업종별 불공정약관 규제 관련 판례. 심결례 연구 및 외국 약관사용 실태조사. 공정거래위원회 연구용역보고서.

김영신, 김인숙, 이희숙, 강성진, 유두련 (2010). 새로 쓰는 소비자법과 정책. 교문사.

김해마루 (2014). 누워서 읽는 법학: 민사법 I, II, III. 로스타트.

박성용 (2010). 소비자생활협동조합법의 개정 내용과 향후 과제. 소비자정책동향 제3호. 한국소비자원.

법제처 (2009). 2009 상반기 법령해석사례집.

이대기 (2013). 대부업 시장의 문제점과 개선방안. 주간금융브리프 22권 41호. 한국금융연구원.

이은주 (2011). 〈판례평석〉 "약관에 동의하십니까" 약관의 규제에 관한 법률 검토. 주택금융월보, 2011년 3월호, 20-41. 한국주택금융공사.

이종인 (2005). 국제 전자상거래 소비자피해구제방안 연구. 한국소비자원.

한국소비자단체협의회 (2003). 사업권유거래 · 전화권유판매의 유형 및 피해방지를 위한 제도 개선연구.

한국소비자원 (2013). 피해예방주의보. 대부업 대출관련 소비자피해사례.

한국은행 (2009). 우리나라의 지급결제제도.

공정거래위원회 www.ftc.go.kr

공정거래위원회 블로그. 객관적 근거 없이 '압도적인 회원 수' 표현은 부당한 비교 광고 http://kftc.tistory.com/4925

공정거래위원회 블로그. 경쟁 업체를 비방 광고한 '영어단기학교' 에스티엔컴퍼니에 시정명령 http://kftc.tistory.com/5310

공정거래위원회. 남양유업(주)에 대해 시정명령과 과징금 7,500만원 부과, 소비자정책 뉴스 2010.6.16. http://www.ftc.go.kr/news/policy/competeView.jsp?news_no=730&news_div_cd=2

공정거래위원회. 방문판매의 유형 http://www.ftc.go.kr/policy/consumer/pyramidNotion.jsp

공정거래위원회. 안전지대(Safety Zone) http://www.ftc.go.kr/policy/compet/utpNotion.jsp

공정거래위원회. 해외여행계약. 여행개시 30일 전까지는 위약금 없이 취소 가능. 소비자정책 뉴스 2014.3.20. http://www.ftc.go.kr/news/policy/competePrint.jsp?news_div_cd=2&news_no=2125

국민행복기금 www.happyfund.or.kr.

금융감독원. 금융관련 긴급상황발생 시 행동요령 http://www.fcsc.kr/D/fu_d_08_01.jsp

금융융감독원 서민금융 http://s1332.fss.or.kr/fss/s1332/index.jsp

대신증권 블로그. 제1금융기관과 제2금융기관의 구분 http://blog.daishin.com

대한민국법원 전자민원센터 http://help.scourt.go.kr

대한법률구조공단 http://www.klac.or.kr

법제처 http://www.moleg.go.kr

법제처 국가법령정보센터 http://www.law.go.kr

법제처 찾기 쉬운 생활법령정보 http://oneclick.law.go.kr

법제처 미디어 속 법령: 계속거래 및 사업권유거래에서 계약해지 사례 http://www.moleg.go.kr/news/media

서민금융나들목. 채무조정프로그램 http://www.hopenet.or.kr

서울특별시. 다단계판매업과 후원방문판매업 http://economy.seoul.go.kr/archives/103

신용회복위원회 http://www.ccrs.or.kr

연합뉴스 (2015.4.12). 일본계 '빅3' 대부업체 한국 대부업 시장 40% 장악.

오마이뉴스 (2014.11.5). 대부업 계열 저축은행, 사채보다 더 무섭다.

오마이뉴스 (2014.1.8). 대기업 뺨치는 대부업 감성광고. 2030 현혹한다.

위키백과 http://ko.wikipedia.org

조선일보 (2015.4.20). 아직도 포괄근저당에 시달리는 제2금융권 대출자.

조선일보 (2015.4.21). 서민금융상품 난립: 몰라서 활용 못하는 서민들.

한국 브리태니커. 검색의 항변권 http://preview.britannica.co.kr/bol/topic.asp?article_id=b01g2307a

한국소비자단체협의회. 자율분쟁조정위원회 분쟁조정사례 http://www.amco.or.kr

한국소비자원 온라인 상담 http://www.ccn.go.kr

한국소비자원 http://www.kca.go.kr/wpge/m_17/ref1400.do

한국소비자원. 품목별 피해구제 사례 http://www.kca.go.kr

한국이지론 http://www.egloan.co.kr

한국자산관리공사 http://www.kamco.or.kr

한국직접판매협회 http://www.kdsa.or.kr

찾|아|보|기

/기타/

강혜경 hkkang@deu.ac.kr

1960년 9월 경상북도 상주읍 출생
1966년 부산 이사
1973년 2월 부산 남부민 초등학교 졸업
1976년 2월 부산 남성여자중학교 졸업
1979년 2월 부산 남성여자고등학교 졸업
1979년 3월 숙명여자대학교 가정대학 가정관리학과 입학
1982년~1984년 미국 보스턴에서 가정관리 실습
1986년 2월 숙명여자대학교 가정관리학과 가정학 학사학위 취득
1988년 8월 숙명여자대학교 가정관리학과 가정학 석사학위 취득
1988년 9월~1995년 12월 방송통신대학교, 동의대학교 시간강사
'강의'를 통해 가르치는 재미를 느낀 후 더 깊은 공부와 연구의 필요성을 인식함
1991년 3월 숙명여자대학교 대학원 가정관리학과 박사과정 입학
1995년 8월 숙명여자대학교 대학원 가정관리학과 이학박사학위 취득
1996년 3월 동의대학교 가정대학 가정관리학과 전임강사
2004년 9월~2005년 8월 일본 와세다대학 경영학부 방문교수
2015년 3월 동의대학교 생활과학대학 보육・가정상담학과 교수

주요 연구 및 저서

중년기 주부의 외국상표 가전제품 구매성향 및 구매 후 만족도에 관한 연구 (1996)
중년기 주부의 외출복 구매 시 정보탐색 및 대안평가에 관한 연구 (1997)
중년기 주부의 외출복 구매 및 구매 후 행동에 관한 연구 (1998)
투명한 아파트 관리비 길라잡이 (1999)
아파트 관리비 실태조사 - 부산지역을 중심으로 - (2000)
2000년 ~ 2003년
행정자치부 지원 사업 '투명한 아파트 관리비 길라잡이' 연구책임자
'아파트 관리비 표준 부과내역서' 마련
전국 아파트 관리비 부과내역서 표준안 작성원칙 (2001)
아파트 관리비 표준 부과내역서 해설 (2002)
40대・50대 이상 중년기 주부들 간의 보석류 구매동기 및 구매성향 비교고찰 (2003)
공동주택관리론, 공저, 도서출판 신정 (2003)
도시 비 취업주부 가계의 가족체계 역동성 및 경제 복지감 (2004)
도시 취업주부 가계의 가족체계 역동성 및 경제 복지감 (2005)
소비자의사결정 로드맵, 공저, 도서출판 신정 (2006)
한국과 일본의 공동주택 관리제도 비교 (2006)
한국과 미국의 공동주택 관리제도 비교 (2006)
한국과 일본의 공동주택 회계처리 고찰 (2007)
도시주부 가계재무관리행동의 변화지향성에 따른 가계재무 건전성 및 재정만족도 차이 (2008)
공동주택 가계의 공동체 의식 사례분석 - 서울시 강남구 가계를 중심으로 - (2009)
다문화교육의 규범적 방향 모색 (2010)
효율적인 아파트 관리를 위한 아파트 관리 전문신문 사설 내용분석 (2013)

까페에서 읽는

친절한 소비자법과 정책

2015년 7월 25일 1판 1쇄 인쇄
2015년 7월 30일 1판 1쇄 발행

지 은 이 강혜경
펴 낸 이 최용구
펴 낸 곳 도서출판 신정

주 소 (140-846) 서울시 용산구 원효로 89길 19 (원효로1가)
전 화 3211-4782, 0266(영업부), 3211-4783(편집부), 3211-4784(팩스)
이 메 일 shinjeong72@naver.com
홈페이지 www.sjbook.co.kr
등 록 2001년 5월 11일 제13-702호

기획마케팅 최용구 장만동 송대용
책임편집 석기은 황가연 심다혜
표 지 SDY

ISBN 978-89-5912-356-8 93320

정가 23,000원